2022
粤港澳大湾区城市群年鉴

粤港澳大湾区城市群年鉴编纂委员会　编

方志出版社
Publishing House of Local Records

图书在版编目（CIP）数据

粤港澳大湾区城市群年鉴．2022 / 粤港澳大湾区城市群年鉴编纂委员会编．—北京：方志出版社，2022.12

ISBN 978-7-5144-5507-6

Ⅰ．①粤… Ⅱ．①粤… Ⅲ．①城市群—广东、香港、澳门—2022—年鉴 Ⅳ．①Z526.5

中国国家版本馆 CIP 数据核字 (2023) 第 013222 号

责任编辑：王　娜
责任校对：刘玉霞
责任印制：梅中英
出 版 者：方志出版社
地址：北京市朝阳区潘家园东里 9 号（国家方志馆 4 层）
邮编：100021
网址：http://www.zgfzcb.cn
发　　行：方志出版社图书营销中心（010-67110500）
印　　刷：中华商务联合印刷（广东）有限公司
开　　本：787 毫米 ×1092 毫米 1/16
印　　张：34.25
字　　数：798 千字
版　　次：2022 年 12 月第 1 版
印　　次：2022 年 12 月第 1 次印刷
定　　价：200.00 元

粤港澳大湾区城市群年鉴编纂委员会

粤港澳大湾区城市群年鉴编写组

（按姓氏笔画排序）

粤港澳大湾区城市群年鉴编辑部

（按姓氏笔画排序）

编辑说明

一、《粤港澳大湾区城市群年鉴》以马克思列宁主义、毛泽东思想、邓小平理论、“三个代表”重要思想、科学发展观、习近平新时代中国特色社会主义思想为指导，坚持辩证唯物主义和历史唯物主义立场、观点和方法，全面准确贯彻“一国两制”方针，客观、全面、翔实记述粤港澳大湾区城市群发展状况，重点记述粤港澳大湾区建设进程和主要成就，为建设粤港澳大湾区和社会各界了解粤港澳大湾区提供综合信息和地情资料。为对应书名，珠江三角洲九市统称为粤港澳大湾区内地九市。

二、《粤港澳大湾区城市群年鉴 2022》着重反映 2021 年粤港澳大湾区的基本情况，卷前设图片专辑，随文插入图照、表格；正文设大湾区总述、年度关注、大事记、国际科技创新中心建设、基础设施互联互通、现代产业体系构建、生态文明建设、宜居宜业宜游优质生活圈建设、共同参与“一带一路”建设、粤港澳合作发展平台共建、统计资料、文献选录。结构采用纲目体，分设类目、分目、次分目、条目 4 个层次。条目是全书内容记述的主体。

三、全书资料和数据由广东省统计局和粤港澳大湾区各城市提供。因香港特别行政区、澳门特别行政区统计口径不同，部分类目仅收录粤港澳大湾区内地九市数据。文中如有数据与“统计资料”类目数据有出入，以“统计资料”数据为准。

四、全书数字书写按《出版物上数字用法》（GB/T 15835—2011）执行；标点符号按《标点符号用法》（GB/T 15834—2011）执行。

五、全书设双重检索系统，书前刊有目录，书后附有索引。

CONTENTS 目录

图片专辑

大湾区总述

大湾区基本情况

大湾区城市

年度关注

大事记

国际科技创新中心建设

◎ 综述

◎ 区域协同创新

●科技创新合作

●创新基础能力建设

●产学研深度融合

◎ 科技创新载体和平台

◎ 现代化综合交通运输体系建设

粤港澳合作发展平台共建

统计资料

文献选录

主题索引

粤港澳大湾区数字 · 2021

土地面积：**5.6万平方千米**

年末总人口：**8669.23万人**

地区生产总值：**19571亿美元**

粤港澳大湾区内地九市数字

年末常住人口：**7860.60万人**

城镇人口：**6875.67万人**

地区生产总值：**100585.25亿元**

人均地区生产总值：**128264元**

社会消费品零售总额：**34412.76亿元**

出口总额：**48127.25亿元**

进口总额：**30806.57亿元**

实际外商直接投资额：**1747.69亿元**

地方一般公共预算收入：**9366.17亿元**

地方一般公共预算支出：**12325.44亿元**

金融机构本外币存款：**263012.21亿元**

金融机构本外币贷款：**201530.79亿元**

全体居民人均可支配收入：**60729.7元**

香港特别行政区数字

土地面积：**1113.8平方千米**

年末人口：**740.31万人**

本地生产总值：**3681亿美元**

人均本地生产总值：**49662美元**

澳门特别行政区数字

土地面积：**33.0平方千米**

年末人口：**68.32万人**

本地生产总值：**299亿美元**

人均本地生产总值：**43771美元**

粤港澳大湾区地图

审图号：GS粤（2022）509号

编制：广州市城市规划勘测设计研究院

创新合作

粤澳合作中医药科技产业园（2021年） 澳门特别行政区政府新闻局供稿

2021年4月22日，粤港澳大湾区国家技术创新中心在广州设立 贾自豪 摄

横琴粤澳深度合作区（2021年） 澳门特别行政区政府新闻局供稿

1
2
3

1 2021年5月14日，粤港合作联席会议第二十二次会议举行

香港特别行政区政府新闻处供稿

2 2021年9月10日，澳门特别行政区政府举办横琴粤澳深度合作区建设总体方案新闻发布会　澳门特别行政区政府新闻局供稿

3 2021年11月2日，横琴粤澳深度合作区管理委员会第一次会议举行

澳门特别行政区政府新闻局供稿

1 2021年12月1日，松山湖科学会议在粤港澳院士峰会启动

郑志波 摄

2 2021年12月15日，香港-前海金融合作研讨会举行

香港特别行政区政府新闻处供稿

3 2021年12月11—13日，大湾区科学论坛在广州举行

广州日报社供稿

2021年12月6日，横琴粤澳深度合作区重点项目集中签约暨民生项目揭牌仪式举行

澳门特别行政区政府新闻局供稿

1 2021年1月13日，中山港海关助力小榄港—南沙港“湾区一港通”作业模式启动　吴炎 摄

2 2021年8月24日，中山港海关完成首票“蛇口—中山港组合港”出口货物实货实船试运行　施宽 摄

3 2021年9月17日，粤港澳大湾区（广东·惠州）绿色农产品生产供应基地供港果蔬首发仪式举行　惠州市人民政府地方志办公室供稿

1 2021年1月13日，深圳盐田科技大厦深港澳青年创新创业基地揭牌仪式举行　深圳市人民政府地方志办公室供稿

2 2021年7月15日，港澳新青寓启动　广州日报社供稿

3 2021年11月25日，广州市政务服务数据管理局与香港特别行政区政府咨询科技总监办公室在线签署《穗港可信认证服务合作备忘录》　广州日报社供稿

1
2 3

1 2021年4月28日，第三届粤港澳大湾区中医药传承创新发展大会在惠州市罗浮山举行　惠州市博罗县地方志办公室供稿

2 2021年9月29日，东莞银行香港分行开业，图为在香港巴士上的宣传广告

东莞银保监分局供稿

3 2021年12月9日，粤港澳大湾区人工智能与机器人大会在佛山市南海区举行

佛山市科技局供稿

互联互通

2021年，建设中的南沙港四期项目　广州日报社供稿

东莞港（2021年）　程永强 摄

深中通道伶仃洋大桥东主塔及东锚碇施工现场（2021年）　深中通道管理中心供稿

深中通道中山大桥施工现场（2021年）　深中通道管理中心供稿

1 2021年12月3日，粤港澳大湾区首批中老国际班列从广州始发　广州交投集团供稿

2 2021年12月31日，南沙港铁路开通运营　广州日报社供稿

3 2021年12月10日，赣深铁路惠州北站综合交通枢纽配套工程（二期）建成投入运营　惠州市国资委供稿

4 东莞西站（2021年）　刘贻发 摄

2021年2月1日，连接广州市番禺区和佛山市南海区的番海大桥主线通车　佛山三龙湾管委会供稿

2021年4月25日，广佛肇高速公路广州石井至肇庆大旺段开通运营　廖文奕 摄

1 2021年3月1日，珠海九洲港至澳门（氹仔）水上客运航线首航仪式举行

澳门特别行政区政府新闻局供稿

2 2021年9月8日，粤澳新通道（青茂口岸）开通仪式举行 赵崇幸 摄

3 2021年9月8日，粤澳新通道（青茂口岸）启用，主要采用“合作查验、一次放行”的自助通关模式

澳门特别行政区政府新闻局供稿

1 2021年9月1日，粤港澳大湾区“跨境理财通”启动仪式举行

澳门特别行政区政府新闻局供稿

2 2021年9月24日，债券通南向通启动仪式举行

香港特别行政区政府新闻处供稿

3 2021年11月25日，港澳居民参保专项宣传季暨深港跨境社保服务通启动仪式举行

深圳市人民政府地方志办公室供稿

1 2021年6月3日，江门市人力资源和社会保障局在香港挂牌设立“江门市人力资源和社会保障香港服务点”

江门市人力资源和社会保障局供稿

1
2
3

2 2021年9月27日，“江门—香港跨境通办政务服务专区”启用暨江门市获省首届政务服务标杆大厅揭牌仪式举行

江门市政务服务数据管理局供稿

3 2021年11月19日，粤港澳大湾区城市首批“粤智助”政府服务自助机在肇庆投入使用　肇庆市政务服务数据管理局供稿

人文湾区

2021年，位于广州市荔湾区白鹅潭商务区核心区的广东省“三馆合一”项目（广东美术馆、广东非物质文化遗产展示中心、广东文学馆）建设进展顺利　广州市荔湾区融媒体中心供稿

1 2021年6月23日，“中国共产党的100年——庆祝中国共产党成立100周年大型主题图片展”在澳门展出

澳门特别行政区政府新闻局供稿

2 2021年11月9日，首届粤港澳大湾区文艺创新论坛在中山市三乡镇举行　中山市人民政府地方志办公室供稿

3 2021年11月25日，“同心粤港澳 携手大湾区”网络主题活动启动

澳门特别行政区政府新闻局供稿

4 2021年12月13日，“同舟共济　志同道合——港穗双城图片展”首展在香港和广州同步举行　中共广州市委党史文献研究室供稿

1 2021年，建设中的中山大学深圳校区

深圳市人民政府地方志办公室供稿

2 2021年6月30日，香港科技大学（广州）项目一期工程第一栋教科研楼封顶

香港科技大学（广州）供稿

1
2

1 2021年4月22日，大湾区大学（松山湖校区）奠基仪式举行　程永强 摄

2 2021年4月22日，香港城市大学（东莞）奠基仪式举行　郑家雄 摄

1
2
3

1 2021年，粤港澳大湾区旅游教育培训基地（顺德合作中心）成立仪式举行　佛山市顺德区发展改革局供稿

2 2021年9月6日，深圳香港培侨书院龙华信义学校2021年开学典礼举行　香港特别行政区政府新闻处供稿

3 2021年12月4日，粤港澳大湾区旅游教育培训基地（广州合作中心）在广州南沙区成立　广州市文化广电旅游局供稿

1 2021年，广州市组织开展“2021穗港澳青少年文化交流季”之“人文湾区少年行”活动　广州市文化广电旅游局供稿

2 2021年4月23日，粤港澳“共读半小时”深圳主会场暨深圳“图书馆之城”“4·23”世界读书日系列活动在深圳图书馆举行　深圳市人民政府地方志办公室供稿

3 2021年8月20日，第四届海峡两岸暨港澳无人机航拍创作大赛启动　深圳市人民政府地方志办公室供稿

美丽湾区

1 深圳前海（2021年）

深圳市人民政府地方志办公室供稿

2 广州珠江两岸（2021年）广州日报社供稿

3 澳门十字门水道（2021年）

澳门特别行政区政府新闻局供稿

1 佛山顺峰山公园（2021年）

佛山年鉴社供稿

2 惠州巽寮湾（2021年）

惠州市人民政府地方志办公室供稿

3 珠海野狸岛碧道（2021年）

珠海市水务局供稿

江门高新区（2021年） 江海区政府投资促进中心供稿

中山长江水库（2021年） 陈森 摄

肇庆改造后的岩前社区（2021年） 曹笑 摄

香港太平山山顶（2021年） 香港特别行政区政府新闻处供稿

东莞滨海湾新区（2021年） 廖志忠 摄

大湾区总述

大湾区基本情况

【概况】粤港澳大湾区位于中国南部沿海地区，在珠江入南海海口附近的广东省中部、珠江三角洲区域，包括香港特别行政区、澳门特别行政区和广东省广州市、深圳市、珠海市、佛山市、惠州市、东莞市、中山市、江门市、肇庆市形成的城市群，是中国建设世界级城市群和参与全球竞争的重要空间载体，拥有世界最大的海港群和空港群，是中国开放程度最高、经济活力最强的区域之一，在国家发展大局中具有重要战略地位。粤港澳大湾区总面积5.6万平方千米，2021年末总人口8669.23万人。2021年，中共中央、国务院先后出台《横琴粤澳深度合作区建设总体方案》《全面深化前海深港现代服务业合作区改革开放方案》等重要政策文件。粤港澳大湾区各城市坚持疫情防控和经济社会发展双统筹，全力推动各项建设工作取得新进展。

【规则衔接和机制对接】2021年，粤港澳大湾区不断优化营商环境，推进规则衔接和机制对接。印发《广东省进一步推动竞争政策在粤港澳大湾区先行落地的实施方案》，推进建设高标准市场体系。编制促进大湾区标准发展指南，制定首批“湾区标准”清单。首次实施“港澳药械通”，至年底，审批内地临床急需进口港澳药品13个、医疗器械3个。推行登记注册“湾区通办”，港澳企业和居民可通过7家商业银行境外网点离岸办理广东省营业执照。广州、深圳获批开展国家营商环境创新试点。推进职业（执业）资格认可，全年累计428名港澳居民通过考试或认定方式获得内地医师资格证，589名港澳导游领队取得横琴专用导游证。设立大湾区调解工作委员会、大湾区国际仲裁中心交流合作平台，组织实施首次大湾区律师执业考试。开展香港工程建设咨询企业和专业人士备案开业执业试点，28家企业和78名专业人才在大湾区内地城市成功备案，大湾区内地城市推出38个工程建设项目开展粤港合作。推进金融互通，“跨境理财通”落地实施，累计办理资金跨境汇划4.86亿元。科创板股票被纳入沪深港通标的范围，在香港上市的生物科技公司被纳入港股通标的范围，深港通交易额突破43万亿元。债券通“南向通”上线，在香港、澳门分别发行50亿元、22亿元离岸人民币地方政府债券。合格境内有限合伙人（QDLP）境外投资试点扩容至广东省全省，首笔业务在横琴合作区开展。加快推进机制“软联通”。“港车北上”政策实施细节安排基本确定，“澳车北上”准备工作基本就绪。对澳门单牌车入出横琴实行免担保政策，配额增至1万个。

【现代化基础设施体系建设】2021年，粤港澳大湾区推动基础设施互联互通，对外联系通道进一步畅通。加快铁路轨道交通建设，赣深高铁、南沙港铁路开通运营，广湛、广汕汕高铁以及广清城际等项目建设进展顺利。广佛肇高速公路全线贯通，狮子洋通道先行工程等项目开工建设，深中通道、黄茅海跨海通道建设进展顺利。推进大湾区城际铁路投资建设体制机制改革，分别由广州、深圳牵头推进广州都市圈、深圳都市圈城际铁路投资建设。建设大湾区世界级机场群、港口群。珠三角枢纽（广州新）机场选址获批，推进广州白云机场三期扩建、深圳机场三跑道扩建、珠海机场改扩建等工程。深圳妈湾智慧港正式开港，南沙港区四期工程等项目建设进展顺利。加快构建新型基础设施体系，提升光纤网络能力。广东省基本建成全光网省。至年底，全省有 4G 基站 51.6 万个，实现行政村全覆盖；5G 基站 17.1 万个，数量居全国第一位。全国一体化算力网络粤港澳大湾区国家枢纽节点获批建设。2021 年，青茂口岸正式开通，深圳湾口岸货检通道实现 24 小时通关。实施“湾区一港通”“组合港”等大湾区物流一体化改革项目，整体货物通关周期压缩过半。

【国际科技创新中心建设】 2021 年，粤港澳大湾区国家技术创新中心、5G 中高频器件国家制造业创新中心、天然气水合物勘查开发国家工程研究中心获批建设，散裂中子源二期、人类细胞谱系等 5 项重大科技基础设施列入国家“十四五”规划，各类创新平台载体加快建设。完善广东省财政科研资金过境港澳使用管理制度，广东省及各市财政跨境拨付资金推进创造型引领型改革和全面创新改革工作。散裂中子源累计完成国内外研究课题近 600 项，其中港澳用户所占比例超过 10%。举办 2021 年大湾区科学论坛，吸引 130 多名世界顶尖科学家参加。健全创新体制机制，探索关键核心技术攻关及迭代应用、高校和科研院所职务科技成果单列管理、科研机构技术转移人才评价和职称评定等改革。

【重大合作平台建设】 2021 年，粤港澳大湾区高标准推进重点合作平台建设。落实横琴、前海两个合作区方案，分别成立广东省推进横琴合作区建设工作领导小组、全面深化前海合作区改革开放工作领导小组，制定出台广东省支持横琴、前海两个合作区建设的政策文件，加快编制总体发展规划。横琴合作区管理委员会、执行委员会和省委、省政府派出工作机构挂牌运作，研究编制鼓励类产业和企业所得税优惠目录，“分线管理”配套政策和“二线”通道基础设施建设稳步推进。前海合作区加快推动政策“扩区”，推动产业用地、产业奖补、金融、法律等政策覆盖到扩区后全部区域，企业所得税优惠政策延期、目录扩围、门槛降低等举措落地实施，探索行政区与经济区适度分离下的体制机制创新。南沙粤港澳全面合作示范区加快建设，国家进口贸易促进创新示范区获批，明珠科学院启动区全面开工，南沙保税港区升级为综合保税区，南沙国际邮轮母港建成运营。推进特色合作平台规划建设。中新广州知识城总体发展规划获批，广州南沙新区创建国际化人才特区、广州穗港智造合作区、佛山三龙湾高端创新集聚区、佛山顺德粤港澳协同发展合作区、江门华侨华人文化交流合作重要平台等规划方案印发实施。

【优质生活圈形成】 2021 年，广东省为港澳青年到粤创新创业创造便利条件。实施大湾区内地事业单位公开招聘港澳居民管理办法，港澳居民报考累计超过 1000 人次。出台推动港澳青年创新创业基地高质量发展的实施意见，建成以粤港澳大湾区（广东）创新创业孵化基地为龙头、12 个重点基地为骨干、大湾区内地城市 57 个特色基地为基础的“1+12+N”港澳青年创新创业孵化基地体系。支持香港实施“大湾区青年就业计划”，对参与计划的到粤就业香港青年发放生活补助每人每月 1000 元。教育交流合作更加紧密。香港科技大学（广州）申报设立，香港城市大学（东莞）、大湾区大学等筹建工作加快推进。北京师范大学—香港浸会大学联合国际学院、香港中文大学（深圳）入选广东高水平大学建设高校。湾区生活品质不断提升。推动粤港澳健康码互转互认，推进在粤港澳同胞新冠疫苗接种工作。推出第三批 20 项公安领域服务大湾区建设举措，涉及出入境证件办理、身份证业务、车驾管服务等事项。“湾区社保通”

上线，逐步覆盖港澳居民60个常用社保服务事项。“港澳药械通”落地实施，大湾区内地符合条件的医疗机构可按规定使用已在港澳上市的药品和医疗器械。印发实施粤港澳大湾区文化和旅游发展规划，发布第二批16条广东省粤港澳大湾区文化遗产游径。广东、香港、澳门获批共同承办2025年第十五届全国运动会。推进大湾区空气质量改善先行示范区建设，粤港澳三地联合发布大湾区2020年气候监测公报。

（广东省大湾区办）

大湾区城市

【香港特别行政区】 香港特别行政区地处中国南部、珠江口东，与深圳市毗邻，濒临南海。中华人民共和国于1997年7月1日恢复对香港行使主权，成立香港特别行政区，实施“一个国家、两种制度”“港人治港”，实行高度自治。香港特别行政区的区域范围包括香港岛、九龙、新界和262个离岛，是粤港澳大湾区发展的中心城市。最高山峰为新界中部海拔957米的大帽山；最深的海床位于蒲台岛以北的螺洲门，低于海平面66米。香港岛和九龙之间的维多利亚港是著名的深水海港。香港有500多平方千米的土地被划为受保护地区，包括郊野公园、特别地区和自然保育地带。米埔沼泽与内后海湾一带是国际重要湿地，占地约1500公顷，有潮间带泥滩、鱼塘和沼泽，适宜候鸟和留鸟栖息。至2021年，香港有超过560种鸟类、55种陆栖哺乳动物、25种两栖动物、90种爬行动物、194种淡水鱼、245种蝴蝶和130种蜻蜓。香港双足蜥是香港特有品种；三线闭壳龟、黄胸鹀、短脚角蟾、穿山甲和克氏小叶春蜓是全球受威胁物种；印度太平洋驼背豚（即中华白海豚）和江豚全年在香港水域出没，前者在香港西面水域栖息，后者在东面及南面以海洋特性为主的水域栖息。

香港地区有史籍可考的建置始于秦汉，最早载入中国古籍的香港地名是位于新界的屯门。香港新界地区保留大量宗祠、庙宇、私塾等历史建筑，祖先崇拜、天后崇拜、太平清醮、围村盆菜宴等习俗在香港流传。2021年，香港陆地面积1113.76平方千米，其中香港岛80.72平方千米、九龙46.94平方千米、新界986.09平方千米。至年底，香港人口临时数字741.31万人，人口密度为每平方千米6800人。

经济建设 2021年，香港本地生产总值28697亿港元，比上年实质增长6.3%，是自2010年以来最快的增速；本地居民总收入（包括本地生产总值和对外初次收入流量净值）30750亿港元，比同期本地生产总值高7.1%，有关差额显示对外初次收入出现净流入。2020—2021年，香港税收总额3785亿港元，比上年度增长14.4%。其中，利得税收入1355亿港元，约占政府总收入的24%；薪俸税收入750亿港元，占政府总收入的13.3%；印花税收入890亿港元，占政府总收入的15.8%。至年底，有劳动人口387万人，法定最低工资每小时37.5港元，香港雇员每月工资中位数1.80万港元。

政治和司法 香港回归祖国以后，中央人民政府和香港特别行政区政府根据《中华人民共和国香港特别行政区基本法》（简称基本法）和全国人大常委会的决定，推进香港的民主发展。2021年3月30日，全国人民代表大会常务委员会公布基本法附件二，规定立法会由90名议员组成；12月19日，原定2020年9月举行的立法会选举举行。基本法保证香港实行普通法制度。是年，有民事个案申请11875件，批出法援证书4916个；刑事个案申请3209件，批出法援证书2431个。

文化建设 2020—2021年，香港特别行政区政府预留约52亿港元资助艺术团体、艺术教育推广和行政费用（不包括基本工程开支），其中4.03亿港元资助中英剧团、城市当代舞蹈团、香港芭蕾舞团、香港中乐团、香港舞蹈团、香港管弦乐团、香港话剧团、香港小交响乐团和进念·二十面体9个主要艺术团体。粤剧发展基金拨款约1850万港元资助保存、推广和发展粤剧相关计划。艺能发展资助计划拨款4538万港元为 17 个新项目提供资助。艺术及体育发展基金（艺术部分）每年预留约 3000 万港元资助由香港艺术发展局提出或推荐的艺术项目。卫奕信勋爵文物信托拨款 242 万港元资助 14 个和文物有关的项目。香港赛马会音乐及舞蹈信托基金颁发 10 项奖学金 352 万港元资助申请人修读深造课程或接受相关训练。位于维多利亚港海滨的西九文化区占地 40 公顷，4 个主要场地投入营运。M+ 博物馆设有约 1.7 万平方米的展览空间，是当代视觉文化博物馆，展示视觉艺术、设计及建筑、流动影像；戏曲中心专注传承和发扬戏曲艺术，有一座 1075 个座位的大剧院；自由空间是香港当代表演艺术的新枢纽，有一座提供 900 个站位或 450 个座席的“黑盒”剧场。

医疗卫生　2021 年，香港特别行政区政府在医疗卫生方面的经常拨款增加至 959 亿港元，比 2016 年增长约 63%，比上年按年上升超过 10%；医疗卫生的经常开支占政府经常开支的 19%。香港特别行政区政府卫生署和医管局提供基层医疗服务。医管局营运的 73 所普通科门诊诊所（包括社区健康中心），主要服务长者、低收入家庭和长期病患者，全年服务病人约 171 万人，就诊 628 万人次。至年底，香港公立医院有病床 30105 张，其中普通科病床 23774 张、疗养科病床 1981 张、精神科病床 3675 张、智障科病床 675 张；私家医院有病床 5050 张，其中住院病床 4682 张，日间病床 368 张；护养院有病床 6465 张；惩教署辖下院所有病床 874 张。每 1000 人有病床 5.6 张。2020—2021 年，公立医院提供住院服务的开支为 528 亿港元。2021 年 6 月，香港计划兴建首家中医医院，委托香港浸会大学作为医院营运的承办机构。

香港特别行政区政府采取多种方式防控新冠肺炎疫情。4 月起，调整适用于各类场地的社交距离措施、群组聚集限制和佩戴口罩要求，并采用新做法，在各类场地实施“疫苗气泡”规定，鼓励市民接种疫苗。是年，开展新冠肺炎疫苗接种计划，为所有符合资格的市民免费接种，至 11 月开始接种疫苗第三针。

房屋援助　至 2021 年底，香港有房屋单位 293.94 万个，其中公屋单位 84.80 万个、资助出售单位 43.61 万个、私人楼宇单位 165.54 万个。香港人口有 30% 居于公屋单位，有 16% 居于资助出售单位。2021—2022 年，房屋方面的公共开支预算约为 421 亿港元，占公共开支总额的 5.5%。2021 年 12 月，香港特别行政区政府公布十年期总房屋供应目标为 43 万个单位，并把公私营房屋新供应比例维持于 70 ∶ 30。公营房屋供应的目标为 30.10 万个单位，包括 21 万个公屋 / 绿置居单位和 9.10 万个其他资助出售单位；私人楼宇供应目标为 12.90 万个单位。全年建成住宅单位 3.07 万个，其中私人住宅单位（不包括村屋）1.44 万个，公营房屋单位 1.63 万个。

社会福利　2021 年，香港特别行政区政府大幅增加最高豁免计算入息限额，符合资格的非长者健全受助人也可获得多项特别津贴。2020 年 6 月至 2021 年 5 月，香港特别行政区政府把身体健全人士申领综援的资产上限提高一倍，又在 2021 年 4—9 月把身体健全申请人的保险计划现金价值豁免计算为资产，为期 1 年，帮助受疫情影响经济困难的失业人士及其家庭。至 2021 年底，有综援个案 21.69 万宗，受助人 306377 名；全年综援计划开支总额约 230 亿港元，比上年下降 2%。年内，1124760 人领取公共福利金，公共福利金计划开支总额约 390 亿港元，比上年下降 2%。职津计划接获申请 13.48 万宗，10.93 万宗申请获批，发放津贴 18.1 亿港元，6.87 万住户、22.73 万人受惠，其中 8.96 万人是儿童和青年；自 6 月起，降低非单亲住户的职津计划工时要求。年内，向符合资格综援受助人发放额外半个月标准金额；向领取公共福利金、职津及以个人为申请单位的鼓励就业交通津贴的符合资格人士，发放额外半个月津贴。乐龄及康复创科应用基金提供 10 亿港元资助符合资格的安老及康复服务单位购置、租借和试用科技产品，改善服务使用者的生活质量，减轻护理人员的负担。至年底，该基金向 1300 个安老及康复服务单位批出 3.8 亿港元，购置和租用科技产品超过 9600 件。

残疾人士艺术发展基金向37个机构批出约4100万港元，为残障人士推行艺术项目68个。

教育事业 香港通过公营学校提供12年免费小学及中学教育。至2021年9月，27.97万名儿童就读于456所公营小学，25.49万名学生就读于392所公营中学。香港通过公帑资助和自资专上教育界别的发展。公帑资助课程由8所大学教育资助委员会（教资会）资助大学、香港演艺学院和职业训练局提供。公帑资助和自资专上课程涵盖副学位、学士学位及以上程度。2020—2021年，专上教育参与率约80%，其中学位程度课程参与率约55%。

社会治安 至2021年底，香港警队编制约有警务人员3.3万名和文职人员4700名，聘用督察157名和警员424名；有香港辅助警察队员3000名，由志愿人士组成，支援正规警队。全年有罪案64428件，比上年增长1.9%，每10万人口的罪案数869件，增长2.8%；暴力罪案9587件，增长2.1%；抢劫案123件，下降53.4%，爆窃案1472件，下降29.7%，抢劫和爆窃案的破案率分别接近78%和34.9%，为45年来最高；盗窃案19065件，下降6.1%。接获的罪案举报中，38.5%（24825件）被侦破，有29218人被捕，其中1114人是10～15岁的少年，1907人是16～20岁的青年。联合广东省公安厅和澳门警察总局开展一年一度“雷霆”行动。

区域合作 2021年5月14日，粤港合作联席会议第二十二次会议举行。粤港双方会后签署《开启“十四五”双循环商机 深化粤港经贸合作备忘录》《深化粤港澳大湾区投资推广合作备忘录》《粤港马产业发展合作协议》《关于共同促进穗港赛马产业发展框架协议》《大湾区体育项目合作补充备忘录》5份协议，寻求更多政策创新和突破，促进两地经济发展。

（香港历史研究基金会）

【澳门特别行政区】 澳门特别行政区地处珠江三角洲西岸，毗邻广东省，与香港相距60千米，距离广州145千米，范围包括澳门半岛、氹仔岛和路环岛，是粤港澳大湾区发展的中心城市。澳门总面积因沿岸填海不断扩大，至2021年，陆地总面积33平方千米（其中澳门半岛9.3平方千米、氹仔岛7.9平方千米、路环岛7.6平方千米、路氹填海区6.1平方千米、新城A区及港珠澳大桥澳门口岸管理区2.1平方千米），海岸线全长76.7千米。根据2021年人口普查结果，澳门总人口为68.21万人，不包括居澳外地雇员及外地学生的本地人口有568662人，过去十年人口年平均增长率2.1%。中国籍居民占89.2%，葡萄牙籍占1.3%，菲律宾籍占5.0%。在澳门出生的居民占41.3%，在大湾区内地九市出生的占27.8%，香港占3.3%，大湾区以外的其他内地省市占16.0%，东南亚国家占8.8%，葡萄牙占0.3%。至2021年底，澳门人口密度为每平方千米2.07万人。

政治发展 中华人民共和国于1999年12月20日恢复对澳门行使主权，成立澳门特别行政区，《中华人民共和国澳门特别行政区基本法》同时开始实施。基本法是全国人民代表大会根据《中华人民共和国宪法》制定，规定澳门特别行政区施行的制度，以保障国家对澳门的基本方针政策的实施。2021年9月12日，第七届立法会选举举行，选举管理委员会全面执行《澳门特别行政区立法会选举制度》有关规定，订定审核准则，参选人在行为上必须真诚拥护宪法、基本法及其确立的原则，必须为爱国者。根据该准则而获确定接纳的直接选举候选名单14组，候选人128名；间接选举候选名单5组，候选人12名。该届选举有137279名选民在直接选举中投票，投票率为42.38%；有7000名投票人在间接选举中投票，投票率87.33%，分别产生14名和12名议员，连同行政长官委任的7名议员，第七届立法会任期于10月16日开始。11月30日，中央人民政府批复澳门特区行政长官《关于提请中央人民政府在澳门特别行政区维护国家安全委员会设立国家安全事务顾问和国家安全技术顾问的报告》，由中央人民政府驻澳门特别行政区联络办公室（澳门中联办）主任担任国家安全事务顾问、澳门中联办3名相关人员担任国家安全技术顾问。澳门特别行政区政府根据该批复，12月9日修改澳门特别行政区维护国家安全委员会组织法规，并于12月13日在《澳门特别行政区公报》第一组内刊登出，翌日生效。

经济 2021年，受惠于澳门与内地人员恢复正常往来，澳门经济出现复苏势头，全年本地生产总值为2418亿澳门元，实质年增长率18.0%；货物及服务出口实质年增长率69.9%。总体就业人口378400人，失业率2.9%，月工作收入中位数1.58万澳门元；本地居民就业人口279900人，失业率3.9%，月工作收入中位数2万澳门元。为缓解疫情对本地经济及民生带来的冲击，澳门特别行政区政府三度修改年度财政预算，动用约443亿澳门元的财政超额储备保障居民就业，加强对中小企业的金融支持，振兴旅游业并促进宏观经济复苏。9月5日，中共中央、国务院公布《横琴粤澳深度合作区建设总体方案》，横琴开发进入粤澳全面合作共商、共建、共管、共享的新阶段。9月15日至10月29日，特区政府开展《修改第16/2001号法律〈娱乐场幸运博彩经营法律制度〉咨询文本》公开咨询，提出明确幸运博彩发展方向及规模、业界资格审查及规管，以及明确承批公司应承担及推动的非博彩元素项目，在保持博彩业规模稳定性的前提下，原则上将禁止幸运博彩专营转批给（俗称“副牌”）的行为。全年入境旅客约771万人次，按证件签发地计，来自内地的入境旅客约705万人次，占91.4%，其中以个人游形式入境的约245万人次，占31.8%；来自香港的入境旅客约59万人次，占7.6%；来自其他大湾区城市的入境旅客约412万人次，占53.4%。全年进口货值1538.8亿澳门元，出口货值129.6亿澳门元，本地产品出口货值20.0亿澳门元，全年贸易总额1668.4亿澳门元，贸易逆差1409.1亿澳门元；以进出口总值计，澳门的主要贸易伙伴依次为中国内地（占30.2%）、欧盟（占30.0%）、中国香港（占8.9%）、日本（占7.9%）和瑞士（占7.3%）；根据《内地与澳门关于建立更紧密经贸关系的安排》而享有零关税待遇的澳门出口货物金额为1.04亿澳门元。

教育 澳门提供15年免费教育，免费教育学校系统覆盖率95.6%。特区政府另外向每位就读正规教育的澳门居民学生发放书簿津贴。据统计，2020—2021学年非高等教育的学生总数83894人，教学人员7562人；高等教育课程注册学生39093人，各高等院校有教学人员2645人。

卫生 至2021年，澳门有4所医院、724个初级卫生护理场所，有1888名医生及2742名护士；每千人口对应有2.8名医生和4.0名护士。是年，卫生局总开支（包括投资及发展计划）约122亿澳门元。至年底，所有医院提供1962168人次的门诊服务及389627人次的急诊服务；初级卫生护理服务求诊者3415087人次。2021年的死亡率为3.4‰，婴儿死亡率为1.8‰，平均预期寿命84.2岁。

社会保障 澳门特别行政区政府社会工作局提供包括个人及家庭援助、儿童及青少年、长者、康复、防治药物依赖、赌博失调以及社会重返等社会服务，另向民间社会服务机构发放资助。2021年，局方资助总额14.8亿澳门元。《社会工作者专业资格制度》过渡期于4月1日结束，是年，1951人获得社工专业资格认可，其中1471人完成执业注册。社会保障基金为澳门居民提供获得基本社会保障，尤其是养老保障的机会。澳门的社会保障分社会保障制度和非强制性中央公积金制度两层。全年在社会保障制度下有供款的受益人358974名，涉及28518名雇主，总供款额3.86亿澳门元；在非强制性中央公积金制度下有608272名账户拥有人，资产结余75.87亿澳门元；有267名雇主自愿设立共同计划，涉及24642名雇员，另有78222人自愿开立个人计划账户。2021年，在社会保障制度下的各类福利金及津贴支出总额53.66亿澳门元，在中央公积金制度下提取款项8.76亿澳门元。至年底，社会保障基金的资产净值总额976.9亿澳门元。

公共房屋 澳门的公共房屋分社会房屋及经济房屋两类。社会房屋由澳门特别行政区政府以租赁形式分配给经济状况薄弱或有特殊情况的家团，全年开放申请。2021 年，有 15037 个单位。经济房屋由澳门特别行政区政府主导兴建，由房屋局或其他公共机构负责推动建造，以低于市场价格水平出售，目的在于协助处于特定收入水平及财产状况的居民解决住房问题，以及促进符合居民实际需要和购买能力的房屋供应。全年有 36963 个单位，累计出售 36563 个。房屋局在 2021 年接受新一轮经济房屋申请，全年接收 11707 份申请表，9667 份获接纳，2040 份被取消申请资格。

对外关系 根据《中华人民共和国澳门特别行政区基本法》的规定，澳门可在经济、贸易、金融、航运、通信、旅游、文化、科技、体育等适当领域以“中国澳门”的名义，单独同世界各国、各地区及有关国际组织保持和发展关系，签订和履行有关协议。截至 2021 年底，适用于澳门特别行政区的多边国际公约有 736 份；在澳门执行领事职务的领事机构有 91 个，另有 3 个官方认可的联合国代表机构在澳门执行职务。截至 2021 年底，给予中华人民共和国澳门特别行政区护照免签证或落地签证待遇的国家和地区有 144 个，给予中华人民共和国澳门特别行政区旅行证免签证或落地签证待遇的国家和地区 14 个。

（澳门基金会）

【广州市】 广州市地处中国大陆南方，广东省中南部，珠江三角洲北缘，接近珠江流域下游入海口。其范围是北纬 22° 26′ ~ 23° 56′，东经 112° 57′ ~ 114° 3′。东连惠州市博罗、龙门两县，西邻佛山市三水、南海和顺德区，北靠清远市市区和佛冈县、韶关市新丰县，南接东莞市和中山市，与香港特别行政区、澳门特别行政区隔海相望，是粤港澳大湾区发展的中心城市。2021 年，广州市行政区域面积 7434.40 平方千米，常住人口 1881.06 万人，其中户籍人口 1011.53 万人。广州矿产资源丰富，已发现矿产 47 种（含亚种），矿产地 820 处，已查明资源储量矿产 30 处，大中型矿区 32 处；生物种类繁多，生长快速，是全国果树资源最丰富的地区之一，粮食、经济作物、畜禽等不乏优特品种，花都炭步槟榔香芋、增城丝苗米、挂绿荔枝、萝岗甜橙、新垦莲藕等获国家农产品地理标志。广州是首批中国历史文化名城，素有“千年商都”的美誉，其地理位置、气候特征和多元文化的交融，形成具有鲜明的岭南文化特色，是海上丝绸之路的发祥地、岭南文化中心地、民主革命策源地、改革开放前沿地，也是国际综合交通枢纽和国家综合性门户城市。

2021 年，广州市立足新发展阶段，贯彻新发展理念，服务构建新发展格局，巩固拓展疫情防控和经济社会发展成果，扎实做好“六稳”工作，全面落实“六保”任务，老城市新活力、“四个出新出彩”迈出新步伐，高质量发展取得新成效。全年地区生产总值 2.82 万亿元，比上年增长 8.1%。固定资产投资总量 8502.75 亿元，居广东省首位，比上年增长 11.7%，其中民间投资、制造业投资分别增长 19.4%、11.9%。外贸进出口总额 10825.9 亿元，首次突破万亿元，比上年增长 13.5%，是 2011 年以来的最高增速。全年一般公共预算收入比上年增长 9.4%；城镇登记失业率 2.22%；城市居民消费价格指数上涨 1.1%。

营商环境优化 2021 年，广州市不断优化营商环境，落实《广州市优化营商环境条例》。实施营商环境 4.0 改革，入选全国首批营商环境创新试点城市。在国家营商环境评价中位居前列，全部 18 个指标再次获评全国标杆。打造“一网通办、全市通办”的“穗好办”政务服务品牌，推动实现“零次到场”“全程网办”，全面推行证明事项告知承诺制；推动政策兑现“一站式”集成服务，累计受理业务超 29 万件，涉及金额超 120 亿元。深化“一件事”主题套餐服务，25 件“一件事”落地实施。优化市场轻微违法经营行为免处罚免强制清单，新增、调整“双免”事项 173 项，累计 418 项。深化信用分级分类监管，累计归集信用信息超 63 亿条，获评全国社会信用体系建设示范区。

现代产业体系构建 2021年，广州市持续优化产业结构。先进制造业占制造业增加值比重提高至65.7%。启动实施以市领导为“链长”和以企业为“链主”的双链式“链长制”，推动关键环节强链补链，百济神州广州基地开展商业化生产，时代广汽动力电池等项目建成。新增国家级专精特新“小巨人”企业47家，连续3年“小升规”企业超千家，广佛惠超高清视频和智能家电产业集群、广深佛莞智能装备产业集群、深广高端医疗器械产业集群成为全国重点集群培育对象。新能源汽车、集成电路等新产品产量分别比上年增长87.9%、58.6%。新增境内外上市公司23家，其中在北京证券交易所（简称北交所）上市4家。推进会展业复苏，首次线上线下融合举办第130届中国进出口商品交易会（简称广交会），举办会展388场，展览面积683.81万平方米，比上年增长57.2%。总部经济集聚效应显现，新增世界500强企业2家、中国民营500强企业3家。

科技创新驱动发展 2021年，广州市坚持创新第一动力，推动由科研资源大市向科技创新强市迈进。研究与开发经费（R&D）支出占地区生产总值（GDP）比重为3.15%左右。构建“2+2+N”科技创新平台体系，广州实验室、粤港澳大湾区国家技术创新中心2个国家级平台挂牌运作。广州地区22项成果获2020年度国家科学技术奖。新认定高新技术企业约3600家。出台《广州市加快建设国家数字经济创新发展试验区实施方案》，获批建设国家人工智能创新应用先导区。广州人工智能与数字经济试验区琶洲片区主营业务收入3668.52亿元，比上年增长23%。中国广电5G核心网华南中心节点落户建设，新增5G基站14559座，举办全国5G应用创新大会。获批智慧城市基础设施与智能网联汽车协同发展首批试点城市，累计发放测试牌照142张，开放智能网联汽车测试道路253千米。

国际综合交通枢纽建设 2021年，广州市推进航空、航运、轨道交通、城市道路建设，推动构建立体交通网络体系，打造国际综合交通枢纽。出台《广州市临空经济区条例》，白云机场T3航站楼及交通枢纽轨道交通预留工程开工，全年机场旅客吞吐量4025.7万人次、货邮吞吐量204.5万吨。南沙港区四期工程海轮泊位主体基本建成，广州港环大虎岛公用航道开工建设。新增外贸航线21条，港口货物吞吐量6.51亿吨、集装箱吞吐量2446.65万标准箱，分别居全球第四位、第五位。轨道交通建设方面，大湾区广州都市圈城际铁路、广州铁路枢纽能级提升工程等重大项目前期工作取得突破性进展；地铁18号线首通段开通运营，新增地铁运营里程58.3千米，地铁运营总里程590千米，居全国第三位。明珠湾大桥、广州新洲至化龙快速路北段工程、洛溪大桥拓宽工程等项目建成通车，治理交通拥堵点92个。

生态环境质量改善 2021年，广州市提升生态环境质量，推进白云山还绿于民工程，完成复绿及绿化升级改造面积19.1万平方米；新建口袋公园91个、高质量水源林面积0.43万公顷、碧道308千米，提升改造绿道220千米。环境空气质量全面达标，$PM_{2.5}$平均浓度24微克/立方米，在国家中心城市中最优。新建污水管网1476千米，累计完成209条合流渠箱清污分流，排水单元达标比例79.8%，13个国考、省考断面水质全部达标，无劣V类水体断面。

城市治理能力增强 2021年，广州市加强城市精细化品质化治理。制定《广州市关于在城乡建设中加强历史文化保护传承的实施意见》，推进面向2035年历史文化名城保护规划编制，6片历史文化街区保护利用规划公布实施。出台关于推进珠江沿岸高质量发展的实施意见，全面提升珠江沿岸功能品质。出台《广州市关于在城市更新行动中防止大拆大建问题的实施意见（试行）》，探索超大城市有机更新之路，新增配套公共服务设施90.9万平方米、绿化面积187.8万平方米。建成“一网统管、全城统管”的“穗智管”智慧城市运行中心和全国首个城市信息模型（CIM）平台，提升防灾减灾能力，入选首批“国家海绵城市建设示范城市”。

民生保障水平提升　2021年，广州市办好民生实事，提升民生保障水平。出台《广州市养老服务条例》，市老人院扩建工程一期投入使用，综合养老服务中心（颐康中心）实现街镇全覆盖，家庭养老床位突破1.6万张，新增养老机构床位2532张，企业退休人员月养老金水平提高到3834元。加快托育服务体系建设，实际开展服务的托育服务机构约900个。城乡低保标准提高至每人每月1120元，特困人员基本生活、补贴标准联动提高；发放低收入居民价格临时补贴1787万元，惠及群众约9万人次；城乡居民医保财政补助标准提高到每人每年794元（在校学生）、681元（其他城乡居民）。基本建成保障性安居工程2.9万套，分配保障性住房1.7万套，发放住房租赁补贴1.77万户。累计建成加装电梯1.23万台，居全国首位。

（广州市发展改革委）

【深圳市】深圳市地处广东省中南部沿海区，东临大亚湾，西接珠江口，南与香港新界接壤，北连东莞、惠州两市，是粤港澳大湾区发展的中心城市。陆地地理坐标北纬22° 24′ ~ 22° 52′，东经113° 43′ ~ 114° 38′。深圳濒临南海，陆域平面形状呈东西宽、南北窄的狭长形。境内地形复杂，地貌类型多样，属于以丘陵为主，低山、丘陵、台地、阶地、平原相结合的综合地貌区。2021年末，全市陆域面积1997.47平方千米，海域面积约1145平方千米。全市常住人口1768.16万人，比上年增加4.78万人，增长0.27%。其中，常住户籍人口556.39万人，增长8.23%；常住非户籍人口1211.77万人，下降3%。根据第七次全国人口普查，常住人口平均年龄32.5岁，人口老龄化程度较低，劳动年龄人口平均受教育年限提高至11.86年，户籍人口中大专以上学历人口超过44%。森林覆盖率稳定在40%以上。

经济高质量发展迈上新台阶　2021年，深圳市应对新冠肺炎疫情、中美贸易摩擦等影响，实现经济发展稳中提质。全市地区生产总值3.07万亿元，比上年增长6.7%，两年平均增长4.9%。其中，第一产业增加值26.59亿元，增长5.1%；第二产业增加值11338.59亿元，增长4.9%；第三产业增加值19299.67亿元，增长7.8%。人均地区生产总值17.37万元，比上年增长5.0%。在新增减税降费734亿元基础上，来源于深圳辖区的一般公共预算收入1.11万亿元，比上年增长13.5%，其中地方一般公共预算收入4258亿元，增长10.4%。规模以上工业总产值连续3年居全国城市首位。

改革开放释放新活力　2021年，深圳市47条创新举措和经验做法在全国推广。深圳综合改革试点首批40条授权事项全面落地，放宽市场准入24条特别措施出台。前海合作区面积扩大到120.56平方千米，“物理扩区”和“政策扩区”同步推进。全年进出口总额3.5万亿元，比上年增长16.2%，其中出口总额增长13.5%，连续29年居内地城市首位。实际利用外资109.7亿美元，比上年增长26.3%。

发展动能实现新提升　2021年，深圳市全社会研发投入占地区生产总值比重为5.46%。有国家高新技术企业2.1万家。PCT（专利合作协定）国际专利申请量居全国城市首位。获评国家科学技术奖13项、中国专利金奖5项。战略性新兴产业增加值占地区生产总值比重提升至39.6%，现代服务业增加值占服务业增加值比重提升至76.2%。固定资产投资比上年增长3.7%，社会消费品零售总额增长9.6%。

城市品质再上新水平　2021年，深圳市公园总数1238个。$PM_{2.5}$年平均浓度18微克/立方米。地表水国控断面水质优良比例83.3%，东部海域水质保持一类。机场卫星厅投入使用，机场旅客吞吐量、货邮吞吐量均居全国第三位。港口集装箱吞吐量2877万标准箱，比上年增长8.4%。赣深高铁建成通车。推进“新时代十大文化设施”规划建设。获评国家网络质量卓越城市。

民生事业取得新成效　2021年，深圳市九大类民生支出3197亿元，比上年增长12.6%，占一般公共预算支出比重70%；居民人均可支配收入7.08万元，增长8.2%。新增基础教育学位13.1万个，南方科技大学入选国家“双一流”建设高校。新增三甲医院7所。建设筹集公共住房9.7万套（间）、供应分配4.2万套（间）。生产安全事故、道路交通事故死亡人数分别比上年下降9.1%、11.8%，刑事治安警情下降29.8%。（深圳市人民政府地方志办公室）

【珠海市】珠海是内地唯一与港澳同时陆路相连的城市。2021年，全市陆地面积1725平方千米，常住人口246.67万人，下辖香洲、金湾、斗门3个行政区。拥有领海线以内海域面积9348平方千米，海岸线224.5千米，大小海岛262个，素有“百岛之市”美誉，是珠三角地区海洋面积最大的海滨城市。是年，珠海市高效统筹疫情防控和经济社会发展，地区生产总值3881.75亿元，比上年增长6.9%，经济总量保持广东省第六位，人均地区生产总值居广东省第二位，规模以上工业增加值、社会消费品零售总额、一般公共预算收入分别比上年增长8.8%、13.8%和18.2%，实现“十四五”良好开局。坚持“外防输入、内防反弹”，实施新冠肺炎疫情常态化分级分类管控措施，深化珠澳联防联控，有力有序应对突发疫情影响，保障经济社会发展正常秩序，珠澳口岸出入境人数占全国八成。

经济高质量发展　2021年，珠海市实施推动经济争先进位发展“1+5”（即《落实市委财经委会议精神　推动珠海市经济社会发展争先进位实施方案》，以及《珠海市固定资产投资工作方案》《珠海市促进惠企政策落地工作方案》《珠海市工业园区提质升级工作方案》《珠海市招商引资助力实体经济发展工作方案》《珠海市加大保障性住房供给优化住房市场结构工作方案》5个配套方案，形成经济社会发展“1+5”方案体系）综合性政策措施，推动591个项目加快建设，全年新签约重点产业项目136个，投资总额超千亿元，制造业投资比上年增长20%。“5+1”产业集群加快构建，集成电路产业规模比上年增长50.1%。举办“中国芯”集成电路产业促进大会，新材料产业规模比上年增长33.2%，规模以上工业总产值实现5200.81亿元。金融、会展、物流等产业增长态势良好，金融机构本外币存款余额超过1万亿元，总量居全省第五位。举办各类会展活动超1200场，接待游客1800万人次，比上年增长19%，现代服务业增加值占服务业比重提升至70.5%。培育创新主体，高新技术企业超2100家，1170家企业纳入高新技术企业申报培育清单，规模以上工业企业研发机构覆盖率48%。落地建设广东省智能科学与技术研究院、广东省科学院珠海产业技术研究院、深珠科技创新合作示范平台。实施“珠海英才计划”，新引进人才6.5万人。珠海科技创新发展指数排全国地级市第二位，全社会研发经费投入占地区生产总值比重3.26%，每万人口发明专利拥有量97件，成为国家知识产权示范城市和全国标准国际化创新型城市，高新区在全国排名从第24位上升至第17位。

改革开放取得新突破　2021年，广东省委、省政府出台《关于支持珠海建设新时代中国特色社会主义现代化国际化经济特区的意见》，支持珠海经济特区思想观念先行、改革创新先行、基础设施先行、绿色发展先行，建设中国特色社会主义现代化国际化经济特区，打造粤港澳大湾区高质量发展新引擎。1月，金湾区、珠海经济技术开发区一体化开始运作；1—8月，横琴新区、万山海洋开发试验区、珠海保税区进行一体化运作；9月，横琴粤澳深度合作区成立，万山海洋开发试验区（珠海保税区）管委会与鹤州新区筹备组实行联合运作。发挥改革开放重要窗口和试验平台作用，持续深化“放管服”改革，加快数字政府建设，市级行政许可事项网上可办率100%，新登记商事主体4.9万户。融入国家“一带一路”建设，成为全国首个具备合格境内有限合伙人试点审批权限的地级市，国家跨境电子商务综合试验区加快建设，新设外商投资企业超2500家，实际吸收外资27亿美元，跨境电商零售进出口总货值增长3倍，跻身2020年中国外贸百强城市第五位。

深化与澳门、香港合作 2021年，《横琴粤澳深度合作区建设总体方案》公布，标志着横琴建设进入全面施工、全面推进的新阶段。珠海市推动横琴粤澳深度合作区起步，全面梳理横琴人口、土地、商事主体等事项，主动配合国家有关部委和省有关部门开展政策研究。做好过渡期人员安置、工作交接，研究出台珠海落实《横琴粤澳深度合作区建设总体方案》的行动方案。实施便利港澳居民在珠海发展60项措施，在创新创业、教育医疗、社保以及执业认证、人才政策扶持等不同领域，为港澳居民在珠海工作生活提供服务。实施“湾区通”工程，上线“珠澳通”APP，提供超100项跨境民生服务，澳人澳企减少跑动超10万人次。在珠澳资企业近8000家，港澳青年的创业孵化基地29个，累计孵化港澳创业项目453个。举办2021年粤港澳大湾区大学生就业实习双选会，提供超12万个就业实习岗位。在珠海大、中、小学就读的港澳学生超4000人，与港澳学校缔结姊妹学校76对。至年底，在珠海参加基本养老保险的港澳居民49168人（澳门居民45830人、香港居民3338人），参加基本医疗保险的港澳居民46706人（澳门居民40776人、香港居民5930人）。推进基础设施互联互通，粤澳新通道青茂口岸正式开通，澳车北上具备基础实施条件。

城市功能品质实现新提升 2021年，珠海市开工建设珠海机场综合交通枢纽项目主体工程，鹤港高速一期全线通车，高栏港集装箱码头二期泊位通过验收。动工建设香洲北工业区等一批“三旧”改造项目，开工改造老旧小区135个，完成改造117个。以“绣花功夫”推进城市建设管理，新增香山云道等一批网红打卡点。持续提升生态环境质量，前山河石角咀断面水质由Ⅳ类提升至Ⅲ类，国省控断面劣Ⅴ类水体全面消除，基本建立生活垃圾分类处理体系。举办第13届中国国际航空航天博览会，首次采取线上线下同步直播模式，一批代表世界先进水平的航空航天新产品、新技术、新服务、新成果进行“全球首发、中国首展”，现场签约总金额807亿元，超22万人次入场参观，6天内7.5亿人次观看线上直播，点击量超95亿次。中央广播电视总台2022新年音乐会、中国超级跑车锦标赛在珠海举办，“青春珠海”“活力珠海”号主题客机投入使用，上榜中国十大“心仪之城”。全市66%的村庄达到美丽宜居村标准，桂山岛环岛公路全线贯通，东澳岛新客运码头开通启用，建成东澳岛海洋馆、蜜月山公园等一批旅游打卡点，海岛生活垃圾无害化处理全覆盖。

民生社会事业取得新成效 2021年，珠海市发展民生事业，加大民生投入，九项民生支出454.76亿元。开展“我为群众办实事”实践活动，“民生微实事”投入3.15亿元，完成惠民小项目6940个。推出减轻企业负担稳定就业岗位等十大措施，城镇新增就业4.2万人。城乡居保基础养老金、居民医保财政补贴、城乡低保以及特困人员、残疾人、孤儿基本生活标准稳步提升，建成全国首个市级云医保平台。筹集保障性住房和人才住房1.8万套。新增公办幼儿园学位8940个、义务教育阶段学位2.5万个。落实“双减”政策，提供校内课后托管服务。市慢性病防治中心、市口腔医院、市中心血站等项目投入使用，形成校地共建遵医五院的发展新模式。举办首届珠海艺术节，颁发第五届文学艺术“渔女奖”。提升社会治理水平，制定基层自治、城乡社区公共服务标准，建设城乡社区综合服务平台，打造“15分钟党群服务圈”。学校食堂、养老机构、中央厨房和集体配餐单位全部实现“互联网+明厨亮灶”，“特保服务进校园”全覆盖，交通事故总量比上年下降15.7%。开工建设珠澳消防培训基地。省应急救援航空指挥调度中心落户珠海。（苏亚兵）

【佛山市】 佛山市位于广东省中南部，珠江三角洲腹地，东倚广州，西靠肇庆，南邻江门、中山，北接清远，邻近深圳和香港、澳门，是粤港澳大湾区的重要节点城市，陆运、水运、空运交通基础设施齐备，交通便捷。佛山全境位于北纬

22° 38′～23° 34′，东经 112° 23′～113° 24′之间，市域东距西、南距北均约 103 千米。佛山“肇迹于晋，得名于唐”。1983 年设立地级市。2021 年，佛山市辖禅城区、南海区、顺德区、高明区、三水区，有 21 个镇、11 个街道。全市辖区土地面积 3797.79 平方千米。年末户籍人口 484.13 万人，常住人口 961.26 万人，其中城镇人口 915.22 万人。人口出生率 11.53‰，人口自然增长率 6.28‰。佛山市地处珠江三角洲中部河网区，西江、北江分流的各水道贯穿其中，是独具特色、历史悠久的岭南水乡，有丰富的旅游资源。佛山土特产有石湾公仔、佛山香云纱、大塘黑皮冬瓜、乐平雪梨瓜、合水粉葛、顺德国兰、陈村年桔、顺德鳗鱼等国家地理标志保护产品。佛山市是全国先进制造业基地和广东省重要的制造业中心。至 2021 年底，全市有省级工程中心 812 个，市级工程中心 1421 个，高新技术企业 7100 家。佛山是国家历史文化名城，是南方铸造中心、广纱中心、陶艺之乡、岭南成药之乡、粤剧之乡、武术之乡、民间艺术之乡；顺德区作为世界八大美食之都之一，素有“厨出凤城”的美誉。

2021 年，佛山市地区生产总值 12156.54 亿元，比上年增长 8.3%。生产端和需求端持续改善，规模以上工业增加值比上年增长 9.3%，固定资产投资增长 7.6%，社会消费品零售总额增长 8.1%，进出口总额增长 21.7%。成立市招商工作领导小组，全年签约引进超 10 亿元或 1 亿美元以上的重大产业项目 68 个，签约投资总额 1878 亿元。财政金融运行稳健，地方一般公共预算收入比上年增长 7.3%，金融机构本外币存款余额和上市企业最高市值均突破 2 万亿元。

现代产业体系加快构建 佛山市制定实施《佛山市推进制造业数字化智能化转型发展若干措施》，设立总规模 300 亿元、首期 100 亿元的广东（佛山）制造业转型发展基金，培育省级标杆示范项目 9 个。国家制造业转型升级综合改革试点继续深化，谋划建设全国制造业高质量发展示范区。先进制造产业集群加快培育，广佛惠超高清视频和智能家电产业集群、广深佛莞智能装备产业集群入围国家先进制造业集群。战略性新兴产业加快发展，高端装备制造、新一代信息技术、新能源汽车等重点行业发展势头良好，佛山市牵头启动广东燃料电池汽车示范应用城市群建设。生产要素市场化配置体制机制改革加快推进，至年底，累计完成村级工业园拆除 8933.33 公顷，华南数据交易公司正式落户。质量强市深入推进，企业标准“领跑者”数量保持全国第一，美的集团获第四届中国质量奖。现代服务业发展提速增效，佛山生产服务型国家物流枢纽加快建设，佛山市入选国家文化和旅游消费试点城市，公募基金和期货牌照实现零的突破。现代都市农业加快发展，粤港澳大湾区现代都市农业综合示范基地授牌。

一流营商环境加快打造 佛山市把打造一流营商环境作为“一号改革工程”，发布《构建佛山“益晒你”企业服务体系　打造一流营商环境的行动方案（2022 年度版）》，开展营商环境立法，加快打造“营商好环境、佛山‘益晒你’”服务品牌。“佛山益企通”企业综合服务平台、“市长直通车”平台上线，全面推广应用佛山扶持通平台，截至年底，累计发放各类补贴资金超 110 亿元。优化开办企业“一网通办、一窗通取”改革，办事环节压至 1 个，办事时间压缩为 0.5 天。工业和高新技术项目“拿地即开工”加快推进，最快项目拍地后当日取得施工许可证。2021 年，佛山市入选全国第三批社会信用体系建设示范区，是全省唯一入选地级市。

科技创新能力持续提升 国家创新型城市建设通过验收，全社会研发经费支出占佛山市地区生产总值比重为 2.91%。高标准谋划建设“一区一园一城”科技创新高地，佛山三龙湾科技城、佛山国家高新区支撑作用逐步凸显，佛中人才创新灯塔产业园加快建设。季华实验室基础设施建设速度和成效均居省实验室前列，至年底，集聚科研人才 1500 多人，累计争取国家和省科技项目 84 个。仙湖实验室引进全职院士团队，促进氢能领域科研成果加快落地转化。成立有研（广东）新材料技术研究院，全市科技创新平台41个。高新技术企业培育成效明显，全年新增国家高新技术企业1382家，总数7100家。科技型中小企业培育孵化加快推进，全市科技企业孵化器115个，众创空间86个。“揭榜挂帅”科技攻关组织机制取得初步成效，清华大学等优势单位参与揭榜。举办首届全国博士后创新创业大赛，博士后工作站数量居全国地级市首位。

全方位开放合作新格局加快形成　粤港澳大湾区建设深入推进，《佛山三龙湾高端创新集聚区发展总体规划》《佛山顺德粤港澳协同发展合作区实施方案》经广东省审议通过并印发实施，主动对接支持服务横琴、前海两个合作区建设，佛山港澳青年创业孵化基地入选全省首批大湾区港澳青年创新创业基地。广佛全域同城化深入推进，加快建设“1+4”广佛高质量发展融合试验区（“1”指广州南站—三龙湾—荔湾海龙片区，“4”指南沙—顺德、荔湾—南海、白云—南海、花都—三水片区），番海大桥和广佛肇高速建成通车。支持深圳建设先行示范区，深圳科技园佛山科创园动工。“一核一带一区”建设稳步推进，佛山、潮州两市签署战略合作框架协议。高铁经济带建设持续深化，参与推动四川加入粤桂黔滇高铁经济带合作。“一带一路”建设深入参与，率先完成广州关区首单跨境电商9610货物中欧班列出口。佛山获批为中国服务外包示范城市，完成境外中方协议投资额35.1亿元。

城市形象和功能品质优化提升　城市更新（“三旧”改造）三年行动深入实施，“三旧”改造新增启动项目940公顷，完成改造项目733.33公顷，年度新增实质性启动项目25个。新型城市基础设施建设试点有序推进，新建5G基站超4600个、充电桩902个、加氢站4个、天然气管网207千米。实施城市“畅通工程”两年行动，珠三角枢纽（广州新）机场选址获批，地铁二号线一期、南海有轨电车一号线首通段开通初期运营，广州地铁七号线一期西延顺德段完成试运行，打通35条断头路，新建、提升自行车及电动自行车专用道600千米，完成96个拥堵点治理。60个乡村振兴示范村及“百里芳华”乡村振兴示范带建设全面推进，第一批20个示范村进入验收，建成13个美丽乡村集中连片示范区。特色小镇规范健康发展，31个小镇入选省级特色小镇培育对象。

绿色低碳发展　开展“无废城市”创建，入选第五批国家生态文明建设示范区，空气优良天数比例86%，新（改）建污水管网739千米，集中式饮用水水源地水质达标率100%，申报成为“十四五”土壤污染防治先行区和地下水污染防治试验区。开展大规模国土绿化和森林生态修复，16个“万亩公园”和18个“千亩公园”均启动建设，全市林木覆盖率29%。编制《佛山市碳达峰实施方案》，谋划佛山碳达峰实现路径。

人民生活持续改善　全市完成新冠病毒疫苗接种超2400万剂次，国际健康驿站运营。就业优先战略深入实施，全市城镇新增就业10.5万人。健康佛山建设提速，全面推动高水平医院建设“登峰计划”，佛山市第一人民医院获评全省高水平医院。教育现代化水平不断提升，完成新（改、扩）建幼儿园45所、义务教育阶段学校19所、普通高中2所。住房保障体系和住房市场体系不断完善，发放住房保障租赁补贴1.46万户，筹集保障性租赁住房4029套、共有产权住房1000套。公共文体服务加快发展，佛山市博物馆新馆建成，新（改）建社区体育公园200个。基本民生保障实现新提升，企业职工退休人员人均基本养老金、最低生活保障标准分别增至每人每月3514元、1120元。平安佛山深入推进，佛山市创建为全国禁毒示范城市，成为国家城市安全风险综合监测预警平台建设试点城市，获批广东省食品安全示范城市。

（佛山年鉴社　佛山市发展改革局）

【惠州市】惠州市位于广东省东南部、粤港澳大湾区东部。1988年1月设立地级市，2021年，下辖惠城区、惠阳区、惠东县、博罗县、龙门县，另设仲恺高新技术产业开发区、惠州大亚湾经济技术开发区。常住人口606.6万人，城镇化率72.90%；户籍人口405.91万人，其中城镇人口232.98万人，乡村人口172.93万人。人口出生率9.40‰，死亡率3.16‰，自然增长率6.24‰。全市土地面积1.13万平方千米，海域面积4520平方千米，海岸线长281.4千米。有自然保护区28个，保护区面积17.09万公顷，湿地面积42.49千公顷。市区环境空气良好，优良天数345天。可吸入细颗粒物（$PM_{2.5}$）年平均浓度19微克/立方米。土特产有惠州梅菜、东江糯米酒、甜玉米，博罗杨村橙、柑橘、酥糖、福田菜心，罗浮山百草油、酥醪菜，龙门三黄鸡、年桔，惠东仙人菜、高潭明姜，大亚湾小桂鱿鱼等。主要旅游景区（点）有罗浮山、惠州西湖、南昆山、巽寮湾、双月湾、龙门温泉系列基地、惠东港口海龟国家级自然保护区、象头山国家级自然保护区、白盆湖国家级水利生态风景区、惠东古田自然保护区、平海古城、邓演达纪念园、叶挺纪念园、高潭革命老区等。

2021年，全市地方财政一般公共预算收入455.36亿元，比上年增长10.5%；地方一般公共预算支出663.31亿元，增长4.1%。全市居民人均可支配收入43351元，比上年增长9.1%，剔除价格因素，实际增长7.5%；全体居民恩格尔系数35.6%。城镇常住居民人均可支配收入49243元，增长8.3%，剔除价格因素，实际增长6.7%；农村常住居民人均可支配收入27580元，增长10.7%，剔除价格因素，实际增长9.1%。全市社会消费品零售总额1978.92亿元，比上年增长13.3%。

抢抓“双区”建设重大机遇 2021年，惠州市印发实施《惠州抢抓“双区”建设重大机遇，深度融入深圳都市圈的行动方案（2021—2023年）》，将中央、省推进粤港澳大湾区建设年度重点工作安排列入《惠州市推进粤港澳大湾区建设2021年工作要点》。推动广东省重点建设项目建设，135个省重点建设项目完成投资764.8亿元，完成年度投资计划的116.7%。对推进粤港澳大湾区建设保障措施落实情况开展专项审计调查，完成问题整改。申报上级财政资金，全年争取中央预算内资金3.3亿元、地方政府专项债142亿元、重大项目前期工作经费0.5亿元。按要求落实大湾区传播工程，规范管理以粤港澳大湾区名义开展相关活动，完成“大湾区　大未来”中央媒体采访等活动。

推动粤港澳交流合作 2021年，惠州市印发《惠州市港澳居民就业创业补贴政策清单》《惠州市大湾区青年就业计划生活补助申领办事指引》，规定在惠创业就业港澳居民与本地居民享受同等补贴政策。仲恺港澳青年创业基地在孵项目33个（其中港澳项目19个）。安排大湾区个人所得税补贴资金5000万元。举办第三届粤港澳大湾区中医药传承创新发展大会，粤港澳中医药签约合作项目21个，其中广州中医药大学惠州医院与澳门科技大学、广州中医药大学签订“粤港澳惠州转化医学研究中心”平台共建合作协议。惠州香港希玛林顺潮眼科医院开业运营。粤港澳大湾区文化遗产游径增至3条。开展“山海惠州·醉岭南”等系列湾区互游文旅活动。深莞惠三市联合印发《深莞惠生态环境联合交叉执法三年行动方案（2021—2023年）》，共同推进区域污染防治联防联控。与深圳市共同研究深惠战略合作框架协议，探索区域一体化发展、资源优势互补等合作模式，支持推动深汕合作区供水工程、龙淡河整治工程、深圳东江水源保障工程等深惠合作事项。推动交通基础设施对接，推进对接深圳（前海）惠坪高速前期工作，深汕西高速改扩建。赣深铁路通车运营，惠州北至深圳北最快27分钟。支持配合深汕铁路惠州段红线用地征地拆迁、深惠城际坪地至沥林北段工程可行性研究等前期工作。优化“惠盐组合港”通关模式，初步完成深惠汕海上客运航线惠州客运基地3个客运码头选址方案。实施《惠州市面向深圳市电子信息产业招商图谱》，举办“深惠合作共赢湾区”产业创新协同对接招商活动，签约大湾区项目72个，投资总额逾860亿元。加快建设深圳创新资源首要承接地和科技成果转化首选地，全年引进深圳项目118个（含高新技术企业项目92个），占全市过会项目的36%。

合作发展平台建设 2021年，惠州市依托电子信息产业特色和空间生态优势，为港澳人士创新创业、就业生活提供新空间，推进粤港澳特色合作平台建设，形成平台建设方案初步研究成果。出台《关于支持潼湖生态智慧区高质量发展的若干措施》，推进中韩（惠州）产业园起步区基础建设。出台《惠州市鼓励跨境电子商务高质量发展若干措施》，复制推广“保税＋新零售”模式，支持推动制造业企业借助跨境电子商务转型升级。全年跨境电商出口54.4亿元。出台《惠州市推动工业园区高质量发展评价工作方案（试行）》，“3+7”工业园区基础设施建设投入120多亿元。7个千亿园区盘整土地1530公顷，供应土地520多公顷，新签约项目117个，新开工项目119个，新投产项目56个。惠州新材料产业园进入全面建设阶段，产业项目落户8个，总投资107.7亿元，与中国化学、恒力集团签订合作框架协议。

交通基础设施建设 2021年，惠州市推进“丰”字交通主框架建设，惠霞高速项目立项；推进惠坪、惠肇高速前期工作。深莞惠红色干线等骨干快速路动工建设。建设“轨道上的大湾区”，赣深铁路通车运营；5月，莞惠城际小金口至惠州北段项目开工建设。依托赣深高铁、京九铁路，开展粤港澳大湾区（惠州）现代物流产业基地课题研究。规划建设千万级干线机场；7月，《广东惠州军民合用机场总体规划（2021版）》获民航部门批复；12月，飞行区扩建工程启动建设，二期扩建工程预可行性研究报告启动编制。推动惠州港扩能升级，推进《惠州港总体规划》修编工作，荃湾港区5万吨级石化码头调试作业，开通惠州—台湾航线。推进荃湾港区荃美石化码头等港口基础设施项目前期工作。

参与国际科技创新中心建设 2021年，惠州市推进重大科技基础设施建设，强流重离子加速器装置运行楼建成；7月，加速器驱动嬗变研究装置启动建设。总部区竣工并具备入驻条件，装置区配套工程进入施工阶段。先进能源科学与技术省实验室引进高端科研团队12个，其中7个科研团队约100人入驻潼湖园区开展科研；10月，总部区工程开工建设。印发实施《惠州市高质量发展高新技术企业实施方案》。高新技术企业增至2094家。规模以上工业企业研发机构覆盖率51.8%，研发经费投入占比3.1%。双聘及合作院士24人，科技领军人才150多人。先进能源科学与技术省实验室部分成熟科技成果实现产业化，重离子微孔膜污水处理、垃圾中转站压滤、河道修复示范项目开始运营。全市技术合同认定登记600项，比上年增长177.8%；技术合同成交额突破20亿元，增长79.7%，其中技术交易额超过19亿元，增长74.1%。

打造“2+1”现代产业集群 2021年，惠州市出台《惠州市促进制造业高质量发展若干措施》，发挥重大项目引领带动作用，提升石化能源新材料和电子信息两大支柱产业核心竞争力。新增超百亿企业5家；工业总产值突破1万亿元，规模以上电子信息行业总产值3677.25亿元，比上年增长19.8%，规模以上石化能源新材料行业总产值2837.63亿元，增长35.1%。埃克森美孚惠州乙烯、恒力（惠州）PTA（精对苯二甲酸）项目全面动工建设，中海壳牌惠州三期乙烯项目转规划专家评估会通过，中海壳牌SMPO/POD（苯乙烯/环氧丙烷和聚醚多元醇）等项目建成投产。太平岭核电一期工程2台机组加快推进，二期工程正式启动申报，中广核海上风电一期并网发电，惠州LNG接收站项目开工建设，推进中洞抽水蓄能电站前期工作。广佛惠超高清视频和智能家电产业集群成为全国首个跨区域跨领域建设先进制造业产业集群。信利康乐创智慧工业园、创维数字项目等项目动工建设，推进TCL模组整机一体化智能制造产业基地建设。粤港澳大湾区（惠州）数据产业园润泽项目首期主体封顶。粤港澳大湾区（广东惠州）绿色农产品生产供应基地项目有16家企业入驻园区，出口果蔬产品货值1.85亿元。入选粤港澳大湾区“菜篮子”基地27个、加工企业4家。

粤港澳流动渔民深海网箱养殖产业园海上休闲渔业综合体验平台建成运营。推进龙门大健康产业园、罗浮山国药中医药产业、九惠生物医药产业园等项目建设，完成南药种植0.12万公顷，逐步形成医药、医疗器械、健康用品等产业。

营商环境优化提升 2021年，惠州市出台《惠州市2021年优化营商环境工作清单》，聚焦13个领域、制定30条措施，细化每项清单工作，实现全市营商环境工作项目化、项目清单化、清单责任化“三化”管理。企业开办“一网通办、一窗通办、一窗通取”覆盖全市，实现企业开办一个工作日内办结。推进“证照分离”改革全覆盖试点工作。启动1087个政务服务事项“全市通办”，与省内外20个地市实现354个事项“跨省通办”、1146个事项“跨城通办”，“湾区通办”自助服务平台实现12个部门128个事项终端办理。高频事项办理实现群众“最多跑一次”。市场活力得到释放，新登记市场主体14.5万家，比上年增长20.6%，其中企业5.9万家，增长24.5%。推进省信用建设服务实体经济发展试点工作。为企业松绑减负，新增减税降费44.5亿元。开展解决企业困难“直通车”活动。入选首批落地跨境理财通城市，银行落地业务7家，涉及金额376.58万元。特色供应链金融服务平台“简单汇”服务企业2.4万家。完成全国首单挂钩碳市场履约债券和“绿色碳链通”业务。新增A股上市企业3家、北交所上市企业5家，国内上市企业17家。

（惠州市人民政府地方志办公室）

【东莞市】 东莞市位于广东省中南部。1988年设立地级市。2021年土地面积2460.38平方千米。年末户籍人口278.61万人，常住人口1053.68万人。东莞市粮食播种面积0.19万公顷，粮食产量0.95万吨。矿产24种，查明资源储量的矿产10种。海域面积78.5平方千米，海岸线长92.95千米，海岛面积24平方千米。建有国家一类口岸——东莞港。土特产有莞香、荔枝、麻涌香蕉、东莞腊肠、虎门麻虾、白沙油鸭、万江腐竹、道滘裹蒸粽、石龙麦芽糖柚皮等。东莞市是广东省历史文化名城，获评中国曲艺之乡、中国民间艺术之乡、龙狮之乡、举重之乡、游泳之乡、龙舟之乡。主要旅游景点有林则徐销烟池、威远炮台、沙角炮台等鸦片战争遗址和鸦片战争博物馆、海战博物馆等爱国主义教育基地；明代的迎恩门楼、金鳌洲塔、榴花塔、袁崇焕故居、南社古村落，明清时期的燕岭摩崖石刻，清代广东四大名园之一的可园，蒋光鼐故居、东江纵队抗日纪念馆等人文景点；有东莞同沙生态公园、松山湖景区、水濂山森林公园、植物园、长安莲花山以及虎英郊野公园等自然景观。2021年，东莞市成为地区生产总值过万亿元、人口超千万人的“双万城市”，获“国家创新型城市”“2017—2020年度平安中国建设示范市”等称号。2021年，东莞市实现地区生产总值1.09万亿元，比上年增长8.2%。其中，第一产业增加值34.66亿元，增长11.8%；第二产业增加值6319.41亿元，增长10.5%；第三产业增加值4501.28亿元，增长5.1%。三次产业比例为0.3 ∶ 58.2 ∶ 41.5。人均地区生产总值10.33万元，比上年增长7.8%；一般公共预算收入769.57亿元，增长10.8%；一般公共预算支出874.29亿元，增长3.6%。

经济平稳发展 2021年，东莞市经济运行稳中有升。农业生产稳中向好，粮食畜牧产品快速增长，全市农林牧渔业总产值53.38亿元，比上年增长13.1%。工业生产基础稳固，全年全部工业增加值比上年增长10.6%，规模以上工业增加值增长10.2%。服务业态势良好，全市规模以上服务业实现营业收入1615.87亿元，比上年增长13.5%。固定资产投资增长8.2%，工业投资支撑有力。消费市场规模逐步扩大，线上消费需求持续释放，全市社会消费品零售总额4239.24亿元，比上年增长13.3%。全市进出口总额1.52万亿元，比上年增长14.6%。市场主体规模不断壮大，新业态新动能快速增长，全市工商登记注册户数146.34万户，比上年增长9.13%。财税收入平稳增长，金融业稳健运行，全市一般公共预算收入769.57亿元，比上年增长10.8%。

居民消费价格指数比上年上涨1.1%。

创建成为国家创新型城市 2021年，东莞市获科技部评估通过，创建成为国家创新型城市。科技创新综合竞争力进入全国城市20强、居全国地级市第三位。全年全市国家高新技术企业数量7374家，居全省地级市第一位。2018—2021年连续4年举办粤港澳大湾区院士峰会，成为东莞市层次最高、规模最大的年度科技会议。2019—2021年连续3年举办华为开发者大会，促进国际交流、推动科技合作。出台创新型企业、企业研发机构、创新强镇等方面配套政策，形成建设国家创新型城市“1+N”政策体系（出台《关于贯彻落实粤港澳大湾区发展战略全面建设国家创新型城市的实施意见》，以及《东莞市科技计划体系改革方案》《东莞市培育创新型企业实施办法》等一批创新型配套政策，配套政策涉及松山湖材料实验室建设、重点领域研发项目、中科院科技服务网络计划东莞专项、创新型企业培育、创新强镇建设和科技金融等领域）。坚持“科技创新+先进制造”，研发投入占地区生产总值比重从“十二五”末期的2.22%提升至2020年的3.54%，全面提升产品科技含量，构建技术领先的市场竞争优势，以科技新动能的增量带动产业体系结构优化。推进大湾区综合性国家科学中心先行启动区建设，全面深化与中科院、国内高校战略合作，形成各类创新主体、高端创新资源加快集聚态势，引领全市产业链向高端跃升。吸引一批院士团队，中国散裂中子源常驻400名中科院高端科研人才，松山湖材料实验室科研人员超过900人，东莞理工学院广纳博士人才超过700人，构筑全方位引才聚才体系。加大在中国散裂中子源、大湾区大学、松山湖材料实验室等方面投入，建设一批重大科技平台，保障大湾区综合性国家科学中心先行启动区（松山湖科学城）、国家创新型城市建设等工作推进。设立100亿元战略性新兴产业引导基金，组建超过500亿元母子基金群，推动政府社会资本基金向科技创新配置。

生态环境改善 2021年，东莞市因重点区域大气、重点流域水环境质量明显改善，成为全国5个、广东省唯一获得国家环保专项资金激励的城市。2021年，东莞市编制《东莞市生态环境保护“十四五”规划》，推动水、大气、固体废弃物、土壤、农业农村污染防治及环境监管能力建设等。全市空气质量优良天数比例86.3%，其中$PM_{2.5}$浓度为22微克/立方米，比上年下降8.3%，改善幅度排全省第三名。全市7个国考断面优良水体比例57.1%、劣V类比例为0。全市受污染耕地安全利用率99.12%，重点建设用地安全利用得到有效保障，地下水国考点位V类水比例为0。新增镇村污水管网1338千米，至2021年底，累计建成截污管网1.4万千米，基本实现污水收集全覆盖。启动13项总能力84.5万吨/日的污水处理新扩建工程，全市污水处理厂生化需氧量进水浓度89.12毫克/升、污水收集率74.81%，实现“双提升”。推动整治“散乱污”企业1995家，清理铝灰渣厂区库存量2314吨。全市农村污水处理率94.2%，畜禽粪污综合利用率超80%。规模启动碳达峰、碳中和研究部署，推进全市能源消费和碳排放基础研究。

先进制造业集群发展 2021年，东莞市智能移动终端、“广深佛莞”智能装备产业集群入选国家级先进制造业产业集群。智能移动终端集群拥有华为等一批龙头企业。“广深佛莞”智能装备产业集群是全国规模最大、品类最多、产业链最完整的智能装备集聚区域，涵盖高端装备制造、智能机器人、精密仪器设备、激光与增材制造等产业集群。东莞作为粤港澳大湾区先进制造业中心，推动实施“机器换人”“自动化智能化改造”等措施，走智能制造道路，为实现从“世界工厂”向“制造名城”转变打下基础。

再捧全国平安建设“长安杯” 2021年12月，东莞市获“2017—2020年度平安中国建设示范市”称号。这是东莞市连续4届（每四年一届）获评为平安中国建设示范市，也是继2017年后，第二次捧得全国平安建设最高奖项“长安杯”。2017—2020年，东莞市出台4部地方性法规加强平安建设立法；推动群防群治，发动群众参与平安建设；构建“一呼百应”机制，建立警民联防点1.2万多个，组建警民微信群3800多个，组建27万人的“东莞义警”队伍；推广“智网人人拍”小程序，设立24小时心理热线，镇村综治中心设“粤心安”心理咨询室。建成未成年人教育矫治学校；推进社会治理智能化向基层延伸，以“智网工程”打造社会治理中枢，“智网工程”获评全国政法智能化建设优秀创新案例。2021年，东莞市未发生重大政治安全事件。维护社会安全稳定，开展社会矛盾问题8个专项治理等，全年通过诉调对接成功调解案件8.5万件，把矛盾纠纷化解在基层。全面强化特殊人群管理服务，优化社会治安环境，社会治安呈现“三降三升”（违法犯罪警情、刑事立案数、治安案件受理数均下降，行政拘留、刑事拘留、起诉人数均上升）的良好态势，盗窃、电信诈骗、“两抢”（抢劫、抢夺）等多发性犯罪刑事立案数分别比上年下降13.4%、5.68%、15.02%，命案发案数实现连续九年下降。强化公共安全管理，全市发生各类生产安全事故数下降15.7%。做细做实基层基础工作，坚持“专群结合、依靠群众”，升级完善“智网人人拍”小程序，增加“雪亮工程”视频资源接入单位，提高群防群治能力水平。常态化开展扫黑除恶专项斗争，推进“全民反诈”专项行动，推进市域社会治理现代化。东莞市平安建设考评连续3年排全省第二名，获得优秀等次，并第六次获得全国社会治理创新典范城市。

（东莞市人民政府地方志办公室）

【中山市】中山市位于广东省中南部，是中国民主革命先驱孙中山的故乡。1988年升格为地级市，不设市辖区。2021年6月，撤销小榄镇、东升镇，合并设立新的小榄镇；撤销民众镇、南朗镇，设立民众街道、南朗街道。全市下辖15个镇、8个街道，区域内含有1个国家级开发区火炬高技术产业开发区和1个经济协作区翠亨新区，辖127个社区和150个行政村。2021年行政陆域面积1780.99平方千米（其中市区面积134平方千米），耕地面积（含可调整地类）4.83万公顷，粮食作物播种2833.33公顷，粮食总产量1.51万吨，森林覆盖率23.13%，森林蓄积量315.99万立方米。土特产有中山五桂山沉香、神湾禾虫、神湾菠萝、坦洲番石榴、中山杏仁饼、石岐乳鸽、小榄菊花肉、小榄荼薇酒、东升脆肉鲩、沙溪凉茶、沙溪扣肉、三角沙栏鸡、中山安南龟、中山麻鸭、三乡濑粉、黄圃腊味等。中山市是全国五金制品产业基地、健康科技产业基地、装备制造产业基地、休闲服装名镇、中国灯饰之都、红木雕刻艺术之乡、中国沉香之乡。主要旅游景点有国家AAAAA级旅游景区孙中山故里旅游区和孙文纪念公园、中山温泉、詹园、泉林欢乐世界、长江水世界、孙文西路文化旅游步行街、金钟湖公园、树木园、翠亨国家湿地公园，以及广东省内首个海蚀遗址——广东中山黄圃省级地质公园等。

2021年末，全市常住人口446.69万人，比上年末增加3.58万人，其中城镇常住人口388.62万人。实现地区生产总值（初步核算数）3566.17亿元，比上年增长8.2%。其中，第一产业增加值90.81亿元，增长20.4%；第二产业增加值1761.78亿元，增长11.0%；第三产业增加值1713.58亿元，增长5.0%；三次产业结构比重为2.5∶49.4∶48.1；人均地区生产总值80157元，增长7.2%。

共建世界级城市群　2021年，中山市推动与周边城市一体化融合发展。加快与广佛、深港、珠澳三大湾区极点和江门等周边地区的融合发展，发挥优势参与打造新发展格局战略支点，联合深圳规划建设深圳—中山产业拓展走廊并形成规划建设方案初稿，联合珠海、江门加快编制粤港澳大湾区（珠西）高端产业集聚发展区建设总体方案，打造区域高质量发展的新增长极和动力源。统筹空间资源，谋划包括火炬开发区、翠亨新区、岐江新城等在内的“3+4”重大产业平台。各产业平台加强与深圳等城市产业协作，支持联合攻关一批“卡脖子”技术，优先布局符合省“双十”战略性产业集群布局的人工智能与数字经济、生物医药与健康、智能家电、高端装备制造等产业。加快构建大湾区西翼重要综合交通枢纽。7 月，深中通道伶仃洋大桥西主塔封顶，大桥建设全面转入上部结构施工阶段。中开高速、西环高速、香海大桥中山段加快推进，初步形成“四纵五横”高速路网。深江铁路先行段动工建设，南沙港铁路黄圃站、东凤站站房建筑及配套工程方案基本形成，中山站、中山北站“站城一体”规划建设推进。加快构建支撑高质量发展的现代产业体系，出台《中山市关于实施重点产业链链长制工作方案》，系统推进产业链基础研究，促进产业链上下游协同发展。研究梳理产业链发展现状，掌握产业链重点企业、重点项目、重点平台、关键技术、上下游配套、瓶颈等情况，形成每条产业链一张“链主”企业、重点企业清单，一份重点发展项目清单，一个招商引资目录的产业链“三个一”工作内容；补齐重点产业链短板和突破关键领域，确定发展方向和目标任务，开展全链条全过程精准服务。

共建国际科技创新中心 2021 年，中山市加快建设重大科学基础设施。光子科学中心、先进低温技术研究院纳入省推进广深港澳科技创新走廊高水平创新研究院建设任务表，低温研究院完成项目立项，光子中心申报国家重大科技基础设施窗口指导，2 个项目完成勘察与初步设计。推进生物医药科技国际合作创新区创建。印发《中山市实施粤港澳大湾区药品医疗器械监管创新发展工作方案》，推动陈星海医院成为审核确定的 5 家首批内地“港澳药械通”指定医院之一。申请设立药品进口口岸事项得到国家支持，该项目作为《粤港澳大湾区药品医疗器械监管创新发展工作方案》六大重点任务之一，通过国家的现场评估验收。高端创新平台和高水平大学加快建设。中科中山药物创新研究院获批广东省高水平新型研发机构。3 月 29 日，中山市政府、中国科学院上海药物研究所主办粤港澳大湾区药学研究生培养协同创新论坛暨中国科学院大学药学院中山学院揭牌仪式，中山药物创新研究院与合作高校签订战略合作框架协议加强联合培养研究生合作。5 月 26 日，中国检科院粤港澳大湾区研究院揭牌暨正式建设启动仪式在中山火炬区举行，大湾区研究院的设立获广东省事业单位登记管理局批准。谋划建设中山国际人才港，编制中山大湾区国际人才港建设方案，在中山国际人才港服务中心设立“一站式”服务窗口，修订《中山市实施粤港澳大湾区个人所得税优惠政策财政补贴管理办法》，实现补贴申请全流程网上办理。

共建“一带一路”重要支撑 2021 年，中山市加快推进对外开放合作平台建设。1 月，印发《中山市商务发展专项资金（跨境电子商务项目）实施细则》，鼓励镇街开展跨境电商业务。推进综合保税区申报，完善综合保税区区位申报方案。开展新一批自由贸易试验区改革试点经验复制推广工作，申报中国（广东）自由贸易试验区中山联动发展区。加强与港澳经贸合作。与香港贸易发展局签订经贸合作备忘录，推动在中山设立“GoGBA 港商服务站”，组织企业参加香港国际采购汇、广交会、“粤贸全球”线上展会等。推进金融领域开放创新。4 月，出台《中山市贯彻落实金融支持粤港澳大湾区建设意见的行动方案》，争取本外币合一的跨境资金池业务试点落地中山，推动中山农村商业银行作为粤港澳大湾区首批试点机构探索开展环境信息披露试点，完成中山市首笔“跨境理财通”业务办理，支持推动明阳集团在澳门成功发行首笔民营企业绿色债券。推进政务服务“湾区通办”。实现中山市不动产抵押登记业务在澳门“跨境通办”。采取导办、帮办、代办、“指尖办”等方式，为居住中山的港澳人士提供“就近可办”的政务服务。

共建内地与港澳深度合作示范区 2021 年，中山市推进粤港澳合作发展特色平台——翠亨新区建设。完成翠亨新区发展总体规划修编研究并将修编规划的请示上报省政府，招引落地码头综合体、西门子互联网等一批超百亿元的重大项目。加强与港澳合作。谋划粤港生物医药合作创新区，与大湾区香港中心联合举办香港—中山健康医药产业论坛，推动两地资源对接和产业优势互补合作。组织28家优质企事业单位赴澳门开展人才对接交流，吸引更多澳门青年到大湾区内地创新创业、安居乐业。6月，澳门企业新濠国际发展有限公司竞得中山马鞍岛高端文旅生态城地块，打造高端文旅生态城，推动两地资源、资金、人才等要素高效流动。

共建优质生活圈　2021年，中山市推进“1+1+N”港澳青年创新创业平台载体建设。全市创业孵化平台全部向港澳青年开放，有73个港澳创业团队在园孵化。加强教育医疗住房等社会民生服务。落实港澳居民在内地参加社会保险政策，创新服务品牌、服务渠道，提升港澳居民社保服务水平，便利港澳居民在中山就业创业，港澳居民在中山市参加城镇职工养老保险人数2706人。拓展社保服务网点，与9家银行合作，在全部镇街设立银行“社保服务点”126个，结合已有的市、镇街两级经办窗口和800多台自助终端机，实现港澳人员办理金融业务与社保业务的“打包办”“就近办”。依托各村党群服务中心，在全市开展“先锋连万众　社保村税通”服务进村工作，将港澳居民和内地居民办理量大、群众咨询较多和需跨部门办理的个人参保证明、灵活就业人员参保、个人办理养老保险延缴、办理养老退休等事项纳入“社保村税通”的服务范围。推进“便利湾区”建设，建立62个村（社区）一级内地港澳同胞服务中心。增设车辆驾驶管理“港澳居民业务专窗”，压缩港澳居民查询出入境记录工作时限、办理来广东省定居工作时限，港澳居民遗失证件补办一次性出境手续可当天完成。

（中山市人民政府地方志办公室）

【江门市】江门市位于广东省中南部，东联港珠澳，北接广佛，西通粤西及西南诸省，面向南海，处于粤港澳大湾区联通北部湾和大西南地区的“承东启西”关键位置，与广佛都市圈、深港经济圈两大龙头的陆路距离均在100千米左右，构成粤港澳大湾区的“黄金三角地带”。江门是著名的“中国侨都”，拥有丰富的侨务资源、侨乡优势，创新开展“邑门式”行政服务，全国首创“1+3+N”的开放型清单体系，率先实现离岸智能办税、“多证合一”登记制度等“放管服”改革，推动营商环境优化，新兴产业进驻发展，拥有“中国摩托车产业示范基地”“国家电子信息产业基地”“中国纺织服装产业基地”等18个国家级产业基地和6个省级产业基地。摩托车、纺织服装、纸制品、水暖卫浴、电声麦克风等产品产销量处于全国领先水平，产业集聚效应明显。

农业建设　2021年，江门市粮食产量创近四年新高，成为受广东省政府特别表扬的六个地级市之一，江门市农业农村局获全国粮食生产先进集体称号。江门市第一产业固定资产投资15.38亿元，比上年增长7.7%；农村居民人均可支配收入23376元，增长10.6%；农林牧渔总产值542亿元，增长12.2%；第一产业增加值294.89亿元，增长9.8%，总产值、增加值均高于全省平均水平。

招商引资　2021年，全市招商系统实施“链长制”，加大产业招商力度。全市引进超亿元项目273个，比上年增长29.4%，投资额1552.4亿元，增长24.5%。其中，超10亿元（含10亿元）项目40个，增长21.2%，投资额962.9亿元，增长12.2%；超20亿元（含20亿元）项目18个，与2020年基本持平，投资额708.9亿元，增长2%。新增项目211个，占全市引进超亿元项目的77.3%，投资额1357.1亿元，占总投资额的87.4%；增资扩产项目62个，占全市引进超亿元项目的22.7%，投资额195.3亿元，占总投资额的12.6%。聚焦工业项目、先进制造业项目，江门市在深圳、东莞、广州等重点招商城市举办各类投资促进活动近10场，引进1亿元（含）以上制造类项目228个，比上年增长33.3%，占全市引进1亿元（含）以上项目的83.5%；投资额1006.9亿元，增长77.3%，占总投资额64.9%。投资超100亿元的新达金属新材料科技项目签约落户，投资50亿元的巴德富环保新材料华南综合生产基地落地建设。

（江门市商务局）

产业园区 江门大型产业集聚区是广东省委、省政府谋划建设的新一轮布局面积最大、可连片大规模开发的大型产业集聚区，规划总面积1395平方千米，可新增连片开发面积625.32平方千米，起步区245.3平方千米。集聚区分为北、东、南三大组团，按照“统一规划、统一管理、统一开发，组团发展、分步实施”的思路开发建设，重点发展新一代电子信息、高端装备制造、生物医药与健康等三大主导产业，兼顾发展新材料、新能源等优势特色产业。2021年完成规模以上工业总产值2374亿元，增加值533亿元。其中，主导产业总产值1900亿元。北组团面积619平方千米，包括蓬江产业园、新会智造产业园、银洲湖循环经济示范基地、台山工业新城、开平翠山湖科技产业园、鹤山工业城，重点发展高端装备制造、生物医药与健康、智能家电等战略产业集群。主攻中欧合作，建设国家级中欧（江门）中小企业国际合作区。加快建设珠西国际物流中心，开通中欧班列和东南亚货运铁路班列；合作建设双元制教育中心，规划建设欧企服务中心、创业中心，打造国际化特色产业新城。东组团面积481平方千米，包括国家高新区、广东轨道交通装备产业园、珠西新材料集聚区，重点发展新一代电子信息、新能源汽车、高端装备制造、安全应急与环保、新材料等战略产业集群。主攻深圳江门合作，建设“总部+基地”“研发+生产”深度分工合作示范区，为珠江口东西两岸融合发展提供范例。南组团面积295平方千米，包括粤澳（江门）产业合作示范区、广海湾产业区、银湖湾滨海新区，重点发展生物医药、节能环保、智能机器人、海洋工程装备、现代农业与食品等产业集群。主攻与港澳、RCEP（区域全面经济伙伴关系Regional Com-prehensive Economic Partnership）成员国合作，共建大湾区宜业宜居宜游的产业示范区。打造具有港澳风情的滨海新城，为港澳同胞、RCEP成员国侨胞到江门发展提供更大舞台。

（江门市工业和信息化局）

江港澳深度合作 2021年，江门市启用“江门—澳门跨境通办政务服务专区”和“江门—香港跨境通办政务服务专区”，成为全国首个在境外设立综合性政务服务专区的地级市，实现港澳企业群众“零出关”即可办理超400项江门政务服务、66项广东省任一城市服务事项。推动江澳在特色金融和绿色金融的合作，江门市工商银行、建设银行、中国银行、交通银行等7家银行陆续开展跨境“理财通”业务。构建港澳青年创新创业基地体系，珠西创谷（江门）科技园成为省级“粤港澳台科技企业孵化器”。与澳门科学技术发展基金建立粤澳科技创新联合资助项目地市联动资助机制。与香港科技大学（广州）签订全面战略合作框架协议，共建江门“双碳”实验室，创建粤港澳联合实验室，争取成为国家、省重点实验室。五邑大学谋划与澳门大学开展联合培养博士研究生项目，江门中医药职业学院与澳门镜湖护理学院签署《合作框架协议》。江门市累计认定粤港澳大湾区“菜篮子”生产基地（加工企业）42个。江门市供港澳蔬菜基地1个，供港澳生猪基地6个，供港澳水产品基地7个，供港澳家禽基地2个。

（江门市发展改革局）

【肇庆市】 肇庆市位于广东省中西部，粤港澳大湾区的西北部。2021年末，肇庆市户籍总人口数458.1万人，常住人口比上年末增加1.28万人。全市地区生产总值2649.99亿元，比上年增长10.5%。其中，第一产业增加值458.46亿元，增长7.6%；第二产业增加值1101.48亿元，增长15.3%；第三产业增加值1090.04亿元，增长7.5%。社会消费品零售总额1160.82亿元，比上年增长9.3%；固定资产投资增长11.6%；外贸进出口总额405.4亿元，下降1.9%；实际吸收外资8.1亿元，增长39%；一般公共预算收入146.45亿元，增长17.6%；金融机构本外币各项存款、贷款余额分别为3052.7亿元和2639.61亿元，分别增长5.5%和6.2%。居民消费价格指数上涨1%。是年，肇庆市抢抓“双区”和横琴、前海两个合作区建设重大机遇，全方位参与粤港澳大湾区建设，实施产业振兴、乡村振兴、旅游振兴、社会事业振兴，推动肇庆经济发展和社会全面进步，加快建设珠三角核心区西部增长极和粤港澳大湾区现代新都市。

产业发展 2021年，肇庆市产业发展规模效益明显增强。华红农牧、大家食品等8个大型生猪养殖项目投产。新增省级重点农业龙头企业10家，新认定省级“一村一品、一镇一业”专业村78个、专业镇10个，新增全国名特优新农产品19个，德庆贡柑营销模式成为全省“12221”市场体系建设典范。累计创建12个省级、8个市级现代农业产业园。肇庆（怀集）绿色农副产品集散基地、大湾区（肇庆）水产综合交易中心首期项目建成，国家级南药市场项目落户肇庆。全市完成规模以上工业总产值超4200亿元、税收超80亿元，规模以上工业增加值实现859.88亿元，比上年增长18.4%。产业集聚发展实现新突破。聚焦产业招商落地，签约投资超1亿元项目407个，其中超50亿元项目2个、超10亿元项目33个、高新技术企业投资项目130个；新引进项目中完成供地156个、开工43个，11个项目实现当年开工、当年竣工。全球动力电池龙头企业宁德时代落户肇庆，首期投资120亿元建设华南地区最大的锂电池制造基地，实现当年引进当年动工、主体建筑当年封顶；小鹏汽车产值突破百亿元，在肇庆工厂生产交付8万多辆，二期项目快速动工扩产，肇庆高新区智能网联新能源汽车纳入科技部创新型产业集群试点，新能源汽车及汽车零部件产业发展取得突破。风华高科投资75亿元的高端电容基地一期顺利投产，“片式电阻器”入选第六批国家级制造业单项冠军产品。产业平台承载力不断加强，大型产业集聚区被列入省七大产业平台之一。服务业增加值实现1090.04亿元，比上年增长7.5%。全市接待游客4092.6万人次，旅游综合收入308.1亿元，分别比上年增长160.3%、184.9%；星级酒店入住率60%。分别创建国家AAAA级、AAA级旅游景区1个、11个，砚阳湖旅游度假区创建成为省级旅游度假区，高要、四会创建成为省级全域旅游示范区。新增限额以上商贸企业80家。星湖国际广场商圈创建成为省级示范特色步行街（商圈），鼎湖万达广场、四会吾悦广场正式开业，端州世茂城市综合体等大型商业项目加快建设。承办2021广东旅游文化节，举办肇庆市“粤贸全国——肇（货）亮金秋”直播带货活动。

投资建设 全市固定资产投资比上年增长11.6%。工业投资比上年增长23.2%，高技术制造业投资加快，增长149.2%；电子及通信设备制造投资快速增长，增长244.8%。民间投资活力有效释放，民间投资占全市固定资产投资比重67.9%，增长14.9%。民生领域投入力度加大，比上年增长58.6%，其中教育投资增长95.4%，卫生和社会工作投资增长71%。专项债券项目申报工作保持排在全省前列，获批专项债券项目287个、资金需求711.72亿元，分别排全省第一位、第三位，获得省分配专项债券192亿元。“两新一重”项目建设成效明显，广佛肇高速二期建成通车，肇明高速、金利大道加快建设，广湛高铁、珠肇高铁肇庆境内段前期工作有序推进；广宁浪江抽水蓄能项目前期工作顺利推进，大旺国电二期项目启动实施；西江干流治理工程（肇庆段）全面动工建设；累计建成开通5G基站3106座，打造省级工业互联网标杆示范项目18个。

社会民生 2021年，肇庆市“粤菜师傅”“广东技工”“南粤家政”3项工程培训人数分别为1.6万人、8.8万人、0.8万人。全市城镇新增就业4.3万人，城镇登记失业率2.5%、控制在省定目标4%以内。全市退役军人自主就业创业率96.33%。基础教育扩容提质“两个工程”落地见效，21所公办中小学校建成投入使用，新增学位2.1万个。中山大学附属第三医院肇庆医院、省第二人民医院肇庆医院（肇庆市中心人民医院）等投入使用，成立中山大学孙逸仙纪念医院肇庆医疗中心。市博物馆新馆建成开馆，市文化馆新馆、市全民健身中心建成使用。新建新型阅读空间“砚都书房”10个，超额完成年度任务。实施县级以下英雄烈士纪念设施整修工程55个。完成农村公路新改建项目307千米、农村公路危桥改造项目67个。农村人居环境整治提升工作扎实推进，已建成“书记项目”示范镇14个，农村生活垃圾收集处理率、村庄保洁覆盖面100%，154千米美丽乡村风貌带全面动工建设，四会古邑碧道画廊成为全市美丽乡村示范带。基本实现医疗保险全覆盖。城乡居保基础养老金提高至180元，惠及52.62万人。发放公租房补贴618户，完成年度任务的142.39%。按时足额为优抚对象发放抚恤优待金、生活补助和临时价格补贴。开工改造城镇老旧小区58个，完成省下达的年度开工任务。建成8个县级、104个镇级广东省退役军人服务中心（站）星级示范点。105个“双百工程”社会工作服务站挂牌运作。为期三年的扫黑除恶专项斗争顺利收官。侦破电信网络诈骗案件458件，实现诈骗刑事案件法案同比环比“双下降”目标，“110”接处警工作群众满意率排全省第三名。法治广东建设考评获全省优秀等次，法治政府建设考核保持排名全省前列，创建省级法治政府建设示范市进入公示阶段。空气、水环境质量排名全国前列。城区生活污水集中收集率50.46%，完成年度任务。肇庆市西区泵站重建、砚阳湖水系综合整治工程获中国大禹奖。

全国无障碍环境示范市创建　2021年，肇庆市被住房和城乡建设部等部门授予“全国无障碍环境示范市”称号。至2021年底，肇庆市在创建全国无障碍环境建设城市工作中取得成效。道路方面，市中心城区市政道路工程基本都设置路缘石坡道、盲道等无障碍设施，人行道安全岛均能满足轮椅通行。公共建筑方面，市中心城区各新建公共建筑、城市广场、绿地、高速公路服务均设置无障碍设施；室外公共厕所实施无障碍设施改造352个，占纳入改造计划的100%。公共交通方面，市中心城区轨道交通车站、铁路旅客车站、汽车站无障碍设施配置率100%；既有汽车站无障碍改造4个，占纳入改造计划的100%。公共停车场（库）方面，市中心城区新建公共停车场均按标准设置无障碍停车位，并对18个既有公共停车场设施进行无障碍改造，增设无障碍停车位59个。福利及特殊服务建筑方面，市中心城区新建福利和特殊服务建筑项目无障碍设施配置率100%；既有福利和特殊服务建筑实施无障碍改造项目89个，占纳入改造计划的100%。在居住区、居住建筑方面，市中心城区新建居住区基本都设置路缘石坡道、无障碍坡度等无障碍设施；城区对286个既有居住区进行全覆盖的无障碍改造；开展残疾人家庭无障碍改造370户，其中老年人无障碍改造260户。信息无障碍建设方面，编制实施《肇庆市智慧城市顶层设计》，全市各类残疾人服务网站、政府门户网站、政务服务网等政府网站均达到无障碍网站设计标准，网民可通过点击首页“无障碍通道”按钮进入无障碍辅助浏览模式。

（肇庆市人民政府地方志办公室）

·责任编辑　何文倩·

年度关注

前海深港现代服务业合作区建设

深圳前海深港现代服务业合作区（简称前海合作区）位于广东省深圳市西部南头半岛，珠江口东岸，毗邻港澳。2010年，前海合作区建立，规划面积14.92平方千米；2021年9月，《全面深化前海深港现代服务业合作区改革开放方案》发布，明确前海合作区总面积扩展至120.56平方千米。开发建设前海合作区，是支持香港经济社会发展、提升粤港澳合作水平、构建对外开放新格局的重要举措，对推进粤港澳大湾区建设、支持深圳建设中国特色社会主义先行示范区、增强香港同胞对祖国的向心力具有重要意义。

一、《全面深化前海深港现代服务业合作区改革开放方案》发布

2021年9月6日，中共中央、国务院印发《全面深化前海深港现代服务业合作区改革开放方案》（简称《改革开放方案》），前海合作区将打造粤港澳大湾区全面深化改革创新试验平台，建设高水平对外开放门户枢纽。方案明确，进一步扩展前海合作区发展空间，前海合作区总面积由14.92平方千米扩展至120.56平方千米。方案指出，到2035年，高水平对外开放体制机制更加完善，营商环境达到世界一流水平，建立健全与港澳产业协同联动、市场互联互通、创新驱动支撑的发展模式，建成全球资源配置能力强、创新策源能力强、协同发展带动能力强的高质量发展引擎，改革创新经验得到广泛推广。根据方案，在打造全面深化改革创新试验平台方面，前海合作区将推进现代服务业创新发展，加快科技发展体制机制改革创新，打造国际一流营商环境，创新合作区治理模式；在建设高水平对外开放门户枢纽方面，前海合作区将深化与港澳服务贸易自由化，扩大金融业对外开放，提升法律事务对外开放水平，高水平参与国际合作。《改革开放方案》发布后，前海加快建设全面改革试验平台。至2021年底，前海合作区地区生产总值1755.67亿元，比上年同期增长10.5%，税收收入增长13.7%，关区进出口增长20.3%，实际使用外资增长16.8%；战略性新兴产业增加值715.1亿元，增长10.5%。10家前海合作区企业入选2021年中国金融科技“双50”榜单。建设深港数字经济集聚区，“互联网+”未来科技城等项目建设加速。

二、深港合作深化

2021年，前海合作区改善港澳人才发展环境，举办领域港企港人系列专题座谈会12场；便利港企港人在前海发展的行动计划累计征集特区政府部门意见60条。与香港中华总商会等11家工商协会合作，实现港澳主要工商协会对接联通全覆盖。建设“前海港澳e站通”，提供“注册易”“办税易”“社保通”等服务223项，港澳跨境服务更便利。改善港澳人才发展环境，全年发放港澳青年专项扶持资金8638.49万元。举办青年创新创业大赛，港澳台参赛项目667个，

占比约一半。出台金融、产业集聚、人才发展等政策，支持香港优势产业发展，比照内地企业上浮 20% 享受扶持。推进深港合作重大平台建设，统筹提供产业空间 82 公顷。“软”“硬”联通水平持续提升，新增香港税务师、导游备案执业，港澳人士备案执业范围扩大到 16 类。对接香港北部都会区发展策略，研究推进港深西部铁路（洪水桥—前海）建设，推动构建多层次深港跨境复合通道。

三、体制机制改革创新

2021 年，前海合作区新推出制度创新成果 75 项，累计 685 项；新增全国复制推广 7 项，累计 65 项。完善现代服务业标准体系，发布全国首个《基于跨境活动的企业信用报告格式规范》，《大宗货物电子仓单》等标准获国家发展改革委批复。推动世界知识产权组织技术与创新支持中心在前海设立，支持粤港澳大湾区标准创新联盟落户前海合作区，建立三地标准生成孵化、互联互通机制。编制全国首套基于国际开放格式的《前海 BIM 标准体系》，实现人机交互和自动化验证。

四、营商环境优化

2021 年，前海合作区建立健全面向市场主体的服务体系。前海合作区企业所得税优惠政策延期，优惠目录拓展至五大类 30 项。实施优化营商环境行动，电子印章综合应用、商事主体歇业登记等做法全国推广，第三方国际机构评估显示前海合作区营商环境跻身全球第一梯队。工程建设项目审批“一次申请、按需发证”，办理时限由 49 天压缩至 13 天，实现建筑工程“拿地即开工”。健全外资和民营企业权益保护机制，制定《前海合作区投资者保护条例》，营造内外资一致的公平竞争环境。3 月 25 日，深圳市税务局、深圳市人力资源和社会保障局、前海管理局在前海举办港澳涉税专业人士前海跨境执业政策推广暨港澳涉税专业人士政务服务中心挂牌仪式。建设前海深港国际法务区，粤港澳大湾区国际仲裁中心挂牌成立，国内首栋国际仲裁大厦投入使用，深圳国际仲裁院、国际商会仲裁院等 26 个法律机构入驻办公。加强知识产权保护，创建知识产权保护工作示范区，推动各类知识产权司法、行政、仲裁、公证等机构聚集发展。

五、开放合作深入

港澳服务贸易自由化深入发展。2021 年 9 月，前海深港商贸物流小镇揭牌运营，至是年底，小镇签约面积超过 3 万平方米，签约入住率约 70%。前海综合保税区二期封关运作，单位面积进出口额位居全国前列。金融业对外开放纵深推进，建设前海深港国际金融城，签约入驻金融机构 156 个。2021 年 9 月，粤港澳大湾区“跨境理财通”试点启动，12 家银行在前海率先落地首笔业务；10 月，深港国际金融城建设启动。提升贸易自由化便利化水平。获海关总署批复同意在前海开展跨境贸易大数据平台建设试点，推动数据互联、单证互认、监管互助互认。加强专业服务业领域开放合作，专业服务业领域龙头企业在前海集聚，中建国际、何设计建筑设计、波士顿咨询、安永企业咨询等国内外机构进驻。

六、基础设施建设

2021 年，前海合作区编制新一轮总体发展规划和国土空间规划。国家（深圳·前海）新型互联网交换中心上线试运行，平均时延降至 3 毫秒，比深圳市平均时延降低 92%。前海国际会议中心获中国工程建设鲁班奖，前海 BIM（建筑信息模型）技术应用推广发展规划获第十二届“创新杯”智慧城市与可持续发展类特等奖。交通布局优化。深珠城际（伶仃洋通道）、前海客运口岸纳入国家规划。联动前海枢纽港、深港组合港、湾区港口群、国际港口链建设国际贸易组合港，粤港澳大湾区首个 5G 智慧港口——深圳蛇口妈湾港开港运营，全年前海合作区集装箱吞吐量 1460.7 万标准箱，比上年增长 10.7%。深圳机场卫星厅投入使用、三跑道建设提速。公共配套持续完善，华润10万平方米、卓悦4万平方米商业等商圈项目开业，高峰日客流量超15万人次，国深博物馆、山姆前海旗舰店启动建设，宝中片区演艺中心建成运营，湾区书城、工人文化宫开工建设。

七、绿色低碳发展

提升环境质量，推进绿色合作区绿色低碳发展。铲湾渠河口、双界河河口断面水质符合地表水Ⅲ类标准，铲湾渠梦海大道、桂庙渠河口断面水质符合地表水Ⅳ类标准。环境空气质量指数（AQI）范围在16～150之间，空气质量达到Ⅰ级（优）的天数为191天，空气质量达到Ⅱ级（良）的天数为131天，$PM_{2.5}$年平均浓度降至19微克/立方米。开展低碳试点示范工作，打造世界级区域集中供冷系统，提出将区域集中供冷系统纳入市政公共设施建设，规划新建10个冷站、90千米市政供冷管网，总供冷规模40万冷吨，总投资40亿元，供冷服务建筑面积1900公顷，覆盖前海合作区全域；至年底，2号冷站一期，10号冷站一期Ⅰ标、Ⅱ标，5号冷站一期完成建设并分别为桂湾、妈湾、前湾片区用户提供供冷服务，总装机容量2.9万冷吨，尖峰供冷能力4.7万冷吨，接入供冷建筑面积370公顷。编制《前海深港现代服务业合作区绿色建筑专项规划》。是年，新增14个项目获得绿色建筑设计标识，其中6个项目获评三星级，8个项目获评二星级，新增绿色建筑面积168.7公顷。（深圳市前海管理局）

横琴粤澳深度合作区建设

横琴粤澳深度合作区开发开放，是深入实施《粤港澳大湾区发展规划纲要》的重点举措，是丰富“一国两制”实践的重大部署，是为澳门长远发展注入的重要动力，有利于推动澳门长期繁荣稳定和融入国家发展大局。2021年，广东省携手澳门特别行政区推进横琴粤澳深度合作区（简称横琴合作区）建设，实现稳健起步、良好开局。

一、《横琴粤澳深度合作区建设总体方案》发布

2021年9月5日，中共中央、国务院印发《横琴粤澳深度合作区建设总体方案》，为横琴粤澳深度合作区建设勾勒蓝图。总体方案明确，合作区实施范围为横琴岛“一线”和“二线”之间的海关监管区域，总面积约106平方千米。其中，横琴与澳门特别行政区之间设为“一线”；横琴与中华人民共和国关境内其他地区之间设为“二线”。总体方案明确，横琴粤澳深度合作区的战略定位是促进澳门经济适度多元发展的新平台，便利澳门居民生活就业的新空间，丰富“一国两制”实践的新示范，推动粤港澳大湾区建设的新高地。根据总体方案，到2035年，“一国两制”强大生命力和优越性全面彰显，合作区经济实力和科技竞争力大幅提升，公共服务和社会保障体系高效运转，琴澳一体化发展体制机制更加完善，促进澳门经济适度多元发展的目标基本实现。方案包括6个部分29条内容。第一部分为总体要求，明确发展基础、指导思想、合作区范围、战略定位和发展目标。第二部分至第五部分聚焦发展促进澳门经济适度多元的新产业、建设便利澳门居民生活就业的新家园、构建与澳门一体化高水平开放的新体系、健全粤澳共商共建共管共享的新体制，提出一系列具体务实的举措。第六部分明确横琴粤澳深度合作区建设的保障措施。

二、建立完善工作机制

2021年9月，横琴合作区管委会、执委会，省委横琴工委、省政府横琴办（以下统称省派出机构）依法依规成立运作。管委会工作规则、执委会议事规则、省委横琴工委议事规程、省政府横琴办议事规则等规章制度印发实施，执委会“三定（定职能、定机构、定编制）”方案制定，一批工作机制制度建立完善。推动《横琴粤澳深度合作区建设总体方案》配套政策加快

落地。澳门特区政府设立合作区办事处，与管委会成员单位之间建立有效联系联络机制。《关于推动横琴粤澳深度合作区建设的若干措施》《珠海市贯彻落实〈横琴粤澳深度合作区建设总体方案〉的行动方案》印发。联席会议制度、重大事项通报制度建立，执委会与省派出机构会首次联席会议召开。在疫情防控、应急管理、信访维稳等关键领域建立20多项工作机制。体制机制的建立推动政策新优势不断释放。是年，编制出台《横琴粤澳深度合作区建设总体任务清单》《横琴粤澳深度合作区建设近期重点任务清单》，以及省派出机构专项规划清单、重大政策（创新）清单、重点工作任务清单等，明确合作区建设的时间表、路线图和责任书。加快推进横琴合作区条例（法）立法工作。合作区组织国内一流团队加快修编横琴总体发展规划，同步面向全球征集城市设计方案。配合海关总署、财政部研究制定分线管理具体落实政策措施。重点配套政策加快推进。放宽市场准入特别措施、鼓励类产业目录、企业所得税优惠目录、首批授权事项清单等政策制定取得阶段性进展。促进澳门经济适度多元发展指标体系（试行）、常态化评估办法（试行）草拟完成，并启动首次指标体系试算。

三、培育产业发展新动能

2021年，横琴合作区加快集聚创新资源，有科技企业孵化器、新型研发机构等各类国家级、省级科技创新平台20个，中国科学院、中国工程院院士6名、国家重大人才工程入选者119人。新金属材料国家重点实验室海洋能与氢能金属材料分实验室、氢燃机横琴研发中心同步落地。广东省智能科学与技术研究院、横琴先进智能计算平台三期项目加快建设。澳大研究院微电子、先进材料等研发中心建成运行。广东粤澳半导体产业投资基金、武岳峰集成电路股权投资基金落户。服务澳门功能定位的产业加快发展。重大产业项目加速落地，中国电子、中国太平等12个重点项目集中签约。粤澳合作中医药科技产业园、仁和横琴（国际）中医药创新中心、横琴国际生命科学中心等生物医药重大研发平台加快建设。旅游产业持续复苏，全年旅游综合收入超过20亿元，景区接待游客量恢复至500万人次。金融业高质量发展，区内持牌金融机构71个，存贷款余额分别为1605亿元、1417亿元，分别比上年增长15.11%、32.67%。是年，横琴合作区办理跨境人民币结算业务2300亿元，试点以来累计结算金额超1万亿元。“跨境理财通”落地。印发实施支持企业赴澳门发行公司债券专项扶持办法和外商投资股权投资类企业试点办法。产业发展内生动力增强。制订高端紧缺人才清单管理办法、推动落实个人所得税优惠，引才聚产优势显现，有科技型企业超1万家。推进营商环境改革，3655项政务事项实现“一网通办”，投资者最快3小时便可领取营业执照，商事登记率先实现“跨境通办、一地两注”，澳门及内地投资者“足不出境”即可办理两地商事登记。互联网跨境交流专用通道接入单位54个、接入用户244个。

四、拓展生活就业新空间

推进港澳居民在大湾区就业创业生活。至2021年底，横琴合作区有登记就业的澳门居民数503人，比上年增长1.15倍。全国首个“企业专属网页+港澳建筑工程领域跨境备案”启用，累计63家港澳企业和324名专业人士获跨境执业资格。制定横琴粤澳深度合作区境外专业人才执业备案试行管理办法。澳门青年创业谷、国际科创中心等创新创业基地新培育孵化澳门项目136个。琴澳“零距离”网络招聘平台搭建，为澳门居民提供就业岗位超400个。劳动人事争议仲裁委员会正式运作，聘任首批6名港澳籍仲裁员，建设粤港澳三地劳资调解协作平台。会同澳门街坊会联合总会等，在澳门境内推行“珠澳社保服务通”，累计提供服务超11万人次。建立党组织领导下的社区居民议事会制度，引导澳门居民依法依规参与社区公共事务管理。配套公共服务逐步完善。子期小学、子期幼儿园、华发容闳公学建成启用，哈罗礼德、德威高中等国际化教育资源投入使用，新增各类学位4100个。琴澳医疗卫生培训基地启用，广州医科大学附属第一医院横琴医院加快建设。“澳门新街坊”项目建设进展加速，琴澳亲子活动中心、澳门妇女联合总会广东办事处、“南粤家政”基层服务示范站揭牌，澳门街坊总会横琴综合服务中心累计服务10万人次。花海长廊驿站完成升级改造。基础设施互联互通取得新成效。“一线”横琴口岸二期工程建设全面展开，计划实施客货车通道“联合一站式”通关模式。5个“二线”通道的7个海关监管作业场所动工。长湾隧道、大横琴山隧道（一期）建成启用，全岛“一纵一环三横”交通网基本建成。十字门隧道、杧洲隧道等对外通道加快建设，广珠澳高铁鹤洲—横琴段进入可行性研究阶段，澳门轻轨延伸横琴线（内地段）协调推进。开通琴澳跨境通勤线路5条、每日往返班次13次，开通跨境免费民生专线巴士。澳门机动车入出合作区配额总量增至1万个，全年澳门机动车入出合作区超过62万辆次，比上年增长1.27倍。

五、宣传推广与文化合作

2021年，横琴合作区加强媒体宣传报道。开通横琴合作区官网、微信公众号，围绕澳门回归祖国22周年、“二线”查验场所开工、重大项目集中签约等重要节点加大宣传力度，集中展示合作区政策及投资机遇。开展“澳门葡英文媒体横琴行”等大型主题采访活动，配合中央电视台制作“同心粤港澳　携手大湾区”横琴专题。全年有关合作区新闻报道3.6万条，中央电视台、新华社、《人民日报》等中央级媒体报道超过800篇，合作区门户网站访问量超过90万人次。参与国际推介，参加第四届中国国际进口博览会、第26届澳门国际贸易投资展览会、2021年广东21世纪海上丝绸之路国际博览会、广东拉美交流合作对话会暨广东国际商机推介会等重大活动，组织举办第17届全国高性能计算学术年会、第16届“中国芯”集成电路产业促进大会等活动。推进横琴澳门文化交流，举办“澳门居民探知横琴”活动，累计组织82批次、近4000名澳门居民“零距离”感受合作区新变化；联合澳门先后举办“琴澳美好生活节”、第二届琴澳文化美食巡礼、“粤澳共此时花海欢乐季”、“2021澳门光影节”横琴展演等文化交流活动。

（广东省政府横琴办　横琴粤澳深度合作区执委会）

资本市场助力粤港澳大湾区建设国际一流湾区

2021年，粤港澳大湾区通过资本市场助力建设国际一流湾区，多措并举建设国际金融枢纽、发展特色金融产业、实现金融市场互联互通，构建粤港澳大湾区现代服务业体系。

一、建设国际金融枢纽

2021年，深圳证券交易所完善服务企业融资体系，先后实施创业板改革并试点注册制，合并主板和中小板并全面恢复深市主板融资功能，营造高效融资环境，支持科技创新驱动能力提升。是年，深交所新增上市公司233家，IPO（首次公开募股）融资1697.2亿元，其中超70%（169家）属战略性新兴产业，融资1273.93亿元，规模占比75.06%。完善公司债券注册制发行上市审核规则体系，增强债券市场融资功能。全年服务企业发行公司债、可转债、资产证券化产品1.3万亿元，规模比上年增长9.1%。

香港交易所持续提高企业上市包容度。完善新兴及创新产业公司上市制度，优化“第二上市”“同股不同权”等上市规则，为在美国上市的中概股、尚未盈利的生物科技企业等赴香港上市清除制度障碍。2021年，港交所新增上市公司97家，IPO融资3288.98亿港元。其中，生物科技企业34家，IPO融资789.26亿港元，港交所成为亚洲最大、全球第二大的生物科技融资中心。香港是中概股回归的首选地，年内吸引携程集团、百度集团、汽车之家等5只中概股通过“第二上市”方式回归港股，融资631.78亿港元。H股市场流动性进一步增强。2019年11月，中国证监会发布《H股公司境内未上市股份申请“全流通”业务指引》后，大湾区内地多家H股上市公司提出申请并获中国证监会核准，实现境内未上市股份转到港交所上市流通，有效增强H股流动性，境内企业赴港发行H股上市的积极性大为提高。2021年，港交所新增H股上市公司14家。

区域性股权交易市场逐步提升创新服务功能。截至2021年底，广东股权交易中心和前海股权交易中心有挂牌展示企业3.02万家，其中科技创新、专精特新类企业666家。区域性股权交易市场服务中小微企业尤其是科技创新企业的服务功能逐步显现。

二、发展特色金融

创新型期货交易所正式成立。2021年4月，广州期货交易所揭牌，是广东省一项国家级重要金融基础设施；5月，中国证监会批准广州期货交易所两年期品种计划，明确将16个重点品种交由广州期货交易所研发上市，包括碳排放权等国民经济基础领域和能源价格改革的重大战略品种，中证商品指数等商品指数类创新型品种，工业硅等与绿色低碳发展密切相关的产业特色品种，咖啡等具有粤港澳大湾区与“一带一路”特色的区域特色品种以及国际市场产品互挂类品种。

绿色债券和知识产权证券化产品等特色债券加快发展。2021年，深交所服务企业发行绿色公司债、绿色资产证券化产品35家次，融资195.28亿元。其中，大湾区内地企业通过绿色债券融资75亿元，比上年增长3.43%，支持大湾区绿色产业规模化发展。拓展轻资产运营科技型企业直接融资渠道，服务企业发行知识产权证券化产品71家次，融资81.04亿元，其中大湾区内地企业融资71.98亿元，大湾区知识产权投融资市场功能逐步显现。

离岸人民币地方政府债券推广先行先试。2021年10月，广东省政府在澳门发行22亿元离岸人民币地方政府债券，成为澳门本地发行的首支内地地方政府债券；深圳市政府在香港发行50亿元离岸人民币地方政府债券，成为首个在香港发行离岸人民币债券的内地地方政府。

建立资本市场金融科技创新机制。2021年10月，中国证监会同意在广州市、深圳市开展资本市场金融科技创新试点，助力大湾区推动构建与资本市场数字化相适应的基础制度体系，探索打造包容审慎的金融科技监管环境；11月，广东股权交易中心获批开展区块链建设试点，促进区域性股权市场数字化发展。

三、粤港澳金融市场互联互通

深化“深港通”渠道建设。2020年11月，深、港交易所就在港上市生物科技公司纳入“深港通”股票范围等措施安排达成共识。2021年，“深港通”总成交额19万亿元，比上年增长32.5%。推行“跨境理财通”试点。2021年9月，《粤港澳大湾区“跨境理财通”业务试点实施细则》发布，建立大湾区居民个人跨境购买合资格投资产品的渠道。至年底，投资大湾区内地的“北向通”规模2.6亿元，投资港澳地区的“南向通”规模1.7亿元。启动“债券通”的“南向通”渠道。2021年9月，“债券通”的“南向通”渠道开通，年度总额度5000亿元，每日额度200亿元，为QDII（合格境内投资者）等符合条件的内地机构投资者投资在香港市场交易流通的债券提供更便捷的跨境渠道。

四、构建现代服务业体系

取消机构外资股比限制。2020年，中国证监会先后取消内地期货公司、证券公司和基金公司的外资股比限制。至2021年底，大湾区内地汇丰前海证券、东亚前海证券、恒生前海基金等粤港合资证券基金机构获中国证监会批准设立。发展证券基金机构跨境业务。至2021年底，大湾区内地获批QDII资格的证券基金机构23个，获批额度370.7亿美元，占境内证券基金机构获批QDII总额度的43.8%；港澳地区获批QFII（合格境外投资者）、RQFII（人民币合格境外投资者）资格的机构分别有251个、122个，跨境投资额度自2019年9月起不受限制。大湾区内地有9家基金管理公司的23只互认基金产品在香港证监会注册，管理基金规模约1145亿元。合格有限合伙人试点落地实施。自2017年在深圳市QFLP（合格境外有限合伙人）成功试点后，2019年，珠海市、广州市先后实施QFLP试点，允许港澳地区等境外投资者通过设立私募基金方式实现跨境投资；至2021年底，获批大湾区内地QFLP试点资格的机构超过210个。2021年3月，QDLP（合格境内有限合伙人）试点由深圳市扩容至整个大湾区内地，构建起大湾区私募基金跨境投资“双向”渠道；至年底，大湾区内地获批相关试点资格的机构约70个。

（广东省证监局）

广州发挥大湾区区域发展核心引擎作用

2021年，广州市全面落实《粤港澳大湾区发展规划纲要》，围绕“中央要求、湾区所向、港澳所需、广州所能”，充分发挥大湾区区域发展核心引擎作用，牢牢把握两个合作区建设的历史机遇，持续释放“双区”建设、“双城”联动叠加效应，推动粤港澳大湾区建设取得新成效。

一、推进“双区”建设

2021年，广州市成立广州粤港澳大湾区研究院、广州南沙粤港合作咨询委员会，推进粤港深度合作园、穗港智造合作区、穗澳创新园等重大平台建设，启动粤港澳青创基地和港澳新青寓，支持港澳青年来穗创新创业。制定支持横琴、前海两个合作区建设行动方案，强化战略互动。深化广州、深圳合作，落实专项合作协议，27个重点合作项目取得成效，以高水平“双城联动、比翼双飞”引领带动“一核一带一区”发展。年内，广州市畅通对外联系通道，提升内部联通水平，白云国际机场三期扩建加快推进，T3航站楼及轨道交通枢纽开工建设；南沙港铁路开通运营，琶洲港澳客运口岸码头主体工程完工，广州港环大虎岛公用航道开工建设；广州东部公铁联运枢纽开行大湾区首趟中越、中老国际班列，开行广州至德国中欧班列，打开大湾区连通东盟、欧洲国际铁路贸易新通道。推动《粤港澳大湾区国际科技创新中心广州创新合作区建设方案》以省政府名义印发实施。广州实验室、粤港澳大湾区国家技术创新中心等国家级重大创新平台挂牌成立，人类细胞谱系、冷泉生态系统两大重大科技基础设施建设列入国家专项规划。人工智能与数字经济等4个广东省实验室和10个粤港澳联合实验室加快建设。

二、加强“双城”联动

2021年，广州市制定印发《广州市推动广深“双城联动、比翼双飞”实施方案》，深化广深“双城”联动。鹏城实验室在广州设立基地，粤港澳大湾区国家技术创新中心、国家超算广州中心在深圳布局建设分中心，南方海洋科学与工程广东省实验室（广州）深圳分部取得系列原创性成果。共建广深惠智能网联汽车产业集群，推动广深智能网联汽车道路测试互认。推进广深佛莞智能装备产业集群建设，项目入围工业和信息化部先进制造业集群决赛优胜者名单。深江铁路、南中高速等加快施工建设，广州至深圳高铁新通道等加快开展前期工作。是年，广州港与深圳港之间集装箱吞吐量141万标准箱，比上年增长4.4%。深圳西部港区经铜鼓航道进出的船舶纳入广州港通讯调度指挥中心统一管理。深化自贸区合作，开展跨区域物流及多式联运，南沙与深圳机场空运货物进出口联动业务开通，成功测试首票跨境电商出口转关业务。广州与深圳签署《广深政务服务“双城联动”合作协议》，30项政务服务事项实现无差别办理。依托广州粤港澳大湾区研究院，协调推进组建广深“双城”联动研究院。

三、实施“湾区通”工程，推进大湾区市场一体化

2021年，广州市深入实施“湾区通”工程，加快推进与港澳规则衔接和机制对接。落实与港澳规则衔接事项清单两批72项，认可港澳职业资格（工种）32项。出台全国首个港澳专业人才在内地申报职称的规范性文件和首个RCEP跨境电商专项政策。合格境内有限合伙人境外投资（QDLP）试点获批，粤港澳大湾区“跨境理财通”开通，广州和睦家医院、广州现代医院纳入“港澳药械通”试点。推出营商环境4.0改革，中国营商环境评价全部18个指标连续两年获评全国标杆。启动大湾区跨境数据互信互认平台，接入粤港两地合规数据源，在中国首创对粤港两地个人的跨境身份核验服务，解决中小企业和个人用户跨区域身份认证的难题，推动粤港金融合作、数据流通。

四、推进重大平台建设，促进产业协同发展

2021年，广州市发挥重大平台在深化改革、扩大开放、促进合作中的试验示范作用，推动粤港澳全面合作和高质量发展。南沙重大战略性平台加快建设，获批授权开展国际航行船舶保税加油业务。中新广州知识城发展步伐加快，集成电路、生物制药、新能源汽车等产业集群加快构建。出台《广州人工智能与数字经济试验区产业导则》，南沙新区国际化人才特区、广州穗港智造合作区上升为省级重大平台。荔湾粤港澳大湾区医药健康综合试验区、白云湖数字科技城等特色平台加快建设。强化穗港澳产业优势互补、紧密协作，加快构建具有国际竞争力的现代产业体系。贯彻落实金融支持大湾区建设66条措施，印发推进共建粤港澳大湾区国际金融枢纽实施方案和三年行动计划，粤港澳大湾区国际商业银行、港澳保险服务中心加快筹建。粤港澳大湾区生物安全高等研究院加快建设，广药集团澳门青州工厂实现试生产，英皇娱乐集团大湾区总部落户。广州市政府与香港赛马会签署赛马产业发展框架合作协议，穗港赛马产业经济圈加快构建。

五、推进民生建设，构建宜居宜业宜游优质生活圈

2021年，广州市推进穗港澳民生相通、民心相连。深入实施“五乐”（乐游、乐学、乐业、乐创、乐居）行动计划，支持港澳青年到广州创新创业，设立首期10亿元穗港澳青年创业基金，建成港澳青年创新创业基地46个。香港科技大学（广州）一期工程主体结构全面封顶，开办全国首家港澳子弟学校——广州暨大港澳子弟学校，开设港澳子弟班44个，缔结穗港澳姊妹学校303对。港澳医师转内地医师资格认证手续进一步简化，3.64万人次港澳居民享受广州社会医疗保险待遇。共建大湾区“菜篮子”产品质量安全监控指标体系，建成“菜篮子”通关便利区，保障新冠肺炎疫情防控期间对港澳农产品的稳定供应。推进世界气象中心（北京）粤港澳大湾区分中心建设，携手港澳加强生态环境保护。出台国内首部港澳专业人才在内地申报职称文件，启用大湾区职称和职业资格业务一站式平台。是年8月，广州市推进粤港澳大湾区建设领导小组印发《番禺粤港澳优质生活圈示范区建设总体方案》，在番禺区布局建设粤港澳大湾区首个“宜居宜业宜游”优质生活圈示范区，围绕建设国际化社区服务体系、支持港澳青年来穗共融成长、助推大湾区产业协同发展、发展高水平医疗服务、打造国际化旅游休闲目的地、推动穗港澳多元文化融合、构建幸福平安国际社区七大方面明确25项重点任务。

（广州市委政研室　广州市发展改革委）

·责任编辑　何文倩·

大事记

1月

1日　即日起，珠海市社会保险基金管理中心委托澳门街坊会联合总会及其下属分支机构，为符合条件的澳门居民办理8项社保业务经办服务。

4日　深汕铁路开工。

5日　广州汽车集团股份有限公司与珠江投资管理集团有限公司、广东元知科技集团有限公司在广州举行战略合作暨智能汽车等项目签约活动。在自动驾驶、智能制造、信息智能化技术等领域加强合作，开创智能网联新能源汽车产业新境界。

5日　澳门金融管理局联同金融机构举办“聚合支付介绍会”，介绍由澳门金融管理局协调金融机构推出的“聚合支付服务”——“聚易用Simple Pay”，商户可使用一部终端机受理所有本地二维码支付工具，市民可自由选择任何一种本地二维码支付工具消费。2月8日，“聚易用Simple Pay”首阶段“反扫聚合”推出试行；3月31日，“正扫聚合”推出试行，运作均顺畅。

6日　全国首家由共青团指导管理的公益性港澳青年创新创业孵化基地——广州市港澳青年创新创业服务中心运营，符合条件入驻的创业团队可享受2年的免租入驻和孵化服务。

6日　澳门医生团入驻珠海市人民医院医疗集团横琴医院启动仪式暨横琴医院建院一周年庆典活动举行，首批53名澳门医生入驻横琴医院。

7日　港珠澳大桥珠海公路口岸出境货检区地磅启用，前往港澳的货车在港珠澳大桥珠海公路口岸即可完成一站式称重报关通关等一系列流程，减少出境货车通关等待时间，进一步提高物流效率。

8日　香港特别行政区政府推出“大湾区青年就业计划”，邀请有兴趣的企业申请参加计划，为青年人提供职位空缺。

8—11日　澳门特别行政区行政长官贺一诚率领代表团访问粤港澳大湾区中山、江门、肇庆、佛山、广州、东莞、惠州及深圳8个城市，分别与各市政府领导会面及考察当地产业发展项目，进一步推进粤港澳大湾区建设工作。

9日　中共广东省委书记李希、省长马兴瑞在广州会见澳门特别行政区行政长官贺一诚。李希表示，希望双方携起手来，不断优化工作机制、深化沟通对接，加快推动横琴粤澳深度合作区建设，推出更多便利两地居民工作生活的政策措施，进一步加强青少年交往交流交融，因应形势做好新冠疫情联防联控工作，共同努力推动粤澳合作不断取得新成效。

11 日　中共深圳市委全面深化改革委员会审议并原则通过《关于建设粤港澳大湾区国际仲裁中心的改革方案》《开展数据生产要素统计核算试点工作实施方案》《关于进一步促进科技成果产业化的若干措施》等文件。

12 日　广州市规划和自然资源局会同佛山市自然资源局编制新一轮《广佛两市道路衔接规划修编》。该规划修编沿广佛两地 197 千米接壤边界规划布局 80 条衔接道路，以实现广佛两市中心区 30 分钟互达、重点地区与主要枢纽 60 分钟通达，保障广佛中心城区两小时快速通达湾区主要城市。

13 日　2021 年广东省教育工作会议召开。会议强调，广东将加强省市联动、统筹协调，全省一盘棋，实现大湾区、先行示范区、“一核一带一区”教育相互支撑、联动发展。同时继续推进境外优质教育资源合作办学，重点推进香港科技大学（广州）建设，统筹推进香港城市大学、香港理工大学、香港公开大学等到大湾区内地相关地市合作办学，并加快推进大湾区大学、中山科技大学建设。

13 日　《广州市推进新型基础设施建设实施方案（2020—2022 年）》（简称《方案》）印发，《方案》旨在通过新基建赋能广州打造数字经济新高地，推动大湾区新基建建设提速。

13 日　佛山市南海区发布《南海鲲鹏人才计划》，宣布未来 5 年投入超 50 亿元面向全球招才引智，大力支持人才与创新创业团队发展。到南海创新创业的港澳人才可获交通补贴。

13 日　《港澳涉税专业人士在中国（广东）自由贸易试验区深圳前海蛇口片区执业管理暂行办法》（简称《办法》）发布，《办法》惠及近 2000 名港澳涉税专业人士，为深圳打造制度型开放新高地作出有益探索。

14 日　广东省公安厅交管局发布消息，经粤港两地商定，继续实施粤港非营运小汽车免加签通行港珠澳大桥珠海口岸政策。

14 日　位于东莞市的大湾区大学全面启动建设。

15 日　广东省省长马兴瑞主持召开省政府常务会议，会议研究支持珠海建设新时代中国特色社会主义现代化国际化经济特区的意见，强调要着力提升开放合作水平，推动珠海全市全域加强与澳门合作，打造粤港澳大湾区高质量发展新引擎。

15 日　广州开发区与世界 500 强企业现代汽车集团签订投资合作协议，后者在该区成立现代汽车氢燃料电池系统（广州）有限公司，建设氢燃料电池系统项目。

15 日　2021 年首趟“湾区号”中欧班列满载日用电器等货物从深圳平湖南国家物流枢纽开出，驶向德国杜伊斯堡。

15 日　“2021 澳门 · 广州”缤纷产品展在广州举行。该次展会组织近 80 家澳门中小企业参展，通过“在线观展 + 线下服务”的新模式，为客商带来新机遇。

16 日　南（广州南沙）中（中山）高速中山段动工现场会在中山市民众镇召开，该工程提前实现全面开工。

18 日　国内首个跨境公共分拨中心在广州启用。该中心由天猫国际联合菜鸟共同打造，在广州南沙综合保税区投入使用。在广州南沙海关支持下，通过对数字关务系统创新升级，天猫国际每天可节省 4 小时调拨时效。

19 日　粤港澳大湾区（广州）网络安全产业园在广州市黄埔区授牌，这是广州首个网络安全产业园。

19 日　中国人民银行广州分行举行 2021 年第一场新闻通气会。会议披露，2020 年，广东省办理跨境人民币结算金额 4.12 万亿元，比上年增长 26.2%，占本外币的比例达 40.1%。人民币超越美元成为粤港澳大湾区第一大跨境结算货币。

19 日　深圳市环保科技集团股份有限公司获生态环境部批复，创建国家环境保护危险废物利用与处置工程技术（深圳）中心，成为全国第四家、华南地区首家危险废物领域国家环境保护工程技术中心。

19 日　内地高校公布招收澳门保送生名单，有 1108 名学生被录取。

20 日　在科技部公示的国家级科技企业孵化器认定结果中，大湾区 20 家上榜。其中，广州有 7 家上榜，连续 2 年认定数量居全国第一位。

21 日　广东省财政工作会议举行。会议公布，2020 年广东财政大力支持“双区”和“一核一带一区”建设，加快推进高质量发展。其中，广东省支持粤港澳大湾区建设一揽子财税政策落地，发放大湾区人才引进个人所得税优惠补贴资金 24 亿元，惠及近 9000 人；发起设立粤港澳重大科技成果转化基金，资助建设 20 个粤港澳联合实验室。

21 日　中国共产党珠海市第八届委员会第十次全体会议召开。为贯彻落实中央关于横琴粤澳深度合作区建设的部署，珠海提出“五个一”，即围绕一个法律框架、一个合作机制、一个投资平台、一系列具体措施、一批重点项目，强调要尽快形成配套制度机制，研究组建深度合作区开发执行机构，系统推进规划建设和管理运营。

21 日　是日起，澳门居民可通过澳门工联总会及下属机构 23 个网点、工银澳门 8 家经办分行、工商银行珠海分行 8 个指定网点、工商银行横琴分行 2 个指定网点办理 10 项珠海社保业务，服务范围覆盖澳门各区，便利持珠海居住证的澳门居民。

22 日　经国务院同意，中国证监会正式批准设立广州期货交易所。广州期货交易所作为国家级重要金融基础设施和交易平台落地广东，助推广东携手港澳加速建设粤港澳大湾区国际金融枢纽。

24 日　广东省第十三届人民代表大会第四次会议在广州召开。省长马兴瑞向大会作政府工作报告时表示，构建新发展格局迈好第一步、见到新气象，必须认真落实“1+1+9”工作部署，深入推进粤港澳大湾区和深圳先行示范区建设，强化广州、深圳“双城”联动，打造高质量发展动力源。

25 日　省道 357 线莞惠公路樟木头隧道通车，标志着该公路樟木头至谢岗段主线全部建成通车。

26 日　广州、珠海、佛山、东莞、中山、江门、肇庆七市城际铁路项目建设工作会议在广州举行，七市市长在广州共同研究城际铁路建设，推进广州都市圈城际铁路工作。

26 日　广州市政府与湛江市政府在广州签署战略合作框架协议。

26 日　深圳市前海深港合作重大项目签约暨落户仪式在前海举行。前海发布港澳青年招聘计划，每月组织辖区重点企业面向港澳青年发布百余个招聘岗位。

28 日　澳门特别行政区与珠海市在澳门举行工作会议，就完善珠澳联防联控机制，以及推进横琴粤澳深度合作区工作等议题进行磋商。

31日　中共中央办公厅、国务院办公厅印发《建设高标准市场体系行动方案》（简称《方案》），并发出通知要求各地区各部门结合实际认真贯彻落实。《方案》提出，制定出台深圳建设中国特色社会主义先行示范区、横琴粤澳深度合作区放宽市场准入特别措施。

是月　广州白云国际机场召开新闻发布会，发布数据显示，广州白云国际机场2020年旅客吞吐量居全球第一位，达到4376.8万人次。

2月

1日　由大鹏新区发展和财政局牵头编制的深圳地方标准《生态社区评价通用规范》（DB4403/T 135—2020），经过新区试行后正式发布，并于即日起实施。该标准是全国首个关于生态社区规划、建设、管理、评价的“全链条”地方标准。

2日　珠海市九届人大九次会议召开，提出珠海将进一步加快珠澳合作开发横琴步伐，包括承接横琴粤澳深度合作区建设方案实施；加快新一批涉澳项目落户粤澳合作产业园，探索在粤澳合作中医药科技产业园建立中医药创新成果转化平台；做大做强粤澳跨境金融合作（珠海）示范区，争取数字人民币在跨境场景试点使用；高标准建设横琴国际休闲旅游岛；完善横琴口岸商业配套，加快建设横琴口岸二期，推动实施珠澳客货车“合作查验，一次放行”模式；加快建设“澳门新街坊”综合民生项目；实施澳门居民“零出关”“零距离”办理珠海社保业务。

2日　广东省推进粤港澳大湾区建设领导小组印发《佛山三龙湾高端创新集聚区发展总体规划（2020—2035年）》《佛山顺德粤港澳协同发展合作区建设方案》。三龙湾规划面积130平方千米，承接中德工业服务区原有规划与重点项目，推进粤港澳高端服务深度合作示范。佛山顺德粤港澳协同发展合作区规划面积约100平方千米，包括顺德港和均安两个组团，通过“德胜河—容桂水道—东海水道”相连，依托顺德客运港、顺德新港货运港，强化与广深港澳等中心城市的交通联系，带动人流、物流、资金流、信息流、技术流等要素顺畅流动和集聚，形成“双港领航，双团联动”的空间格局。

2日　广东省推进粤港澳大湾区建设领导小组印发《江门华侨华人文化交流合作重要平台建设方案》，凝聚侨心、侨力、侨智，引导广大华侨华人共同参与粤港澳大湾区建设。

3日　粤港澳大湾区交通发展重点项目南沙港铁路与既有广珠铁路连通，串联起广州、珠海沿线货运网，标志着珠三角西部货运通道打通关键施工节点，为南沙港铁路2021年内建成通车奠定基础。

3日　广州市增城区、珠海市斗门区入选农业农村部公布的第三批国家农产品质量安全县（市）创建单位名单。肇庆市被评为国家农产品质量安全市创建单位。

4日　佛山市十五届人大六次会议召开，提出接下来佛山将大力推进“双区”建设。为推进广佛全域同城化，佛山将确保番海大桥、广佛肇高速全线建成通车，加快广佛环城际、佛山经广州至东莞城际等项目建设，力争广佛新干线高快速路复合通道、广佛同心桥等项目开工。同时，为深化深佛协作发展，佛山将积极对接深中通道、南沙大桥，推动佛山至中山高速等项目规划建设，加快形成深佛“1小时经济圈”。

4日　“珠海市知识产权纠纷人民调解委员会”和“珠港澳知识产权调解中心”揭牌。

5日　香港交易所宣布投资新设立的广州期货交易所7%股权，涉及金额2.1亿元人民币。这是境外机构首次获准入股内地期货交易所。

5日　香港金融管理局与中国人民银行、中国银行保险监督管理委员会、中国证券监督管理委员会、国家外汇管理局、香港证券及期货事务监察委员会及澳门金融管理局就“跨境理财通”所涉及的监管合作原则等事宜达成共识，并签署《关于在粤港澳大湾区开展“跨境理财通”业务试点的谅解备忘录》。

8日　国家发展改革委印发《铁路项目中央预算内投资专项管理暂行办法》，把粤港澳大湾区等城际铁路项目纳入支持方向。

10日　国家药品监督管理局公布第二批72个重点实验室名单，广州、深圳有10个重点实验室获认定，占全国认定总数的13.8%。

10日　香港特别行政区行政长官林郑月娥出席香港培侨书院深圳龙华信义学校项目签约暨启动仪式。她表示，这是粤港澳大湾区教育服务发展的一个里程碑，也是港深合作的一个意义重大的民生项目。

13日　广东省人民政府发布《关于将一批省级行政职权事项调整由广州、深圳市实施的决定》，将117项省级行政职权事项调整由广州、深圳实施，涵盖交通工程审批、建筑行业管理、环境污染治理、能源管理、文物保护等领域。

14日　宁德时代动力及储能电池肇庆项目开工建设。该项目选址肇庆高新区，是肇庆建市以来投资最大的产业项目，首期投资120亿元。

15日　大藤峡水利枢纽工程实施首次应急调水。该次应急调水持续5天，向下游补水近2.4亿立方米，相当于调配17个西湖水量，有效压制河口咸潮上溯。

17日　广东省人民政府办公厅印发《广东省加快医学教育创新发展实施方案》，支持港澳高校在粤合作举办医学教育办学机构；支持设立粤港澳高校联盟医学类专业联盟；加快形成粤港澳人才协同培养、科研协同创新、学科协同发展机制。

18日　深圳市深汕特别合作区举行2021年重大项目集中开工暨启动仪式，开工项目13个，总投资超过200亿元，涵盖产业发展、城市建设、社会民生等领域。

18日　中共广东省委书记李希到深圳市调研。他强调，深圳要积极作为深入推进粤港澳大湾区建设，强力推进先行示范区建设和综合改革试点，强化与广州“双城”联动，主动服务构建“一核一带一区”区域发展格局，以城市治理体系和治理能力现代化拓展发展空间、厚植宜居宜业宜游优势，全力打造市场化法治化国际化营商环境，在新起点上努力续写更多“春天的故事”。

18日　广东省省长马兴瑞到广州南沙、珠海横琴调研粤港澳大湾区及广东自贸试验区建设工作。他强调，要加快建设粤港澳大湾区国际科技创新中心，瞄准人工智能、大数据、生物医药等前沿领域加强研发攻关，积极布局国家和省科研平台，争取更多高端创新资源落地广东，更好发挥科研机构、科创平台在区域和产业发展中的支撑引领作用，努力营造更加优越的创新生态。

19日　广东省人民政府、中国气象局印发《推进粤港澳大湾区（广东部分）气象发展三年行动计划（2021—2023年）》，旨在进一步提升气象对粤港澳大湾区生命安全、生产发展、生活富裕、生态良好的基础性保障作用，同时明确2021—2023年粤港澳大湾区（广东部分）气象发展的重点任务和责任分工。

19 日　珠海金海大桥首个钢主塔完成架设。金海大桥是珠机城际二期关键控制性工程，不仅是珠三角轨道交通网的重要组成部分，也是珠三角地区联系香港澳门的重要客运通道。

19 日　广东省推进粤港澳大湾区建设领导小组印发《广州南沙新区创建国际化人才特区实施方案》（简称《方案》）。《方案》表示，将着力深化人才管理体制机制改革，实施具有国际竞争力的人才开放政策，优化人才要素跨境跨区域配置，打造国际化人才集聚辐射新高地，为粤港澳大湾区建设提供人才支撑。

19 日　广东省推进粤港澳大湾区建设领导小组印发《广州穗港智造合作区建设实施方案》（简称《方案》）。《方案》提出，为更好发挥广州开发区与香港产业合作底蕴深厚优势，进一步提升穗港产业协同创新水平，着力推动制造业智能化发展，强化高端资源要素集聚能力，培育国家级经济开发区开放发展新优势，加快推动广州穗港智造合作区建设。

19 日　河套深港科技创新合作区“e 站通”综合服务中心投入运营，标志着深圳首个信用审批大厅、关地一体政务大厅，首个集四级审批于一体的“一站式”服务平台正式启用。

19 日　珠海市横琴新区荷塘社区党群服务中心（新址）、澳门街坊总会横琴综合服务中心荷塘社区部，新家园社区党群服务中心（新址）、澳门街坊总会横琴综合服务中心新家园社区部揭牌启用。

21 日　广东省国土空间规划（公众版）公布，进入公众咨询阶段。规划提出，加快构建广州都市圈、深圳都市圈、珠江口西岸都市圈、汕潮揭都市圈、湛茂都市圈五个现代化都市圈，并预留京港澳高速磁悬浮、沪（深）广高速磁悬浮、粤东至粤西沿海高铁等六大重要廊道，助力构建“12312”交通圈和“三横六纵两联”的综合交通体系。

22 日　广东省自然资源厅发布《关于港澳籍注册城市规划专业人士在广东省执业备案有关事项的通知》，明确经备案登记的港澳注册城市规划师，可在广东省内提供规划专业服务。

22 日　江门市推进粤港澳大湾区建设领导小组第四次全体会议召开，审议印发《粤港澳大湾区（江门）高质量农业合作发展平台建设方案》《关于江门市落实〈关于金融支持粤港澳大湾区建设的意见〉的行动方案》《粤港澳大湾区（珠西）高端产业集聚发展区银湖湾启动区产业发展规划》。

23 日　广州市召开推进粤港澳大湾区建设领导小组第七次全体会议。会议强调，广州要全面深入贯彻落实《粤港澳大湾区发展规划纲要》，充分发挥大湾区区域发展核心引擎作用，举全市之力推动粤港澳大湾区建设向纵深发展。持续推进规则机制“软联通”、基础设施“硬联通”，实现湾区“心联通”。要发挥优势、力求成效，携手港澳积极争取上级部门支持，加大政策创新力度，强化区域协调联动，共建国际一流湾区和世界级城市群。

24 日　广州市召开推进全球重要交通枢纽建设情况发布会，广州地铁 25 号线和 28 号线等快速通道将串联广州与佛山中心城区，打造广佛 30 分钟通勤圈，广州地铁 22 号线将延伸至深圳。

24 日　深圳市前海管理局与深圳市人才集团签署战略合作框架协议，双方将高水平建设前海国际人才港，将其打造成招引全球人才的物理地标和情感港湾，成为国际人才在粤港澳大湾区就业、创业、学习和生活的第一站和首选地。

24日　中共中央、国务院印发《国家综合立体交通网规划纲要》（简称《规划纲要》）。《规划纲要》提出，推进区域交通运输协调发展，粤港澳大湾区实现高水平互联互通，打造西江黄金水道，巩固提升港口群、机场群的国际竞争力和辐射带动力，建成具有全球影响力的交通枢纽集群。

24日　肇庆市与广西壮族自治区贺州市召开2021年首次东西部协作联席会议，探索在怀集县规划建设广东省东西部协作基地。

26日　《粤港澳大湾区发展规划纲要》公布2周年，香港特别行政区政府举办以“青年发展”为主题的“湾区起跑线 青年创明天”启动仪式，启动3项鼓励香港青年在粤港澳大湾区创业、就业的计划。

27日　《深圳市推进高度便利化的境外专业人才执业制度的实施方案》印发，前海率先建立起完备的港澳涉税专业人才跨境执业制度，惠及近2000名港澳涉税专业人士，有助于解决港澳税务师在内地资格确认问题。

28日　广东省人民政府印发《广东省进一步推动竞争政策在粤港澳大湾区先行落地的实施方案》，强化竞争政策基础地位，落实公平竞争审查制度，强化反垄断和反不正当竞争工作，建设高标准市场体系，提升粤港澳大湾区市场一体化水平，推动高质量发展。

3月

1日　广州市智能网联汽车与智慧城市协同发展成果推广活动在海珠区琶洲广报中心举行，广州在自动驾驶领域拿下8项“全国第一”。

1日　《深圳经济特区个人破产条例》《深圳经济特区城市更新条例》等5部重要特区法规正式实施。其中，《深圳经济特区个人破产条例》为全国首部个人破产法，《深圳经济特区城市更新条例》为全国首部城市更新地方立法。

1日　珠海九洲港至澳门（氹仔）水上客运新航线开通。

2日　广东省高级人民法院发布第三批粤港澳大湾区跨境纠纷典型案例，涵盖跨境投资、旅游、房屋买卖、股权转让、公司僵局、不正当竞争、遗产继承、仲裁司法审查和执行等内容，为港澳企业及居民在粤创新创业提供良好的法治化营商环境。

2日　广州市向联合国提交《活力 包容 开放 特大城市的绿色发展之路——联合国可持续发展目标广州地方自愿陈述报告》，全文发布于联合国官网可持续发展目标专栏，联合国官网首次登载中国城市提交的地方自愿陈述报告。

4日　广州市制定《关于新时期进一步促进科技、金融与产业融合发展的若干意见》，提出广州将开展区域科技金融合作，实施广深风投创投领域融合发展行动，探索设立广佛科技金融合作示范区。

5日　第十三届全国人民代表大会第四次会议在北京人民大会堂举行开幕会。国务院总理李克强作政府工作报告时指出，“十四五”时期，要优化区域经济布局，促进区域协调发展，扎实推动粤港澳大湾区建设。要支持港澳发展经济、改善民生，保持香港、澳门长期繁荣稳定。

9日　惠州市政务服务数据管理局与肇庆、中山、珠海、佛山4个地市政务服务数据管理局相继签署政务服务“跨城通办”合作协议，推进与大湾区其他城市实现政务服务“业务通、系统通、数据通、证照通、用户通”。

10 日　佛山三龙湾南海片区召开建设工程项目工作部署会，梳理出 48 个计划实施项目，总投资 56.97 亿元。会议制定《2021 年度佛山三龙湾南海片区建设工程项目推进方案》。

10 日　港澳自然人在珠海开办企业全程电子化“一网通办”服务上线。

11 日　十三届全国人大四次会议以高票表决通过《全国人民代表大会关于完善香港特别行政区选举制度的决定》。这是继制定实施《中华人民共和国香港特别行政区维护国家安全法》后，国家完善香港特别行政区法律和政治体制的又一重大举措。

12 日　中国人民银行、国家外汇管理局决定在深圳等地开展跨国公司本外币一体化资金池业务首批试点，进一步便利跨国公司企业集团跨境资金统筹使用。

15 日　广东省传达贯彻习近平总书记重要讲话精神暨全国两会精神干部大会在广州召开，全面部署广东省贯彻落实工作。中共广东省委书记李希主持会议并讲话，省长马兴瑞，省人大常委会主任李玉妹，省政协主席王荣，省委副书记、深圳市委书记王伟中出席会议。会议强调，要深入推进“双区”建设、“双城”联动，持续释放强大的“双区驱动效应”，发挥广州、深圳两大城市核心引擎作用，谋划实施新一轮创造型引领型改革，稳步拓展制度型开放，以更大魄力、在更高起点上推进改革开放。

15 日　是日起，经珠澳两地政府协商澳门机动车入出横琴配额由 2020 年的 5000 个增加至 1 万个。为便利珠澳两地政府交流，该阶段还新增允许有工作需要的澳门公务车辆申请入出横琴资格，以促进在深度合作背景下政府层面的紧密沟通与协调。

15 日　深圳出台《关于加快推动医疗服务跨境衔接的若干措施》，包括 3 个方面 11 项措施，促进优质医疗卫生资源更自由地跨境流通。

15 日　横琴“跨境消费通”上线运行，是横琴新区在与澳门建立消费维权领域共商共建共管机制基础上，推出的跨境消费便民服务新举措。

17 日　佛山市召开三龙湾工作推进会，会议强调，要全面加强与广州等周边城市的协调联动发展，进一步提高开放合作水平，让三龙湾在广佛全域同城化，在“一核一带一区”建设，在粤港澳大湾区建设中更好地发挥重要平台的支持作用。

18 日　澳门轻轨延伸横琴线项目开工仪式在澳门莲花口岸和珠海横琴两地同时举行。澳门轻轨延伸横琴线主体建筑由高架桥、河底隧道及两个车站组成，全长约 2.2 千米，其中隧道段约 900 米。

18 日　《粤港澳大湾区文化和旅游发展规划》实施推进会在广州举行。国家发展改革委、文化和旅游部、国务院港澳办、广东省及香港、澳门特别行政区政府相关部门、中央政府驻香港联络办、中央政府驻澳门联络办等方面代表，珠三角九市文化旅游主管部门负责人以及专家、媒体代表等参加会议。

18 日　广州白云机场综合保税区（南区）正式开园暨中欧班列保税物流集散中心启用活动举行。广州白云机场综保区是广东省首个综合保税区，重点发展跨境电商、医药物流、保税展示、金融服务等产业。

19 日　2021 年广东省全省大湾区办工作会议在广州召开。会议坚持以习近平新时代中国特色社会主义思想为指导，学习贯彻习近平总书记出席深圳经济特区建立 40 周年庆祝大会和视察广东重要讲话、重要指示精神和全国两会精神，传达广东省推进粤港澳大湾区建设领导小组第六次全体会议精神，通报2020年广东省推进粤港澳大湾区建设有关情况，听取有关地市和部门推进大湾区建设工作进展情况汇报，研究部署2021年重点工作。国家发展改革委地区经济司司长肖渭明出席会议。

19日　中国发展研究基金会和国际会计师事务所普华永道联合发布《机遇之城2021》报告，北京、上海、深圳、广州排前四名。肇庆首次上榜。

19日　领航“9+2”首届粤港澳大湾区发展论坛暨颁奖典礼在香港举行，香港特别行政区行政长官林郑月娥出席。

20日　赣深高铁广东段全线最后一座隧道——全长6236米的林寨隧道贯通。

20日　深圳湾（肇庆）新经济加速器开园仪式在肇庆市端州区星湖西路1号举行。

22日　商务部、发展改革委、财政部、海关总署、税务总局、市场监管总局六部门发文，明确扩大跨境电商零售进口试点范围。在广东省内已有广州、深圳、珠海、东莞、汕头、佛山6个城市入选跨境电商零售进口试点的基础上，跨境电商零售进口试点扩展至全部综试区，包括梅州、惠州、湛江、江门、中山、肇庆、茂名7个城市。

22日　粤港澳大湾区核心工程深中通道沉管隧道第8个管节（E8）实现水下36米精准对接，至此项目岛隧工程沉管隧道建成1278.5米，占沉管段总长度（5035米）的1/4。

23日　深圳市政府新闻办新闻发布会发布，深圳在全球率先建立生态系统生产总值（GEP）核算“1+3”制度体系，深圳生态系统生产总值核算工作获联合国、世界银行、亚洲开发银行等国际组织认可。

23日　珠海机场改扩建工程——飞行区及配套设施工程动工。该项工程新建第二滑行道以及新的机坪。在2023年项目完成后，珠海机场的停机位将从23个增至51个，可保障年旅客吞吐量2750万人次。

25日　广东省人民政府与清华大学全面深化战略合作协议签署活动在广州举行。中共广东省委书记李希、省长马兴瑞，清华大学校长邱勇等出席并见证签约。

25日　2021粤港澳贸促合作交流会在澳门举行。来自粤港澳三地政府有关部门、重点协会及工商企业界代表近150人参会。与会代表围绕后疫情时代进一步加强合作，服务大湾区经济发展和企业转型升级，推动粤港澳贸促合作迈上新台阶等主题进行研讨交流。

25日　香港投资推广署在上海与香港特别行政区政府驻上海经济贸易办事处联合举办交流会及华东地区商界领袖晚宴，活动以线上线下形式同步进行，鼓励上海企业充分利用香港的金融和营商优势，加快拓展海外市场的步伐。

25日　横琴新区人民法院在“中国移动微法院”跨境立案平台为身处香港当事人完成珠海市首例跨境网上立案。

29日　中山大湾区国际人才港正式启动建设，首期将重点建设一个国际人才服务中心、聚集一批创新创业配套机构、建成一套更加完善的人才服务体系等，目标是将人才港打造成宜创宜业宜居、产城人深度融合的人才服务综合集群。

31日　佛山市举行“证照联办、一照通行”（佛山“证照通”）改革新闻发布会，现场颁出首张“证照通”营业执照。这是佛山在全国首推“证照通”

改革，即“只对企业颁发‘证照通’营业执照，不再颁发各个部门的纸质许可证，实现‘一企一照’，一照通行”。

是月　中国人民银行中山市中心支行为非居民高管完成粤港澳大湾区内首笔通过 QFII 渠道参与首次公开募股（IPO）配股业务。

4 月

2 日　广东省人民政府发布《广东省人民政府关于复制推广中国（广东）自由贸易试验区第七批改革创新经验的通知》，推广实施 13 项广东自贸试验区改革创新经验。

2 日　深圳都市圈城际铁路建设指挥部第一次会议在深圳市举行。

5 日　广东省制造强省建设领导小组办公室印发《广东省战略性产业集群联动协调推进机制》，提出制造强省建设领导小组全面统筹负责 20 个战略性产业集群培育发展工作，建立省领导定向联系负责若干战略性产业集群工作制度。

6 日　深交所主板与中小板合并正式实施。

6 日　国家卫健委发布通知，在内地工作和生活的港澳同胞可在知情自愿的前提下，凭公安部门制发的港澳居民居住证或内地医保参保凭证免费接种疫苗。

7 日　“赣深组合港”正式启动，推动赣深两地港口在运营管理、港口资源、物流信息等各方面全方位互联互通，提高码头场地和集装箱周转效率，推动同港、同价、同等效率的陆海港一体化融合发展。

8 日　广汕铁路 1 标尖山髻隧道出口方向贯通。广汕铁路是广东省首次主导建设的时速 350 千米的高速铁路，从新建广深铁路新塘站引出至厦深铁路汕尾站，全长 206.2 千米，途经广州、惠州、深汕特别合作区、汕尾，是广州向东的快速通道。

8 日　穗澳知识合作先行示范区落地广州知识城。示范区规划总用地面积约 10 平方千米，其中启动区占地约 1 平方千米，将在科教创新、智能制造、生物安全和健康产业、医疗器械和中医药装备智造等领域深化穗澳合作，推进产业融合和升级。

8 日　全球首条跨海云轨——巴伊亚云轨车辆在深圳下线。

9 日　广东启动在粤的港澳同胞接种新冠病毒疫苗工作。此前，广州、深圳、珠海等地已全面启动港澳同胞的新冠病毒疫苗接种工作。

9 日　江门市与珠海市签订战略合作框架协议，深化两市全方位多领域合作，共同推动珠江口西岸都市圈高质量发展，共同参与建设富有活力和国际竞争力的一流湾区和世界级城市群。

9 日　香港与深圳通过视频方式举行河套区港深创新及科技园发展联合专责小组第八次会议。

10 日　是日起，广铁集团实行新的铁路运行图，广深城际将开通一站直达快车。广深城际运行图重新铺排后，提升列车运行效率，为旅客节省乘车时间。

10 日　全长 58.3 千米的广州地铁 18 号线首通段（万顷沙至冼村）全线短轨贯通。广州地铁 18 号线连接广州市中心城区与南沙自贸区，是粤港澳大湾区首条时速 160 千米的地铁线路。

10 日　肇庆、佛山、广州、东莞、深圳 5 个地市城际列车实现互联互通。

12日　中国人民银行珠海市中心支行引导珠海农商银行向中国银行澳门分行（澳门人民币业务清算行）拆借出人民币资金1亿元，为广东省首笔向澳门人民币清算行同业拆借业务。

13日　中韩新兴智造产业项目签约仪式在惠州举行。该项目由韩资独资企业开发建设，计划总投资额约7.56亿元。作为国务院批准建设的全国三大中韩产业园之一，中韩（惠州）产业园起步区此前已引进74个产业项目，预计达产产值910.46亿元。

14日　广东省人民政府新闻办公室举行新闻发布会，介绍省委、省政府出台支持珠海、汕头、湛江三市加快发展政策文件的相关情况，并回答记者提问。三份文件的出台不仅对推动三市加快发展意义重大，更将有力带动珠西崛起、两翼跃升，为广东省高质量构建"一核一带一区"区域发展格局、打造新发展格局战略支点发挥重要支撑作用。

15日　《广州市科技创新条例》公布，于2021年7月1日起施行。

15日　粤港澳大湾区机场共享国际货运中心暨白云机场南沙自贸区空运中心在南沙综保区启动，标志着打造以南沙为集散枢纽、大湾区各大机场空运作业协同的联运合作平台全面铺开。

15日　第129届广交会开幕。该届广交会综合运用国际新媒体资源，在全球范围内开展多主题、全过程的在线营销推广活动，向近年与会的约80万家海外采购商开展多频率的电子邮件营销，参展企业上传产品超过270万件，新产品约82万件。

16日　广佛肇高速公路跨（佛山、肇庆）市跨（北）江的北江特大桥建成通车，标志着广佛肇高速公路全线贯通。广佛肇高速在打通广佛都市圈北部至肇庆中心城区横向通道的同时，贯通广东东西两翼，对发展粤西经济，促进粤港澳大湾区全面融合发展具有重要意义。

16日　生态环境部与广东省人民政府在广州签署共建国际一流美丽湾区合作框架协议，深化下一阶段全面战略合作。双方充分发挥粤港澳大湾区和深圳中国特色社会主义先行示范区的带动作用，协同推进经济高质量发展和生态环境高水平保护，全面深化生态环境领域改革创新，探索建立与国际接轨的生态环境管理和评价体系。

16日　通过"港澳药械通"政策进口的首个药品——抗D免疫球蛋白注射液和首个医疗器械——磁力可控延长钛棒运抵香港大学深圳医院。29日，抗D免疫球蛋白注射液作为该批药械的首例首次投入临床使用。

18日　赣深高铁4标段全长76.76单线千米的无砟轨道完工。赣深高铁通车后，深圳至赣州乘车时间由7小时压缩至2小时，河源至深圳乘车时间由3小时压缩至1小时左右。

18日　位于佛山市顺德区的鲤鱼洲岛上的珠江三角洲水资源配置工程A2标项目交通隧洞贯通，这是该工程自2019年5月全面开工以来首个贯通的盾构隧洞，标志着该项粤港澳大湾区标志性项目迈出坚实的一步。

19日　国家发展改革委发布《粤港澳大湾区建设、长江三角洲区域一体化发展中央预算内投资专项管理办法》的通知，对列入粤港澳大湾区建设中长期规划方案及年度工作安排的项目，在具备条件、符合要求的前提下，中央预算内投资予以优先支持。

19日　广州期货交易所在广州成立，粤港澳大湾区再添国家级金融基础设施平台。中共广东省委书记李希、中国证监会主席易会满共同为广州期货交易所揭牌。

20 日　“珠三角征信链”共建协议签约和启动仪式在广州举行。建成后对外提供高质量征信服务，有助于缓解银企信息不对称矛盾，为商业银行进一步支持小微、民营企业融资提供支撑。

20 日　广州地铁 18 号线首通段实现全段长轨贯通。18 号线连接广州东和南沙两大枢纽，是目前国内时速最高的地铁线，通车后，南沙自贸片区至广州东站实现 30 分钟通达。

20 日　珠海市人民政府、澳门特别行政区政府经济财政司在博鳌联合举行“澳门—珠海全球投资推介会”。

20 日　由惠州市人民政府主办、广东高科技产业商会承办的“深惠合作　共赢湾区”深圳—惠州产业协同创新对接交流会在深圳举行。来自粤港澳大湾区各大城市约 300 家科技行业企业参会，对接会有 72 个项目签约落户惠州，投资总额超 860 亿元。

21 日　广东省省长马兴瑞主持召开省政府常务会议。会议听取粤港澳大湾区国家技术创新中心和国家新型显示技术创新中心、国家第三代半导体技术创新中心建设情况汇报，指出在科技部大力支持下，3 个国家级技术创新中心获批建设，将为广东省深入实施创新驱动发展战略提供重要支撑。要落实落细建设主体责任，加强顶层设计和系统谋划，大力推进 3 个技术创新中心各项建设任务，在基础设施、政策保障、资金投入、创新环境等方面提供支撑与保障。

21 日　深中通道沉管隧道全线最深管节——第 9 个管节（E9）完成对接，至此，项目沉管隧道已建成 1443.5 米。

21 日　《广东省数字政府改革建设 2021 年工作要点》公布，明确 30 项工作任务。

21 日　2021 年度广佛全域同城化党政联席会议在广州举行，会议审议《广佛全域同城化 2021 年度重点工作计划》《广佛全域同城化“十四五”发展规划》，明确 2021 年及“十四五”期间的重点工作及发展“路线图”。会上，双方签署推动人才全域同城化合作协议。

22 日　国务院副总理韩正在广州主持召开粤港澳大湾区建设领导小组会议，学习贯彻习近平总书记重要讲话精神，研究部署粤港澳重大合作平台建设有关政策落实等工作。并分别会见前来参加会议的香港特别行政区行政长官林郑月娥、澳门特别行政区行政长官贺一诚，充分肯定香港、澳门特别行政区政府近期的工作。

22 日　粤港澳大湾区国家技术创新中心揭牌，科技部、广东省人民政府、广州市人民政府部省市联动组织实施国家重点研发计划“新型显示与战略性电子材料”重点专项框架协议签约。

22 日　东莞市松山湖高新区举行大湾区综合性国家科学中心先行启动区（松山湖科学城）全面启动活动，包括大湾区大学（松山湖校区）、香港城市大学（东莞）等重大项目奠基、动工建设。

23 日　国务院副总理韩正在广州、汕头、潮州调研。其间，韩正走进广州永庆坊微改造项目，考察城市更新情况；还走进粤港澳大湾区（广东）创新创业孵化基地以及广州市天河区港澳青年之家，与港澳青年交流座谈。

23 日　华南医药公共保税分拨中心在广州南沙综合保税区骏德汇物流园启用。该分拨中心聚焦探索境外药品及医疗设备进口新模式，打造“一站式”分拨中心，推动港澳地区已上市或批准进出口许可的海外医药产品更便捷通关进入内地市场。

24 日　中国旅游研究院发布《2021 世界旅游城市蓝皮书》，广州、深圳获选世界游客最向往的中国城市榜单第三、四名。

24 日　粤港澳大湾区国际仲裁中心交流合作平台暨中国（深圳）知识产权仲裁中心签约挂牌仪式在河套深港科技创新合作区举行。该平台为促进深港澳深度融合，推动深港两地规则衔接机制对接，助力大湾区在知识产权纠纷解决方面打造具有国际影响力的保护高地注入新动能，为高标准规划建设好合作区提供支撑。

24 日　砚洲岛航空运动旅游营地开营首飞暨国家 AAA 级旅游景区授牌仪式在肇庆市鼎湖区砚洲岛举行。

25 日　《广东省国民经济和社会发展第十四个五年规划和 2035 年远景目标纲要》（简称《规划纲要》）正式发布。《规划纲要》全文 12.8 万字，21 章，将“双区”引领摆在突出位置，贯穿全篇，为“十四五”时期，广东推进粤港澳大湾区建设制定“路线图”。

25 日　广佛肇高速公路佛山段连接肇庆段暨全线开通运营。

27 日　由江门市人民政府牵头打造的“江门—澳门跨境通办政务服务专区”在澳门揭牌启用。

27 日　横琴在广东省率先成功试点跨境人民币全程电子缴社保费。

27—29 日　第三届粤港澳大湾区中医药传承创新发展大会在惠州市罗浮山召开，围绕“后疫情时代中医药的使命与担当”主题，共商中医药合作发展良策，共谋塑造健康湾区大计。粤港澳三地 21 个合作项目现场签约并交换签约文本。广州中医药大学惠州医院（惠州市中医医院）参与合作的项目“粤港澳惠州转化医学研究中心”是该次签约项目中唯一一个在惠州落地的项目。

28 日　广州支持港澳青年来穗发展新闻发布会在广州市新闻中心举行。为支持港澳青年到广州发展，广州市住房和城乡建设局牵头会同有关部门研究制定《支持港澳台青年来穗发展“乐居广州”住房保障实施方案》。

28 日　广东省人民政府与中国人民保险集团在广州签署战略合作协议。根据协议，双方以“着眼长远，共谋发展；互相支持，互利共赢；依法合规，稳步实施”为原则，认真落实粤港澳大湾区、“一核一带一区”等重大战略，积极开展保险业务、投融资等方面合作。

28 日　珠海国际仲裁院（珠海仲裁委员会）分别与澳门律师公会仲裁中心、澳门世界贸易中心仲裁中心、澳门仲裁协会签订合作协议，共建横琴珠澳跨境仲裁合作平台，探索“一国两制”下解决民商事争议的新路径。

28 日　广州市南沙区、东莞市、佛山市、中山市、珠海市横琴新区仲裁委员会共同签订《劳动人事争议仲裁委员会 RC5 协议》。

29 日　香港创新及科技局局长薛永恒与粤港澳大湾区院士联盟发起人会面，希望通过院士联盟的力量，凝聚顶尖科研人才，为香港以及粤港澳大湾区科技发展提供建议，为建设国际创新科技中心出谋献策。

30 日　珠海边检总站港珠澳大桥边检站查验出入境车辆超过 6300 辆次，刷新 2020 年 12 月 18 日单日查验 6100 辆次的最高纪录。

5月

1日　广东东莞大益队夺得2020—2021赛季CBA（中国男子篮球职业联赛）总决赛冠军。

1日　粤港澳大湾区（肇庆）旅游港第一期项目正式启用。该项目投资2.5亿元，总面积4.1万平方米。

6日　住房和城乡建设部、工业和信息化部联合发布《关于确定智慧城市基础设施与智能网联汽车协同发展第一批试点城市的通知》，北京、上海、广州、武汉、长沙、无锡6个城市入选首批试点城市，广州是粤港澳大湾区唯一入选城市。

6日　广州市召开推进碳达峰、碳中和工作动员部署会。市发展改革委汇报广州“碳达峰、碳中和”工作总体情况，市相关部门分别汇报生态环境保护、新型基础设施、建筑、交通等领域推进碳达峰、碳中和工作情况，并提出工作设想。

6日　深中通道陆域引桥箱梁架设工作完成，标志着深中通道陆域引桥段全线拉通，为中开高速对接深中通道奠定基础。

8日　粤港澳电竞发展研究院在广州体育职业技术学院挂牌成立。该研究院由国家体育总局体育科学研究所电子竞技研究室指导，中共广州市天河区委宣传部、广州体育职业技术学院、广东省电子竞技运动协会、香港电竞总会、澳门电竞总会共同发起成立。

11日　首届粤港澳卫生检疫、动植物检疫和食品安全控制会议在广州召开。海关总署广东分署、香港食物及卫生局、澳门市政署和澳门卫生局，以视频会议形式共同签署《粤港澳卫生检疫、动植物检疫和食品安全控制合作备忘录》。

11日　国家开发银行印发《国家开发银行支持粤港澳大湾区发展暨深圳先行示范区建设2021年工作要点》，2021年拟通过投资、贷款、债券、租赁、证券等各类综合金融服务加大对粤港澳大湾区重点项目支持力度，全年提供融资总量3000亿元以上，其中，发放本外币贷款2500亿元以上。是年，国家开发银行实际为粤港澳大湾区建设提供融资总量3793亿元，其中，发放本外币贷款3075亿元。

12日　澳珠人才发展促进会成立暨澳珠人才项目签约仪式在澳门举行。“珠医—镜湖珠澳护理深度合作”等8个澳珠人才项目签约落户，囊括科技、文化等多个领域。

13日　国家重点研发计划“宽带通信与新型网络应用示范”项目（简称6NT）在深圳启动。6NT将在粤港澳大湾区打造世界距离最长、容量最大的空分复用光通信“超级高速公路”，引领网络通信技术研究和应用创新。

13日　全国首个粤港澳大湾区劳动争议研究机构粤港澳大湾区劳动争议（广州）创新研究院在广州市黄埔区揭牌成立。该研究院先行先试开展涉港澳劳动关系前沿理论研究和争议调处，推动粤港澳三地创新要素的自由流动。

13日　广东省人民政府发布《广东省人民政府关于加快数字化发展的意见》（简称《意见》）。《意见》围绕大湾区建设提出多项要求，特别提出要构建“数字大湾区”。

13日　第20届亚洲科学理事会大会在广州南沙开幕。

14日　粤港合作联席会议第二十二次会议以视频连线方式举行。广东省省长马兴瑞、香港特别行政区行政长官林郑月娥共同主持会议并作主题发言。

14日　由珠海大横琴股份有限公司负责建设，澳门澳马建筑集团有限公司承揽施工的“横琴新区长隆宿舍一期项目红线外市政配套工程”建成通车，这是澳门企业承接的首个内地政府投资项目。

14日　香港律政司司长郑若骅在深圳与最高人民法院副院长杨万明签署《关于内地与香港特别行政区法院相互认可和协助破产程序的会谈纪要》。该项安排进一步完善香港与内地在民商事法律的合作。

19日　中国自主设计、建造的最大海上原油生产平台——陆丰14—4中心平台，在南海东部海域完成浮托安装，标志着中国大型海洋油气装备建造和安装能力进一步提升。

19日　深中通道西人工岛现浇隧道敞开段浇筑完成，标志着项目西人工岛主线现浇隧道主体结构完工，为实现隧、岛、桥转换奠定基础。

20日　广东省科技创新大会在广州召开。大会颁发2020年度广东省科学技术奖，评选出突出贡献奖1人、自然科学奖23项、技术发明奖11项、科技进步奖142项、科技合作奖3人，合计180项（人）。

23日　位于珠海的北京师范大学—香港浸会大学联合国际学院举行校园二期工程奠基，建成后将成为该校建设理科、工科、交叉学科以及新兴技术、产业转化的重要基地。

24日　珠海澳大科技研究院中华医药及转化医学研发中心启用，助推珠澳产学研深度合作和横琴粤澳深度合作区建设。

24日　“粤港9号”轮在珠海港洪湾国码完成装船作业驶向广州南沙保税港区，标志着启运港退税政策在珠海落地实施。

24—25日　全国5G行业应用规模化发展现场会在深圳市、东莞市召开。

25日　香港教育局局长杨润雄访问深圳，就两地教育的最新发展及合作进行交流，共同把握粤港澳大湾区的发展机遇。讨论事项涵盖高等教育、职业专才教育及基础教育。

26日　广州期货交易所与中国有色金属工业协会在广州签署战略合作协议。根据协议内容，双方计划在新能源金属期货品种研发、助力有色金属行业“碳达峰、碳中和”等领域建立全面战略合作关系。

27日　广东省省长马兴瑞在广州会见中国美国商会董事会主席葛国瑞率领的会员企业高层代表团。双方就推动跨国企业参与粤港澳大湾区建设、深化投资合作与发展进行交流。

27日　广东省人民政府与中国太平洋保险（集团）股份有限公司在广州签署共同推进粤港澳大湾区建设战略合作协议。双方围绕广东省战略产业集群打造、大湾区城市建设、绿色金融体系构建、科技保险赋能、乡村振兴落地、社会保障水平提升等多个领域开展合作。

27日　广州市第十五届人民代表大会常务委员会第四十九次会议审议《关于广州市政府债务管理情况（2017—2020年）的报告》。地方政府专项债券资金安排支出项目137.1亿元，主要投向大枢纽、大交通等涉及大湾区建设的重大项目。

27日　黄茅海跨海通道建设项目控制性工程、世界最大三塔公路斜拉桥黄茅海大桥桩基全部完成，标志着主墩全面进入承台施工阶段。

28日　2021年粤港澳大湾区高价值专利培育布局大赛在佛山市季华实验室启动。

30 日　深圳市发展改革委发布《深圳市 2021 年重大项目计划》，536 个项目被列入重大项目计划，涉及交通、能源、产业、教育、医疗、城市更新、文化设施、总部基地等方面。

30 日　“广州—敖德萨”中欧班列从广州白云大朗铁路货运站启程，约 25 天后抵达黑海沿岸最大的港口城市——乌克兰敖德萨，是华南地区首趟直达乌克兰的中欧班列，也是中国首列开往敖德萨的中欧班列。新班列开通为粤港澳大湾区联通黑海开辟陆海新通道。

是月　自中旬起，香港特别行政区政府为香港居民以外的内地人士提供“来港易”，即抵港可以免除 14 天隔离，且没有接种疫苗要求。

6 月

1 日　广州实验室联合国家呼吸医学中心、广州呼吸健康研究院、金域医学等单位共建的 4 个“猎鹰号”气膜实验室落地广州体育馆。来自全国各中心实验室的超 200 人入驻开展检测工作，日检测产能 12 万管。

2 日　教育部发布《中国语言文字事业发展报告》。其中，首次发布《粤港澳大湾区语言生活状况报告（2021）》，勾勒大湾区语言生活状况的面貌，并提出语言文字环境建设和语言服务建议。

4 日　《惠州市国民经济和社会发展第十四个五年规划和 2035 年远景目标纲要》发布，明确提出要通过建设 1 号公路经济走廊，打造粤港澳大湾区重点增量发展空间。

5 日　经过是日连续 10 小时的建设，位于广州市番禺区亚运城综合馆的“火眼”实验室完成搭建，并于次日投入使用。该实验室单日可完成 15 万管核酸检测，若采用十混一混采技术，每日最高可检测 150 万人份核酸样本，是全国最高日通量核酸检测实验室。

7 日　《广东省“一照通行”涉企审批服务改革试点实施方案》印发，提出要整合提升粤港澳大湾区各地市商事登记及行政审批系统，通过对接省“一网通办”系统，实现商事登记、涉企经营许可事项“湾区通办”“跨境同办”“一照通行”。

8 日　由中国自主设计建造的全球最大的火车专用运输船“切诺基”号（CHEROKEE）在广州南沙交付。该船以跨洋视频会议的形式云交付美国船东。该船总长 180 米，宽 38.6 米，高 16.2 米，设置两层火车甲板，总长度 2500 米，载重量超过 2 万吨。

8 日　《深圳市国民经济和社会发展第十四个五年规划和二〇三五年远景目标纲要》发布，强调要增强深圳在粤港澳大湾区中的核心引擎功能。

10 日　香港贸易发展局 GoGBA 一站式平台启动暨大湾区服务中心（位于深圳）揭牌仪式，分别在深圳和香港会场以视频连线的方式举行。香港特别行政区行政长官林郑月娥、深圳市市长覃伟中分别在两地会场出席并致辞。

10 日　来自珠海和澳门的 7 个机构领导、代表共同签署《“3+4”战略合作框架协议》，在金融纠纷调解、金融知识教育、投资者培训、日常工作交流方面达成合作框架协议。

11 日　广州市财政局、广州市科学技术局、广州市人力资源和社会保障局、国家税务总局广州市税务局共同印发《广州市关于实施粤港澳大湾区个人所得税优惠政策财政补贴管理办法的通知》，进一步规范粤港澳大湾区个人所得税优惠政策财政补贴管理。

12 日　广东省文化和旅游厅、自然资源厅、住房和城乡建设厅联合发布第二批广东省粤港澳大湾区文化遗产游径，涵盖 3 个主题 16 条文化遗产游径。

12 日　《全国重点文物保护单位七星岩摩崖石刻保护规划（2017—2030 年）》发布施行。

15 日　2021 年粤澳合作联席会议以视频连线方式举行。广东省省长马兴瑞、澳门特别行政区行政长官贺一诚共同主持会议并作主题发言。该次会议主题是“以横琴为主阵地深化粤澳合作，支持澳门经济适度多元发展”，粤澳双方进一步充分交流、务实对接，全面准确落实中央的部署要求，共同推动粤澳合作取得丰硕成果，为保障澳门特色“一国两制”成功实践、行稳致远作出新的更大贡献。

15 日　广东省人民政府门户网站发布《广东省人民政府办公厅关于建立广东省推进粤港澳大湾区药品医疗器械监管创新发展工作联席会议制度的通知》（简称《通知》）。《通知》提出，为统筹推进粤港澳大湾区药品医疗器械监管创新发展工作，强化部门间协作配合，省人民政府决定建立广东省推进粤港澳大湾区药品医疗器械监管创新发展工作联席会议制度。

15 日　香港卫生署与国家药品监督管理局签署《关于中药检测及标准研究领域的合作安排》。

16 日　广州市中级人民法院发布《关于打造粤港澳大湾区司法改革创新引领区服务保障更具国际竞争力营商环境建设助力广州高质量发展的意见》（简称《意见》）。《意见》提出，广州市中级人民法院将全力打造粤港澳大湾区司法改革创新引领区，在更高层次推进提升营商环境法治化水平，为构建更具竞争力的国际一流营商环境提供更加有力的司法服务和保障。

16 日　2021 年内地—澳门商会联席会议在澳门举行，约 40 名贸促机构及商会代表与会，就发挥澳门优势参与和助力大湾区建设、推动工商界立足新发展阶段等议题，展开交流及探讨。

16 日　中山、广州南沙、珠海横琴三地劳动人事争议仲裁员组成合议庭，成功办理广东省首件跨区域合作劳动争议案件。

17 日　伶仃洋大桥东索塔第 48 节塔柱混凝土浇筑完成，深中通道伶仃洋大桥东索塔完成封顶。伶仃洋大桥全长 2826 米，是深中通道控制性工程，大桥两个索塔高 270 米，相当于 90 层楼高，建成后将是全球最高海中大桥。

18 日　国家移民管理局在官方网站发布促进服务航运企业发展 16 项新举措，包括推动在粤港澳陆地口岸实施“合作查验、一次放行”边检查验模式，以及实行粤港澳跨境车辆及驾驶人员快捷通关边检备案手续“网上办”等。

18 日　内地与澳门科技合作委员会第十五次会议在澳门召开。

20 日　粤港澳大湾区超级工程深中通道沉管隧道首个爬坡管节——第 10 个管节（E10）在深达 37 米的水下完成对接，至此项目沉管隧道建成 1608.5 米。

21 日　中国人民银行中山市中心支行指导中山农村商业银行三乡支行代理点完成查询机升级改造为港澳版工作，并开展对港澳居民开放查询服务，成为广东省首个完成升级改造的代理点。

22 日　广东省省长马兴瑞主持召开省政府党组会议，强调要结合广东省情特点全面加强和改进国际传播工作，讲好中国故事、大湾区故事、广东故事，更好地发挥“两个重要窗口”作用。

22 日　珠海举行《珠海市外商投资股权投资类企业试点办法》(简称《试点办法》)政策吹风会。《试点办法》提出，为推动澳门经济适度多元发展，珠海将建立服务澳门企业的绿色通道机制，为其提供更加便利的试点环境。

23 日　粤港澳大湾区首个全自动化码头首次全流程实船作业在广州南沙四期全自动化码头取得成功。建成后的广州港南沙四期自动化码头年新增集装箱吞吐能力 490 万 TEU（国际标准箱单位），年吞吐量超过 2400 万 TEU，位居全球单一港区前列。

23 日　仓容 25.2 万吨的广州南沙国际物流中心北区仓库开仓试投产，标志着广州港南沙港区打造全国最大临港仓储物流分拨中心取得实质性突破。

23 日　广东省文化和旅游厅公布广东省革命文物名录，包括不可移动文物 1513 处、可移动文物 4544 件（套）。大湾区内地九市有 589 处不可移动文物，占全省三分之一强；广州以 213.5 处不可移动文物居广东省第一位。

26 日　广州白云国际机场 T3 航站楼工程开工。广州白云国际机场 T3 航站楼引入“两高铁、两城际”，实现联通珠三角城市群、粤港澳大湾区，进一步提升广州国际航空枢纽竞争力。

28 日　广州市南沙区在明珠湾大桥桥面举办重大项目集中签约动工竣工（投产）暨明珠湾大桥通车活动，76 个项目集中签约、动工竣工（投产），广州明珠湾大桥同步开通。

28 日　2021 年广东“众创杯”创业创新大赛启动，大赛发挥粤港澳大湾区各创新创业基地平台优势，整合多方面政策资源。大赛举办系列配套活动，统筹优势资源，强强联动。

28 日　广州新洲至化龙快速路(简称新化快速)北段工程建成通车。新化快速全线开通将缓解广州市区至番禺的交通压力，进一步完善广州与粤港澳大湾区主要城市的路网连接。

28 日　广湛高铁湛江湾海底隧道工程“永兴号”盾构机始发，标志着广湛高铁建设向前迈进一大步。广湛高铁是连接粤港澳大湾区和海南自贸港、北部湾城市群沿海高速铁路大通道的重要组成部分，是贯彻落实国家重大发展战略的重要举措。

29 日　黄茅海跨海通道高栏港大桥东塔主墩完成混凝土浇筑，黄茅海通道两座大桥 5 个主塔的 164 根桩基浇筑全部完成，总用时 196 天，比预期目标提前近两个月。

30 日　大湾区共同家园青年公益基金、中国银行（香港）、广东省青年联合会、香港青年联会、澳门青年联合会共同推出“大湾区青年卡”，为香港青年解决在内地生活的难题，融入粤港澳大湾区其他城市提供便利。

7月

1 日　庆祝中国共产党成立 100 周年大会在北京天安门广场举行。习近平总书记发表重要讲话。

1 日　广东省省长马兴瑞主持召开省政府常务会议，深入学习贯彻习近平总书记关于优化营商环境工作的重要指示和关于金融工作的重要论述精神，研究部署深化“放管服”改革、推动“十四五”金融改革发展和健全上市公司退市机制等工作。会议强调要紧紧围绕粤港澳大湾区建设以及全省经济社会高质量发展，大力推进金融改革创新。要携手港澳共建粤港澳大湾区国际金融枢纽，着力提升广州、深圳两个中心城市的金融发展能级，辐射带动全省金融优化发展。

1 日　由广东省气象局、香港天文台和澳门地球物理暨气象局联合编制的《粤港澳大湾区气候监测公报（2020）》发布，向公众提供大湾区气候状态的最新监测信息。

1 日　澳门机动车入出横琴“自由行”配额指标上调，从每月 300 辆增至 500 辆。

5 日　商务部发布《国务院自由贸易试验区工作部际联席会议办公室关于印发自由贸易试验区第四批“最佳实践案例”的函》，印发自贸试验区第四批 18 个“最佳实践案例”，供各地在深化改革、扩大开放过程中借鉴。其中，广东自贸试验区的“对接港澳跨境专业服务规则新探索”入选。

5 日　江门出台《关于江门市实施粤港澳大湾区个人所得税优惠政策财政补贴管理办法》，明确江门市可以享受财政补贴的人才认定、补贴标准。

6 日　经过两年多试点，前海在全国率先推出的“深港通注册易”服务在深圳全市推广，实现足不出港澳即可注册深圳企业。

7 日　广东省庆祝中国共产党成立 100 周年座谈会在广州召开。中共广东省委书记李希出席会议并讲话，省长马兴瑞主持会议，省人大常委会主任李玉妹，省政协主席王荣，副省长王伟中出席会议。会议强调要落实“新发展阶段、新发展理念、新发展格局”重要要求，大力推动粤港澳大湾区、深圳先行示范区建设，支持深圳实施综合改革试点，加快推进横琴粤澳深度合作区建设，全面深化前海深港现代服务业合作区改革开放，加快打造新发展格局战略支点，更好统筹发展和安全，坚定不移走高质量发展之路。

8 日　广州市 15 届 147 次政府常务会议审议通过《关于新时期进一步促进科技金融与产业融合发展的实施意见》。广州市将进一步引导金融资源向科技创新领域配置，进一步促进科技、金融与产业融合发展，助力共建粤港澳大湾区国际科技创新中心，加快建设科技创新强市，推动经济实现高质量发展。

8 日　广东省、广州市重点建设项目——广州肾脏病中心建设项目启动。这是中国唯一一个集国家肾脏病临床医学研究中心、国家重点实验室、国家临床重点专科等多个国家级平台于一体的综合性肾脏病防治与研究中心。

9 日　横琴新区跨境政务服务平台上线，这是国内首个为港澳同胞提供跨境备案服务的线上模块。

12 日　香港特别行政区政府与国家发展改革委等部委通过视频形式，举行支持香港全面参与和助力“一带一路”建设联席会议第四次会议。

13 日　广州市财政局、广州市科学技术局、广州市人力资源和社会保障局、国家税务总局广州市税务局联合印发《广州市关于实施粤港澳大湾区个人所得税优惠政策财政补贴管理办法》，启动对符合条件的境外高端、紧缺人才个税补贴工作。

15 日　中山市印发《中山市推动港澳青年创新创业基地高质量发展的意见》，进一步明确支持港澳青年创新创业基地专业化、精准化、科学化运营管理服务的目标和 14 个方面的相应举措。

16 日　澳门外港码头往返珠海九洲港的航线营运，是澳门与珠海九洲港互通的第二条海上交通航线。

17 日　由广东省林业局主办的第二届粤港澳自

然教育季在广东韶关丹霞山国家级自然保护区启动。

18 日　广州暨大港澳子弟学校在广州揭牌。学校由暨南大学、香港维港教育集团等 4 个单位联合举办，占地近 60 亩，面向港澳台侨及外籍人员子女招生，提供学前、小学、初中及高中 15 年一贯制的国际教育。

19 日　商务部公布率先开展国际消费中心城市培育建设名单，上海、北京、广州、天津、重庆 5 个城市入围。广州计划围绕实施“尚品”“提质”“强能”“美誉”四大工程，建设国际消费中心城市。

19 日　中山市发布《中山市人民政府关于中山市部分行政区划变更的公告》，宣布实施行政区划调整。该次行政区划调整的目的之一是推动翠亨新区与南朗统筹融合发展，打造中山参与粤港澳大湾区建设主阵地。

19 日　“促进澳门世界旅游休闲中心建设联合工作委员会”在澳门召开 2021 年度工作会议。会议讨论依托粤港澳大湾区文化和旅游合作工作机制，推进《粤港澳大湾区文化和旅游发展规划》组织实施工作等事项。

19 日　深中通道伶仃洋大桥西主塔封顶。至此，世界上最大跨径海中钢箱梁悬索桥——伶仃洋大桥两座主塔全部封顶，全面转入上部结构施工阶段。

19 日　港珠澳大桥水域“白海豚”海上搜救志愿队成立。这是大桥水域首支海上搜救志愿队。

20 日　“大湾区（广东）国际人才驿站”挂牌仪式在广州南沙国际人才港举办，这是广东省首个冠名“大湾区（广东）”的人才驿站。

21 日　惠州市推进粤港澳大湾区建设领导小组办公室印发实施《惠州抢抓“双区”建设重大机遇，深度融入深圳都市圈的行动方案（2021—2023 年）2021 年工作责任分工表》。

22 日　广州南沙举办“明珠汇聚，金融起航”——明珠金融创新集聚区揭牌暨重大金融项目签约活动，28 个项目分 4 批次完成集中签约。

24 日　全国 5G 行业应用规模化发展现场会在广东深圳、东莞召开，落实习近平总书记关于“加快 5G 等新型基础设施建设，积极丰富 5G 技术应用场景”的重要指示精神，展示 5G 融合创新应用，凸显 5G 加速助力千行百业数字化转型的重要作用。

24 日　国家知识产权交易运营（郑州）试点平台大湾区运营中心在深圳北理工创新大厦揭牌启动。

26 日　广州市和深圳市率先在粤港澳大湾区内启动本外币合一银行结算账户试点，标志着广东省银行账户管理体制改革取得新突破。

26 日　中国银行广东省分行联动中国银行澳门分行利用外债便利化政策，成功开展横琴首笔普惠跨境联动贷款业务。

27 日　惠州市惠阳区举行产业项目集中动工竣工投产活动，22 个项目集中动工竣工投产，总投资 238 亿元，预计产值 452 亿元。

27 日　佛山市召开全市制造业数字化智能化转型发展大会。大会现场发布《佛山市推进制造业数字化智能化转型发展若干措施》，提出将进一步加大扶持力度，加快推进佛山市制造业数字化、网络化、智能化转型升级。

28 日　中国共产党广东省第十二届委员会第

十四次全体会议在广州召开。会议主要任务是坚持以习近平新时代中国特色社会主义思想为指导，深入学习贯彻习近平总书记“七一”重要讲话和对广东系列重要讲话、重要指示批示特别是关于横琴、前海开发开放的重要论述精神，就推动横琴粤澳深度合作区和前海深港现代服务业合作区建设、做好当前和今后一个时期工作进行部署。中共广东省委书记李希代表省委常委会作报告，省委副书记、省长马兴瑞作具体工作部署。会议通过《中国共产党广东省第十二届委员会第十四次全体会议决议》。

28 日　珠澳深化不动产登记跨境通办服务试点签约仪式在澳门举行。珠海市不动产登记中心与中国工商银行（澳门）股份有限公司签订合作协议，现场颁发首本“零出关办理”的转移登记不动产权证书。

28 日　国内首个站内天然气制氢加氢一体站——南庄制氢加氢加气一体化站启动试运行。该站位于佛山市禅城区南庄镇。

28 日　香港律政司司长郑若骅到北京访问政府部委和机关，分别与最高人民法院和最高人民检察院签署会谈纪要，加强内地与香港在法律及争议解决服务方面的合作和交流。

29 日　中共广东省委在广州召开情况通报会，向省各民主党派、工商联负责人和无党派人士代表通报省委十二届十四次全会精神。会议要求举全省统一战线之力参与“两个合作区”建设，切实服务港澳繁荣稳定，确保“一国两制”行稳致远。

29 日　广东省政协党组扩大会议暨十二届四十六次主席会议在广州召开。会议要求引导广大政协委员特别是港澳政协委员深刻认识推进横琴、前海等重要平台建设的重大意义，凝聚思想共识，为粤港澳大湾区建设取得新的更大进展汇聚强大合力。

30 日　广东省大湾区办联合粤港澳大湾区信息资讯中心、南方新闻网启动粤港澳大湾区合作发展平台深调研活动。

30 日　珠海市财政局、珠海市科技创新局、珠海市人力资源和社会保障局、国家税务总局珠海市税务局联合印发《珠海市实施粤港澳大湾区个人所得税优惠政策财政补贴管理办法》，并于 2021 年 7 月 1 日启动对符合条件的境外高端、紧缺人才个税补贴工作。

30 日　中国共产党珠海市第八届委员会第十二次全体会议召开。会议强调要紧紧围绕促进澳门经济适度多元发展这条主线，做好加快横琴粤澳深度合作区建设这篇大文章，打造促进澳门经济适度多元的新平台，建设便利澳门居民生活就业的新空间，打造推动粤港澳大湾区建设的新高地。

30 日　中国共产党深圳市第七届委员会第二次全体会议召开。会议就推动前海深港现代服务业合作区建设、做好下半年工作作出部署。

30 日　广东省十三届人大常委会第三十三次会议表决通过《广东省中医药条例》，其中明确广东省政府应当推进粤港澳大湾区中医药产业合作，支持成立粤港澳大湾区中医医疗联合体和中医医院集群。

31 日　中国首次粤港澳大湾区律师执业考试开考，在深圳及珠海以外增设香港考场。

8 月

2 日　粤港澳大湾区重大建设项目深中通道沉管隧道第 11 个管节完成沉放对接，施工用时 22 个小时，创造深中通道沉管运输安装用时最短纪录。至此，项目沉管隧道建成总长 1773.5 米。

2 日　2021 年《财富》世界 500 强榜单发布，粤港澳大湾区有 25 家企业入榜。

2 日　香港中文大学（深圳）音乐学院［深圳音乐学院（筹）］揭牌成立。

3 日　《广东省数字经济促进条例》由广东省第十三届人民代表大会常务委员会第三十三次会议通过。条例立足广东实际，聚焦“数字产业化、产业数字化”两个核心，突出制造业数字化转型，做好数据资源开发利用保护和技术创新，加强粤港澳大湾区数字经济规则衔接、机制对接。

3 日　商务部发布《关于 2021 年增补国家电子商务示范基地的公示》，琶洲人工智能与数字经济试验区入选 2021 年增补国家电子商务示范基地名单，也是广东省唯一进入该名单的电子商务园区。

3 日　横琴新区首个港澳企业项目信德口岸商务中心实现“交房即发证”。

4 日　《深圳市境外高端人才和紧缺人才 2020 年纳税年度个人所得税财政补贴申报指南》网上发布。该指南由深圳市人力资源和社会保障局、深圳市科技创新委员会、深圳市财政局、国家税务总局深圳市税务局联合印发，符合条件的各类高端人才和紧缺人才可按照指引申请个税补贴，最高补贴标准 500 万元。

5 日　华南地区最大的绿色化工数字交易平台落户广州市黄埔区。广州开发区投资集团、广州化工交易中心有限公司、阿蓝尔股份有限公司就建设大湾区绿色化工数字交易园区（广州供应链金融基地）项目签订合作协议。项目总投资 20 亿元。

5 日　香港大学深圳医院 37 名港籍医生获授正高级职称证书。这是国内首次为在内地工作的港籍医生直接认定颁发正高级职称证书。

5 日　广东省人民政府发布《广东省金融改革发展“十四五”规划》，提出在“十四五”时期，广东省金融将紧紧围绕粤港澳大湾区建设以及全省经济社会高质量发展，以“123+ 双 10”为战略导向，加快建设金融强省。

5 日　广州市第十五届人大常委会第五十二次会议表决通过《广州市临空经济区条例》，提出推动粤港澳大湾区口岸通关模式创新，推进粤港、粤澳查验单位之间信息互换、监管互认、执法互助，实现通关便利化。

6 日　“京津穗经开区政务服务改革创新合作联盟在线签约仪式”在广州市黄埔区政务服务中心举行，标志着全国首个经济功能区政务服务改革创新合作联盟成立，北京、天津、广州三地国家级经济开发区 268 项政务服务事项全国首次实现“跨省通办”。

8 日　粤港澳大湾区重大建设项目深中通道中山大桥西主塔封顶，该桥转入上部结构施工。

9 日　广东省水利厅发布 2020 年《广东省水资源公报》（简称《公报》）。《公报》显示，2020 年粤港澳大湾区内地九市用水总量 213.7 亿立方米，占广东省用水总量的 52.8%。

12 日　《共同推进港澳涉税专业机构及人士在前海合作区发展的合作框架协议》签约仪式在前海举行。

13 日　财政部、工业和信息化部、科技部、国家发展改革委、国家能源局联合印发《关于启动燃料电池汽车示范应用工作的通知》，原则同意北京市、上海市、广东省三地城市群启动实施燃料电池汽车示范应用工作，示范期为4年。其中，广东城市群由佛山市牵头组建，以佛山、广州、深圳、淄博、六安和包头六大燃料电池技术创新和产业高地为引擎，联动东莞、中山、云浮等关键材料、技术及装备研发制造基地，依托珠海、阳江、福州、包头等氢源供应基地，推动示范应用，全面实现示范城市群跨越式发展。

13日　由香港律政司和香港律师会主办的“协同效应创共赢”粤港澳大湾区为香港法律界带来的机遇研讨会以线上线下形式同步举行。

16日　广东省人民政府发布《广东省促进建筑业高质量发展的若干措施》并举行新闻发布会。广东将打造以设计、施工、研发为核心，覆盖建造全过程产业链的建筑产业集群，推进粤港建筑业专业机构、专业人员资质资格及信用评价管理的规则衔接、机制对接。

16日　由广州艺术博物院主办，广东省博物馆、香港艺术馆、香港中文大学文物馆、澳门艺术博物馆协办的“返本开新——国画研究会艺术回顾展”在广州艺术博物院开幕。

17日　广东省人力资源和社会保障厅举办第三季度媒体沟通会，会上发布《2020年粤港澳大湾区（内地）急需紧缺人才目录》。该目录是人力资源和社会保障部支持粤港澳大湾区发展的重点人才项目。

19日　澳门大学生建筑专业实习基地暨装配式建筑人才培训基地在横琴揭牌。

20日　广船国际有限公司为中远海运客运有限公司建造的1370客/2800米车道豪华客滚船1号船在广州南沙完成命名交付。该船全部实现国内自主设计，是国内运营的智能化程度最高的大型豪华客滚船。

23日　《中华人民共和国国民经济和社会发展第十四个五年规划纲要》宣讲会在香港特别行政区政府总部举行。宣讲会主题为“把握国家‘十四五’机遇，香港更好融入国家发展大局”，出席人数超过200人。

24日　广州市文物考古研究院公布黄埔榄园岭遗址的考古发现。中新广州知识城所在的流溪河流域与增江流域之间的河谷地带在先秦时期是一条重要的人类活动和迁徙走廊，在珠江三角洲乃至岭南地区早期文明发展史上占有重要地位。

24—27日　全国政协副主席何厚铧、梁振英率全国政协港澳台侨界别委员视察团到广东，围绕“粤港澳大湾区发展规划纲要落实情况及建议——共建粤港澳合作发展平台”开展视察。

25日　广东省省长马兴瑞以视频形式会见泰国工业部部长素里亚，双方围绕“粤港澳大湾区与泰国东部经济走廊战略对接与合作”主题进行交流，共同落实习近平主席与巴育总理达成的重要共识，谋划推动各领域务实合作。

25日　香港青年联会主办的“活力与机遇 共建美好湾区”粤港澳大湾区建设宣讲会在香港举行。

26日　国务院办公厅同意广东、香港、澳门承办2025年第十五届全国运动会。

26日　广东省司法厅、香港特别行政区政府律政司和澳门特别行政区政府行政法务司以视频方式共同举行粤港澳大湾区调解工作委员会成立揭牌仪式。

26日　澳门特别行政区政府消防局、珠海市消防救援支队等多个相关单位在青茂口岸联检大楼举行跨境消防联合演习。

27 日　广州市税务局联合深圳市税务局在线联合发布《跨境人士个人所得税实务指南》，是广深两地深化税收服务、引才大湾区的又一举措。

27 日　广东省药品监督管理局公布关于简化香港注册传统外用中成药在粤港澳大湾区注册及销售的审批流程的安排。

30 日　大湾区内地公立医疗机构招聘港澳中医师试点工作通报会暨工作部署会在广州召开。会议学习贯彻习近平总书记对中医药工作的重要论述和对广东系列重要讲话、重要指示批示精神，贯彻《中共中央 国务院关于促进中医药传承创新发展的意见》和《粤港澳大湾区中医药高地建设方案（2020—2025 年）》，对大湾区内地公立医疗机构招聘港澳中医师试点工作进行通报部署、推动落实。

31 日　国家税务总局广东省税务局“粤税通”小程序上线港澳台居民以及内地赴澳务工人员参保缴费功能，并在珠海试点运行。在珠海工作、生活的港澳台居民及赴澳门务工人员登录“粤税通”小程序即可办理社保缴费登记和委托银行缴费手续。

是月　商务部、中宣部会同文旅部、广电总局公布第二批国家文化出口基地名单，广州市番禺区入选，成为广东省唯一一个获批的行政区（功能区）。

9 月

1 日　广东省自然资源厅印发《关于港澳地区城市规划专业企业在广东省执业备案管理的通告》，为港澳地区城市规划专业企业在广东省内执业备案提供政策支持和实施路径。

1 日　香港第六届“一带一路”高峰论坛以线上形式举行，论坛期间，商务部与香港特别行政区政府共同签署《关于推进境外经贸合作区高质量发展合作备忘录》。

1 日　香港保险业监管局分别与中国银行保险监督管理委员会及澳门金融管理局签订《金融科技合作谅解备忘录》。

2 日　首届“粤港澳大湾区购物节”在北京开幕。购物节持续至 9 月 21 日，在购物平台上，超过 29.8 万个品牌、超过 100 个产业带的 80 万户商家带来 1300 多万件商品。该届购物节总参与消费者 1.9 亿人次，销售金额 1000 亿元。

2 日　深圳发布《深圳市政府关于复制推广中国（广东）自由贸易试验区深圳前海蛇口片区第六批改革创新经验的通知》，前海 38 项改革创新复制推广至深圳全市。

5 日　中共中央、国务院《横琴粤澳深度合作区建设总体方案》发布。

6 日　香港中医中药界联合总会举办“拓展中医药发展新空间——香港中医中药界融入大湾区政策宣介会”。

6 日　广东省省长马兴瑞主持召开省政府党组会议，传达学习习近平总书记关于横琴、前海开发开放的重要论述精神，学习贯彻中共中央、国务院《横琴粤澳深度合作区建设总体方案》《全面深化前海深港现代服务业合作区改革开放方案》精神，结合政府工作实际研究部署广东省贯彻落实工作。

6 日　中共中央、国务院印发的《全面深化前海深港现代服务业合作区改革开放方案》（简称《方案》）发布，前海合作区将打造粤港澳大湾区全面深化改革创新试验平台，建设高水平对外开放门户枢纽。《方案》明确，进一步扩展前海合作区发展空间，前海合作区总面积由

14.92 平方千米扩展至 120.56 平方千米。

6 日　香港特别行政区行政长官林郑月娥率领香港特区政府代表团与深圳市委书记王伟中率领的深圳市政府代表团在深圳举行深港高层会晤暨 2021 年深港合作会议。

7 日　中共广东省委常委会召开会议，专题学习贯彻习近平总书记关于粤澳合作开发横琴的重要指示精神和中共中央、国务院《横琴粤澳深度合作区建设总体方案》，研究落实意见。

7 日　中共广东省委常委会召开会议，专题学习贯彻习近平总书记关于前海开发开放的重要论述和中共中央、国务院《全面深化前海深港现代服务业合作区改革开放方案》，研究落实意见。

7 日　香港发展局与自然资源部国土空间规划局、广东省自然资源厅和广东省住房和城乡建设厅合办座谈会，向香港建筑、测量、规划、园境和工程业界介绍多项便利相关企业和专业人士到粤港澳大湾区内地九市开业和执业的优惠政策和开放措施。

8 日　粤澳新通道——青茂口岸开通仪式在澳门举行。青茂口岸是继港珠澳大桥口岸、新横琴口岸之后又一个采取“合作查验，一次放行”通关模式的口岸，设有 100 条自助通道、24 小时开放，设计日通关流量 20 万人次，可以缓解拱北口岸通关压力，提升两地人员通关的效率和体验。

8 日　“粤港澳会计师行业发展战略协议”签约仪式在广州、香港、澳门三地以视频连线方式举行，151 家会计师事务所（广东 83 家、香港 53 家、澳门 15 家）和广东省注册会计师协会、香港上市公司审核师协会、澳门会计专业联会签署协议。来自财政部、粤港澳三地政府、会计行业等有关领导和负责人出席仪式。

8 日　“珠澳通”APP 上线。“珠澳通”APP 整合内地和澳门有关服务，一站式集中提供湾区资讯、办事指南和服务入口，精准服务“澳门居民在内地”或“内地居民在澳门”两类人群，提供医疗健康、出行旅游、读书求学、求职就业、安居养老、经商合作等八大主题，上线超过 200 篇办事指南。

9 日　国务院新闻办公室举行新闻发布会，介绍横琴、前海开发建设有关情况，并答记者问。香港政务司司长李家超通过视频方式出席。

9 日　由香港律政司与中央人民政府驻香港特别行政区联络办公室法律部主办、香港律师会协办的“香港法律专业在粤港澳大湾区执业及其他机遇”宣介座谈会在香港举行。

10 日　中国人民银行、香港特别行政区政府、澳门特别行政区政府和广东省政府以视频连线方式联合举办粤港澳大湾区“跨境理财通”启动仪式。“跨境理财通”指粤港澳大湾区居民个人跨境投资粤港澳大湾区银行销售的理财产品，按照购买主体身份可分为“南向通”和“北向通”：“南向通”指粤港澳大湾区内地居民通过在港澳银行开立投资专户，购买港澳地区银行销售的符合资格的投资产品；“北向通”指港澳地区居民通过在粤港澳大湾区内地银行开立投资专户，购买内地银行销售的符合资格的理财产品。

10 日　澳门举办“横琴方案”新闻发布会详解合作区新政策。

10 日　第一届粤港澳大湾区中医药高质量发展峰会暨生物医药与健康产业集群创新（横琴）大会在横琴粤澳合作中医药科技产业园举行，会上成立“粤港澳中药联盟”。

11 日　澳门科技大学医学院第一附属医院在珠海市人民医院揭牌。该医院采取政校合作共建模式，建成澳门科技大学医学院直属附属医院、医疗及教研基地。

13 日 澳门特别行政区政府政策研究和区域发展局公布澳门经济和社会发展第二个五年规划。

14 日 广东省财政厅发布《关于 2021 年广东省在澳门特别行政区发行地方政府债券承销团成员名单的公告》，结合各机构资质实力、债市能力、报名意愿等情况，从报名参团的境外金融机构中选定中国银行澳门分行等 16 个机构为 2021 年广东省在澳门发行离岸人民币地方政府债券承销团成员。广东也成为首个赴境外发行地方政府债券的省份。

14 日 总占地面积 3.8 万平方米的前海深港商贸物流小镇揭牌运营。位于前海合作区妈湾片区十九单元的前海深港商贸物流小镇，总建筑面积 8.5 万平方米，是前海“两城六区一园一场六镇双港”建设的重点项目和率先启动项目之一。该项目通过商贸物流产业的集聚发展，深化深港产业交流，并为前海集聚港人港企、引入港式消费、营造港味生活、提升对港服务提供新的平台载体。

15 日 中国质量大会在浙江省杭州市开幕，美的集团股份有限公司的“‘5 全 5 数’智能质量管理模式”获第四届中国质量奖，为 2021 年广东省唯一一个中国质量奖获奖单位，也是佛山市首个中国质量奖。

15 日 湘粤非国际物流平台首批援非物资从湖南株洲北站中车物流专线铁路装箱启运，发往广州港装船出海，标志着首趟湘粤非铁海联运班列“株洲—南沙港”开通。

16 日 为促进香港青年融入国家大局、共享发展机遇，在中央统一安排下，有关部门通过线上线下结合的方式在香港举办中央惠港青年措施宣讲会，发布并解读中央惠港青年八条。

16—19 日 国家发展改革委地区司到广东调研粤港澳大湾区建设情况。调研组先后赴珠海、中山、东莞，听取有关中山翠亨新区、东莞滨海湾新区规划建设情况，现场考察港珠澳大桥、格力电器公司、深中通道登陆点、中科（富海）低温装备制造有限公司、奥普特科技股份公司、OPPO 生产基地等，了解大湾区基础设施互联互通、现代产业体系构建、重大合作平台规划建设等情况及有关意见建议。

17 日 2021 中国工业互联网大会暨粤港澳大湾区数字经济大会在广州举行。

17 日 横琴粤澳深度合作区管理机构揭牌仪式在珠海举行。中共中央政治局常委、国务院副总理、中央港澳工作领导小组组长韩正出席揭牌仪式并讲话。

17 日 粤港澳大湾区绿色金融联盟 2021 年年会在深圳举行。

18 日 广东省科学技术厅发布《关于发布 2022 年度粤港澳科技合作专题申报指南的通知》。

18—19 日 中共中央政治局常委、国务院副总理韩正到深圳调研。韩正强调，要坚持以习近平新时代中国特色社会主义思想为指导，打造市场化、法治化、国际化营商环境，推动前海深港现代服务业合作区加快发展。

19 日 中共广东省委横琴粤澳深度合作区工作委员会、广东省人民政府横琴粤澳深度合作区工作办公室挂牌，并于当日召开第一次联席会议。

20 日 在 2021 年英国伦敦切尔西花展上，由中国广州组织建设的“广州花园”亮相并获金奖，同时获该届花展最高奖项——最佳展示花园奖，这是160年来首个获得该花展金奖的中国花园，打破非欧洲花园不能获奖的惯例。

21日　2021大湾区中秋电影音乐晚会在深圳举行。晚会吸引来自内地、香港、澳门、台湾的100位音乐人、电影人参加，60%来自港澳地区。晚会现场，首届省市区购物节同步举行，知名艺人、主播在购物节直播间直播带货。

21日　工商银行横琴分行办理横琴粤澳深度合作区首笔3220万元融资租赁资产跨境转让，是自《横琴粤澳深度合作区建设总体方案》发布以来，琴澳两地金融机构办理的首笔融资租赁资产跨境转让业务。

21日　广州广播电视台推出“湾区共明月 家国人梦圆——粤港澳大湾区城市台中秋特别策划”，来自大湾区“9+2”城市群的11个城市以线上直播联动的方式庆中秋。

22日　广东省政府官网发布《中国（广东）自由贸易试验区发展“十四五”规划》。该规划提出围绕打造高水平对外开放门户枢纽为总定位，建设引领体制机制创新的先行区、世界级的贸易链接平台、粤港澳大湾区融合发展的示范区、现代产业高质量发展的先导区的战略定位。

23日　经国务院批准，财政部在香港特别行政区发行2021年首期人民币国债。是年，人民币国债分三期发行，规模分别为80亿元、60亿元、60亿元。

23日　人力资源社会保障部、财政部、国家税务总局、国务院港澳事务办公室四部门印发《关于支持港澳青年在粤港澳大湾区就业创业的实施意见》。

24日　2021港澳台青年来穗创新创业交流会暨青创基地联盟启动仪式在广州举行。同日，广州市港澳台青年创新创业基地联盟成立。

24日　债券通“南向通”上线，是国家支持香港发展的又一重大举措。

24日　“湾区社保服务通”工作推进会在珠海召开。截至2021年8月底，港澳居民在粤参保23.8万人次，比上年增长27.6%；澳门居民在珠海市参加居民养老保险30702人，参加企业职工基本养老保险8232人，分别比上年底增长7倍和31%。

24日　中国人民银行和香港金融管理局决定同意中国外汇交易中心、中央国债登记结算有限责任公司、银行间市场清算所股份有限公司、合格境内机构投资者托管银行及跨境银行间支付清算有限责任公司和香港交易及结算有限公司、香港金融管理局债务工具中央结算系统及香港托管银行开展香港与内地债券市场互联互通南向合作。

24日　2021粤港知识产权与中小企业发展线上讲座举行，讲座以“‘十四五’时期大湾区企业和知识产权贸易发展”为题，旨在协助粤港两地的中小企业加强保护和运用知识产权，鼓励中小企业善用香港专业服务，制订有效的知识产权策略，把握“十四五”时期粤港澳大湾区建设带来的机遇，提升企业在国内和国际市场的竞争力。

24—26日　2021广东21世纪海上丝绸之路国际博览会主题论坛在广州举行。该次论坛举办1场主论坛、5场平行论坛和4场配套活动，围绕“一带一路”倡议等话题，就疫情下国际经贸、科技创新、绿色发展、生物健康等领域开展交流。

25日　广州实验室暨广州医科大学附属第一医院国家呼吸医学中心临床基地落成。该基地是省、市共建重点项目，总用地面积8.5万平方米，承担应对突发重大呼吸传染病的病原学及致病机理研究，探索中药有效成分及作用机理，开发诊断试剂、药物、疫苗等工作。

25日 第四届粤港澳生态环境高端论坛在暨南大学举行，围绕碳中和目标和碳市场建设主题开展研讨。

26—27日 2021粤港澳大湾区女性科技创新大赛决赛及颁奖仪式在东莞市松山湖科学城举行。

27日 中华人民共和国第十四届运动会在西安闭幕。闭幕式上，第十四届全运会组委会执行主任、陕西省省长赵一德将全运会会旗交还给第十四届全运会组委会主任、国家体育总局局长苟仲文，苟仲文将会旗移交给作为第十五届全运会承办单位代表的马兴瑞、林郑月娥、贺一诚。第十五届全运会将于2025年在广东、香港、澳门举办。

28日 大湾区“最快地铁”广州地铁18号线首通段开通运营。18号线首通段自南沙万顷沙至天河冼村，全长58.3千米，设站8座，功能定位为市域快线，实现广州中心城区、南沙新区的快速轨道交通联系。线路开通后，广州地铁运营总里程达到589.4千米，车站增至290座。

28日 江门市对接支持服务横琴粤澳深度合作区和前海深港现代服务业合作区建设领导小组成立，加快推进大湾区建设，深度对接横琴粤澳深度合作区和前海深港现代服务业合作区。

29日 广东省人民政府办公厅印发《广东省综合交通运输体系“十四五”发展规划》。广东将围绕打造新发展格局战略支点和构建“一核一带一区”区域发展格局，加快形成以粤港澳大湾区为中心，汕头、湛江、韶关为极点的“一中心三极点”战略枢纽布局和“三横四纵两联”综合运输通道布局，建设多向联通的国内外运输通道，构建贯通全省、畅通国内、连接全球的综合立体交通网。

30日 香港投资推广署联同中央人民政府驻香港特别行政区联络办公室经济部贸易处、中央人民政府驻澳门特别行政区联络办公室经济部贸易处、广东省商务厅和澳门贸易投资促进局线上举行首次“泛大湾区外来投资联络小组”策略层级会议，落实联络小组的工作机制和工作方案，加强协同效应，共同努力吸引外来直接投资，以促进整个粤港澳大湾区的发展。

10月

9日 国务院印发《“十四五”国家知识产权保护和运用规划》，强调推动粤港澳大湾区打造知识产权国际合作高地。

11日 广州南沙粤港合作咨询委员会服务中心在广州、香港两地同步连线举行启用仪式。

11日 全国工商联和广东省政府在广州联合主办2021粤港澳大湾区民营企业科技创新峰会暨民营企业科技成果对接会，会上发布2021年民营企业研发投入、发明专利榜单和民营企业研发投入前1000家创新状况报告。会议还举行广州民营科技园“全国工商联民营企业科协创新示范基地”揭牌仪式和项目签约仪式。项目总投资约150亿元。

11日 东莞市滨海湾新区在深圳市举行价值投资分享会，深圳市电子信息、人工智能、生命健康等行业商协会、企业代表200人参会，签约总投资228亿元。至此，成立4年的滨海湾新区达成投资意向4550亿元。

11日 珠西综合交通枢纽江门站首次开行前往成都、昆明方向的始发长途跨线车，分别是从江门站始发前往成都东站，途经广州南、佛山西、肇庆东、桂林西、贵阳东等车站；从江门站始发前往昆明南站，途经广州南、佛山西、肇庆东、云浮东、贵港、南宁、百色等车站。

12 日　深圳市在港发行离岸人民币地方政府债券发布会在深圳市、香港特别行政区双会场连线举办。

14 日　第 130 届中国进出口商品交易会（广交会）暨珠江国际贸易论坛开幕，国务院总理李克强出席开幕式并发表主旨演讲。香港特别行政区行政长官林郑月娥出席并与广州市领导会面。100 多名外国政府和国际组织代表、跨国公司负责人线上参会。

15 日　香港特别行政区财政司司长陈茂波在广州与在内地创业的香港青年会面，并出席首届“珠江国际贸易论坛”分论坛“粤港澳大湾区国际贸易合作”论坛。

16 日　由广东省药监局指导，广东省生物医药创新技术协会主办，博济医药承办的 2021 第三届粤港澳大湾区生物医药创新高峰论坛在广州举行。

16 日　以“科技赋能未来课程与教学变革”为主题的粤港澳大湾区未来教育论坛在东莞市举行。

18 日　2021 粤港澳大湾区高峰论坛在香港会展中心举行，林郑月娥出席。

18 日　人民银行广州分行、人民银行深圳市中心支行、香港金融管理局和澳门金融管理局分别公布“跨境理财通”试点银行名单，广州、深圳、香港、澳门分别有 20 个、20 个、19 个、7 个银行分支机构进入试点名单。

19 日　国家发展改革委等四部委发布《关于推广“十三五”时期产业转型升级示范区典型经验做法的通知》（简称《通知》），《通知》提出广东省韶关市坚持差异化发展定位，积极建设粤港澳大湾区“菜篮子”“果盘子”“米袋子”“花瓶子”。

19 日　粤港澳大湾区首批“跨境理财通”试点业务落地。“北向通”和“南向通”业务同步开展，业务落地的银行覆盖国有银行、股份制银行和外资银行。

19 日　粤港澳大湾区组合港项目“肇庆高要港—深圳蛇口港”航线正式开通。

21 日　中共中央、国务院印发《成渝地区双城经济圈建设规划纲要》，强调深化与东部沿海地区交流互动。对接京津冀协同发展、粤港澳大湾区建设、长三角一体化发展等重大战略，加强科技创新合作与科技联合攻关。

21 日　中国人民银行与香港金融管理局签署《关于在粤港澳大湾区开展金融科技创新监管合作的谅解备忘录》，标志着人民银行金融科技创新监管工具与香港金融管理局金融科技监管沙盒进行联网对接，在依法依规前提下稳妥有序推进金融科技创新合作，提升粤港澳大湾区金融服务质效，加大金融支持粤港澳大湾区建设力度。

22 日　中山市推进粤港澳大湾区建设领导小组港澳青年创新创业基地建设专项小组办公室印发实施《中山市港澳青年创新创业基地思想文化交流建设工作实施方案》。

22 日　由红线女艺术中心、广东省繁荣粤剧基金会、粤港澳大湾区青年戏剧协会主办的“青年有戏正当潮——粤港澳大湾区青年戏剧文化交流会”活动在红线女艺术中心剧场举行。

23 日　由中共广州市委宣传部、广州市文化广电旅游局主办的“粤韵飞扬 乐美湾区”——粤港澳大湾区（广州）文化周系列活动开幕文艺演出在广州举行。

24 日 中共中央、国务院发布《关于完整准确全面贯彻新发展理念做好碳达峰碳中和工作的意见》，指出在京津冀协同发展、长江经济带发展、粤港澳大湾区建设、长三角一体化发展、黄河流域生态保护和高质量发展等区域重大战略实施中，强化绿色低碳发展导向和任务要求。

25 日 中国进出口银行召开粤港澳大湾区重点企业客户股权投资业务视频宣介会。

26 日 海南自贸港三亚 CBD 粤港澳大湾区招商推介会在广州举行。

26 日 国务院发布《2030 年前碳达峰行动方案》，强调京津冀、长三角、粤港澳大湾区等区域要发挥高质量发展动力源和增长极作用，率先推动经济社会发展全面绿色转型。

26—27 日 首届粤港澳大湾区文艺合作峰会在珠海召开，峰会由中国文联指导，广东省文联、珠海市文联联合主办。

27 日 广东省文学艺术界联合会，中国文联香港会员总会，澳门中华文化联谊会和广州、深圳、珠海、中山、佛山、惠州、东莞、江门、肇庆 9 个城市文学艺术界联合会 12 个单位代表共同签署《粤港澳大湾区文艺合作峰会成员单位合作备忘录》，标志着粤港澳大湾区文艺合作峰会机制正式建立。

28 日 首届广东（肇庆）智驾日活动在肇庆高新区举行。活动发布《广东智能汽车产业吸引力报告（2021）》，出炉“广东智能汽车产业城市热力图”。热力图显示广州市、深圳市、肇庆市的智能汽车产业发展同属第一梯队，在广东城市中具有领先地位。

28 日 广东省人民政府公布《中新广州知识城总体发展规划（2020—2035 年）》，中新广州知识城纳入广东自贸试验区扩区范围。

28 日 香港中文大学举行粤港澳大湾区发展论坛。来自内地和香港的专家学者认为，促进大湾区内城市人员和机构交流，加强彼此之间合作，有助大湾区发展。

29—30 日 第八届中国（大湾区）国际车联网大会在广州举行，会议在车路协同、车载雷达与智能加强、汽车大数据与信息安全等多个方面进行探讨，同时发布《粤港澳大湾区城市道路智能网联设施技术规范》。

是月 国家市场监管总局发布《关于推介第一批社会管理和公共服务综合标准化试点典型案例的通知》，广州“12345”热线从全国 729 个项目中胜出，入选首批 13 个典型案例，是广东省唯一入选项目。

是月 《中国海关》杂志发布《2020 年中国外贸竞争力百强城市榜单》。大湾区内地九地均入选，其中深圳、广州、珠海、东莞列前十位。

11月

1 日 广东省人民政府网上发布《广东省教育发展“十四五”规划》，对未来五年的教育发展设定路线，并展望 2035 年广东教育事业的美好愿景。

1 日 广州市南沙区发布《广州市南沙区建筑和交通工程专业港澳人才职称评价管理办法（试行）》，明确港澳工程专业人才可在广州南沙评定职称。该办法是国内首部关于港澳专业人才在内地申报职称的规范性文件。

2日　广东省政府新闻办举行新闻发布会，介绍《广东省开展合格境内有限合伙人境外投资试点工作暂行办法》的主要内容。

2日　中国社会科学院财经战略研究院与中国社会科学出版社在北京共同发布《中国城市竞争力报告No.19：超大、特大城市：健康基准与理想标杆》，报告显示，2021年综合经济竞争力排名中，深圳、香港、广州分列第二、三、五位，佛山、澳门、东莞分列第十四、十五、十七位。

3日　广东省人民政府办公厅网上发布《广东省自然资源保护与开发“十四五”规划》。

3—5日　“第34届粤港澳气象科技研讨会暨第26届粤港澳气象业务合作会议”以视频形式举行。

5日　文化和旅游部公布第一批国家级夜间文化和旅游消费集聚区名单，广州市北京路、广州市正佳广场、佛山市佛山创意产业园、中山市中山假日广场入选，粤港澳大湾区城市占广东省入选名单的4/5。

5日　香港特别行政区行政长官林郑月娥及财政司司长陈茂波出席领航“9+2”第二届粤港澳大湾区发展论坛暨颁奖典礼。

6日　IKAS智能制造系统展示中心揭牌仪式在横琴·澳门青年创业谷举行，这也是粤澳深度合作建成的首个面向半导体制造行业的展示中心。

7日　江门市政府印发《江门市全力打造粤港澳大湾区一流营商环境若干措施》，提出包括推动与港澳金融市场互联互通、建立跨区域协作机制推动政务事项“湾区通办”等多项措施。

8日　由广东省商务厅、香港投资推广署、澳门贸易投资促进局共同主办的2021粤港澳大湾区推介会在上海举行。会议宣传粤港澳大湾区营商优势及机遇，鼓励企业把握《全面深化前海深港现代服务业合作区改革开放方案》和《横琴粤澳深度合作区建设总体方案》带来的合作与发展商机。

8日　惠州市推进粤港澳大湾区建设领导小组办公室印发《关于支持潼湖生态智慧区高质量发展的若干措施》。

12日　珠海市在第十一届珠澳合作发展论坛上发布《便利港澳居民在珠海发展60项措施》，涵盖港澳居民在珠海居住生活、就学就业创业、科技创新发展、经贸交流合作、社会文化教育交流5个方面60条具体措施，并附有近13万字的实施细则。

12日　《深汕特别合作区条例（草案）》经深圳市政府签批通过。

12日　江门市市场监管局在2021年首届江门市高价值专利培育布局大赛颁奖仪式上，举行“首批香港特别行政区知识产权问询点”揭牌仪式。

12日　肇庆市与深圳市盐田港签订肇庆港战略合作框架协议，打造粤港澳大湾区西江航运枢纽中心。

13—14日　第三届粤港澳大湾区“香港赛马会杯”网球团体赛暨广东省业余网球公开赛在东莞市举行。

14日　深圳妈湾5G智慧港开港。

15日　珠海市青茂边检站启用出入境各4条新加建人工通道。

16日　澳门特别行政区行政长官贺一诚在立法会发表以“凝心聚力、共创新局”为主题的《2022

年财政年度施政报告》。报告对2021年的施政工作进行回顾与总结，并部署2022年的施政重点。

17日　中国民用航空局空中交通管理局、香港民航处和澳门民航局以视频形式举行珠江三角洲地区空中交通管理规划与实施专题工作组领导层会议，审议辖下空域管理技术组及流量管理技术组的工作，并讨论优化粤港澳大湾区空域管理和提升区域流量管理效率等措施。

18日　《珠澳社会救助改革创新试点工作方案》印发实施。

18日　2021首届大湾区（广东）康复辅助器具产业发展论坛暨东莞市综合创新试点系列活动在东莞市举行。

20—23日　内地疫情防控专家团到香港进行为期4天的考察，了解香港的防疫抗疫工作和措施。

22日　全国首座氢能进万家智慧能源示范社区项目在佛山市南海区丹灶镇丹青苑投入运营，探索氢能住宅和建筑的国家标准及规范。

22日　中共广东省委全面深化改革委员会经济体制改革专项小组印发《江门市便利华侨华人投资制度专项改革试点方案》，重点围绕投资便利化、强化要素支撑、激发市场活力3个方面提出15项改革举措和首批8项省级协调支持事项，推动江门“侨乡资源”转化为发展优势，吸引华侨华人回国投资兴业。

22日　“第十一届葡语国家及地区高等教育管理论坛研讨会”在葡萄牙塞图巴尔理工学院及澳门理工学院开幕。澳门特别行政区行政长官贺一诚在线致开幕式欢迎词，希望深化中葡合作。

23日　《广东省城际铁路设计细则》通过专家评审。

24日　广东交通集团发布消息，粤港澳大湾区超级工程——深中通道中山大桥首片重490吨的钢箱梁完成安装，标志着中山大桥主桥上部构造施工驶入快车道。

25日　2021中国网络媒体论坛在广州举行。

25日　国务院官网公布《国务院关于开展营商环境创新试点工作的意见》，在北京、上海、广州、深圳等6个城市开展营商环境创新试点。

25日　深圳市人力资源和社会保障局举行港澳居民参保专项宣传季暨深港跨境社保服务通启动仪式。

25日　惠州供电局完成粤港澳大湾区500千伏外环中段工程500千伏珠东北开关站主体结构封顶。

26日　“新起点·新平台·新活力：推动粤港澳深度合作——粤港澳大湾区发展广州智库2021年度论坛”以线上线下相结合的方式在华南理工大学举行，参会人员近150名。会上，广州、深圳两市社科联签署战略合作协议。

26日　在港外国商界“云参访”大湾区活动在香港和深圳线上线下同步举行。

28—29日　粤港澳大湾区法学教育与人才培养联盟2021年会在深圳举行。

29日至12月1日　香港特别行政区行政长官林郑月娥访问湖北省武汉市，与湖北省领导举行鄂港高层会晤暨鄂港合作会议第一次会议，并与在鄂港商交流。

30日　中国民用航空局、香港民航处和澳门民航局在深圳签订《联合维修管理合作安排》，以便利内地、香港和澳门飞机维修人员执照持有人在三地的飞机维修机构工作。

30 日　珠海机场综合交通枢纽项目主体工程开工。

12月

1 日　珠海市印发《珠澳社会救助改革创新试点工作方案》，从 5 个方面探索珠澳社会救助信息互联互通和社会救助政策统筹衔接。

1 日　国家畜禽遗传资源委员会审定通过 18 个畜禽新品种配套系，由佛山市高明区新广农牧有限公司和中国农业科学院北京畜牧兽医研究所联合培育的“广明 2 号”位列其中，打破中国白羽肉鸡种源百分百依赖国外进口的局面，为国家粮食安全和重要农副产品有效供给提供保障。

1 日　广州公共资源交易中心和广州交易所集团联合组建广州交易集团有限公司，并打造“广交易”。这是全国首个以公共资源交易为主体、整合权益类交易的全要素交易平台。

1—4 日　2021 年“读懂中国”国际会议（广州）在广州举行，国家主席习近平在开幕式视频致辞。会议采取线上线下方式召开，600 多名中外嘉宾参会，全球知名政治家、战略家、学者、企业家聚焦全球抗疫、绿色发展、科技合作、乡村振兴、湾区机遇、文明互鉴等全球关注的议题，从经济、文化、历史等多维度“领读”中国，境内外 120 多家主流媒体进行报道。

2 日　“湾区社保通”在“粤省事”和广东政务服务网两个平台上线，逐步覆盖港澳居民 60 个常用社保服务事项。截至 10 月底，港澳居民在粤参保 27 万人次，享受待遇 2.6 万人。

2 日　横琴粤澳深度合作区召开执委会直属党委第一次党员大会，选举产生第一届执委会直属党委委员。

2 日　科技部与香港创新及科技局以视频方式召开“内地与香港科技合作委员会”第十五次会议。

3 日　广州东部公铁联运枢纽首发广州至老挝国际班列。是日 17 时，中国—老挝铁路通车，广州首趟开往老挝万象的铁路货运班列开行。17 时 28 分，广州（增城西站）至老挝（万象）国际班列从广州增城西站驶出，经由磨憨—磨丁口岸出境，4 天抵达老挝万象。

3—5 日　2021 粤港澳大湾区公共文化和旅游产品（东莞）采购会举行，近 500 家来自粤港澳大湾区城市群的文化、体育、旅游企事业单位参加，展示文化风情。

4 日　广东省人民政府印发《广东省促进就业“十四五”规划》，将加快建设粤港澳人才合作示范区，吸引港澳青年在大湾区内地城市创业就业，促进人才等要素在大湾区有序流动。

4 日　国际金融论坛（IFF）第 18 届全球年会在广州南沙开幕。该届全球年会由中国国际贸易促进委员会、国际金融论坛（IFF）和广州市人民政府共同主办，广州市地方金融监管局、南沙开发区管委会、国际金融论坛（广州）有限公司承办，以“全球挑战下的可持续发展：竞争、变革、合作”为主题，对世界和中国经济形势进行最新解读、总结与展望。

5—6 日　“2021 从都国际论坛”在广州从都国际会议中心举行。国家主席习近平发表视频致辞。国家副主席王岐山出席开幕式并致辞。该届论坛以“多边主义 2.0 版——后疫情时代的全球合作”为主题。150 多名嘉宾以线上线下方式出席，论坛发布 2021《从都宣言》。

6日　广东省发展改革委网站发布关于狮子洋通道项目核准的批复，同意建设狮子洋通道工程。该工程总投资504亿元，项目建设工期6年，包括狮子洋通道主体工程（含上下层）、下层桂阁大道段、下层白沙南路段和下层轮渡路改扩建工程。

6日　横琴粤澳深度合作区管理委员会第二次会议在珠海举行。会议审议横琴粤澳深度合作区建设实施方案、总体任务清单、近期重点任务清单以及执委会主要职责、工作机构等文件，并听取关于横琴粤澳深度合作区开发投资公司组建工作情况汇报。

6日　肇庆市西区涝区整治工程（西区泵站重建工程）、肇庆新区起步区砚阳调洪湖水系综合整治工程被评为2019—2020年度中国水利工程优质（大禹）奖。

6日　《香港参与国家改革开放志》出版典礼暨《粤港澳大湾区志》合作备忘录签署仪式在香港举行，香港特别行政区行政长官林郑月娥出席并发表演讲。

6日　横琴粤澳深度合作区重点项目集中签约暨民生项目揭牌仪式举行。同日，横琴粤澳深度合作区7个“二线”海关监管作业场所动工。

6日　中国人民银行中山市中心支行推动明阳智慧能源集团公司在澳门发行2亿美元三年期绿色债券，实现内地民营企业发行绿色债券和澳门非金融企业绿色债券“两个首笔”落地。

7日　前海深港现代服务业合作区成果发布活动举行。活动发布前海合作区全面深化改革开放进展情况、《前海深港现代服务业合作区2020—2021年度营商环境蓝皮书》等前海开发开放系列成果。

7日　珠海市司法局、珠海市总工会、澳门工会联合总会签订《珠澳劳动者法律服务中心框架协议》，在国内首次实现跨境法律援助服务融合、衔接。

7日　澳门妇女联合总会广东办事处揭牌暨琴澳亲子活动中心启用仪式在横琴粤澳深度合作区举行。

7日　亚洲第一深水导管架——陆丰15-1平台导管架在珠海中海福陆的总装场地内完成主结构合拢，刷新中国海洋工程领域的纪录。

8—23日　2021年联合国开发计划署（UNDP）氢能产业大会在佛山市南海区举行，主题为“共创氢时代，同绘碳中和”，来自国际组织及驻华使团有关代表，国家相关部委领导以及全球组织机构、科研院校、氢能与燃料电池核心企业的专家参加，320多家企业参展，展品涵盖氢能全产业链。

9日　首届氢能国际（中国·南海）主题峰会暨2021全球氢能企业TOP100榜发布会在佛山市举行。峰会以“锚定‘双碳’目标，共建零碳生活”为主题，推动产业上下游跨区域联动，共同构建新兴产业生态与氢能产业链协同、健康、高效发展。美国空气产品公司等50家国外氢能企业、国家能源投资集团有限责任公司等51家国内氢能企业入榜全球首个氢能领域的企业百强榜。

10日　京港高铁赣州至深圳段开通运营，南昌、赣州至深圳的最快旅行时间分别由4小时42分、5小时32分压缩至3小时30分、1小时49分，江西与粤港澳大湾区间形成快速客运通道，赣闽粤原中央苏区迎来发展新机遇。

10日　第三次粤港澳大湾区法律部门联席会议以线上方式举行。

10—12日　2021中国创新创业成果交易会在广州琶洲广交会展馆举办。该届创交会聚焦“科创+产业+金融+人才”，采用“线上+线下”方式同步办展。线下展出项目成果1200项；线上展会展示约5000个项目，广州市广州开发区和南沙区同期设立国家海外人才离岸创新创业基地。国家海外人才离岸创新创业基地在创交会期间授牌。据不完全统计，3天展会成交金额3.1亿元。

11日　珠澳家事调解服务中心揭牌成立。

11日　东莞—澳门经贸投资交流会在澳门举行，东莞市贸促会与澳门出入口商会、澳门东盟国际商会举行战略合作签约仪式。

11日　由广东省人民政府主办的2021年大湾区科学论坛在广州市开幕，国家主席习近平向2021年大湾区科学论坛致贺信。论坛主题为“探索未来，共享科学”，来自全球的近百名院士专家共同探讨世界科学发展趋势及其对未来的影响等话题。

13日　“同舟共济 志同道合”港穗双城图片展首展在广州市地方志馆和香港中环交易广场圆形大厅同步开展。

14—19日　第十一届穗港澳蓉青年技能竞赛以“强技赋能未来”为主题，在广州、香港、澳门、成都四地同时举行。

14日　广东省人民政府办公厅印发《广东省海洋经济发展“十四五”规划》，规划将持续深化粤港澳海洋经济合作，建设粤港澳大湾区国际邮轮母港群，深入推进粤港澳大湾区“智慧海洋”工程。

14日　香港政务司司长李家超率领香港特别行政区政府相关政策局和部门代表，在深圳与广东省副省长张新及内地相关部门和市政府代表举行会议，商讨落实逐步有序恢复“通关”的安排细节，包括口岸协调和配合、健康码对接、联防联控等工作。

15日　香港财经事务及库务局和深圳市前海深港现代服务业合作区管理局以视频会议形式，合办“香港—前海金融合作研讨会”，研究香港与前海未来在金融方面合作发展的策略方向。

16日　广州、深圳实现地铁二维码互通，至此，广州已与北京、上海、天津、重庆、深圳5个城市实现地铁二维码互通。

16日　澳门特别行政区政府公布《澳门特别行政区经济和社会发展第二个五年规划（2021—2025年）》，涵盖规划期内需落实的各领域重点工作。其中，就如何积极参与粤港澳大湾区建设、如何推进横琴粤澳深度合作区建设进行部署。

16日　2021年数字政府服务能力评估暨第二十届政府网站绩效评估结果发布会在北京市举行。广州市、深圳市被评为2021年重点城市数字政府服务能力卓越级，佛山市政府网获得全国地市政府网站绩效评估第一名，实现“十一连冠”。

16日　香港特别行政区环境局分别与广东省生态环境厅、广东省工业和信息化厅以视频会议形式召开“粤港环保及应对气候变化合作小组”第三次会议和“粤港清洁生产合作专责小组”第八次会议。

16—17日　江西省对接粤港澳大湾区经贸合作活动在广东开展。17日，两省在深圳进行座谈，共商深化交流合作事宜。

16—18日　横琴粤澳深度合作区人民法院揭牌。

17 日　最高人民法院与澳门特别行政区在珠海签署《关于进一步加强司法法律交流合作的会谈纪要》。

17 日　珠肇高铁江机段全线开工建设，线路全长 98.6 千米，起自江门市（江门站）、途经佛山市引入规划中的珠三角枢纽机场，总投资约 256 亿元，共设江门、鹤山西、高明和珠三角机场 4 座车站，是珠西地区第一条时速 350 千米的高铁项目，其建设实施将推动江门、佛山、肇庆的互联互通，加速融入广东省“一核一带一区”区域发展格局。

17 日　江门市在全国率先实现商事登记政银渠道“31 省通办”。

17 日　2021 广东旅游文化节在肇庆市端州区开幕。

18 日　粤港澳大湾区首个专精特新产业园——广州开发区专精特新产业园启动。该项目计划投资总额约 861 亿元，达产产值（营业收入）约 1562 亿元。

18—20 日　第一届全国博士后创新创业大赛总决赛在佛山市举行，是中国博士后制度实施以来举办的规模最大、层次最高、覆盖面最广的全国性博士后创新创业赛事，有 47 支队伍、1400 多个项目入围，4 个组别产生 57 个金奖、91 个银奖、125 个铜奖。同期举行博士后人才交流与科研成果转化对接活动，现场签约项目 54 个，意向合作金额 11.27 亿元。

20 日　《广东省市场监管现代化“十四五”规划》发布，推进粤港澳大湾区市场监管创新发展。

20 日　《广东省新型城镇化规划（2021—2035 年）》印发，提出全面放开放宽落户限制，携手港澳共建大湾区国际科技创新中心，在粤港澳大湾区试行新型智慧城市联网。

20 日　《2021 全球独角兽榜》在广州向全球首发。中国独角兽企业数量全球排名第二位，有 51 家独角兽总部设在大湾区。

20 日　人力资源和社会保障部、广东省人民政府召开战略合作联席会议。会议总结推进粤港澳大湾区建设战略合作协议和补充协议签署以来工作进展情况，研究制定支持横琴、前海两个合作区建设政策措施清单。

20 日　粤港澳大湾区金融发展新机遇论坛在香港举行。

21 日　广东省出台《关于服务粤港澳大湾区建设的行动方案》，提出 16 项重点任务，探索粤港澳大湾区三地竞争政策实施规则衔接，推进与港澳准入准营退出规则衔接。

21 日　世界经济论坛中国未来汽车与交通出行大会在广州举行。会上，全球首个末端物流自动驾驶无人配送示范区落户广州花都。

24 日　深江铁路珠江口隧道首台盾构机“深江 1 号”盾构机在东莞市虎门镇始发掘进。

27 日　广中江高速四期开通，粤港澳大湾区高速网重要“加密线”广中江高速实现全线通车，高速全线呈“T”字形，连接广州、江门、中山、佛山四市，全长 67 千米。

27 日　佛山仙湖实验室、佛山欧神诺陶瓷有限公司和佛山市德力泰科技有限公司联合发起的先进零碳燃烧技术联合创新研发中心在佛山仙湖实验室成立。这是国内首家开展氢氨高温窑炉零碳燃烧技术研发的绿色能源产业创新平台。

28 日　佛山地铁 2 号线一期南庄站至广州南站

开通运营，全长 32.41 千米，设 17 个车站，全程运行时间约 45 分钟，列车配置 25 列。地铁开通后将与现行的广佛线票价保持一致。

29 日　横琴粤澳深度合作区执行委员会印发《横琴粤澳深度合作区外商投资股权投资类企业试点办法（暂行）》，为横琴粤澳深度合作区出台首个金融专项政策，具有“零门槛、无限制、投向广”的特点。

30 日　《横琴粤澳深度合作区支持企业赴澳门发行公司债券专项扶持办法（暂行）》印发，合作区企业赴澳发债最高可获 550 万元资金扶持，绿色债券额外给予 50 万元外部评审费用资金扶持，对提供服务的机构给予 10 万元资金扶持。

30 日　广东印发《广东省综合立体交通网规划纲要》，构建“三横六纵两联”综合立体交通网主骨架，推进大湾区跨江跨海高速公路建设，并建设具有国际影响力的大湾区客运枢纽集群。

30 日　在第三次粤港澳大湾区法律部门联席会议上通过的《粤港澳大湾区调解员资格资历评审标准》和《粤港澳大湾区调解员专业操守最佳准则》，正式发布及施行。

31 日　广州南沙港铁路与广州国际港开通，“南沙港—赣州国际港”“南沙港—果园港”“南沙港—株洲”等海铁联运班列首发。

31 日　《广东省推动医疗器械产业高质量发展实施方案》印发，在粤港澳大湾区开展医疗器械注册人制度改革。

31 日　中山市人民政府与中国轻工业联合会、中国家用电器协会联合举行“粤港澳大湾区世界级家电产业集群（中山）”线上授牌仪式，为中山市家电产业集群授予“粤港澳大湾区世界级家电产业集群（中山）”称号。

31 日　南沙港铁路货运工程建成通车，该项目于 2016 年 10 月全线开工，为国家Ⅰ级、双线电气化铁路，设计时速 120 千米，线路全长 89.24 千米。线路自广珠铁路雅瑶所引出，途经江门、佛山、中山、广州四市，终至南沙港区，桥隧比达 90%。

31 日　澳门特别行政区行政长官贺一诚批示，关于《居住于内地的澳门特别行政区居民医疗保险津贴计划》行政法规所指的内地地区，由珠海市扩展至中山市及江门市，以协助更多澳门居民无障碍加入内地基本医疗保险制度。

是月　国家药监局、海关总署发布公告，根据《中华人民共和国药品管理法》，经国务院批准，同意增设中山市中山港口岸为药品进口口岸。

是月　广州大学地理科学与遥感学院的章典教授团队关于青藏高原上发现的古人类手脚印的最新研究成果被 *Archaeology*（《考古》）杂志评为 2021 年度世界十大考古发现第二名。其在西藏邱桑村雄曲河附近发现的包含 5 个手印和 5 个脚印的“岩面艺术”，是迄今为止世界已知最早岩面艺术（16.9 万 ~ 22.6 万年），相比之前发现手印，至少提前 10 万年。这一发现也为古人类长期或季节性占领高原提供了新证据。

·责任编辑　董泽国·

国际科技创新中心建设

综　述

【概况】2021 年，粤港澳大湾区围绕建设具有全球影响力的国际科技创新中心的战略定位，抢抓“双区”和两个合作区建设重大机遇，把科技自立自强作为发展的战略支撑，推动粤港澳大湾区国际科技创新中心建设取得成效。大湾区内地九市研发经费支出 3600 亿元，占地区生产总值 3.7%；专利授权量超 78 万件，其中发明专利授权量超 10 万件；36 个项目获 2020 年度国家科学技术奖，首获 2020 年度唯一国家科学技术进步奖创新团队奖。根据世界知识产权组织（WIPO）发布的全球创新指数报告，“深圳—香港—广州科技集群”连续 2 年居全球创新指数第二位。推进横琴粤澳深度合作区、前海深港现代服务业合作区、广深港澳科技创新走廊建设，优化以广深港、广珠澳为“两廊”，深圳河套、珠海横琴为“两点”的创新发展格局。布局国家战略科技力量，加快打造高水平创新平台，推进大湾区综合性国家科学中心、国家技术创新中心建设，构建高水平多层次实验室体系。聚焦基础研究与技术研发，增强创新策源能力。推动科技成果转化与产业化，提升产业链自主可控能力。至年底，大湾区内地九市建有科技企业孵化器 1017 个、众创空间 951 个，其中国家级孵化器 155 个、国家备案的众创空间 244 个；建有省级以上大学科技园 16 个，其中国家大学科技园 6 个。深化粤港澳协同，构建高水平开放创新体系。推进省级科技计划项目对港澳开放，创新创业平台逐步实现三地共建共享，粤港澳联合实验室建设逐批启动。推进国际创新合作多层次发展，至年底，累计布局建设“一带一路”联合实验室 4 个；推动比利时 VITO 研究院落地广州；推动广东—以色列产业研发合作项目；推动与泰国东部经济走廊的科技交流合作。

【科技创新格局优化】2021 年，粤港澳大湾区推动横琴粤澳深度合作区、前海深港现代服务业合作区建设，优化创新发展格局。横琴粤澳深度合作区科研资源加快集聚。推动横琴合作区聚焦人工智能、中医药、集成电路设计等领域发展科技研发和高端制造产业，推进广东省智能科学与技术研究院、中药新药技术创新中心、横琴智能超算平台等一批重大科技创新平台建设。前海深港现代服务业合作区多创新体系不断完善。围绕“前海方案”有关重点任务清单，推动前海深化科技体制机制改革试点，推进部署粤港澳新型研发机构，鼓励创新要素跨境流动。支持横琴、前海联合港澳打造港澳特色孵化器、众创空间等孵化载体，推动高端人才集聚大湾区创新创业。

2021 年，构建以广深港、广珠澳科技创新走廊为“两廊”，以深圳河套、珠海横琴为“两点”的创新格局，布局建设 26 个重点创新平台，推动优势资源集中布局，深化粤港澳协同创新。河套深港科技创新合作区建设深港科技创新开放合作先导区，以及粤港澳大湾区量子科学中心等高端平台。

【高水平科技创新平台建设】2021年，粤港澳协同布局建设国家应用数学中心、大湾区量子科学中心、横琴先进智能计算平台等一批重大创新平台，推进大湾区综合性国家科学中心、国家技术创新中心以及高水平多层次实验室体系建设，建立广东粤港澳大湾区国家纳米科技创新研究院等27所高水平创新研究院。推动高端科技创新资源引进布局，开展省级新型研发机构培育。全年大湾区新认定33个省级新型研发机构，累计221个，并从科研投入、科研产出、成果转化、人才集聚等方面进行诊断和评估，提升新型研发机构建设实效。

大湾区综合性国家科学中心建设　2021年，散裂中子源一期、超算中心、国家基因库等基础设施建成并运行。推进惠州强流重离子加速器、加速器驱动嬗变装置，江门中微子实验站等在建重大科学装置建设。散裂中子源二期、先进阿秒激光、冷泉生态系统、人类细胞谱系、鹏城云脑网络智能设施5项重大科技基础设施列入国家“十四五”规划，数量居全国首位。

高水平多层次实验室体系构建　2021年，鹏城实验室顺利运营，实现人工智能算力全球领先。广州实验室挂牌建设，在抗击新冠肺炎疫情中发挥作用。全年建成10个省级实验室、20个粤港澳联合实验室、30个国家重点实验室和4个“一带一路”联合实验室。1个P4实验室（生物安全四级实验室，是等级和安全性最高的生物安全实验室）、6个P3实验室纳入“十四五”国家高等级生物安全实验室规划清单。

国家技术创新中心建设　2021年4月，粤港澳大湾区国家技术创新中心挂牌成立，成为全国3个综合类技术创新中心之一。国家新型显示技术创新中心、国家第三代半导体技术创新中心获批领域类技术创新中心。

【基础研究与技术研发】2021年，粤港澳大湾区持续强化基础研究源头供给，建立和完善纵横联动的基础研究资助体系，大幅增加基础研究投入。是年，广东省获国家自然科学基金立项数目及资助金额均创历史新高，123个学科进入基础科学指标数据库（ESI）排名前1%、11个学科进入前1‰。提升协同攻关统筹水平，聚焦产业发展“卡脖子”技术需求，以新机制新模式启动实施“广东强芯”“核心软件攻关”等工程。部省联动实施国家“宽带通信和新型网络”“合成生物学”“新型显示与战略性电子材料”等重点专项，探索新型举国体制下重点领域突围的“广东路径”。推进新冠肺炎疫情防控科研攻关，率先成功分离多种新冠病毒变异毒株，12个检测试剂获国家注册证，为全国最多，推动4个药物纳入国家诊疗方案。重点领域研发计划取得阶段性进展。至年底，累计组织实施9批次近600个项目，总投入近300亿元。在5G、4K/8K超高清、高端电子元器件等领域打破一批“卡脖子”技术瓶颈，部分产品符合信息化创新路线。支持科技龙头企业牵头研发出支持国产标准编解码的4K/8K智能电视芯片、系统及8K摄录一体机，支撑中国AVS2、AVS3超高清视频编码标准实现国际领先，打破长期依赖国外进口的局面。

【科技成果转化】2021年，粤港澳大湾区推动科技成果转化。聚焦产业孵化、特色孵化载体建设，强化创业导师、创新创业金融、在孵企业培育，助推孵化育成体系高质量发展。是年，发展科技孵化育成体系，新认定5个省级加速器，累计建成国家大学科技园6个，省级大学科技园10个，省属高校、科研机构利用自有物业建设专业孵化载体试点单位5个。至年底，大湾区内地九市建有科技企业孵化器1017个、众创空间951个，其中国家级孵化器155个、国家备案众创空间244个。

推进科技金融融合发展，助推科技成果转化。通过设立风险投资和银行信贷补偿资金，调动广东省3000多个风险投资机构投入6309亿元风投资金支持科技企业，引导金融机构为1.4万家科技型中小微企业提供融资服务，贷款余额500多亿元。推进国家级重大基金落地广东，引导金融机构与孵化器共建孵化基金。是年，技术市场合同成交额4293亿元，技术交易额3240亿元，均居全国第二位。

【自主创新能力培育】2021年，广东省围绕“双十”产业集群（即突出“稳”的十大战略性支柱产业集群和体现“进”的十大战略性新兴产业集群）发展需求，强化企业创新主体地位和孵化载体、高新区高质量发展。

创新型产业集群培育。完善广东省战略性产业集群建设工作机制，建立“五个一”（围绕每个产业集群分别建立一张龙头骨干和隐形冠军企业清单、一份重点项目清单、一套创新体系、一个政策工具包、一家战略咨询支撑机构，并进行动态调整）工作体系，在生物医药与健康、激光与增材制造、精密仪器、区块链与量子信息、前沿新材料等领域着力培育发展战略性产业集群，打造产业高质量发展典范。推进高新区高质量发展。印发实施《广东省加快国家自主创新示范区建设2022年工作要点》。推动新一批省级高新区考察认定，完善大湾区高新区布局。推动广州、深圳打造世界一流高科技园区，推动其他高新区建设创新型科技园区和创新型特色园区，建设国家高新技术产业化基地、国家火炬特色产业基地和省科技成果转化中试基地，发展壮大创新型产业集群。

企业自主创新能力培育。实施高新技术企业“树标提质”，全年大湾区内地九市高新技术企业数量增加到5.7万家，占全省的95%。全年全省A股上市公司92家，高新技术企业占比超过九成，首发募集资金近500亿元。全省评价入库科技型中小企业5.7万家，比上年增长54%，215家科技型企业入选2020年度中国企业创新能力千强企业。

【粤港澳协同创新】2021年，广东省聚焦“钱过境、人往来、税平衡”等关键领域，持续强化政策措施，推动粤港澳三地科技规则衔接，创新要素流动更加顺畅，开放型协同创新体系更加完善。

广东省自然科学基金、省基础与应用基础研究重大项目实现向港澳开放。2021年，广东省自然科学基金中由港澳机构牵头立项41项，由港澳在粤机构牵头立项12项；在省市联合基金中设立粤港澳团队项目，由省内单位与港澳机构共同申报，11个港澳团队参与其中。实施2022年度粤港科技创新联合资助、粤澳科技创新联合资助、港澳科技成果来粤转化、粤港澳青年创新创业培训交流等专项。创新创业平台逐步实现粤港澳三地共建共享。中国散裂中子源3台谱仪完成包括港澳地区在内的近500项用户课题，其中港澳用户占比超过10%。国家超算广州中心港澳网络专线服务港澳地区用户超过200家。大湾区内地九市建设前海深港青年梦工场、横琴·澳门青年创业谷、澳门青年人创新部落、深港产学研基地等一批面向港澳青年的科技企业孵化载体超过70个，累计建设粤港澳联合实验室20个。

为推动协同创新，粤港澳大湾区深化人才发展体制机制改革，探索深圳前海、珠海横琴、深港河套等系列人才创新政策包。大力汇聚全球高端创新人才，新增7位中国科学院、中国工程院院士。做实做强广东省国际及港澳台高端人才交流专项，吸引431名海外名师、名家、名医、名匠、名人到粤短期交流，引进79名高层次银龄专家。构建外国人才服务集成窗口，全省持有效外国人工作许可证的外国人4.31万人。是年，实施广东省重大人才工程引才项目9批次，培养汇聚高层次人才超过5000人。以大项目大平台和多层次创新载体带动全省集聚全球科技人才超过6万人，超过1万名高层次人才进行重点攻关、近3万名高端科研人员参与广东省实验室体系建设。

（广东省科技厅　广东省发展改革委）

区域协同创新

·科技创新合作·

【粤港澳台科技合作】2021年，广东省资助粤港科技创新联合项目立项16个，支持金额1600万元。9月，发布2022年度粤澳科技创新联合资助专题，新增地市联动资助项目。举办“第八届台湾青年岭南行粤港澳大湾区科技之旅”“粤台现代农业科技交流活动”“台湾青少年广东行科技创新创业交流活动”等，推进民间科技交流合作。（万卉芊）

【香港推动科技合作】至2021年底，科技部、国家自然科学基金委员会、广东省科学技术厅、广州市科学技术局、深圳市科技创新委员会及其他内地机构累计拨付跨境研究资金6.2亿元，用于香港的大学和研发机构进行研发或建立实验室。2021年9月，科技部发布多项惠港新措施，包括扩大国家科技计划对港开放范围；开放香港的青年学者申请国家自然科学基金青年科学基金项目；邀请香港科技行业人士和专家加入中国科协全国学会，进入国家科技专家库和奖励评审专家库；完善大型仪器设备对香港开放共享机制；深化科技人文交流；支持香港参与国家技术创新中心建设。“十四五”规划支持香港发展成为国际科技创新中心，把深港河套纳入大湾区重大合作平台。获科技部批准可申请人类遗传资源过境香港以用于研究的香港高校内地分支机构增至4个。

（香港历史研究基金会）

【广州全面推进大湾区科技交流与合作】穗港澳合作　2021年，广州参加内地与香港科技合作委员会第十五次会议、内地与澳门科技合作委员会第十五次会议。鼓励港澳高校牵头申报或参与国家重点领域研发计划所有专项，香港大学首次牵头申报2022年度重点研发计划脑科学与类脑研究专题，3所港澳高校申报2021年度粤穗联合基金粤港澳研究团队项目。推动筹划建设香港科学园广州南沙孵化基地。赴澳门大学、澳门青年创业孵化中心、澳门国际科技产业发展协会、澳门广州社团总会等澳门机构座谈交流。组织广州市科技代表团赴澳门参加“2021澳门科技周暨科创成果展”、组织广州市科技企业代表参加“内地与澳门产学研合作路演对接会”。与香港理工大学举行线上工作沟通会议，探讨穗港科技项目合作。支持港澳青年到穗创新创业，发布《港澳青年来穗创新创业补助申报指南》，组织线上政策宣讲。12月11日，首届大湾区科学论坛在广州开幕。论坛主题为“探索未来，共享科学”，由“一带一路”国际科学组织联盟发起，广东省政府主办，广州市政府承办。论坛吸引超过130名院士专家参会。

广州与大湾区内地城市科技合作　2021年，广州推进科技领域与深圳“双城”联动。落实广深科技合作协议。推动南沙科学城和综合性国家科学中心先行启动区联动协同发展。推动中新广州知识城、广州科学城与深圳光明科学城联动。推动广州开发区与深圳光明区打造生命科学成果协同转化新高地。就广深开展风投创投领域合作进行对接。落实广佛同城发展战略和广佛科技创新合作的工作方案，在共建广佛科技合作专区等6个方面开展合作，对接广佛共建科技金融合作专区建设。推进穗莞交流合作。会同东莞市科技局签订《广州市科学技术局　东莞市科学技术局关于推进穗莞科技创新合作协议》。推动穗珠交流合作，研究制订穗珠科技合作协议，谋划广珠澳科技合作圆桌论坛，共建广珠澳科技创新走廊。（广州市科技局）

【深圳强化深港澳科技合作】2021年，深圳市强化深港澳科技合作，立项资助深港澳科技项目75个，资助资金超1亿元。推进粤港澳大湾区量子科学中心、河套深港科技创新合作区建设，大运深港国际科教城纳入综合性国家科学中心建设总体布局。成立深圳市推进大湾区综合性国家科学中心领导小组，起草领导小组及办公室工作规则。开展深港协同创新创业活动，依托各实验室平台组建深港青年创新创业平台，联合深港两地机构举办第十届大湾区青年创业计划、2021前海粤港澳台青年创业大赛等活动。深港澳芯片联合研究院等27个科研项目落户河套。（深圳市人民政府地方志办公室）

【珠海参与科技交流与合作】 2021年，珠海市完成珠海澳大科技研究院一期、二期建设，微电子研发中心、智慧城市研发中心、先进材料研发中心、高级培训中心、中华医药及转化医学研发中心先后入驻，研究院获评省级新型研发机构。引入澳科大资讯科技学院、澳门系统工程所和下一代互联网国际研究院，与珠海远光软件股份有限公司、埃克斯工业等公司开展产学研合作。

6月18日，珠海市科技创新局作为广东省地市科技局的唯一代表，受邀出席在澳门召开的内地与澳门科技合作委员会第十五次会议。12月1日，珠海市科技创新局在澳门举办珠海市促进境内外科技成果转移转化系列首场活动，吸引来自粤港澳大湾区多家高校、科研机构、企业等近百名代表参与。全年举办5期“珠澳科技创新大讲堂”系列讲座，邀请中国科学院院士开讲。（杨浩航　陈楚君）

【佛山推进大湾区“产学研”融合发展】 2021年，佛山市深化科技开放合作，对接“广州—深圳—香港—澳门”科技创新走廊，推进粤港澳大湾区国际科技创新中心建设。强化与顶尖高校、院所和团队的合作，立足产学研融合发展，截至年底，与大湾区内各级单位共建18个科技创新平台。广东省科学院佛山产业技术研究院总部孵化器获评省级科技型企业孵化器，打造“创意—创新—创业—创造”全链条孵化载体。香港科技大学（佛山）科技成果转化中心完成孵化场地建设并投入试运营，截至年底，来自粤港澳大湾区内10个科技项目入驻孵化。佛山病原微生物研究院建成生物安全二级实验室、第三方医学检验实验室、动物实验研究中心，截至年底，建立一支由特聘教授吴建国领衔、20人组成的创新研发团队与管理团队，研制出核酸清除剂、透皮制剂2项产品。国家材料腐蚀与防护科学数据中心—澳门发展及质量研究所联合实验室签约落户佛山，以北京科技大学顺德研究生院为依托，由国家材料腐蚀与防护科学数据中心与澳门发展及质量研究所合作共建，开展工程失效问题检测及腐蚀工程技术研究，与“一带一路”沿线国家开展腐蚀防护材料与技术业务对接。

围绕粤港澳大湾区创新发展需求，推动佛山市行业龙头企业与香港、澳门高等院校联合组建研究团队联合实施关键核心技术攻关。顺德区鑫还宝资源利用有限公司联合澳门科技大学共同实施“废旧手机高值无害化循环利用技术研究及示范”，获广东省科技厅2020—2021年度粤港澳科技合作专题（粤澳科技创新联合资助项目与港澳科技成果来粤转化项目）的立

2021年9月12日，2021港科大百万奖金（国际）创业大赛（佛山赛区）在佛山市举办（佛山市科技局供稿）

项。季华实验室刘亚雄团队的“功能化/活体化人体植入物高精度3D打印技术”项目，联合香港大学、澳门大学成功申报2020年粤佛联合基金粤港澳研究团队。广东一方制药有限公司与澳门科技大学联合开展“中药配方颗粒国际标准示范研究”和“多基原中药大黄、黄连质量一致性评价研究及ISO国际中药标准研发”项目。联合湾区各方力量，引导社会资源支持创新创业，举办2021年第十届中国创新创业大赛（广东·佛山赛区），以及港科大百万奖金（国际）创业大赛（佛山赛区）。推动香港科技大学（佛山）科技成果转化中心与季华实验室搭建资源对接和成果转化平台。推动佛山市香港科技大学产学研合作专项，香港科技大学在LED（发光二极管）/新一代电子信息、新材料、生物医药、新能源等领域加强技术合作，推荐重大应用技术创新成果在佛山产业化。（佛山市科技局）

【莞港澳科技交流深化】 2021年3月，东莞市邀请澳门立法会议员、澳门科学技术协进会会长崔世平，率成果转化考察团一行近30人到东莞考察松山湖科学城和滨海湾新区。在广东省科技厅、澳门科学技术发展基金支持下，东莞市纳入粤澳科技创新联合资助计划地市联动项目试点，对重点支持领域的莞澳合作项目，由省、市及澳门三方财政给予立项资助。依托粤港澳中子散射联合实验室面向大湾区实施首批开放课题，支持中子散射技术项目26个，其中对香港中文大学、香港城市大学等项目给予立项支持。依托松山湖材料实验室向香港高校拨付省级科研经费146.5万元。连续4年承办粤港澳院士峰会，累计邀请超过200名院士到莞参会。11月30日至12月2日，2021粤港澳院士峰会暨松山湖科学会议在松山湖科学城举行，活动围绕半导体与集成电路、新材料等领域举办系列专题活动，46名两院院士和发达国家院士以及超过200名专家、企业家齐聚东莞，共谋发展。

（东莞市人民政府地方志办公室）

【中山深化与大湾区内地城市科技合作】 2021年，中山市出台《中山市科技创新“十四五”规划》，推进与大湾区城市开展科技创新资源对接，与周边城市合作不断深化。加强与深圳对接，与深圳联合编制深圳—中山产业拓展走廊规划建设方案，支持高新技术企业对接深圳科创资源。推进深中产业拓展走廊建设，依托翠亨新区、火炬开发区等载体打造东部环湾创新发展带，加强与深圳重大科技创新资源的对接协作，共同推进科技创新成果孵化产业化和人才交流互通融合，吸引深圳中兴智慧产业园、江波龙存储产业园、前海股权交易中心、医疗器械协会园区等一批优质项目陆续落地，打造承接深圳产业转移的高质量发展平台。对接广州都市圈，加强高端服务业、高技术产业等领域的合作。年内，推动科技创新合作，中山科技创新园的中山先进低温技术研究院、中山市工业技术研究中心2个项目获得市政府立项，华南农业大学中山创新中心、中国检科院粤港澳大湾区研究院、长春理工大学中山研究院3个平台挂牌成立。

（中山市人民政府地方志办公室）

【江门创新大湾区科技创新合作机制】 2021年，江门市与澳门科学技术发展基金建立粤澳科技创新联合资助项目地市联动资助机制，率先成为在粤澳科技创新联合资助项目框架下加入地市联动资助内容（每个项目资助人民币100万元）的广东省试点市之一，支持江门创新主体和澳门伙伴开展技术研发和产业合作。推进与港澳地区共建纺织材料粤港联合实验室、轨道交通智能运维联合实验室、数字光芯片联合实验室等创新平台。江门市与中国科学院高能物理所、生物物理所签订战略合作框架协议，深化科研攻关、平台建设、成果转化应用等方面合作，加快推进中科健康创新生物产业园建设。举办中国核学会第十四届核科技、核应用、核经济论坛。与中国核学会签订战略合作协议。引进院士科创项目，与余艾冰团队签署战略合作框架协议，台山中镁科技公司与潘复生院士团队联合建设粤港澳大湾区镁合金新材料基地。

（江门市科技局）

【肇庆推进大湾区科技创新合作】2021年，肇庆市实施创新驱动发展战略，全方位参与粤港澳大湾区科技创新合作，编制《肇庆市推进粤港澳大湾区国际科技创新中心建设专项行动计划》。1月20日，由肇庆市科技局、肇庆学院、中国高校（华南）科技成果转化中心合作共建的粤港澳大湾区国际技术转移中心挂牌成立，旨在推进海内外技术转移转化和国际合作交流。出台《肇庆市关于实施粤港澳大湾区个人所得税优惠政策财政补贴管理办法》。吸引境外（含港澳台）高端人才和紧缺人才到肇庆工作，年内受理52名申请人申报补贴，补贴金额300.97万元。（肇庆市人民政府地方志办公室）

【聚集体科学国际研讨会】于2021年7月25—28日在广州召开。会议采取线上线下结合的形式进行，由华南理工大学、香港中文大学（深圳）、聚集科学研究协会联合举办。会议吸引来自15个国家和地区、71所高校机构的450余名人员参会，开幕式及大会报告在直播平台上的播放量超过12万人次。会议设6场大会报告、8个分会论坛，包括149场邀请报告、17场青年学者特别论坛报告和35份墙报，评选出优秀报告奖3项和优秀墙报奖10项。与会人员围绕聚集体科学及聚集诱导发光中心主题，分享最新研究成果，交换观点和理念，探讨发展方向和机遇，寻求实质性的合作研究机会，促进聚集体科学的发展。

【首届粤港澳大湾区（广州）氢能论坛】于2021年9月28—29日在广州召开。论坛由华南理工大学与广州市氢能产业联合会共同主办，广州市政府、广东省发展改革委、国家能源局、中国氢能联盟、黄埔区政府、广州市发展改革委提供支持。300多名氢能产业的院士、专家和企业代表围绕“碳达峰、碳中和”目标，探索氢能产业高质量发展。论坛期间，北京、上海、广州、深圳四地氢能协会签署战略合作协议并发布“广州共识”。分论坛环节，氢能产业技术专家和企业代表围绕产业研发和成果转化、“双碳”目标下能源企业的氢能布局、氢燃料电池产业链发展和场景应用主题，探讨氢能产业发展的机遇和挑战，为粤港澳大湾区氢能产业发展提供意见。

（刘勇）

【“广东药科大学—香港大学创新平台”启动】2021年7月6日，广东药科大学、香港大学与中山市共建的“广东药科大学—香港大学创新平台”正式启动，成为广东省内首个粤港高校合资的新型研发机构，也是健康医药产业领域的国家级专业孵化器。该平台创新合作机制体制，利用粤港高校的科技资源优势及中山市健康医药产业优势，打造粤港澳大湾区“科技＋产业＋金融”新型研发机构实体、国家级国际孵化器和技术转移中心。

（中山市人民政府地方志办公室）

·创新基础能力建设·

【重大科技基础设施建设】2021年，广东省集聚国家超算中心（广州）、国家超算中心（深圳）、中国散裂中子源、鹏城云脑、江门中微子实验、惠州加速器驱动嬗变系统研究装置、惠州强流重离子加速装置等一批大科学装置，其中广州超算、深圳超算散裂中子源等建成投入运行，强流重离子加速器等开工建设。聚焦材料、生命、信息、海洋、能源等重点领域，依托省实验室等重大创新平台集中推进一批重大科技基础设施，其中散裂中子源二期（东莞）、先进阿秒激光（东莞）、冷泉生态系统（广州）、人类细胞谱系（广州）、鹏城云脑网络智能设施（深圳）5个重大科技基础设施列入国家“十四五”规划。

【科技资源开放共享】2021年，广东省在平台基地及科技基础条件建设项目申报指南中首次提出科技项目数据汇交要求，包括野外科学观测研究站项目完成后形成的科学观测数据汇交至广东省科学数据服务管理中心；实验动物平台、人类遗传资源监测网络平台、科技文献共享平台、专项科学考察等项目完成后形成的科技资源在“广东省科技资源共享网”开放共享。至年底，广东省科技资源共享网汇聚原值30万元及以上的大型科学仪器1.09万台（套），原值总计112.49亿元，其中6141台（套），原值总计66.82亿元，可面向社会开放共享，上报至重大科研基础设施和大型科研仪器国家网络管理平台的仪器数量和原值总量居全国第三位。

（罗霄鹏）

【广州重大科技基础设施新突破】 2021年，冷泉生态系统研究装置、人类细胞谱系大科学研究设施被列入国家“十四五”专项规划，实现广州重大科技基础设施零的突破。冷泉生态系统研究装置建设“原位智融研究系统＋模拟仿真实验系统”，可为认知深海冷泉生态系统、保障可燃冰绿色开发利用提供科研利器；人类细胞谱系大科学研究设施聚焦呼吸系统重大疾病、免疫细胞等研究领域，构建国家人类细胞谱系资源库及数字化模型，为大湾区生物医药产业发展奠定基础。是年5月，广州实验室在广州国际生物岛揭牌成立，实验室围绕国家战略和重大需求，打造呼吸领域战略科技力量，建设全球领先的大型综合性研究基地和原始创新策源地，支撑广州、广东乃至全国新冠肺炎疫情防控科研攻关。（广州市科技局）

【深圳创新基础能力建设】 2021年，深圳市基础研究能力稳步提升。综合性国家科学中心、鹏城实验室建设取得新进展。深圳湾实验室、人工智能与数字经济省实验室建设扎实推进。推进光明科学城、西丽湖国际科教城、河套深港科技创新合作区等建设，脑解析与脑模拟等科技基础设施完成主体建设，打造世界一流的光明科学城，推进合成生物研究等科技基础设施建设，开工建设鹏城云脑Ⅲ、超算中心二期等设施。建设国际科技信息中心。完善科技基础设施和仪器设备共建共享共用制度。实施基础研究十年行动计划，持续加大基础研究投入，计划将基础研究占全社会研发投入比重提高到5%以上。5月8日，“深圳5G产业创新生态运营中心”在中国电信国家双创基地揭牌成立。深圳5G产业创新生态运营中心主要面向粤港澳大湾区5G产业链上下游及各龙头、中小微创企业，可提供基础能力赋能、5G标准构建、资金政策对接、开放竞赛等多项能力服务。

（深圳市人民政府地方志办公室）

【佛山加快科技创新平台建设】 2021年，佛山市以提升基础与应用基础研究能力、补强原始创新短板、攻克核心关键技术、引进高层次人才为目标，加快季华实验室、仙湖实验室等平台建设，打造战略科技力量。季华实验室科研条件体系不断完善，一期基建项目获“中国建筑工程鲁班奖（国家优质工程奖）”，实验室集聚科研人才近1500人，获军民融合重大专项、国家和广东省重大科技专项等支持，争取国家和广东省科技项目70余个，项目总经费近8亿元，实验室在首批省实验室考核评估中获优秀等次。年内，季华实验室发起“显示制造装备璀璨行动计划”，牵头推动新型显示制造装备核心技术攻关。季华实验室研发的“墨子号”量子密钥高精度跟瞄地面轻量化收发系统为国内首台套轻量化水平及跟瞄精度综合领先的设备，研发“佛山一号”卫星并顺利升空。截至年底，季华实验室科研项目已申请发明专利534件，其中已授权142件，在广东省实验室中位列前茅。仙湖实验室全年自主立项支持4个重大和8个重点项目，面向海内外自主立项1.84亿元科研课题，重点攻关燃料电池关键材料及大功率电堆、氢燃料电池系统、智能网联汽车等关键核心技术；成立全国第一家先进零碳燃烧技术研发中心，为全国陶瓷工业乃至整个建材行业实现“双碳”达标探索新路；获批国家自然科学基金项目，实现国家级项目首次突破；与一汽解放、东风汽车、国电投氢能、上汽通用五菱等国内行业龙头单位开展全面战略合作；签约国家电投华南氢能产业基地项目，建设华南地区唯一的膜材料、碳纸氢能产业基地。

2021年，佛山深化与中国科学院、中国工程院、清华大学、香港科技大学等科研院所产学研合作，新成立有研（广东）新材料技术研究院，引入央企着力解决新材料“卡脖子”问题，促进佛山市新兴产业培育和传统产业转型升级。建优建强重大创新平台，推动华南新材料研究院、佛山智能装备技术研究院、新药创制与转化医学平台等开展产学研协作，为全市制造业数字化转型提供技术支撑。截至年底，全市有科技创新平台41个，创办和孵化科技企业678家，服务企业20124家；平台及孵化企业合计人员4086人，获国家、省级项目经费9.2亿元，获国家和省级科技奖25项，累计总产值57.51亿元。

（佛山市科技局）

【惠州重大科技基础设施建设】 2021年，惠州市中科院“两大科学装置”［即加速器驱动嬗变研究装置（CiADS）和强流重离子加强器装置（HIAF）］项目进入建设阶段，4.8万平方米建筑及园区建设工程于9月28日完成施工招标并开工。强流重离子加速器装置运行楼建成，完成投资3.49亿元，占总投资的21%；加速器驱动嬗变研究装置于7月启动建设，完成投资1.45亿元，占总投资的5.1%；地方配套工程完成总工程量的80%，总部区建成投用，装置区配套工程进入大规模施工阶段。实验室总部区工程项目全面施工，完成实验室土建部分、基坑工程。实验室主体工程于10月13日开工。推进先进能源科学与技术省实验室建设，推动潼湖园区投入使用、总部区工程施工。启动同位素研发平台、高能量密度研究平台建设前期工作。培育发展离子技术、高端新材料等新兴产业，推动惠东离子产业园规划建设以及科近泰基、广东超导等项目落地建设。是年，惠州市支出基础研究经费5.82亿元。东江实验室科研团队获省级基础研究项目立项8个，获省级项目资金9010万元，推动开展12项关键技术攻关。联合广东省科技厅、省基金委共同组建2000万元/年、为期3年的“粤惠联合基金”，支持全市高校、医院、科研机构等开展基础研究，成为全省第5个设立广东省基础与应用基础研究区域联合基金的城市。面向“2+1”产业，安排2500万元专项资金实施重点领域科技攻关项目，支持企业与科研团队联合攻关，解决惠州市优势产业发展关键核心技术“卡脖子”问题，评出8个中榜项目（总投入约1.8亿元），每个项目给予200万元至400万元支持。

（惠州市人民政府地方志办公室）

【中山推进科技创新园建设】 2021年，中山市推进科技基础设施建设。中山科技创新园建设加速推进。中山光子科学中心、先进低温技术研究院纳入省重点建设项目，中山光子科学中心被列入国家重大科技基础设施“窗口指导”项目，并报广东省发展改革委审核。承载园区——中山科技创新园建设获立项，项目总用地面积32.62公顷，总投资58.59亿元。中山光子科学中心、先进低温技术研究院派员进驻临时办公场地开展预研工作，推动科技基础设施“快动工、快建设、快投产、快见效”，获省专项资金2000万元。

（中山市人民政府地方志办公室）

【江门推进科技基础设施合作共建】 2021年，江门市与香港科技大学（广州）合作共建江门双碳实验室，已注册事业单位，成立工作专班推动实验室建设。与国家政法智能化技术创新中心签署战略合作协议，国家政法智能化技术创新中心江门市域社会治理孵化中心、江门市市域社会智慧治理技术创新中心、江门市市域社会智慧治理应用示范基地揭牌，通过产学研协同创新推动市域社会治理现代化、政法智能化科研成果在江门应用示范与产业化。

（江门市科技局）

·产学研深度融合·

【协同创新平台建设】新型研发机构　2021年，广东省科技厅新认定省级新型研发机构43个，其中珠三角地区33个，资助金额1817万元，吸引香港科技大学、澳门大学、国家纳米科学中心、清华大学、哈尔滨工业大学、武汉理工大学、中国科学院长春应用化学所、中国科学院金属研究所、中国科学院物理研究所等高水平高校院所以及航天科工微系统技术有限公司等科技企业在广东设立研发机构。至年底，全省有277个省级新型研发机构，其中珠三角地区221个，数量在全国保持领先地位。

高水平创新研究院　2021年，广东省科技厅围绕类脑智能、新材料、检验检疫、中医药理论与装备等前沿和交叉领域，引进建设广东省智能科学与技术研究院、有研（广东）新材料技术研究院等4所高水平创新研究院。全省高水平创新研究院有27所，引进高层次人才260多名。

省工程技术研究中心　2021年，广东省新增770个省工程技术研究中心，总数由2020年的5944个提高到6714个，其中企业类5826个、公益类888个，领域布局覆盖全省战略性支柱产业集群和战略性新兴产业集群。　（柯思异）

【澳门科技产业产学研发展】2021年4月1日，《从事科技创新业务企业的税务优惠制度》生效。“科技创新业务”指创新发明或以创新方式将科学知识、技术或工艺应用在产品制造或服务提供方面的业务，尤其是将有关科技创新成果应用于新一代信息技术、人工智能、集成电路、生物医药、中医药、节能环保、海洋工程、营养、新能源、航空航天等领域的创新发明。按照该制度，凡已办理商业登记的所得补充税纳税人，不论属自然人或法人，只要并非澳门特区库房的债务人，其企业主营业务符合科技创新业务的定义及范围，且营运满一年，都可向澳门特别行政区财政局提出税务优惠申请，然后由科技创新业务企业评审委员会进行审批。经审批符合资格的企业可享有印花税、房屋税、所得补充税及职业税等税务优惠。

2021年，澳门产学研发展取得积极成效，一批获资助成果实现转化。澳门大学与澳门信息科技企业合作打造产学研合作平台，加强知识产权领域培训。通过分类评审、侧重应用类项目、倾斜支持重点领域等方式实施精准资助，引导澳门科研向应用研究发展，首批资助项目101个。对接国家创新发展策略，支持澳门融入国家创新体系。通过工作合作机制，中国科学技术协会与澳门特别行政区政府科技交流合作委员会共同促进澳门与内地创新创业、科研等领域交流合作。　（摘自《2022澳门年鉴》）

【广州产学研深度融合】2021年，广州市推进新型研发机构机制体制创新，形成涵盖“基础研究—应用研究—中试生产—企业孵化”的新型研发机构发展模式。先后制定实施《广州市人民政府办公厅关于促进新型研发机构建设发展的意见》《广州市合作共建新型研发机构经费使用“负面清单”》等系列政策，鼓励事业单位性质的新型研发机构在高端人才引进、人员薪酬制度、科研成果处置等方面享有充分自主权，允许投资或以科技成果作价入股创办企业，允许对科技成果研发和产业化作出突出贡献的技术人员采用多种形式激励，允许合作共建新型研发机构对市级财政建设经费和科技计划项目经费享有自主管理权限，充分赋予新型研发机构自主管理权限。面向新兴和未来产业发展需求，高标准、成建制引进国家级科研机构、高等院校等国家科研力量，建设广东粤港澳大湾区国家纳米科技创新研究院等14所高水平创新研究院，累计获省级财政经费立项支持4.33亿元。粤港澳大湾区精准医学研究院院长由复旦大学校长金力担任，统筹研究院基础建设、人才培养、科研攻关等工作。广东省新兴激光等离子体技术研究院在广州设立市级院士工作站，是院士陈佳洱在国内的唯一一个院士工作站。成立广州科技创新母基金，支持新型研发机构以其管理或关联的投资平台、联合社会股权投资机构申报设立子基金，母基金对天使类子基金的出资比例放宽至不超过子基金规模的50%。鼓励新型研发机构围绕重点行业、重点技术领域打造优质孵化载体，推进科技成果转移转化。至年底，78个机构获广东省新型研发机构认定，累计孵化、创办企业超过1000家，2019—2021年累计获得成果转化与技术服务收入近300亿元。华南新药创制中心获认定为国家级科技企业孵化器，清华珠三角研究院获认定为市级科技企业孵化器。支持新型研发机构聚焦重大科技需求，申报国家和省级科技计划项目。2019—2021年，各机构累计牵头或参与国家级科研项目753个、省级科研项目778个，获国家、省级项目经费逾64亿元。搭建新型研发机构技术创新平台，发挥产业技术创新的公共支撑作用。全市省级新型研发机构办公科研场地总面积超过65万平方米，科研仪器设备总值超过24亿元，建有国家级、省级科研平台超过250个。是年，全市新登记孵化器35个，总数418个；新登记众创空间62个，总数323个。修订出台《广州市科技企业孵化载体管理办法》，打造“众创空间—孵化器—加速器”全链条科技企业孵化育成体系，为科技型中小企业提供全过程优质物理空间和配套孵化服务。全年认定13个国家级孵化器，新增12个省级众创空间、15个省级孵化器。宏太云产业创业创新基地和中山大学科技园获评2021年度国家小型微型企业创业创新示范基地。在第十届创新创业大赛中，进入全国50强的广州企业有5家，其中4家属于孵化企业。2021年，广州市实施重点领域研发计划，在新一代通信与网络、健康医疗、生物医药、人工智能、脑科学、新材料、新能源、海洋经济等领域，组建钟南山、王迎军、方滨兴、陈新滋、苏国辉等领衔的战略咨询专家委员会。广州医科大学与法国霍夫曼研究中心共建“霍夫曼广州研究院”，引进国内外教授层次人才33名，其中诺贝尔奖获得者1名。4个省级实验室汇聚钟南山、徐涛、张偲、侯凡凡、饶子和等32名院士、近170个高层次人才团队，累计获得国家、省级项目58个。广州科技创新母基金累计落地运营16只子基金，汇集资本规模超过48.99亿元，为广州创新创业人才发展提供有效金融支持。累计遴选创新创业领军团队项目80个，累计支持经费3.4亿元，带动企业和社会资本投入超过48亿元，杠杆效应近1∶16。谢晓亮领衔赛纳生物，推动基因测序科技成果引领高端科学仪器产业发展；王晓东领衔百济神州大分子生物药生产基地，成为同时符合中国、美国和欧盟GMP（药品生产质量管理规范）标准的抗癌药物全产业链平台；施一公领衔广州诺诚健华药品生产基地，专注于肿瘤及自身免疫类疾病治疗领域的一类新药研制。何小鹏团队等领军人才团队迅速发展，印刷OLED（有机发光二极管）显示技术、载人

2021年10月19日，2021全国双创周深圳活动暨第七届深圳国际创客周启动

（深圳市人民政府地方志办公室供稿）

级自动驾驶飞行器等创新技术实现突破。广州拥有全国销量最大的新冠病毒核酸检测试剂盒、抗体检测试剂盒生产企业。（广州市科技局）

【深圳产学研深度融合】2021年，深圳市推动深港产学研基地参与粤港澳大湾区发展，在科技研发、成果转化方面实现市校合作的多次突破。开展深港协同创新创业活动，推动深港青年创新创业，依托各实验室平台组建深港青年创新创业平台，联合深港两地机构共同举办第十届大湾区青年创业计划、2021前海粤港澳台青年创业大赛等活动。10月，在“2021年全国双创周深圳活动暨第七届深圳国际创客周”期间举办深港青年创业训练营，邀请粤港澳的产学研专家、优秀科技企业代表及投融资机构等，探讨粤港澳协同创新、国内外科技成果转移转化成功经验及科技成果对接，建立粤港澳大湾区孵化平台和生态伙伴平台，推动粤港澳协同发展及科技成果转移转化。指导大疆公司牵头组建无人机产业链党委，推动上下游企业以及清华深研院、南方科技大学、三航工业技术研究院等加入，整合高校、研究院等资源，强化产学研合作。

（深圳市人民政府地方志办公室）

【珠海产学研深度融合】2021年，珠海市持续围绕重点产业领域开展产学研合作活动，每个项目最高支持100万元。全年受理产学研合作项目174个，其中，50个项目立项，获立项资助的企业中超过50%为科技型中小企业，投入财政资金4010万元，带动企业自投科研经费2.32亿元。聚焦生物医药、电子信息、智能制造、新材料、新能源等全市重点产业领域，举办4场“问需求、解难题、促发展”产学研精准对接系列活动，路演项目32个，现场签约9个，对接企业80家，参加活动超300人次。完成市创新创业团队管理办法修订。引进培育29个市创新创业团队，其中，市外引进创新团队11个、本土创业团队11个，首次引进市外创业团队7个。截至年底，全市有省级创新创业团队8个、市级创新创业团队127个。立项北京师范大学珠海校区建设“认知与智能科学院士工作站”，并予以80万元建站支持。截至年底，全市有省级院士工作站7个、市级院士工作站13个，合作院士17名。全市拥有科技企业孵化载体68个，包括众创空间32个、孵化器35个和省级科技企业加速器1个，其中国家级载体21个，占比居大湾区内地九市首位。全市在孵企业1188家，当年毕业企业119家。所乐联合办公众创空间、华灿工场珠海空间获得省级众创空间认定；珠海清华科技园连续5年、横琴·澳门青年创业谷连续2年被评为国家级科技企业孵化器A级。（陈楚君）

【佛山产学研深度融合】截至2021年底，佛山市建有省重点实验室30个，省工程技术研究中心812个；科技创新平台41个，创办和孵化科技企业678家，服务企业20124家；平台及孵化企业合计人员4086人，获国家、省级项目经费9.2亿元，获国家和省级科技奖25项，累计总产值57.51亿元。有科技企业孵化器115个，众创空间86个，其中国家级孵化器23个，国家级众创空间23个；省级孵化器10个（包括3个粤港澳科技企业孵化器），省级众创空间14个。孵化总面积267万平方米，在孵企业3279家。是年，佛山市实施创新驱动发展战略，推动研发与市场活动衔接，弥合技术与产业鸿沟，建设企业技术创新体系。季华实验室谋划创建信息装备领域的国家技术创新中心，牵头新型显示制造装备技术攻关“璀璨行动”，建设国家高端信息（显示）制造装备研发和生产示范基地，研发“佛山一号”卫星并顺利升空。仙湖实验室创建氢能领域的国家重点实验室，推动和参与国家电投华南氢能产业基地、一汽解放氢能重卡项目、东风汽车氢动力智能网联汽车等项目建设；成立全国第一个先进零碳燃烧技术研发中心，为全国陶瓷工业乃至整个建材行业实现“双碳”达标探索新路。佛山智能装备技术研究院建设佛山市华数智造公共实训中心，被评定为“工业机器人系统运维员和工业机器人操作员实训及考评（分中心）点”，至年底，完成数百条自动化生产线建设，开展人才培养及大赛活动。广东省半导体创新中心引进及孵化20余家半导体相关企业。其中，所孵化的佛智芯公司建成国内首条板级扇出型封装示范线，申请国家专利80余件，授权27项。

促进科研与市场互动。实施“揭榜挂帅”，围绕佛山产业发展和社会民生的关键领域和重点环节，突出先进制造、人工智能、低碳节能、医药健康等重点领域，向企事业单位征集关键核心技术需求80多项，立项金额2750万元，初步形成“揭榜挂帅”攻关组织机制的佛山模式。季华实验室围绕“芯片制造设备核心部件国产化”等开展攻关，自主设立启动科研项目83个，支持经费近20亿元。推进创新创业引导基金投资运作，双创基金全年总规模99.2亿元，放大倍数11.78倍，投资项目144个，投资总额76.83亿元。

5月28—30日，中国科学院第二十次院士大会、中国工程院第十五次院士大会、中国科协第十次全国代表大会在北京召开，会上公布“科创中国”试点城市名单，佛山市成功入选。9月17日，在2021“科创中国”智能制造产学融合高峰论坛暨第二届广东省制造业高质量发展高峰论坛上，佛山市获授“科创中国”试点城市牌匾。

（佛山市科技局）

【惠州产学研合作】 2021年，惠州市东江实验室总部区工程施工建设，潼湖园区投入使用，7个科研团队入驻潼湖园区，建立实验室平台8个。新增省级重点实验室1个（智慧家庭及物联网通信融合企业重点实验室），全市总数6个；新增省级新型研发机构4个（视维新技术有限公司、德赛西威智能交通技术研究院有限公司、新一代工业互联网创新研究院、科近离子膜材料研究院），全市总数13个；新增省工程技术研究中心29个，全市总数209个；省级以上创新平台总数229个。新认定4个市级孵化器，全市拥有科技企业孵化器44个（含国家级7个、省级5个，粤港澳孵化器1个），众创空间31个（含国家级10个），省级大学科技园1个，科技企业加速器3个。在深圳设立异地孵化器，东江华科明珠加速器获批全市首个省级加速器，科技孵化产业快速发展。围绕企业技术难题，开展市级企业科技特派员试点工作，派出企业科技特派员30人，对接企业22家。组织开展“惠企专家行”活动，达成合作意向的企业近60家，签约落地项目22个。惠州市绿色能源与新材料研究院第一年拨付经费4000万元；与深圳大学、华南理工、东莞理工、华南师范大学、广东工业大学等达成联合培养研究生意向。惠州市科近离子膜材料研究院在水处理、医用过滤、食品饮料、电池隔膜等领域开展科研攻关，3项实用新型专利获授权，承接水处理工程项

2021年9月17日，在2021“科创中国”智能制造产学融合高峰论坛暨第二届广东省制造业高质量发展高峰论坛上，佛山市获授“科创中国”试点城市牌匾（佛山市科技局供稿）

目2个，开发新产品3种，孵化企业2家。惠州市新一代工业互联网创新研究院围绕新一代工业互联网的应用开展技术服务，承接省级项目3个，申请发明专利3项，成立科技创新企业1家，孵化企业4家。4月，与中国科技大学核科学系在惠州举行“所系结合共建研究生培养基地框架协议”签约仪式。引进香港大学深圳医院牵头的医用核素肿瘤诊疗一体化研究团队，参与东江实验室核能与核技术领域建设，搭建医用核素肿瘤诊疗一体化研发平台。

（惠州市人民政府地方志办公室）

【东莞产学研协同创新】 2021年，东莞市纳入统计的科技企业孵化器119个（含国家级24个），孵化面积200.75万平方米，在孵企业3784家，累计毕业企业2733家；众创空间61个（含国家级22个）。加强产学研协同，强化科技对产业发展的赋能作用。联合龙头企业推进工业软件技术攻关，推动自主可控工业软件研发和应用推广。依托高校建设新型研发机构，与清华大学、北京大学等共建新型研发机构32个，其中省级新型研发机构26个；依托母校院所设立国家重点实验室、工程中心的分支机构19个、省级检验站11个。全年全市新型研发机构承担省科技项目立项67个，服务企业1.02万家，签订技术合同8.63万个、技术服务合同金额13.55亿元。以新型研发机构为主要依托单位建有国家级孵化器10个，培育高新技术企业超过200家、市倍增计划企业4家。支持企业建设研发机构，加大研发投入。鼓励企业搭建技术创新平台、中试验证平台等研发机构，全市建有研发机构的规模以上工业企业5292家，建有率47.2%；全市拥有省级工程技术研究中心497个，数量居全省前列。出台规模以上企业研发投入后补助专项政策，针对研发投入增量超过100万元的规模以上高新技术企业，按增量给予一定比例补助，最高不超过100万元。

（东莞市人民政府地方志办公室）

【中山产学研融合推进】 2021年，华南农业大学中山创新中心、中国检验检疫科学研究院粤港澳大湾区研究院、长春理工大学中山研究院挂牌成立，全市引进国内重点高校科研机构累计建设创新平台15个。支持中科中山药物创新研究院建设与团队引进，安排运营经费及人才经费8300万元，引进PI（学术带头人）团队22个，开展20多个新药研发项目。生物医药智创中心实现结构封顶，首批入学联合培养的研究生30名，中科中山药物创新研究院创建省级高水平创新研究院。中国检验检疫科学粤港澳大湾区研究院完成省级事业单位登记，落户4个研究中心，创建省高水平创新研究院。长春理工大学中山研究院完成事业单位注册登记，首批181名研究生开班入读，培养方向为光学物理、人工智能、光学材料等光机电算材领域。香港大学生物医药技术国家重点实验室广东药科大学分中心引进20家生物医药大健康创新企业。支持中山复旦联合创新中心等7个引进高校科研院所研发机构提升科研能力，建设8个研发主攻方向明确、发展战略清晰的开放共享实验室。西湾重大仪器科学园与科学部评估中心签署合作协议，成立合资运营公司，5个项目落地。支持哈工大机器人（中山）无人装备与人工智能研究院创建省级新型研发机构。至年底，中山市有省级新型研发机构9个。出台《中山市引进建设科研机构管理办法》，探索自主立项、绩效评估、质量管理、动态支持的管理新模式和新机制。构建孵化载体梯度培育机制。申报2个国家级科技企业孵化器、2个省级众创空间，新增市级众创空间5个，累计建立省级新型研发机构9个，省企业重点实验室7个，省级工程中心351个，省级创新创业团队5个、市级创新科研团队45个，市级以上科技孵化载体79个；获科技部、中组部认定科技创新创业领军人才12人，省级以上科技创新创业领军人才14人。全市高新技术企业总量2294家，数量排全省第五名。2021年中国创新创业大赛获奖总数连续6年列广东赛区第二位。（中山市人民政府地方志办公室）

【江门产学研深度融合】2021年，江门市实施江门科技“双百工程”，通过建设100个产学研协同创新中心促进100家高新技术企业高质量发展。年内，新认定省重点实验室2个、省级工程技术研究中心21个。全市国家级创新平台累计6个、省级504个、市级1762个，规模以上工业企业研发机构覆盖率61%；新认定市级工程技术研究中心26个、科技特派员工作站5个。实施“博聚五邑”博士特派员计划，20名博士特派员与江门市企业开展项目合作。与哈尔滨工业大学、华南理工大学等高校建立产学研合作关系。与香港科技大学（广州）合作共建江门双碳实验室，组建一支由3名教授领衔、10多名博士组成的核心建设团队，计划建设成为服务大湾区的低碳、零碳、负碳技术研发及成果转化科创中心。与国家能源集团广东电力有限公司签订全面深化合作协议，国家能源集团氢能（低碳）研究中心揭牌。中国科学院（江门）中微子实验站完成基建工程，探测器部件批量生产并开始设备安装，预计2023年开始运行。与广东省科学院开展战略合作，加快推进江门产业技术研究院建设，建设运营广科蓬江产业创新园、江门产研院科技企业孵化器和广科研创科技产业园3个孵化器，引进孵化8家高科技企业，加快引进有机硅、生物肽等11个高新技术项目。支持五邑大学与中科院广州生物医药与健康研究院合作共建华南生物医药大动物模型研究院（江门），年内完成主体建筑基本建设，引进金南衡为领军人物的知名专家团队30人，获批认定为“广东省医学大动物模型重点实验室（2021年度省市共建）”。（江门市科技局）

【肇庆产学研深度融合】2021年，肇庆市印发实施《肇庆市科技企业孵化载体认定管理办法》，支持各类孵化载体提质增效，组织7个单位完成国家级、省级孵化载体申报，申报量创历年最高。登骏创业谷、肇庆大创空间分别获广东省科技厅省级孵化器、省级众创空间认定；肇庆市创新创业中心、创客方舟分别获省科技厅国家级孵化器、国家级众创空间推荐公示。肇庆学院国家大学科技园被公布为第十一批国家大学科技园，国家大学科技园实现零的突破。肇庆学院新增产学研基地55个，获批农业农村部农产品质量安全风险评估实验室（肇庆）及2个市级工程技术中心，新增1个广东省普通高校创新团队，新遴选校级创新科研团队10个。拥有高新技术企业1092家，新型研发机构32个，高水平科技企业孵化器30个；新增省级工程技术研究中心18个、市级工程技术中心20个、市级新型研发机构6个。封开、怀集农业科技园区被认定为省级农业科技园区。启动第四批西江创新创业团队与领军人才申报评选工作，有18个团队和人才项目入选第四批西江创新创业团队与领军人才，总扶持资金4900万元。向省推荐“珠江人才计划”创新创业团队2个、青年拔尖人才2名。举办2021年度“创新肇庆”科学技术奖评选，评出特等奖项目2个、一等奖项目5个、二等奖项目4个。肇庆市科技局和肇庆市科技中心获2021年全国科技活动周及重大示范活动表现优异奖。（肇庆市人民政府地方志办公室）

【精准肿瘤学前沿科学中心成立】2021年1月13日，澳门大学获教育部批准立项建设“精准肿瘤学前沿科学中心”，是国家在港澳地区设立的首个前沿科学中心。该中心在以往以乳腺癌为主的研究基础上，以癌症的发生与发展、肿瘤微环境与免疫调控、癌症转移及耐药机制、高效药物开发及癌症个体化治疗为方向，研究与澳门其他多发的肠癌、肺癌和肝癌的预防、发生、转移、耐药等相关科学问题，以提高癌症诊疗水平。至年底，完成多项研究平台的建设和试运行，包括癌症样本库和血液库、组学技术、大数据分析、高通量药物筛选研发、跨越分子、药敏试验、生物纳米材料以及模式动物等。

（澳门基金会）

【粤澳集成电路设计产业园揭牌】2021年12月，粤澳集成电路设计产业园正式揭牌，成为横琴粤澳深度合作区集成电路产业发展重要承载地，也是承接澳门集成电路产业资源、建设集成电路创新集聚的“芯”平台。产业园由珠海大横琴集团开发、珠海先进集成电路研究院进行专业运营，总面积超过3万平方米，为企业提供专业的孵化器、投资基金、公共技术平台等服务，促进集成电路设计产业领域内的人才、技术、资本等创新要素跨境流动与合作，计划在EDA（电子数据采集）、关键IP、高端通用芯片等领域形成重大技术突破和产品自主化。至年底，吸引集创北方、芯动科技、壁仞科技、华芯智能等集成电路设计优质企业入驻。　（梁漫桦）

【第二十五届全国发明展览会——“一带一路”暨金砖国家技能发展与技术创新大赛】 2021年12月10—12日，第二十五届全国发明展览会——“一带一路”暨金砖国家技能发展与技术创新大赛在佛山潭洲国际会展中心举行。该届展览会和技能大赛由中国发明协会、金砖国家工商理事会、广东省科学技术厅、广东省科协主办，佛山市人民政府承办，以“发明创新、自立自强”为主题。展览面积4万平方米，分设4个场馆，有国防知识产权、节能环保、全国职工发明创新成果、青少年发明创新、大健康、非遗成果、粤港澳大湾区7个展示区，高等院校发明创新成果、国家高新技术创新成果、“一带一路”暨金砖国家技能发展与技术创新大赛3个专区。全国各地约2300个发明创新项目参展。

【复旦－季华人工智能算法联合实验室揭牌】 2021年4月28日，由复旦大学与佛山季华实验室共同成立的复旦－季华人工智能算法联合实验室举行揭牌仪式。该实验室计划构建核心算法应用研究平台，破解人工智能领域原始创新能力较弱、核心技术不足、成果转化不高等难题，推动季华实验室在广东形成全球人工智能算法产业示范应用先发优势、打造创新引擎方面取得新突破。九韶人工智能算法研究院同步揭牌。

【先进零碳燃烧技术联合创新研发中心挂牌成立】 2021年12月27日，先进零碳燃烧技术联合创新研发中心在佛山仙湖实验室挂牌成立。该中心由佛山仙湖实验室、佛山欧神诺陶瓷有限公司和佛山市德力泰科技有限公司联合发起成立，主要开展氨氢高温窑炉零碳燃烧技术研发。仙湖实验室、欧神诺和德力泰三方通过整合优势资源，创新合作模式，依托仙湖实验室在科学技术、高端人才和前瞻技术研究方面的优势，发挥欧神诺在建筑陶瓷领域的优势以及德力泰在工业窑炉研发、生产领域的优势，共同研究并开发氢氨零碳燃烧技术、燃料供给系统、关键器件和设备、污染排放物控制技术和建筑陶瓷零碳工业窑炉技术，引领建材行业实现“双碳”目标。

【广东省首个国际化众创空间落户佛山】 2021年1月11日，广东省科技厅公布2020年度广东省科技企业孵化载体名单，瀚海（佛山）国际创新中心入选广东省国际化众创空间，是广东省首个国际化众创空间。瀚海（佛山）由佛山高新区与瀚海控股集团共同成立，实行一芯多地，国内中心位于佛山高新区南海园，国外位于美国硅谷、洛杉矶和波士顿，国内外协同创新，与海外10多个服务机构建立合作关系，包括滑铁卢大学、北美人才库、猎聘北美等，相互建立推送项目、人才的渠道。　（佛山年鉴社）

【中国科学院药物创新研究院中山研究院建设】 2021年3月29日，由中山市人民政府、中国科学院上海药物研究所主办的粤港澳大湾区药学研究生培养协同创新论坛暨中国科学院大学药学院中山学院揭牌仪式在中山市举行。来自国内多所高校和研究机构的100多名嘉宾出席论坛。论坛上，中国科学院大学药学院中山学院正式揭牌，中山药物创新研究院与南方医科大学、贵州医科大学、遵义医科大学共同签订战略合作框架协议，加强联合培养研究生等工作。来自中山药物创新研究院、中山科技大学筹建办、遵义医科大学、贵州医科大学、南方医科大学、澳门大学、澳门科技大学、香港科技大学的代表分别作人才培养相关主题报告，就粤港澳大湾区药学研究生培养协同创新进行交流分享。至年底，中山药物创新研究院总部和中山新药创制产业园部分主体建筑实现结构封顶，其中面积1.2万平方米的新药研发中心和公共技术平台建成并投入使用。

中国科学院药物创新研究院中山研究院由中山市政府与中国科学院上海药物研究所共建，总规划占地14.93公顷，建筑面积60万平方米，计划2022年8月竣工。研究院整合中国科学院药物创新研究院成员单位的优势资源，围绕“五个一”（建设一个中国科学院上海药物所分所、一个中国科学院大学药学院中山学院、一个公共技术平台、一个孵化器、一个创投基金）目标，着力打造大湾区创新药物研发和人才高地，力争到2025年，组建50个一流创新团队，转移转化25项一类新药成果，承担10个国家和地方重大科研及产业化项目，培养研究生150人，将中山研究院建设成为生物医药国家实验室重要基地。

【长春理工大学中山研究院落户中山】2021年3月28日，长春理工大学中山研究院落户广东省中山市火炬开发区，成为中山市首个高精尖领域硕博联合教育培养基地。至年底，中山研究院建成长春理工大学国家级大学科技园大湾区园，入驻科研团队13个、143人。建立科研实验室13个，支持研究院建设发展，包括光电/生物纳米检测与制造中心、数字医疗研究中心、脑信息与人因工程实验室、太赫兹波谱与无损检测实验室、可视化3D装配与数字孪生技术实验室、激光智造装备技术实验室、精密光学薄膜实验室、机器视觉与无人系统实验室、热防护材料实验室、半导体激光及应用实验室、微电子研发中心、香山5G/6G实验室、光纤传感实验室、智慧工厂研究中心等。

（中山市人民政府地方志办公室）

科技创新载体和平台

【实验室体系建设】2021年，广东省实验室体系建设基本成型，初步建成以2个国家实验室为引领、30个国家重点实验室和460个省重点实验室为核心，20个粤港澳联合实验室、4个“一带一路”联合实验室、18个高级别生物安全实验室、27个野外科学观测研究站为支撑的省实验室体系。在全省建设25个省实验室独立法人实体。省级财政全年投入21.92亿元。10个省实验室建成科研办公场地总面积超71万平方米；购置30万元以上的科研仪器设备2441台（套），设备总值超42亿元。支持鹏城实验室、季华实验室等8个重点领域研发计划，项目总金额8800万元。至年底，省实验室有各类人才8200多名，具有硕士及以上学历的超2100人，具有副高级及以上职称的约500人。引进高水平人才团队446个；吸引90个省外高校及科研机构共同参与，其中包括香港中文大学、澳门大学等8所高校及科研机构，40余位港澳高水平专家。首批4个省实验室在启动建设期满评估中被评为优秀等级。全年新增获批1个省部共建国家重点实验室、3个“一带一路”联合实验室。新增立项30个省重点实验室（其中学科类16个、企业类11个、省市共建类3个），完成10个省重点实验室整改，省级重点实验室数量460个。优化粤港澳联合实验室建设，完成第一批10个联合实验室中期评估工作。新增5个国家级野外科学观测研究站，在粤国家级野外科学观测研究站数量11个；新建1个生物安全4级实验室，6个生物安全3级实验室，下达经费6100万元。在农业、林业、地理科学、中医药、基因组等领域启动建设首批6个科学数据中心，同步建设广东省科学数据服务管理中心。

【技术创新中心建设】2021年，广东省科技厅推进省级技术创新中心建设，与广州、珠海、惠州、深圳、东莞等地市对接省技术创新中心建设，储备建立省技术创新中心“后备队”。国家新型显示技术创新中心获科技部批复建设，新型显示领域唯一的国家级技术创新中心落户广东；国家第三代半导体技术创新中心获科技部批复建设。参与国家耐盐碱水稻技术创新中心组建，承接国家耐盐碱水稻技术创新中心华南（湛江）分中心的建设任务。（柯思异）

【港深创新及科技园】2021年2月，香港立法会财务委员会批准拨款开展港深创新及科技园第一批次发展，支持创科园公司早期营运开支。创科园优先发展医疗科技、大数据及人工智能、机器人、新材料、微电子、金融科技6个科技领域，供租户进驻的首批楼宇计划于2024年落成。为保存具有生态价值的自然环境，有关部门在工程中首先建立占地12.8公顷的生态区。至年底，香港特别行政区政府的旗舰项目“InnoHK创新香港研发平台”吸引30多个来自世界11个经济体的大学和研究机构与本地大学开展合作，招揽28个世界级的大学和科研机构与本地大学合作研发实验室。10月6日发布的2021年施政报告中，建议在河套地区港深创科园内设立“InnoLife Healthtech Hub生命健康创新科研中心”，以“InnoHK创新香港研发平台”16个与生命健康相关的实验室、8个与生命健康相关的国家重点实验室为基础，聚焦生命健康领域科研工作。香港科技园公司计划在合作区深圳园区内，为在内地发展的香港创科企业和有意进军海外的内地企业提供资源、培训、交流3个重要功能的全面服务及支援。

是年，深圳市设立深港、深澳合作专班，共同制定联合政策包，对接香港北部都会区发展策略，完成重点课题“探索建设深港深度融合发展示范区研究”，签署河套“一区两园”建设等合作协议，“高水平建设深港口岸经济带”作为重点工作列入《粤港澳大湾区建设“十四五”实施方案》，河套深港科技创新合作区建设加速推进。开展“科创中国”改革试点，推进大运深港国际科教城科技体制机制等改革创新，试行“先赋权、后转化”的职务科技成果转化新模式，香港中文大学（深圳）、深圳信息职业技术学院分别试点科技成果转化收益的75%、90%归完成人。对接区内企业技术需求，整合高校院所科技成果，促成校企对接合作，累计签订技术合同629项，技术交易额8.89亿元。10月20日，深圳智库联盟以“深港口岸经济带”为主题召开第二次峰会。

（香港历史研究基金会　深圳市人民政府地方志办公室）

2021年10月20日，深圳智库联盟以“深港口岸经济带”为主题召开第二次峰会
（深圳市人民政府地方志办公室供稿）

【香港五大研发中心】香港设有5个研发中心，分别为汽车科技研发中心、香港应用科技研究院、香港纺织及成衣研发中心、物流及供应链多元技术研发中心和纳米及先进材料研发院，负责推动和协调应用研发，以及推动研发成果商业化和技术转移。2021年，物流及供应链多元技术研发中心研发的电子手环及监察系统，配合由本地初创企业开发的“居安抗疫”流动应用程序，

开展检疫监察工作，全年监察约62万人次。是年，五大研发中心与大湾区内地城市开展科技合作。香港应用科技研究院成功在集成电路、新一代通信、智慧制造、健康科技等领域向大湾区内地企业推广其科研成果；纳米及先进材料研发院与大湾区合作伙伴共同研发可应用于高能耗物联网设备的长寿电池等不同的技术或进行技术转移。

【香港科学园】 香港科技园公司（简称科技园公司）为科技公司提供基础设施和一站式的支援服务，管理香港科学园（简称科学园）及创新中心。科学园总楼面面积约40万平方米，供业界进行研发活动。至2021年，有约900家科技企业和初创公司在园内营运，总工作人口约1.6万人，其中有科研人员超过1万人。在香港特别行政区政府发布的2021年施政报告中，建议为科学园扩容，计划提供新土地88公顷，主要用于创新和科技发展。4月7日，创新斗室开幕。项目提供床位约500个，房间类型包括单人工作室、双人工作室、共居工作室及套房（与住宅单元结合的娱乐和共享生活/工作空间），计划建成智能生活和汇聚创新协作的社区。

【香港数码港】 香港数码港是香港信息和通信科技的旗舰机构，主要提供基本的基础设施和技术知识，提升信息和通信科技生态系统的整体发展。至2021年，香港数码港社群由超过1700家信息和通信科技公司组成，供租用的办公室空间有9.8万平方米，其中超过10%是Smart-Space共享工作空间，供500多家初创企业使用。数码港培育计划为市场推广和加速器支援计划提供资助和早期创投资金。年内，在荃湾设立Smart-Space8共享工作间，容纳初创企业约100家，提供创业培育和支援。

（香港历史研究基金会）

【粤澳合作产业园】 至2021年底，粤澳合作产业园签约项目28个，25个项目完成供地，25个项目开工建设。其中，9个项目竣工，7个项目封顶或部分封顶，大昌行物流中心、金源广场开业，臻林山庄开始试运营。是年，澳门特别行政区政府推荐17个优先处理项目，其中南光物流、达安基因等相对成熟项目签约落地。

（梁漫桦）

【粤澳合作中医药科技产业园】 至2021年底，横琴粤澳合作中医药科技产业园有注册企业216家。其中，通过产业园平台培育澳门企业52家，占注册企业的24%；累计协助11家企业获融资近16亿元，培育国家级高新技术企业13家，新引进企业涉及中医药、保健品、医疗器械、医疗服务、生物医药领域。1月，该产业园获省级“粤港澳科技企业孵化器”称号。

是年，该产业园承接8个医疗机构中药制剂品种的开发和生产，其中，2个中药制剂品种完成备案；承接澳门企业9个中药制剂产品的委托研发、质量标准提升及注册申报项目；新增3款中药产品取得莫桑比克上市许可、协助内地企业7个中成药产品取得巴西上市许可。

（梁漫桦）

【广州实验室】 2021年5月，钟南山领衔的广州实验室在广州揭牌。实验室围绕国家战略和重大需求，打造呼吸领域战略科技力量，建设全球领先的大型综合性研究基地和原始创新策源地，支撑广州、广东乃至全国新冠肺炎疫情防控科研攻关。（广州市科技局）

【综合性国家科学中心光明科学城】 2021年，深圳市成立由市委书记担任组长、市长担任常务副组长的市推进大湾区综合性国家科学中心领导小组；优化光明科学城规划建设领导小组组织架构，领导小组办公室调整至深圳市发展改革委，下设综合、政策、建设、产业、人才5个专责小组。成立重大科技基础设施项目指挥部。印发《深圳光明科学城总体发展规划（2020—2035年）》《光明科学城“六重”工

2021 年 5 月，广州实验室挂牌建设 （广州年鉴社供稿）

家小径、国际社区、特色街区等特色化项目，形成《光明科学城开发建设计划研究报告》。至 12 月 31 日，光明凤凰城完成投资 285.84 亿元，光明科学城核心片区完成投资 153.76 亿元，两个片区均超额完成年度任务。科学规划 1 平方千米“科学家谷”。环绕楼村水库和莲塘水库，整体打造“两核一环多节点”空间布局，规划建设科学公馆、科旅之家、美术馆与特色运动馆等高端服务设施，环湖建设绿道、自行车道、生态廊道、亲水景观等设施，高品质打造片区生活配套。推动大科学装置集群配套设施建设。成立深圳市光明科学城开发投资有限责任公司，作为光明科学城“片区统筹开发运营商”，一体化实施大科学装置集群配套设施建设任务及后续运营管理，获得国家开发银行 105 亿元配套设施建设贷款额度。谋划推动大科学装置集群 4 条道路建设，打造集群交通内循环，一号道路于 2021 年 11 月开工建设；开展科学城一、二号变电站前期工作，协调推动 110 千伏和 220 千伏高压线迁改工作。推动云谷片区高质量开发建设。片区“三横四纵 +N”16 条市政道路中，10 条市政道路开工建设（基本打通 7 条）；科学城智慧公园海汇区、源涌区、湾流区开展施工；光明云谷一期项目整体主体结构封顶，国际会议中心投入使用并举办 2021 光明招商大会；推进住宅公寓、人才住房等城市配套项目。

作五年行动计划（2021—2025 年）》。编制出台《深圳市建设大湾区综合性国家科学中心先行启动区实施方案（2020—2022 年）》（简称《实施方案》），围绕《实施方案》及国家省市相关顶层方案，推动实施《光明科学城空间规划纲要》《深圳市光明区关于支持合成生物创新链产业链融合发展的若干措施》等一批专项规划和配套政策。牵头组建重大科技基础设施项目指挥部，编制印发《重大科技基础设施项目指挥部组建方案》《重大科技基础设施项目指挥部 2021 年固定资产投资任务分解方案》。加强关键核心技术央地协同，引进国家科技支撑计划、国家科技重大专项和国家自然科学基金重点项目等 18 个项目落地。大运深港国际科教城纳入综合性国家科学中心建设总体布局。构建知识产权司法服务体系，光明科学城检察官工作室正式运作，加快筹建区知识产权公共服务中心，推动成立区知识产权司法保护中心、区人民法院知识产权审判庭以及深圳知识产权法庭巡回法庭。“光明科学城人才服务工作站”等 10 余项工作取得实效。

2021 年，深圳市探索光明科学城开发建设时序。新策划“智慧环道”、IDEA 空间、科学

2021 年，深圳市光明科学城标志性重大科技基础设施鹏城云脑Ⅲ落地。合成生物研究、脑解析与脑模拟、材料基因组等设施加快建设。国家超级计算深圳中心（二期）、精准医学影像设施、特殊环境材料器件科学与应用研究设

施等项目立项。深圳市神经科学研究院、国家环保产品质量监督检验中心等机构平台正式运行。国际创新产业信息服务平台获批立项，同步开展可行性研究报告编制。国际科技信息中心、光明生命科学大数据中心形成初步建设方案。深圳中国计量科学研究院技术创新研究院、深圳市药品检验研究院光明分院加快开展建设前期工作。打造省实验室体系。深圳湾实验室过渡场地4万平方米，除动物实验房外全部投入使用，拥有科研团队80余个、科研人员800余人；永久场地初步选址光明科学城启动区，园区建设工程加快推进立项工作。人工智能与数字经济广东省实验室（深圳）项目实施方案经市政府审议通过，11月18日，第一次理事会暨入驻启动仪式举行。中山大学深圳校区启用，16个学院入驻，在校师生7000人。中国科学院深圳理工大学（筹）滨海明珠过渡校区进驻首批师生，正式校区于12月29日动工建设，计划办学规模8000人。

发展科研经济，围绕大设施同步规划光明科学城产业创新载体。首创“楼上创新、楼下创业”综合体模式，纳入国家发展改革委推广的深圳经济特区经验举措47条清单。年内，深圳市工程生物产业创新中心投入运营，在光明区注册落地厚存纳米、中科碳元等23家初创企业。出台全国首个合成生物领域专项扶持政策——《深圳市光明区关于支持合成生物创新链产业链融合发展的若干措施》，打造合成生物产业园区，集中承载合成生物关联企业。12月23日，举办中国合成生物学学术年会暨第三届工程生物创新大会，6名院士级科学家出席，线上线下近500万人次参会。打造光明脑科学技术产业创新中心，项目取得设备购置概算批复并加快场地内部装修工作。谋划建设中试验证和成果转化基地。聚焦中试小试、检验检测等科技成果转化关键环节，遴选确认抗体公共技术创新服务平台等7个中试储备项目，于10月14日在光明科学城成果转化大会上公布名单并完成授牌。深港澳科技成果转移转化基地、深港澳青年创新创业基地等平台投入运营，累计组织13批港澳科技项目参加专家评审，其中30个项目通过专家评审，14个项目正式入驻基地办公。构建科技成果转移转化平台，建设光明国际技术转移转化中心、光明科学城创新验证转化基地（深圳大学），探索开展企业中试平台，全区市级以上创新平台119个，其中国家级5个、省级69个、市级45个。促进“产学研”链条加速融合，华为—光明科学城产业联合创新基地揭牌，发布国内首个通用分子模拟软件框架 MindSpore 分子模拟库。11月18日，人工智能与数字经济广东省实验室入驻光明区。

（深圳市人民政府地方志办公室）

中国散裂中子源与南方光源（2021年）　　（陈栋　摄）

【综合性国家科学中心松山湖科学城】2021年，大湾区综合性国家科学中心先行启动区（松山湖科学城）建设全面启动，松山湖科学城创新载体不断丰富，创新要素有序集聚，《松山湖科学城发展总体规划》获广东省政府批复实施，《松山湖科学城科学功能规划》《松山湖科学城空间总体规划纲要》获东莞市政府批准实施；核心创新区启动建设，金菊福利院第一批3号厂房拆除以及新院选址加快推进；南方光源研究测试平台、松山湖材料实验室基本完工；香港城市大学（东莞）、大湾区大学（松山湖校区）、东莞理工学院国际合作创新区建设有序推进；深化校地合作，与华中科技大学、香港中文大学、香港城市大学等6所知名高校签署共建协议。院市合作取得新成效，与中科院联合申报的散裂中子源二期、先进阿秒激光设施项目纳入国家重大科技基础设施“十四五”规划；多物理谱仪建成投入使用。与东莞理工学院、中科院合作共建东莞新能源研究院。推动中科院声学所在松山湖新建电声产业化基地。园区有3个项目获中科院STS（科技服务网络计划）东莞专项立项；松山湖材料实验室启动首批月壤研究；国产三光束共溅射脉冲激光薄膜沉积系统打破国外禁运和技术垄断。东莞理工学院的“全自动高速PCB封装点胶机关键技术研究及产业化”和广东博迈医疗器械有限公司的“新一代冠脉介入球囊导管的研发及产业化”获广东省科学技术奖二等奖。松山湖材料实验室研究成果入选年度“中国重大技术十大进展”。松山湖国际创新创业资源集聚与企业孵化能力提升，全年引进硬科技项目48个，集聚科技企业超500家，企业家和科学家近3000名；新增高新技术企业144家，比上年增长39.3%，园区高新技术企业总数509家；优利德公司登陆科创板，实现松山湖企业科创板零的突破；华为运动健康科学实验室揭牌；新增省级以上工程技术研究中心15个；园区企业R&D（科学研究）比重提升至15.28%。广东省基础与应用基础粤莞联合基金增加松山湖经费投入1500万元，资金规模从原来每年4000万元扩大到每年6000万元。

金融赋能效应彰显，上海证券交易所资本市场服务东莞基地挂牌。通过区属国企设立10亿元天使投资基金，支持中小科技企业发展壮大，全年拨付投资款2000万元。松山湖高新区获中国农业发展银行等10个金融机构3800亿元授信额度支持。集聚战略科学家和科技创新人才能力增强，办理“优才卡”1543张；新增博士工作站4个、博士后科研工作站下属分站2个、博士后创新实践基地2个。举办粤港澳院士峰会暨首届松山湖科学会议，近50名院士齐聚松山湖共谋科学城发展。相继举办华为开发者大会、国际复合材料科技峰会、全国双创活动周、中国创新挑战赛、松山湖创新创业大赛、粤港澳大湾区女性科创大赛、东莞高层次人才活动周、清华校友三创大赛等一系列重大活动赛事。

2021年，东莞市松山湖高新区整合园区科技创新资源，于6月10日入围中国科协第二批“科创中国”试点园区，成为全国65家试点之一。在试点工作中，松山湖建立区会联动机制，与上级科协组织形成合力推动试点建设；出台《东莞松山湖高新区关于加快松山湖科学城创新发展的若干政策意见》并出台7项配套政策；提升企业自主创新能力，加快企业创新需求输出，推动科技成果转化。试点工作取得成效，松山湖科学城建设迈出新步伐，散裂中子源、先进阿秒激光、南方光源研究测试平台、松山湖材料实验室等一批重大平台项目建设取得新进展；获得中国科协关注和支持，引进中国科协各类资源，启动“科创中国”科技经济融通平台注册入驻，推荐“科创中国”榜单遴选单位等；举办“中国·巴西科技创新合作论坛”、2021年粤港澳院士峰会、2021年中国（东莞）智能终端高峰论坛暨第二届“绿色创科日”活动和“2021国际复合材料科技峰会”等一批高端学术活动。

（东莞市人民政府地方志办公室）

【南方海洋实验室】2021年11月14日，南方海洋科学与工程广东省实验室（珠海）举行大楼启用仪式。至年底，南方海洋实验室形成18个创新团队、8个公共平台、6个管理服务部门和1个前沿研究中心的组织架构，出台管理制度60余项，业务流程将近90个。集聚各类科研人员1200余人，各类高层次人才100余人，与多家内地、港澳高校形成稳定长效的研究生联合培养机制，牵头或参加国家级、省部级等项目30余项，立项经费超1.8亿元。设立40项自主科研项目，经费总额1.1亿元。实验室支持6个开放海洋科考航次，支持经费超过3000万元。实验室创新团队申请发明专利、实用新型专利241件，获得授权专利77件，申请计算机软件著作权24项，提交决策咨询报告33篇，出版专著16部；获海洋科学技术奖特等奖1项、何梁何利基金科学与技术进步奖1项、中国水运建设行业协会科学技术奖2项。（陈楚君）

【季华实验室】 季华实验室（先进制造科学与技术广东省实验室）位于佛山市三龙湾科技城核心区域，是广东省委、省政府启动的首批四家广东省实验室之一，2018年5月全面启动建设。实验室以打造先进制造领域国家战略科技力量为目标，是立足佛山、扎根广东、支撑粤港澳大湾区国际科技创新中心建设的引领性创新平台。至2021年底，季华实验室总人员规模1458人，累计争取包括国家和省各类重大项目在内的科研项目112个，累计申请发明专利625件，其中已授权181件，发明专利累计申请量位居省实验室首位，2021年度发明专利授权量列广东省科研单位第二位；累计孵化科技型企业14家。是年，季华实验室设计研制的全球首颗100千克0.5米分辨率光学成像卫星“佛山一号”于4月27日成功发射；射频电源实现零的突破，形成自有知识产权的相关产品；打破国外垄断的印刷OLED喷墨打印机成套装备及墨水材料研制成功并点亮试验样品。举办2021广东光学大会（GDO 2021）暨广东省光学学会2021年学术交流大会、粤港澳大湾区光学界产学研合作交流大会。5月，季华实验室牵头成立粤港澳大湾区半导体装备及零部件产业技术创新联盟，成员有160多个，涵盖装备和零部件企业、高校科研院所、省外龙头企业。8月，季华创新发展研究院揭牌成立。季华实验室牵头实施广东省“璀璨行动”，集聚大湾区及全国优势单位，力争实现国内新型显示产业从国产化模式向科技创新引领模式的转变，推动大湾区乃至全国高端制造装备产业的发展。12月，在2020年投入使用的季华实验室一期工程项目获2020—2021年度“中国建筑工程鲁班奖”，二期基建计划于2022年底建设完成。（佛山季华实验室）

佛山季华实验室（2021年）　（佛山三龙湾管委会供稿）

【仙湖实验室】 佛山仙湖实验室是广东省启动建设的第三批省级重点实验室，于2019年11月21日挂牌成立。实验室以建设成为氢能领域国家重点实验室为目标，坚持“科研＋产业＋招商招才＋合作共赢”发展理念，致力于打造先进能源科学与技术领域国内顶尖、国际一流的战略科技创新平台。至

佛山仙湖实验室仙湖园区（2021 年）　　（佛山仙湖实验室供稿）

2021 年，仙湖实验室有科研人员团队 121 人，其中高级职称以上 73 人、在站博士后 11 人、工程技术人员 32 人，科研团队全职双聘人员比超过 1:1。是年，牵头承担国家级、省级以上科研项目 18 个，同时针对氢能全产业链关键核心技术瓶颈，面向海内外自主立项科研课题超 2 亿元。实验室复合质子交换膜技术用于支撑北京冬奥会近 100 辆全国首批材料级全自主化燃料电池汽车示范运营，核心技术指标达国际先进水平；高功率密度长寿命金属双极板电堆技术应用于北汽福田、东风氢舟等多个量产车型；用于高效光伏制氢的大面积高稳定钙钛矿太阳能电池效率达到国际领先水平，研究成果发表于期刊《科学》。全年申请发明专利 69 件，孵化高科技企业 3 家。仙湖实验室在原有氢能与燃料电池技术主线的基础上，布局氨氢融合颠覆性技术作为第二条主线，打造面向零碳交通运输装备和零碳高温制造业等领域的技术创新体系，在粤港澳大湾区先行先试，支撑“广东燃料电池汽车示范应用城市群”万辆级燃料电池汽车示范运营和千亿级燃料电池汽车产业集群发展，促进高温陶瓷工业转型升级。与一汽解放集团、东风汽车公司、国家电投集团、上汽通用五菱等大型企业开展战略合作，共同推动氢能及燃料电池商用车、乘用车领域的自主创新、技术储备和产业化发展；与佛山欧神诺陶瓷、德力泰科技等佛山建筑陶瓷业骨干企业共同成立国内首家“先进零碳燃烧技术联合创新研发中心”，开展氨氢高温窑炉零碳燃烧技术研发。仙湖实验室成为联合国开发计划署氢能产业大会（佛山）主要协办和参展单位，组织承办大湾区汽车创新技术论坛第三期活动。加快建成氢能领域人才中心，引进澳大利亚工程院院士程一兵全职加入实验室；引进中国工程院院士、中国汽车工程学会理事长李骏的院士工作站落户实验室，获“广东省院士工作站”授牌；实验室有 5 人入选 2021 年度科技部“火炬计划”创新项目和工信部“启明计划”创新项目、青年项目等国家人才工程。

（佛山仙湖实验室）

【珠西创谷】2021 年，江门市强化支撑服务，落实 100 万元专项财政资金用于珠西创谷开展引进香港生产力促进局入驻、建立五大科技创新中心等工作，推动建设国家级科技企业孵化器。至年底，珠西创谷累计吸引 50 多个港澳科创团队入驻。（江门市科技局）

【西江实验室】2021 年，西江实验室整体购买肇庆高新区创新创业科学园 C5 幢和 B4 幢，用于实验室建设研发及办公大楼，C5 幢科研楼完成装修改造并正式运营。初步搭建西江实验室的管理架构并审议通过《西江实验室理事会章程》《西江实验室学术委员会章程》《西江实验室创新激励办法》《西江实验室人才待遇标准试行办法》《西江实验室财务管理办法（试行）》等制度。引进正高级职称人才 3 人，全职博士 2 人，硕士 3 人；培养博士研究生 4 人，硕士研究生 25 人。是年，西江实验室的“鸡传染性支气管炎和禽流感病毒样颗粒疫苗的研制及应用”“水稻抗稻飞虱新种质创制和道地南药提纯复壮及推广”项目被列入广东省重点领域研发计划项目，获得扶持资金700万元。“畜禽重要疫病新型疫苗的研制及单克隆抗体的制备”项目被列入肇庆市2021年度重点领域研发计划，获得扶持资金100万元。与肇庆高新区管委会广东省医学实验动物中心共建生物技术和实验动物科技产业园，签订《共建“粤港澳大湾区生物技术和实验动物科技产业园”协议书》。

（肇庆市人民政府地方志办公室）

区域创新环境

·区域创新体制机制改革·

【香港区域创新体制机制改革】2021年，香港特别行政区创新科技署推出内地与香港联合资助计划，就“生物技术：癌症防治研究、中医药现代化研究及呼吸道传染病的预防与治疗”“人工智能”“新材料”3个特定主题征集香港与内地机构合作的应用研发项目，申请项目要具备两地合作元素。有关申请要由香港和内地的机构共同提出，分别递交香港创新科技署和科技部，项目研发工作要在两地均有进行；由香港创新科技署和科技部分别向香港和内地的申请机构提供资助，并按照各自的规定监督项目进展。

（香港历史研究基金会）

【广州科技创新体制机制改革】2021年，广州市推进科技计划项目管理和经费管理改革创新。创新财政资金补助方式，构建“3+3”资助方式（即3种前资助资助方式：竞争性前资助、协议类前资助、定向组织前资助；3种后补助资助方式：政策性后补助、创新大赛后补助、绩效评价后补助）。实施以科技金融为主线的市场化企业支持体系。在中国创新创业大赛（广东·广州）赛区增设龙头企业专业赛、科技服务机构专业赛、科技企业孵化载体专业赛和港澳台专业赛，拓宽以创新大赛作为成果评价的评审方式。调整优化科技成果产业化引导基金运营方式，将“广州市科技成果产业化引导基金”调整为“广州科技创新母基金”，支持设立天使类子基金，100%用于投资天使类项目，并对天使类子基金投资在广州地区项目所产生的超额收益予以让利。推进科技金融深入园区，满足科技企业的融资需求，引导和鼓励商业银行加大对科技企业的信贷支持力度，加大组织单位管理自主权。5月，印发《广州市科技计划项目全过程管理简政放权改革工作方案》，进一步赋予下放组织单位项目遴选立项、过程管理和结题验收管理权。项目实施期检查首次引入“诊断式检查”，政府部门从“考核评审”改为“诊断服务”。依托行业机构提升项目管理质量。2月，与广州注册会计师协会签订合作备忘录，共同开展项目验收评前审查，编制工作规范；依托市注协审计报告数据中心，加强审计报告数据对接，共享会计师事务所诚信及违规名单。

围绕全链条创新发展路径，配置相应政策包，出台若干细化落实措施或管理办法。年内，广州市构建“1+5+N”科技创新法规政策体系。其中，“1”指综合性地方性法规《广州市科技创新条例》；“5”指围绕全链条创新发展路径的5个方面配置的政策包，落实对《广州市科技创新条例》的相关规定；“N”指围绕主要政策配置的其他细化落实措施或管理办法等。市科技局形成新时期“1+5+N”科技创新法规政策体系，为实现老城市新活力，支撑高水平科技自立自强提供制度保障。是年，《广州市科技创新条例》于3月18日获批，并自7月1日起正式施行。条例共10章95条，从基础研究、技术创新、科技人才、科技金融、成果转化、创新环境等方面全面安排广州市科技创新工作。制定或修订印发《关于印发持永久居留身份证外籍人员创办科技型企业试行办法》《广州市科技型中小企业信贷风险损失补偿资金池管理办法》《广州科技创新母基金管理办法》《广州市推动高新技术企业高质量发展扶持办法》《广州市科技企业孵化载体管理办法》《广州市科技专家库管理办法》6个规范性文件，优化政策环境，支持科技企业创新发展。

11月2日，广州市政府常务会议通过《广州市科技创新“十四五”规划（2021—2025年）》，并预计于2022年1月正式印发。该规划作为广州加快实现高水平科技自立自强的行动指南，内容分为发展基础与形势、总体要求与目标、空间布局、技术领域、重点任务工程、保障措施6个部分，围绕打造科技创新轴，策划“一轴四核多点”科技创新空间布局。按照全链条创新发展路径，聚焦强化战略科技力量、推进核心技术攻关、提升企业技术创新能力、激发人才创新活力、深化体制机制改革等重点，部署五大任务、十大工程。（广州市科技局）

【深圳科技创新体制改革】2021年，深圳市聚焦深圳先行示范区建设阶段性目标，助力打造具有全球影响力科技创新高地，推动出台大湾区综合性国家科学中心先行启动区实施方案等政策措施。出台打造农业科技创新先行示范区若干措施，在支持生物育种自主创新和产业化、创新都市现代农业发展模式、支持数字农业发展、打造“米袋子”“菜篮子”示范工程5个方面谋划18项改革举措。福田区出台《河套深港科技创新合作区深圳园区科研及创新创业若干支持措施》，在科技创新全链条各阶段的七大方面提出24条具体举措。8月6日，深圳市前海管理局研究制定《深圳市前海深港现代服务业合作区管理局支持科技创新实施办法（试行）》，成为前海推动科技要素集聚的重要抓手、推进科技体制机制改革创新的重要依托。年内，指导成立市女科技工作者协会，筹备设立深圳市巾帼科技创新基金，初始规模约5亿元。市政协对2018年《深圳市科技创新资金扶持机制》重点调研成果等任务事项的落实情况进行监督性协商。（深圳市人民政府地方志办公室）

【珠海科技领域关键环节改革深化】2021年，珠海市强化政府投资基金与境内外知名投资机构合作，借助市场化投资机构专业团队提升投资效率，对符合产业发展方向相关领域优质科技项目实现“早发现、深布局”。5月26日，珠海市九届人大常委会第四十次会议修订通过《珠海经济特区科技创新促进条例》。条例以科技创新全链条为主线，用好用足经济特区立法权，搭建珠海科技创新主要制度架构，进一步破除科技创新发展体制机制障碍。支持珠海基金、珠海科创投与产业细分领域的头部机构弘晖、华盖、中芯聚源、华登等对接，并与生物医药的细分领域龙头机构弘晖、华盖建立合作关系，联合投资引进普米斯、香雪精准等先进医药企业。推动QFLP（合格境外有限合伙人）试点企业与区政府引导基金对接合作，组织参观调研产业园区，挖掘投资潜力，引导澳资参与投资珠海产业发展布局。出台《珠海市科技信贷风险补偿资金管理办法》，经市政府批准追加2000万元科技信贷风险补偿金。实施高层次人才支持计划，持续投入人才专项经费，大力引进博士、博士后人才，截至年底，累计招收培养博士后330人，在各领域工作的博士超过4000人。发放博士、博士后人才补贴9013万元。修订《珠海市科技创新促进条例》，赋予科研人员职务科技成果使用权、处置权和收益权等。制定《珠海市科技创新容错纠错改革方案》《珠海市科技计划绩效分类评价改革方案》《珠海市重大科技项目揭榜制工作方案》，开展科技创新体制改革调研工作。（杨浩航）

【佛山科技体制机制改革深化】2021年，佛山市全面深化区域创新体制机制改革。起草《佛山市深化科技体制机制改革若干意见》，探索更具吸引力的科技评价、激励机制，建立以科技创新质量、贡献、绩效为导向的人才评价体系。编制《佛山市科学技术发展“十四五”规划（送审稿）》，报佛山市政府审议。在广东省各城市中率先印发《佛山市科技项目相关责任主体信用管理暂行办法》，推进构建良好的科技诚信体系，建设集统计、分析与监测为一体的科技创新监测平台，强化区域科技业务数据互联互通。推进科技金融融合，印发《佛山市创新创业引导基金管理办法》（修订版）、《佛山市创新创业引导基金投资决策委员会议事规则》等，确保双创基金运作规范有序。推进创新创业引导基金投资运作，通过提高收益让渡比例等举措，吸引和带动社会资本投入创新创业领域。启动双创基金首批政策性子基金申报，申报子基金规模 34.91 亿元。参与粤港澳大湾区科技成果转化基金、粤港澳大湾区绿色技术银行等项目，通过与国家资源的对接、合作，吸引一批创新成果落地佛山。强化全市技术转移体系建设，加强技术合同登记和资助，推动技术交易服务能力持续提升，全年全市技术合同认定登记 4639 项，合同成交金额 22.13 亿元，技术交易额 16.27 亿元。全面改革和优化科技创新券机制，全年累计备案 319 个科技服务机构，为 268 家企业成功兑付科技创新券 1168.05 万元，实现“全国使用，佛山兑换”。对接全市 205 家科技服务业规模以上企业，打造覆盖全市创新链条的科技服务体系。加快推进佛山科技示范中心建设，通过运用各种数字多媒体技术以及体现佛山制造高科技含量的核心展品，把科技示范中心建成一个全面展示佛山从制造大市到国家级制造业创新中心的高科技展厅。（佛山市科技局）

【惠州健全实验室管理体制】 2021 年，惠州市逐步建立实验室管理体制。实验室委托中国科学院近代物理研究所建设运营，采取实验室主任负责制，成立学术委员会，出台并试行 24 个实验室管理制度。推进实验室基础建设，实验室总部区工程于 10 月开工建设，建筑面积 2.4 万平方米。潼湖园区投入使用，总建筑面积 1.3 万平方米，7 个科研团队、100 余人入驻开展科研工作。推进人才房优惠政策落地，组织相关单位讨论“两装置”和省实验室人才住房实施办法。吸引聚集中科院近物所、过程所、宁波材料所等大院大所。引进 12 个高端科研团队，人员总规模超过 400 人。

（惠州市人民政府地方志办公室）

【东莞科技体制机制创新】 2021 年，东莞市对市级科技计划项目的设置进行整体性、系统性梳理和谋划，设立源头创新、平台载体、创新人才、技术创新、企业培育和成果转化六大专项、21 类科技计划项目，形成支持全链条创新、全科技要素创新的科技计划体系。先后出台《东莞市科技发展专项资金管理办法》《东莞市科技计划项目管理办法》《东莞市科研诚信管理办法》，推进简政放权，释放科研创新活力。赋予项目承担单位更大的资金管理自主权，取消科研资金各科目支出比例限制，简化预算编制；建立全流程项目跟踪管理模式，简化项目申报手续，合并财务验收和技术验收；加强科研活动诚信审核制，将科研诚信管理覆盖科研活动事项申报、评审、实施、验收和评估评价等全过程，完善全市科技创新治理体系。出台新一轮科技人才政策，以主动组织方式引进战略科学家团队，以租金补贴和“里程碑”成长激励等方式支持科技人才到莞创新创业。全年引进省级创新创业团队 38 个，市级创新科研团队 53 个。研究生联合培养（实践）模式助推企业发展。拓展研究生联合培养“东莞专项”合作高校累计 153 所，全年吸引 650 名博士、硕士研究生到东莞市 438 家企事业单位进行联合培养（实践），新认定 17 个研究生联合培养工作站。优化海外人才政策服务，采用非直接见面方式帮助外国人办理业务，办理外国人来华工作许可 4917 人次。落实境外高端人才认定及个税补贴政策，受理超过 1000 名境外高端人才个税补贴申请。推进 9000 万元“三融合”贷款贴息专项资金以及普惠性科技金融政策，推动合作银行为企业发放纯信用科技贷款约 200 亿元。受理 3 家银行的 10 笔风险补偿申请，代偿 2183.08 万元，降低信用风险发生时银行机构的损失，激发银行机构面向科技企业发放信贷的积极性。（东莞市人民政府地方志办公室）

【中山科技创新体制改革】2021年，中山市深化科技体制改革，加强政策顶层设计，优化创新生态环境，印发《中山市科技人才发展专项资金管理办法》《中山市引进培育创新科研团队管理办法》《中山市推进科技创新人才集聚项目管理办法》《中山市引进建设科研机构管理办法（试行）》，联合中山市财政局、中山市人力资源和社会保障局、国家税务总局中山市税务局出台《中山市实施粤港澳大湾区个人所得税优惠政策财政补贴管理办法》。出台《中山市科技创新"十四五"规划》，明确未来五年全市科技创新发展的定位目标和重点任务。

（中山市人民政府地方志办公室）

【江门科技创新政策措施】2021年，印发《江门市科技创新"十四五"规划》，加快落实江门"科创十条"，新出台实施配套政策实施办法（细则）4件。连续9年举办"科技杯"双创大赛，2021年有323家企业报名参赛，参赛数连续4年列广东赛区第三名，分别有8家企业、7家企业入围省赛、国赛，创历史新高。松田电工获得省赛一等奖，量子高科、宜珈科技获得省赛三等奖。实施"无限创新"江门科学技术奖，新增募集奖金210万元。探索科技服务标准化。出台江门首个科技服务类地方标准、广东省内首个地市级科技成果评价服务地方标准《科技成果评价服务规范》，为第三方机构开展科技成果评价服务提供操作规范。（江门市科技局）

【肇庆科技创新政策措施】2021年，肇庆市出台各类科技创新政策措施。印发实施《肇庆市实施创新驱动发展战略2021年工作要点》《肇庆市落实创新驱动重点工作监测指标（修订）分工表》，并定期开展工作监测督导，推动创新驱动相关指标任务工作有序开展。出台《肇庆市国家高新技术企业培育库管理办法》《肇庆市科技计划项目管理办法》《肇庆市科技企业孵化载体认定管理办法》《肇庆市科研诚信管理办法（试行）》《肇庆市企业研发财政补助资金管理办法》《肇庆市新型研发机构认定管理办法》《肇庆市重点领域研发计划管理办法（试行）》，推进制定《肇庆市关于支持科技创新推动产业高质量发展的若干措施》《肇庆市科技计划项目实施过程与验收管理工作规程（试行）》等文件。

（肇庆市人民政府地方志办公室）

·科技成果转化·

【概况】2021年11月，科技部以视频会议方式召开国家科技成果转移转化示范区建设验收评估会，广东省科技厅提交《珠三角国家科技成果转移转化示范区建设验收自评估报告》，作珠三角国家科技成果转移转化示范区建设情况汇报，验收评估获评优秀。是年，广东省认定登记技术合同4.93万个，比上年增长23.6%；合同成交额4292.73亿元，增长23.9%；其中技术交易额3240.46亿元，增长22.2%。成交额和技术交易额连续4年居全国第二位。

【技术转移服务平台】2021年，广东省建设全省统一的科技成果汇交信息平台，实现全省面向应用的科技成果信息统一存储和公开，集约化、高效化推动科技成果的转移应用，实现与省科技业务管理阳光政务平台科技计划项目数据的对接。依托佛山高新区开展"2021火炬科技成果直通车（佛山站）"活动，聚焦智能制造，围绕家电、家居、模具、建材等制造业，举办新型研发机构、高校、融资、硬科技4个专场科技成果转化路演对接活动。华南技术转移中心构建覆盖"技术需求—成果供给—技术交易—孵化育成—创业投资"等关键环节的成果转化服务体系。至年底，华转网累计访问量突破2700万人次，注册用户超4万个，集聚各类优质创新资源6万余项，吸引华为云、天翼云、赛宝等770多个优质科技服务机构入驻，服务企业超1万家；集聚来自清华大学、北京大学、电子科技大学、华中科技大学、香港生产力促进局、澳门科技大学等378个优质特派员派出单位的4081名全球高端科研人才，帮助企业解决技术难题1172项。

累计实现技术交易额超 8 亿元，带动企业创造经济社会效益超 36 亿元，开展技术转移转化人才培训超 2 万人次。广东高校科技成果转化中心搭建起有成果、有专家、有投资、有政策、有基地、有人才、有案例的“七有”科技成果转化平台，累计培育 51 家科技型企业，市场估值超 10 亿元，直接服务促成产学研合作或技术转让 57 项，金额超 1 亿元。

【技术转移人才培育】 2021 年，粤港澳大湾区依托国家技术转移人才培养基地，发展壮大广东省技术转移人才队伍，初步构建初级、中级、高级专业化复合型技术转移人才培养体系。是年，2 个国家技术转移人才培养基地（东莞松山湖高新区科技成果转化服务中心、深圳国家技术转移南方中心）举办 9 期初级、2 期中级技术经纪人培训班，分别培养初级和中级技术经纪人 575 名、72 名。（斯恒）

【香港应用本地科技研发成果防疫抗疫】 2021 年，香港运用本地科技研发成果应对新冠肺炎疫情。创新科技署提供 1.02 亿港元资助防控新冠肺炎疫情的本地产品开发和科技应用，包括“kNOw Touch 无触按钮”电梯面板、体温探测设备和病毒传播追踪设备。为新冠肺炎疫苗接种计划开发多个信息科技系统供网上预约接种疫苗，为各疫苗接种中心设定疫苗配额、提供预约统计数字。推出可上传检测结果和疫苗接种记录的电子检测记录系统和“本地情况互动地图”，方便掌握疫情信息。采用快速测试和大厦污水检测技术，协助查找确诊个案。推出安心出行移动应用程序并多次优化，新增强制检测通知功能、支援储存新冠疫苗接种医学豁免证明书和康复纪录二维码、显示是否符合疫苗通行证要求、自动显示“疫苗通行证”二维码。12 月起，连接“香港健康码”系统供市民注册账户并使用，启动账户人数超过 71.90 万人，超过 10 万个公私营场所提供展示场地二维码。为“回港易”和“来港易”计划设立网上预约系统，符合特定条件的香港居民和旅客可申请从内地或澳门到香港的豁免检疫名额。

（香港历史研究基金会）

【澳门中医药产业科技成果转化】 2021 年，澳门特别行政区政府颁布《中药药事活动及中成药注册法》，为促进中医药产业发展创造条件。粤澳中医药科技产业园承接 8 个中药制剂品种的开发和生产，并开始在临床使用。依托大湾区中医药科技成果转化基地，加强与高校之间产学研合作，吸引内地知名中药企业与澳门科研力量合作开发中药经典名方以及产品升级。至 9 月，粤澳中医药科技产业园完成注册企业 213 家，其中澳门企业 52 家；签约入驻企业 102 家，其中签约入驻澳门企业 31 家。推进多个大健康项目建设，投产或筹建多家中药厂。推动中医药国际化，运用“以医带药”的模式推进葡语国家中医药产品注册和贸易，推动已注册产品在莫桑比克上市销售，首次举办面向巴西市场的在线商贸对接活动。

【澳门生产力暨科技转移中心】 澳门生产力暨科技转移中心成立于 1996 年，是由政府及民间合办的非营利组织，旨在协助澳门企业利用新思维、新理念、新信息和新技术以提高产品及服务的附加值，从而提高生产力及竞争力，鼓励及支持新企业的成立与发展，鼓励在职人士自我增值、提升就业能力。2021 年，该中心作为澳门餐饮业联合商会“澳门餐饮业后台电子化资助计划”执行机构，通过资助中小企业安装餐饮业后台电子化系统，推动企业进行科技及管理改革，年内有 107 个商户获批准。该中心“数码汇点”为澳门学生及在职人士提供信息科技培训课程。是年，举办 5 个 IT 相关比赛，有 689 名中学生、44 名大专生参加。协助中小企业应用信息科技，提供信息系统应用支援服务，推动自由软件应用并提供支援服务，全年为企业提供 32 次技术支援。协助澳门经济局开发“SME360”系统，使中小企业更简易地获取科技信息。10 月，该中心作为粤港澳大湾区生产力促进服务联盟成员出席理事会换届在线会议，并就未来三年的工作方案提供意见。

（摘自《2022 澳门年鉴》）

【广州优化科技成果转化服务体系】 2021 年，广州市重新制定《广州市促进科技成果转化实施办法》，在职务科技成果权属改革、成果转化收益分配和成果转化类职称等方面进行探索，加强科技成果转化服务体系建设，构建覆盖科技成果转化全链条的制度体系。建设科技成果转移转化服务体系，有国家级技术转移服务机构 12 个，国家创新驿站 1 个，省级新型研发机构 78 个，形成由科学研究平台、技术研发平台、创新孵化平台及科技公共服务平台组成的多层次、宽领域创新平台服务体系。广东省、广州市、南沙区共同支持华南技术转移中心建设，汇集具有转化意向的发明专利 2.7 万件，科技成果 1 万余项；推进企业科技特派员工作，为企业对接 3795 名科技特派员，解决 820 余项技术难题。广州市、天河区共同支持广州（国际）科技成果转化天河基地建设，年内投入运营；建立全国首个大湾区科技成果转化板，成立湾创天使一号基金；引入 14 个具有核心技术的科技成果转化项目入驻孵化；举办第六届中国创新挑战赛（广东·广州赛区）。广州（国际）科技成果转化大学城基地与中关村青创汇合作，于 10 月揭牌，首批 13 个项目入驻广工科技成果转化基地。为高校、科研院所、科技企业提供科技成果转移转化全要素服务平台。华南理工大学、中山大学等 10 个单位开展科技成果转移转化试点建设。广东省科学院、暨南大学、广东工业大学推进国家科技成果赋权改革试点建设。举办技术经纪人培训班和技术经纪人大赛，全年开展培训活动 30 余次。支持乡村振兴战略，新增农村科技特派员 928 名，累计建立科技成果示范基地面积 800 公顷。是年，全市技术合同成交额比上年增长 6.94%，认定登记技术合同 25418 个，成交额 2413.11 亿元，其中技术交易额 1477.32 亿元。

强化科技金融服务功能，设立广州科技创新母基金，经认定的市级以上孵化器可作为牵头机构，联合股权投资机构或创业投资机构申请发起设立子基金，投资种子期、起步期、成长期的科技型中小微企业。开展孵化载体与银行、投资机构的科技金融工作站、科技金融特派员工作，推动银行机构、投资机构为孵化载体入驻企业提供“债权 + 股权”的科技金融精准服务。其中 110 个科技金融工作站覆盖全市 83% 的国家级孵化器，来自 22 家银行、32 个股权投资机构的 179 名特派员精准服务园区企业上千家，促进超过 600 家企业获得投融资超过 160 亿元。羊城创意产业园孵化企业广州洋葱时尚集团有限公司在纽约证券交易所挂牌上市。推出全球首台 31 英寸喷墨打印柔性显示样机和全国首款视觉数字全自动口罩机，建成全球首个智慧地铁示范站。是年，由广州市牵头或参与完成的 22 项成果获 2020 年度国家科学技术奖，钟南山呼吸疾病防控创新团队获国家科学技术进步奖创新团队奖。广州市牵头或参与完成的 134 项（人）科技成果或个人获广东省科学技术奖。

（广州市科技局）

【深圳推进科技成果产业化】 2021 年，深圳市推进科技成果产业化。出台促进科技成果产业化 38 条，完善国家高新区管理体制机制，建成一批概念验证中心、中小试基地。依托大科学装置建设工程生物产业创新中心，打造国内首个“楼上楼下”创新创业综合体。新增市级以上孵化器、众创空间约 40 个。率先实行非竞争性、竞争性双轨制科研投入机制，探索赋予科研人员职务科技成果所有权或长期使用权，建立并实施知识产权侵权惩罚性赔偿。推进赋权改革。试行“先赋权、后转化”的职务科技成果转化新模式。加快构建科技成果转移转化平台，建设光明国际技术转移转化中心、光明科学城创新验证转化基地（深圳大学）。光明区谋划建设中试验证和成果转化基地。深港澳科技成果转移转化基地、深港澳青年创新创业基地等平台投入运营，累计组织13批港澳科技项目参加专家评审，其中30个项目通过专家评审，14个项目正式入驻基地办公。深圳证券交易所推进知识产权和科技成果产权交易中心机构设立和开业准备相关工作。

深圳能源集团完善成果管理，建立技术专家库及科技成果库。“深圳市固废处理工程实验室”“高含盐废水处理与资源化利用工程实验室”两个创新平台通过验收。全年获专利授权116件（其中发明5件、实用新型108件、外观设计3件）、申请PCT专利优先权6件、获授权著作权40项、注册商标6件。1100吨炉排系统、地埋式中转站完成样机研制，750吨级炉排装备、烟气净化系统成套装设备投入使用，WIS信息化技术在集团内部推广应用。获各级科技奖项19项，其中“垃圾焚烧厂运行安全与环境保障技术研究”项目获住建部“华夏建设科学技术奖”二等奖。

深圳大学推进科技成果转化工作，全年办理成果转化114项，比上年增长83%；转化合同金额累计1105.02万元，增长3.5倍。哈尔滨工业大学（深圳）9项科技成果成功转化，其中4项科技成果作价投资成立公司。

（深圳市人民政府地方志办公室）

【珠海科技金融促成果转化】2021年，珠海市修订出台《珠海市科技信贷风险补偿金管理办法》，扩大科技信贷风险补偿范围，对申请列入风险补偿金支持范围的科技企业年度营业收入上限要求从2亿元提高至4亿元；强化对科技天使风险投资基金工作的引导。至年底，科技创业天使风险投资基金实际投入项目20个，比上年增长1.5倍，实际投资额约2亿元，增长1.78倍。是年，珠海市登记科技成果77项，其中，76个为应用技术类成果，1个为软科学类成果。获广东省科学技术奖10项。10月15日，格力集团、华发集团投资企业珠海冠宇电池股份有限公司在上海证券交易所科创板挂牌上市，实现珠海企业在科创板上市零的突破。珠海冠宇主要从事消费类聚合物软包锂离子电池的研发、生产及销售，为国家级高新技术企业、市独角兽企业，是全球消费类聚合物软包锂离子电池的主要供应商之一。11月29日，格力集团、华发集团投资企业炬芯科技股份有限公司在上海证券交易所科创板挂牌上市，成为珠海科创板第二股。炬芯科技专注于为无线音频、智能穿戴及智能交互等智慧物联网领域提供专业集成芯片，是国内知名的低功耗系统级芯片设计厂商，连续4年获“中国芯”称号。

（陈楚君　吴嘉雯）

2021年10月15日，珠海冠宇电池股份有限公司在上海证券交易所科创板挂牌上市，成为“珠海科创板第一股”　（珠海冠宇供稿）

【佛山科技成果转化】2021年，佛山市加快实施创新驱动发展战略，推进全市各项科技成果转移转化工作。推动科学研究和技术服务业发展，制定《佛山市关于促进科技服务业发展的工作方案（2022—2024年）》，培育一批具有市场

2021 年 12 月 10—11 日，2021 年广东高校科技成果转化对接大会在佛山举行 （佛山市科技局供稿）

影响力的科技服务企业，发展科技咨询、研发、科技推广与技术转移、创业孵化服务。加强技术合同登记和资助工作，全面落实《佛山市人民政府办公室关于促进科技成果转移转化的实施意见》，加快建设“众科联”佛山市技术转移中心，加强技术合同登记和资助，贯彻技术经纪特派员制度，全年全市技术合同认定登记 4639 项，合同成交金额 22.13 亿元，技术交易额 16.27 亿元。组织申报 2021 年广东省科学技术奖，获评科技进步奖一等奖 7 项、二等奖 43 项，获评自然科学奖一等奖 1 项。完善科技服务机构库，吸引国内外科技服务机构，特别是港澳地区的优质服务机构入库。组织科技成果转移转化活动，参与第一届全国博士后创新创业大赛，梳理 648 个项目技术交易对接清单，完成 244 个技术转让项目深度访谈，确定 72 个项目参加现场对接。

（佛山市科技局）

【惠州推进科技成果转化示范区建设】2021 年，惠州市推进珠三角科技成果转移转化示范区建设，促进国家、省重大科技专项成果在惠落地应用。2021 年 1 月 1 日施行《惠州市科学技术局关于鼓励科技成果转移转化的暂行办法》，从技术转移输出方、技术转移转化服务机构、技术合同认定登记机构、技术市场交易平台、技术转移转化专业人才、科技奖等方面提出 16 条措施，促进科技成果转移转化。探索在深圳建立异地孵化器，打造成为科技异地招商的场景示范。推动部分成熟科技成果产业化，重离子微孔膜污水处理、垃圾中转站压滤、河道修复示范项目成功运营，降低环境治理成本，节约能耗 50%，垃圾渗液可全量处理，打造重离子微孔膜技术新兴产业。推动域鑫科技省重大专项实施科研成果转化，水动力医疗系统项目投入生产。推动惠州绿色能源与新材料研究院、惠州市宙邦化工有限公司合作的“面向新能源的碳酸酯类溶剂绿色制备技术”落地投产，建立 10 万吨 / 年的 DMC/EG（固载离子液体催化二氧化碳转化制备碳酸二甲酯 / 乙二醇）工艺，生产装置投料试车并进行试生产。推进技术市场发展，全年全市技术合同认定登记 600 项，比上年增长 1.78 倍；技术合同成交额 20.13 亿元，增长 79.73%，其中技术交易额 19.01 亿元，增长 74.08%。启动惠州市技术市场交易平台建设。强化科技成果市场化交易，鼓励全市高等学校、科研院所、科技服务机构设立技术合同认定登记点。经广东省科技厅备案，惠州市设有 5 个二级技术合同登记点。是年，惠州绿色能源与新材料研究院负责先进能源科学与技术省实验室化石能源研究中心建设，年底研究中心投入运营，主要开展能源气体分离，低碳烃高值化利用，碳酸酯绿色合成等技术开发。

（惠州市人民政府地方志办公室）

【东莞科技成果转化落地】2021年，东莞市松山湖国际创新创业社区探索“园区、社区、校区”融合的成果转移转化新模式，打造承接华为、高校院所科研资源以及广深产业资源外溢的新型载体，引进奥芯智能、傲声智能、小豚智能、中科院声学所电声产业化基地等硬科技项目43个；全年社区申报高企存量37家；社区常驻人员从2020年不到2000人增长至近3500人；全年企业入库直接税收约8100万元，比上年增长36.8%。香港科技大学教授李泽湘牵头组建松山湖国际机器人产业基地，培育李群自动化、优超精密、云鲸智能等一批高成长性企业，初步形成以机器人系统集成商、核心零部件企业和智能装备企业为主体的机器人产业集群。持续推动院地合作，推动以国科控股为主出资成立新公司，联合开展中国首台自主研发加速器硼中子俘获治疗（BNCT）项目建设；与中科院联动组织中科院科技服务网络计划（STS）东莞专项，促成60家东莞市企业与24所中科院直属院所对接，资助13个合作项目在东莞转化。搭建科研仪器设备共享和技术交易服务平台，至年底，“莞仪在线”科研仪器设备共享平台注册单位242个，录入科研仪器设备4889台（套），实现预约947次。技术交易服务平台全年完成技术合同交易额67.79亿元，技术金额62.36亿元，数量均居全省第三位。陈和生牵头的“散裂中子源国家重大科技基础设施项目”获广东省科技进步奖特等奖，广东华中科技大学工业技术研究院牵头的项目获广东省技术发明奖一等奖，东莞理工学院、广东菲鹏生物有限公司牵头的项目获广东省科技进步奖二等奖。

（东莞市人民政府地方志办公室）

【中山科技成果转化和科技服务】2021年，中山市办理技术合同登记445项，技术合同交易额19.46亿元，比上年增长148.5%；技术合同成交额18.28亿元，增长153%。对275个技术合同认定登记补助项目给予补助657.96万元。新引进中山奥凯知识产权服务有限公司、中国检验认证集团中山分公司2个机构入驻集聚基地。推动中山市技术转移和知识产权交易协同创新平台建设，在中山协同创新网开通技术需求快速发布通道上线“揭榜挂帅”专题，全年服务企业2107家，征集企业技术难题需求40项，举办技术对接活动1场、线上技术转移系列公益培训课9场。加强科技成果转移转化人才建设，举办技术经纪人培训班，开展广东省技术经纪（经理）人入库备案，全市累计有34人入库，其中初级技术经纪人10人。3月29日，由中山市人民政府主办、中山市科学技术局承办的中山科技创新论坛举行。活动邀请先进低温装置负责人、光子中心和合作高校园所专家，围绕先进低温、光子科学、光电、机器人、人工智能等领域的发展前沿作主题报告，介绍科技前沿发展情况，探讨如何围绕中山市产业布局，转化先进技术成果推动中山市高新技术发展。

（中山市人民政府地方志办公室）

【江门科技成果转化】2021年，江门市技术合同成交额9.14亿元，比上年增长62.3%；技术交易额8.66亿元，增长61.3%。落实技术交易和科技创新券补助政策，对15项技术交易、14项科技创新券项目给予补助。全市高新技术企业存量突破2194家，居全省第六位。科技型中小企业2111家，科技型小微企业5260家。出台科技金融奖补政策，持续推进科技贷款贴息。与6家银行签约开展“邑科贷”业务，惠及企业83家，授信金额1.89亿元，发放贷款总额1.20亿元。推动3家高新技术企业在境内上市融资，实现科创板上市企业零的突破。1家企业申报深交所创业板IPO获受理。推动江门市新兴产业投资基金等11只总规模超55亿元的基金落户江门人才岛，引导社会资本投向科技领域。推进高新区高质量发展。江门高新区综合排名从2020年的第59位跃升至2021年的第55位，支持蓬江、新会、台山、恩平产业转移工业园申报创建省级高新区。

（江门市科技局　江门市市场监管局）

【肇庆科技成果转化】2021年，肇庆市办理科技成果登记93项；完成技术合同登记185项，合同成交额4.87亿元，技术交易额2.78亿元。推荐广东肇庆星湖生物科技股份有限公司等7家企业申报广东省科学技术奖。是年，按照《广东省国家自主创新示范区建设2021年工作要点》的要求，推进广东省国家自主创新示范区建设工作，对接“中央要求、港澳所需、湾区所向、广东所能”，聚焦“肇庆所优”，围绕构建“广深港澳研发孵化——肇庆加速产业化”的创新协作发展格局，加快推进国家科技成果转移转化示范区建设，打造粤港澳大湾区创新产业重要承载地，推进产业转型升级和高质量发展。

（肇庆市人民政府地方志办公室）

【2021年广东高校科技成果转化对接大会】2021年12月10—11日，2021年广东高校科技成果转化对接大会在佛山举行。大会由广东省教育厅与佛山市政府联合主办，广东高校科技成果转化中心承办，以“产教融合、科创赋能”为主题。会上，中山大学、暨南大学等14所高校进行落地孵化项目和校企产学研合作项目签约，清华大学深圳国际研究生院、西安交通大学等8个2021年新建广东高校科技成果转化工作站获授牌，2021年（第四届）广东高校科技成果转化路演大赛总决赛获奖者获颁奖杯，《广东省高校科技成果转化能力年度报告（2020年度）》正式发布。中国科学院院士、深圳大学特聘教授吴奇，加拿大国家工程院院士、广州大学特聘教授叶思宇应邀在大会上作主旨演讲。

（佛山年鉴社）

【第23届中国国际高新技术成果交易会】2021年12月27—31日，第23届中国国际高新技术成果交易会（简称高交会）以“一展两馆＋线上展会”的形式举办。线下展会在深圳会展中心（福田）和深圳国际会展中心（宝安）同时举办。该届高交会以“推动高质量发展，构建新发展格局”为主题，组织展览展示、会议论坛、技术交流、合作洽谈等系列活动，打造专业化、国际化、便利化、高水平的科技成果交流交易平台。线下展览总面积15.85万平方米，由国家高新技术展、综合类展、分会场、各专业类展和专区组成。商务部、农业农村部、国家知识产权局、中国科学院、工业和信息化部国合中心在国家高新技术展设立展区；综合类展线下包含创新与科研展、外国团组展区和“一带一路”专馆、初创科技企业展、创客展；专业类展包含信息技术与产品展、环保与能源展、建筑科技创新展、智慧医疗健康展、智慧城市展、先进制造展。同时设有人才与智力交流会分会场和公共安全专区（暨第18届中国国际社会公共安全博览会）。4164家展商参加线下展会和线上展会，涵盖人工智能、智能制造、物联网、车联网、8K超高清、区块链、移动支付、大数据、新能源、信息安全、数字经济等领域。经专家评审，120个单位获优秀组织奖，81家单位获优秀展示奖，599个项目获优秀产品奖。其间举办各类高层次论坛、专业技术论坛、行业沙龙等活动73场，近15万人次观众现场参观大会。

（深圳市人民政府地方志办公室）

【“佛山一号”卫星成功发射】2021年4月27日，“佛山一号”卫星在太原卫星发射中心发射成功，被送入预定轨道。“佛山一号”卫星（“超高比功能柔性卫星”）由季华实验室联合耕宇牧星（北京）空间科技有限公司设计研制，设计寿命3年，具有整星快速机动、高速数据传输能力以及视频、凝视拍照和条带拍照等多种工作模式，分辨率指标优于0.7米，最高可提供分辨率0.5米的超高清遥感图像产品。同时，该卫星通过一体化设计、柔性平台、大口径超轻量化相机等手段，达到同等功能下体积最小，是全球首颗100千克0.5米分辨率光学成像卫星。该卫星将组成不少于100颗同类卫星星座，在国土资源调查、环境保护、防灾减灾、资源开发利用、功能区划等国家重大战略、区域信息化建设等领域发挥重要作用。

（佛山年鉴社）

【"新一代基于神经网络的芯片可靠性设计商用 EDA 软件"获国家一等奖】 2021 年 11 月，珠海选送的"新一代基于神经网络的芯片可靠性设计商用EDA软件"项目在第六届"创客中国"中小企业创新创业大赛总决赛中获国家一等奖，这是广东省首次获该国家级大赛最高奖项，实现广东省在"创客中国"大赛中的历史性突破。该软件着眼于先进工艺，为高端制程的芯片在民用通信、汽车电子、航空航天以及国防军事领域的应用提供重要的可靠性保障。（刘鑫）

·知识产权保护和运用·

【概况】 2021 年，广东省全面加强知识产权保护创造运用，全省专利授权量 87.22 万件，连续 6 年保持全国首位，其中，发明专利授权量 10.29 万件，连续 4 年保持全国首位。PCT（专利合作条约）国际专利申请量 2.61 万件，连续 20 年保持全国首位；商标申请量 173.85 万件，商标注册量 143.80 万件，保持全国首位；马德里商标国际注册申请量 1513 件，跃居全国首位；新增注册地理标志商标 16 件。截至年底，全省累计专利授权量 462.71 万件，累计发明专利授权量 53.23 万件，均居全国首位；全省专利有效量 289.59 万件，居全国首位，其中发明专利有效量 43.96 万件，连续 12 年保持全国首位，每万人口发明专利拥有量 34.89 件，比上年同期增加 7.09 件，比全国平均水平高 15.25 件；全省有效注册商标量 676.64 万件，连续 27 年保持全国首位，每万户市场主体拥有商标 4432.79 件，增加 511.79 件。截至年底，全省高价值发明专利 21.09 万件，占全国总量的 19.90%，数量居全国首位。每万人口高价值发明专利拥有量 16.74 件，比上年同期增加 3.06 件，比全国平均水平高 9.24 件。是年，全省战略性产业集群发明专利授权量 6.44 万件，居全国首位，比上年增长 47.08%，占全省发明专利授权量的 62.60%，占全国相同产业发明专利授权量的 17.93%。第 22 届"中国专利奖"广东获奖 326 项，其中金奖 8 项，获奖数、金奖数均连续 6 年居全国首位。知识产权综合发展指数连续 9 年居全国第一位。知识产权高质量发展水平综合指数居全国第一位。

【知识产权运用】 2021 年，广东省专利和商标质押金额 442.52 亿元，居全国第二位，其中专利质押金额 404.02 亿元，商标质押金额 38.50 亿元；专利实施许可合同备案金额 17.27 亿元，专利出让次数 6.91 万次，专利受让次数 6.49 万次。新增获批知识产权证券化产品 32 支，发行规模逾 70 亿元，数量和金额均居全国第一位。广州开发区发行全国首支商标权证券化产品，江门签订全省首宗地理标志（新会陈皮）质押融资项目，授信额度超 6 亿元。围绕广东省战略性产业集群发展规划，建设 2 个战略性产业集群知识产权协同运营中心。开展高校、科研院所知识产权运营体系建设，10 所高校建设知识产权运营中心。组织开展半导体与集成电路等 5 个战略性产业集群专利导航，建设专利导航服务基地 28 个。根据广州知识产权交易中心于 2021 年发布的《2020 中国知识产权金融化指数报告》，广东位居全国知识产权金融化指数榜首。在由中华商标协会编制发布的《中国商标品牌发展指数（2021）》中，广东商标品牌发展综合水平排全国第一名。

【知识产权服务】 至 2021 年底，广东省拥有专利代理机构及分支机构 1251 个、商标代理机构 1.11 万个，执业专利代理师 3753 人、商标代理从业人员逾 1.4 万人。是年，新增设立佛山、江门等 4 个商标业务受理窗口，实现省域全覆盖。在全省设立 12 个"香港特别行政区知识产权问询点"，在省级知识产权综合服务窗口实现专利、商标、地理标志、集成电路布图设计和国防专利"一窗通办"。新建国家级知识产权信息公共服务网点 7 个。上线国内首个国际商标信息查询官方系统——欧盟商标查询系统。"广东省知识产权公共信息综合服务平台"累计集成战略性产业集群或地方特色产业专利专题数据库 65 个，可提供检索浏览的全球专利数据 1.46 亿条，全球商标数据 7600 多万件，地理标志产品 2300 多个，集成电路布图设计4.8万件，供社会公众免费使用。至年底，全省建有技术与创新支持中心（TISC）6个、高校国家知识产权信息服务中心5个，备案国家知识产权信息公共服务网点6个，落户部省共建产业技术基础公共服务平台18个。

【知识产权交流合作】2021年，广东省举办大湾区高价值专利培育布局大赛、知识产权人才发展大会暨知识产权人才供需对接系列活动，累计推进粤港、粤澳知识产权合作项目356个。“深圳—香港—广州”科技集群居全球第二位。中新广州知识城五年综合改革试验有成效，推出全国及广东省首创清单20项。推进知识产权“放管服”改革，编制省知识产权公共服务事项清单。与“一带一路”国家和地区知识产权务实合作深化，广东知识产权主动参与全球知识产权治理能力和水平提升。

【知识产权保护】2021年，《广东省知识产权保护和运用“十四五”规划》出台。推动全省知识产权维权援助“一张网”建设，中山快维成为全国首批开展实用新型快速预审试点工作的快维中心，中国（深圳）知识产权保护中心成为全国首批开展专利权评价报告预审试点工作的保护中心，并获批新增高端装备制造和珠宝加工专利预审领域。截至年底，全省累计建设14个国家级知识产权维权援助机构、15个省维权援助分中心、9个市县级维权援助机构和190个工作站。完善广交会线上线下融合办展知识产权保护机制，制定出台《直播电商知识产权保护工作指引》《广东省专业市场知识产权保护工作指引》《广东省战略性产业集群中小企业知识产权保护与运用三年行动计划（2021—2023年）》。开展知识产权海外纠纷应对指导和维权援助工作。佛山获批成立国家海外知识产权纠纷应对指导中心地方分中心。组建广东省海外知识产权保护专家委员会，建立专家库和海外知识产权综合服务平台，加强案件指导和风险预警工作。推广知识产权海外侵权责任险，2021年10月挂牌成立中国人保粤港澳大湾区知识产权保险中心，广州开发区为企业开出国内首张千万保险额度的海外侵权责任险保单。（广东省市场监管局）

【香港知识产权保护与合作】香港拥有健全的保护知识产权制度，在有效保护知识产权方面建立良好声誉。“十四五”规划支持香港发展成为区域知识产权贸易中心。香港知识产权署是负责推动知识产权商品化和知识产权贸易，加强香港作为亚太地区知识产权贸易中心的机构；提供免费咨询服务、推行知识产权管理人员计划（升级版）、联同持份者举办研讨会和培训课程，展示企业在大湾区经营知识产权贸易的成功个案；与律政司合作，推广以仲裁和调解方式解决知识产权争议。2021年，香港知识产权署与包括粤港澳大湾区在内的内地相关部门合作，推广知识产权保护、管理和贸易。5月18日，粤港保护知识产权合作专责小组举办粤港澳大湾区知识产权人才发展大会暨知识产权人才供需对接系列活动，举行主题为“聚焦国际产业竞合机遇与挑战　共商知识产权人才培养与提升”的论坛和展览等；共同主办“2021年粤港澳大湾区高价值专利培育布局大赛”。9月24日，举办“2021粤港知识产权与中小企业发展线上讲座”，讲座以“‘十四五’时期大湾区企业和知识产权贸易发展”为主题，旨在协助粤港两地的中小企业加强保护和运用知识产权，用好香港的知识产权专业服务，制定有效的知识产权策略，吸引粤港两地210名中小企业代表、知识产权业界代表和相关部门人员参与。参与世界贸易组织辖下与贸易有关的知识产权理事会和世界知识产权组织的活动，出席亚太经合组织知识产权专家小组会议。

开展知识产权跨境保护合作。是年，香港海关与内地对口单位交流经验和信息，侦查和检控与知识产权有关的罪行。粤港海关采取联合行动，堵截跨境偷运侵犯知识产权物品。香港海关与广东省公安厅经济犯罪侦查局交流情报，协助

打击跨境侵权行为。（香港历史研究基金会）

【广州推动知识产权与产业集群融合发展】2021年，广州市推进知识产权强国战略，发挥知识产权对创新驱动发展的支撑和引领作用，建设“科创中国”创新枢纽城市、粤港澳大湾区国际科技创新中心核心引擎。聚焦广州战略性新兴产业集群优势领域，实施产业高价值专利培育布局、产业专利导航、产业知识产权培育运营中心建设等，推动知识产权与产业集群发展深度融合。在10家（个）知识产权密集型产业的龙头企业、科研机构和3所重点高校推动建立高价值专利培育中心17个，培育高价值专利组合30个。是年，全市专利授权量18.95万件，比上年增长21.6%；发明专利授权量2.41万件，增长60.0%；PCT国际专利申请量1900件，增长6.4%。至年底，全市有效发明专利量9.31万件，比上年增长30.5%；每万人口发明专利拥有量49.5件，增加2.9件，比全国平均水平高29.9件。全市高价值发明专利量3.73万件，比上年增长25.9%，居全省第二位；每万人口高价值发明专利拥有量20件。是年，广州地区获第22届中国专利奖评选金奖2项、银奖6项、优秀奖72项；获第八届广东专利奖评选金奖8项、银奖11项、优秀奖23项，占获奖专利总数的1/3；获2021年粤港澳大湾区高价值专利培育布局大赛金奖5项、优秀奖2项，金奖总数排全省第一位。实施知识产权管理规范国家标准的企业有5630家，数量居全国城市首位。至年底，全市拥有注册商标188.19万件，中国驰名商标140件，地理标志保护产品11件，地理标志商标12件，集体商标25件。全市有126个农作物品种通过广东省农作物品种审定（评定），第一批45个品种被农业农村部授予植物新品种权，认定农业技术推广示范基地20个。

【穗港澳知识产权交流合作】2021年，广州市落实国家知识产权局对港澳台地区自然人办理商标权转让的有关政策。国家知识产权局商标业务广州南沙受理窗口成为首批设立香港特别行政区知识产权问询点，面向公众提供在香港特别行政区申请商标注册、批予专利、外观设计注册相关业务的咨询服务。举办粤港澳大湾区知识产权人才发展大会暨知识产权人才供需对接系列活动，引进优秀知识产权人才投身粤港澳大湾区建设发展。加强粤港澳大湾区知识产权保护合作，推动成立中国人保粤港澳大湾区知识产权保险中心，召开“澳门—广州”、粤港澳三地知识产权座谈会，举办粤港澳大湾区知识产权制度系列巡回演讲活动。（高文华）

【深圳知识产权保护和利用】2021年，深圳市依法对知识产权实施保护，率先建立知识产权侵权惩罚性赔偿制度。审核出台强化知识产权保护的实施方案。完成新型知识产权保护试点等改革任务。罗湖区推出全国首个《黄金珠宝行业知识产权保护和纠纷化解自律公约》，构建黄金珠宝领域公共法律服务新高地。盐田区开展知识产权系列宣传活动，为辖区重点企业知识产权保护量身定制精准化公共法律服务产品。打击知识产权违法行为，针对重点区域重点行业开展知识产权专项执法行动，办理假冒专利案件5件、专利侵权纠纷行政裁决案件30件、侵犯注册商标专用权案件5件。12月1日，深圳知识产权保护中心龙岗分窗口挂牌运行。

（深圳市人民政府地方志办公室）

【珠海知识产权强市建设】2021年，珠海市开展知识产权强市建设，制定《珠海市知识产权行政保护考核工作方案》，制定印发《珠海市场监督管理局专利侵权纠纷行政裁决试点建设工作方案》《珠海市专利纠纷行政裁决工作制度和方案》，推进专利行政裁决工作。与市中级人民法院签订框架协议，成立珠海市知识产权人民调解委员会。与市中院、市检察院、市公安局等10个单位签订《珠海市知识产权司法与行政协同保护框架协议》。全市专利授权量2.07万件，比上年增长2.74%，其中，发明专利授权量4350件，增长36.07%。全年PCT国际专利申请384件，增长1.05%。至年底，全市PCT国际专利申请量3751件。每万人口发明专利拥有量98.83件，排全省第二名；获第22届中国专利奖40项，其中金奖1项、银奖3项、优秀奖36项；全市商标有效注册量12.02万件，其中被纳入首批广东省重点商标保护名录46件，驰名商标15件，集体商标14件。珠海天威飞马打印耗材有限公司应对美国“337调查”案例成为广东省唯一入选国家知识产权局确定的“国家知识产权示范企业典型案例”。出台《珠海市知识产权质押融资风险补偿基金管理办法》。与中国银行股份有限公司珠海分行、中国建设银行珠海市分行签署全面战略合作协议，共同推进知识产权市场化运营。开展知识产权质押融资入园惠企活动，全市专利质押融资金额9.21亿元，比上年增长3.01倍。全市实现专利权（含专利申请权）转让、许可数量1280件。发布《关于贯彻国家和省知识产权局深化知识产权领域“放管服”改革优化创新环境和营商环境的通知》《2020年广东省珠海市家电电器产业专利导航报告》《2020年广东省珠海市智能制造产业专利导航报告》，开展上市企业知识产权辅导，依托横琴国际知识产权交易中心，制定《企业科创板上市知识产权工作指引》。

（杨浩航　郑方）

【佛山知识产权保护和利用】 2021年，佛山市专利授权量9.65万件，比上年增长30.62%。其中，发明专利授权量8306件，增长46.96%；PCT国际专利申请量924件；有效发明专利量34566件。每万人口发明专利拥有量为36.39件。中国驰名商标163件，累计有效注册商标总量达51.18万件，数量均居全省前列。全年全市办理专利侵权纠纷案件1016宗。是年，佛山市创新实施“培优工程”，加大项目配套和资金引导，支持高价值知识产权产出，全市发明专利授权量年增长近50%。举办第三届粤港澳大湾区高价值专利培育布局大赛，佛山市获10个奖项，数量居全省首位。

打造知识产权金融“佛山模式”，建立完善“四级共建、市区互补”的知识产权质押融资风险补偿机制，全年全市专利商标质押融资登记项目193个，金额53.33亿元。9月28日，佛山市首单知识产权证券化产品第二期发行，15家科技企业融资2.52亿元，票面利率3.6%，创2021年度广东地区同期限资产证券化产品优先级票面利率最低。建立支撑决策、成果共享和靶向引才三大机制，围绕佛山市战略支柱和新兴产业发布6个专利导航，助力产业招商和科技发展。第三届“湾高赛”15个获奖单位落地转化，投融资总额3.2亿元，诞生全省首笔知识产权投贷联动项目。引导专利技术成果转化为先进标准，至年底，累计推动专利转化标准717项，数量居全省地级市首位。开展专利侵权纠纷行政裁决示范建设，建立市、区、镇“三级联调”以及行政调解、人民调解、司法调解“三调联动”的知识产权纠纷调解工作机制，全年全市办理专利侵权纠纷案件1016件，占全省案件总数的17.5%。开展“铁拳”“蓝剑”等执法行动，查处知识产权侵权假冒案件。获批建立国家海外知识产权纠纷应对指导中心佛山分中心，引入高端海外资源开展海外知识产权纠纷指导，建立海外维权合作单位库、知识产权智库平台、电子证据固化平台，构建由多个行政部门与各知识产权保护工作站组成的企业出海协同保护网络。至年底，佛山市知识产权高质量发展标杆企业221家，国家知识产权优势示范企业181家，广东省知识产权示范企业393家，国家知识产权优势示范企业和省知识产权示范企业数量均居全省首位。

（佛山市市场监管局）

【惠州加强知识产权保护】 2021年，惠州市推动完善知识产权跨境协作机制和知识产权质押融资风险补偿政策。设立运营知识产权质押融资风险补偿基金，基金规模3000万元。遴选确定3批10家合作银行和2个保险机构作为合作机构，参与基金运作，开展知识产权相关业务。开展大亚湾开发区支持企业提升海外知识产权保护能力活动，培育知识产权优势示范企业。全年大亚湾开发区申请 PCT 专利 92 件，比上年增长 33%，美景环境、科翔科技电路板 2 家企业获惠州市知识产权优势企业认定，金百泽、成泰、华泓新材料获专利技术产业化项目。设立大湾区知识产权维权援助中心惠州分中心，推动完善知识产权跨境协作机制。修订《惠州市知识产权质押融资风险补偿基金管理办法》，新的管理办法将商标、地理标志纳入知识产权质押融资风险补偿范围。

（惠州市人民政府地方志办公室）

【东莞知识产权保护和利用】2021 年，东莞市市场监管局推进知识产权运营服务体系建设，完成国家知识产权局中期绩效评价，获批成为商标专用权质权登记申请受理点，推动知识产权质押融资和保险工作，设立知识产权运营基金并完成首个 1000 万元项目投资。年内，东莞企业获得第 22 届中国专利奖 18 项，第八届广东专利奖 9 项。全年专利授权量 8.4 万件，其中 PCT 国际专利申请量 3876 件、发明专利授权量 1.1 万件，分列全省第二名、第三名。国内有效发明专利量 4.78 万件，居全省第三名。实施商标品牌战略，起草商标品牌赋能高质量发展三年行动计划，成功申办第 13 届中国国际商标品牌节，全市有效注册商标突破 50 万件。完善知识产权保护体系，推动市知识产权保护中心成功升格副处级单位，与东莞海关签署“加强知识产权保护合作备忘录”，成立东莞市知识产权纠纷人民调解委员会，联合广州知识产权法院成立“刘培英法官工作室”，开展“铁拳”“蓝天”专项行动，处理各类专利行政案件 242 件，立案查处商标违法案件 292 件。

（东莞市人民政府地方志办公室）

【中山知识产权保护与运用】2021 年，中山市市场监督管理局完善知识产权工作机制，印发《中山市知识产权强市战略工作实施方案（2021—2025 年）》，推动知识产权创造、运用、服务、管理等工作创新发展。全年全市有效发明专利拥有量 9673 件，新增授权量比上年增长 49.81%。新增 11 项国家专利优秀奖、2 项广东省专利奖；全市专利授权量 3.97 万件。构建多元化、一站式专利侵权纠纷化解平台，建设应用“知识产权侵权纠纷案件行政裁决案件跨区域协作及专家在线判定系统”，将侵权纠纷案件行政裁决办理时间由法定 3 个月缩短至 1 个月内。完善知识产权行政保护体系，成立中山市知识产权纠纷行政调解中心、中山市家电知识产权快速维权服务中心、中山市摄影器材知识产权快速维权服务中心。强化粤港澳大湾区知识产权合作，在中山市行政服务中心设立国家知识产权局商标业务中山受理窗口。完善知识产权质押融资“中山模式”，修订《中山市企业知识产权质押融资贷款风险补偿办法》，引导 10 家银行开展知识产权质押融资项目，支持企业运用专利、商标等知识产权获得最高 1000 万元融资，并对企业贷款利息等费用给予补贴。组织多场知识产权质押融资对接活动。全年为企业提供 79 笔知识产权质押贷款 1.52 亿元。实施专利转化对接工程，以资金支持、专题项目的方式，依托中山市技术转移和知识产权交易中心、相关知识产权运营服务机构开展知识产权交易运营，推动创新成果在中小微企业中转化实施，至年底，全市企业、高校实施专利转让 43 件、专利许可 34 件。中山市知识产权侵权纠纷行政裁决示范创建工作试点，构建专利侵权纠纷多元化“一站式”解决平台，13 个专利侵权纠纷行政裁决建设典型经验做法全国推广。11 月 29 日，中山市中级人民法院和中山知识产权人民调解委员会签订《中山市中级人民法院　中山知识产权人民调解委员会诉调对接合作机制框架协议》，发挥多元解纷机制在化解知识产权纠纷中的作用。（中山市人民政府地方志办公室）

【江门知识产权保护与运用】2021 年，江门市完善知识产权公共服务体系，设立江门市先进装备制造业知识产权保护平台和全国首家高新区知识产权运营公共服务中心，先后获批设立国家知识产权局商标业务江门受理窗口、全省首批香港知识产权问询点以及江门市知识产权快速维权中心，支持五邑大学建成广东（江门）知识产权分析评议中心。强化知识产权保护体系建设，建立江门市知识产权战略实施工作联席会议制度并印发议事规则。印发江门市首个强化知识产权保护的纲领性文件《江门市强化知识产权保护工作实施方案》。制定《加强江门市电子商务知识产权保护监管的指导意见》《江门市展会知识产权纠纷快速处理机制》等制度文件，加强对电商平台和专业市场的指导管理和纠纷快速处理。召开江门市知识产权保护工作专题会议，研究部署江门市知识产权保护工作。是年，全市专利授权量 2.12 万件，其中发明专利授权量 964 件；至年底，全市发明专利拥有量 5096 件，商标有效注册量 9.77 万件。获第 22 届中国专利奖优秀奖 2 项。在第八届广东专利奖首次获得广东专利奖银奖，获广东杰出发明人奖 1 项。新增 18 家企业获认定广东省知识产权示范企业。（江门市市场监管局）

【肇庆知识产权保护与运用】2021 年，肇庆市推进国家知识产权强市建设示范试点城市培育建设，加大对知识产权的保护和运用，全市专利、商标、地理标志等数量指标平稳增长。全市专利授权量 7584 件，其中发明专利授权量 602 件，分别比上年增长 19.89%、56.36%；商标申请量 1.08 万件，注册量 8704 件；有效商标注册量 4.57 万件，增长 16%，其中驰名商标 16 件；全市新增地理标志证明商标 4 件，集体商标 1 件，新增地理标志专用标志核准使用企业 12 家。制定《肇庆市关于强化知识产权保护的实施方案》，将知识产权保护工作纳入重要议事日程。开展知识产权纠纷行政裁决示范建设，全年办理专利案件 67 件（专利侵权纠纷案件 62 件、假冒专利案件 5 件），专利侵权纠纷调解结案 6 件，作出行政裁决 24 件，行政裁决数量居全省前列。建设知识产权快速保护机制。全市有知识产权维权援助服务机构 4 个，包括广东省知识产权保护中心（肇庆）维权援助分中心及端州、高要、四会 3 个知识产权维权援助工作站。与市中级人民法院签署《关于共建知识产权行政保护和司法保护协作机制的备忘录》，健全知识产权行政保护与司法保护衔接机制。探索知识产权纠纷多元化解决机制。成立肇庆市知识产权纠纷人民调解委员会，完善知识产权纠纷多元化解决机制。提升知识产权的运用水平，全市有 2 家企业获第 22 届中国专利优秀奖，新增 14 家广东省知识产权示范企业和 34 家通过知识产权贯标认证企业。全市知识产权质押融资额 3.51 亿元，比上年增长 42.8%，取得全市商标质押融资零的突破。设立肇庆市商标业务受理窗口，全年受理商标业务 169 宗。在全市各县（市、区）设立商标培育指导站，为中小企业提供商标发展指导服务。（肇庆市人民政府地方志办公室）

【粤港澳大湾区知识产权人才发展大会暨人才供需对接系列活动】于 2021 年 5 月，由广东省市场监督管理局（知识产权局）、香港特别行政区政府知识产权署、澳门特别行政区政府经济及科技发展局共同主办。活动在中新广州知识城举行。论坛以“聚焦国际产业竞合机遇与挑战，共商知识产权人才培养与提升”为主题，邀请 39 名嘉宾探讨知识产权人才市场和就业后职业规划发展、中国知识产权人才培养发展问题和知识产权教育方向，参与人数 589 人。人才供需对接系列活动于 4—6 月分别在线上、线下举行，全网海淘适合求职者定向推广群组上百个超 1.4 万人，线上云端对接知识产权专业人才 1268 人，征集知识产权社会人才专项招聘需求 195 项。（广东省市场监管局）

【粤港澳大湾区高价值专利培育布局大赛】2021 年 5 月 28 日，2021 年粤港澳大湾区高价值专利培育布局大赛在佛山季华实验室启动。大赛由广东省市场监督管理局（知识产权局）、香港特别行政区政府知识产权署、澳门特别行政

2021年5月，粤港澳大湾区知识产权人才发展大会暨知识产权人才供需对接系列活动在广州中新知识城举行　（广东省市场监管局供稿）

政区政府经济及科技发展局、佛山市人民政府共同主办，佛山市市场监督管理局（知识产权局）和横琴国际知识产权交易中心承办。大赛征集到来自全国各地的初审合格项目902个，其中发明初创组553个、发明成长组233个、外观设计和集成电路布图设计组116个。最终评定出金奖项目15个、优秀奖项目20个。金奖项目中，初创组、成长组、设计组各有5项，包括“高性能Ⅲ－Ⅴ族化合物半导体材料与器件及其产业化应用”“高压电缆可交联聚乙烯绝缘材料国产化”“基于高性能SOC平台的RISC-V处理器C910集成电路布图设计”等。五十强项目专利组合资产最高评估价值32.9亿元，单个项目估值最高1.6亿元。　（佛山年鉴社）

【珠港澳知识产权调解中心成立】 2021年2月4日，珠港澳知识产权调解中心揭牌成立。该中心是区域内人民调解、行政调解、司法调解联动工作平台，统一受理并组织调解党委、政府和人民法院等有关部门移送委托调解的知识产权纠纷，整合珠港澳三地调解资源，提高知识产权纠纷预防和纠纷化解能力。

（珠海年鉴编辑中心）

【全国首支纯商标知识产权证券化产品发行】 2021年10月，以商标资产作为基础资产的全国首支纯商标知识产权证券化产品“长城嘉信—国君—广州开发区科学城知识产权商标许可资产支持专项计划”在深圳证券交易所发行。基础资产为12家企业拥有的58个与其主营产品（服务）直接关联商标或系列商标的预期商标许可费，商标总价值3.9亿元，12家企业获得500万至3500万元不等共计2.89亿元的融资款项。该产品商标资产筛选和价值评估充分考虑商标的法律、经济特征和市场效应，开创商标知识产权运营先河。

【全省首家商标国际注册服务中心揭牌】 2021年11月29日，越秀商标国际注册服务中心在国家商标品牌创新创业（广州）基地揭牌。该中心是广东省首个商标国际注册服务中心，依托国家商标品牌创新创业（广州）基地和越秀知识产权综合服务中心，率先探索广东省商标品牌国际化试点。引进高端商标国际注册服务机构，搭建企业需求和服务机构供给信息平台，向省内企业提供商标国际注册申请、商标海外布局咨询、海外商标维权、知识产权预警等一站式服务。商标基地编制全国首批《广东省企业商标国际注册指南》《“商标先行”企业商标海外布局服务指引》《广东省地理标志保护与运用指南》，举办企业商标国际化专题公益讲座，形成“一基地两中心”商标品牌全产业链闭合生态圈。

（高文华）

·责任编辑　何文倩·

基础设施互联互通

综　述

【概况】2021 年，粤港澳大湾区推进交通基础设施互联互通。广州港环大虎岛公共航道工程、矾石水道航道一期工程等项目开工建设；广州港南沙港区四期工程完成主体工程施工，开展调试工作，将建成世界领先的全自动化智慧港口；深圳港盐田港区东作业区集装箱码头前期工作加快推进；西江广东段实现 3000 吨级通航、北江千吨级航道延伸至韶关，广州南沙港铁路通车，以广州、深圳为国际航运枢纽，联通全球、辐射泛珠的陆海物流网络进一步完善。是年，珠三角港口货物吞吐量超 16 亿吨，集装箱吞吐量 6686 万标准箱，居世界主要湾区首位。

深圳机场卫星厅建成投入使用，广州白云机场三期扩建、深圳机场三跑道扩建、珠海机场改扩建加快推进，珠三角枢纽（广州新）机场选址获国家批复，惠州机场改扩建前期工作推进。支持香港机场第三跑道建设和澳门机场改扩建，加快推进粤港澳民航协同发展，共同打造更高质量、更加协调、更可持续、更具国际竞争力的世界级机场群。是年，粤港澳大湾区机场群旅客吞吐能力 2.1 亿人次，货邮吞吐能力超 900 万吨，均居世界主要湾区首位。

大湾区城际铁路、跨珠江口通道、大湾区经粤东西北至周边省区运输通道建设取得进展。“轨道上的大湾区”全面铺开，新开工建设莞惠城际小金口至惠州北段、广州东至花都天贵城际、芳村至白云机场城际、穗莞深城际前海至皇岗口岸段、白云机场 T3 航站楼交通枢纽轨道交通预留工程等项目，建成赣州至深圳铁路、南沙港铁路，是年，大湾区新增铁路里程 248 千米，有铁路运营里程 2492 千米。跨珠江口通道加快建设。佛莞城际铁路、深江铁路、深中通道、黄茅海跨海通道等在建项目推进，狮子洋通道先行工程开工建设，莲花山通道、伶仃洋通道前期研究工作加快推进。高标准沿海大通道加速形成。深圳至江门铁路、广州经汕尾至汕头高铁、广州至湛江高铁等沿海高铁通道项目建设加快推进；沈海高速等沿海高速公路改扩建加快实施，沈海高速阳江至茂名段完成改扩建。京港澳通道能力提升。赣深高铁建成通车，广东省实现“市市通高铁”。深圳莲塘口岸货运功能、横琴口岸新旅检区开通启用，往来港澳更加便利。西江流域通道保障能力强化。广东、广西两省签署《加强交通运输互联互通合作备忘录》，强化铁路、高速公路、水运、民航等方面的对接合作；广佛肇高速全线通车，广州至柳州铁路、深圳至南宁铁路珠三角枢纽机场至省界段前期工作推进，强化粤港澳大湾区与西部陆海新通道的衔接。（广东省大湾区办）

【交通运输科技创新和智慧引领】2021 年，广东省强化交通运输科技协同创新。注重规划引领，印发《广东省交通运输科技协同创新“十四五”发展规划》。强化科技与基建协同，助力工程建设高质量发展，创新出台《广东省交通运输厅关于加强交通基础设施建设项目科研管理的通知》以及《广东省交通基础设施建设项目科技创新专项审查工作指引（试行）》，推进广东省交通基础设施建设与科技创新协同，建立交通基础设施建设与科技创新“同步规划、同步审查、同步推进、同步监管、同步验收”机制，发挥科技创新对工程建设的支撑引领作用。启动厅级研发平台认定工作，打造多层次创新平台体系。认定通过首个省交通运输行业研发中心——铁路智能建设技术广东省交通运输行业研发中心；培育省交通集团“隧道工程长期安全实体实验室”，推动其列入企业类省重点实验室。深化培育省交通科技协同创新中心，发挥枢纽平台作用。

推进标准化建设。完成广东省交通运输标准化工作管理体系重构。创新建设标准化信息平台，实现标准立项、编制、审查、宣传贯彻和跟踪评价的全过程平台化管理。

推进数字交通建设。完善智慧交通顶层设计，印发《广东省数字交通“十四五”发展规划》，提出数字交通新型基础设施建设等八大重点任务，加快建成人民满意交通。推进智慧高速试点建设。完成深圳外环试点，实现基于BIM（建筑信息模型）的建设和日常养护支撑，隧道内北斗卫星信号全覆盖。完成南沙大桥、乐广高速（南段）试点，实现六大类智慧公路运营管理业务，具备车路通信和21种场景的车路协同技术应用能力，新一代国家交通控制网和智慧公路试点省份建设加快。推进港珠澳大桥智慧运维试点。开展新基建建设行动。推动粤港澳跨海智慧通道工程、广州港南沙港区集装箱码头智慧港口工程等3项重点工程列入交通运输领域新型基础设施建设重点工程清单，推进广东省重点工程建设。肇庆市建成公开道路测试区域共33条城市道路，超过60千米，形成自动驾驶城市路测示范区。

【交通运输绿色低碳发展】 2021年，广东省推进交通领域低碳转型，推广新能源运输车辆应用，部署推进全省营运车辆电动化发展，全省交通运输行业累计推广应用新能源汽车13.2万辆，城市公交电动化率98%。推动船舶清洁能源动力改造，LNG动力船舶改造船舶128艘，新建LNG单一燃料动力船舶首批船交付使用，投入运营纯电动客船规模居全国前列。完成全省400总吨以上营运船舶水污染设施达标改造。

加快内河LNG加注码头布局建设和高速公路服务区充换电配套设施改造，发展多式联运和绿色物流。通过示范项目标杆效应带动全省公路建设实现绿色建造，研发上线省公路交通流能耗与排放监测系统，促进交通运输行业碳达峰、碳中和任务落实。

发展绿色航运发展。针对大湾建设需求，广东省研究出台《农村水路客（渡）运油价补贴资金使用管理实施细则》，每年从中央下拨的水路油补资金中拿出一部分资金统筹用于支持鼓励新能源客船推广应用。截至2021年，广州“珠江夜游”有3艘、926个客位纯电动客船投入运营。

【大湾区交通运输合作和开放发展】 2021年，广东省推进粤港澳大湾区邮轮旅游生态发展。中国首艘五星旗豪华邮轮“招商伊敦”在深圳投入运营，开通深圳蛇口邮轮母港至海南、福建、浙江、上海航线，标志邮轮经济进入港船联动的全新发展阶段，可促进内地与港澳更紧密合作、拓展邮轮旅游发展新空间、加强粤港澳大湾区旅游合作。

配合联动建设国际贸易组合港，督导有关船舶营运单位实施陆海空多式联运、枢纽联动。指导推进货运船舶公司在沿海港口与内河口岸之间专线驳船跨港区调拨作业，配合海关部门将原来进出口两次报关精简为“一次申报、一次查验、一次放行”，实现24小时自动放行，提高通关效率，大幅压减通关时间和运输成本。

推动对接港澳游艇出入境、活动监管、人员货物通关等开放措施，在新冠肺炎疫情防控常态化条件下研究简化有关船舶卫生控制措施证书和担保要求。督导深圳市、珠海市交通运输主管部门完善港澳游艇“定点停靠，就近联检”的查验模式。督促客运企业为符合要求的港澳游艇及随艇人员提供就近停泊码头，及时报告港澳游艇出境前的进出港活动及防疫情况。

（广东省交通运输厅）

【新一代信息基础设施建设和智慧城市建设】2021年，广东省推进新一代信息基础设施建设和智慧城市建设。推动5G网络建设。牵头制定5G基站年度建设计划。截至年底，全省累计建成5G基站17.1万座，数量居全国第一位，实现全省所有县级行政区域主城区5G室外连续覆盖。广东省成为全国首个率先建成20户以上自然村百兆光网全覆盖的省份。推动数据中心持续健康发展。支持全国一体化算力网络粤港澳大湾区国家枢纽节点建设。截至年底，全省已投产使用的数据中心有310个。推动粤港信息化合作。每年与香港特别行政区政府联合召开粤港信息化合作专责小组会议，协调解决粤港信息化合作中存在的问题和障碍，支持粤港加强智慧城市合作。（广东省工业和信息化厅）

现代化综合交通运输体系建设

·珠三角港口群国际竞争力提升·

【概况】2021年，广东省加快推进《广东省港口布局规划（2021—2035年）》的报批，交通运输部、省政府批复《肇庆港总体规划》。世界级港口群加快建设，南沙国际邮轮母港、广州港深水航道拓宽工程建成投产；深圳液化天然气应急调峰站项目配套码头工程、广州港南沙港区近洋码头工程等项目完工，广州港南沙港区四期工程等续建项目按计划推进；惠州港荃湾港区荃美石化码头、广州港环大虎岛公用航道工程等项目开工建设，东江、北江上延等重点航道建设项目前期工作推进，启动赣粤运河相关重点研究工作。

是年，广东省港口和航道项目完成投资157.3亿元，比上年增长18.4%。水路客运量、旅客周转量分别为1579.6万人次、4.5亿人千米，分别比上年增长17.5%和5.5%；水路货运量10.7亿吨、水路货物周转量2.5万亿吨千米，分别增长3.3%和1.2%。全省港口码头泊位2295个，其中亿吨大港6个，万吨级泊位349个。全省港口完成货物吞吐量21.0亿吨，比上年增长3.7%，其中沿海港口完成18.2亿吨，增长3.5%；内河港口完成2.8亿吨，增长4.7%；集装箱吞吐量7078万标准箱，增长5.2%。全省内河航道通航总里程1.2万千米，辖区千吨级以上内河高等级航道1402千米，比上年增加5千米。

是年，广东44个水运工程续建项目进展顺利。广州港南沙港区近洋码头、湛江港30万吨级航道改扩建工程等项目完工，湛江港成为华南第一个成功满载靠泊40万吨级船舶的世界级深水港。矾石水道航道一期工程开工。《广东省内河航运能力提升实施方案》印发实施，11个内河航道、30个内河港口、18条疏港公路项目建设加快推进。（广东省交通运输厅）

【香港港口建设】香港是国际海运中心及区域枢纽港。2021年，来自世界各地的远洋轮船及从珠江来港的内河船只到访香港62000航次。港口货物吞吐量2.14亿吨，跨境渡轮及邮轮乘客357000人次。每天在海港内作业或驶经海港的高速渡轮和本地船只数量较多。香港还是全球最繁忙的货柜港之一，年内处理1800万个标准货柜单位。（香港历史研究基金会）

【澳门港】外港　外港位于澳门半岛的东面，主要为外港客运码头，为往来澳门和香港、珠江三角洲的定期高速客船专用。外港航道宽120米，海图深度维持4.4米。

内港　内港位于澳门半岛西面，由多个码头组成，货物装卸均在该处运作；内港11A号码头为客运码头，仅供获海事及水务局批准的船只上下乘客。南舢舨码头位于内港8号与9号码头之间，供锚泊于内港船舶上的人员登岸及离岸，为配合特别行政区政府疫情防控工作，内港北舢舨码头于2021年3月1日起停止使用。

澳门水道（又称往内港航道） 宽60米，内港航道宽55米，两者的海图深度都维持3.5米。

氹仔 氹仔客运码头位于氹仔岛东北端，为往来澳门和香港、珠江三角洲的定期高速客船专用。氹仔航道宽约120米，海图深度维持4.4米。

九澳港 九澳港位于路环岛的东北面，包括油库码头、水泥厂码头、九澳货柜码头及发电厂码头。九澳港航道宽75米，海图深度维持4.4米。

九澳货柜码头和九澳油库 2021年，九澳货柜码头有2个泊位，长度分别为135米及171.4米，起卸区面积10428平方米，货柜堆场面积23828平方米，货物储存仓库面积2850平方米，一年可处理10万货柜标准箱。是年，九澳港入境货柜吞吐量（包括转口）为6062标准箱（TEU），出境（包括转口）为5831标准箱。油库于1995年6月开始营业。九澳油库可容纳输入澳门的多种燃料产品，能同时装卸两艘燃料运载船舶。油库有14个贮存罐，总容积为86000立方米。 （摘自《2022澳门年鉴》）

【广州港】广州港由广州海港和广州内河港组成。其中，广州海港分为内港港区、黄埔港区、新沙港区、南沙港区和珠江口水域。2021年，广州港拥有水路运输及服务、辅助企业2133家；港口经营人127家。有生产用泊位627个（万吨级以上泊位80个），港口年综合通过能力3.65亿吨；锚地88个，其中生产用锚地52个，最大锚泊能力30万吨；浮筒23个。是年，广州港完成货物吞吐量6.51亿吨，比上年增长2.3%，居国内沿海港口和国际港口第四位；完成集装箱吞吐量2446.7万标准箱，增长4.1%，居国内沿海港口第四位、国际港口第五位；开通集装箱航线247条，其中外贸班轮航线141条、内贸集装箱航线106条，全球主要国际班轮公司均在广州港开辟航线。开通覆盖整个珠江—西江流域的水上驳船航线200多条。广州港为内贸集装箱第一大港，非洲、地中海航线核心枢纽港，国际集装箱干线港。全年外贸增幅明显。完成外贸货物吞吐量1.59亿吨，比上年增长10.84%，受外贸大宗商品进口带动，全年有11个月外贸吞吐量比上年有所增长。完成外贸集装箱984万标准箱，比上年增长8.7%。

（广州市港务局）

【深圳港】2021年，深圳港完成货物吞吐量2.78亿吨，比上年增长5.03%，其中完成外贸货物吞吐量2.09亿吨，增长10.34%。完成集装箱吞吐量2876.76万标准箱，比上年增长8.36%，其中完成外贸集装箱吞吐量2660.55万标准箱，增长9.20%。深圳港位列全球集装箱港口排名第四位。全年完成进出港旅客259.92万人次，比上年增长17.07%，其中港澳航线完成旅客吞吐量40.80万人次，占总吞吐量的15.70%。截至年底，深圳港开辟国际集装箱班轮航线291条，通达世界100多个国家和地区300多个港口，比上年增加50条。沿海内支线及外贸驳船航线60条（包括香港），华南快线驳船服务网络覆盖泛珠三角52个码头，海铁联运班列25条。年内，深圳港有可靠泊20万吨级集装箱船舶泊位16个，其中具备“减载靠泊”20万吨级集装箱船舶泊位14个，可同时靠泊12艘20万吨级集装箱船舶。8月11日，全球最大集装箱船2.40万标准箱级长荣“长范”轮顺利靠泊盐田国际16号泊位，刷新盐田港区最大集装箱船舶挂靠纪录。至年底，深圳港累计建成码头泊位164个，其中万吨级以上泊位75个、集装箱专用泊位47个、客运泊位26个、油气化工泊位23个，其中最大为22万吨级邮轮泊位。泊位岸线总长度33.74千米。货物年吞吐能力2.40亿吨，其中集装箱吞吐能力2419万标准箱。客运年设计通过能力1373.8万人次。深圳港南山港区妈湾智慧港投入使用。深圳港LNG接卸量比上年增长25.3%，接卸量居全国首位。12月8日，深圳港盐田港区东作业区集装箱码头工程举行开工活动，标志着深圳港盐田港区扩容项目启动。12月28日，深圳港小漠国际物流港开港。

（深圳市人民政府地方志办公室）

【珠海港】2021年，珠海市港口完成货物吞吐量1.28亿吨，比上年下降4.1%。其中，外贸3792万吨，比上年增长9.6%；港口集装箱204万标准箱，增长11.0%。旅客吞吐量323万人次，比上年增长22.4%。全港完成煤、油、矿、箱等重点货类1.12亿吨，占全港货物吞吐量87.5%。其中，煤炭4469万吨，占34.8%；油气化工2063万吨，占16.1%；矿石1485万吨，占11.6%；集装箱3200万吨（204万标准箱），占25.0%。新增4条集装箱班轮航线，分别是中国香港、中东、越南3条外贸航线和1条西江航线。全港有61条集装箱班轮航线稳定运营，其中国际航线24条（内支线10条），国际航线通达伊朗、阿联酋、马来西亚、越南等国家；国内沿海航线8条，以内贸中转航线为主，分别通往海口、深圳、日照、厦门、大连、连云港、青岛、太仓等全国沿海主要港口；西江航线29条，分别通往贵港、梧州、新会、黄埔、南沙、高明、佛山、清远、小榄、中山、广州等西江沿线主要港口。

是年，珠海市在建港口项目8个，完成投资4.88亿元。唐家陆岛交通客货运码头工程和珠海市桂山岛珠海港万山港区桂山岛陆岛补给码头工程建成并完成交工验收；香洲港客运码头工程（改扩建）完成投资12000万元，占总投资额的54.6%；珠海港万山港区外伶仃岛石涌湾陆岛交通客货运码头防波堤工程完成投资8228万元，占总投资额的18.32%。珠海航海文化中心公共码头工程、中燃桂山油库疏港泊位工程和珠海高栏港荔湾3-1气田总体开发项目配套码头工程完成竣工验收并投入使用。

（黄翔　陈清模　刘智超）

【佛山港口建设及运营】佛山港是全国内河的主要港口，兼备水路、公路、铁路、管道等多种运输方式，是集多种服务功能为一体，由多个港口企业、物流企业和临港产业（工业园区）有机结合的服务整体，具备装卸储存、中转换装、多式联运、运输组织管理、产业开发、仓储、物流平台等主要功能。大湾区“组合港”项目通过区块链技术，实现出口全链条的通关模式。在该通关模式下，出口企业的转关手续由原来的“两次报关、两次放行”精简为“一次申报、属地查验、一次放行”，进出口均不必在深圳蛇口报关查验，实现进出口货物在港口间自由调拨流转。该模式利用深圳蛇口、盐田等国际码头航线运力较强的优势，把佛山地区货物快速出口至全球各地。截至2021年底，佛山市开通大湾区“组合港”的有顺德新港、北滘港、九江港、三山港、三水港、珠江码头等。“湾区一港通”是以广州南沙港为枢纽港、珠江内河码头为支线港，把支线港作为枢纽港的外延。在“湾区一港通”模式下，经广州南沙港进出口的货物，可在内河码头一次性办理交还箱和查验放行等通关手续，并通过水路在支线和枢纽港口间运输，从而实现港口资源互补、货物运作畅顺、腹地物流集聚的目标。截至年底，佛山地区北滘港、三水港等多个港口开通“湾区一港通”模式，助力佛山市大型进出口企业利用广州南沙港的国际货运资源，提升通关便利，节省企业的物流成本，增强佛货在全球的竞争力。

佛山港　2021年，佛山港有码头泊位257个，完成货物吞吐量9340.89万吨，比上年增长0.6%。其中，港口集装箱吞吐量370.73万标准箱，比上年下降8.5%。禅城港区有码头泊位10个，其中1000载重吨以下泊位3个，1000（含1000）～2000载重吨级泊位7个，设计年通过能力散货、件杂货340万吨，液体散货115万吨，集装箱20万标准箱。禅城港区全年货物总吞吐量为450万吨，其中集装箱17万标准箱。南海港区有泊位76个，其中1000载重吨以下泊位25个，1000（含1000）～2000载重吨级泊位18个，3000载重吨级泊位18个，5000载重吨级泊位5个，设计年通过能力散货、件杂货1410万吨，液体散货202万吨，集装箱117万标准箱。南海港区全年货物总吞吐量为2708万吨，其中集装箱87万标准箱。顺德港区有泊位65个，其中1000载重吨以下泊位12个，1000（含1000）~2000载重吨级泊位40个，2000载重吨泊位9个，3000载重吨及以上吨级泊位4个，设计年通过能力散货、件杂货983.12万吨，集装箱190.6万标准箱，液体散货153万吨，旅客106.5万人次。顺德港区全年货物总吞吐量为2750万吨，其中集装箱163万标准箱。高明港区有泊位27个，其中1000载重吨以下泊位7个，1000（含1000）~2000载重吨级泊位5个，2000载重吨级泊位4个，3000载重吨级泊位11个，设计年通过能力散货、件杂货597万吨，集装箱42万标准箱，液体散货320万吨，旅客20万人次。高明港区全年总吞吐量为1500万吨，其中集装箱44万标准箱。高明港区高荷港码头项目动工建设。三水港区有泊位79个，其中1000载重吨以下泊位46个，1000（含1000）~2000载重吨级泊位17个，2000（含2000）~3000载重吨级泊位4个，3000载重吨级泊位12个，设计年通过能力散货、件杂货1742万吨，集装箱65万标准箱，液体散货296万吨。三水港区全年总吞吐量为1933万吨，其中集装箱60万标准箱。三水区有21个300吨级及以下泊位，设计通过能力约660万吨，该部分泊位多为沿江厂区配套码头，每年货运量较少。

顺德新港　顺德新港一期岸线长度438米，陆域堆场18.4万平方米，有4个3000~5000吨级的多用途泊位。2021年，集装箱年装卸量50万标准箱，散杂货吞吐量超400万吨，是珠江西岸地区最大的江海联运外贸支线港和广东省第一产业大港。从2020年11月起，利用粤港澳大湾区组合港优势，顺德新港和深圳蛇口港实现“一次报关、一次查验、一次放行”，通关时间缩减至两天。顺德新港二期项目拟定位为“具备临港现代物流能力及辐射粤港澳大湾区、西江流域的内河枢纽港”，规划用地面积约20万平方米，计划建设3个3000吨级的多用途泊位，码头岸线310米，码头结构预留5000吨级，年设计吞吐量320万吨，年设计通过能力为件杂货162万吨，集装箱15万标准箱。将打造成集装卸、物流仓储、堆存配套于一体，具备输运条件与堆存条件、港口功能完善的内河码头，并通过差异化发展，与一期项目协同发展，打造珠三角乃至粤港澳大湾区最大内河码头。

（佛山海关　佛山市交通运输局）

【惠州港口建设】2021年，惠州市参与建设粤港澳大湾区世界级港口群，向海向外发展、更新壮大港口，加快建设港口码头重大基础设施。惠州港荃湾港区5万吨级石化码头工程进行调试作业。配合埃克森美孚项目做好前期工作，荃美石化码头项目（4个0.5万~8万吨级液体化工泊位）采购与施工中标完成，进行临时营地施工。推进东马港区重件码头项目陆上施工工作，加快荃湾港区石化产业码头及配套航道升级扩容建设，完成5万吨级液化烃码头项目一标段（水工、疏浚）施工图设计（初稿），完成荃湾主航道扩建项目工程勘察设计招标，开展勘察设计工作。加快恒力PTA（精对苯二甲酸）码头及配套航道升级扩容建设，完成恒力码头项目工程施工图二阶段审批，完成东联航道项目工程可行性研究报告编制（扩建至5万吨级单向乘潮），编制勘察设计文件。

是年，惠州市加快推动港口设施扩能升级，服务重大项目落地建设。推动恒力石化（惠州）通用码头、碧甲LNG接收站配套码头、东联作业区进港航道扩建、荃美石化码头、5万吨级液化烃码头、10万吨级多用途码头等重大项目推进。完善经营资质管理，规范港口经营秩序。根据新版《港口经营管理规定》要求，对港口船舶服务业实施备案登记制，把好港口经营市场准入关和监管关；落实《惠州港港口经营市场诚信体系建设管理办法（暂行）》，跟踪和规范港口经营单位的日常经营行为，健全市场退出和激励机制，在广东省范围内推广。取消航行国际航线集装箱船舶0.3元/净吨的引航附加费，支持港口企业做大做强。推动完成碧甲航道、纯洲进港航道维护疏浚，解决航道浅点问题，保障企业正常经营。

是年，惠州市统筹协调港口资源，同步开展港口布局研究，完成《惠州港总体规划》修编工作。惠州港东马港区重件码头、埃克森美孚液体化工码头（惠州港荃湾港区荃美石化码头）、恒力石化惠州通用码头开工建设，惠州港惠东港区LNG码头工程项目完成立项核准。荃湾航道、东联航道开展勘察设计工作。

是年，惠州市港口货物吞吐量9636万吨，比上年增长7.5%；集装箱吞吐量46.4万标准箱，增长12%；液体化工吞吐量6094万吨，增长9%。

（惠州市人民政府地方志办公室）

【东莞港】东莞港位于广东省中南部，珠江口东岸，是粤港澳大湾区核心经济带，具有区位优势，产业特征明显，是国家一类口岸、广东省地区性重要港口，也是东莞市经济社会发展和联系国内外市场的重要口岸。2021年，东莞港拥有53千米有条件成规模开发的深水岸线，海域面积79平方千米，航道水深13米，由麻涌新沙南作业区、沙田立沙岛作业区、沙田西大坦作业区、沙角港区以及内河港区组成，全港年峰值货物吞吐量近2亿吨、集装箱吞吐量超400万标准箱，全球港口排名前50强。截至年底，东莞港完成集装箱吞吐量369万标准箱，货物吞吐量1.89亿吨。

是年，东莞港务集团有6个5万吨级以上泊位和11个驳船泊位投入使用，累计开通76条内外贸航线，其中内贸航线49条、外贸班轮航线11条、件杂货专线2条、汽车滚装航线3条、“湾区快线”11条。内贸航线覆盖环渤海、长三角、东南沿海、珠三角、西南沿海等区域沿海城市；近洋航线覆盖中国台湾地区以及东南亚国家；远洋包船航线覆盖欧洲、北美、加拿大等国家和地区。通过发展海铁联运，对接“一带一路”。推进“湾区快线”网络布局，覆盖粤港澳大湾区“9+2”城市群，点对点、天天班对接香港、深圳、广州等远洋通道，实现跨港口“闸口前移”一站式通关，实现货物快速集散；新增内贸“莞南线”，实现天天班正常运作；升级“莞盐线”运力，班次由“天天班”增至“两天三班”；在香港新冠肺炎疫情严峻时，制订跨境运输“陆改水”物流方案，开通湾区快线莞港跨境门到门专线。截至年底，“湾区快线”驳运体系累计完成集装箱吞吐量19.66万标准箱，比上年增长1.6倍。（东莞市人民政府地方志办公室）

【江门港】江门港分为七大港区，分别为主城港区、新会港区、开平港区、鹤山港区、台山港区、广海湾港区和恩平港区，其中广海湾、恩平、新会港区为沿海港区，主城、开平、鹤山、台山港区为内河港区。生产性泊位主要集中在银洲湖、西江等区域。2021年，江门市有生产经营性泊位279个，泊位总延长19.15千米，其中有5万吨级泊位2个，1万吨级泊位4个，5000吨级14个，3000吨级28个，1000吨级126个，1000吨级以下48个。江门市辖区内养护管理的航道有165条，里程1120.1千米，其中内河航道999千米、沿海航道121.1千米。

江门市有港口经营企业117家，其中有国家一类货运口岸码头5个，公用货运口岸企业7家，港口客运企业2家，从事危险货物港口作业资质企业24家。港口装卸货类包括矿建材料、煤炭、粮食和集装箱等，港口集装箱运输航线主要为广州、深圳和香港等地。是年，江门市港口货物吞吐量10509.7万吨，比上年下降1.97%。集装箱吞吐量173.3万标准箱，比上年增长3.83%。

是年，江门市加强航道海湾建设。崖门出海航道二期工程、大广海湾（鱼塘港）加快建设；广海湾作业区5万吨级码头工程加快开展前期工作；广海湾进港航道工程完成工程项目可行性研究修编工作，为稳定防波堤及其口门建设方案，开展数模试验进行论证。

（江门市交通运输局）

【肇庆港】肇庆港具有优越航运条件，有西江、北江、绥江、贺江等主要通航河流，通航里程691千米，其中西江流经肇庆市长度为225千米，肇庆段全境达到内河I级（3000吨级）标准，北江按III级（1000吨级）航道试运行。肇庆港是全国28个内河主要港口之一，是珠江三角洲地区重要交通枢纽和集装箱喂给港、珠江西江经济带重要物流中心，全市适合开发港口岸线45.8千米，已利用10.17千米，规划开发港口岸线35.65千米（其中客运及旅游岸线8千米）。2021年，肇庆市港口货物吞吐量完成4657.13万吨，比上年下降2.8%。港口集装箱吞吐量56.14万标准箱，比上年下降2.5%。有港口企业22家，码头泊位60个，其中5000吨级泊位3个、3000吨级8个、2000吨级16个、1000吨级26个、500吨级7个。年内，《肇庆港总体规划》获批，新基湾码头项目工程可行性报告通过专家评审，完成项目立项备案。加快推进封开公用综合码头、德庆九市通用码头项目建设前期工作。

（肇庆市人民政府地方志办公室）

【粤港澳物流园项目建设】2021年，珠海港集团发挥铁路归港优势，统筹“江海陆铁”综合物流体系资源，开展联合营销，完成疏港铁路货运量850万吨，比上年增长24%。构建辐射湖南、广西、云南等地区的30条多式联运通道，全年完成涉铁集装箱业务量5.2万标准箱，比上年增长39%。高栏欧港码头完成纸浆卸船量58.34万吨，比上年增长5.6%，二期仓储项目通过交工验收。环通综合物流中心开展商贸物流等业务，实现营收4500万元。供应链业务开发新货种，实现总收入144.78亿元，比上年增长83.15%（不含上市公司）。神华国能珠海港务码头进港卸船总量首次突破100万吨，全年完成卸船量121万吨。（黄翔　陈清模　刘智超）

【珠澳口岸合作】2021年，珠海市商务局会同澳门特别行政区海关组织召开多次珠澳口岸通关合作工作小组会议，研究协商珠澳口岸新冠肺炎疫情防控、拱北口岸通关人员分流、珠澳跨境工业区专用口岸功能调整、青茂口岸合作自助查验通道安装调试、拱北口岸车道改造及“一站式”车辆通关系统升级改造项目建设、珠澳共享共用“一站式”车辆通关系统电子标签并在澳门发放推动实现“跨境通办”等事宜。

（梁倩　刘瑛　陈茜）

【青茂口岸开通】2021年9月8日，经国务院批复同意和粤澳两地政府协商，青茂口岸开通启用。青茂口岸是粤澳合作重点项目，距离拱北口岸800米，设计通关量为每天20万人次，采用“合作查验、一次放行”的快捷查验通关模式，仅供自助通关旅客通行，不设通关车辆通道，实行24小时通关。（梁倩　刘瑛　陈茜）

8月3日，珠海边检总站与澳门治安警察

2021年8月3日，珠海边检总站与澳门治安警察局正式签署青茂口岸珠澳边检执法合作协议

（澳门治安警察局供稿）

局签署青茂口岸珠澳边检执法合作协议，并对青茂口岸允许通行人员范围、青茂口岸通关前准备工作、服务横琴粤澳深度合作区建设工作、加强珠澳边检支持合作等具体事项开展研讨、交换意见，达成基本共识。9月8日至12月31日，青茂口岸通关客流324万多人次，口岸通关顺畅平稳，查验设施设备安全运行。

（叶嘉骏　唐莉斯　唐园园）

【九洲港口岸开通澳门氹仔航线及澳门外港航线】2021年，珠海市加强珠澳互联互通，促进两地经济融合发展，便利两地居民出行。经珠澳双方协商，珠海九洲港至澳门氹仔水上客运航线于3月1日开通营运，每天往返各10个班次，20个航次。5月18日，九洲港至澳门外港水上客运航线开通营运，每天往返4个航次。

（梁倩　刘瑛　陈茜）

【高荷港码头动工】2021年6月29日，高荷港码头项目动工建设。高荷港码头工程项目是广东省重点项目之一，规划建设成为珠江西岸地区一个智能、绿色、高效的综合性公共码头。按照设计，高荷港码头岸线总长276米，陆域面积17.07万平方米，建设4个2000吨级内河集装箱泊位，同时满足2艘3000吨级海轮集装箱船靠泊要求，码头结构按5000吨级集装箱船预留设计。设计任务吞吐量为50万标准箱，码头年设计通过能力为52万标准箱。

（佛山市交通运输局）

世界级机场群建设

【概况】2021年，粤港澳大湾区世界级机场群建设推进。高标准建设国际航空枢纽，广州白云机场三期扩建、深圳宝安机场扩建、珠海金湾机场扩建、揭阳潮汕机场扩建和惠州机场改扩建取得进展，珠三角枢纽（广州新）机场选址获批，深圳机场卫星厅投入运营，开展梅州梅县机场迁建前期工作；韶关机场建成通航，完成湛江机场迁建。（广东省交通运输厅）

是年，民航广东辖区有运输机场9个，通用机场9个，运输航空公司9家，通用航空公司40家，航空器、航空部件维修单位53个，主要油料公司3家。全年全省完成旅客运输吞吐量9593.4万人次，比上年下降3.5%；货邮吞吐量369.9万吨，增长14.2%；保障起降85.91万架次，与上年基本持平。全年未发生运输航空事故、空防事故、重大航空地面事故、特大航空器维修事故，航空安全形势保持平稳向好，实现第26个空防安全年。

（符瑶）

2021年6月29日，位于佛山市高明区的高荷港码头项目动工建设，该工程是广东省重点项目之一，将在珠西地区打造一个智能、绿色、高效的综合性公共码头。图为该项目施工现场　（佛山市交通运输局供稿）

【香港国际机场建设】2021年，香港国际机场处理140万人次旅客和144815架次航班，分别比上年下降84.7%和9.9%。航空货运业务持续强劲，香港国际机场录得500万吨货运量，比上年增长12.5%，货机升降量82935架次，增长 19.8%。

面对新冠肺炎疫情，香港国际机场采取一系列感染控制措施，以保障旅客及员工的健康。香港机场管理局（简称机管局）在机场采用智能技术，加强清洁和消毒。机管局协助执行政府为抵港旅客实施的检疫及相关程序。香港特别行政区政府与机管局共同向机场行业推出数轮纾缓措施，向受疫情重挫的航空业提供支援。

是年，香港国际机场的大型发展及基建项目继续如期进行，包括三跑道系统项目、航天城发展项目、各项机场设施改善工程，以及连接一号客运大楼与北卫星客运廊的天际走廊项目。为维持香港全球及区域航空枢纽的竞争力，机管局推进三跑道系统项目。工程包括填海拓地约 650 公顷，兴建第三跑道、滑行道、停机坪、T2 客运廊、新旅客捷运系统、新高速行李处理系统，扩建二号客运大楼，以及提供配套基础设施。

（香港历史研究基金会）

【澳门机场建设】澳门特别行政区政府实行“开放天空”原则，采取一系列措施，完善澳门民航事业的基础设施和网络，吸引国内外更多的航空公司前来发展业务，提高澳门国际机场的使用率，推动航空客货运的发展。

为促进与世界各地民航业务的合作，特别行政区政府继续与更多国家商谈和签署航班协议。至 2021 年 12 月 31 日，澳门已经与 50 个国家草签双边航班协议，其中 41 份获正式签署。

澳门国际机场专营股份有限公司是获政府委任的澳门国际机场经营者，负责机场的兴建和营运。特别行政区政府于 2001 年批准澳门国际机场专营有限公司申请，延长对澳门国际机场的建造、营运及管理的专营合约 25 年，合约至 2039 年期满。（摘自《2022 澳门年鉴》）

【广州白云国际机场建设】2021 年，民航广州地区有大型运输机场 1 个（广州新白云国际机场），完成旅客吞吐量 4025 万人次，比上年下降 8%；货邮吞吐量 204.49 万吨，增长 16.2%；飞机起降 36.25 万架次，下降 2.9%。推动大湾区机场群建设运行提质增效，助力白云国际机场建立与枢纽级机场相匹配的安全管理体系和隐患排查治理长效机制，推动机场创新开展运行安全保障能力综合评价指标相关工作流程及机制制度梳理完善工作。通过日常监察、建设项目评审等渠道，支持机场稳中求进、适度超前建设，通过强基建、补人员、增设备，夯实安全运行基础。全年辖区机场取得批准建设相关项目 15 个，涉及总投资 523.09 亿元。推动并巩固服务质量提升，全年白云国际机场放行正常率 91.79%，南航航班正常率 89.88%，辖区航班正常水平创新高。是年，广州白云国际机场旅客吞吐量 4025.7 万人次，居全国第一位；货邮吞吐量 204.5 万吨，比上年增长 16.2%，首次突破 200 万吨，国际及地区货邮吞吐量增幅超过 2.0%。6 月 26 日，白云国际机场 T3 航站楼工程开工，是白云机场三期扩建自 2020 年 9 月 27 日开工以来取得的又一个突破。T3 航站楼选址白云机场现有航站区的东南侧，设计建筑面积 42.2 万平方米，建成后将成为一座多种交通方式联运航站楼综合体。7 月 15 日，SKYTRAX 官网发布广州白云国际机场获中国首家 SKYTRAX “疫情防控五星认证”。同时，T2 航站楼凭借一流的综合服务保障水平，连续第三年获“五星航站楼”荣誉称号。是年，白云机场进入国际机场协会（ACI）总干事级机场服务质量荣誉榜。7 月 30 日，国务院国资委办公厅印发通知，公布“国有重点企业管理标杆创建行动标杆企业、标杆项目、标杆模式”名单，广州白云国际机场入选国务院国资委国有重点企业管理标杆创建行动标杆企业。

（符瑶）

【深圳机场建设】2021 年，深圳宝安国际机场完成旅客吞吐量 3635.8 万人次，货邮吞吐量 156.8 万吨，客货吞吐量居全国第三位，全货机通航点达到 51 个，创历史新高。航班起降 31.8 万架次，航空资源结构化改革取得突破，航班高峰小时容量标准提升至60架次。克服新冠肺炎疫情冲击，完成卫星厅投用，成为前海合作区扩区后“大前海”首个建成投用的百亿级交通基础设施项目，打造展现先行示范区建设成果的窗口地标。高品质推进“双枢纽”建设。全年新开、加密国内客运航线60条，新开、恢复国际客运航线6条。推出深京、深沪、深蓉等快线，开通井冈山等20多条红色旅客航线，入选首批红色旅游示范机场。实施已知来源货物差异化安检，建立货运代理人信用管理系统，建设全球首个航空箱CT项目，货运短途驳运安保链试点获行业主管部门批复。开通前海、南沙综保区异地货站业务，首创国际普货直转空侧闸口模式，启用国际货站新冷库，实行生鲜冷链货物24小时预约通关，关务环境优化。启动新一轮数字化转型，完成转型规划修编。智慧机场建设多项成果在行业先行示范，数据基础设施技术指南通过行业评审，机位资源智能分配、航班保障节点采集系统建设指南通过团体标准立项。差异化安检项目在全国千万级机场推广，“机场场面智能运行管控关键技术研究与示范”入选科技部综合交通运输重点专项。年内，党中央、国务院发布《全面深化前海深港现代服务业合作区改革开放方案》，将机场片区纳入前海，赋予深圳机场参与打造全面深化改革创新试验平台、建设高水平对外开放门户枢纽的使命。市机场规划领导小组系统性研究解决机场规划建设难题，推进深圳机场新一期扩建工程，全年统筹实施38个建设项目，塑造现代化国际空港新格局。机场卫星厅于12月7日启用，总建筑面积24万平方米，平面呈“X”构型，年设计旅客吞吐量2200万人次，最多可保障53架飞机停靠廊桥。T1航站楼、T2航站楼项目方案设计完成，深圳机场“3+3+1”（3条跑道、3座航站楼、1个卫星厅）全新规划布局初步形成。

在行业内率先试行无接触式智能安检通道；高标准实施旅客车道边改造，设置29个无障碍出租车上客点，P4远端停车场启用，创新推出绿色免费接驳。获全球最高的SKYTRAX五星机场认证，ACI旅客满意度排名全球第一位，连续5年评为CAPSE最佳机场。落实先行示范区综合改革首批授权事项清单，深圳机场航空资源改革取得突破，完成机场时刻容量评估，高峰小时航班容量提升至60架次，为未来发展提供核心资源保障。落实绿色发展理念，获深圳市绿色低碳十佳企业、深圳市可持续发展大奖。

（深圳市人民政府地方志办公室）

【珠海机场建设】2021年，珠海推进机场建设，发展通航产业。3月23日，珠海机场改扩建工

深圳机场卫星厅工程（2021年）　　（深圳市人民政府地方志办公室供稿）

程——飞行区及场区配套设施工程在珠海航展馆机坪举行动工仪式。该工程是珠海机场改扩建工程的核心工程之一，总投资 9.3 亿元。主要施工内容有新建第二滑行道、T2 机坪等，新设施建成投入使用后珠海机场可保障年旅客吞吐量 2750 万人次、年货邮吞吐量 10.4 万吨、年客机起降 19.8 万架次的运营需求。11 月 30 日，珠海机场综合交通枢纽项目主体工程举行开工仪式。项目包括建设核心交通枢纽（GTC）换乘空间、GTC 商业、地下停车库、高架桥、市政园林绿化以及五星级酒店、商务办公、三星酒店、架空停车等。项目用地 21.4 万平方米，总建筑面积 58.1 万平方米，估算总投资 81 亿元。

是年，珠海以珠海莲洲通用机场、阳江合山机场、珠海通用航空飞行服务站等产业资源，于 7 月 22 日成立广东省通用航空产业集团。珠海莲洲机场保障飞行 2348 小时，9353 架次，有 14 个驻场单位开展业务。珠海通航飞行服务站申请计划 2238 次，实际执行 4216 架次。“珠海莲洲—阳江合山”短途运输航线 47 班次。珠海莲洲机场、阳江合山机场、珠海通航飞行服务站开通 2 条短途运输航线。12 月 3 日，《珠海莲洲航空产业规划》《珠海莲洲机场周边交通专项研究》《珠海莲洲机场周边区域空间发展规划》通过专家评审。（何德荣）

【佛山机场建设及运营】 2021 年 3 月 5 日，中国民用航空局批复同意珠三角枢纽（广州新）机场选址佛山市高明区更合北。更合北场址位于佛山市西部，距离佛山市中心城区 56 千米，与广州白云国际机场直线距离 95 千米。珠三角枢纽（广州新）机场既是《广东省综合交通运输体系发展“十三五”规划》“5+4”骨干机场之一，也是《粤港澳大湾区发展规划纲要》中大湾区世界级机场群的重点枢纽。珠三角枢纽（广州新）机场定位为“广州国际航空枢纽的重要组成部分、珠三角西部枢纽机场”，同时承担“珠江西岸的现代综合交通枢纽、区域高质量发展的新动力源”功能。在《广东省综合交通运输体系“十四五”发展规划》的全省“3+4+8”运输机场布局中，珠三角枢纽（广州新）机场与广州白云国际机场和深圳宝安国际机场共同列为广东省三大国际航空枢纽。是年，珠三角枢纽（广州新）机场立项报批阶段各项工作开展。机场三大配套工程（空管工程、供油工程、航空公司基地工程），场外配套工程及相关工作推进。机场高压输电线路迁改项目和机场大道一期工程项目 2 个先行工程实现动工。珠三角枢纽（广州新）机场引入广湛高铁和深南高铁，规划肇顺南城际铁路、机场快线和预留线，均为正线进入机场并在紧邻航站楼与综合交通中心正下方设地下车站，打造空铁联运体系，构建现代化综合交通枢纽；规划“五横五纵”高速公路网和“六横六纵”对外快速路网络，推动机场与周边地区实现快速联通。

佛山沙堤机场运营 2021 年，佛山沙堤机场开通航线 21 条，分别飞往昆明、大兴、温州、福州、浦东、武当山等，全年安全保障航班起落 6168 架次，创历史新高。全年旅客总吞吐量 580245 人次，其中出港旅客 307197 人次、进港旅客 273048 人次。

城市候机楼运营 2021 年，佛山市有候机楼 9 个，其中禅城区 1 个（澜石候机楼），南海区 4 个（大沥候机楼、西樵候机楼、桂城候机楼、大沥名都酒店候机楼），顺德区 2 个，高明区 1 个，三水区 1 个。全年机场快线日均 85 班次，日均往返客流 730 人次。

（佛山市机场办　佛山市交通运输局）

【惠州推进千万级干线机场建设】 2021 年，惠州机场运营 37 条航线，通航 34 个城市，省会城市覆盖率约 80%。全年惠州机场旅客吞吐量 208 万人次，名列全国 61 位，货物吞吐量 8500 吨。惠州机场飞行区扩建，7 月 1 日，民航中南管理局批复《广东惠州军民合用机场总体规划（2021 版）》，修编完成《广东惠州军民合用机场总体规划局部调整（2021 年版）》。完成社会稳定风险评估报告专题工作，编制项目环评报告初稿报广东省生态环境厅审批。省财政厅出具1.2亿元资本金承诺函。惠州机场飞行区改扩建工程启动建设。干线机场建设启动项目可行性研究报告编制，推动相关前期工作。筹备空港经济区规划，初步完成《惠州空港经济区发展及空间规划及惠州干线机场交通衔接规划项目建议书》。加快千万级干线机场规划建设，打造粤港澳大湾区世界级机场群的骨干机场，引领惠州市“2+1”现代产业集群、空港经济区发展。

（惠州市人民政府地方志办公室）

综合运输通道建设

【概况】2021年，广东省加强交通发展规划引领，印发《广东省综合立体交通网规划纲要》，加快构建以铁路为主干、公路为基础，水运、民航、管道比较优势充分发挥的综合立体交通网，形成“三横六纵两联”综合立体交通网主骨架，打造“2+3+8+8”综合交通枢纽城市体系和高效率客货运枢纽。编制完成《广东省综合交通运输体系“十四五”发展规划》《广东省综合运输服务“十四五”发展规划》《广东省铁路货运“十四五”发展规划》《广东省水运“十四五”发展规划》《广东省数字交通“十四五”发展规划》等专项规划，并印发实施，推动构建全省现代化综合交通体系。

枢纽方面，强化综合交通枢纽规划建设，以机场、高铁客站为主体综合客运枢纽体系加快完善，推动高速铁路、城际铁路引入广州、深圳等枢纽城市内主要客站。广州白云（棠溪）站、广州北站改造、深圳西丽站等大型枢纽客站建设取得进展。广州南站等铁路枢纽与城市交通融合发展取得成效。广州大田、新塘、石龙、盐田等中欧班列集结中心和多式联运物流园区建设推进。（广东省交通运输厅）

【香港对外综合运输通道】香港特别行政区政府根据《中华人民共和国香港特别行政区基本法》，与民航业磋商并签署双边民用航空运输协定，已签署的协定有67份，为香港与其他地方之间的定期航空服务提供法律依据。与民航业商讨航权及民用航空运输安排，以扩展香港的航空网络并引入更多竞争。2021年，政府与俄罗斯、卢森堡和蒙古国磋商或扩大民用航空运输安排。在“一带一路”沿线超过140个国家中，香港与50个国家签署民用航空运输协定或国际民用航空过境协定。

是年，受新冠肺炎疫情影响，香港本地航空公司提供的航点轻微上升。至年底，由国泰航空有限公司、香港航空有限公司和香港快运航空有限公司营运直航服务的目的地分别有74个、16个和6个。香港华民航空有限公司和香港货运航空有限公司分别营运15个和16个目的地的直航货运服务。至年底，本地航空公司共有262架飞机。

香港民航处于10月向大湾区航空公司发出航空营运人许可证。是年，有4家非香港航空公司开办来往香港的定期航班，提供货运服务，分别是泰国亚洲航空有限公司（Thai Air Asia X Company Limited）在1月开办来往曼谷的航班，风中玫瑰航空公司（Wind Rose Aviation Company）在3月开办来往基辅的航班，敦豪航空公司［DHL Aviation（EEMEA）B.S.C.（c）］在9月开办来往巴林的航班，以及泰坦航空公司（Titan Airways Limited）在10月开办来往伦敦的航班。（香港历史研究基金会）

【澳门对外综合运输通道】陆路跨境通道　澳门和内地之间共有5条陆路相连的跨境通道，分别位于关闸、珠澳跨境工业区、青茂（青茂出入境事务站于2021年9月8日启用）、港珠澳大桥及横琴口岸澳门口岸区。入境旅客方面，2021年经陆路入境的旅客有7036297人次，比上年增长39.3%。其中，经关闸入境的旅客5695812人次，内地和香港旅客分别占90.7%和8.7%。经港珠澳大桥出入境事务站入境的旅客为177091人次。内地和香港旅客分别占76.6%和23.1%。

经横琴口岸澳门口岸区入境事务站入境的

旅客为 1036357 人次。经珠澳跨境工业区出入境事务站入境的旅客为 8866 人次。经青茂出入境事务站入境的旅客为 118171 人次，内地和香港旅客分别占 92.5% 和 7.5%。而全年经关闸、港珠澳大桥、横琴口岸澳门口岸区、珠澳跨境工业区出入境事务站及青茂入境的澳门居民分别为 17341358 人次、1148691 人次、1063219 人次、358116 人次及 750275 人次。

跨境海运服务　外港客运码头、氹仔客运码头及内港客运码头的跨境渡轮服务，接载乘客往返澳门与香港、澳门与内地之间。经营前往香港和内地的客运航线，有信德中旅船务管理（澳门）有限公司、远东水翼船务有限公司、港澳飞翼船有限公司、STCT 信德中旅渡轮服务（澳门）有限公司、粤通船务有限公司、金光渡轮有限公司。

外港客运码头　外港客运码头于 1993 年启用，总建筑面积 65000 平方米，有 14 个泊位，主楼顶上设有直升机停机坪。主体建筑为一座三层高的建筑物，一楼为入境层，二楼为离境层，三楼为餐饮购物区及旅客等候区。提供往来澳门与香港上环、尖沙咀、屯门、香港国际机场，深圳福永、蛇口的海上客运服务，2021 年 7 月 16 日新增珠海九洲港海上客运服务；同时提供往来澳门、香港及深圳的直升机客运服务。

氹仔客运码头　氹仔客运码头于 2017 年 6 月正式投入营运，总建筑面积约 20 万平方米，设有 16 个泊位、3 个多功能泊位及天台直升机坪，地面为入境层，一楼为离境层，地面层西侧设有美食广场。提供往来澳门氹仔与香港上环、尖沙咀、屯门、香港国际机场，深圳福永、蛇口，东莞虎门的海上客运服务，2021 年 3 月 1 日，新增珠海九洲港海上客运服务，并提供海上游服务。

内港客运码头　内港客运码头于 2008 年启用，总建筑面积约 1200 平方米，设有 2 个泊位，地面为入境层，一楼为离境层。提供往来澳门内港客运码与珠海湾仔口岸的海上客运服务。

海上客运及货运　2021 年，经海路入境的旅客为 200924 人次，比上年下降 53.0%。其中，经外港码头入境旅客为 42782 人次，经内港码头入境的旅客为 46919 人次，经氹仔客运码头入境的旅客为 111223 人次。

货柜运输　2021 年经海路实际进出的货柜共 85089 柜次，海路货柜总吞吐量为 124075 个标准箱，两项数据分别比上年增长 2.12% 和 2.2%。粤通船务有限公司和澳门游船发展有限公司，分别由 2018 年 9 月和 2019 年 10 月开始，营运内港客运码的澳门海上观光游固定航班项目。信德中旅船务管理（澳门）有限公司于 2018 年 12 月开始营运氹仔客运码头与路环码头的澳门海上观光游固定航班项目，并于 2021 年 7 月 1 日增加妈阁码头为上下点。

（摘自《2022 澳门年鉴》）

【广州综合运输通道建设】2021 年，《广州市交通运输“十四五”规划》编制完成并印发实施，交通基础设施建设取得进展。港口航道建设方面，广州市重点和“攻城拔寨”港航基础设施项目完成投资 49.1 亿元。广州港深水航道拓宽工程、南沙国际邮轮码头完成竣工验收，南沙港区至珠江口 66.6 千米航道实现 10 万吨和 15 万吨级船舶相向通航，南沙港区可靠泊全球最大集装箱船和国际邮轮；新沙港区 11—12 号泊位工程、南沙港区近洋码头主体工程交工验收；南沙港区四期工程 1—2 号海轮泊位开展实船调试；广州港环大虎岛公用航道工程、广州 LNG 应急调峰站码头开工建设；南沙港铁路开通运营。机场建设方面，国际航空枢纽能级进一步巩固，推进白云国际机场三期扩建工程。广州空港中央商务区会展中心项目一期工程于 2 月开工，12 月主体钢结构启动封顶。广州空港经济区配套道路、白云机场综合保税区二期周边配套道路改造工程建成通车，累计通车里程 23.35 千米。铁路及城市轨道交通建设方面，推进地铁十八号线、广佛环城际佛山西至广州南段项目、广汕铁路等 26 个轨道交通项目建设，建成开通南沙港铁路（货运功能）、广州铁路集装箱中心站一期。

9月，开通运营地铁十八号线首通段，里程58.3千米。是年，二十二号线首通段、七号线西延段如期建成，城市轨道交通运营总里程611.5千米。新开工建设白云机场T3交通枢纽轨道交通预留工程、广州东至花都天贵城际、芳村至白云机场城际3个城际铁路项目。公路及城市道路建设方面，推进莲花山通道、北二环高速改扩建、玉兰路—港口路过江通道、沉香大桥、如意大桥东桥、五山路与广园路立交工程等一批交通项目前期工作，新开工白云大道下穿隧道、云城东路隧道延长线、鱼珠隧道等14个项目，完成南大干线（市新路至新化快速路）、华南快速石门堂山隧道扩建、新广从路快速化改造等15个、总计35.4千米城市道路项目。全年全市完成交通基础设施建设固定资产投资368.4亿元，完成比例103.5%，其中市级主管推进的106个项目完成投资254.9亿元，占年度计划总投资的105.6%。（穗鉴）

【深圳综合运输通道建设】2021年，深圳市推进机场三跑道、T2航站楼建设，培育一流主基地航空公司。推进盐田港东作业区集装箱码头等建设，开工平盐铁路电气化改造工程。推进深江铁路、深汕铁路、深惠城际、深大城际等项目建设，打造西丽枢纽等一体化建设示范项目，开展广深第二高铁前期工作。开通地铁12号、14号、16号和6号线支线，加快编制上报轨道交通五期建设规划。建成桂庙路快速化改造一期、盐港东立交等项目，推进深中通道、机荷—惠盐高速改扩建、春风隧道、妈湾跨海通道、东部过境高速等在建工程，开工宝鹏通道、侨城东路北延、沙河东路北延、盐坝高速市政化改造等项目，开展罗沙路复合改造、外环高速三期等项目前期工作。新增非机动车道300千米，打通断头路20条。打造智慧防控模式，牵头建设“省跨境货车运输管理服务系统”，构建涵盖1.8万名跨境运输司机、1.4万辆跨境货车、3237个作业场所的智慧防控体系，实现跨境货车运输闭环监管。实施“湾区通”工程和“东进、西协、南联、北拓、中优”发展战略，加大对原特区外区域的支持力度。融入“一核一带一区”建设，推动出台深圳都市圈发展规划，推进广深“双城联动”，参与广深港澳科技创新走廊建设，促进珠江口东西两岸融合互动，深化与汕头、潮州协作。机场东空铁综合枢纽、深中通道、沿江高速二期等加快建设，1小时通达粤港澳大湾区“9＋2”城市群交通网络初步形成。推动《深圳市干线道路网规划（2020—2035年）》编制。

（深圳市人民政府地方志办公室）

【珠海轨道交通建设】2021年，珠海市轨道交通项目年度投资11.2亿元，完成年度投资计划的112%。珠海市区至珠海机场城际轨道交通工程横琴至珠海机场段（珠机城际二期）加快推进，全年完成投资10.2亿元，占年度投资计划的113%；珠海至肇庆高铁珠海至江门段先开段于12月动工。2月3日，国家铁路集团鉴定中心评审并通过广州至珠海（澳门）高铁的预工程可行性报告。6月2日，广东省铁路建设投资集团有限公司在广州公共资源交易中心发布《广州至珠海（澳门）高铁鹤洲至横琴段项目可行性研究服务》招标公告，该项目由鹤洲站引出，穿越磨刀门水道后向东延伸至横琴站，全长23千米，设计时速350千米，投资预估算约145亿元。9月1日，珠海市轨道交通局完成珠海中心站（鹤洲）站城一体方案设计及条件研究项目等7个专题的招标工作。

（邱沁　兰鹏　宋璨　杨晖）

【惠州交通基础设施项目建设】2021年，惠州市推进广汕铁路惠城南站综合交通枢纽建设，完成广汕铁路惠城南站综合交通枢纽配套工程项目委托代建和一期、二期工程可行性研究报告审核工作。审核赣深铁路剑潭大桥、惠州北站站房灯光亮化工程项目建议书。审批核准惠州荃湾港区500吨级海上应急设备库基地工程、省道259线新来庄至学堂岭段改建工程、广汕铁路惠城南站综合交通枢纽配套一期、二期工程。

参与惠霞高速、惠坪高速、机场高速、沿江高速、环稔平半岛高速、深汕第二高速等项目前期各专题评审工作，完成省道120线惠城南旋工业区至原横沥收费站段改建工程变更事项审核，落实国道205线长坑桥等4座桥梁维修纳入惠城中心城区普通国省道桥梁安全隐患整治工作。

重大交通项目建设　2021年，惠州市完成港口、机场、铁路工程投资13.15亿元。惠州机场飞行区扩建工程于12月28日开展动工仪式。赣深高铁惠州北站完成竣工验收，于12月10日开通运营。赣深铁路惠州段“三电迁改”（电力线路、电信光缆、广电线路迁改）工程完成。广汕铁路惠城南站年底开展“三通一平”（水通、电通、道路通和场地平整）等开工建设准备工作。广汕铁路惠州段“三电迁改”完成总量的95%，进入收尾阶段。惠州市太平岭码头工程新增1个3000吨级重件码头。

空港建设加快　2021年，惠州市加快推进惠州机场飞行区扩建，按照“一步规划、分步实施”思路推进千万级干线机场建设，可满足500万人次/年保障需求的飞行区扩建工程举行动工仪式；二期扩建工程机场总体规划获得民航部门批复，启动可行性研究报告编制。

铁路场站建设提速　2021年，惠州市推动建设两条高铁“大动脉”，加速联结“双合作区”、全面“融湾入圈”。以“站城融合”理念打造的集高铁、城际、地铁于一体的惠州北站建成投入运营，总面积5万平方米；以“站展融合”规划建设的惠城南站一期、二期项目开展“三通一平”等开工建设准备工作；赣深铁路惠州段“三电迁改”工程完工。

国省道建设　2021年，惠州市普通国省道有17个建设项目，其中完工8个，开工5个，未开工4个。建设总里程268千米，投资总额192.99亿元。完成路面里程133.2千米，占建设总里程的50%；完成投资额54.58亿元，占投资总额的28%；完成年度投资25.56亿元，占年度总投资的120%；完成路面里程68.5千米，占年度总里程的84%。

【惠州加快完善高快速路网】2021年，惠州市建成韶新高速公路惠州段，惠河高速改扩建工程动工建设，推进惠龙高速、深汕西改扩建，环岛高速开展投资人招标前期工作，深汕第二高速公路等项目前期报批工作推进、龙恺高速公路工程可行性研究路线方案制定。全市高速公路里程860千米，保持广东省第二位。金龙互通完成项目环评、防洪、用地林地专题、临时用地、环水保报批工作；用地报批组卷资料报送广东省自然资源厅批复；完成年度投资2.1亿元，占总投资的87.1%。惠龙高速完成年度投资20亿元，占总投资的57%；深汕西改扩建完成年度投资21.6亿元，占总投资的42.2%。推进长深高速改扩建、惠东环稔平半岛高速、深汕第二高速前期工作。至年底，惠州市基本形成“七横五纵一联”高速公路网主骨架，其中横一线为汕湛高速和S2广河高速，横二线为G35济广国家高速和S21广惠高速及其东延线，横三线为河惠莞高速，横四线为G1523潮莞高速，横五线为沙清高速，横六线为G15沈海国家高速（深汕高速），横七线为S30惠深沿海高速，纵一线为河惠汕高速，纵二线为G25长深高速，纵三线为惠龙高速、S23惠大高速，纵四线为G4E仁深高速，纵五线为S29从莞高速，一联为G45大广高速。

6月，韶关翁源至新丰高速（惠州段）建成通车。该路段总里程6.9千米，完成投资2.2亿元，完成路基、桥涵、隧道、路面工程。年内，韶惠高速惠龙段完成投资24.7亿元，占年度计划的137.3%；路基工程完成48.5%，桥涵工程完成40.1%，隧道工程完成42.2%。深汕西高速公路（惠州段）改扩建完成投资21.6亿元，占年度计划的120.2%；路基工程完成90%，涵洞工程完成100%，桥梁基础完成80%，桥梁下构完成70%，桥梁上构完成55%，路面工程完成50%。惠河高速改扩建惠州段完成投资2.9亿元，占年度计划的155.6%。

【惠州枢纽场站建设】2021年，惠州市主要承接赣深铁路惠州北站综合交通枢纽配套工程项目和广汕铁路惠城南站综合交通枢纽配套工程项目两个省重点建设项目的规划建设工作。赣深铁路惠州北站综合交通枢纽配套工程项目完工并投入使用，助力惠州融深融湾。赣深铁路惠州北站一期项目为涉铁工程，由中国铁路广州局集团有限公司深圳工程建设指挥部代建。二期为南广场及其配套工程，主要建设内容为地面场站及地下空间，出租车、公交车、长途车等各类接驳场站，高架进站匝道，主要接驳道路工程，总投资额167491.34万元。项目（二期）工程完工，完成投资152175.8万元，占项目概算批复总投资的90.86%。12月10日，与赣深铁路同期投入使用。赣深铁路惠州北站建成运营可使惠州市民18分钟直达深圳北，22分钟通达东莞，30分钟通达广州南，45分钟到达香港，加快惠州融入粤港澳大湾区轨道交通体系，开启广深莞惠“半小时经济生活圈”，惠州可与深圳、广州实现行业上的联动并承接香港外溢的资源，带动惠州产业转型升级，推动产业聚焦发展。

（惠州市人民政府地方志办公室）

【东莞路桥建设】2021年，东莞市交通投资集团有限公司承担路桥建设续建项目15个，新开工项目7个，筹建项目23个。在建项目完成投资105.6亿元，占年度投资计划的110.92%，其中12个省市重大项目完成投资95.91亿元，占年度投资计划的107.07%。是年，莞番高速二期工程、东莞南站配套道路一期工程、深外环高速东莞段剩余工程、望沙路升级改造工程、公常公路节点改造工程主线工程、厦边桥等3座桥梁拆除重建工程、角社大桥应急工程等7个项目（路段）完工；莞樟路下穿生态园大道通道工程、清溪谢坑至塘厦横塘路工程等2个项目开工建设；莞番高速公路桥头至沙田段三期工程、县道X232线环常东路段工程、东莞市疏港大道延长线工程等续建项目推进。

【东莞轨道交通建设运营】2021年，东莞市加快地铁1号线一期工程建设，实现12座车站主体封顶和3个区间贯通，全年完成投资37.66亿元，占年度投资计划的110.8%。推进地铁2号线三期、地铁3号线一期前期工作。推进国铁、城际铁路建设，加快打造“轨道上的大湾区”。建成开通运营赣深客专（赣深高速铁路），完成东莞南站配套设施工程建设并按期投入使用，完成佛莞城际东莞段工程建设。加快推进深圳至江门铁路先开工段（珠江口隧道工程）建设，完成征地拆迁工作。虎门高铁站改扩建工程全年完成投资9.66亿元，占年度投资计划的97.7%。启动首批东城站、麻涌站等10个轨道站点品质提升工程建设。促进公交、轨道、慢行三网融合，实现设施功能、空间连接、景观环境三大维度的整体优化，提升乘客出行体验。截至年底，东莞市地铁运营线路1条（2号线一、二期），安全运营2045天，累计运营客运量2.36亿人次，日均客运量11.53万人次，日最高客运量30.1万人次，列车正点率99.97%，运行图兑现率99.98%。

【东莞轨道站场TOD综合开发】截至2021年底，东莞市完成15个站场TOD（以公共交通为导向的开发）综合开发规划编制工作。同步推进东莞火车站、虎门高铁站、常平“香港城”、东莞国际商务区地标项目等一批TOD项目。打造功能立体复合、空间集约高效的城市活力区，助力城市品质提升。

（东莞市人民政府地方志办公室）

【中山综合运输通道建设】2021年，中山市开展交通大会战，推动全市在建交通项目提速。召开中山市交通建设总指挥部第二次全体会议，明确全市交通基础设施的建设重点，倒排工期、挂图作战，压实责任、逐个攻破；召开中山市交通建设项目工作推进会，梳理和分析全市交通项目建设进度、存在问题。至年底，中山市实际完成交通基础设施建设投资303.63亿元，比上年增长17.68%，公路水路建设投资总额居广东省第二位。

推动交通基础设施网络完善。“四纵五横”高速路网、“三环十二快”高快速路网、“三纵三横”轨道交通网等将构建起中山横贯东西、纵贯南北、内外通畅、交通便捷的一体化综合运输体系，实现中心城区到相邻城市一小时通勤圈。至年底，中山市公路总里程 3307.4 千米（含群众出行“最后一公里”畅通工程 577.35 千米），其中高速公路 5 条（京珠高速、广珠西线高速、中江高速、西部沿海高速、广中江高速）共 189.3 千米，一级公路 460.3 千米，二级公路 519.9 千米，三级公路 492.8 千米，四级公路 1067.8 千米。公路密度为每百平方千米 185.4 千米。

轨道运输方面，中山市“三纵三横”轨道交通网主体框架加速构建。开展南沙港铁路建设，12 月 31 日实现货运通车，客运化工程按计划推进，黄圃站、东凤站站房及配套工程加快建设。推进深江铁路建设，开展施工前准备工作。召开广中珠澳高铁预可行性研究报告评审会议，配合开展广珠澳高铁前期研究工作，争取设置中山南站方案。深化研究南沙至珠海（中山）城际中山段线站位。开展深圳至中山城际（深大城际西延线）谋划工作。

航道运输方面，推进航道基建项目建设。围绕横门出海航道二期工程前期研究专题工作，协调国土空间规划与航道建设相冲突的问题，调整影响项目建设的生态保护区红线，按时上报周报、月报、季报和基建相关汇报材料，编制资金使用计划，开展财政资金绩效自评工作。全年完成资金支付 65.9 万元，资金指标支付完成率 100%。

支持趸船码头建设项目，与广州中心趸船项目合并，完成第二次招标，与中标单位广东南祥造船有限公司签订施工合同，完成工程技术、安全、廉政交底和开展各项施工阶段检查工作。

（中山市人民政府地方志办公室）

【江门交通运输网建设】 2021 年，江门市交通大会战完成投资 235.12 亿元，比上年增长 6.7%。其中，高快速公路投资完成投资 120.15 亿元，比上年下降 1%。江门市公路通车里程 9823.733 千米，公路密度为 103.4 千米 / 百平方千米。高速公路通车里程 593 千米，居广东省第八位、粤港澳大湾区第四位，高速公路密度为 6.23 千米 / 百平方千米。城市快速路江门大道分段建设，新会区三江以北建成通车。江门市普通国省道总里程 1899.729 千米，包括国道 3 条、424.683 千米，省道 19 条、1475.046 千米。是年，江门市铁路里程 225 千米，居广东省前列。10 月 11 日，珠西综合交通枢纽江门站首次开行前往成都、昆明方向的始发长途跨线车，分别是从江门站始发前往成都东站，途经广州南、佛山西、肇庆东、桂林西、贵阳东等车站；从江门站始发前往昆明南站，途经广州南、佛山西、肇庆东、云浮东、贵港、南宁、百色等车站。

（江门市交通运输局）

【佛山地铁 2 号线一期开通运营】 2021 年 12 月 28 日，佛山地铁 2 号线一期开通运营，为佛山市开通运营的第二条地铁线路。佛山地铁 2 号线一期线路起于佛山市禅城区南庄镇，止于广州市番禺区广州南站，呈东西走向，途经佛山市禅城区、顺德区、南海区以及广州市番禺区，全长 32.4 千米，设南庄站、湖涌站、绿岛湖站、智慧新城站、张槎站、石湾站、沙岗站、魁奇路站、石梁站、湾华站、登洲站、花卉世界站、仙涌站、石洲站、林岳西站、林岳东站、广州南站 17 座车站。佛山地铁 2 号线一期开通运营后，全程运行时间约为 45 分钟。全线设多座换乘站，可与广佛多条地铁线及广佛环线城际换乘。

（佛山年鉴社）

【莞番高速公路二期工程完工通车】 2021 年 12 月 31 日，莞番高速公路二期工程完工通车。项目采用双向六车道高速公路标准建设，设计时速 100 千米，全长 38.1 千米，分为东西两段建设，其中西段为广深高速公路至莞深高速公路段，长 22.3 千米，起点位于寮步枢纽互通，途经寮

2021年12月31日，莞番高速公路二期工程完工通车

（东莞市交通运输局供稿）

步镇、大岭山镇、厚街镇等地区，终于厚街南互通，与莞番高速公路一期工程顺接；东段为从莞高速公路至河惠莞高速公路段，长15.8千米，起点位于莞惠交界处，顺接河惠莞高速公路，途经桥头镇、谢岗镇、常平镇等地区，终于黄泥塘枢纽互通。项目设有新围、大岭山、寮步、黄泥塘、桥头东、桥头西6处互通立交，规划设置同沙水库服务区，其中在寮步枢纽互通和黄泥塘枢纽互通处分别采用“高接高”的形式接驳莞深高速公路、从莞高速公路。项目总投资101.1亿元。项目建成通车后可加快市内高速公路之间的交通转换，有助于推进粤港澳大湾区互联互通建设。

（东莞市人民政府地方志办公室）

大湾区快速交通网络构筑

【概况】2021年，粤港澳大湾区快速交通网络构筑推进。赣深高铁建成通车，广东省实现“市市通高铁”，南沙港铁路建成投运。广湛、深江、深汕铁路建设以及穗莞深城际广佛环城际等湾区续建铁路项目建设推进，广佛环线佛山西站至广州南、佛莞城际、广州南至望洪段建成。广东省自主投资建设管理的第一条时速350千米珠肇高铁江门至珠三角枢纽机段场段全线开工建设，广清城际南延北延等粤港澳大湾区城际铁路加快推进。加强城际铁路建设，至2021年底，珠三角城际铁路开通运营7条（广珠城际、莞惠城际、广佛肇城际、穗深城际、珠机城际一期、广清城际、广州东环城际），运营总里程482千米，完成旅客发送量4589.1万人。年内由广东省主导的干线铁路在建项目7个，总里程931.7千米，总投资2101.37亿元。粤东城际潮汕机场段项目先期工程于3月开工建设，年度完成投资1.64亿元，项目开工累计完成投资1.64亿元。粤东城际汕头至潮汕机场段项目龙湖附中站先期工程于12月开工建设，项目开工累计完成投资0.26亿元。

交通基础设施网络加快完善，广东续建高速公路项目50个，约1911千米。深中通道、黄茅海通道、南中高速、中山西部外环高速等粤港澳大湾区重点互联互通项目推进，狮子洋通道先行工程开工，莲花山通道、广佛第二高速、惠肇高速以及京港澳高速清远佛冈至广州太和段、沈海高速火村至龙山段等国家高速公路繁忙路段改扩建项目前期工作加快推进。建成广佛肇高速广州石井至肇庆大旺段三期工程，珠海鹤港高速一期（机场东路至机场高速段）、广中江高速四期等工程，珠三角核心区路网完善。建成韶关市翁源至新丰高速公路、云浮罗定至茂名信宜（粤桂界）高速公路二期工程等新（扩）高速公路工程14项，约600千米，其中广州至连州高速公路三凤里立交至省界段193

千米、沈海国家高速公路阳江至茂名段改扩建工程提前建成。全省高速公路通车里程中六车道以上高速公路总里程超过5000千米，粤东、粤西、粤北高速公路总里程超过6000千米，高速公路出省通道30条，与陆路相邻省（区）均有5条以上。普通国省道新改建和路面改造以及滨海旅游公路建成超1600千米。

（广东省交通运输厅　广东省铁投集团）

【重大交通工程建设】 至2021年底，深（圳）中（山）通道完成20个管节沉放，海底沉管隧道长度3052米（占比61%）。黄茅海跨海通道、南（沙）中（山）高速公路、从（化）（黄）埔高速公路、中山西部外环高速公路等粤港澳大湾区重点互联互通项目推进，狮子洋通道先行工程开工，惠（州）肇（庆）高速公路及京港澳高速、沈海高速等国家高速公路繁忙路段改扩建前期工作加快推进。

（广东省交通运输厅）

【横琴粤澳深度合作区交通基础设施建设】 2021年，横琴粤澳深度合作区交通基础设施加快建设。“一线”横琴口岸二期工程建设展开。5个“二线”通道的7个海关监管作业场所动工。十字门隧道、杧洲隧道等对外通道加快建设，广珠澳高铁鹤州—横琴段进入可研阶段，澳门轻轨延伸横琴线（内地段）协调推进。开通琴澳跨境通勤线路5条、每日往返班次13次。澳门机动车入出合作区配额总量增至1万个，全年入出62万多辆次，比上年增长1.3倍。

（梁漫桦）

【港珠澳大桥桥梁航道养护】 2021年，珠海航道事务中心加强对港珠澳大桥青州桥梁航道、江海桥梁航道、九洲桥梁航道3条航道的日常巡查，节假日、台风前后加密巡查，全年开展巡查50次。对3条桥梁航道进行航道尺度及水深测量，收集掌握该水域航道基础信息。发布大桥桥梁航道水深现状变动航道通告3次。3月27—30日，处理1起船舶自燃及移动漂浮碍航物突发应急事件。

（熊伟）

【香港快速交通路网建设】 2021年，香港铁路网络全长266.3千米，有98个重型铁路车站，包括35.2千米机场快线，连接市区与香港国际机场及亚洲国际博览馆。新界西北建有轻铁系统，全长36.2千米，设68个车站。

沙田至中环线（沙中线）全长17千米，由大围至金钟，设10个车站。沙中线连接多条已有铁路，形成2条铁路走廊。东西走廊连接前马鞍山线的大围与前西铁线的红磡，组成屯马线。屯马线全线于2021年6月27日启用。南北走廊把东铁线由红磡延伸过海至港岛金钟。沙中线建造工程自2012年展开以来持续推进。该线路可增加沙田至红磡铁路段及港岛铁路段的载客量，减轻九龙市区及港岛区铁路线的负荷。

2021年12月27日，广中江高速公路第四期工程开通，全长67千米的广中江高速公路实现全线通车。图为“广中江高速”第四期工程南头段　（黄春华　摄）

政府的《铁路发展策略2014》为铁路网络直至2031年的扩展提供规划架构。筹划7个铁路项目，即北环线、洪水桥站、东涌线延线、屯门南延线、东九龙线、南港岛线（西段）及北港岛线。港铁就东涌线延线、屯门南延线、北环线及洪水桥站项目进行详细规划及设计。香港和深圳两地政府成立推动港深跨界轨道基础设施建设专班，共同构建“轨道上的大湾区”。该专班开展连接洪水桥与前海的港深西部铁路研究。政府要求港铁研究建造北环线支线的可行性及效益。（香港历史研究基金会）

【广州大湾区快速交通网络建设】2021年，广州推进大湾区快速交通网络建设。新化快速北段、石门堂山隧道扩建工程、石门堂至春岗段匝道工程（凤凰收费站）、琶洲环岛路支线、兴丰生活垃圾填埋场连接线工程、广佛肇高速二期工程、广明高速七星岗互通，以及鹤洞大桥主桥拉索更换、引桥拆除重建等高快速路和市政路桥项目建成。推进机场第二高速南段工程、从埔高速、南中高速、增天高速、海珠湾隧道等其他重点项目。其中，机场第二高速项目南段SG06合同段石牯岭2号隧道右洞于9月贯通，大观路隧道土石方工程动工；海珠湾隧道项目驻地等大型临建工程建设、始发井及后续段全部地下连续墙施工完成。（陈静华）

【深圳大湾区快速交通网络建设】2021年，深圳市实施“湾区通”工程，实施“东进、西协、南联、北拓、中优”发展战略，加大对原深圳经济特区外区域的支持力度。融入“一核一带一区”建设，推动出台深圳都市圈发展规划，推进广深“双城联动”，参与广深港澳科技创新走廊建设，促进珠江口东西两岸融合互动，深化与汕头、潮州协作。机场东空铁综合枢纽、深中通道等加快建设，1小时通达粤港澳大湾区“9+2”城市群交通网络初步形成。

（深圳市人民政府地方志办公室）

【珠海大湾区快速交通网络构筑】2021年，珠海市推动与粤港澳大湾区城市之间交通互联互通，黄茅海跨海通道、香海大桥、兴业快线北段（西线）建设推进。9月28日，鹤港高速公路一期建成通车。打造区域交通枢纽，推动机场改扩建工程、机场综合交通枢纽项目、崖门出海航道二期建设，颁布《珠海市鼓励航运物流业发展实施办法的实施细则》。与澳门融入国家高铁网络，深化广珠澳高铁珠海中心站（鹤洲）至横琴段、南沙至珠海（中山）城际铁路方案研究。珠肇高铁珠海至江门段可研报告获批，珠肇高铁珠海境内先行段完成施工挂网招标。打通与中山、江门市际间断头路、瓶颈路，推进珠海屏西五路北延与中山南村路衔接工程、珠海梅界西路一期与中山德溪路衔接工程、上横大桥建设。开展国道228线南门大桥新建工程前期工作。珠海造贝路北延与中山芳草街西延衔接工程建成通车。（陈清模　刘智超）

【佛山大湾区快速交通网络构筑】2021年，佛山市根据粤港澳大湾区广佛极点的城市定位，融入广东省交通网络，围绕珠三角枢纽（广州新）机场建设谋划完善路网配套设施，对接跨珠江口通道服务前海、横琴两个合作区，加强与广州及周边城市交通基础设施互联互通。确立“十纵十三横”高速路、“十纵十二横”快速路线网规划布局。印发实施《佛山市高快速路网规划（2021—2035年）》。年内，番海大桥、广佛肇高速全线完工通车。禅西大道南延线、龙畔立交一环辅道建成通车。珠江大桥放射线接广佛新干线（广佛出口放射线二期）、佛清从高速北段、广佛大桥系统工程（一期）、季华路西延线、塘西大道三期及南延线等在建项目推进。广州至佛山第二高速公路及广佛新干线快速路复合通道工程（广昆高速东延线）、佛中高速、广台高速公路支线等一批新增对外通道项目启动前期工作。（佛山市交通运输局）

【中山大湾区快速交通网络构筑】2021年，中山市把握粤港澳大湾区西岸枢纽城市的定位，通过联通大湾区各个城市，完善对接大湾区内外通道。推进重点交通项目建设，加快“四纵五横”高速公路网建设。广中江高速全线通车，深中通道完成20节海底隧道沉管安放，中山大桥塔柱封顶，陆域段桩基、箱梁架设完成；中开高速横门西水道特大桥、西环高速联石湾大桥、香海高速磨刀门大桥、东部外环高速香山大桥、南中高速横门西特大桥、江中高速扩建西江特大桥等控制性工程加快推进。“三环十二快”高快速路建设提速增效，互联互通水平提升。坦洲快线，西二环（纵四线终点段），国道105南线10座跨线桥，南三公路下穿隧道，南朗快线二、三、四标，鹤塘大道主线，国道105半互通，民众快线三标，东二环主线，三角快线辅道等项目建成通车，西二环（沙溪至横栏段）、金字山互通、古镇快线、坦神北路等项目加快推进。3月，南外环景观路跨线桥42小时完成拆除并恢复通车。推进“三纵三横”轨道交通建设。推进南沙港铁路建设，实现货运化通车，客运化工程按计划推进，黄圃站、东凤站的站房及配套工程加快建设，推进深江铁路建设施工前准备工作；南沙至珠海（中山）城际开展中山段线站位优化和深化研究；配合开展广珠澳高铁前期研究工作，争取设置中山南站方案，巩固提升中山站乃至中山市在粤港澳大湾区的枢纽地位。

（中山市人民政府地方志办公室）

【江门融入大湾区互联互通】 2021年，江门建成南沙港铁路货运工程、五邑路扩建工程，动工江鹤高速扩建、国道G240新会和台山段改扩建项目，加快建设珠肇高铁江门至珠三角枢纽机场段、黄茅海跨海通道、中开高速、银洲湖高速、中江高速扩建、崖门出海航道二期工程。江门市作为珠江西岸综合交通枢纽的地位日益显现。

珠肇高铁江机段于2021年12月17日全线开工建设，线位起自江门市（江门站），途径佛山市引入规划中的珠三角枢纽机场，是珠中江地区第一条时速350千米高铁项目，其建设实施可推动江门、佛山、肇庆的互联互通，加速融入广东省“一核一带一区”区域发展格局。珠肇高铁江机段全长98.6千米，可研批复总投资256亿元，设江门、鹤山西、高明和珠三角机场4个车站。珠肇高铁珠江段于2021年12月在珠海境内先行开工建设，线路南端起自珠海鹤洲站，向北经过珠海斗门、江门新会，终于江门站。正线长48千米，项目投资160亿元，江门段长15千米，项目投资40亿元。南沙港铁路货运工程于2021年12月31日建成通车，该项目于2016年10月全线开工，为国家Ⅰ级、双线电气化铁路，设计时速120千米，线路全长89.24千米。线路自广珠铁路雅瑶所引出，途经江门、佛山、中山、广州四市，终至南沙港区，桥隧比为90%。12月，为推动广佛江珠项目建设，由广州、佛山、江门等市轨道交通主管部门及企业组建广佛江珠项目前期工作筹备组，办公地点设在江门市人才岛。

（江门市交通运输局）

【肇庆融入大湾区综合交通网络】 2021年，肇庆市推进大湾区基础设施互联互通围绕构建“一带一廊一区”区域发展新格局，对外融入“双区”、对接“双城”，对内畅通市域交通内循环、打造市域交通环线，加快构建现代化综合交通运输体系。推进《肇庆市综合交通运输体系发展规划》《肇庆市干线公路网规划》等规划研究，印发《肇庆市物流业空间发展布局规划》，《肇庆港总体规划》获批。加快推进肇庆至高明高速建设，谋划推进珠肇高铁、柳肇广铁路、广佛肇云高速、江肇第二高速、惠州至肇庆高速等重点项目规划建设。（肇庆市人民政府地方志办公室）

【广佛肇高速全线通车】 2021年4月25日，广佛肇高速公路广州石井至肇庆大旺段三期通车，标志着广佛肇高速全线通车，形成一条新的直接连通广州、佛山、肇庆的快速通道。广佛肇高速公路起于广州市凤凰山隧道起点，经广州市黄

肇庆市鼎湖区凤凰镇0号公路（2021年） （吴勇强　摄）

埔区、天河区、白云区，佛山市南海区、三水区，肇庆市大旺新区、四会市、鼎湖区、端州区、高要区、德庆县、封开县，终点往西延伸接广西梧州绕城高速及梧柳高速，全线长224千米。广佛肇高速公路由东至西分别与广惠、北二环、广河、华南快速、机场高速、广佛江珠、佛清从、西二环、广贺、江肇、清云、怀阳等高速公路互联互通，可缓解广州北环高速沙贝拥堵、佛山市横向城市主干道等交通压力。

【番海大桥主线通车】 2021年2月1日，连接佛山（南海）和广州南部（南站）的番海大桥主线通车。番海大桥是继海怡大桥之后，番禺、南海两区开建的第二座“牵手桥”，为广佛全域同城化发展中又一标杆性工程。番海大桥位于佛山市南海区三山新城南侧，起于三龙湾大道与港口路交叉口，跨越陈村水道，止于广州市番禺区钟三路，与南大干线相接。路线全长1293米，设计时速80千米，项目总投资5.68亿元。从禅城中心区域驾车出发经番海大桥到广州南站仅需20分钟，南海区与番禺区经番海大桥最快5分钟内通达。 （佛山年鉴社）

【七市城际铁路项目建设工作会议】 2021年1月26日，广州、珠海、佛山、东莞、中山、江门、肇庆七市在广州召开城际铁路项目建设工作会议。经协商研究，七市达成七方面共识，包括明确近三年建设任务，按时间节点有序推进；明确出资机制，多措并举筹措资金（广东省原则上不再出资，各沿线市负责各自区段内的出资和可持续经营责任）；建立市政府、职能部门、企业三级责任制的联合工作组，定期协调解决问题；明确建设管理模式（沿线各市共同成立项目公司，负责项目投融资、建设、运营及资产管理等各项工作），抓紧组织前期报批工作；实施土地综合开发，反哺现项目建设运营；优化完善局部线网，强化城际地铁互联互通；推动城际公交化运营，满足人民群众便捷出行需求。

【深中通道伶仃洋大桥和中山大桥“双桥四主塔”封顶】 至2021年底，粤港澳大湾区核心工程项目——深中通道沉管隧道完成14个管节的沉放对接，累计完成全线32个管节中20个的对接安装；东、西人工岛推进建设；关键控制性工程伶仃洋大桥和中山大桥实现“双桥四主塔”封顶，其中伶仃洋大桥主塔、锚碇锚体完成施工，完成主索鞍吊装，中山大桥进行箱梁架设工作。

伶仃洋大桥东西塔封顶。2021年6月17日和7月19日，深中通道伶仃洋大桥东主塔、西主塔分别完成封顶，大桥建设转入上部结构施工阶段。伶仃洋大桥是深中通道项目关键控制性工程之一，主跨长1666米，主塔高度270米，相当于90层楼高，是世界上最大跨径海中钢箱梁悬索桥和世界上最高通航净空尺度的跨海桥梁。

中山大桥东主塔封顶。9月21日，中山大桥东主塔封顶。11月24日，深中通道中山大桥首片重 490 吨的钢箱梁完成安装，主桥上部构造施工加快。主跨 580 米的中山大桥为双塔斜拉桥，建成后主塔高 213.5 米，相当于 70 层楼高。

（中山市人民政府地方志办公室）

【珠肇高铁（肇庆段）前期工作推进】2021 年，珠肇高铁江门至珠三角枢纽机场段项目可行性研究报告、初步设计获批复，征拆核查工作完成。肇庆市与广东省铁投集团签订《新建珠海至肇庆高铁江门至珠三角枢纽机场段肇庆段征地拆迁框架协议》《新建珠海至肇庆高铁江门至珠三角枢纽机场段肇庆境内土地综合开发协议》《珠肇铁路项目公司组建合同书和章程》。年内，珠肇高铁高明至肇庆东段项目完成项目征拆核查、用地预审、规划选址，签署征地拆迁框架协议和土地综合开发协议。完成项目穿越西江黄沙蚬自然保护区范围及功能调整材料上报和审批。项目可行性研究报告获批复，完成初步设计审查，开展施工图设计工作。

（肇庆市人民政府地方志办公室）

客货运输服务水平提升

【概况】2021 年，广东省客运服务更加便民惠民，广州、深圳两市完成交通运输部关于国家公交都市建设示范城市动态评估工作，汕头、佛山创建为省级综合运输服务示范城市，中山市、惠州市、肇庆市四会市创建为省级公交示范城市。四会市、梅县区、南雄市入选交通运输部第二批城乡交通一体化示范县创建城市名单。是年，全省新增发行全国交通一卡通票卡超 382 万张，累计发行量超 987 万张。推动粤港澳大湾区“一票式”联程客运服务体系建设，在大湾区内地九市开展试点创建工作。开展出租汽车文明服务提升行动，推动“12328”交通运输服务监督热线高质量发展，2021 年受理工单总量超 870 万件，群众满意度为 95.26%。道路客运行业改革推进，客运班车、包车运力结构更加合理，2021 年全省开通短途客运、接驳公交线路 2106 条，在客流集中区域建成招呼站 128 个。全年全省有 228 个等级客运站完成标准化站务“云系统”部署，完成 535 万张联网售票量。

推动“四好农村路”高质量发展，广州番禺区、佛山高明区等获得交通运输部 2021 年第一批“四好农村路”示范县（市）。完成促进农村客货邮融合发展年度任务。

改善旅客出行体验，推进公路客运转型升级，适应常态化防范新冠肺炎疫情和多种运输方式新形势，发展以高铁、城轨站点为核心的短途道路客运，挖掘道路运输“门到门”服务优势。推动粤港澳大湾区“一票式”联程客运服务体系建设，印发《粤港澳大湾区“一票式”联程客运试点（一期）创建方案》，带动提升广东省乃至泛珠三角区域客运便捷化水平。开展出租汽车文明服务提升行动，优化老年人打车出行服务，中山市在全国率先开通“95128”老年人打车服务热线。推进“厕所革命”和垃圾分类工作，完成 455 个高速公路服务区（停车区）厕所整治提升任务，建成 72 个“司机之家”。

推动货运物流降本增效。深化货运物流运输结构调整，广州国际物流产业枢纽、华南陆路邮政处理中心等项目落户。推进广东省盐田港亚太—泛珠三角—欧洲国际集装箱多式联运等示范工程建设，开行粤港澳大湾区（广州增城）至东盟（越南河内）等国际班列。广州、深圳市获国家级“绿色货运配送示范城市”。疫情期间广州港、深圳港等较大幅度下调引航费。

开展平安百年品质工程建设研究，推进平安百年品质工程创建示范。分别以深圳至中山跨江通道和广州港南沙港四期工程等项目为依托项目，开展桥梁、港口平安百年品质工程建设研究。结合工程实际，研究制定实施工作方案，明确目标任务，细化推进步骤，落实机制保障。推进过程中，搭建会商平台，组织技术研讨，找准技术攻关方向，依托工程实践，推进研究工作落实落地。智慧梁场、造塔机智能施工成套技术、码头钢筋混凝土结构全寿命周期监测检测与评估技术等相关研究工作取得阶段性成果。

组织召开广东省平安百年品质工程现场观摩交流会，交流平安百年品质工程创建示范工作经验，部署推进公路水运平安百年品质工程建设。研究确定首批32个省级平安百年品质工程创建示范项目，发挥示范项目标杆引领作用，推动广东省公路水运工程质量安全水平提升。

（广东省交通运输厅）

【香港客货运输服务水平提升】2021年，香港特别行政区政府扩展和改善运输基础设施；加强各项公共交通服务之间的协调，与营运商合力提升服务素质；管理道路的使用，减少交通挤塞和促进道路安全。是年，乘搭公共交通工具的总人次比2019年新冠肺炎疫情暴发前下降15%。政府实施各项感染控制措施，包括在公共交通工具上必须佩戴口罩和加强清洁及消毒等。政府防疫抗疫基金为公共交通营运商提供燃料、工资、维修保养费及保费方面的补贴。

货柜处理方面，葵涌—青衣区有9个私营货柜码头，设有24个泊位，每年可处理约2000万个标准货柜单位，年内处理全港约82%货柜吞吐量。海事处管理6个公众货物装卸区，泊位总长4828米，为货运经营商提供另一地点供驳船和沿岸船舶装卸货物。葵青货柜码头港池及进港航道深17米，超大型货柜轮不论潮汐涨退，都可在港口停靠，巩固香港的亚太区枢纽港地位。

（香港历史研究基金会）

【香港与内地跨境交通服务】2021年，位于香港落马洲、香园围，深圳文锦渡、沙头角、深圳湾口岸及港珠澳大桥香港口岸的管制站平均每日录得车流量分别为5100辆次、1400辆次、2200辆次、700辆次、6900辆次及400辆次，仍维持客运通关服务的深圳湾口岸及港珠澳大桥香港口岸的平均每日客运量则分别为2300人次及300人次。经陆路和海路过境的乘客总量为每日3500人次，比上年下降93.1%。经道路口岸过境的旅客多数乘坐本地公共交通工具或跨境穿梭巴士，两者每日平均载客量分别为2100人次及300人次。

（香港历史研究基金会）

【澳门客货运输水平提升】澳门特别行政区道路总长度为344.3千米，澳门半岛为190.0千米，氹仔岛及路氹填海区为89.5千米，路环岛为44.4千米，新城A区及连接新城A区之桥梁为1.9千米，港珠澳大桥珠澳口岸人工岛澳门口岸管理区为8.7千米。另外，澳门大学（包含河底专用隧道）为4.6千米，横琴口岸澳方口岸区及相关延伸区为1.5千米。

澳门半岛与氹仔岛和路环岛，经由三座大桥及一片填海土地相连接。澳门行车道路总长度为462.5千米，其中澳门半岛为203.6千米，氹仔岛及路氹填海区为147.6千米，路环岛为68.7千米，嘉乐庇总督大桥为5千米，友谊大桥为10.2千米，西湾大桥为4.2千米，莲花大桥为1.6千米，而新城A区及连接新城A区之桥梁为3.7千米，港珠澳大桥珠澳口岸人工岛澳门口岸管理区为17.9千米。另外，澳门大学（包含河底专用隧道）行车道路长度为14.0千米，横琴口岸澳方口岸区及相关延伸区为3.0千米。

公共交通　澳门交通系统较为完整。澳门半岛和离岛有良好道路网，公共交通工具齐全，有巴士和轻轨供居民和游客使用。澳门公共汽车服务由2家公司营运，分别为澳门新福利公共汽车有限公司及澳门公共汽车股份有限公司。至2021年底，澳门投入服务的公共汽车共967辆，其中小巴166辆、中巴163辆、大巴638辆，运营86条巴士路线。2021年载客193238315人次，比上年增长16.11%；行驶5008万千米，增长12.01%。澳门轻轨氹仔线于2019年12月正式投入运营。氹仔线全长9.3千米，设11个车站，覆盖氹仔市中心的主要住宅区、旧城区及旅游区，串联澳门海、陆、空三个重要口岸。

出租车　截至2021年年底，澳门共有黑色出租车1407辆，特别出租车300辆。持有有效出租车司机专业工作证者共23160人。

（摘自《2022澳门年鉴》）

【广州客货运输水平提升】2021年，广州市交通运输部门推进“一个中心、三大平台”城市智慧交通体系建设。升级建设综合客运枢纽疏运组织决策分析系统，覆盖城市对外、对内交通，实现对综合枢纽、高速公路等城市重点区域客流、路况、运力等交通要素的实时监测分析，构建城市交通智能化服务和管理体系。推进大数据共享、智能化分析等信息技术在交通行业新冠肺炎疫情防控中的应用。打造全国首个“交通慧眼”智能视频综合分析平台，集成20余种交通管理告警功能，通过视频与交通大数据深度融合，自动对重点监管车辆运营状态进行研判分析，实现对违法营运车辆的“精准画像”，辅助提升交通管理和执法效率效能，获2021年度中国智能交通协会科学技术奖，入选“学习强国”学习平台信息化建设成果案例。

是年，广州市优化调整及新开公交线路245条，延长50条线路服务时间。全市范围内地铁站点200米范围内公交衔接率以及夜间公交兜底服务100%，实现“空间＋时间”的全接驳，市民公交出行满意度85.6%。全年落实3个新建站场和35个新建港湾站的接收和投入使用。推进公交候车亭设施升级改造，完成338个站点公交候车亭设施顶棚升级，在10个站点候乘设施试点智能监控系统。完成广汕公路、白云大道北等19条（段）道路（共100千米）公交专用道标线施划。“公交都市”通过交通运输部动态评估。

是年，广州市交通运输部门推进客运行业新冠肺炎疫情防控工作，保障白云国际机场入境旅客防疫运输工作，提供保障运力1.5万辆次，运输旅客29万人次。创新推进招呼站等小微型站点网络建设，解决乘客出行“最后一公里”难题，报备客运招呼站28个。完成《省交通运输厅实施〈道路旅客运输及客运站管理规定〉办法》的过渡性政策调整，推动6家企业及19家子公司的554块标志牌所属单位变更，7家企业的262块县内标志牌转为县际标志牌。完成客运班车转包车常态化工作流程制定，调整58块省际班车牌、238块市际班车牌和204块县际班车牌，优化配置道路客运存量运力资源。开展2021年度县际包车运力投放，50家中标企业获得1742个县际包车运力指标。开展互联网定制客运，完成3个道路客运互联网平台、43家次定制企业、2201辆定制客运车辆的备案工作。推进道路客运企业集约化经营工作，鼓励企业规模化、集约化经营，完成6家客运企业集约化改革工作。是年，广州市交通运输部门完成重型货车安装使用智能视频监控装置工作，6.61万辆营运重型货车完成安装。对50家货运企业重型货车安装工作进行现场检查，组织抓好问题整改落实。至年底，提前淘汰老旧营运柴油车辆883辆，完成率94%。（叶卓朗　于洋）

【深圳客货运输服务建设】2021年，深圳市推进海上保通保畅。多举措成功应对盐田港“5·21”船舶滞港及后续“反弹”态势，保障LNG船舶夜航试航，保障大湾区能源物资海上运输安全，助力国际物流供应链畅通。动态调整西部航道限航要求，落实大型船舶进出铜鼓航道安全保障措施，推动西部出海航道二期、矾石水道一期、深水应急锚地建设，持续优化辖区通航条件。打击施工作业违法行为，确保深中通道等重大涉水工程建设保持“三零一降”目标。开辟深圳东部港区新航路，推动深港引航员资质互认，缓解“二次引航”影响。签发国际航运公司“临时符合证明”和全国首宗海船船员适任证书承认签证，助推全国首艘五星旗豪华邮轮投入运营。在自贸片区率先实现“从事海员外派业务审批”告知承诺制，海船船员适任统考人次创历史新高，船员管理类项目实现“就近可办”。实施“一条船一次查”，减少重复登轮，降低行政相对人时间成本。建立并运行基于信用风险指数的“双随机”监管机制，提升目标船选择针对性和准确性。推行行政处罚“快办快结”机制，实现“现场处罚不下船”“远程处罚不见面”。自主研发综合执法业务信息化系统——“深海监管服务平台”，促进海事安全监管迈向规范化、精准化、智能化。（深圳市人民政府地方志办公室）

【佛山客货运输服务】2021 年，佛山加强客货运输服务，客运业加快新模式转型，货运业集约化规模化发展。

客运服务　2021 年，佛山市有道路旅客运输企业 52 家，其中经营省际市际班车和包车业务的客运企业 6 家、仅经营班车业务的客运企业 1 家、仅经营包车业务的客运企业 45 家，有客运站场 10 个。全年全市完成公路、水路客运量 2000.17 万人次，比上年增长 38.19%；完成旅客周转量 18.76 亿人千米，增长 13.53%。年内，佛山市客运业加快新模式转型，客运企业开展招呼站试点建设，响应乘客出行需求热点，从传统客运企业向新型出行服务企业转型升级；全市巡游出租车实现一个号码统一电召；三龙湾夜游树立起内河水上客运的标杆，实现与旅游、文化、城市融合发展。

货运服务　2021 年，佛山市有道路货运业户 3566 家，其中禅城区 417 家、南海区 1006 家、顺德区 1361 家、高明区 360 家、三水区 422 家。规模以上道路货运企业 369 家，其中禅城区 65 家、南海区 90 家、顺德区 95 家、高明区 30 家、三水区 89 家。全市在册营运货车 4.36 万辆，总吨位 69.2 万吨，运力规模比上年增长 19.6%。水运发展后劲持续增强，船舶大型化、年轻化发展趋势明显。是年，佛山市新成立 14 家水运企业，投运 2000 载重吨以上船舶 65 艘，船舶总运力 95 万载重吨，比上年增长 34%，为水运指标后期增长提供支撑。全年全市累计完成公路、水路货运量 27127.8 万吨，比上年增长 14.08%；公路、水路货物周转量 295.92 亿吨千米，增长 23.83%。年内，佛山市货运业持续走集约化规模化之路。推进绿色货运配送全国示范城市创建工作，建成城市货运公共信息平台，考核认定第一批示范企业 7 家，物流园区、配送中心、快递末端网点建设任务超额完成。推动交通运输、仓储和机动车维修业加快发展，引导佛山市货运企业继续加大运力投放，向规模化方向发展。

（佛山市交通运输局）

【惠州客货运输服务】2021 年，惠州市实现客运量 889 万人，旅客周转量 89466 万人千米。货运量 24483 万吨，货物周转量 4093681 万吨千米。

是年，惠州市完善运输网络，惠州机场运营 37 条航线、通航 34 个城市，省会城市覆盖率 80%。推进深莞惠公交一体化，开通博罗园洲车站至东莞帝豪碧湖花园跨市公交线路，208 路公交车延伸至深圳龙岗，满足广大群众深莞惠公交出行需求。坚持公交优先，定期根据片区发展需要和群众出行需求召开联审会，优化调整公交线路、公交运力。至年底，全市开通公交线路 237 条，运营车辆 3119 辆，其中惠城区公交线路 80 条，运营车辆 1284 辆，中心城区公交覆盖率 90%，公共交通机动化分担率 49.18%，公共交通乘客满意度 89.2%。发展多元化公交，开通东平半岛微巴环线及学生公交接驳专线等，解决群众出行的“最后一公里”难题。探索新型道路客运运营方式，放开班车转包车业务，32 个市际班线指标、129 个县际班线指标转换成包车指标，引导农村客运车辆小型化，投入 68 辆小型客车开展定制客运或镇通村客运业务。鼓励发展互联网包车客运服务，备案开展网络包车服务道路客运企业 4 家。

是年，惠州市完成公路运输总周转量 89.7 亿吨千米，比上年增长 46.5%；完成水路运输总周转量 315.8 亿吨千米，增长 0.1%。惠州机场旅客吞吐量 208 万人次，名列全国 61 位，货物吞吐量 8500 吨。

提升客货运输服务，发展多元化公交，优化公交服务，调整常规公交线路条，建立“快干支微”公交网络，推进深莞惠公交一体化，分别将 208 路、205 路公交车延伸至深圳龙岗、东莞谢岗，开通博罗园洲车站至东莞帝豪碧湖花园跨市公交线路。全市公交车均为新能源公交车，公交车电动化 100%。年内，推动深惠汕开通海上客运航线。协调相关部门开展码头建设项目立项以及可行性研究等前期工作。至年底，完成《深惠汕海上客运航线基地综合发展规划（2020—2030 年）》审核；初步完成惠州客运基地 3 个客运码头选址方案，开展可行性研究报告编制。

（惠州市人民政府地方志办公室）

【东莞公路运输服务水平提升】2021 年，东莞市提升公交服务水平，完善公交线网覆盖和设施保障，优化公交线路 74 条，协调有关镇街完成 S357 莞惠路樟木头段和东深路塘厦段 34 座公交候车亭改造，以及城区片区 14 座公交站台港湾式改造，新建公交首末站 7 个和中心城区公交电子站牌 100 块，推动完善东莞市公交首末站配建制度和审查机制。鼓励客运企业及汽车客运站企业在客流集中区域设置客运招呼站，供营运客车临时停靠，方便旅客出行，设置招呼站 6 个，落实招呼站进站车辆报备、行李安检等各项安全管理工作。

是年，东莞市完成《东莞市中心城区出租车停靠点专项规划》和相关建设实施方案，高标准规划建设中心城区出租车停靠点，与中心城区整体建设标准风格统一协调。全市 879 辆在营运出租车均更新安装新型出租汽车服务管理信息系统运营专用设备，实现智能计价、车内外视频监控。全市三大出租汽车集团公司重组分立为 8 家出租汽车公司，形成品牌创立、优化竞争态势。

（东莞市人民政府地方志办公室）

【中山客货运输服务优化】2021 年，中山市推动交通领域改革创新，提升客货运输服务水平。

创新政务服务模式。从“等人办”变成“办上门”，走进基层企业开展服务；网约车营运证和驾驶员证的注销业务实现“秒批”，系统“自动审核，秒办秒批”，整个办理流程最快 1 秒即可完成；推进从业资格证“跨省通办”“省内通办”“码上办”，实现“审批不见面、办事零跑腿”。

创新行业服务模式。与互联网出行平台组建“优选出租车队伍”，中山是国内首个在出租车行业试点“服务 + 收入”的城市；推动出租车行业价格改革，推出一口价“拼单”功能，实现“好司机 + 好服务 + 好收入”；建立出租车行业诚信分体系，服务质量提升，全年出租车投诉比上年下降三成；探索建立“司机驿站”验收和挂牌机制，解决巡游出租车和网约车司机“三难”问题；推广设置道路客运“招呼站”，方便群众出行；在全国率先开通“95128”老人打车服务；扩大交通受惠面，实施常住中山的港澳户籍 60 岁以上老人享受免费乘坐公交车政策；开发“刷卡示码”系统，解决学生、老人等特殊群体示码难题。

推动全市 8896 辆“两客一危一重”营运车辆全部安装接入智能视频监控报警装置，加强重点车辆事中事后监管，提升道路运输安全管理水平。根据广东省统一部署开展系统防范化解道路交通安全风险工作，中山市成为全省率先实现百分之百完成“‘一清一灯一带’‘平安村口’、增设中央隔离和机非隔离设施”三项重点任务的地市。

（中山市人民政府地方志办公室）

【江门客货运输】2021 年，江门市有道路客运企业 20 家，其中客运班车企业 12 家（有 10 家同时具备旅游包车资质），旅游包车企业 8 家。有营运客车 1049 辆。有客运站场 42 个，其中一级客运站 5 个，二级客运站 3 个，三级客运站 2 个；农村客运候车亭 713 个。客运线路覆盖江门市乡镇，辐射广东省各地，跨越周边省区。有普通货物运输企业 1068 家、个体运输户 6091 家，普货车辆 16212 辆。有危险货物运输企业 80 家，危运车辆 1567 辆。江门市共有机动车维修企业 2828 家，其中汽车维修企业 2209 家（一、二类汽车维修企业 200 家，三类汽车维修企业 2009 家），摩托车维修企业 619 家。

全市有经营性道路货物运输驾驶员 28077 人，经营性道路旅客运输驾驶员 5796 人，道路危险货物运输押运员 2999 人，道路危险货物运输装卸管理员 195 人，道路危险货物运输驾驶员 2227 人。

是年，江门市完成公路客运量 1193.95 万人、旅客周转量 9.55 亿人千米，分别比上年下降 75.94% 和 70.88%；完成公路货运量 1.51 亿吨、货物周转量 129.97 亿吨千米，分别增长 3.88% 和 5.76%。

是年，江门市有水路运输企业 40 家，营业性运输船舶 331 艘（其中客船 27 艘、3172 客位），总载重吨 45.78 万吨，功率 15.53 万千瓦。经营航线有港澳航线、沿海航线和内河航线，经营范围涉及普通货船、成品油船、化学品船及高速客船等。水运企业船舶运营范围主要为深圳、珠海市及珠江三角洲东、西、北江下游各港间普通货物运输以及内河各港间成品油、化学品运输，以内河运输为主。

年内，江门市完成水路货运量 3510.09 万吨、货物周转量 271932.47 万吨千米，分别比上年增长 2.46% 和下降 22.96%；完成水路客运量 165.87 万人次、旅客周转量 3347.35 万人千米，分别增长 0.76%、0.44%。

（江门市交通运输局）

【中珠跨市公共交通开通】2021 年 8 月 20 日，经中山市交通运输局及珠海市交通运输局批准，中山市公共交通运输集团有限公司开通 997 路线“锦绣国际花城—珠海上冲总站”，线路全程 13.8 千米，投放 12 辆中型客车运行。锦绣国际花城发车时间为 6：30—18：00，珠海上冲总站发车时间为 7：30—19：00，发车间隔为 10~15 分钟一班，每天 60 班次。中山市坦洲网髻路与珠海市翠微西路连接的桥梁修通后，坦洲界狮路、十四村等片区可直线到达珠海市，减少绕行距离。该公交路线的开通可实现中珠跨市公共交通服务互联互通，方便大湾区群众公交出行。

【中山建成全国首个出租车行业“优选”诚信体系】2021 年，中山市建成全国首个出租车行业“优选”诚信体系，推动新旧业态融合发展，成为国内首个试点出租车行业“服务 + 收入”模式的城市，相关经验作为“加强信用监管推动交通运输新业态规范健康发展”优秀经验，获交通运输部办公厅推广，中山市被纳入广东省《出租汽车行业创新事中事后监管机制提升文明服务试点》城市。中山市学习网约车行业先进运营模式并应用至出租车行业，打造出租车行业“优选”诚信体系，实施驾驶员“分层、分级、分权益”管理，进行行业重构、服务提升、双向融合“三步走”行业规划，提升出租车行业文明服务质量、推进新旧业态融合发展。中山市出租车行业“优选”诚信体系设置科学系统的出租车诚信分评测系统，实行全面、动态监测考核，与主流互联网出行平台共同成立“优选出租车队伍”，以诚信分数情况体现服务、收入、权益的精准化、差异化，司机服务效能与实时营运收入挂钩，提升行业文明服务质量，推动形成“良性竞争 + 共同发展”的新旧业态融合模式。至年底，全市有出租车司机 1300 名，其中“优选”司机 350 名，占总体人员 26.9%；因诚信分未达标被淘汰司机 156 名。“优选”诚信体系推出后，出租车日均订单规模由 6800 单提升至 1 万单，平均增长 47%，司机平均每日增收 36 元，订单平峰期每个司机增加 3.1 单。

（中山市人民政府地方志办公室）

信息基础设施建设

·新一代信息基础设施构建·

【概况】2021 年，广东省加快推进 5G、4G、光纤网络、乡村信息基础设施等建设，信息基础设施发展水平走在全国前列。至年底，全省建成 5G 基站 17.1 万座（占全国 12%），5G 移动电话用户 4096 万户（占全国 12%），规模均为全国第一位；深汕合作区完成 700 兆 5G 基站建设任务，在全国率先实现农村 5G 网络全覆盖。统筹新型基础设施建设。推进“双千兆”网络协同发展，广州、深圳成为全国首批“双千兆”城市。推进城镇老旧小区通信设施改造，累计完成改造超过 3271 个，惠及家庭户超过 280 万户。推进 IPv6 规模部署，推进数据中心升级改造，上线国家（深圳·前海）新型互联网交换中心业务交换平台系统。深化共建共享提升建设水平。共建共享各项指标超过2021年考核目标。各通信建设管理办公室创新工作，推动竣工新建住宅建设项目全部实现光纤到户，累计完成光纤到户工程竣工验收备案项目13191个，覆盖家庭1007万户；累计完成光纤到户改造项目28967个，覆盖家庭1320万户。做好网络互联互通。加强网间结算与互联互通监测，提升网间通信质量，全年无故障连续运行。

移动通信网络 2021年，广东省新建5G基站4.69万座，累计建设5G基站数17.1万座。基本实现5G网络深圳全覆盖、广州主要城区连续覆盖、珠三角中心城区广覆盖。新建4G基站0.9万座，累计51.4万座。新建NB-IoT（窄带物联网）基站0.3万座，累计建设7.1万座。全省NB-IoT连接数1750万个，比上年增长75%。

光纤网络 2021年，广东省电信运营企业新增光纤接入用户368.9万户，全省光纤接入用户累计4019.9万户，比上年增长10.1%。光纤入户率提升至129.6%。全省新增100兆以上光纤用户620.9万户，累计3811.8万户，占光纤接入用户的94.82%。

乡村信息基础设施建设 至2021年底，全省纳入全域规划的14.2万个20户以上自然村光网建设项目实现全覆盖，全省15.35万个涉农县（市、区）行政村及自然村4G网络覆盖率99.75%，农村光纤接入用户累计1033.9万户，农村光纤入户率61.67%，农村百兆用户占比92.13%。（广东省工业和信息化厅）

【香港新一代信息基础设施构建】 2021年，香港特别行政区政府继续推行“Wi-Fi连通城市”计划，提供免费公共Wi-Fi服务。4月起，在50个乡村处所提供免费Wi-Fi服务，并陆续将服务推展至100多个乡村处所。另外，香港特别行政区政府推行为期四年的Wi-Fi服务先导计划，自2020年1月起逐步为主要由资助的非政府机构营办的1350个服务单位提供Wi-Fi服务，社会福利署完成为辖下180个社会福利设施提供Wi-Fi服务的计划。

第五代流动通信服务（5G）于2020年4月推出。至2021年12月，4家流动网络营办商及24家流动虚拟网络营办商共有2482万名流动通信服务用户，人口普及率323%，居世界前列。2021年12月，香港居民的每月流动数据用量114864太字节（TB），比上年同期增长31%，每名居民平均每月用量为15466兆字节（MB）。

（香港历史研究基金会）

【澳门信息基础设施建设】 至2021年底，澳门使用宽带的登记客户数为205524户，比上年增长2%。其中宽带住宅用户数183029，约占总住户数的90%。

城市无线宽带网络计划于2009年开展，2010年9月向市民和游客提供服务。截至2021年底，“WiFi任我行”的服务地点有182个，录得超过11800万次成功联机使用次数。邮电局于2017年准许符合资格的互联网服务提供商（ISP）在室外设置Wi-Fi热点并向公众提供服务，并推出“FreeWiFi.MO”计划，推动澳门机构向市民和旅客提供免费Wi-Fi服务，计划得到互联网服务提供商、政府部门、酒店、医院、商场、银行、电召的士、公共事业及餐饮业等机构的支持和参与。截至2021年底，提供服务的地点有591个。

《中华人民共和国网络安全法》生效后，邮电局作为指定网络安全监管实体，承担监管4个范畴的关键基础设施私人营运者的职责。包括监管视听广播、经营固定或流动的公共电信网络和提供互联网接入服务、全公共资本公司，以及活动仅限于科学及技术领域的行政公益法人，并持续监督实名制和网络地址转换记录保存的有效落实。

加快新型基础设施建设，提升城市治理能力。加强政府云计算中心建设，为各公共部门提供更安全稳定的信息服务。加快5G网络建设。推动新建公共楼宇全面光纤入户，更换智能电表，试行智能水表，推动澳门物联网应用的发展。

推进政务、医疗、教育、文博、旅游、市政、海事、交通等领域的智能化应用，逐步推动智能城市建设。（摘自《2022澳门年鉴》）

【广州信息基础设施建设】2021年，广州市获批全国首批“千兆城市”，5G基站建设数量连续三年居广东省第一位，工业互联网标识解析国家顶级节点接入二级节点和标识注册量居全国前列。发布全国首个城市信息模型平台，城市运行管理中枢“穗智管”对接业务系统115个，政务服务平台“穗好办”上线便民服务事项超过2000项。

年内，加快建设中国广电700兆赫兹5G网络核心网华南节点和基站。下一代互联网国家工程中心粤港澳大湾区创新中心落户广州，部署华南唯一、全球25台之一的国际互联网协议第六版（IPv6）根服务器。全年新建5G基站14559座、公私充电桩7700个，5G用户突破1000万户。引进培育工业互联网平台，推动服装、皮具、珠宝、化妆品和食品饮料五大产业“上云上平台”。加快建设广州人工智能公共算力中心，布局建设新型数据中心。天河二号超算系统直接用户数量超过4000家，用户群体数量超过30万个，是世界上用户数量最多、应用范围最广的超算中心之一。

截至年底，广州市累计建成5G基站6.28万座（含室外站、室内分布系统和共享站点），5G基站建设数量连续三年居全省第一位，5G用户超1000万户，累计培育5G+智慧教育、5G+智慧交通、5G+智慧医疗等行业应用300余项。推进广州港南沙四期5G智慧港口等重大示范项目建设，5G发展走在全省前列。光网建设方面，全市固定互联网宽带接入端口1442.2万个，其中FTTH/O端口1369万个，固定宽带用户701.4万户，其中光纤接入用户648万户。12月，在工业和信息化部召开的首届“千兆城市”高峰论坛上，广州市获评成为国家首批“千兆城市”。在穗骨干交换节点总带宽超71680G，承担国内约三分之一的互联网数据交换任务。广州是包括北京、上海在内的三大国际出入口局之一，国际互联网出入口带宽4900G，占全国（11511G）的43%。（广州市工业和信息化局）

【深圳宽带和5G建设】2021年，深圳市获批组建国家5G中高频器件创新中心，以行业重大需求为牵引，紧扣5G及未来通信中高频核心器件设计、制造、测试和应用等各环节关键技术，搭建国际领先的硅基GaN射频和毫米波的量产技术研发中试平台，打通科学完整的移动通信产业链。提升移动网络质量打造5G规模化应用高地。建成5G基站5.1万座，实现深汕特别合作区700兆赫频段5G网络全覆盖，5G基站数量为29座/万人。5G用户856万人，5G用户及流量占比居北上广深首位。在工业和信息化部组织的2021年度第一期全国移动网络质量专项评测中，深圳在地铁场所、商场场所、公园场所、主要道路5G共4项评测中被评为网络质量卓越城市。在第四届“绽放杯”5G应用征集大赛中取得优异成绩。建成国家新型互联网交换中心，新建5G基站5018座、多功能智能杆7106根，深汕特别合作区在全国率先实现农村5G网络全覆盖。深圳湾口岸试点5G全场景应用，应用5G服务机器人、巡防机器人、5G视频监控、5G全景直播。11月14日，深圳妈湾5G智慧港开港。深圳机场推动数字化转型升级，持续打造智慧机场样板。差异化安检项目在全国千万级机场推广，率先实施5G+8K航空器跑道起降超高清直播，创新开展5G+AR航站楼地图试点，完成5G+无线视频监控场景创新验证，5G创新应用大赛获政府资金奖励。年内，中国电信大规模推进5G室分建设，并实现自主研发室分低成本设备的规模应用，打造5G精品网络，截至年底，深圳站点规模超过1.68万个，5G测试覆盖率98%，5G分流比居中国电信集团首位。中国移动深圳分公司在10月15日按时完成117座700兆5G基站的建设任务，实现深汕合作区5G网络全覆盖。中国联通通过建立5G创新中心，加大5G技术人才队伍和设施的建设力度，持续推动5G与实体经济深度融合，丰富5G技术应用场景，全方位锻造深圳联通5G综合能力，在数字政府、工业互联网、智慧医疗、智慧交流、智慧交通、智慧文旅等众多领域取得实质性成果。该公司参与由工业和信息化部主办，以“融惠百业、智享未来”为主题的第四届“绽放杯”5G应用征集大赛。自开赛以来，共选拔28个示范性项目，参与11个专题赛比赛，获23个奖项。其中，以紧密型医联体5G智慧医疗创新应用和基于5G专网技术的轨道交通通信信号综合承载业务应用为代表的15个项目进入全国赛，获一等奖1名、二等奖1名、三等奖3名和优秀奖6名，创历年最好成绩，获奖数量和质量均居本地网第一位。在5G、大数据、人工智能等领域新增受理专利91件，授权专利6件，完成中国共产党成立100周年、工业和信息化部到深圳调研等重大保障60余次，政企客户专项保障100余次。

（深圳市人民政府地方志办公室）

【珠海信息基础设施建设】2021年，珠海市建成开通5G基站2025座，超额完成广东省工业和信息化厅下达的任务目标（1014座）。截至年底，全市有5G基站8615座，实现区域5G网络连续覆盖。光纤网络和4G网络进一步完善，有4G基站1.6万座，光纤用户101.4万户，100M及以上高带宽光纤用户96.1万户，占比94.8%。全市窄带物联网实现全覆盖，NB-IoT（窄带物联网）基站2468座。印发《珠海市5G基站和智慧杆布局规划（2020—2022年）》，推动纳入规划布局内的5G基站及其配套设施建设免于办理建设工程规划许可证。三大电信运营商建成国际通信业务出入口局，珠海市成为全国第九个具有国际通信出入口局的城市。加大国际互联网数据专用通道推广力度，新开通专线15条，直连广州国际互联网出入口局，数据带宽40G，可动态扩容。通过数据专用通道，珠海跨境互联网访问时延从70毫秒缩短至14毫秒，效率提升80%。在海底光缆建设方面，中国移动建设亚太三号国际海底光缆“海南—珠海—香港”段。

（梁晓琪）

2021年，珠海电信基于中国电信自主研发的轻量级UPF（用户面功能）、移频MIMO（无线通信领域使用多天线发送和接收信号技术）系统、一体化边缘云平台、5G应用加速平台等创新产品。新香洲本地边缘UPF设备上线，为5G+媒体超高清直播、5G+海洋、5G+智慧医疗、5G+智慧安防、5G+智慧园区、5G+智能制造等应用接入提供基础。构建5G生态，与合作伙伴共同探索将5G赋能千行百业。与珠海高新区人民医院开展的5G+智慧医疗项目入选工业和信息化部、国家卫生健康委联合发布《5G+医疗健康应用试点项目名单》。加快推出5G定制网，通过能力的标准化和模块化，实现“场景精准适配、能力多维构建、方案快捷交付”，满足

2021年5月11日，珠海联通电信5G共建共享一期工程竣工开通

（珠海联通供稿）

行业客户需求。为保障第十三届中国航展期间无线网络传输安全，以5G定制网为基础，配合内嵌5G模组的单兵应急执法记录仪，打造具有动态调度特点的5G智慧单兵，实现单兵远程执法情况、流动人脸数据和定位信息实时上传。通过5G定制网，打通从淇澳岛保护区机房到港珠澳大桥人工岛西岛的雷达设备之间的链路，实现两端互联互通，详细记录过往船只。交付高新区所有进出口道路电信5G定制网的疫情卡口监控，实现月均检测300多万车次。

（刘小珠）

【佛山新一代信息基础设施构建】2021年，佛山市推动“千兆城市”建设，新建5G基站4600多座，累计1.37万座，基本实现佛山主城区、一般城区、百强镇核心区域信号连续覆盖。全市固定宽带用户326.1万户，其中FTTH/O光纤接入用户307.5万户，家庭固定宽带接入率超100部/百户，移动宽带普及率超110部/百人，家庭千兆光纤网络覆盖率居广东省前列。加快布局数据中心，全年登记在用的数据中心8个，建设机架数9430个，其中已投入使用的机架数6707个；在建数据中心7个，折合标准机架数6.3万个。全年被纳入新型基础设施重大项目建设专项指挥部重点调度项目清单的项目47个，总投资534.47亿元，年度计划投资57.2亿元，全部项目年内完成投资56.85亿元，完成年度投资计划的99.38%。

是年，佛山市落实《佛山市推进新型基础设施建设行动方案（2020—2022年）》，加快推进新一代信息基础设施建设，建设高水平创新基础设施，推进融合基础设施建设。健全完善新基建专项指挥协调机制，发挥新型基础设施重大项目建设专项指挥部协调指挥作用，统筹推进全市新型基础设施重大项目的谋划和建设。制定覆盖信息基础设施、创新基础设施、融合基础设施的“新基建”重点调度项目清单，年内将47个项目纳入新型基础设施重大项目建设专项指挥部重点调度项目清单，其中信息基础设施项目26个、创新基础设施项目5个、融合基础设施项目16个。推进5G基站直供电改造，完成4338个站址的供电改造工作，降低5G用电成本。加快推进互联网协议第六版（IPv6）网络建设，全市支持IPv6终端数超58万台，完成光纤到户（FTTH）网络新增覆盖4.3万户。推动5G产业发展，落实《佛山市加快推进5G发展行动计划（2019—2022年）》等政策措施，培育一批5G元器件、天线以及终端配件企业，拥有一批芯片设计、研发制造、封装测试等发展潜力好的企业项目。继续优化云计算基础设施布局建设，推进大数据和云计算基础设施项目建设。重点推进开普勒华南数据中心相关项目、佛山顺德五沙（宽原）大数据中心、腾龙湾区数据中心、润泽（佛山）国际信息港（一期）、“国际数据传输枢纽”粤港澳大湾区节点（顺德金融云）项目、佛山蓝湾云计算产业项目等数据中心项目建设。加强数据中心能耗效率（PUE）管理，推动本地数据中心云化。实施千兆5G和千兆光网“双千兆”工程，发展新型智能化计算设施，构建低时延、高速率、广覆盖、安全可靠的高质量公共网络，为佛山推动制造业数字化智能化转型发展、企业上云上平台以及数字经济建设提供支撑。

（佛山市发展改革局　佛山市工业和信息化局）

【惠州信息化建设】2021年，惠州市宽带建设发展综合排名居广东省第三位；家庭千兆光纤网络覆盖率219.9%，居全省首位；家庭固定宽带普及率192.1部/百户，居全省首位；移动宽带普及率113.8%，居全省第七位；全市光纤用户247.1万户，光纤接入用户占比96.8%，居全省第三位，百兆以上光纤用户占比89.3%。宽带网络能力建设及用户发展水平居全省前列。农村光纤用户92.8万户，建设农村光纤线缆7.6万皮长千米，1073个行政村、9013个20户以上自然村实现光纤网络、4G网络全覆盖，具备千兆光网接入能力，基本实现城乡同网同速。5G建设投资超20亿元，重点区域及场景实现5G网络覆盖。至年底，新增基站3072座，建成5G基站7127座，实现全市所有县级行政区域主城区、百强镇等重点区域5G室外连续覆盖，所有镇街主要区域基本覆盖，逐步延伸至乡村地区。每万人拥有5G基站数提升至11.8座/万人。在“3+7”工业园、两大科学装置等区域建成超300座5G基站，推动重点园区、热点区域及重要应用场景较早实现5G网络覆盖。全年全市开通5G套餐用户280万户，比上年增长1.3倍。

（惠州市人民政府地方志办公室）

【东莞5G基站建设】2021年，东莞市建成5G基站5077座，完成数量居广东省第一位；累计开通5G基站1.51万座。

是年，东莞成立市、镇两级推进5G基站建设工作领导小组，召开全市5G基站建设工作动员部署会、工作督导会、问题研究协调会等多次会议，发布建设任务，协调研究通信配套设施建设与新建楼宇“四同步”（同步规划、同步设计、同步施工、同步验收）和住宅小区分布式基站建设问题。公布《东莞市通信基站公共建筑与设施开放目录（第三批）》，开放公共建筑与设施682个，累计开放2310个。

是年，中国铁塔东莞分公司加快推进5G基础设施建设。全年新增完成5G基站配套设施建设5057个，其中开通5G站点4028个。截至年底，在线运营基站1.4万座，减少重复建站4682座，节约投资12.88亿元、土地46.82万平方米。新建基站共享率提升到55%，全市站址综合共享率为35%。（东莞市人民政府地方志办公室）

【中山信息基础设施建设】2021年，中山市推进信息基础设施建设。新建5G基站2676座，累计建成6938座，实现全市所有镇街主要区域5G室外连续覆盖、100%村（社区）主要区域5G全覆盖，5G用户超300万户。全市家庭宽带接入用户165.1万户，家庭宽带接入用户普及率为166.9%，排名广东省第三位。全市光纤接入用户超177.8万户，20户以上自然村全部实现光网覆盖。安排149万元资助中山市7所院校超高清视频应用示范项目建设。支持横栏镇5G智慧灯杆示范和制造基地建设，成立中山市智慧杆产业联合会，推动古镇、横栏等镇街试点开展智慧灯杆建设。

（中山市人民政府地方志办公室）

【江门宽带和5G网络建设】2021年，江门市电信业务总量54.8亿元，比上年增长26.3%；电信业务收入52.5亿元，增长7.9%。至年底，江门市固定电话用户91.7万户，移动电话用户547.6万户，其中4G用户366.6万户；固定宽带接入用户175.2万户，FTTH/O光纤接入用户164.2万户。至年底，江门市建成移动通信基站3.7万座，其中累计建成5G基站5318座，实现江门市三区四市主城区5G网络连续覆盖。江门市固定互联网宽带接入端口420.5万个，其中FTTH/O端口数370.9万个，占比88.2%。落实《广东省加快5G产业发展行动计划（2019—2022年）》和《江门市促进5G产业发展行动方案（2019—2022）》，出台《江门市5G产业发展扶持资金管理实施细则》，组织2021年度项目申报，扶持江门职院5G产业公共服务平台、5G+智能制造产学研公共服务平台和2020年中国联通江门联通大楼2楼展厅客户专属平台新建工程3个应用项目，促进5G网络、技术、产品与应用融合。（江门市工业和信息化局）

【肇庆信息基础设施建设】2021年，肇庆市电信业务总量38.1亿元，比上年增长33.1%；光纤接入用户累计111.5万户，光纤入户率99.2%；固定宽带接入用户117.6万户，家庭宽带接入用户99.4万户，移动宽带用户366.8万户，4G用户277万户；建成移动通信基站2.6万座。建成开通5G基站3934座，每万人拥有5G基站数9.2座；已实施5G应用场景7个，包括5G视频直播、远程医疗等方面。年内，肇庆市推进5G网络建设，信息基础设施建设逐步优化。编制印发《肇庆市5G通信基站站址专项规划(2021—2025年)》，通过规划思路及目标、5G站址规划方案、近期建设规划、与国土空间规划衔接等七大部分，规划逐步实现全市5G网络全域覆盖目标。多部门联合印发《关于新建、改建、扩建建设项目落实5G通信配套设施建设的通知》，加快推进全市5G通信配套设施建设。

（肇庆市人民政府地方志办公室）

·智慧城市群建设·

【概况】2021年，广东省加快优化政务服务“一网通办”，布局省域治理“一网统管”，强化政府运行“一网协同”，以数字政府改革建设引领全面数字化发展。全省数字政府一体化平台和数据基础底座加强。

构建泛在普惠的政务服务“一网通办”体系 建设全省统一事项目录管理系统，支撑省市县镇村五级政务服务事项办事流程和标准统一，事项网办率93.24%。深化“粤系列”平台应用建设，出台《广东省数字政府移动政务服务平台（粤系列）管理办法》，加快全省各级各类移动政务服务平台整合和规范化运行。粤省事平台实名注册用户1.53亿户，上线91种个人电子证照、2230项政务服务，其中1137项实现“零跑动”。推出“粤省事码”，支持一秒亮码、一键授权、一码办事。粤商通平台市场主体注册用户1108.5万户，覆盖全省活跃市场主体，上线财政补贴申领等1689项服务，实现电子营业执照集成和粤商码免证办。建设“粤省心”“12345”政务服务便民热线平台，整合各部门分设的32条服务热线，实现“12345”一号对外。在全省行政村投放1.3万台“粤智助”政府服务自助机，上线公安、人社、民政、医保、用电等171项服务。开展首届全省市县级政务服务标杆大厅评估，推广政务服务无障碍、标准化、适老化改造，推出无障碍导览通道、粤康码核验流程优化、老年人事项代申办等便民举措。推广企业开办和工程建设项目审批全省范围“一网通办、全程网办”，实现“一次登录填报、全流程在线审批”。牵头推动泛珠三角九省区开展跨省通办合作，300项高频政务服务事项“跨省通办、省内通办”。建设上线“珠澳通”APP，与港澳地区合作开展高频公共服务“跨境通办”。

打造整体联动的省域治理“一网统管”新格局 创新省域治理“一网统管”建设思路，发布全国首个省域治理“一网统管”理论体系，依托数字政府一体化的云、网、大数据中心等公共支撑平台和视频感知体系，构建横向到边、纵向到底、全闭环数字化治理模式，实现省域范围“一网感知态势、一网纵观全局、一网决策指挥、一网协同共治”。上线运行“粤治慧”省级基础平台，初步完成试点地市基础平台对接工作。经济运行、自然资源、生态环保、水利、基层治理、防控应急指挥、消防救援、住房和城乡建设8个试点应用专题建成。建成启用覆盖省市县三级的视频感知资源共享平台，首次实现全省视频感知数据资源汇集，为各部门提供62.3万次视频数据资源共享服务。统筹建设“互联网＋监管”体系，形成全省统一的监管事项“一张清单”，创新建设统一的执法工作和监管平台，监管事项层级延伸至街镇级，推进监管规范化。推进监管数据汇聚，向国家平台汇聚3.9亿条监管数据，实现监管数据“一网归集、一网共享”。

深化融合互通的政府运行“一网协同”新模式 提升“粤政易”平台能力，接入各部门业务系统以及办文、办事、办会等业务应用900多项，粤视会系统支撑视频会议高效运转，电子公文交换系统覆盖全省36844个单位。开通用户205万户，基本覆盖全省五级公职人员，日活跃率66.7%。发挥数字政府一体化平台和大数据基础作用，创新开展疫情防控工作，保障粤康码、核酸检测、疫苗接种等重要系统稳定运行。建设数字政府填表报数系统，与粤政易、省统一身份认证平台、短信平台、全员人口系统及各级数据中心对接，解决基层填表报数重复填报、数据口径不一等问题，在佛山市、广州市越秀区、汕尾市陆河县试点应用，表格数量压减40%以上、数据项压减近80%、填报工作量压减60%以上。

推进数据要素市场化配置改革率先破题 出台全国首个省级数据要素市场化配置改革行动方案。以省政府令印发《广东省公共数据管理办法》。完成全省政务信息化能力和公共数据资源普查，全省累计发布可共享资源目录56823类，汇聚数据389.3亿条，基本实现全省政务信息系统和公共数据资源"一本账"管理。开展首席数据官制度试点，推动跨部门、跨层级、跨领域数据共享与业务协同。发挥广东海量数据和丰富应用场景优势，探索数据资产化应用，发布全国首张公共数据资产凭证，在企业信贷、公共交通服务、跨境信贷、气象灾害财产保险、环境保护税征管等场景推广应用。构建以数据运营和交易为主体的两级市场体系，加快数据交易场所建设，启动公共数据资产登记与评估、数据经纪人、"数据海关"、数据生产要素统计核算等改革试点，全面探索数据要素市场化配置改革创新。

持续强化数字政府基础支撑能力系统 摸查21个地市数字政府基础能力，升级完善全省电子政务外网，完成省级城域网100个接入单位网络改造和省级互联网出口扩容，政务外网覆盖省、市、县、镇四级，村居级网络覆盖率93%，在全国率先推出首张省域5G电子政务外网。加强政务云精细化高效化管理，省市两级政务云平台规模超过32万核vCPU、860TB内存、32PB存储，云资源平均使用率比上年提升30%，支撑99个省级单位和679个市级单位3389个业务系统稳定运行，实现"全省一片云"弹性高、可管可控。升级省政务大数据中心及分节点功能，实现政务数据资源统一管理和统筹调度，全省数据共享平均办结时长缩短至13.3小时。统一身份认证平台支撑政务信息系统超1200个，为1.6亿户平台注册用户提供单点登录服务约6亿次。（广东年鉴社）

【香港公布智慧城市蓝图2.0】 2021年，香港特别行政区政府分阶段完成《香港智慧城市蓝图2.0》中制定的措施。措施继续聚焦6个范畴，即"智慧出行""智慧生活""智慧环境""智慧市民""智慧政府""智慧经济"，同时保留"善用创新科技应对疫情"一章及加入"智慧乡村先导计划"一章。

"智慧出行"方面，专营巴士营办商开始利用地理围栏技术发展各自的"巴士监察及控制系统"，取得良好效果。支付本地网络车费的工具方面，专营巴士营办商及香港铁路有限公司（港铁公司）推行二维码支付及非接触式付款系统。发展智能机场方面，1月1日推出供机场营运商专用5G网络，范围涵盖一号客运大楼旅客登机大堂、接机大堂及行李认领大堂，并拓展至整个一号客运大楼。4月完成在智能登机柜台及自助行李托运服务配合使用生物识别技术，并待客运量恢复时正式推出。

"智慧生活"方面，香港运输署完成提升13项现有网上牌照申请服务（包括续领正式驾驶执照及车辆牌照），采用"智方便"简化和加快身份认证程序。"社创基金"于1月委聘协创机构建立及营运"乐龄科技平台"。平台涵盖四项基本功能，分别为知识库，网络建设和能力提升，顾问服务、乐龄科技产品本地化和测试支援，以及效益评估。医院管理局推出遥距连接服务以方便研究人员在大学里遥距使用自助数据平台。自2021年下半年起，在符合医院管理局制定的隐私及安全要求前提下，2所本地大学的研究人员可通过遥距连接服务，在校园内指定场所里遥距使用样本数据。

"智慧环境"方面，政府采用多种方法改善环境。5月，在全港各区的目标小区灭鼠行动中，以及鼠患指数持续偏高的监察地区应用配合人工智能技术的热能探测摄录机，协助部署防鼠及灭鼠工作，并作为防治鼠患行动的量化评估工具。试行在公共厕所卫生洁具应用抗菌涂层、推出试验计划以利用物联网技术提升厕所管理及使用率。相关设备的安装及测试于第三季度起陆续在10间食物环境卫生署下辖公厕展开。对于污染监测，为期12个月的先导测试于2021年3月完成后，新的无人船系统在船湾淡水湖投入运作，进行水质监测。

“智慧市民”方面，政府在2021/22年度财政预算案中宣布增拨2亿2500万元，推行学校IT创新实验室计划，向全港财政资助的中小学提供资助，加强培训中小学生在课程以外的信息科技知识。6月，政府推出为期5年的“杰出创科学人计划”，吸引海外杰出科研人才及其团队来港设立实验室，进行各项研究项目，首两轮计划支持60多名学者。

“智慧政府”方面，政府在2021年起分阶段推行综合数码平台，将不同项目所收集的数据整合分析，推动工程监督系统数码化，以加强基本工程项目的监督及管理、持续监察项目各方面的表现，优化基本工程计划的管理。惩教署累积过去三年在不同院所测试各类型“智慧监狱”的科技项目的经验，不断改良及加入新元素，并将有关系统整合，打造第一代“智慧监狱”——大潭峡惩教所，于5月投入运作。“智方便”平台使用户通过单一数码身份认证接达超过170项政府服务。至年底，超过100万居民登记该平台。

“智慧经济”方面，政府为强制性公积金计划的行政工作开发“积金易”平台，3月成立强制性公积金计划管理局辖下的全资附属公司（即积金易平台有限公司），以推进“积金易”平台的发展。eBRAM中心（一邦国际网上仲调中心）于6月1日推出为亚太经济合作组织网上解决跨境商业争议合作框架而量身定制的网上争议解决示范程序规则，争取成为亚太经济合作组织网上解决跨境商业争议合作框架下的服务提供者。

“善用创新科技应对疫情”包括继续推行“居安抗疫”家居检疫系统、为不同业界和场所推行“安心出行”感染风险通知系统及流动应用程序，并于公众街市推广使用非接触式付款。

“智慧乡村先导计划”中，政府成立跨部门工作小组，为50个乡村处所提供免费Wi-Fi服务、分阶段提升电讯覆盖率及能力。并通过无线网络连接至区域交通控制中心，以便远程调整交通信号时间以配合路面交通情况。

（香港历史研究基金会）

【广州智慧城市建设】 2021年，广州市打造智慧城市。推动医疗健康信息互联互通，实现28所省部属医院、全部市属医院和公卫机构、62所区属医院和185个基层医疗卫生机构接入市全民健康信息平台，重点推进全员、死亡、慢病、家庭医生签约、妇幼等数据主题下发；医生为居民看病和健康检查时，可实时调阅其健康档案。15所互联网医院和4个第三方医疗平台开展“在线诊疗”服务，减轻医院诊疗压力、减少交叉感染风险。建设100所智慧校园实验校，全市超过10万名学生参与智慧课堂实验。构建大数据驱动下的公共交通智能化管理与服务体系，覆盖1.5万辆公交车，实现公交客流监测预测、自动排班发班。试点打造国内首条5G智能公交线（B27线路）。（广州市工业和信息化局）

【深圳智慧城市建设】 2021年，深圳市出台《深圳市智慧城市和数字政府建设2021年工作要点》《深圳市首席数据官制度试点实施方案》等智慧城市相关政策文件，起草《深圳市智慧城市建设综合改革试点实施方案（送审稿）》，加快推进数字政府综合改革试点。推动智慧城市应用场景建设。推出“秒批秒报一体化”“政务服务免证办”“宝安区家事情感纠纷智慧调处”等具有代表性和推广示范意义应用场景。加快建设城市数字底座。城市大数据中心一期、政务云二期项目取得概算批复。落实深圳—新加坡智慧城市合作谅解备忘录。第一批“跨境贸易无纸化”等9个合作项目签署8份谅解备忘录，取得阶段性成果；第二批“设立数字经济产业合作示范园区”13个合作项目签署5份谅解备忘录。深化智慧城市领域交流合作，召开深圳—新加坡智慧城市合作联合执行委员会第二次会议，在跨境贸易无纸化、跨境电子支付、科技型初创企业和中小企业服务平台等方面取得阶段性成果。深圳—新加坡智慧城市合作新签约跨境电子支付等10个项目。年内，印发“新城建”试点工作方案，成立“新城建”试点工作领导小组，成功申报智慧城市基础设施与智能网联汽车协同发展试点城市。“新城建”项目库初步纳入项目298个，涉及投资总额209亿元，其中完成项目81个，涉及投资26亿元。深圳市“新城建”试点工作获住建部认可，长圳项目构件智能化生产施工技术、大疆航测无人机工程应用等经验入选住建部智能建造新技术新产品创新服务典型案例。发布《光明科学城智慧城市专项规划》，搭建区级视频共享平台，打通城管、应急等行业领域和街道属地智慧监管通道。坪山区聚龙智慧城市研究院实体化运营。5G政务专网覆盖区、街政务办公场所，获第四届“绽放杯”5G应用征集大赛的智慧城市专题赛一等奖、全国总决赛二等奖。推动智慧城市交流合作。组织召开深新合作联合执行委员会第二次会议，推动深新双方签署第二批4个谅解备忘录，交流合作取得阶段性成效。12月27—31日，第二十三届中国国际高新技术成果交易会（简称高交会）以一展两馆+线上展会的形式举办，聚焦智慧城市公共安全，以智慧城市展和增设公共安全专区展现新型基础设施建设新发展、新趋势。其中，公共安全专区以“让世界看见您”为主题，聚焦全球智能安防新技术新产品，展示内容涵盖人工智能、智能视觉、安防芯片、无人系统、大数据、智慧城市、消防应急救援、交通安全等方面。智慧城市展设置生态圈、数字经济、人工智能等展区，涵盖“城市规划和管理”“城市安全和应急”的智慧城市顶层设计及解决方案，5G基建、工业互联网、智能制造、城市数据中心等基础设施发展及建设情况。智能环保移动公厕和母婴室、智慧垃圾箱、远程超声机器人等“黑科技”产品亮相该届高交会。同期举办2021亚太智慧城市发展论坛，汇聚政府代表、智慧城市领域顶尖专家、相关领域企业领袖等嘉宾，就智慧城市发展进行探讨。

【深圳数字政府】2021年，深圳市推进数字政府建设。在国务院办公厅电子政务办公室组织开展的一体化政务服务能力第三方评估中，深圳市继2019年、2020年居全国重点城市第一位后，于2021年实现三连冠；在2020年全国营商环境评估中，深圳市在政务服务一级指标中取得满分，连续两年居全国第一位；出台《深圳经济特区数据条例》，成为全国首部综合性数据法规；在全省数字政府网络安全指数评估连续两年排名第一位；市行政服务大厅获评首届广东省市县级政务服务标杆大厅。年内，成立市智慧城市和数字政府建设领导小组，印发智慧城市暨数字政府建设年度工作要点，编制“数字深圳”建设“十四五”规划，试点实施首席数据官制度，“全市一盘棋”统筹推进。出台全国首部综合性数据法规《深圳经济特区数据条例》，率先探索建立数据产权制度、数据产权保护和利用机制以及数据隐私保护制度。组织编制《深圳市智慧城市建设综合改革试点实施方案》《深圳市数据要素市场化配置改革实施方案》。推动开展数据生产要素统计核算试点，率先在中国数据生产要素统计与核算实践中迈出第一步。配合筹办2021（第十六届）中国电子政务论坛暨首届数字政府建设峰会，承办数据要素专题论坛。全年前置审核电子政务项目36个，涉总投资超13亿元，并配合财政审核小型电子政务项目318个。编制《深圳市电子政务项目评审专家库管理办法》，建立健全评审专家库运行管理机制。编写《深圳市电子政务工程质量报告（2020）》，为全市各级党政机关提供信息工程质量提升建议。年内，优化政务信息化工作机制，提升党政机关电子政务建设管理效率。统筹党政机关电子政务领导机制，以编制有关“十四五”规划为契机，谋划全市电子政务发展蓝图，以市委办、市府办一体化办公平台建设为切入点，推动全市党政机关电子政务一体化办公平台建设。强化创新引领，推动信创工作走在全市前列。

打造《基于5G的移动政务办公信创解决方案》，获得工业和信息化部创新奖。加快推进信创工程，提前完成信创任务。深化融合变革，打造高质量服务用户应用系统。政务办公平台同步建成综合办公应用、电子文件管理、数字档案室和人事管理4个子系统，针对用户反馈的痛点、难点问题，全面优化再造。增强业务能力，实现服务细致周到。1月8日，以“擦亮广东省大数据综合试验区名片”为主题的智慧龙岗2.0系列发布活动之龙岗区政务软件开发云平台上线启动仪式在龙岗智慧中心举行。该平台由龙岗区政务服务数据管理局、华为技术公司和中软国际股份有限公司联手打造，为全国首个落地上线的政务软件开发平台，集华为研发实践、前沿研发理念、先进研发工具为一体，是华为公司近30年研发经验结晶和龙岗区与华为公司合作共建、共建共享智慧城市的成果。新上线政务软件开发平台可解决政务软件开发管理中的痛点和难点问题，解决软件开发过程管理难的问题，实现政务软件开发管理全程可见、可控、可管，解决软件代码移交难的问题，实现政府部门对软件代码资产的有效管理，解决软件开发效率和质量问题，实现政务软件开发周期缩短，软件缺陷减少。国务院办公厅电子政务办公室将广东省深圳市龙岗区政务服务数据管理局列为全国一体化政务服务平台建设工作联系点，是全省唯一县区级联系点、全国14个工作联系点之一。（深圳市人民政府地方志办公室）

【珠海智慧城市建设】2021年，珠海市推进新型智慧城市建设，出台《珠海市新型智慧城市“十四五”规划》，设立珠海市智慧城市专家委员会，印发项目管理实施细则，为智慧城市规范运行保驾护航。智慧财政（一期）、智慧养老信息平台、智慧卫健一体化项目等第一期项目完成验收。完成智慧市场监管综合服务平台、智慧能源大数据平台（一期）等第二期项目建设方案评审，其中视频云平台新建人脸摄像机，接入社会视频，建立起视频资源智能化服务体系，服务航展、抗疫等城市安全保障。“绿水青山一张图”项目以卫星遥感技术为亮点，实现对定量遥感技术与城市综合监测服务实质性应用相结合的创新，支撑国土、规划、应急等部门业务需求。“最珠海”平台推出包括旅游交通、社保住房、教育医疗、政务办事等1200余项民生服务，承办市政府的“消费券”“暖心券”的发放活动。（梁晓琪）

截至年底，珠海联通基本实现5G网络全覆盖，政府单位、高校、工业园区、交通枢纽、主要交通干线、行政村等各场景实现覆盖，满足用户5G网络使用需求。和多家党政机关、龙头企业签署5G创新应用战略合作协议，推进5G数字技术与工业制造、医疗、教育、监管、应急、公安等行业融合。在5G+智慧医疗方面，珠海联通与珠海市紧急医疗救援中心合作部署5G+“120”救护车远程会诊系统应用试点，构建快速、高效、全覆盖的紧急医疗救援体系，具备一体化综合救治服务，实现救护车音视频同步传输、移动远程会诊、患者信息院前院内共享、急救车辆动态定位等功能。该系统建成后，医院专家可以远程对救护车上一线救护人员进行专业指导并提前制定抢救方案，为患者争取最佳救治时机。7月，在5G+工业互联网方面，珠海联通与国能珠海港务有限公司合作建设5G集群通信系统项目，以替代原有800M数字集群系统，攻克原对讲系统投资大、维护成本高、技术保护难等“壁垒”。（许国水）

【佛山智慧城市建设】2021年，佛山市被纳入广东省智慧城市综合改革试点。出台《“数字佛山”建设总体规划——佛山市智慧城市和数字政府建设（2021—2025年）》，提出以数字引领融合创新为主线，实施“数字+科创、数字+兴业、数字+惠民、数字+智城、数字+优政”五大应用引领，夯实“组织能力体系、数字基础设施、数字智能中枢、标准规范体系、安全保障体系”五大统筹支撑，塑造“数字佛山·善政智城”城市新名片。修订完善《佛山市政务信息化项目管理办法》，上线信息化项目管理平台，建立项目统筹清单，信息化项目统筹力度增强。启用佛山市政府网融媒体创新中心，优化网站服务，佛山市政府网实现全国地市政府网站绩效评估“十一连冠”。承办2021（第十六届）中国电子政务论坛暨首届数字政府建设峰会数字社会创新专题论坛，推动华南（广东）国际数据交易有限公司完成注册落户佛山，公共数据资源开发利用、公共数据资产凭证登记与评估试点工作推进。推动数据要素资源充实，至年底，全市105个部门530个系统超408亿条政务数据得到归集，数据共享平台交换数据96亿条。出台《佛山市政务服务标准体系（试行）》，发布84项自编标准，推进佛山市一体化在线政务服务平台应用，全市政务服务事项“一窗通办”率95%，网上可办率99%。拓展移动指尖服务，至年底，“粤省事”佛山专版上线62个部门1039项民生服务；“粤商通”注册81万个商事主体，上线40个部门422项企业服务；“佛山通”城市综合服务平台“政务服务专区”推出2000多项服务事项、227项“秒批秒办”事项。推进“跨省通办”，外地可办理佛山“跨省通办”专窗服务事项237项，佛山可办理南昌、贺州、海口等城市服务事项533项。推进政府补助（扶持）资金直达企业个人改革，在全国率先实现政府补助“秒到”企业和个人。全市所有公立医疗机构和公共卫生机构实现应用电子健康码开展服务。7月，国家卫生健康委统计信息中心发布全国卫生健康信息化发展总指数，佛山市卫生健康信息化建设水平在全国地级市中居第一位，应用水平居第三位，信息化发展总指数居第三位。禅城区社会治理中心大数据服务区对外服务，在全市范围内首次推出无感服务，实现“零申请推送”“依数据审批”。南海区建成智慧城市运行平台，依托网格员和无人机开展空天地一体化巡查59万多次，上报问题及事件19万多个，工单办结率99.49%。

（佛山市政务服务数据管理局）

【惠州智慧城市建设】 2021年，惠州市统筹实施“一网统管”，推动社会综合治理列入广东省试点，推动智慧应用落地，全市构建537个部门及行业的政务应用系统，智慧交通、智慧城管、智慧应急、智慧水利、智慧环卫、智慧停车等应用取得成效。

是年，惠州移动提升综合智家服务能力，探索“连接+终端+权益+服务”的创新发展模式，加快推进移动看家、全屋Wi-Fi、全屋智能、智能门锁、智能穿戴等服务进入市民家庭。至年底，联合物业建设的智慧社区208个，物联网连接数超过千万。加强科技创新研究，加快推动网络优化，联合华为公司共建创新孵化基地，共同研究发布“SDH（同步数字体系）现代化服务解决方案”，打造全球首个SDH现代化样板点。加快边缘计算能力建设，完成5G边缘计算项目一期建设，新建4套TOB UPF（面向行业应用的5G用户面数据转发网元）及边缘云设备，具备服务企业开展工业互联网、vCDN（虚拟内容分发网络）、VR（虚拟现实技术）/AR（增强现实技术）、云游戏等前沿业务探索和发展的能力。

（惠州市人民政府地方志办公室）

【东莞数字政府建设】 2021年，东莞市推进数字政府改革建设，“云网数”等数字底座夯实，数字政府项目全线启动，打造空天地一体化感知、雪亮工程、生态环境监测、疫情地图、“莞家”服务等系列亮点品牌，数字化赋能社会治理和城市服务的驱动力显著增强。

提速数字政府项目建设，数字化治理和服务能力提升。规划建设数字政府项目近百个，覆盖基础支撑、营商环境、社会治理、生态环境、疫情防控等领域。发布“莞家”系列品牌项目，“i莞家”整合全市各类服务APP，上线政务、社保、交通等12个领域150余项服务，成为统一城市综合服务平台；“电子市民卡”融合防疫、健康、政务、社保、借阅、门禁、消费等码功能，成为全省融合度最高的电子码，打造特色应用23个，构建“一码通城”新场景；“企莞家”

推出“政策直达”“诉求直通”特色应用，推送政策4600余项，企业诉求办结满意度98%；“数莞家”推出经济运行、社情民意、蓝天保卫、公共资源交易、疫情防控五大专题。空天地一体化感知基础服务平台服务于城市规划与实施、“两违”治理、“农民房审批”“污染治理”等重点工作。建成雪亮工程视频联网共享服务平台，形成全程全网的公共安全视频资源池和视频共享服务支撑体系，赋能东莞治安防控、城市管理和民生服务领域深度应用。是年，东莞市数字政府改革建设机制理顺。强化政策衔接和上下联动，完成数字政府改革建设中期评估，启动数字政府“十四五”规划编制，开展城市治理“一网统管”、首席数据官等政策制度理论研究。优化项目管理流程，建立例行沟通制、重点项目经理制、项目技术审核制等系列工作制度，加速数字政府项目建设落地。组建市属国有企业数字经济发展集团有限公司，加速构建数字政府“管运分离”模式。发布数字政府生态联盟，吸纳包括华为公司在内的70家合作伙伴，壮大数字政府专业领域力量。是年，东莞市夯实“云网数”数字底座，数据支撑效用增强。搭建政务云平台和政务云管控平台，对接广东省政务云平台，推动信息系统迁云，实现云资源统一可视、可控和可管。完成1072.71千米骨干传输网建设，为政务信息化业务提供高可靠、大带宽、低时延、高安全的物理网络平台，实现万兆到市、到镇。政务外网升级改造，形成高效统一的电子政务网络。强化政务数据汇聚共享，政务数据大脑与全市71个部门、344个信息系统对接，汇聚数据超300亿条，打通国家、省、市共享通道，发布国家和省级数据接口122个。强化证照数据共享应用，推动省市电子证照系统互联对接、证照信息自动同步，支撑全省范围内互认通行；全年汇聚电子证照近700万张，累计使用超2100万张。深化公共数据试点应用，开展经济运行监测、授权模式下政银互动应用、“区块链+不动产”等试点建设，探索数据要素市场化配置改革工作。

【东莞城市治理“一网统管”】2021年，东莞市聚焦数字化城市治理，加快推进“一网统管”体系建设。强化顶层设计，启动城市治理“一网统管”深度研究，系统谋划东莞城市治理“一网统管”建设工作。聚焦基层治理，启动基层治理综合调度平台试点建设，构建功能模块。融合基层治理数据，形成基层治理专题数据资源目录150多个和资源项4000多个。城市态势可视化感知，厚街镇重点场所、城市部件、风险源、治理力量实现可视化监测，摄像头视频监控可即时调取。（东莞市人民政府地方志办公室）

【中山数字政府建设】2021年，中山市推进数字政府建设，推进智慧城市综合改革工作，提升数字政府服务质量。

政务服务“一网通办”优化 印发《中山市政务服务质量提升大会战实施方案（2021—2022年）》，发动全市政务服务优势力量开展政务服务信息化支撑能力攻坚、政务服务覆盖面攻坚、政务服务效能攻坚、政务服务标准化攻坚、服务企业能力攻坚、数字化监管能力攻坚六大改革攻坚工作。推进政务服务“网上办、指尖办”，3344项政务服务进驻广东政务服务网，3289项服务实现“零跑动”。创新打造粤系列“精品中山”指尖服务专区，在“粤省事”政务服务平台、“粤商通”涉企移动政务服务平台设置“精品中山”专区，分别上线政务服务989项、涉企服务544项，覆盖群众546万人、市场主体近52万家。推进政务服务“四免”（政府部门核发的材料免提交、业务表单数据免填写，可用电子印章的免用实物印章，可用电子签名的免用手写签名）优化专项工作，创新推行322件“一件事”主题式服务，128件高频事项仅需提供“一份表单、一套材料”即可申办，60项高频服务事项实现机器自动审批。推动政务服务跨区域办理，实现450个事项“全城通办”，291个事项“湾区通办”“省内通办”，127个事项“跨省通办”，公证、不动产抵押、商品房购置等领域全省率先实现“跨境通办”。

市域治理“一网统管”推动 构建以“云网数安”（云平台、政务外网、数据中心和安全运营）为核心的一体化新型基础设施体系，建成全国产化政务云，超过500个政务信息化系统入驻。在省内率先部署支持IPv6的新一代电子政务外网，实现省市镇村四级纵深覆盖；建成市政务大数据中心，汇聚54个部门4612类数据近78亿条，累计交换、应用、调用149.5亿条次。建成电子政务网络安全运维中心，实现网络安全态势一屏感知、一键响应。聚焦城市大脑智慧应用，建设并上线经济运行、党群服务、公共安全等专题应用。

政府运行“一网协同”强化 推动政府内部运行和管理整体化、数字化、移动化。推广“粤政易”移动办公平台，6.3万人开通账户。依托“粤政易”建设地市级党政一体化移动办公平台，接入“中山天气”“数字中山”“中易办”等13个本地特色应用，开发移动审批应用，实现170个行政许可事项“指尖审批”。

政务服务大厅办事体验优化 上线“中山云预约”小程序，推行政务服务预约制，提供错峰、延迟办理等弹性服务。增设“办不成事”窗口，重点受理因首办窗口无法办结、需多部门协调联动，或因政策、系统、材料、服务态度、受理、咨询或审批环节出现阻梗导致多次跑、办不成等业务。创新推行“一跟到底”服务机制，强化“首办责任、一次告知、容缺受理”制度，确保企业群众“办得成事”。

2021年12月28日，由国家信息中心、亚洲数据集团主办的2021亚太智慧城市发展论坛和2021亚太智慧城市评选颁奖典礼在深圳举行，中山市凭借在新型智慧城市建设领域的丰硕成果，获“2021中国领军智慧城市”称号。

（中山市人民政府地方志办公室）

【江门智慧城市建设】 2021年，江门市启动新型智慧城市建设，一期启动“一网统管”、民生重点、政务服务、营商环境、智慧公安、新基建等项目建设。结合江门市被广东省政数局确定为省域治理“一网统管”试点地市的机遇，研究出台《江门市数字政府市域治理“一网统管”试点实施方案》，确定三年试点建设目标。启动“粤治慧”江门分平台部署，建设融合通信、数字孪生等基础支撑平台，开展“一网统管”社会治理创新应用，在水利、生态、应急、经济运行等重点行业领域开展智慧应用专题建设并取得初步成效：智慧水利实现综合监管，为重点水利业务场景提供全时感知、智慧管理；特种设备实现智慧管理，采取“全程追溯、在线管理、实时应急”，打造特种设备全周期监管体系；生态环保专题完成中屏建设，汇聚空气态势、气象条件等数据；疫情防控专题依托“一图展示”功能，汇聚网格化管理、流调队伍、隔离场所、风控地区、核酸采样点、防疫物资等数据。蓬江、台山、鹤山作为“一网统管”县（市、区）试点，加强试点工作研究，其中台山市“防减救”应急指挥平台接入气象、应急、水利、公安等30个部门的业务系统，实现“一张图”监测、指挥、调度，提升防灾减灾应急处置能力。鹤山市建设政务数据中台，实现部门数据“一张表”报送和企业全生命周期数据展示，上线“数看鹤山”，形成领导决策视图。

【江门数字政府】 2021年，江门市数字政府改革建设以赋能新时代侨都高质量发展为牵引，推动营商环境持续优化，智慧治理能力和社会数字素养提升。政务服务泛在可及、智慧便捷：创新政务服务“跨境、跨省、省内、市内通办”模式，1300多个事项实现通办，建成全国首个地级市政府设在港澳的综合性政务服务专区；市级和蓬江区、台山市行政服务中心获评广东省首届市县级政务服务标杆大厅；创新开展“政务服务摆渡人”行动，帮助老年人、残疾人等特殊群体解决“数字鸿沟”问题。政府效能优化、协同高效：不动产登记改革推进，“拿地即开工”“验收即发证”“交房即发证”继续走在全省前列；打造公共资源“阳光交易”，率先启动“粤视会+远程电子开标”新模式和省库专家二维码扫码入场管理；江门市惠企利民平台上线，让企业政策兑现有“高速路”。全市“数字”底座夯实：开启数据要素市场化配置改革，全国首发“自然人参保缴费”公共数据资产凭证，激发个人信贷活力。

【江门政务云构建】2021 年，江门市按照广东省政务云“1+N+M”布局，建成广东“数字政府”政务云江门节点，为江门市党政机关和重要事业单位提供高性能、高安全性、高可靠性的云资源服务。至年底，江门市电子政务云总运算能力为 31593 核 vCPU、内存总量 63603GB、存储总空间 2095.33TB，支撑各部门业务应用、政府网站 720 个，系统上云数量及云资源使用效益居于全省前列。根据省政数局测评，省政务云江门节点 2020 年项目综合评分 94 分，并列全省第二位。（江门市政务服务数据管理局）

【肇庆智慧城市建设】2021 年，肇庆市推进智慧城市建设，通过信息采集员分块负责对城区实施全方位、全时段扫描管理。建设“门前三包”智慧化系统，架起政府部门、社会企业（商户）、市民群众三者齐抓共管纽带。实现智慧化视频监控替代人工巡查，全天候守护城市秩序。共享城市管理动态信息，助力联动治理城市。实现全链条追踪、评价，使每件案件得到有效处置。成立肇庆市智慧化城管指挥中心，智慧化手段推动肇庆市城市管理工作。市、县两级数字化城市管理平台实现互联互通，全市平台一体化程度居广东省前列，并成为广东省地级市中第一个与国家城市综合管理服务平台联网对接并实现单点登录。年内，肇庆市市、县（区）一体化城管平台获中国智慧城市大会组委会颁发的“2021 年智慧城市先锋榜优秀案例三等奖”。

【肇庆数字政府建设】2021 年，肇庆市推进数字政府改革，深化“放管服”，优化营商环境。试点《广东省首席数据官制度试点工作方案》，探索构建市、县两级政府和市有关部门联动的首席数据官制度，明确 9 个市直部门和 5 个县（市、区）为首席数据官试点。建立全市首席数据官队伍，提升数据治理和数据运营能力水平；组织 16 个部门新增汇聚并治理 9000 余万条数据，推进省政府下达的公共数据开发利用试点应用场景完成落地实施，探索出惠企政策“免申即享”、劳动欠薪“自动预警”、招投标“智能监管”、产业链“智能匹配”等多项改革试点经验。打造肇庆市“一门式一网式”公共服务综合信息平台，构建市、县、镇（街）、村（社区）四级联动工作机制，实现“前台综合受理、后台分类审批、统一窗口出件”的“一门式一网式”政府服务模式，实现“一门受理、一网通办、一次办成”。至年底，全市 47 个市直部门、330 个县级部门、105 个镇（街）和 1554 个村（社区）进驻广东政务服务网肇庆专区，受理业务量 193.53 万宗，办结 185.28 万宗。肇庆市推进“无证明城市”建设，深化“最多跑一次”改革，探索“无证明城市”建设，联合司法部门梳理证明事项、证明材料，通过直接取消、告知承诺、数据查询、部门核验四种方式实现证明事项“无证明”办理，扩展电子证照、电子签名、免证办等业务应用场景，打造肇庆市减证便民服务平台。推进市政务服务大厅标准化、规范化建设，制定出台《肇庆市政务服务大厅管理规范》，完善延时服务、社会监督、投诉调解等制度规范，提升优化软硬件设施，市政务服务大厅被广东省评为“市级标杆培育大厅”。年内，省政数局发布的《2020 年部分地市政务信息基础设施部署资金项目实施评价报告》显示，肇庆市项目绩效评价得分并列全省第一位；省发展改革委发布的《2021 年广东省营商环境评价报告》显示，肇庆市营商环境排名并列全省第二档（广州、深圳为第一档）。

（肇庆市人民政府地方志办公室）

【广东居全国省级政府一体化政务服务能力评估第一位】2021 年 5 月 26 日，国务院办公厅电子政务办委托中央党校（国家行政学院）电子政务研究中心发布《省级政府和重点城市一体化政务服务能力调查评估报告》，广东以95.38的总体指数继续居全国第一位，继2018年、2019年蝉联全国第一名后实现“三连冠”。深圳、广州在32个重点城市中分获第一、第二名。评估报告指出，广东省以政务信息化体制机制优化为突破口，始终坚持政务服务移动化、一体化、精细化的发展方向，针对群众、企业和公务员群体不同办事需求，建设粤省事、粤商通、粤政易移动平台，推动行政管理和公共服务提质增效。

（广东省政务服务数据管理局）

【珠澳跨境数字服务联盟成立】2021年9月8日，珠海市政务服务数据管理局与市台港澳事务局牵头的珠澳跨境数字服务联盟成立，初期联盟成员43家。联盟旨在搭建两地政产学研合作交流平台，推动相关主体之间的互动交流、知识共享和深度合作，探索珠澳两地跨境公共服务和社会保障等领域的合作，打造更多跨境数字服务，推动珠澳数字化协同转型，促进珠澳两地繁荣发展。市政务服务数据管理局牵头搭建珠澳跨境区块链试验性平台，探索上线系列跨境创新应用。实现2021珠海数据开放创新应用大赛澳门赛区链上报名；澳门用户访问在珠居民医保资料行为记录上链存证；澳门居民跨境电子办税流程上链。

（杨浩航）

【“穗智管”上线】2021年，广州市打造“穗智管”城市运行管理中枢，建成广州市智慧城市运行中心。“穗智管”整合城市信息模型（CIM）、“四标四实”和时空云、视频云平台等全市信息化资源，在此基础上打造集三维立体地图、城市基础信息、视频监控、智能识别分析、跨系统实时通信等于一体的数据底座。依托数据底座，构建“穗智管”AI中台、区块链基础平台、大数据中台、融合通信、共建共享的数据资源体系。基于全量的政务数据、社会第三方数据以及实时城市运行感知数据，通过对接35个部门业务系统及11个区的“令行禁止、有呼必应”平台，归集超38亿条城市运行数据，形成城市体征数据项3258项；构建生态、水务、交通、城建、城管、应急、经济等24个应用主题，建成130多个城市管理和社会治理应用场景，实现对城市运行体征的实时监测和大数据分析应用。“穗智管”在重点领域构建跨部门、跨层级的协同联动应用场景。构建建筑废弃物运输车辆联合整治专题；在重大节日利用互联网人口热力大数据，分析人口驻留情况，实现重大节日活动的动态管控和“一图指挥”。联通市、区两级平台，赋能高发事件处置调度。对接广州市11个区“令行禁止、有呼必应”综合指挥调度平台、网格化管理系统等综合应用平台，实现市区两级城市管理事件数据的互联互通，融合贯通网格化基层治理渠道。输出能力清单，提升可信认证平台、底链平台、信用应用、电子印章、企业链码等基础底座支撑能力，建立“人、企、地、物、政”5张全景图，释放城市运行相关基础数据资源的“乘数效应”，为城市运行相关管理部门和基层组织提供数据支撑，优化城市公共资源配置。

（李锦芝）

【“信任广州”数字化平台上线】2021年11月25日，广州市政务服务数据管理局发布“信任广州”数字化平台，与首批10个境内外数字证书服务机构签订合作框架协议，与香港特别行政区政府资讯科技总监办公室签订《穗港可信认证服务合作备忘录》，推进跨区域、跨境可信互认和政务服务互联互通。“信任广州”数字化平台基于数字证书技术，利用区块链的高效确权存证、全程留痕溯源、多方可信共证等特点，建成全国首个区块链可信认证服务平台。平台利用区块链的可信共识、信息防篡改、应用可追溯等技术特性和数字证书的可信认证能力，实现实体可信，解决数字政府、智慧城市环境中政府机构、企业、个人等实体网络身份可信问题；实现业务可信，通过身份认证、电子证照、电子文书等“一链式”支撑，保障政务服务、企业经营的全程数字化和业务可追溯；

实现数据可信，保障上链数据、电子材料等内容、意愿的真实可信。平台不限区域引入各地可信认证服务机构，初步构建起广州区块链可信联盟链，实现各可信认证服务机构服务能力互通、互联、互认，构建大湾区数字信任生态圈，联通港澳、辐射内地，逐步迈向全球出行、投资、信用、资质凭证等互通互认，实现人流、资金流、物流和信息流的流通。（但莹）

【i深圳】2021年，深圳优化拓展“i深圳”服务。“i深圳”“深i企”注册用户分别超过1600万人、180万人。开辟“i深圳”公共法律服务专区。在“i深圳”平台升级居住证和居住登记系统功能，升级上线信息单功能，满足入学高峰期市民查询打印需求。在“i深圳”平台上线公安政务服务事项469项，实现281项公安政务服务100%网办。推进“智慧复议”建设，通过“i深圳”APP推出“掌上复议”功能，率先建成“深圳市行政复议办案平台”，实现办案效率和便民服务水平双提升。推动公共法律服务掌上办理，将律师服务、律师核验、公证服务、行政复议以及法治地图五大公共法律服务板块融合到“i深圳”APP中，解决新冠肺炎疫情防控期间市民出门办事实际困难，市民在家也能方便地接受公共法律服务。年内，“i深圳”APP围绕自然人生、老、医、学、住、行和企业法人登记、注销、经营、用工、金融、法律等全生命周期全生产生活场景，推行“掌上政府、指尖服务、刷脸办事”，加大“i深圳”APP应用推广力度。加强“i深圳”APP运营管理，规范功能服务、运营活动接入流程，加强安全和应急管理，完善咨询投诉问题处理机制，于1月22日印发《深圳市统一政务服务APP“i深圳”运营管理办法（试行）》，完善运营管理机制。助力打赢疫情防控阻击战，接入新冠疫苗预约、核酸检测预约等高频服务，避免新冠肺炎疫情防控期间疫苗接种点、核酸采样点等人流量过大问题。上线“深i企”防疫通服务，通过企业社保数据库和疫苗接种数据库大数据比对，在“i深圳”实时、全面展示企业员工疫苗接种数据情况，减轻企业重复报表、重复报数负担。“i深圳”汇聚融合全市8000余项政务服务和便民服务事项，累计注册用户数超1600万人，月活用户超1000万人。12月，“i深圳”APP获评2021城市APP综合示范奖。

（深圳市人民政府地方志办公室）

【中山政府数据价值流通应用实践获大数据“星河”标杆案例奖】2021年12月20日，由中国信息通信研究院、中国通信标准化协会大数据技术标准推进委员会共同组织实施的2021大数据“星河”案例揭晓。中山市政务服务数据管理局“基于隐私计算的政府数据价值流通应用实践”入选“隐私计算标杆案例”。该应用实践创新运用隐私计算技术解决政务数据的开放共享问题，实现政务数字要素的社会和经济价值。通过建设数据安全可信计算平台，结合区块链、安全传输、密码学等信息技术，在“原始数据不出域”的基础上实现政务数据核心价值开放，以大数据能力输出的方式推动金融机构实现高效审批、智能风控、融资监管等领域数字化升级，支撑小微企业低成本快速获得贷款，扶持企业发展做强。年内，通过隐私计算技术实现政银数据能力共享，促进中山金融机构推出以政务数据为基础的数字化授信模型，实现免抵押、“秒”批的“税融贷”“税易贷”等产品。

（中山市人民政府地方志办公室）

·网络安全水平提升·

【概况】2021年，广东省加强互联网基础管理，累计清理未备案网站接入1094次。开展互联网行业市场秩序整治，深化APP综合治理，联合开展商务楼宇宽带接入垄断整治、国际数据专线专项整治。（广东省通信管理局）

是年，广东省完成庆祝中国共产党成立100周年和第129、130届广交会等重大活动网络安全保障。做好网络安全事件和风险通报处置工作。组织开展网络安全工作责任制考核、网络安全大核查、“粤盾2021”广东省数字政府网络安全演练，提升网络安全保障能力。推动部署汽车数据安全工作，开展卫生健康行业个人信息安全保护专项行动，保障重要数据和个人信息安全。举办“2021 年广东省网络安全宣传周”，将网络安全进基层与“我为群众办实事”结合。组织实施网络安全校园“百千万”三年行动计划［分三批在全省以区（县、市或同级镇）为对象遴选管理有方、亮点突出、成效显著的示范区和创建 500 所示范校、示范园，培训 3000 名安全教育管理者和 3 万名骨干教师］，推动网络安全素养教育进校园进家庭。

依托广东省互联网业联合会开展互联网企业社会责任研究，发布《广东省互联网企业社会责任评价体系》和相关研究报告。指导省游戏产业协会编制《信息技术网络游戏未成年人监护系统技术要求》标准，发布《网络游戏行业社会责任管理体系》团体标准。推动省内网络社会组织发布《“坚决抵制非法网络社会组织净化网络社会组织生态空间”倡议书》，号召广大网民助力美好精神家园建设。

（广东省委网信办）

【香港网络安全保障】 2021 年，香港特别行政区政府计算机保安事故协调中心继续与警方、香港计算机保安事故协调中心和香港互联网注册管理有限公司合作，加强市民对网络安全的认识。网络安全及科技罪案调查科与社区、持份者及海外执法机关，共同打击科技罪案和维护香港的网络安全。年内，科技罪案的举报数为 16159 件，损失总金额 30.2 亿元。

（香港历史研究基金会）

【广州网络安全保障】 2021 年，广州市制定通过广州网信发展“十四五”规划及相关专项规划。做好 2021 中国网络媒体论坛属地保障工作，举办首届“湾区自媒体创新发展峰会”。制定印发《广州市党委（党组）网络安全工作责任制考核实施方案》，督促各级党委（党组）落实网络安全工作责任。开展 2021 年全市网络安全攻防演练，提升关键信息基础设施运营单位防护能力。推进网络安全综合监管平台建设。组织开展网络安全宣传周系列活动，举办网络安全进社区、“羊城杯”网络安全大赛、网络安全高峰论坛等活动，组织网络安全骨干培训，推广网络安全防护意识。实施《关于加快推进广州市网络安全产业发展指导意见》，推进网络安全产业发展。是年，粤港澳大湾区（广州）网络安全产业园挂牌成立。推动数字经济、数据流通发展，探索建立穗港澳数字经济创新要素高效流通体系，推动数据跨境传输试点建设。（广州市委网信办）

【深圳网络安全保障】 2021 年，深圳市坚守安全底线，提升数字政府和智慧城市网络安全水平。网络安全体制机制逐步完善。落实《深圳经济特区数据条例》要求，聚焦数据安全，突出技术优势，起草《深圳市电子政务外网网络安全工作方案》，开展《深圳市数字政府网络安全和数据安全事件应急预案》《公共数据安全基本要求》编制工作，逐步健全网络安全管理制度体系。电子政务外网安全取得成效。开展绩效评估、联合检查工作，将日常监测与年度考评相结合，全方位开展隐患排查，掌握全市网络安全工作。做到年初有部署、年中有跟踪、年底有检查，以查促改，以评促建，查评并举，不断动态优化检查指标和考评体系。重点开展数据安全风险评估和个人信息保护安全评估工作，组织网络安全宣传教育及线上线下培训，全市数字政府网络安全从建设、管理、运营及效果等各维度都走在广东省前列，是年以 85.24 分蝉联省数字政府网络安全指数评估第一名。攻防演练应急保障再上台阶。重点做好“粤盾 -2021”省数字政府网络安全攻防演练，组织专业技术力量对全市 35 个单位开展隐患排查和整改，演练期间对网络攻击主动运用蜜罐等技术展开数次反制，在攻击发现、消除、响应、溯源方面表现优秀，助力深圳市取得全省第二名的成绩，再度获得“优秀防守单位”称号。开展全市党政机关网络安全应急演练，指导各单位完善安全应急响应机制，提高协同作战能力，完成中国共产党成立100周年重点防护期全市政务外网网络安全应急保障工作。安全监测预警力度加强。建设完成全国首个与国家监测平台联动的城市级网络安全感知和应急处置平台，至年底，汇聚全市845个单位资产数据，累积1.2亿条威胁情报，登记266条应急专家队伍及物资数据，每日新增安全告警10万条。平台运用安全大数据和可视化等新兴技术，对全市数字政府网络安全进行全天候实时监测，发布网络安全漏洞及事件通报和网络安全预警信息。监测预警发现的问题及事件均全程跟踪、成功处置，为深圳市数字政府改革建设提供网络安全保障。安全信任体系建设初见成效。推进市统一电子印章管理平台立项工作，全年实现政府部门电子印章覆盖率100%，完成组织33个应用系统接入省统一平台，制章量和签章量均居全省第一位。配合市委组织部建设人员管理和身份认证管理模块，加快市可信统一身份认证管理平台立项。开展省统一身份认证平台单点登录工作，深圳市在广东省政务服务网11890个可网办事项单点登录率100%。全市123个政务服务系统对接省统一身份认证平台，规范对接率100%。数字证书退费替代顺利开展。梳理符合条件企业使用数字证书产生费用情况，编制退费和替代工作方案，开发退费申请系统，开展市电子政务平台数字证书费用返还和升级改造。把好宣传口径和资金监管要求，办理相关咨询259件，组织企业申请费用返还2412.03万元，兑现市政府惠企承诺。完成全市电子政务平台数字证书升级改造，实现企业使用市电子政务平台免交费。年内，组织开展《中华人民共和国密码法》宣传进机关、进企业、进校园、进社区活动，组织市商用密码行业协会、商用密码从业单位共同开展线上线下宣传活动，在全市营造“知密码、懂密码、用密码”氛围。制作《信息安全宣传手册》，为群众普及网络安全常识。完成“两会”、庆祝中国共产党成立100周年、“粤盾”安全演练等重要时间节点网络安全保障。落实网络安全工作责任制，完成等级保护、分级保护、密码测评，开展应急安全演练，开展网络安全防护和检查。做好检验鉴定、技术性证据审查，开展电子证据技术协助。

（深圳市人民政府地方志办公室）

【珠海网络安全和信息化】 2021年，珠海市网信委成员单位建立“7×24小时”联络会商机制，形成中共珠海市委网信办统筹，各区、各单位齐抓共管的网络安全工作格局；强化网络安全工作考核机制，采取各单位年末自评、工作组联考联评等方式，突出强化各单位责任落实。筑牢网络安全屏障。融合各区、公安和政务数据的网络安全数据，打造以市委网信办“珠海市网络安全态势感知平台”为轴心，市公安局“关键信息基础设施安全保护系统”和市政务服务数据管理局“政务网站云防护系统”为主轴，各区和重点单位网络安全防护设备为辅翼的三层立体化技术防控体系。消除安全风险隐患。走访全市重点单位20余次，通过现场座谈交流，提升被访单位网络安全意识，增强网络安全保障能力；采取线上检查和线下抽查相结合的方式，常态化开展网络安全保障检查，指导全市各单位统计、登记关键信息基础设施和重要信息系统。激活网络安全人才创新能力。利用中山大学、暨南大学珠海校区等高校开设计算机相关专业的优势，加强网络安全、人工智能等专业人才培养，支持金山、奇安信、新德汇等多家互联网企业开展在职技术人才培训和技能比武，依托网信专家充实“网安智库”，组织网信委专家咨询委员会23名专家开展“数据安全和跨境数据流动”主题征文活动。营造网络安全宣教氛围。上线“网信基地云展馆”，成功申请“市研学实践基地”“市网络文明素养实践教育基地”；借助“网络安全宣传周”扩大社会影响面，开通“网络安全公交号”公交专线8条，在市内地标性建筑、商场、路口等电子大屏播放网络安全宣传视频近千条次，形成党政机关带头、企业行业唱主角、全体市民参与，共同维护网络安全的局面。

（邱剑诚）

【佛山网络安全监管】2021年，佛山市推进网络安全专项执法检查工作，做好网络安全监测预警处置，开展网络安全宣传教育，全年全市网络社会大局平安稳定。在全市范围内组织开展网络安全执法检查行动，以国家关键信息基础设施、重要信息系统等为重点检查对象，采取现场检查、技术检测、跟踪督办相结合方式，检查单位3085个次，覆盖终端和系统4432个、移动应用程序1350个，发现689个系统存在高中危安全漏洞987个，发出整改通知书578份，下架违法违规应用程序107个，关停网站83个，行政处罚639次。推进“一网式”政府服务模式改革创新，实现网上办理等保定级备案和接收测评回执，提升网络安全等级保护工作效率。全年督促全市企事业单位完成等保测评信息系统，新增等保备案系统。做好网络安全监测预警处置，对全市各单位网络安全态势开展分析研判，处理市内多起网络安全事件，阻断各类攻击及病毒感染事件的扩散，防范重大网络安全事件发生。开展网络安全宣传教育，普及全民网络安全理念。

做好工业互联网安全和工业控制系统信息安全工作，指导企业开展工业互联网安全保障建设，增强工业安全生产的感知、监测、预警、处置和评估能力。出台《佛山市推进制造业数字化智能化转型发展若干措施》及配套操作细则，推动工业互联网安全态势感知、工业防火墙、入侵检测系统等安全产品研发和应用。做强做大信息安全产业，培育工业互联网服务商，建立工业互联网产业生态供给资源池，培育工业互联网平台，67家企业成为佛山市工业互联网产业生态供给资源池供应商，44家企业入选广东省制造业数字化转型产业供给资源池，海尔卡奥斯、徐工信息、富士康、腾讯、阿里云、用友6家跨行业、跨领域工业互联网平台落户佛山。督促企业及时整改工控系统安全问题，落实网络安全责任，加强工业互联网安全防护。摸查制造业企业工控安全情况，对市内重点工业企业开展工控安全检查，摸查企业系统安全、网络安全等方面的建设情况，帮助企业查找数字化建设薄弱环节和存在问题，提高企业工控安全意识。

（佛山市公安局　佛山市工业和信息化局）

【惠州强化政务网络安全监管】2021年，惠州市政务外网上联广东省，下联市内各县（区），横向连接150个市直政务部门。强化政务网络安全监管，每月对市直单位网站、云平台服务器、政务外网终端进行扫描和安全加固，联合中共惠州市委网信办印发11期政务外网网络安全情况通报。获评“粤盾–2021”全省网络安全演练防守优秀单位。举办“惠盾–2021”惠州市护网攻防演练活动，全年发现安全隐患115处，涉及66个市直及县（区）单位。完成“两会”、“七一”中国共产党建党节和国家护网行动期间政务网络安全保障工作。加强政务邮件系统建设，完成政务邮件系统的升级部署，为全市业务账号提供安全稳定的政务通信保障，支撑政务邮件收发。

（惠州市人民政府地方志办公室）

【东莞网络安全保障】2021年，东莞市通过《东莞市网络安全和信息化发展“十四五”规划》，部署对全市69个单位249个系统开展网络安全攻防演练。做好网络安全风险预警通报和安全事件应急处置，遴选出6个单位组建全市网络安全应急支撑队伍。组织开展建党百年网络安全专项检查、APP违法违规收集使用个人信息专项检查、数据安全和个人信息保护专项评估等。开展2021年网络安全宣传周活动，强化普法宣传教育，营造维护网络安全的浓厚氛围。指导麻涌镇、中堂镇开展“广东省数字乡村发展试点镇”建设，全市数字乡村建设初见成效。在“东莞干部培训云课堂”开设网络安全视频课程，举办网信干部能力提升培训班、新媒体学院常训营，提升网信队伍用网管网治网能力水平。组建24支队伍参加广东省“强网杯”比赛，5支队伍进入决赛、1支队伍位列前三名。

是年，东莞市部署开展“清朗”“饭圈乱象”“打击新闻敲诈和假新闻”“移动应用程序

PUSH弹窗突出问题整治”等各类专项行动，依法查处网上各类违法信息和违法行为，约谈违规平台，关停违法网站及账号，及时清理、下架违法违规应用，联合公安部门落地查处违法人员。健全互联网违法和不良信息举报机制，畅通举报渠道，受理处置网民举报，强化网络平台及从业人员监管。探索建立网信执法机制，制定网信“当场行政处罚决定书”，规范细化立案、取证、决定等环节程序。通过网络搜集整理涉劳动保障、经济运行、疫情防控、教育培训等领域社情民意，供领导决策参考和部门改进工作。成立“东莞市网络辟谣联盟”，主动参与网络谣言分析研判、核查澄清，获评“2021广东十佳网络公益团队”。

（东莞市人民政府地方志办公室）

【中山网络安全保障】2021年，中山市完善网络安全保障体系建设，打好网络安全工作基础，防范化解网络安全风险隐患，加强网络安全应急处置力度，筑牢网络安全防护屏障。落实网络安全责任。推动中共中山市委将网络安全工作纳入日常重要议事日程，适时通报网络安全态势。将网络安全工作责任落实情况纳入市委年度督查检查考核范围，对市直各单位、镇街领导班子和领导干部履行网络安全工作责任情况进行考核。强化应急能力建设。成立市网络安全应急指挥中心，落实7×24小时在岗值班工作制度。在全省率先通过粤政易平台上线网络安全应急响应联动系统，实现网络安全事件和预警高效流转和全程管控。联合广东省信息测评中心开展全市网络安全攻防实战演练。加强网络安全协调联动。做好中国共产党成立100周年等重大时间节点网络安全保障工作，持续开展属地网站网格化专项治理，营造清朗网络生态环境。组织开展全市网络安全大核查，重点对电子政务、医疗、供电、教育、广电等关键信息基础设施行业开展网络安全和数据安全专项检查。开展网络安全宣传。办好网络安全宣传周，举办中山市首届“香山杯”网络安全大赛，策划六大主题日活动，联动多个行业部门线上线下举办活动110多场，营造网络安全氛围。

（中山市人民政府地方志办公室）

【江门电子政务网络安全】2021年，江门市电子政务外网运行正常，安全态势整体评价为“良”，未发生造成重大影响的安全事件。江门市政务信息系统和网站纳入政务网络安全监控范围。全年收到其他部门转发的安全通告41起，本地监控中心发出的安全通告142起，所有通告100%完成整改。在中国共产党成立100周年、国庆、全国“两会”等重点防护期，市政数局安排专业技术团队落实核心机房和政务网络安全监控中心24小时值班值守制度，加强协调联动，保障江门市政府门户网站、政务网络、重要信息系统等关键信息基础设施安全稳定运行。强化政务网络安全日常监测，连续两年在“粤盾”广东省数字政府网络安全攻防演练活动中获“地市优秀防守单位”称号，承办首届数字政府建设峰会网络与信息安全专题论坛。

（江门市政务服务数据管理局）

【肇庆网络安全保障】2021年，肇庆市落实网络安全协调、信息报告和通报等制度，统筹协调关键信息基础设施保护工作，全市未发生较大或以上网络安全事件。把党委（党组）网络安全工作责任制纳入年度考核，压实各地各单位网络安全工作责任。常态化开展网络安全联合执法检查和网络安全应急演练，对全市用网单位、政务网站开展远程技术检测和现场执法监督检查，发现并修复网络安全漏洞1.6万个，发出限期整改通知、隐患通报89份，约谈责任单位18个。贯彻落实网络意识形态工作责任制，开展网络意识形态安全“护城河”、网上历史虚无主义有害信息清理等专项行动，压实属地网络平台主体责任，防范化解全市网信领域重大风险，全年未发生重大网络舆情事件和网络意识形态安全事件。

（肇庆市人民政府地方志办公室）

【粤港澳大湾区（广州）网络安全产业园获授牌】2021 年 1 月 19 日，粤港澳大湾区（广州）网络安全产业园在广州黄埔区获授牌，该产业园是广州市首个网络安全产业园。广州市与中国网安、绿盟科技、奇安信、360、启明星辰、安恒信息等企业达成战略合作，打造产业发展高地。

（穗鉴）

【中山市首届“香山杯”网络安全大赛】2021 年 11 月 21 日，中山市首届“香山杯”网络安全大赛决赛在电子科技大学中山学院举行，44 支队伍共 109 人参加。大赛吸引党政机关、事业单位、高校、安全企业及社会人士等组建的 333 支队伍报名参加，分为线上预赛和线下决赛两个阶段。决赛选出一等奖、二等奖、三等奖及优秀奖共 20 名，来自中山供电局的代表队获一等奖。（中山市人民政府地方志办公室）

能源安全保障体系建设

·能源供应结构优化·

【香港能源供应体系】香港电灯有限公司（简称港灯）负责供电给香港岛及邻近的鸭脷洲和南丫岛；中华电力有限公司（简称中电）供电给九龙和新界，包括大屿山和多个离岛。两家电力公司供应电力为 50 赫兹交流电，供电电压 220 伏特单相及 380 伏特三相。港灯与中电各自拥有输配电网，两个电网由跨海电缆连接。联网系统除可提供紧急电力支援外，还可让两家电力公司共享部分发电储备。联网电缆总输电量为 720 兆伏安。中电输电系统与广东省的电网相连，既可从广东省输入电力，也可向广东省输出电力。中电还从大亚湾核电站输入电力，核电站设有两座 984 兆瓦压水式反应堆，所生产的电量约 70% 输送给中电。此外，中电在 2014 年至 2023 年期间以临时形式，从大亚湾核电站多输入 10% 电力。位于广州从化的广州抽水蓄能电站第一期 1200 兆瓦发电量，中电拥有一半使用权。青山发电有限公司的发电厂和大亚湾核电站在非用电高峰时段所产生的电力，由从化的抽水蓄能电站储存，而抽水蓄能电站在用电高峰时段提供水力发电，以应付香港的电力需求。

住宅和工商业使用的气体燃料以煤气和石油气为主。香港有 196 万个使用气体燃料的住宅及工商业用户，以热值计算，这两类用户在 2021 年的煤气及石油气使用量分别占气体燃料总用量的 89% 及 11%。煤气生产厂房位于大埔和马头角，每日产量分别约为 1000 万立方米及 260 万立方米，经总长约 3700 千米的管道输送给用户。香港使用的石油气主要从海路输入，先储存于青衣的 5 个石油气库，再输送给用户，包括 70 个车用石油气加气站。天然气经海底管道，从内地输送至龙鼓滩发电厂和南丫岛发电厂，以作发电之用。此外，天然气还输送至大埔厂房及经地底管道由大埔输送至马头角厂房，用作煤气生产。另外，中电也经香港支线，从海底输入来自内地“西气东输”二线管道的天然气。

（香港历史研究基金会）

【澳门能源供应体系】电力　2021 年，澳门用电最高峰负荷日出现在 7 月 28 日，录得的最高负荷为 1037 兆瓦，比上年增长 8.6%。2021 年，澳门总发电量为 287 吉瓦时，比上年下降 23%。自内地购入的电量为 5192 吉瓦时，比上年增长 7%，占总用电量的 91.9%。自澳门垃圾焚化中心购入的电量为 170 吉瓦时。全年的总售电量为 5443 吉瓦时。为改善局部旧区的配电设施，自 2015 年到 2021 年底，旧区有 12 个临时变压房和配电设施先后建成投运。同时旧区内落成的新楼宇附建变压房，以及旧区小区和商业活动改变，使用电需求问题基本解决。在区外供电保障方面，南方电网加强电网抗风能力的建设，增加电源点及保供电源，开展内地向澳门输电主要相关线路的地下化，提高区外供电的可靠性。此外，继续进行第三条高压输电通道的配套变电站建设，建成后进一步提高输电能力，确保安全和稳定地供电，配合澳门社会经济中长期发展所需。改造低洼地区配电网方面，2021 年累计改善 218 个变压房。2021 年，澳门特别行政区政府延续电费补贴临时措施，继续补贴住宅用户每月每户 200 元，减轻居民的电费负担。

天然气　随着路氹区的天然气管网铺设的完成，连接氹仔与澳门半岛之间的过海供气管道开始兴建，预期 2022 年后供气网络将延伸至澳门半岛南部，完善半岛南北供气网络。2021 年实现对澳门半岛的供气，率先在望德楼公屋项目采用天然气。是年，澳门半岛天然气主干管网（约 34 千米）完成铺设 19.3 千米（完成 57%）。

能源效益和节能　环境保护局及相关部门持续按照规划，推动及落实引入及推广环保车辆的各项措施。截至 2021 年底，澳门有电动车 2407 辆，其中轻型汽车 1813 辆，重型汽车 261 辆，重型摩托车 274 辆，轻型摩托车 59 辆。自 2016 年开展“公共停车场安装电动车充电位计划”后，到 2020 年，已达到澳门首个五年规划中 200 个公共充电位目标。轻型汽车公共充电位分布全澳 42 个公共停车场及 7 处公共道路，提供免费充电服务。环境保护局与相关部门按具体情况，规划下一阶段公共充电车位计划。同时，适时检视及优化私人停车场充电位的申请程序及指引内容。为推广应用节能耐用的 LED 灯，政府订立 LED 路灯更换计划，逐步把全澳 1.4 万盏标准高压钠街灯更换为 LED 灯，达到节能、美观和安全的作用，到 2021 年底，更换计划基本完成。全澳各区更换的 LED 街灯占全部街灯总数约 54%。　　（摘自《2022 澳门年鉴》）

【广州能源供应结构优化】2021 年，广州市推进燃气安全排查整治，做好安全隐患清单化管理和闭环整改，强化燃气管道安全和家庭用气安全的监管，压实企业主体责任，遏制各类燃气安全事故发生；推进燃气企业综合改革，培育大型管道燃气企业，推动实行管道燃气特许经营制度和瓶装燃气市场整合，提高企业综合保障能力；精简用气报装流程，燃气接入外线工程行政审批时间压减至 5 个工作日，“获得用气”评价指标广东省第一位。

城市供气　2021 年，广州市推进获得用气营商环境 4.0 改革举措，出台《广州市加快推进城镇燃气事业高质量发展三年行动方案》，增城区、从化区先行先试“送气下乡”，增城区采取联供模式解决燃气供应衔接问题；推进管道燃气用户发展，全市新建红线外市政燃气管道 366.6 千米，新增管道燃气居民覆盖用户 33.98 万户，新增报装点火居民用户 17 万户，新增管道燃气非居民用户 3202 户。其中，白云区完成新增居民覆盖用户 15 万户，居全市首位，海珠区完成率 149.67%；推进 14 个惠民办实事项目，累计安装智能物联网燃气表 32.68 万个；开展燃气安全隐患大排查、大整治，累计排查整改安全隐患 6800 处。　　（马钊鸿）

城市供电　2021 年，广州市实现全口径用户平均停电时间 0.71 小时 / 户，剔除错峰限电后为 0.41 小时 / 户，进入世界一流行列；城市口径 0.44 小时 / 户，剔除错峰限电后为 0.24 小时 / 户，达到国际领先水平。完成 12 个高供电可靠性示范区建设，海珠琶洲及大学城、番禺思科智慧城、增城挂绿新城等区域实现全年“零停电”，天河珠江新城 CBD 平均停电时间小于 2 分钟，越秀、荔湾全区域年平均用户停电时间小于 5 分钟，供电可靠率历史性达到 99.999%。全年投入 6607 条公用馈线自愈，实现广州公用馈线自愈全覆盖。不停电作业 3.7 万次，比上年增长 22.6%。中压线路故障率 2.31 次 / 百千米年，比上年下降 13.4%。重复停电有效减少，重复停电用户比例 4.07%，比上年下降 48.85%。供电服务满意度在广东省和广州市公共服务调查中实现十三连冠和二十一连冠，第三方客户满意度 88 分。落实营商环境 4.0 改革，首创广州“四办（主动办、线上办、联席办、一次办）”举措，推行高压用户“三省（省力、省时、省钱）”服务，提升企业群众办电满意度和获得感。相关做法收录于国家能源局《全面提升“获得电力”服务水平专刊》予以全国推广。推动电力外线工程高压并联审批 5 个工作日办结、低压免审批常态化运转。深化与政务数据互联互通，推广电子证照和电子签章功能应用，“零证办电”“刷脸签约”事项由低压新装扩大至高压新装、更名过户、增减容等业务。推动“获得电力”与“开办企业”“建筑许可”等指标联动，深化多规合一、地下管线和建设工程审批信息共享。深化“登记财产”与“获得用水用气”“政务服务”指标联动，“电水气”同时进驻政务中心和不动产登记中心，实现不动产登记同步“电水气”过户，上线“电水气热网”联合服务平台，公共服务一站式报装。深化“获得信贷”指标联动。试点打造政企联席办公室，在黄埔区、南沙区，地方政府与广州供电局共同成立“优化用电营商环境联席办公室”。打造绿色用能主动服务平台。搭建广州市首个“信用+供电服务”应用场景，在越秀区成功受理首单“信易电”非居民用电申请，成为广东省第一个“信用办电”实践样本，实现用电申请从“零证办电”到“信用办电”的升级。开发并上线“穗碳计算器”小程序，为企业提供能耗和碳排放计算服务，助力企业绿色低碳发展。2021年完成电力需求侧总节电量3.71亿千瓦时，推动广船国际智慧空压站综合能源服务项目、广州国际银行中心签订中央空调系统节能改造项目、广州达镖国际广场中央空调系统节能改造及智慧运维项目等项目的实施。完成电能替代电量30.95亿千瓦时，推动广州市“交通强国”重点项目珠江游首批纯电动游船、广州塔财富码头船电设施等多个电能替代项目落地。启动广州市虚拟电厂试运行，出台《广州市虚拟电厂实施细则》并在广州市高质量发展专项资金中出资3000万元用于未来3年的需求侧响应奖励。广州虚拟电厂管理平台累计注册用户257家，全系统日前最大响应能力56.1万千瓦，实时响应能力8.86万千瓦。（广州供电局）

城市供水 2021年，广州市建立供水监督考核机制。印发实施《2021年市水务局对区供水行政主管部门内部评估表（试行）》《广州市供水用水条例落实情况专项检查工作方案》《广州市生活饮用水品质提升技术指引要点（试行）》。推进供水单元精细化管理，开展供水单元一图一表一排名信息核查。以社区（村）为单位，全面摸查居民供水单元，全市划定居民供水单元23379个，其中居民小区3833个、城中村263个、行政村853个、单体楼18026个、小型集中式供水设施404个。改造213千米市政老旧管网，其中高风险管网累计改造完成137千米，完成率64.3%。推进325个农村供水改造，至年底，进场施工323条、完成管道施工280条，完工通水195条（完成率60%），规模化供水工程人口覆盖率98.7%。继续推进2000年前建设的既无物业管理又无加压设施的181782户老旧用户供水服务到终端改造工作。截至年底，全市累计完成改造82610户（完成率45%），其中2021年计划完成33158户，已完成33579户（完成率100%）。加强供水安全管理。印发《广州市供水突发事件应急预案（修订）》，保障供水安全。是年，全市有37座自来水厂，日供水能力841.67万立方米，出厂水水质合格率99.97%，管网水水质合格率100%，水质综合合格率99.99%，集中供水普及率100%。1月6日，广州市获得第十批（2020年度）国家节水型城市命名。（黄玉玲）

【深圳能源供应结构优化】 2021年，深圳市编制形成《深圳市能源发展“十四五”规划》，做好能源电力保供工作，印发年度能源电力保供实施方案。推进光明燃机电厂等重大能源项目建设。推动坚强局部电网规划、建设和运行，在全国率先基本建成坚强局部电网。提升清洁能源占比，全市核电、气电等清洁电源装机占全市电源总装机容量比重远高于全国平均水平。年内，深圳市贯彻新发展理念，实现上网电量507.24亿千瓦时，比上年增长36.7%；垃圾处理总量1042.99万吨，增长18.33%。截至年底，深圳能源集团装机容量1648.71万千瓦，比2020年底新增装机536.48万千瓦，增长48.23%。其中，煤电663.4万千瓦、气电376万千瓦、风电292.09万千瓦、光伏发电135.62万千瓦、水电

101.15万千瓦。拓展新项目开发，多措并举推动工程建设，新增核准和并购项目装机容量383万千瓦，新获取垃圾日处理能力20880吨。河源二期两台百万机组投产。樟洋电厂二期如期在迎峰度夏前投产，缓解广东省电力供应紧张局面。光明燃机电源基地获批，巩固集团在大湾区重要能源供应商地位。

是年，深圳天然气供应能力占广东省比例超四成。大鹏新区集中多个国家级、省级核电、气电、天然气基地，其中液化天然气供应量约占全市70%、全省50%。深圳地区拥有管道天然气用户375.29万户，全年累计供应管道天然气23.36亿立方米，其中向城市燃气用户供应11.13亿立方米，向电厂用户供应12.23亿立方米；共运营燃气管线8481千米，其中高压管网147千米、次高压管网194千米、中压市政管网3608千米、庭院管网3012千米、低压管网1520千米，市政管网覆盖率88.75%，比上年末增加3.6个百分点。开展燃气安全隐患排查整治工作。加大燃气管道保护和用气安全宣传力度。全年新增城市燃气管道1136千米，累计长度8481千米，液化石油气钢瓶减少60万只。年末管道天然气普及率74.4%，比上年末增加22个百分点。全年新增用户113万户，超过“十三五”时期新增用户总量，年末用户总数373万户。城市天然气消费量21.1亿立方米，比上年增长10%。加强燃气管道保护，加强人防+技防+制度防，建立联防联控机制。与bp中国携手签署长期天然气购销协议，自2023年到2032年，深圳燃气每年可向bp中国采购天然气约22.5万~30万吨。成为国家管网第一批托运商，2021年向深圳LNG接收站申请4个窗口期，与深圳LNG接收站签署从2022年至2026年的中长期合同，每年2个窗口期。统筹安排，做好应急储备工作，保障天然气稳定供应。华安公司成为大湾区首家具备LNG加注船舶装船作业资质的港口企业，助力深圳打造国际LNG船舶加注中心。年内，修订并发布实施《深圳港船舶散装液化天然气运输及加注作业安全监督管理规定》，为海上LNG能源运输畅通和加注作业安全提供制度保障。促成亚洲区域合作专项资金项目——中国—东盟“液化天然气（LNG）船舶安全管理能力建设与合作”项目落户深圳，完成首期项目培训班。

（深圳市人民政府地方志办公室）

【珠海能源供应结构优化】 2021年，珠海市推进能源结构升级，推动洪湾深能、斗门华电热电联产项目列入广东省保障电力供应重点项目。实施重点项目减污降碳，完成珠海华丰纸业有限公司自备电站超低排放改造，推进珠海粤裕丰钢铁有限公司超低排放改造。完成24个排放改造项目、2家重点企业共90蒸吨生物质锅炉淘汰工作。（胡源）

是年，珠海供电局打造“珠海用电更有FEEL（Fine-可靠，Easy-便捷，Efficient-高效，Leader-引领者）”供电服务品牌，“获得电力”服务水平提升。电力营商环境优化。联合政府拓展多合一便民服务渠道，实现“帮办代办”“不动产登记+供电过户”等服务模式。出台“工程建设项目审批分类方案”，压减电力接入工程审批时间。建成珠海全域配网不停电作业示范区，推行预安排“零时户”管理。推动以自愈为目的配网自动化实用化建设，横琴粤澳深度合作区、金湾区自愈覆盖率100%，供电可靠性全国领先。建成现代供电服务体系。搭建前中后台架构，成立现代供电服务体系专班，提高前中后台业务运作效率。依托“南网在线”提供“基础+增值”服务，上线增值服务产品22项，赢单金额773.55万元。建立客户回访及评价机制，服务评价满意度100%。客户服务更加优质。完善互联网渠道业务应用场景，深化电子证照、在线签署功能应用，实现32项业务进驻政务网。打造“全员客户经理”服务模式，提升客户服务能力。强化客户诉求闭环管控，完成12398投诉管控目标。

是年，珠海供电局未发生有责任的四级及以上事件。完成中国共产党成立100周年、第十三届中国航展、横琴粤澳深度合作区揭牌、央视新年音乐会等重要活动保供电工作。全市用户平均停电时间0.33小时，比上年下降15.38%，供电可靠性继续保持全国前列。

是年，珠海市供电局融入和服务横琴粤澳深度合作区建设，应用全国首创横琴供用电规则，累计为客户节约投资近2亿元。建成11组国内首创的20千伏“双链环”馈线组，快速复电能力达“毫秒级”，实现客户无感知复电。低压客户、中压用户平均停电时间分别为27.08秒/户、135.54秒/户，分别比上年下降97.91%和85.52%，供电可靠性达国际领先水平。

（冯甘雨）

【佛山能源供应】 2021年，佛山市能源系统加快推动能源绿色低碳发展，推动能源高质量发展。全年能源消费平稳增长。全市全社会用电量780.79亿千瓦时，比上年增长9.92%；工业用电量472.29亿千瓦时，增长6.75%；最高电力负荷3次创历史新高，为1371.2万千瓦，增长2.33%。截至2021年底，全市新能源产业总产值477.9亿元。其中，分布式光伏发电项目累计并网13495个，并网规模累计超100万千瓦，年度发电量约98594万千瓦时，佛山市分布式光伏装机容量居广东省第一位；累计建成28个加氢站（其中油氢合建站6个，站内制氢—加氢一体化站1个），佛山市是国内加氢站建设布局最多的地市。截至年底，佛山市有上牌氢能源公交车1000辆，投运氢燃料电池物流车490辆，氢能有轨电车5列，氢燃料电池客车9辆，车辆安全运行达1000万千米。佛山市成为国内燃料电池汽车推广规模最大、安全运行里程最长的城市。探索多元化氢能终端应用场景，2艘氢能游船“仙湖1号”“嘉鸿01”下水试航，“氢能进万家”智慧能源示范社区项目启动，5台氢能叉车投入示范应用，佛山氢能示范应用在全国领先。截至年底，佛山市有以广东国鸿、飞驰科技、广顺新能源、广东济平、泰极动力、中车四方为代表的氢能企业150家，基本覆盖氢能制储运加供应链、燃料电池关键基础材料及核心零部件、燃料电池系统和终端应用等环节，产业链构建相对完善。（佛山市发展改革局）

【惠州能源供应】 2021年，惠州市优化能源结构和布局，促进清洁能源消纳发展，确保新能源“应并尽并”。加快推进嘉平、兴安等影响新能源接入及消纳的关键输变电工程建设，开展光伏电站送出线路工程建设工作；加快纳入投资计划的博罗公庄100兆瓦光伏复合项目、惠城汝湖200兆瓦光伏复合项目等送出线路工程建设。加快推进储能技术规模化应用，试点电网侧储能应用，在重过载变电站配置储能，利用储能削

2021年，佛山市加快推进能源基础设施建设，完成核准能源项目31个（含新建、扩建、改建），计划投资总额77.02亿元。图为华电佛山能源有限公司顺德站

（佛山市发展改革局供稿）

峰填谷，缓解主变重过载问题，提升供电可靠性。发挥中韩（惠州）产业园在储能产业的优势，推动企业级储能设施建设。强科技创新工作，参与惠州大湾区清洁能源中心和能源科技创新中心的建设，加强与地方政府在关键核心技术、产品研发、人才培养、成果转化孵化等方面的合作，共同促进新型电力系统建设和地方经济社会发展同频共振。建立现代服务体系，服务体系前中后台架构运转顺畅，在网上智慧营业厅上线22项增值服务产品，满足客户个性化、多样化需求。

加快新能源新型电力系统建设。推动纳入全省三个地市级新型电力系统示范区，广东电网公司与惠州市政府签订新型电力系统示范区合作共建框架协议，新型电力系统示范区规划纳入政府“十四五”能源规划，为争取电网投资倾斜和惠州市打造大湾区清洁能源中心和能源科技创新中心提供基础。促进电网规划与能源规划融合，为新能源投资主体提供“一口对外”并网服务，新能源并网服务效率提速，新增装机规模是前五年总量的2倍，全年完成6个新能源电站并网发电，总容量85万千瓦。在全省出台服务碳达峰、碳中和促进新能源消纳行动方案，明确五大方面15项重点任务，引导新能源发电与电网协调发展。

是年，惠州市铺设城市地下供气管网2560千米，基本覆盖市区各大片区。管道燃气报装用户72.88万户、投入使用38.86万户。全年供应燃气超2.4亿立方米。新增工程建设投入26306.55万元，完成市政管道竣工验收107千米。

是年，惠州建成世界级绿色石化高地。按照“大项目—产业链—产业集群”发展思路，石化行业有2200万吨炼油、220万吨乙烯、100万吨芳烃的年生产能力，在建160万吨乙烯、150万吨芳烃、500万吨PTA，基本形成上游炼油，中游乙烯，下游碳二、碳三、碳四、碳五、芳烃、碳九等产业链。惠州石化形成国企、民企、外企同台竞技态势，重大项目取得突破性进展：石化行业投资和产出增长，重大石化项目建设提速。中海壳牌SMPO/POD（苯乙烯/环氧丙烷和聚醚多元醇项目）、出光润滑油、宇新顺酐等项目建成投产；埃克森美孚惠州乙烯、恒力（惠州）PTA项目动工建设，中海油油品结构升级项目投资和建设进度提速；中海壳牌惠州三期乙烯项目转规划专家评估会通过。

打造大湾区清洁能源中心。核电、风电、光伏、水电、气电等清洁能源产业快速发展，太平岭核电一期工程2台机组开工，中广核海上风电一期于年底并网，惠州LNG接收站项目开工，中洞抽水蓄能电站前期工作推进，大亚湾石化区综合能源站等4个天然气热电联产项目获核准，开发分布式光伏和集中式光伏建设，是年光伏并网装机容量比上年增长42.52%。签约粤港澳大湾区首个全国领先的新型电力系统。

（惠州市人民政府地方志办公室）

【东莞能源供应】2021年，东莞市城镇天然气供气总量15.51亿立方米，瓶装液化石油气供气总量33.18万吨，天然气汽车加气总量0.59亿立方米，新建天然气管道185.18千米，全市燃气普及率99%。

是年，东莞电网最高负荷1849.97万千瓦，比上年增长6.61%。供电量993.26亿千瓦时，比上年增长14.62%，增量居广东省第一位。做好企业用电用能需求分析，科学合理安排灵活错峰，最大限度降低对企业生产的影响。提前投产东莞中堂悦湾电厂、中堂热电联产项目接入工程，提升电力供应能力120万千瓦。强化停电计划管理，避免因计划停电导致电力供应紧张。将“刚性执行错峰计划”调整为“严格落实网供指标”，促进政府科学安排错峰。梳理出符合要求的超计划限电线路478回、可切负荷167.2万千瓦，完成超计划限电序位表清理工作。做好用户分群管理，落实“动态+静态”错峰机制，签订1小时可调减负荷230.35万千瓦、可调增负荷154.7万千瓦，最大限度用足网供指标。开展安全风险隐患大起底大排查大整治，消除电缆沟火灾等重点安全隐患179处，完成124

个村居“三线”(电力线、通信线、电视线)治理。加强中压线路故障管控，中压线路故障率为2.24次/百千米，比上年下降29%。推动政企联动，促成政府部门印发《东莞市大面积停电事件应急预案》。建成全网首个应急指挥智能辅助决策系统，实现灾前科学备勤、灾中智能感知、灾后智慧决策。完成庆祝中国共产党成立100周年系列活动等重要保供电任务。

是年，东莞市加强能源供应保障，建立差别化电力保障机制，重点保障1000家重点企业用电，协调发电企业顶峰发电。实施一流电网千日攻坚行动，推动樟洋电厂、中堂电厂如期建成投产，宁洲、洪梅电厂等电源项目建设加快推进。统筹协调推进天然气管网建设，多渠道组织落实气源，保障全市全年约16亿立方米天然气增量需求，比上年增长52%。鼓励发展清洁能源，全市光伏装机达470兆瓦。

调整优化能源结构，推动自备电厂“煤改气”提速，全市自备电厂关停退出3家，全部实现改气7家，部分产能改气9家。新增纯电动网约车超过12000辆，累计建成充电站超1000座、充电桩超1万个。

（东莞市人民政府地方志办公室）

【中山能源供应结构优化】 2021年，中山市保障电力安全稳定供应，推动工商业用户全部进入电力市场，按照市场价格购电，取消工商业目录销售电价，对暂未直接从电力市场购电的用户由电网企业代理购电。贯彻峰谷分时电价政策，优化峰平谷时段划分，扩大峰平谷比价关系为1.7∶1∶0.38，实施尖峰电价，发挥电价信号引导电力资源优化配置作用。推进农业水价综合改革工作。做好规范性文件清理，废止《关于印发中山市生活饮用水二次供水价格管理办法的通知》《中山市发展和改革局中山市经济和信息化局中山市环境保护局关于实施限制类、禁止类和高污染企业用水差别水价的通知》。实施惠民价格政策，贯彻落实居民阶梯电价“一户多人口”政策，完善居民管道天然气阶梯气量核定办理。贯彻落实清理规范供水供气供电行业收费行为改革措施，经检查调查涉及退费金额203.97万元。

（中山市人民政府地方志办公室）

【江门能源供应】 2021年，江门市发电量521.6亿千瓦时，比上年增长11.66%。全社会用电量350.85亿千瓦时，比上年增长13.52%。其中，第一产业用电量17.44亿千瓦时，比上年增长18%；第二产业用电量235.58亿千瓦时，增长11.47%；第三产业用电量41.57亿千瓦时，增长25.89%；城乡居民用电量41.37亿千瓦时，增长9.95%。至年底，江门市电源装机容量1185万千瓦，其中煤电542万千瓦，气电131万千瓦，核电350万千瓦，水电15万千瓦，风电、光伏及其他共147万千瓦。500千伏变电站4座、500千伏开关站1座、220千伏变电站30座、110千伏变电站134座，主变容量3026万千伏安，线路总长度6260千米，江门市电网供电能力充裕，五个“万亩园区”、江门人才岛等重要开发区域均实现至少2座以上变电站全覆盖。

年内，江门市优化完善《江门市有序用电方案》，制订用电重点保障企业、优先限电企业、不可中断用电企业清单，对“两高”企业实行优先限电，保障重点企业用电和民生用电。协调解决华电福新江沙电厂、中电连海电厂等燃气发电厂顶峰发电燃气不足问题，督促燃煤发电企业按照省要求落实存煤量。印发《江门市地方电厂顶峰电量临时财政补贴实施方案》，调动地方电厂顶峰发电积极性。江门市电力有序供应，未发生大面积停电事件。印发《江门市能源发展“十四五”规划(2021—2025年)》，加快构建清洁低碳、安全高效的现代能源体系，推动能源高质量发展、实现碳达峰以及更好服务江门市改革发展大局。

是年，江门市排查出376个电力设施安全隐患点，排查油气长输管道安全隐患4处，全部完成整改。识别更新油气长输管道高后果区41处，排查出风险点危险源29处，督促企业严格落实风险管控措施，均在可控范围内。开展电力、油气管道保护宣传，印发《江门市石油天然气管道安全保护告知书》，联合供电企业开展安全用电宣传活动，提升全社会保护电力、油气管道设施的安全意识。

修编完善江门市大面积停电事件应急预案，制定江门市“压非保民”有序用气预案。指导各县（市、区）发展改革局、供电企业以及有关油气企业开展石油天然气管道安全生产事故、大面积停电事件应急演练，做好江门市石油天然气管道安全保护、电力安全生产工作。联合开平市人民政府、国家管网华南公司广东输油一部等单位开展2021年输油管道泄漏事故应急演练。4月30日，联合江门供电局开展2021年防风防汛综合应急演练。8月31日，联合广东省能源局开展2021年广东省（江门）“源网荷储”电力通信和信息安全应急联合演练，提升应对各类突发事件的快速处置能力和科学处置能力，保障江门市能源安全稳定供应。

是年，江门市天然气消费量为25.88亿立方米，比上年增长49.5%。其中，居民用气0.3亿立方米，商业用气0.26亿立方米，工业用气（不含发电用气）16.45亿立方米，燃气电厂发电用气8.76亿立方米。（江门市发展改革局）

【肇庆能源供应】2021年，肇庆市全社会用电量210.63亿千瓦时，居广东省第十二位，比上年增长15.55%。其中，工业用电量137.02亿千瓦时，比上年增长15.31%。围绕肇庆市“4+4”产业（做强新能源汽车及汽车零部件、电子信息、生物医药、金属加工四大主导产业，做优建筑材料、家具制造、食品饮料、精细化工四大特色产业）集群发展用电需求，成立重点项目电力服务专班，重点做好瑞庆时代、小鹏汽车、风华高科、肇庆万达等百亿级项目用电接入，推动330个大项目投产送电，比上年增长19.13%。建立电力招商引资靠前服务机制，提前储备电网配套工程45个，为企业节省电力接入工程投资2.88亿元。创造用电配套“宁德模式”，通过紧急立项方式加快110千伏领航变电站（罗湖站）建设，从项目需求提出到规划投产工期用时1年，为企业节省投资1.1亿元。新增变电容量18.9万千伏安，满足瑞庆时代首期投产用电需求。客户诉求管控取得成效，连续两年实现“12398”热线“零投诉”。供电服务九年蝉联地方政府公共服务公众满意度首位，“获得电力”得分在广东省排名第五位。

是年，肇庆市有燃气经营企业39家。建成液化石油气站28座，设计储气能力4000吨，年销售6.6万吨，家庭用户21.6万户；建成天然气储气站11座，设计储气（气态）能力894万立方米，国家西气东输接气门站4座，天然气管网1519千米，年供气总量14亿立方米，全市用户约29万户。（肇庆市人民政府地方志办公室）

【金湾海上风电场全容量并网投产】2021年4月2日，珠海金湾海上风电场项目55台风机实现并网发电，装机总容量为30万千瓦，预计年上网电量7.29亿千瓦时，可满足全市100万居民1年的生活用电需求。按火力发电标准煤计算，每年可节约标煤22.96万吨、减排二氧化碳45.63万吨。

金湾海上风电场是粤港澳大湾区建设规模最大的海上风电场，为广东省第二批启动建设的重点海上风电项目，2020年11月18日首台风机并网投产。项目全面并网投产后可助力粤港澳大湾区提升清洁能源比例，为珠海加快打造珠江西岸重要门户枢纽发挥电源支撑作用，对推动广东省能源结构转型、构建以新能源为主体的新型电力系统具有积极意义。

【南方电网累计对澳门供电量突破600亿千瓦时】截至2021年底，南方电网公司向澳门输送电量突破600亿千瓦时，为600.19亿千瓦时，实现对澳门供电量的历史新突破。是年，珠海供电局对澳门送电51.92亿千瓦时，年送电规模相当于1999年的26倍。自1984年以来，南方电网广东珠海供电局连续37年对澳门供电。南方电网公司与澳门电力公司建立粤澳联网工作、联网通报协调、应急抢修联动、粤澳联网调度运行应急“四个机制”，定期召开联网运行管理委员会联席会议和工作小组会议，及时协调解决联网运行中的管理和技术问题，共同确保对澳供电安全、稳定、可靠。

【横琴粤澳深度合作区和广东电网公司签署“十四五”战略合作协议】2021 年 12 月 10 日，横琴粤澳深度合作区执委会和南方电网广东电网公司在横琴签订“十四五”战略合作协议。双方就建立更加紧密、稳定、共赢的全面战略合作关系达成共识，共同建设“安全、可靠、绿色、高效、智能”的现代化电网，加快构建以新能源为主体的新型电力系统，把深度合作区打造为新型电力系统示范区，推行高可靠供电、数字电网和“碳中和”示范，构建“两高一全”（高可靠供电、高品质服务，全绿色动力）能源电力供应体系，推动深度合作区能源高质量发展，为合作区经济社会发展提供一流的电力保障和供电服务。（冯甘雨）

【惠州实现赣深铁路（广东段）全线“带电”】2021 年 8 月 30 日，惠州市投产 220 千伏赣深铁路博罗北牵引站接入工程。该工程与 8 月 27 日投产的 220 千伏赣深铁路惠州北牵引站接入系统工程通过“手拉手”实现赣深铁路（广东段）全线“带电”。两项工程新建铁塔 98 基和 220 千伏线路长度 35 千米，助力惠州深度融入粤港澳大湾区交通体系。

【惠州新型电力系统示范区合作共建】2021 年 12 月 9 日，广东电网公司与惠州市人民政府共同签订《惠州市新型电力系统示范区合作共建框架协议》，共同推进打造粤港澳大湾区首个全国领先的地市级新型电力系统示范区，支持惠州双碳目标的实现。

（惠州市人民政府地方志办公室）

【广东省海洋新能源创新中心在中山成立】2021 年，广东省海洋新能源创新中心获省工业和信息化厅批复筹建，实现中山市省级制造业创新中心零的突破。该中心旨在聚焦海洋新能源发电前沿共性关键技术的科技研发、成果转化与产业制造，抢占新能源发电产业领域创新制高点，阶段性地开展深远海大型海上风电机组发电技术、海水制氢技术、深远海电力送出技术、储能技术、波浪发电技术等前瞻性技术的研发，为海洋新能源发电提供强劲创新动力，形成自主核心技术和知识产权，引领服务海上新能源行业的发展。

（中山市人民政府地方志办公室）

·能源储运体系强化·

【粤港澳大湾区油气基础设施建设】2021 年，粤港澳大湾区气源供应多元，消费量居于全国前列，形成以粤港澳大湾区为中心，联通粤东西北 21 个地市的天然气输送网络，初步形成天然气广东省“一张网”格局。

油气基础设施方面，广东省统筹推进新建液化天然气（LNG）接收站和扩大已建 LNG 接收站周转、接卸、储备能力，重点推动广州 LNG 应急调峰气源站、国家管网深圳 LNG 应急调峰站、广东珠海 LNG 扩建项目二期工程、惠州 LNG 接收站等 LNG 接收站及储气设施建设。依托天然气主干管道布局建设配套管线，提升天然气互联互通、互保互供水平。重点推进珠中江干线、穗莞干线等项目建设。

（广东省大湾区办）

【澳门能源储运体系】输电网　澳门的输电网是由 26 座主变电站及 8 座高压开关电站，以及长达 1030 千米的 66 千伏、110 千伏及 220 千伏高压电缆所组成。粤澳联网系统由两个 110 千伏和两个 220 千伏联络通道构成，110 千伏联络通道分别连接至拱北变电站与南屏变电站，220 千伏联络通道分别连接至珠海变电站和琴韵变电站。11 千伏的中压输电网是由 1618 所客户变电房（11 千伏 /400 伏）、43 所中压开关电站组成，并由2504千米长的电缆连接。低压配电网则由986千米长的电缆组成，而公共照明电网拥有581千米长的电缆及15918盏街灯。澳电的输配电网几乎所有由地下电缆组成。

原水供应　珠海对澳门原水供应系统主要由两部分组成，分别是于1988年开始运作的南系统以及于2007年开始部分运作的竹银水源系统，两组系统由广昌泵站连接。2021年，珠海每日向澳门供原水约26万立方米，全年输入量9495万立方米。除冬春期间受咸潮影响外，原水水质基本达到中国地表水水质Ⅱ级标准（以《地表水环境质量标准》GB 3838—2002为评价标准）。

食水生产、贮存和输配　澳门的水处理能力为每天52万立方米。输配水方面，处理水库容（包括水处理厂清水池及高位水池）为7.6万立方米。供水主管网总长度2021年为640千米。以2021年底计算，澳门区域内原水水库（包括大水塘、石排湾水库）总容量为192万立方米，其中大水塘水库容量为168万立方米。2021年的总供水量为9270万立方米，比上年下降0.3%，平均日供水量25.4万立方米。年内录得供水量最高的一天为7月27日，供水量为28.3万立方米。2021年售水量为8631万立方米，日平均量为23.6万立方米。

（摘自《2022澳门年鉴》）

【深圳能源储运管理】2021年，深圳市制定新能源产业集群“六个一”工作体系，编制印发深圳市氢能产业发展规划，参与广东省燃料电池汽车示范应用城市群，推动国际氢能示范港、氢能公交示范线、加油加氢一体站等项目建设，推动燃料电池及氢能技术研发和产业发展。推动海上风电项目建设，制定推进分布式光伏发电若干措施。年内，制订保电方案，落实供电紧缺期、中国共产党成立100周年特别防护期、迎峰度夏、冬储保供等关键时期能源供应。保障油气长输管道安全，构建完善油气长输管道安全防护体系，开展油气长输管道及配套储运设施规划。（深圳市人民政府地方志办公室）

【珠海电网规划与建设】2021年，珠海供电局推进“安全、可靠、绿色、高效、智能”现代化电网建设，电网发展优化。科学规划电网发展。与横琴粤澳深度合作区执委会、市政府签订“十四五”战略合作协议。推动市府审议通过“2020—2035电网专项规划”，实现电网规划与城市发展规划结合。500千伏金鼎输变电工程获广东省发展改革委核准，为“四极两翼”蝶形电网规划目标实现奠定基础。加快网架建设。完成220千伏凤凰站、南屏站户内GIS改造工程，形成对珠海中心城区和澳门特别行政区供电的“电缆线路+户内站”通道。建成220千伏加叠线、110千伏保税站、莲溪站等输变电工程，提升电网防灾抗灾能力。全市首座低碳“超静音”配电房投产。做好供应链服务。强化专家入库及出勤率管控，评标专家出勤率99%。完成莲塘一级仓库绿色、智能化改造，实现智能仓库从无到有的突破。（冯甘雨）

【佛山能源储运管理】2021年，佛山市加快推进能源基础设施建设。全年完成核准能源项目31个，计划投资总额约77亿元；投产110千伏碧江输变电工程等主配网项目1673个，新增变电容量164.6万千伏安，完成电网投资约30亿元；新增高明绿能电厂并网容量7万千瓦；佛燃三水水都分布式能源站项目开工建设；新建天然气管网207.46千米；长海电厂1号、10号、11号燃煤供热发电机组按时关停；新增充电站23个，新建充电桩902个。

受广东省电力供应紧张影响，5月10日至10月7日期间，佛山市实施间断性有序用电。面对严峻供电形势，建立以分管市领导为召集人的保障电力供应工作联席会议制度，系统谋划实施精细化有序用电，提升电力供应能力。在省内率先出台发电企业财政补贴政策，发放财政补贴4350万元，调动电厂发电积极性。通过发电侧、电网侧、需求侧三端发力，化解电力供需矛盾，做到“限电不拉闸，限电不限民用”，保障全市电力安全稳定供应。开展电力、成品油经营企业2021年春节后复工复产安全培训教育，确保企业100%按照要求完成安全培训教育，新冠肺炎疫情防控和复工复产工作平稳开展。做好重要时期安全防护。督促电力企业加强“五一”国际劳动节、“七一”中国共产党建党节、国庆等安全生产特别防护期和疫情防控、汛期、中高考等重要节点全链条安全防范，保障全市电力供应安全可靠稳定。开展2021年“安全生产月”和“安全生产万里行”活动。开展安全生产大检查。统筹做好主管行业领域安全检查工作，牵头检查主管行业领域企业20家，发现安全风险隐患均整改到位，对电力、成品油经营和新能源汽车充电设施运营企业开展警示约谈。开展佛山市成品油零售体系“十四五”发展规划编制工作，科学谋划佛山市加油站的布局。以年检工作为契机，加强成品油零售行业管理，全市429家成品油经营企业通过2020年度全市成品油经营企业年检。　（佛山市发展改革局）

【惠州能源储运体系强化】 2021年，惠州市推进电网建设，出台推进重点电网建设、电力设施迁改、电力设施防外力破坏三个机制，采用“承诺制”“容缺审批”等非常规方式核准立项、审批。完成电网建设投资38.81亿元，投产主网项目29个，配网项目1205个，新增变电站15座，投产变电站座数及线路长度均居广东省第一位，投产数量及规模创新高。新增主变容量290万千伏安，新增线路长度287千米，完善电网网架，供电能力和供电可靠性提升。

是年，惠州市完成23个主网项目的核准工作，新增变电容量2008兆伏安，线路656.4千米，年度核准立项的项目总数和输变电工程数均居全省第一位，中低压配网总储备20亿元。提前45天完成广东目标网架工程年度前期任务，提前4个月取得崇文至紫荆、外环东段惠州段核准意见，目标网架前期总体进度居全省第一位。投产500千伏湾区外环中段（惠州段）、500千伏深圳中西部受电通道工程（崇文—紫荆）等目标网架工程。推进广东省目标网架前期工作，取得500千伏外环中段工程、珠东南网架优化工程、粤东中南通道改造工程、惠州至演达工程等项目核准。

是年，惠州市促成广东电网公司和惠州市政府签订“十四五”战略框架协议，为高起点规划和推进惠州电网发展提供保障。全市有关单位分别进入市县两级规委会，将惠州电网“十四五”规划86座变电站及2035年电网远景规划一次性纳入市县两级国土空间总体规划，实现电网发展与城市发展同频共振。

完成全市光伏电站接入电网消纳能力分析及光伏电站规划选点工作。参与惠阳区整区屋顶分布式光伏开发试点工作，与仲恺东江高新科技产业园管委会签订分布式光伏发电项目框架协议，投资约6000万元，建设光伏容量1.5万千瓦，有效投资屋面约20万平方米。推进电动汽车充电桩建设，投资建成充电桩1483个，覆盖55个乡镇，乡镇覆盖率76%。

5月8日，惠州市投产220千伏巨力（新桥）输变电工程，该工程是惠州第一座220千伏智能变电站。该变电站及其配套线路可优化惠州南部区域电网网架结构，满足地区经济发展的电力需求。7月16日，惠州市投产首个海上风电项目——惠州中广核惠州港口400兆瓦海上风电场项目接入系统工程，工程新建线路长度4.76千米，为中广核惠州港口一海上风电项目的并网发电打通一条绿色通道。该风电项目年上网电量7.06亿度，折合每年节约标准煤24.5万吨，减排二氧化碳24.775万吨。9月18日，惠州市220千伏川平站投产。该项目新增主变容量2×180兆伏安，新建线路长度67.808千米。川平站重构山区电网结构为山区连片建设发展和助力乡村振兴提供“造血”功能。12月4日，惠州市完成广东电网目标网架工程——粤港澳大湾区500千伏外环中段工程（惠州段）全部线路基础施工，在广东省各标段中较早转入组塔阶段。

（惠州市人民政府地方志办公室）

【肇庆能源储运】2021年，肇庆电网完成固定资产投资19.98亿元，投资完成率100.15%。投产35千伏及以上输变电项目18个，新增35千伏及以上主变容量92.6万千伏安，新增线路282千米。至年末，肇庆电网有35千伏及以上输电线路4352千米、变电站129座、主变容量1753万千伏安。其中，500千伏变电站2座，容量350万千伏安；220千伏变电站14座，容量651万千伏安；110千伏变电站78座，容量705万千伏安；35千伏变电站35座，容量47万千伏安。肇庆电网负荷、电量均7次创新高，日用电最高负荷353.6万千瓦，比上年增长7.51%；日最大供电量7450.2万千瓦时，增长9.19%。肇庆市落实“双碳”目标部署，服务粤港澳大湾区新型电力系统示范区建设，编制肇庆市光伏项目建设布局规划指导方案，推动新能源有序发展，全年受理新增光伏项目报装容量671万千瓦，消纳新能源电量9.24亿千瓦时，比上年增长8.08%，实现100%消纳。推动浪江、诜山、长滩、石槽4个抽水蓄能电站纳入国家抽水蓄能中长期发展规划，数量广东省最多。建成全省首个电网侧储能示范项目，首用储能技术缓解偏远山区用电高峰时段配变重载导致的末端低电压问题。成立整县屋顶分布式光伏业务专班，服务137个总容量为6.87万千瓦项目并网。推动电动汽车充电设施发展应用，新建充电桩308个，充电量868万千瓦时，比上年增长66%，充电桩市场占有率55%。是年，肇庆市完成替代电量10.2亿千瓦时，其中投产可量化电能替代项目877个，新增当年投产可量化电能替代电量7747万千瓦时，全省排名第六位。

（肇庆市人民政府地方志办公室）

【江门电网建设】2021年，江门市新建变电站4座，扩建3座，新增12台主变容量共197.5万千伏安，110千伏及以上输电线路22回共74千米，新增配变651台，配变容量26.9万千伏安，10千伏线路729千米。建成保障电力供应重点项目500千伏五邑站扩建主变工程，建成江门台山海宴镇200MWp（兆瓦功率）渔业光伏发电项目接入系统工程，投产江门首个预制舱式变电站110千伏广兴站、江门首座新一代智能变电站110千伏仲元站、江门首座220千伏全室内GIS（地理信息系统）智能变电站220千伏盘允站，江门110千伏丰盛输变电工程、新会双水发电厂热电联产一期接入系统工程投产。建设灵活可靠的配电网，建成投产1430项配网工程，建设配变651台，新增配变容量26.9万千伏安，10千伏线路728.9千米，配网自愈线路覆盖率为81.2%，可转供电率88.1%。

（江门市发展改革局）

【佛山天然气高压输配系统工程获詹天佑奖】2021年9月27日，中国土木工程学会2021年学术年会暨第十八届中国土木工程詹天佑奖颁奖大会在湖南省长沙市召开。会上对第十八届中国土木工程詹天佑奖获奖工程进行表彰，佛山市天然气高压输配系统工程作为唯一的燃气工程入选该奖项。该工程由佛燃能源集团股份有限公司建设运营，于2005年11月开工建设，2017年7月竣工，总投资近14亿元，建成160多千米天然气高压管网、4座天然气接收门站、2座液化天然气储配站、12座高中压调压计量站，在东南西北4个方向各接入一大管道气源。该工程服务佛山市140多万户居民用户和4700多户工商用户，年供气量超22亿立方米，日最大供气量超1100万立方米。该工程超前设计4.4兆帕超高压城市天然气输配系统，高压输配系统的可靠性、可扩展性和经济性都处于业内领先水平。该工程管网的单位长度年供气能力位居全国前列。

【凤城变电站获“鲁班奖”】2021年12月14日，中国建筑业协会公布，南方电网广东佛山供电局500千伏凤城变电站获“鲁班奖”。凤城变电站主体工程于2018年12月28日开工，2019年12月25日投产，是国内同类型占地最小的变电站，也是首批采用“中国芯”的变电站之一。

在工程建设过程中，邀请中国电力建设企业协会专家开展全过程指导，结合以往工程设计经验，采用技术成熟的新材料、新设备等先进技术，本着资源节约和环境友好的绿色理念，突破创新、节约用地、控制各种污染物排放，并建设智能辅助控制系统与机器人智能巡检系统，可实现无人值守模式。该工程取得省部级及以上质量控制成果 8 项，省级施工方法成果 2 项；获得发明和实用新型专利 19 件，省部级科技进步奖 9 项。

【第一届氢能制储运技术创新学术论坛】2021 年 12 月 7 日，第一届氢能制储运技术创新学术论坛在佛山市举行。论坛由佛山绿色发展创新研究院和中国技术经济学会主办，中国标准化研究院指导，佛山科学技术学院、佛山市氢能产业协会、广州市氢能产业发展联合会和中国节能协会氢能专业委员会协办。论坛以“氢动未来源自创新”为主题，围绕“氢的高效制备、氢的高密度储运、氢安全”等话题开展，采用线上和线下结合的方式进行，国内外专家就氢能政策解读与市场展望、氢能制储运前沿创新技术发展、氢能储能商业模式与前景分析、液氢工厂发展前景与液氢储运技术解决方案等技术方向作主题报告演讲。氢能领域的 400 名专家和学者参加论坛。（佛山年鉴社）

【广东省管网惠州—海丰干线项目】2021 年 7 月 10 日，广东省管网惠州—海丰干线项目举行开工仪式，8 月开工建设，惠州段全长 94.5 千米。惠州 LNG 接收站外输管道项目于 9 月 29 日开工建设，总长 115 千米。500 千伏粤港澳大湾区外环工程（惠州段）开工建设，开展珠东北开关站和输电线路的土建施工工作，线路塔基总计 346 基，完成青赔 346 基，完成基础浇筑 345 基。开展 14 座 110 千伏以上变电站建设，投产 220 千伏惠阳新桥站、惠城湖滨站、仲恺皓月站、惠东白盆珠站以及 110 千伏仲恺乐群站、仲恺创新站、博罗康达站、博罗夏寮站、惠阳振兴站、惠阳中新站、惠东中科站等 11 座变电站，其余 3 座变电站基建项目均在施工中。

（惠州市人民政府地方志办公室）

水资源安全保障

·水利基础设施完善·

【概况】2021 年，广东省基本建成集供水、防洪、防潮、排涝、灌溉、发电、航运等主要功能于一体的水利工程体系，有水库 7922 座，总库容 450.96 亿立方米，规模以上水闸 8312 座，堤防总长度 2.89 万千米，大中型灌区 477 个，有效灌溉面积 177.67 万公顷，泵站 1.7 万个，治理中小河流 1.3 万千米，农村供水工程 2.6 万项，农村自来水普及率 99% 以上，累计建成碧道 2900 多千米。4 月 18 日，中共中央宣传部授予东深供水工程建设者群体“时代楷模”称号。

（黄伟）

是年，全省完成水利投资 725 亿元，比上年增加 155 亿元，增长 27.2%，超额完成省政府下达的 700 亿元目标。其中大湾区内地九市完成水利投资 353.4 亿元，比上年增加 26.1 亿元，增长 8%。重大水利工程推进取得新突破，统筹推进韩江榕江练江水系连通后续优化工程前期工作，珠中江供水一体化，深汕合作区明溪水库供水工程，深圳市东江取水口上移工程，大湾区、东江、韩江干流治理等项目前期工作推进。珠江三角洲水资源配置工程完成投资近五成。西江干流治理工程全线开工，完成 26 千米的堤段治理，占需整治堤长的 40%。广州北江引水工程全线隧洞掘进、管道敷设完成率 42%。

（广东省水利厅）

【大湾区重要水利工程】珠江三角洲水资源配置工程　该工程任务是从西江水系向珠江三角洲东部地区引水，解决广州、东莞、深圳市生活生产缺水问题，提高供水保证程度，同时为香港以及番禺、顺德等地区提供应急备用供水条件。

工程线路全长113.2千米，年设计供水量17.08亿立方米，总投资353.99亿元。工程于2019年5月动工，计划2023年底建成通水。

广州市牛路水库建设工程 该工程是以广州市城市供水为主，兼顾防洪、发电的应急备用水源工程。工程新建水库总库容6663万立方米，工程平均供水规模为8.4万吨，每天发电站总装机容量为3000千瓦，总投资23.17亿元，工程于2018年8月开工，计划2025年完工。

广州北江引水工程 该工程是解决广州市花都区、空港经济区、白云区等广州北部片区供水需求，完善广州市中心城区应急备用水源的重大民生工程。工程远期（2030年）最大取水规模100万吨/天，输水主线路长26千米，总投资23.3亿元。工程于2019年10月动工，计划2024年建成通水。

柯灯山水厂取水口迁移工程 该工程是消除广州市增城区饮用水源环境隐患，提升饮用水安全保障水平，优化全区供水水源格局，落实广州市抗旱防咸保供水措施的重大民生工程。工程近期（2023年）装机最大取水规模为48万吨/天，远期规划最大取水规模为65万吨/天，输水主线路长21千米，总投资12.59亿元。工程于2020年11月动工，计划2023年底建成通水。

深圳罗田水库—铁岗水库输水隧洞工程 该工程是珠江三角洲水资源配置工程在深圳境内配套项目之一，其工程任务是将西江来水在深圳境内进行合理分配和使用，满足远期宝安区、光明区、南山区（部分）的供水要求。工程输水隧洞总长27.01千米，总投资58.02亿元。工程计划2022年5月开工，2025年5月完工。

深汕西部水源及供水工程 该工程拟建的水底山水库，是深汕合作区“一引、三蓄、二厂”（白盆珠水库引水工程，明溪水库、水底山水库、北坑水库、西部水厂、中心水厂）水源规划布局中的三座蓄水库之一，是合作区首座中型蓄水工程，年可供水1931万立方米，工程建成后，可缓解深汕合作区供水紧张局面，优化供水布局。新建水底山水库总库容为1929万立方米，输水管线7.38千米，总投资10.39亿元。工程于2021年3月动工，计划2025年12月完工。

中山北部片区取水口迁移工程 该工程目的为加强饮用水水源保护，保障人民群众饮用水安全。中山市北部取水口迁移工程近期主要实施中山市南头（黄圃）取水口迁移工程和中山市古镇取水口迁移工程。其中，南头（黄圃）项目立项总投资为4.75亿元，设计取水泵站规模26.4万立方米/天；古镇项目立项总投资为5.78亿元，设计取水泵站规模19.8万立方米/天。南头（黄圃）项目于2020年11月开工；古镇项目于2020年11月开工。

珠江三角洲水资源配置工程东莞市配套供水项目（沙溪分水口至五点梅水库群连通管工程） 该工程是珠江三角洲水资源配置工程在东莞境内配套项目之一，任务是将西江来水分配至东莞西部区域使用，满足滨海湾新区，虎门镇、长安镇的供水需求。工程输水管道总长12.45千米，总投资9.82亿元。工程计划2022年4月开工，2023年12月完工。

东莞市五点梅水库物理隔离工程 该工程是珠江三角洲水资源配置工程在东莞境内配套项目之一，任务是将五点梅水库隔离区雨水按50年一遇标准截流至水库下游，保障入库水质。工程包括新建渠道长2741米；新建调蓄塘水闸2座；新建五点梅水库生态堤长166米；新建公墓隔离墙长334米；马术场调蓄塘水生态修复工程。工程总投资2.24亿元。工程计划2022年6月开工，2023年12月完工。

珠三角水资源配置工程东莞配套松山湖水厂一期工程 该工程是珠江三角洲水资源配置工程在东莞境内配套项目之一，任务是在松木山水库南端，新建一座工程设计规模为110万立方米/天，采用全流程制水工艺的自来水厂，消纳西江水，满足松山湖园区、大朗镇、大岭山镇及长安镇的供水要求。工程总投资38亿元。工程计划2022年2月25日开工，2023年12月完工。

珠三角水资源配置工程东莞配套芦花坑水厂一期工程 该工程是珠江三角洲水资源配置工程在东莞境内配套项目之一，任务是在虎门镇芦花坑水库北部，新建一座工程设计规模为50万立方米/天、采用全流程制水工艺的自来水厂，消纳西江水，满足虎门镇、厚街镇、长安镇及滨海湾新区的供水要求。工程总投资20.5亿元。工程计划2022年6月开工，2024年6月前完工。（广东省水利厅）

【智慧水利】 2021年，广东省获得水利部智慧水利先行先试评估优秀等级，形成《广东省引调水工程信息模型应用标准》等8项规范标准，取得适应水政执法仪等7项专利成果、智慧河长系统V1.0等17项软件著作权，获得中国电子信息行业“盘古奖”等10项各类奖项。省域治理“一网统管”水利专题汇聚全省河道和水库6268个水雨情站点实时数据、1860个视频数据、12类水利工程基础数据和58类业务管理数据超过1亿条，初步实现水安全风险防御、水资源管理、水工程监管一网感知。编制广东智慧水利建设实施方案、广东水利工程信息化设计导则、广东水利数据资源管理办法以及6件智慧水利建设规范等。自主开发“数字江河”北江芦苞试验段的大屏展示系统，在智慧水利先行先试年度考核中被水利部评为优秀等级。省水利厅印发《广东水利优秀科技成果汇编（2014—2019）》，完成《广东省水利科技发展“十四五”规划》编制。（曾文凡　罗舒燕）

【广东省水利工程建设与管理】 截至2021年底，广东8项在建重大水利工程累计完成投资316亿元，占概算总投资的56%，其中2021年完成年度投资123亿元，占年度投资计划的121%。珠江三角洲水资源配置工程加快推进，48台盾构机全部完成始发，有9台盾构机完成掘进，隧洞累计掘进105千米，占隧洞总长的68%。韩江高陂水利枢纽工程于1月下闸蓄水，6月首台机组投产发电，至年底累计发电逾7000万千瓦时。韩江榕江练江水系连通工程建成，韩江鹿湖隧洞于6月29日通水，至年底累计向揭阳市供水1500万立方米。潖江蓄滞洪区建设与管理工程首批开工的16座穿堤建筑物主体工程完工。西江干流治理工程全线开工，累计完成26千米的堤段治理，占需整治堤长的40%。引韩济饶供水工程总输水线路贯通。广州北江引水工程全线隧洞掘进、管道敷设完成率42%。环北部湾广东水资源配置工程试验段隧洞掘进600米，湛江分干线的湛江市引调水工程全线隧洞掘进、管道敷设完成率75%。

是年，完成340个小型病险水库项目主体工程建设。治理中小河流560千米。公布不良信用行为记录274条，对121家水利建设市场主体实施信用扣分惩戒。

是年，广东省水库落实水库安全管理政府责任人、主管部门责任人和管理单位责任人。完成小型水库安全运行管理标准化建设2586座。社会化、专业化管护新模式改革在全省推开，小型水库采用区域集中管护的有3323座，采用政府购买服务的有883座。广州市花都区和增城区、深圳市龙华区和大鹏区、江门市蓬江区、梅州市蕉岭县6个县（区）通过第二批国家级深化小型水库管理体制改革样板县现场考核，国家样板县数量蝉联全国第一位。全省有2097座水库、2843座水闸、15803千米堤防完成管理与保护范围划定工作，完成国家管理水利工程管理与保护范围划定工作。（曾文凡　杨文滨　阳晃林）

【香港完善水利基础设施】 2021年，香港特别行政区政府继续进行把沙田污水处理厂搬迁至岩洞的前期建造工程，于7月展开主体岩洞建造工程。钻石山配水库迁往岩洞计划的详细设计完成，建造工程于2022年展开。有关设施搬迁后，可腾出32公顷土地作其他用途。2021年底，政府就工务中央试验所迁往岩洞计划展开勘查研究，并研究把屯门滤水厂迁往岩洞的可行性。推进沙田滤水厂原地重置工程（南厂）的主项工程和将军澳海水化淡厂第一阶段建造工程。监察用水的供求情况，并检视策略和采取适当行动，确保香港有可靠及可持续的食用水供应。

（香港历史研究基金会）

【广州水利设施】2021 年，广州市加强水土保持能力建设。水利部、财政部两次到广州调研小型水库管理体制改革工作，增城区、花都区获全国小型水库管理体制改革样板县，黄龙带水库管理中心，黄龙带水库一、二级电站 3 个安全生产标准化一级创建通过水利部现场评审，全市创建 6 座绿色小水电示范电站，水土流失治理任务超额完成，全市水利工程安全运行。落实 300 座水库、1161 座水闸、1.04 万千米堤防（岸）、1133 座泵站、161 座水电站防汛“三个责任人”（行政责任人、技术责任人、巡查责任人），做到每项工程有人巡、有人管。完成水系及水利工程基础数据摸查，完成 24 座水库大坝和 47 座大中型水闸的安全鉴定。水土保持目标责任年度考核优秀，水土保持率 95.12%，比上年增长 0.09%，是年，广州完成新增水土流失治理面积 16.08 平方千米，超额完成广东省下达的 15 平方千米治理任务，完成水土保持设施自主验收核查 367 个。完成 107 个村通水。规模化供水工程人口覆盖率 98.6%。

水利重点工程建设方面，广州北江引水工程（水源工程）是广东省重点水利工程，也是粤港澳大湾区基础设施互联互通项目之一，被列为广清两市高质量推进广清一体化发展和深化对口帮扶的重要民生工作内容，是解决花都区、广州空港经济区、白云区等广州北部片区供水需求，构建全市统筹调配的多水源安全供水保障体系，完善中心城区应急备用水源的重大民生工程。该工程于 2019 年开工，2021 年持续推进项目管道安装、泵站建设、隧洞掘进，累计完成沉淀池土建施工，2 千米钢管安装，隧洞掘进 5.7 千米；完成工作量 2.61 亿元，为年度计划的 104.46%；完成投资 3.32 亿元，为年度计划的 132.89%。牛路水库建设工程，是广东省重点水利工程，主体建设工程完成进场道路（含牛路桥）、进电厂道路（含夹水口中桥）、上坝道路、引水隧洞建设。截至 2021 年 12 月底主体工程累计完成投资额 2.32 亿元，完成工程总进度的 63.9%。完成土石方开挖 276.24 万立方米；完成土方填筑约 163.93 万立方米，开挖石方主要用于大坝混凝土骨料，部分不满足强度要求的石方用于回填；完成混凝土浇筑 26.6 万立方米，完成比例 66.5%。是年主要开展混凝土大坝、进水塔、水库管理区、发电厂房等部位施工。大坝完成第十五仓混凝土浇筑至 153 米高程。从化区水系连通及农村水系综合整治试点县项目，试点的 28 个项目全面完工。新市涌防洪补救与整治工程，完成主体工程的 94.85%。（黄玉玲）

【深圳水利设施】2021 年，深圳市水务局以打造水务精品工程为导向，加强建设全过程管控，提升信息化建设水平。罗田水库—铁岗水库输水隧洞工程获“龙图杯”全国 BIM 大赛一等奖，深汕西部水源及供水工程获“创新杯”BIM 应用大赛一等奖，固戍水质净化厂等 4 项水质净化厂工程在全国性 BIM 大赛中取得优异成绩，铜锣径水库扩建工程获中国水利工程优质（大禹）奖。年内，按照“水利工程补短板，水利行业强监管”水利改革发展总基调和“择优、创优、严管、重罚”水务工程建设管理要求，加强行为监督，提高工地质量安全管理水平。全年监督项目 366 个，开展监督检查 1101 项次，下发预警整改通知书 270 份，印发通报 18 期。开展质量检测 605 项次，检查检测建筑起重机械 242 台次，消除安全隐患 376 处。针对水务工程建设过程中的突出问题，开展防洪度汛、疫情防控、危大工程、有限空间作业等多种专项整治检查。推行质量安全红黑榜，完善评估方案、细化评估标准，开展质量安全检查评估，对全市重点在建水务工程质量安全状况进行打分排名，累计评估 404 标段次，发现整改质量安全管理行为问题 3370 个（质量管理行为问题 2096 个、安全管理行为问题 1274 个），现场质量问题 1187 个，现场安全文明施工问题 2403 个，发布 4 期质量安全“红黑榜”，创建水务精品工程，促进水务工程高质量建设。

（深圳市人民政府地方志办公室）

【佛山水利基础设施建设】2021 年，佛山市实施水利基建项目 119 个，完成年度投资 32.88 亿元。其中，25 个重点民生实事项目纳入中共广东省委“1+1+9”战略和乡村振兴重点项目，总投资 25.57 亿元。年内，大沙二站重建工程、沧江堤围达标加固工程（崇步段）完成；沧江水利枢纽重建工程完成一期主体工程；西樵太平排涝泵站工程、沧江水利枢纽重建工程获评为 2021 年度广东省水利建设工程文明工地；组织完成三水区西南涌北段综合整治工程、禅城区丰年一站扩建工程、沙口水利枢纽除险加固工程、南海区太平排涝泵站工程等各类工程验收 110 宗次，解决工程防洪排涝应急需要和一批历史遗留工程。由广东省水利厅主导的大湾区堤防巩固提升工程是与《粤港澳大湾区发展规划纲要》对接的水安全项目，匡算佛山市巩固提升堤段 764 千米，佛山市静态总投资 141.41 亿元。工程完工后，佛山市防洪标准进一步提升，北江大堤、佛山大堤、樵桑联围提升至 200 年一遇；罗格围、顺德第一联围、容桂联围、齐杏联围提升至 100 年一遇；群力围、南沙围、南铁鼎围、三山围提升至 50 年一遇。是年，佛山市有西樵太平排涝泵站工程和沧江水利枢纽重建工程 2 项工程获评为“2021 年度广东省水利建设工程文明工地”。其中，南海区西樵镇太平排涝泵站工程主要建设内容为新建泵站以及相关配套设施，总投资 1.61 亿元，采用新技术、新材料和新工艺，解决多个技术难题，并建立严密的建设质量与安全监督管理体系，实现安全生产零事故，建设进度快于预期，2021 年 11 月通过通水验收。沧江水利枢纽重建工程投资 2.79 亿元，于 2020 年 8 月开工，是佛山市在建的最大型水利工程，作为高明河的重要控制性工程和西江干堤的防洪屏障，保障高明区及南海区西岸的防洪排涝安全。

（佛山市水利局）

【惠州水利基础设施建设】2021 年，惠州市提升水利各领域监管规范化水平，完成水利建设投资 45.32 亿元，比上年增长 2.8 倍，完成工程量土方 425.94 万立方米、石方 103.58 万立方米、混凝土 38.44 万立方米、金属结构 6048.24 吨等实体工程量。

推进重点水利工程建设，全年 216 个项目完成水利投资 45.32 亿元。其中，中央规划内 27 个小型病险水库基本完成除险加固；全市治理中小河流 91 千米；新增农业水价改革面积 223 平方千米，改善农业灌溉面积 15.33 平方千米；在广东省第二个提前完成村村通自来水工程建设，新增保障农村集中供水 23259 人，实现全市自然村集中供水全覆盖；新建碧道 61.66 千米，超额完成省下达的任务，为市民群众休闲游玩提供更多水生态空间；完成惠州大堤（南堤）堤路贯通工程建设，江南大道惠城段全线通车；完成马安围平马围合围安全加固工程，实现市区东线堤围闭合；白盆珠水库完成除险加固，解决全市第一大水库白盆珠水库的安全隐患问题；白花河新开排洪渠贯通，防洪排涝治理工程建设推进；金山新城水环境综合整治项目实施；增博联和水库排洪分水闸工程动工。配合广东省开展东江干流治理工程社会风险评估、征地等相关前期工作；小金河长命湖洪涝风险治理工程前期工作开展；编制并印发实施《惠州市水利发展“十四五”规划》。

是年，惠州市制定全市小水电清理整改工作方案并建立联席会议制度，推进小水电安全生产标准化建设、绿色创建、生态监管、清理退出等工作，小水电清理整改核查评估报告及任务清单报广东省水利厅备案。全市 457 个水库均落实防汛“三个责任人”和大坝安全“三级责任人”，小型水库完成运行管理标准化创建。对小型水库、水闸、堤防等水利工程安全运行管理实行暗访督察，发现问题，整改销号，保障工程安全运行。全市 533 项农村集中供水工程全部实行定价收费，基本实现“以水养水”、长效良性运行。

【惠州加强水资源监管】2021 年，惠州市拓宽水资源监管举措，开展取用水管理专项整治行动，登记取水口 2475 个，建立整改目录及问题清单，立案查处非法取水案件 54 件，罚款 172 万元，审批取水许可证 547 宗。依托西枝江在广东省较早开展生态流量试点，完成 4 个国家重要饮用水水源地安全达标建设。惠城区被评为 2021 年全国节水型社会建设达标县（区），惠阳区县域节水型社会达标县（区）创建通过省水利厅验收，在全市高校推行合同节水。

加快推进智慧水利建设　2021 年，惠州市智慧水利项目建议书和可行性研究报告编制完成，涉及全市水库、水闸、堤围的险工险段、水电站、排涝泵站、中型灌区、农村饮水、湖泊、万里碧道、流域面积 200 平方千米以上河流河道等全市水利工程和江河湖泊的感知建设，申报纳入三年滚动计划。全市各级水利部门推进全域感知网络平台、水利“智脑”支撑平台和水利智能应用平台建设的前期工作。

增强依法治水管水能力　2021 年惠州市制定印发依法行政工作方案，落实“谁执法谁普法”责任制，开展法治教育培训，提升干部职工的法律意识和执法能力。在“世界水日”“中国水周”宣传、日常巡查执法、河湖宣传保护等活动中，推进水利普法和水情教育，提升全社会良好的水法治观念和节水爱水护水意识。深化“放管服”改革，提高行政审批效能，市一级政务服务事项网上办理率和政务服务大厅进驻率均实现 100%，在市直部门中较早推行证明事项告知承诺制工作实施方案和清单，发放取水许可证和河道采砂许可电子证照 564 个，方便企业和群众办事。　（惠州市人民政府地方志办公室）

【东莞水利水务工程建设与管理】2021 年，东莞市用水总量 21.06 亿立方米，比上年增长 7.4%；万元地区生产总值用水量 19.4 立方米，下降 4.5%；万元工业增加值用水量 12.99 立方米，下降 13.6%。全市水厂年供水总量 16.73 亿立方米，日供水量 458.47 万立方米。竣工重点水务工程项目 7 个。全市水务工程建设年度计划总投资 39.29 亿元，完成投资 31.91 亿元，其中在建重点项目 2 个，年度计划总投资 22.72 亿元，完成投资 23.84 亿元。沿海水乡片堤防达标加固建设完成 57.59 千米，石马河干流防洪及景观提升工程建设完成 42.6 千米。桥陇河河道综合整治工程塘厦段完成 96%。鸿福西路东莞市民艺术中心片区内涝整治工程，东莞市中小河流治理重点——综合整治和水系连通试点麻涌 –4 项目区、麻涌 –6 项目区，中堂镇蕉利村堤防达标工程，东莞职教城、职业教育及模具产业融合区片区水环境综合整治工程，东莞大堤局部堤段除险加固工程，深圳外环高速公路东莞段塘厦高架桥涉及雁田水河段河道整治工程等项目通过竣工验收。茅洲河界河段综合整治工程（东莞部分）获得中国水利工程优质（大禹）奖。

是年，全市各级河长累计巡河超 6.8 万人次，发现并落实整改问题超 2.3 万个，建成碧道 165 千米。治理污染河涌 217 条，城市建成区 22 条黑臭水体通过“长制久清”专家评审。治理水土流失面积 8.11 平方千米。抵御强降雨等洪涝灾害天气 76 次，消除城镇易涝点 16 个，应对东江流域 60 年来遭遇的最严重旱情并咸潮上溯。全年拨付水库移民后期扶持资金 4252.7 万元，惠及扶持人口 2.17 万人。依法审批涉水行政许可 657 宗，投入使用电子证照 15 个，向镇街下放事权 50 项。水政监察执法查处、处置水事违法行为 81 宗。印发实施《东莞市城市内涝治理系统化实施方案（2021—2025 年）》。年内，广东省通报东莞市水务局评为 2019—2020 年全省脱贫攻坚突出贡献集体、东莞市 2020 年度水土保持目标责任制考核评为优秀等次。

是年，东莞市成立水库泵站水闸堤防标准化建设工作专班，启动编制全市水利工程标准化管理指南。完成松木山和横岗等 2 座中型水库、108 座水闸安全鉴定。对 11 座小型水库进行除险加固。完成 15 座小型水库安全运行管理标准化二级建设，所有 111 座小型水库安全运行管理达到标准化建设要求。按计划推进水利工程运行安全隐患整改落实，整改 2018 年以来广东省水利厅检查发现反馈问题 28 个、水利部暗访发现反馈问题 247 个。对市区及直属单位泵站、水闸开展机电设备隐患专项摸排，发现问题 155 个，年内完成整改 19 个。

（东莞市人民政府地方志办公室）

【中山推进水务工程建设】2021 年，中山市推动水务工程年度计划和基建计划工作贯彻落实。全市水务项目完成投资 52.2 亿元，其中非中心组团未达标水体整治 40.86 亿元，取水口迁移工程 1.86 亿元，其他水利工程 9.43 亿元。补齐污水设施短板，统筹城市污水处理提质增效、污水管网建设及管检测修复、污水处理厂扩容工作，加快建立排水管理长效机制。提高供水安全保障，推动实现中山市"供水一盘棋"格局。推动万里碧道建设，打造碧道精品。完善防灾减灾体系建设，应对"查帕卡""狮子山""圆规"等台风，全市水利防洪工程安全零事故、险情零报告、人员零伤亡。重点治理河湖乱象，6 月，完成曾哥谭小水电站退出工作，在广东省率先实现全市小水电站全部退出，累计拆除报废市属小水电站 5 座和强制关停私营小水电站 1 座。完成 2022 年水务年度计划和基建计划编制工作。申报 2022 年省市重点建设项目 12 个，申报 2022 年市重点前期预备项目 2 个，分别为西河泵站工程和长江水厂与大丰水厂双水源保障工程。4 月 29 日，中山公用水务供水服务热线班组获"全国工人先锋号"荣誉称号。

（中山市人民政府地方志办公室）

【江门水利基础设施】2021 年，江门市实施潭江河流治理工程。该工程列入国家、广东省江河主要支流、重点独流入海河流治理项目，包括恩平、开平、台山、新会四段，加固堤防总长 76.89 千米，重建、加固改造穿堤建筑物 172 座，批复概算投资 8.73 亿元。工程于 2018 年 10 月开工建设，其中台山、开平、恩平段完工，新会段按工期计划推进，累计完成投资 7.39 亿元。

是年，中小河流治理（二期）项目 2 个，恩平市三山河治理工程、那吉河治理工程开工建设，2 个项目累计完成投资 3276.1 万元。

是年，江门市被列入全国防汛抗旱水利提升工程实施方案的小型水库除险加固工程有 35 项，批复总投资 1.74 亿元。35 项工程全部完工，累计完成投资 1.74 亿元。

实施江新联围加固工程，该工程批复概算 4.13 亿元，包括加固堤防长度 57.349 千米，加固穿堤水闸 28 座、重建穿堤水闸 4 座、重建穿堤涵窦 16 座、重建或新建电排站 12 座、改造加固电排站 2 座。工程于 2019 年开工，累计完成 3.42 亿元。

实现全域农村自然村集中供水全覆盖。台山、开平、鹤山、恩平完成年度受益人口覆盖建设任务的 100%，完成覆盖集中供水或旧管网提质增效自然村 478 个，受益人口 8.24 万人。其中，台山市完成覆盖集中供水自然村 43 个，受益人口 0.44 万人；开平市完成覆盖集中供水自然村 188 个，受益人口 2.80 万人；鹤山市完成旧管网提质增效自然村 77 个，受益人口 1.97 万人；恩平市完成覆盖集中供水自然村 170 个，受益人口 3.03 万人。（江门市水利局）

【肇庆水利基础设施建设】2021 年，肇庆市完成水利投资 24.8 亿元，比上年增长 41.9%。其中，投入资金 10.05 亿元，提前完成 2770 个自然村 14.16 万户 60 万人集中供水攻坚任务，年度任务完成率 100%，成为广东省第五个完成攻坚任务的地级市，完成人口数居全省第三位。投入 7.33 亿元对往年已建成农村供水工程进行巩固提升，惠及 2944 个自然村 14.58 万户 63.35 万农村人口。全市 13759 个自然村 82.27 万户 352.26 万农村人口实现集中供水全覆盖。推进西江干流治理工程（肇庆段）项目，年内完成投资 5.96 亿元，超额完成年度投资计划任务。2018 年以来，完成中小河流治理工程项目初步设计审批 126 个，实现项目动工 100 个，完成项目投资 17 亿元，完成治理河长 1013 千米，是年完成治理河长

192千米。至年底，列入省汛期灾后水利薄弱环节建设实施方案的5个小型水库加固项目完成竣工验收，列入省防汛抗旱水利提升工程实施方案的5个小型水库加固项目完成主体工程建设。全市完成新增水土流失治理面积104.31平方千米，完成省下达计划任务的118.55%。

（肇庆市人民政府地方志办公室）

【广州5G智慧供水】2021年，广州自来水公司推广5G技术应用，构建智慧应用场景。完成北部水厂智慧安防平台一期建设，实现水厂"数据全融合、状态全可视、事件全可控"。深化智慧水厂5G+AR技术，开展5G+AR眼镜和远程协助系统项目，远程诊断并指导水厂、管网维修抢修，推动资源有效配置和工作效率提升，5G智慧水厂实践成果获2021国企管理创新成果（案例）一等奖。推动从5G水厂到5G智慧服务厅延伸，广州首个以智慧供水为主题的服务厅在大源村揭牌运行，并入选2021年广州市数字经济领域优质应用场景示范项目。

【广州打造首座全地埋式智慧净水厂】2021年，广州净水公司以地埋式净水厂沥滘净水厂三期为试点，运用大数据、物联网、5G、人工智能等前沿信息技术，打造全市首座全地埋式智慧净水厂，生产关键环节实现全过程、全方位、全智能控制，项目入选2021年广州市数字经济领域优质应用场景示范项目。该项目实时监控全过程水质，通过精准曝气、药剂智能投加实现节能降耗、降低人工负荷，构筑越界行为、安全帽识别、水浸、烟火异常、安消联动等10个智慧化应用场景，实现AR眼镜、机器人辅助巡检，提高效率，同时可通过AR开展远程协助。全地埋式智慧净水厂的建成，提升广州水务行业智慧化运营管理水平和公共服务能力。

（曹浏）

【珠江三角洲水资源配置工程（东莞段）建设】2021年，东莞市完成珠江三角洲水资源配置工程东莞段永久建设用地报批，东莞分干线建设用地交付。东莞交水点完成调整。推进珠江三角洲水资源配置工程东莞配套项目，沙溪分水口至五点梅水库群连通管工程、五点梅水库群物理隔离工程及清淤扩容工程完成初步设计审批；芦花坑水厂一期及配水管线工程、松山湖水厂一期及配水管线工程完成项目立项核准及初步设计审查。（东莞市人民政府地方志办公室）

【助推珠中江供水一体化】2021年，为解决珠江口西岸地区供水安全，提高供水保障能力，广东省推动珠中江供水一体化工程。珠中江供水一体化是广东省实施"851"广东水利高质量发展蓝图、构建"五纵五横"水资源配置骨干网的一项重要工程，纳入《粤港澳大湾区水安全保障规划》。10月12日，全省水利高质量发展大会召开。工程实施后可为粤港澳大湾区长远发展提供区域供水安全、经济社会发展支撑保障作用。根据广东省工作部署，省西江流域管理局组织开展珠中江供水一体化工程规划工作，江门市向省有关部门建议将新建甜水水库等水资源配置工程纳入省规划方案。

（江门市水利局）

·水利防灾减灾体系完善·

【概况】2021年，广东先后遭遇19轮强降雨，4个台风严重影响，28条河超警洪水，通过科学防汛抗旱措施并举，应对东江、韩江流域60年以来最严重的旱情，全省江河堤围无一决口、大中小型水库无一垮坝，抗旱保供水形势总体平稳，但全省降雨严重偏少，东江、韩江流域及粤东沿海突出。江河来水严重偏枯，水库蓄水严重不足。局地降雨强，部分中小河流涨势迅猛。"龙舟水"期间，惠州市龙门县龙华镇3小时累积雨量（400.9毫米）突破广东省历史极值。洪涝灾情偏轻，干旱灾情较重。广东遭遇连续2年干旱，2021年干旱形势重于上年，农作物受旱面积7.27万公顷，各级政府部门累计投入抗旱应急资金14亿元，解决因旱饮水困难人口 650 多万人的问题。

是年，全省水利系统开展水利汛前安全检查，涉及全省水库、堤防、水闸等已建水利工程 40412 项和在建水利工程 808 项。组织完成 322 宗大、中型水库汛限水位核定和 3072 宗小型水库基础信息复核；布置 355 宗大中型水库和 1491 宗小型水库报汛报旱任务；系统梳理水利风险隐患点，编制大江大河险工险段分布图、水旱灾害防御十大风险图。组织编制《广东省西北江三角洲防御洪水方案》，广东省东江、北江、韩江防御洪水方案。

抗旱保供水方面，广东实现汛期（4—10 月）全省大中型水库汛末有效蓄水 70 亿立方米的目标。印发《今冬明春水利抗旱保供水责任分工方案表》，提出 15 项工作任务、40 条工作措施。东江三大水库（新丰江、枫树坝、白盆珠水库）多蓄水近 11 亿立方米。依据河库水源、水厂管网，组织粤东地区整理分析 353 个供水节点（水库 225 个、水厂 128 个），构建供水网络分布体系。粤东三江连通泮洋隧道工程于上半年提前建成通水，紧急批准汕头引韩工程应急取水（每天 16 万立方米）；组织汕头、汕尾、梅州、揭阳等市实施应急供水工程，日供水规模 27.75 万立方米。将全省具有生活供水功能的 353 个水库取水口和 706 个河道取水口纳入监测范围。对东江流域取水按总量 10% 进行压减，汕头市、汕尾市、揭阳市实行限供轮供措施，限制高耗水行业用水，调整灌溉用水。（曾文凡）

【大湾区重要水利防灾减灾工程】 **广州市增城区新塘镇永和河调蓄区建设工程** 该工程新建南北调蓄区、节制闸 4 座，综合整治河涌约 2.1 千米，总投资 7.66 亿元。工程于 2020 年 12 月动工，计划 2023 年 6 月完工。工程建成后，可对官湖、石下片区的雨洪进行调蓄，永和河防洪标准由 20 年一遇提高到 50 年一遇，支涌防洪标准由 5 年一遇提高到 30 年一遇，同时落实碧道建设和海绵城市建设要求，净化水质，改善区域水环境，辐射周边的发展。

广东省西江干流治理工程 该工程为在现有防洪工程基础上，通过堤防加固、险工险段治理、穿堤涵闸建设等措施，提高西江干流两岸防洪能力，防护耕地面积 41.6 万亩，保护规划人口 193.2 万人。工程整治堤防 65.2 千米，改造涵闸 67 座，总投资 24.65 亿元。工程于 2020 年 9 月动工，计划 2023 年 9 月完工。

惠州市白花河防洪排涝治理工程 该工程任务主要为解决惠东县白花镇的防洪排涝问题，工程建成后白花镇镇区防洪标准可提高到 20 年一遇，解决白花镇“一年一小涝、五年一大涝”的洪涝灾害问题。工程建设内容主要包括新开分洪河道 3.9 千米、建设堤防 17.54 千米、新建截洪渠 1.08 千米、新建排涝泵站 2 座、新建水闸 6 座以及河道综合整治 3.2 千米，项目总投资 13.15 亿元。工程于 2020 年 12 月动工，计划于 2023 年 12 月完工。

肇庆新区丰乐截洪渠综合整治工程（二期） 该工程对原丰乐截洪渠蔗村段至四莲公路连接处进行综合整治，使其防洪标准提高至 20 年一遇 24 小时暴雨标准，并对该段的防汛道路进行加宽培厚，渠道整治长 3.83 千米，防汛道路长 3.92 千米、防汛支线长 1.52 千米，防汛道路连接线 0.90 千米。工程建设内容包括截洪渠渠道工程、防汛道路工程等。总投资 6.91 亿元。工程于 2021 年 4 月开工，计划 2024 年 4 完工。

大湾区堤防巩固提升工程 该工程是列入《珠江流域防洪规划》《粤港澳大湾区水安全保障规划》的重点防洪工程，对完善大湾区防洪减灾体系、提升洪涝灾害防御能力具有重要意义。2021 年 12 月 27—28 日，水利部水利水电规划设计总院在北京召开会议，对中水东北勘测设计研究有限责任公司函送的《大湾区堤防巩固提升工程重点项目可研阶段工程实施范围及建设标准研究专题报告》进行技术咨询。

大湾区万里碧道 该工程的建设坚持“治污先行、安全为重、生态优先”，截至 2021 年底，大湾区 9 市累计建成 1880 千米碧道（其中 2021

年建成碧道1279千米），河段水质明显改善，优于Ⅲ类水（含Ⅲ类）的河段长度比上年增长12.5%；Ⅴ类和劣Ⅴ类水的河段下降43.3%，消除碧道河段黑臭水体，实现碧水畅流；碧道建成后堤防全部达到规划确定的防洪标准，新增防洪（潮）排涝达标和提升防洪标准河长446千米，增长31.1%；河湖水生态环境得到保护和修复，新增生态岸线长度684千米（按河道单侧计算），生态岸线所占比例由建设前的42.1%增加至建成后的60.3%，两岸新增绿化面积38927亩。新建慢行道1251千米，串联特色资源点887个。广州碧道获世界景观建筑大奖等3个国际奖项，深圳葵涌河流域碧道获2021年美国IDA国际设计大奖，肇庆封开贺江碧道画廊入选国家体育总局2021中国体育旅游精品景区。

（广东省水利厅）

【对港澳供水安全】2021年，广东省东江流域遭遇60年来罕见的旱情，通过精细化水量调度，与香港磋商制定临时水量调节机制等措施，对港供水8.11亿立方米，保障香港的供水安全。研究对澳供水形势，制定枯水期对澳门供水调度预案，保障枯水期对澳供水安全，对澳年度供水量0.95亿立方米。水质基本维持在地表水环境质量Ⅱ类及以上标准，保障港澳地区充足优质的生产生活用水。推进建设作为对港供水应急备用水源的珠三角水资源配置工程。

【水量调度】2021年，广东省应对东江韩江罕见旱情，汛期提前蓄水保水，枯水期精细化节约调度。汛期东江、北江、韩江、鉴江重要调度水库共增蓄12.52亿立方米，特枯形势下东江三大水库蓄存7亿立方米，韩江主要调度水库蓄存1.58亿立方米，协调福建棉花滩水库增蓄1.8亿立方米。10—12月，东江流域比原计划节水2.2亿立方米。枯水期五大流域向下游调度补水50亿立方米。

全年对香港供水8.11亿立方米，在历史罕见的大旱之年，提供最多的供水量。全年对澳门供水0.95亿立方米，珠海市平岗—广昌原水保障工程建设进度推进。

（曾文凡）

【香港防洪及渠务】香港特别行政区渠务署管理长约2790千米的排水渠和水道，以及27个乡村防洪计划。该署推进多项雨水排放系统改善工程，以配合地区发展和应对气候变化带来的影响。2021年，该署为雨水排放系统改善工程进行规划、设计和建造工程，预算总费用约为358亿元。展开第三阶段地下雨水渠修复工程，集中为多区共19千米长的雨水渠进行修复工程。渠务署定期巡查、清理和维修排水系统。年内巡查约2120千米和清理约850千米的排水渠及水道。

（香港历史研究基金会）

【广州水利防灾减灾】2021年，广州市“温高雨少干旱重、台风影响利大于弊”。全市平均降雨量1435.5毫米，较近十年同期平均偏少24.6%。7月“查帕卡”、8月“卢碧”、10月“狮子山”和“圆规”、12月“雷伊”5个台风均未对广州市造成严重影响。市委主要领导先后4次主持召开全市“三防”工作会议，深入北江大堤一线检查“三防”工作并观摩北江大堤“三防”演练。市“三防”总指挥部办公室在督导落实全市“三防”风险隐患点“三个责任人”的基础上，建立全市地铁站点“七个责任人”台账。开展市、区、镇（街）、村（居）四级“三防”责任人培训，解决基层机构改革和两委换届干部业务不熟悉问题，压实压紧各级“三防”责任。召开超标准洪水防御工作座谈会，建立市、区两级地铁防洪排涝应急联动机制，制定《广州市地铁防洪排涝应急联动工作方案》，组织各区制定区级地铁防洪排涝应急联动方案。印发《进一步完善防暴雨内涝快速预警和快速应急响应机制工作方案》，完善防暴雨内涝快速预警提示信息发布机制和防暴雨内涝快速应急响应机制。开展全市汛前“三防”工作大检查，8月中旬组织开展后汛期防汛防风工作大检查，8月底组织各区开展防汛防风工作交叉检查。排查出426处“三防”主要隐患，完成整治82处（包括水利工程12处、内涝隐患14处、在册地质灾害点56处），剩余的全部落实防控措施，并持续跟踪整治。组织开展全流程全要素北江大堤“三防”演练，参加“2021年国家防总、广东省防指防汛抢险综合演练”，开展2021年市防汛抢险轻舟大队集训会演，开展地铁运营防汛应急演练。全市各级“三防”部门共开展演练187场次，参演人员超过1.3万人。（秦玉才）

【深圳防汛防风】2021年，深圳市启动防汛应急响应82次，其中“关注级”64次、Ⅳ级14次、Ⅲ级4次。汛前更新全市“三防”责任人名单并在《深圳特区报》向社会公布。印发《深圳市防汛防旱防风指挥部关于开展2021年汛前防汛防风工作大检查的通知》，组织各部门对可能存在的隐患进行拉网式滚动排查，派出6个督导检查组分赴全市和部分成员单位开展督导检查。修订《深圳市防台风应急预案》《深圳市防汛应急预案》《深圳市防旱应急预案》。完善“三防”工作制度，制定出台《深圳市主要气象灾害风险提示（2021年版）》《深圳市内涝积水应急处置工作指引》，起草制定《深圳市台风暴雨期间公共交通工具停运与复运工作指引》。举行全市“三防”综合演练，调集拉动抢险救援各类人员6000余人，出动工程机械、排涝设备、飞机、舰、船、艇、通信设备等超过300台（套）。在龙舟水及汛期等极端天气和特殊时期，提前谋划动员，及时修订并发布防汛及防台预案，指导参建单位建立健全应急管理体系，提高应急响应能力。

（深圳市人民政府地方志办公室）

【珠海水利防灾减灾工程体系建设】2021年，珠海市推进39个水利建设项目取得进展，完成水利建设投资10.8亿元，比上年增长8%。白藤大闸、白藤泵站、南围水闸等一批区域性工程建成投入使用，发挥防洪潮排内涝社会效益。大门口水闸、广昌水闸、新围仔海堤等一批水闸海堤续建项目达到阶段性目标，完成年度投资计划。推进10项水闸海堤工程前期工作，开工石角咀水闸、小濠涌水闸、平沙东堤等5个项目。编制完成《珠海市农村水利治理规划（2021—2035）》并通过市规委会审查，编制完成《珠海市海堤提升总体方案报告（2021—2035）》并报市政府审定，指导下阶段全市农村水利及海堤建设实施。年内，完成纳入水利部防汛抗旱水利提升工程的7个小型水库除险加固项目主体工程任务。加强全市水利设施管养运维。完成各区小型水利工程体制改革“回头看”，编制完成《泵站管养标准、经费报告》。完成58座小型水库标准化建设；组织开展15座水闸安全鉴定工作，完成3宗水库安全鉴定审定。通过老师授课、样板引路现场教学以及印发履职清单等多种方式，培训指导运行管理人员300人次，提升履职能力和工程管理水平。实施堤防专项治理，规范管理堤防破口134处、堤顶道路通行125处；开展水利工程明察暗访，发现问题153个并闭环整改。做好水旱灾害防御工作，在汛前提前做好城市排水设施的检修、疏浚等工作，疏浚管道约400千米，清理雨水口7.35万座，清理淤泥5000余立方米。全年全市出现4轮强降雨，造成大量新增内涝点，有72处内涝点需要整治。印发实施《珠海市城市内涝治理系统化实施方案》《珠海市内涝点“一点一策”整治方案》，分三年组织推进72处存量水浸点整治。加快推进全市水旱灾害风险普查，居广东省前列，被国务院第一次全国自然灾害综合风险普查办评为先进集体。在政府官网上公示全市水库、山塘、万亩以上堤围、大中型水闸“三个责任人”名单以及内涝隐患风险点名单。对汛前排查出的48处水利工程度汛隐患逐项督查整改，完成隐患整改41处。未能立即整改的隐患点，责任单位落实应急预案和有效防控措施，确保度汛安全。全市有水务应急人员600人，大型排涝泵车60辆，总排水量12.4万立方米/小时，建立拥有44名专家的市级防汛抢险专家库，为排水防涝应急抢险提供技术支撑。截至年底，全市设有市、区、镇（街）级的防汛物资储备仓库36个，建筑面积8932平方米，基本满足防汛抢险要求。

（杨泳豪）

【佛山“三防”体系完善】2021年，佛山市编制《佛山市强对流天气防御工作要点》《佛山市台风暴雨“五停”工作措施及公众防御指引》，研究《佛山市防暴雨内涝应急预案》，提升应对强对流、暴雨、台风等极端天气的能力。修订《城市轨道交通应对极端天气情况下运营管理工作指引》，明确地铁的运营管理处置流程和关站停运措施标准。发布《教育系统应对台风暴雨停课工作实施细则》，建立完善台风暴雨停课安排联动机制。全市5个区、32个镇（街道）、785个村（社区）、16327户均完成“三防”责任对接，各责任人加强对挂钩地区的联系，掌握受影响地区的防御、物资、人员转移及安置情况。全市细分地质灾害、在建工地、简易厂房等12大类风险隐患点，动态掌握临灾涉险人员基数，通过基层人员管理网格化、转移对象卡片化、特殊群体逐一对接等人员转移工作机制，全年转移安置群众1133人。重点做好强对流和台风影响期间人员的转移安置，如8月1日南海发生短时强降雨，佛山市“三防”指挥部督促南海区不断提升应急响应级别，里水镇提前转移受威胁群众210人，最大限度减少灾害损失，避免次生灾害引发人员伤亡。强化预案实战演练。配合国家防汛抗旱总指挥部（简称防总）和广东省防总联合举办北江流域防汛抢险综合演练，佛山市调动应急、住建、水利、公安、卫健等26个单位的抢险队伍和志愿者1279人，完成佛山指挥分部开设、北江大堤巡堤查险、管涌抢险、水闸险情处置、轻舟水上救援5个科目演练和后勤保障任务，检验预案执行、指挥调度和抢险救援的实战能力。佛山市“三防”办组织3场防汛桌面推演，推演贯穿“防抗救”全流程模拟各类突发险情和处置过程，促进协同指挥、指令传达和抢险处置等环节的有机融合。市应急管理局联合佛山军分区出台《突发事件应急处置联动工作机制》，组织全市基干民兵开展防汛抗洪营集训，统筹使用军地资源。遂行抢险救援任务。按照省防总、省应急厅的统一调度，佛山组织累计6支队伍49人次的抢险队伍驰援珠海、河南、中山等防汛救灾一线，遂行排涝抢险任务。全年佛山市发布雷雨大风预警信号197次、暴雨预警信号251次（其中红色暴雨预警3次），汛期经历28次较为明显的强对流天气过程。佛山市“三防“指挥部启动防台风和防汛应急响应4次。受水雨风冻旱影响，全市出现114处次城乡内涝，684棵次树木倒伏或折断，398间房屋、商铺、厂房受浸，49辆次车辆受损，1.13万亩农作物受灾，供电受灾停电用户1.74万户，直接经济损失892.70万元，转移受影响群众1133人，未出现重大灾情险情和人员伤亡。

年内，佛山市启动全市水利防汛Ⅳ级应急响应1次，各区启动水利防汛应急响应15次；各级水利部门发布山洪灾害预警26次，发布预警短信条数8.2万条，未出现山洪灾害险情，实现汛期全市人员零伤亡。佛山各级水利部门履行防汛抗旱安全责任，汛前确保133座水利防汛物资仓库各类物资齐备、管养到位，确保70座五千亩以上堤防、120座水库、240个山塘、469个泵站、562座水闸均落实“三个责任人”，达到防汛防洪安全标准。重点排查山洪灾害防治点20个，全部落实防灾避险措施，打通山洪防御“最后一公里”。重点排查内涝隐患点14个，均落实应急排涝措施；实现预警测报点全覆盖，试点建设2个地铁内涝监测站点，拟向地铁交通等管理部门靶向推送内涝预警信息；动态调整水库汛限水位，优化运管工作机制，后汛期科学蓄水，预防枯水年旱情发生。组织市级潜水抢险队开展防汛演练，落实各级行业抢险队伍54支共1005人；举办6次水利防汛业务培训，市、区、镇三级7600多人次参训；开展各级防汛抢险演练36次，1990人次参加演练。开展并率先完成“水旱灾害风险普查”部、省级任务，进一步摸清全市水旱灾害风险隐患底数，开展防洪防汛防旱工作。

（佛山市应急管理局　佛山市水利局）

【惠州水利防灾减灾体系建设】 2021年，惠州市做好防汛抗旱工作，应对超强“龙舟水”，强化“测、防、报”和水利工程巡查值守，在应急响应期间，市“三防”指挥部联合值守，安排专门技术力量到东江水利枢纽等重点水利工程24小时驻点值班值守。做好临时蓄滞洪区规划和运用准备，划定长命湖和龙门麻榨合口村等洪涝风险隐患区，开展防洪调度，完成惠东县高潭镇“8·30”洪水淹没线以下村庄安全处置方案成果，实现水利行业安全平稳度汛，保障人民群众生命安全。面对局部地区发生的大旱情，通过算清水账，做好抗旱供水保障方案，加强管理，提高抗旱水源利用效率，发挥水工程蓄水保水效益，组织开展应急供水工程建设等措施，保障群众生活生产用水安全。落实水利行业的安全生产责任，开展水利工程建设管理安全生产专项治理、隐患排查整治，及时发现安全隐患并整改落实，全市水利系统未发生安全生产和质量安全事故。

提升自然灾害防御水平，开展全市第一次全国自然灾害综合风险普查，获取全市地震灾害、地质灾害、气象灾害、水旱灾害、海洋灾害、森林火灾等主要自然灾害致灾因子信息，重点调查超过168万栋房屋建筑、1.28万千米公路道路、2419座桥梁、18处隧道、42座供水设施、1289千米供水管线、39个主要港口泊位、1370项水利工程等重要承灾体信息，掌握自然灾害重点隐患情况，建立分类型、分区域的自然灾害综合风险普查数据库，形成全市自然灾害综合风险区划和防治区划，完成各项普查任务调查工作。

强化风险隐患排查治理，组织开展防汛防风检查，治理各类风险隐患，注重强降水导致的城乡积涝和山体滑坡等自然灾害防御，关注江河水位，加密巡堤查险工作，做到风险管控到位。惠州市“三防”指挥部加密会商研判，组织气象、水文、应急管理、水利、住房和城乡建设、自然资源等部门召开会商会，研判天气形势，部署落实各项风险防范措施，全年启动防汛Ⅳ级应急响应2次、防汛Ⅲ级应急响应2次、防风Ⅳ级应急响应4次、防风Ⅲ级应急响应1次，组织开展防范应对。指导县（区）、乡镇（街道）党政主要领导落实“三个联系”［县（区）领导联系乡镇（街道），乡镇（街道）领导联系村（居），村（居）干部联系户］制度和“四个一”［建立“每户一对接”转移责任，建立“每村（居）一台账”转移清单，建立“每镇（街）一张网”转移体系，建立“每灾一行动”转移启动机制］临灾转移机制，全年全市紧急转移安置2986人，无人员伤亡。（惠州市人民政府地方志办公室）

【东莞水利防灾减灾体系建设】 2021年，东莞市水务局成立水旱灾害风险普查专班，编制全市水旱灾害风险普查实施方案，完成外业调查复核工作。开展防汛专项检查4次，组织全市民兵轻舟分队骨干集训、水上救援培训和市级防汛物资仓库物资调运训练。全市34支水上防洪救援队完成年度训练任务。市级防汛物资仓库新增防汛抢险物资装备（含3辆大流量排水抢险车）935万元，紧急调运一批应急物资支援珠海市处置隧道透水事故。全年抵御强降水等洪涝灾害天气76次，启动内涝应急响应2次（市区内涝Ⅳ级、Ⅲ级各1次），发布各类应急管理信息超15.1万条，编制《水情简报》215期，对市属重点水利工程发出调度批复75次。

是年，东莞市东江流域遭遇60年来最严重旱情并咸潮上溯。东莞市成立由市长任组长的抗旱防咸保供水领导小组，组建工作专班，制订落实《2021—2022年枯水期东莞市抗旱防咸保供水工作方案》和6个子方案，加密水质监测3000点次，按潮汐规律一天两次调度挡潮闸等水利工程，科学调度保障受影响区域取供水3.53亿立方米（第二、第三、万江、东城、高埗、第四、第六水厂），水库应急蓄水最高1.11亿立方米，水厂应急复产1家制水602.23万立方米，每日压减用水计划6%、约27万吨，紧急采购30辆应急送水车等应急装备，预购预置东江南支流临时挡潮围堰保底工程建设材料。每日发布咸潮信息，发出全市节水倡议，强化节水抗旱宣传。应对56天咸潮上溯侵袭，保障受影响较大的8个镇街约400万人口用水安全，全市供水基本正常，未对经济社会发展造成大的影响。

（东莞市人民政府地方志办公室）

【中山水利防灾减灾体系建设】2021年，中山市加快水利防灾减灾工程建设，推进水利建设项目79个，其中年内新开工项目22个；在建续建项目40个，完工39个，年度完成水利建设投资11.29亿元。2019年人大一号议案“水利防灾减灾工程”涉及项目62个，完工31个，在建21个，由于用地及规划调整问题暂缓或取消实施8个，其余2个开展前期工作，累计完成投资7.05亿元。中小河流治理重点县综合整治及水系连通试点工程18项，竣工13项，基本完工4项，9月进场施工1项。开展中珠联围海堤建设，完成海堤大涌口水闸至珠海交界段主体工程，及马角至大涌口水闸段工程招投标工作。开展2020—2021年岁末年初安全专项检查等13个专项检查工作，化解建设工程施工、水利工程运行、供水安全、市政排水等领域安全风险。检查在建工程280项次、水利运行工程146项次、市政排水设施86处（污水厂34座次）、供水水厂98次、二次供水小区18个、二次供水改造工程12项次，未发生水利工程建设领域质量安全事故。加强城市内涝治理，印发《中山市内涝治理系统化实施方案（2021—2025年）》，完善排水防涝体系。修订《中山市水务局水旱灾害防御应急预案（2021年修订稿）》，部署全市水旱灾害防御工作，开展汛前安全检查工作，做好水旱灾害风险普查工作，制定普查实施方案。做好市镇两级城市内涝应急响应机制建立工作，落实防汛工作责任。开展汛后安全检查，检查水库36座、水闸191个、堤防377千米，防汛物资储备管理充足，推进水文监测。

（中山市人民政府地方志办公室）

【江门水利防灾减灾体系建设】2021年，江门市做好各项水旱灾害防御工作。开展汛前防汛检查和水利工程隐患排查，形成各县（市、区）“问题清单”，并反馈到各级政府部门，督促落实问题清单整改。加强水毁水利工程设施修复工作，完成中央、广东省水利救灾资金投资任务。强化水利工程巡查排险，落实水利工程风险管控，开展水旱灾害风险普查工作，普查水利工程1265项，查明水旱灾害抗灾能力，为各级政府有效开展水旱灾害防治和应急管理工作提供灾害风险信息和科学决策依据。做好山洪灾害监测预警发布工作，江门市721个受山洪灾害威胁的村落、35个重点易涝区以及中小河流沿岸地区，利用灾害监测预警系统和群测群防体系，发布洪涝灾害预警1451次，发送信息8万条次，其中山洪灾害预警18次，发送预警短信1万条次。山洪灾害预警信息全部按要求及时处置完毕。推进“智慧水利”建设。推进潭江流域综合预报调度系统建设，完成江新联围流域水安全监测与水系调度系统、锦江水库安全监测和信息化管理系统项目建设。

是年，江门市防御10场次强降雨、3次台风天气的袭击，应对年末出现气象干旱情况。在17号台风“狮子山”影响期间，江门市强降雨频发，10月7—10日，江门市平均降雨量为289.9毫米，过程雨量最大为台山市四九镇北峰山648.5毫米，1小时降雨量最大为恩平恩城57.7毫米。受潮水顶托和强降雨影响，10月7—10日潭江干支流发生一次明显涨水过程，潭江干流及其支流白沙水水位超警。其中，潭江干流长沙站最高水位2.17米（超警戒0.17米），石咀站最高水位1.86米（超警戒0.06米），三江口站最高水位1.94米（超警戒0.14米）；白沙水赤水站最高水位7.94米（超警戒0.44米）。江门市各级党委、政府及水利部门落实防汛工作责任制，提前部署落实防御，加强会商分析和发布预报预警，做好重点部位防御，加强水利工程科学调度，拦蓄暴雨洪水1.92亿立方米，减轻各地防洪压力，取得无人员伤亡、无重大水利工程除险的成绩。为有效应对气象干旱情况，保障旱区群众日常生产生活用水和春耕用水安全，江门市统筹做好防旱抗旱工作，累计投入抗旱资金 1688.26 万元、人员 11143 人次、抗旱设备 3545 台，加强调度，科学蓄水。至年底，在降雨量比常年偏少近两成的情况下，江门市水库蓄水量 11.49 亿立方米，较 2020 年同期（8.7 亿立方米）多 32%，解决全市 17.04 万亩灌溉受影响农田和 0.18 万名供水受影响群众的供用水问题。全市未出现因旱受灾情况，防旱抗旱取得成效。（江门市水利局）

【肇庆水利防灾减灾】 2021 年，肇庆市开展水利防灾减灾工作。做好汛前备汛工作，调整水旱灾害防御领导小组，开展全市水利汛前防汛安全检查，对检查发现的 54 处历史险工险段、54 项水利工程防汛安全检查存在问题、75 个在建水利工程点逐一落实安全防控措施，发出整改通知，加强安全风险防控。落实防汛工作责任，全市落实 2229 项水利工程防汛责任人 6000 名，以及镇、村两级山洪灾害防治责任人 4.2 万名，并于汛前在《西江日报》上公告全市中型水库、万亩堤围防汛责任人名单，接受公众监督。加强会商研判和预报预警，与气象、水文、应急部门加强协同作战，在预防阶段落实防御预警职责，加密组织会商研判，及时发布预警。强化水工程科学调度，在降雨集中期，科学调度水库提前预泄，发挥水库蓄滞洪、错峰削峰效能。“龙舟水”期间，受上游来水和本地降雨影响，贺江、绥江均出现一次明显涨水过程，经科学调度成功将贺江南丰站、绥江怀集站水位控制在警戒水位以下，减轻下游河道行洪压力。强化水利防汛安全管理，全市各级水利部门坚持汛期 24 小时值班带班，加强信息处置，快速应对水利突发情况。编制水库调度图、堤防险工险段示意图，为抗洪抢险创造有利条件。汛期，启动水利防汛Ⅳ级应急响应 2 次；全市发布山洪灾害预警 131 条，向相关责任人发出预警短信 2535 条；派出 198 个专家组 718 人次到基层水管单位和在建水利工程开展防洪调度、抢险技术支撑。年内，全市大江大河堤围无一决口、水库无一垮坝、洪涝灾害无一人死亡。

（肇庆市人民政府地方志办公室）

【白花河防洪排涝工程建设】 2021 年，惠州市白花河防洪排涝治理工程推进，建设取得成效。至年底，新开分洪河（3.9 千米）实现贯通，新开河上的 3 座水陂、8 座交通桥主体工程完成，镇区闸站、新联闸站和莆田河水闸等关键节点工程开工，完成投资 5.25 亿元，100% 完成年度计划总投资。

（惠州市人民政府地方志办公室）

【中珠联围海堤加固工程】 2021 年，中山市开展中珠联围海堤（大涌口水闸至珠海交界段）加固工程和中珠联围海堤（马角至大涌口水闸段）加固工程。中珠联围海堤（大涌口水闸至珠海交界段）主体工程完工，长度 2.04 千米。中珠联围海堤（马角至大涌口水闸段）完成工程招投标、中标工作，长度 8.27 千米，计划 2022 年 3 月开工。

（中山市人民政府地方志办公室）

·责任编辑　章坦妮·

现代产业体系构建

综　述

【概况】2021 年，广东省推动出台“制造业十九条”、战略性产业集群“1+20”（“1”是指《关于培育发展战略性支柱产业集群和战略性新兴产业集群的意见》，“20”是指新一代电子信息、绿色石化、智能家电、汽车工业、先进材料、现代轻工纺织、软件与信息服务、超高清视频显示、生物医药与健康、现代农业与食品战略性支柱产业集群行动计划、半导体与集成电路、高端装备制造、智能机器人、区块链与量子信息、前沿新材料、新能源、激光与增材制造、数字创意、安全应急与环保、精密仪器设备战略性新兴产业集群行动计划）政策文件、《广东省制造业高质量发展“十四五”规划》等，不断优化产业布局。推动横琴、前海合作区发展以及粤港澳三地产业平台载体建设，加快融入广东省“1+20”战略性产业集群。实施《深化工业和信息化合作　共同推进粤港澳大湾区建设战略合作协议》，从加快实现信息互联互通、打造高水平创新平台以及发展先进制造业等七个方面推进粤港澳大湾区建设。是年，粤港澳大湾区在实体经济、科技创新、绿色低碳转型等重点领域，推动银行业、保险业深化改革开放，优化资源配置体制机制，提升服务质量和效能。

【制造业创新中心建设】2021 年，工业和信息化部批复在深圳组建国家 5G 中高频器件创新中心。粤港澳大湾区内的国家制造业创新中心加快核心技术攻关，国家高性能医疗器械创新中心（落户深圳）完成产业研发双中心场地入驻，开展医学影像、治疗与康复、生物材料与植入器械、生化检验以及手术机器人五大关键共性技术研发平台建设，承担国家级科研项目 6 个。国家印刷及柔性显示创新中心（落户广州）建成 G4.5 代印刷显示中试平台，开展印刷及柔性显示工程化技术研发项目，为大尺寸印刷柔性显示面板量产提供技术支撑。探索创新成果产业化路径，建设工业创新成果推广中心，支持高校科研院所联合制造业骨干企业开展技术众包服务，推进创新成果对接和产业化应用，累计设立线下示范点 15 个，对接领域涉及电子信息、工业互联网、半导体、机器人及新材料等，入库企业 9910 家，入库成果 24832 件，成果对接数量达 2873 项。

【战略性新型产业集群打造】2021 年，广东省建立战略性产业集群联动协调推进机制，省政府主要领导担任总链长，省委、省人大常委会、省政府、省政协 10 位省领导分别担任相关产业集群的链长，“1+20+21”产业集群初步形成“省市上下联动、部门协同推进”的工作格局，推动全省战略性产业集群建设。

广东战略性新兴产业集群主要分布在粤港澳大湾区各城市。其中，广州、深圳、珠海、佛山、东莞、江门的产业集群数量最多，为 10 个；其次是中山，为 9 个；第三是惠州，为 8 个。2021 年，广东省十大战略性新兴产业集群实现增加值5807.94亿元，比上年增长16.6%，增幅高于全省地区生产总值增速8.6个百分点。半导体与集成电路、新材料2个集群增加值分别比上年增长42.7%、35.7%。高端装备制造、智能机器人、新能源3个集群增加值增速均超过20%，其中，工业机器人占全国市场的33.9%、产量连续2年位居全国第一位，新能源产业集群建成充电设施保有量、加氢站数量均居全国第一位。区块链与量子信息、激光与增材制造、安全应急与环保、精密仪器设备4个集群增加值增速均超过10%。数字创意集群虽然受政策环境影响，增速放缓至5.1%，但规模和发展水平仍然保持全国领先，游戏、电竞等产业规模居全国首位。

【环保产业集聚】 2021年，广东省环保产业主要集中在珠三角地区，从业单位主要集中在水污染防治、环境监测、大气污染防治三大领域。广东省组织重大科研项目研究，在大气污染防治领域，珠三角地区率先建成区域空气质量立体监测预警体系与示范平台，开展臭氧及前体物卫星遥感监测；在水污染防治领域，组织开展“感潮河网区溶解氧调控关键技术”“控疫化学品、药品及次生产物识别与净化处理装备研发及应用示范”等研究；在固废污染防治领域，组织开展“工业木质素废弃物的高效利用关键技术”“江河湖海微塑料生态管控技术”等关键技术研究。

国家环境服务业华南集聚区 2011年6月，经原环境保护部批准，国家环境服务业华南集聚区正式落户佛山市南海区。华南集聚区是全国首个以环境服务业为主题的区域，先后被评为广东省省市共建新兴产业基地、广东省现代服务业集聚区、广东省环境教育基地。截至2021年12月，累计集聚发展环保企业近千家，其中3家在主板和创业板上市、4家在新三板挂牌、11家在广东省股权交易中心挂牌或注册展示，2021年营收超1亿元的环保企业有7家、1000万元以上1亿元以下的有25家。2021年，南海区环保产业的年产值超141亿元，业务涵盖环境检测认证、方案解决、咨询培训、技术研发、工程设计、产品装备制造、清洁能源开发等领域，实现环保产业全产业链条发展。依托华南集聚区良好的产业基础、广阔的市场空间、充分的政策红利、自主发展的环境服务业体系，聚集瀚蓝环境股份有限公司、佛山市南华仪器股份有限公司、佛山市玉凰生态环境科技有限公司、佛山市长天思源环保科技股份有限公司、广东柯内特环境科技有限公司、佛山市碧沃丰生物科技股份有限公司、佛山市瑞丰环保技术有限公司、广东维中检测技术有限公司、佛山市富龙环保科技有限公司、佛山市科蓝环境科技股份有限公司等企业。2021年5月发布2021年版的《佛山市南海区环保产业发展扶持和奖励办法》。新办法以加快环保产业的结构调整和优化升级，鼓励产业多元发展，通过扶持产业载体建设运营的方式，促进行业集聚，优化资源配置，提升环保企业的综合实力。

广州开发区节能环保产业集聚区 广州市经济技术开发区是广州节能环保产业主要的聚集地和孵化器，区内聚集节能环保企业近200家，包括迪森热能、粤首环保、益方田园环保、怡文环境科技等龙头骨干企业，年总产值合计超过100亿元。开发区依托科学城企业集聚基础以及节能环保企业之间较强的联系性和互补性，建设节能环保产业的专业型孵化器，加速龙头企业全价值链整合，支持部分龙头企业打造集“研发设计—设备制造—高端服务”于一体的全价值链。

盈峰环境顺德环保科技产业园 盈峰环境科技集团在顺德区的环保产业园于2017年12月启动。盈峰环境顺德环保科技产业园作为佛山市顺德区高新技术产业开发区启动项目，由盈峰环境科技集团联合顺德区政府在勒流共同打造。盈峰环境顺德环保科技产业园是第一个以智能制造为主的环保装备研发制造产业园，对助力顺德区环保产业的升级、环保产业链条的完善、环保产业影响力的提升、地区生态环境的改善与优化有着积极的作用。作为顺德区第一个环保产业园，盈峰环境顺德环保科技产业园致力于成为高技术、高附加值的环境监测、治理及环卫装备制造基地，以及互联网 + 环境系统开发及环境技术研究与孵化基地。

【建设国际金融枢纽】2021 年，粤港共建大湾区国际金融枢纽。深化银行业保险业改革开放，推进大湾区机构集聚、要素集聚、资源集聚，推动多层次金融体系“全覆盖”。运用对外开放、CEPA（《内地与香港关于建立更紧密经贸关系安排》）框架、自贸区等政策优势，吸引机构和平台落户大湾区，2021 年批复恒丰广州分行开业，实现全国性股份制银行在粤机构全覆盖；支持华农财险落户广州，成为首个保险法人跨区迁址事项。截至年末，广东辖区（不含深圳）有银行保险营业性机构近 2 万个，其中法人银行和保险公司 172 家，一级分行和省级分公司 269 家，重点分布在湾区城市。深化金融要素双向开放“广布局”。持续推进粤港澳大湾区国际商业银行、保险服务中心建设。推动双向对外开放，支持大丰银行广州分行、澳门国际银行横琴支行、东莞银行香港分行等机构开业。截至年末，有来自 16 个国家或地区的 45 个外资金融机构在广东银保监局辖区设立 142 个银行机构，其中营业性机构 135 个，港澳银行营业性机构数量均居全国第一位。

2021 年 7 月 16 日，广东省政府印发《广东省金融改革发展“十四五”规划》，明确“一个枢纽三方发力”，携手港澳共建大湾区国际金融枢纽。截至年末，有 281 家广东企业在香港上市。依托香港健全的金融基础设施，推动建立并完善金融市场互联互通，2021 年 9 月，“跨境理财通”和债券通“南向通”两个项目启动。发展跨境人民币业务，2021 年粤港之间跨境人民币结算量 3.69 万亿元，促进香港离岸人民币资金池持续发展。支持澳门发展债券市场，推动广东省政府在澳门发行首只离岸人民币地方政府债券，推动明阳智慧能源股份有限公司在澳门发行首笔非金融企业绿色债券。支持澳门发展财富管理，鼓励粤澳居民参与“跨境理财通”业务试点，实现跨境资产配置优化；依托 QFLP/QDLP 政策便利，推动私募股权投资基金跨境投资。支持澳门发展融资租赁，推出租赁类公司外汇政策试点，降低租赁业务成本和资金错配风险。支持横琴粤澳深度合作区建设，协助中央金融管理部门起草金融专项文件，积极探索在合作区构建“电子围网”。支持广州金融发展。2021 年末，广州市本外币各项存款、贷款余额分别为 7.5 万亿元、6.1 万亿元，其中在北京、上海、广州、深圳、天津、成都六个城市中，广州存款增速居第二位，贷款增速居第三位。人民银行广州分行向广州提供流动性资金支持超过 1100 亿元。全年广州金融业税收 513 亿元，比上年增长 4.9%，对全市税收贡献达 9.2%。

至 2021 年末，粤港澳大湾区内地九市银行业金融机构资产总额 28.95 万亿元，比上年增长 8.8%；各项贷款余额 19.83 万亿元，增长 13.96%；各项存款余额 21.42 万亿元，增长 7.76%。保险业总资产 1.67 万亿元，增长 11%；全年保险业实现保费收入 4786 亿元，增长 4.33%；保险公司赔付支出 1622 亿元，增长 21.58%。

【金融互联互通】2021 年 9 月，《粤港澳大湾区“跨境理财通”业务试点实施细则》出台，广东银保监局开辟试点银行备案绿色通道，推动“跨境理财通”试点率先落地，成为全国实施个人资本项目可兑换的重要实践。截至年末，支持 20 家试点银行备案并开展业务，共发生业务超 5800 笔，金额 4.86 亿元。推进对港澳跨境车辆投保内地保险电子保单试点工作，粤港澳三地保险机构互相提供投保服务，率先实现“三地保单一地购买”，提升跨境车主投保便利。2021 年，“三地保单一地购买”便利投保模式获广东金融创新奖三等奖。截至年末，广东辖内保险机构通过上述模式承保港澳跨境机动车辆 3.81 万辆。推动辖内保险公司创新大湾区特色人身保险服务，强化专属产品体系建设。截至年末，推动落地 6 款跨境医疗险和 19 款大湾区专属重疾险，累计为 9.2 万人次提供风险保障近 900 亿元。

截至 2021 年末，粤港澳大湾区内累计跨境人民币结算量 21.01 万亿元。自 2020 年以来人民币持续成为粤港澳大湾区第一大结算货币。广州启动本外币合一银行结算账户体系试点，统一业务规则，提升账户服务便利性；建立自由贸易账户（FT 账户）体系，便利市场主体利用境内境外“两个市场”和“两种资源”，截至 2021 年末，4 家试点银行开立 FT 账户 7651 个，办理资金业务金额折合人民币 7527.8 亿元。拓展跨境投资渠道，在沪深港通、债券通、基金互认安排基础上，推动“跨境理财通”业务试点成功落地，支持大湾区居民跨境投资对方银行销售的符合资格的投资产品或理财产品。截至 2021 年末，参与试点的大湾区居民超 2 万人次，参与试点银行 60 余家。加强征信合作，建设“珠三角征信链”，为金融机构提供标准信用报告、信息共享及相关产品服务，推动珠三角区域内征信基础设施互联互通。截至 2021 年末，金融机构依托“珠三角征信链”累计放贷 3.51 万户，金额 1750.34 亿元。推动备案征信机构开拓境外市场，向港澳客户提供征信服务。加强金融监管合作，落实人民银行总行与香港金管局签署的《关于在粤港澳大湾区开展金融科技创新监管合作的谅解备忘录》，推动人民银行金融科技创新监管工具与香港金融科技监管沙盒联网对接。加强粤澳反洗钱合作，2021 年 5 月，粤澳两地金融管理部门形成《关于建立粤澳跨境洗钱风险监测合作机制的工作方案》，构建跨境风险防控合力；持续推进粤澳同一金融集团内部反洗钱关注名单联动核查试点，加强粤澳分支机构对同一客户风险的延伸追踪、管理。加强粤澳金融纠纷调解合作机制，2021 年 6 月，珠澳两地七家单位联合成立“横琴（珠澳）金融纠纷调解室”，专责调解涉珠澳金融纠纷案件，深化跨境金融纠纷多元化解合作。

【湾区特色金融发展】 2021 年，粤港澳大湾区各城市依托粤港澳大湾区绿色金融联盟和粤港澳绿色金融合作专责小组，在绿色金融成果与经验、绿色金融监管合作、标准共建与互认、绿色金融发展机遇与挑战等方面开展研究和交流。广州地铁集团有限公司在香港发行 2 亿美元 5 年期境外绿色债券，肇庆国联投资控股有限公司成功发行 3 亿美元 3 年期境外绿色债券，中山阳明集团在澳门成功发行 2 亿美元 3 年期绿色债券，在此基础上，发布国内首个《非金融企业赴澳门发行绿色债券流程参考》。大湾区内地 13 家法人银行开展金融机构环境信息披露试点工作，在“粤信融”平台上挂网公布，打造国内首个由区域统一组织、集中公开展示的环境信息披露模式。完善科技创新金融服务，便利科创企业融资，允许高新技术企业在不超过 500 万美元额度内自主借用外债，缓解资产轻、外债额度不足问题；将 FT 账户开户主体拓展至符合条件的科创类企业。开展合格境内有限合伙人（QDLP）试点，广东省（不含深圳）获国家外汇管理局批准开展 50 亿美元额度的 QDLP 试点，推动建立联席会议机制、试点工作指引，11 月，《广东省开展合格境内有限合伙人境外投资试点工作暂行办法》正式印发。加快落实《金融科技（FinTech）发展规划（2019 2021 年）》，指导金融机构推进数字化、智能化转型，提升金融科技惠民利企能力。推广外汇局跨境金融区块链服务平台应用场景，运用科技手段建立政银企之间的信息共享和核验机制。支持民生金融发展，推进港澳地区代理见证开户业务。截至 2021 年末，香港、澳门居民通过代理见证开立内地个人账户 18.4 万户，账户累计发生交易 839.7 万笔、金额 59.5 亿元。推动微信（香港）钱包、港澳版云闪付、支付宝（香港）钱包、“澳门通”APP、“中银澳门手机银行”APP 共 5 个跨境移动支付产品进入大湾区应用。支持港澳台居民使用来往内地通行证、护照等个人证件自主查询、打印本人信用报告，查询时间和交通成本缩减。

（广东省发展和改革委员会）

先进制造业

·制造业核心竞争力增强·

【香港再工业化】2021年，香港科技园公司在将军澳创新园建造先进制造业中心，以及在元朗创新园建造微电子中心。再工业化资助计划以配对形式资助生产商在香港设立新的智能生产线，资助金额为项目总开支的三分之一或1500万港元，以较低者为准。截至年底，有21个项目申请获原则上支持，总资助额达1.53亿港元。再工业化及科技培训计划以配对形式资助本地雇员接受高端科技培训，截至年底，该计划已拨款7500万港元，资助超过8000人接受培训。

（香港历史研究基金会）

【广州先进制造业发展】2021年，广州市聚焦先进制造业、战略性新兴产业、现代服务业等领域的21条重点产业链建设。广佛惠超高清视频和智能家电集群、广深佛莞智能装备集群、深广高端医疗器械集群3个集群入选全国培育名单。7家企业入选第六批国家制造业单项冠军，3家企业入围国家级智能制造示范工厂。加快建设国家级和省级制造业创新中心，新获批组建广东省工业软件创新中心。推进全球“定制之都”案例城市、国家首批“服务型制造示范城市”建设，欧派、索菲亚、尚品宅配企业营业收入规模居世界前五位，广汽埃安建成全球第一条具备互动式定制能力的总装工厂，小鹏汽车推出APP在线定制，采用面向订单装配模式开展定制生产，服装、珠宝等行业开拓个性化定制新“蓝海”实现快速发展。已培育首批国家工业设计研究院1家，国家级工业设计中心9个、省级工业设计中心59个、市级工业设计中心82个。（穗鉴）

【深圳先进制造业发展】2021年，深圳市坚持制造业立市不动摇，保持制造业比重基本稳定；聚焦增动能、调结构，推进产业转型升级；增强产业链韧性，夯实产业发展基础。规划布局20个先进制造业园区。工业绿色制造体系建设取得成效，至年底，全市创建国家级绿色工厂62家，绿色供应链9家，绿色园区2个，绿色产品82个，绿色制造系统集成项目（含绿色制造系统集成解决方案供应商）8个，工业产品绿色设计示范企业5家。加大政策支持力度，出台推动制造业高质量发展和支持先进制造业发展措施，推动制造业扩能增效，规模以上工业增加值比上年增长4.5%。19家企业入选国家制造业单项冠军。华星光电T7（一期）达产、荣耀3C产品线、康泰生物新冠疫苗生产线、中芯国际12英寸线、比亚迪汽车工业园（深汕）等项目投资投产。促进先进制造业与现代服务业融合发展，发展工业设计、产业互联、专业服务等生产性服务业，推动服装、家具、钟表、黄金珠宝、眼镜等优势传统产业转型升级，打造“深圳质量”“深圳标准”“深圳设计”。截至年底，深圳市获商务部认定的国家级外贸转型升级基地6个，分别为南山区医疗器械基地、罗湖区黄金珠宝基地、龙华区服装基地、光明区钟表基地、坪山区新能源汽车基地、龙岗区眼镜基地。高端装备制造业实现增加值506.53亿元，比上年增长19.4%。知识产权管理方面新增高端装备制造、珠宝加工2个专利预审领域。围绕新一代电子信息、绿色低碳、数字经济、生物医药、高端服务、高端装备制造等产业领域，重点面向大型央企国企、世界500强外企、龙头骨干民营企业以及深圳市战略性新兴产业和未来产业重点产业链企业，累计推动落地招商引资重大项目127个，其中外资项目47个，新增注册资本303亿元；内资项目80个，新增注册资本414亿元。主要落户重大项目包括：中芯国际12英寸线生产基地、香港华润微电子南方总部、中国电子迁址总部、美国开市客华南总部、德国西门子能源深圳创新中心、德国麦德龙南方总部、瑞士ABB集团电动交通中国总部、台湾臻鼎科技半导体载板生产基地、北京京东集团深圳总部综合、山东魏桥集团粤港澳大湾区国际总部、上海闻泰科技公司华南总部、广东希音跨境电商平台研发运营中心、广东领益智造公司运营总部及研发中心等。

（深圳市人民政府地方志办公室）

【珠海工业结构高端化发展】 2021年，珠海市工业结构呈现高端化趋势，现代产业比重进一步提高。先进制造业、装备制造业、高技术制造业实现较快发展，占工业增加值比重整体呈上升趋势。全市先进制造业实现工业增加值765.45亿元，比上年增长8.6%，占工业增加值57.1%。装备制造业实现工业增加值474.90亿元，比上年增长6.5%，占工业增加值35.5%。高技术制造业实现工业增加值412.82亿元，比上年增长9.0%，占工业增加值30.8%。高新技术企业工业增加值818.16亿元，比上年增长7.9%，占规模以上工业增加值61.1%。（黄剑）

【佛山先进制造业发展】 2021，佛山加快制造业升级步伐，出台《佛山市推进制造业数字化智能化转型发展若干措施》及配套操作细则，从制造业转型、金融支持、服务供给能力、人才培养、公共服务五个方面，加快推进制造业数字化智能化转型发展。年内，培育打造数字化智能化示范工厂22家，示范车间64个，累计450多家企业获省“上云上平台”服务券补贴，奖补金额和企业数量位居全省各地级市前列。加快培育发展智能制造装备及机器人产业，全市机器人工业企业超240家，培育打造市级机器人制造和系统集成骨干企业9家，遴选认定数字化智能化改造标杆示范项目25个。

汽车制造业　2021年，佛山市汽车制造业实现工业增加值269亿元，比上年增长5.9%。截至年底，佛山市有规模以上汽车制造业企业200余家，主要分布在南海区和顺德区。佛山市汽车制造业涵盖整车制造、关键零部件、材料生产和汽车服务环节，成为广东三大整车生产基地之一。截至年底，禅城区获批“中国汽车零部件制造基地”，成为广东省第3个、全国第19个“中国汽车零部件制造基地”。南海区打造“广东新能源汽车产业基地”等三大氢能产业基地，在整合构筑氢能与燃料电池产业体系和氢能汽车推广应用方面走在全国前列。顺德区围绕新能源化和智能网联化两大方向，碧桂园与广东移动合作建设顺德新能源汽车小镇，发展新能源整车、核心零部件、车联网，以及与之关联的云计算、大数据等科技产业。三水区的聚龙湾华南新能源汽车产业园着力打造以新能源汽车、智能装备为主导产业的先进制造业集聚区。

通用设备制造业　2021年，佛山市通用设备制造业实现工业增加值334.92亿元，比上年增长7.7%。截至年底，佛山市有规模以上通用设备制造业企业500余家，主要分布在南海区和顺德区。佛山市工业机器人制造涵盖机器人本体、核心零部件、集成应用系统等全产业链，基本形成高端机器人集成应用、中低端机器人研制及应用的立体化发展。

专用设备制造业　2021年，佛山市专用设备制造业实现工业增加值212.96亿元，比上年增长16.9%。截至年底，佛山市有规模以上专用设备制造业企业400余家，主要分布在南海区和顺德区。佛山市专用设备制造企业的布局与室内陶瓷、家具、纺织服装等行业布局相关，形成科达洁能、恒力泰、仕诚塑料机械等企业。

交通运输设备制造业　2021年，佛山市交通运输设备制造业实现工业增加值17.10亿元，比上年下降14.1%。截至年底，佛山市有规模以上交通运输设备制造业企业50余家，主要分布在南海区和顺德区，主要为摩托车制造和自行车制造企业。（佛山市工业和信息化局）

【惠州先进制造业发展】 2021年，惠州市新认定总部企业1家，安排奖励总部企业7家共288.29万元。新增省级工业设计中心3个，至年底，全市有国家级工业设计中心2个，省级工业设计中心9个。

是年，惠州市有16家企业入选国家专精特新“小巨人”企业，累计有国家专精特新“小巨人”

企业26家。3家国家专精特新“小巨人”企业和1家省级中小企业公共服务示范平台获工业和信息化部第一批重点“小巨人”企业（平台）奖补资金支持800万元；组织推荐204家符合条件的中小企业申报2021年广东省专精特新中小企业，比上年增加58家；推荐15家企业加入省专精特新中小企业挂牌上市梯度培育库。年内落实专项资金奖励政策，加速小型微型工业企业的“升规”步伐。安排省级和市级专项资金超过1.17亿元，支持小微工业企业上规模发展。完成“小升规”入库企业913家。惠州市重点区域及场景实现5G网络覆盖。至年底，新增基站3072座，建成5G基站7127座。在“3+7”［大亚湾经济技术开发区、仲恺高新技术产业开发区和中韩（惠州）产业园3个国家级园区和7个县区的4亿级工业园区］工业园、两大科学装置等重点区域建成5G基站300座。

（惠州市人民政府地方志办公室）

【东莞国家级先进制造业产业集群】 2021年3月，东莞市智能移动终端、“广深佛莞”智能装备产业集群入选国家级先进制造业产业集群。东莞市国家级先进制造业产业集群产业特征鲜明、产业链条齐全。智能移动终端集群拥有华为、OPPO、vivo等一批龙头企业，全球每4部智能手机就有1部来自东莞市，一部智能手机95%的零部件都可在东莞市一小时通勤圈内配齐。“广深佛莞”智能装备产业集群是全国规模最大、品类最多、产业链最完整的智能装备集聚区域，涵盖高端装备制造、智能机器人、精密仪器设备、激光与增材制造等产业集群。东莞作为粤港澳大湾区先进制造业中心，推动实施“机器换人”“自动化智能化改造”等措施，走智能制造道路，为实现从“世界工厂”向“制造名城”转变打下基础。年内，东莞先进制造业增加值比上年增长0.6%。其中，高端电子信息制造业下降9.0%，先进装备制造业增长9.1%，石油化工产业增长9.5%，先进轻纺制造业增长9.3%，新材料制造业增长7.5%，生物医药及高性能医疗器械业增长21.2%。 （东莞市人民政府地方志办公室）

【中山智能制造业发展】 2021年，中山市聚焦动力抓智能制造，加快推动制造业创新发展。明阳集团牵头组建广东省海洋新能源创新中心，获广东省工业和信息化厅批复筹建，实现中山市省级制造业创新中心零的突破。修订《中山市市级企业技术中心管理办法》，中山台光电子材料有限公司等18家企业申报2021年省级企业技术中心，新认定27家企业为市级企业技术中心。安排619.8万元扶持完美、联合光电等4家企业省级企业技术中心入库项目。联合光电、洋紫荆油墨申报2021年国家技术创新示范企业。广东长虹等14家企业申报2021年省级智能制造试点示范项目，确定福瑞卫浴等6家企业项目为2021年市级智能制造试点示范（创建）项目。中山市拥有智能制造试点示范项目市级86个，其中省级29个、国家级2个。新认定中科奥辉、冠科生物、哈工朗德智能、锌禧电子、鑫光智能5家企业平台为市级公共技术服务平台。中山市已认定市级工业和工业互联网公共技术服务平台23家，平台体系日趋完善。全年安排609.6万元资助公共技术服务平台。

印发实施《中山市特色产业集群产业链协同创新智能制造供应商管理制度》，新认定凯旋真空科等10家企业成为市特色产业集群产业链协同创新智能制造供应商。推动市托博照明电器有限公司的“驱动电源生产线升级技术改造项目”等43个产业链协同创新项目入库，总设备投资额3.08亿元，已累计入库30家智能制造供应商、56个产业链协同创新项目。完成奥马冰箱“冰箱生产设备智能化升级改造项目”等9个项目验收工作，省市奖补资金合计拨付2638万元。 （中山市人民政府地方志办公室）

【江门先进制造业发展】 2021年，江门市规模以上工业产值突破5300亿元，规上高技术制造业、先进制造业呈较快增长势头，增加值分别比上年增长32%和16.8%，比规上工业增加值增速分别高 17.3 个、2.1 个百分点；先进制造业、高技术制造业占全市规上工业增加值比重分别达到 40.8% 和 12.7%，比上年增加 1.44 个和 0.88 个百分点。高端装备制造、新一代信息技术、新材料、大健康、新能源汽车及零部件五大新兴产业实现规上产值超 2100 亿元，约占全市规上工业产值的一半。江门市高新技术企业突破 2180 家，科技型中小企业 2111 家，科技型小微企业 5260 家。全市国家级创新平台 6 个、省级超 500 个，规上工业企业研发机构覆盖率达 61%、居全省第一位。是年全市工业技改投资比上年增长 15.6%，超过全省增速。全年全市 20 个战略性产业集群实现规上工业产值约 5300 亿元（不含农业、软件与信息服务业产值，且各产业集群存在交叉重复部分）。其中，智能家电等八大战略性产业集群实现规上工业产值超 2500 亿元，约占 20 个战略性产业集群产值的 48%。

（江门市发展改革局　江门市工业和信息化局）

【肇庆先进制造业发展】2021 年，肇庆市打造产业布局合理、产业链条清晰、区域特色明显的“4+4”产业集群。全市“4+4”产业规上企业 949 家，比上年底增加 155 家，实现工业总产值 3166.72 亿元，占全市规上企业工业总产值 74.7%，增长 33%，两年平均增长 20.9%。四大主导产业实现工业总产值 2507.45 亿元，比上年增长 34.9%，占全市工业总产值 59.2%，其中，金属加工产业产值突破 1000 亿元；四大特色产业实现工业总产值 659.27 亿元，增长 26.3%，占全市工业总产值 15.6%。新能源汽车及汽车零部件产业、电子信息产业分别实现规上工业总产值 443.1 亿元和 288.4 亿元，比上年增长均在 40% 以上。产业结构持续优化，先进制造业增加值占规上工业增加值比重为 33.8%，高技术产业占比提升到 10.5%，装备制造业占比提升到 26.1%，先进装备制造业新引进、新动工、新投产超亿元项目分别完成 41 个、29 个和 23 个。

（肇庆市人民政府地方志办公室）

·制造业布局优化·

【广州推动产业布局优化】2021 年 6 月，广州市印发实施《广州市构建“链长制”推进产业高质量发展的意见》，提出聚焦先进制造业、战略性新兴产业、现代服务业、现代农业等领域的 21 条重点产业链，实施以市领导为“链长”和以龙头企业为“链主”的双链式“链长制”，推进省 20 个产业集群和市 21 条重点产业链齐抓共建，构建“1+X”政策体系及“九个一”工作体系，打造 8 个万亿元级、13 个千亿元级和一大批百亿元级产业链群梯队。

是年，广州市强化产业空间要素保障，出台《广州市工业用地产业监管工作指引》，明确工业用地产业监管适用范围、工业用地项目引进要求、监管评估流程和要求、奖惩机制等内容，加强工业产业区块管理，激活要素流动，区块内盘活新增产业载体面积 1260 万平方米。推动工业园区提质增效，编制形成《广州市提质增效试点园区跟踪评估报告》，印发《关于进一步推进广州市产业园区提质增效工作的通知》《关于支持广州深化村级工业园整治提升加快体制机制创新的实施方案》。全年整治提升村级工业园 15.8 平方千米，提质增效试点园区平均增加建筑面积约 2 万平方米，平均产值效益增加 1.6 万元 / 平方米（按建筑面积）。巩固“散乱污”场所整治成效，建立常态化长效整治机制，应用信息化手段加强智慧监管，全年清理散乱污场所 4400 个。开发全国首个面向企业的碳排放计算小程序“穗碳计算器”，建设工业领域碳排放管理平台。全年清洁生产验收通过企业 207 家，新创建国家级绿色工厂 7 家、绿色设计产品 68 个。广州开发区通过国家级园区循环化改造试点验收。

（龙建雄）

【深圳培育“独角兽”企业】2021 年，深圳市新培育“独角兽”企业 5 家。晶泰科技、元戎启行等独角兽企业加速集聚发展。5 家前海科技型企业上榜长城战略 2021 年独角兽榜单。年内，实施“基金群”战略，推动规模50亿元的综改试验（深圳）基金签约落地，释放鲲鹏基金融资功能取得重大突破。深圳天使母基金培育54个估值超1亿美元的“潜在独角兽企业”，人才创新创业基金投资项目超160个，投资种子期、初创期高科技企业450家。年内，深圳报业集团参与承办“粤港澳大湾区新生产力独角兽企业发展论坛”，探讨粤港澳大湾区高科技企业创新发展之道。

【珠海现代产业体系打造】 2021年，珠海市围绕全市构建“5+1”（“5”为构建集成电路、生物医药、新能源、新材料、高端打印设备五大千亿级规模产业集群，“1”为培育壮大航空航天等高端装备制造产业）目标，引导市属企业发挥国有资本引导带动作用，发展实体经济，促进国有资本布局优化和结构调整，包括市属国企联合平安集团对北大方正集团进行战略重整投资，格力集团控股国内真空采血行业龙头上市企业阳普医疗并将注册地迁址横琴，华发集团控股LED芯片行业第一梯队企业华灿光电，控股专业从事光纤器件和芯片集成的国家高新技术企业光库科技，控股移动通信连锁巨头迪信通，珠海港集团控股全国家电玻璃制造龙头企业秀强股份，不断加大集成电路、生物医药、新能源等战略产业布局。（吴嘉雯）

【佛山战略性支柱产业集群打造】 2021年，佛山市工业领域主要形成新一代电子信息产业集群、绿色石化产业集群、智能家电产业集群、汽车制造产业集群、先进材料产业集群、现代轻工纺织产业集群6个战略性支柱产业集群。新一代电子信息产业集群方面，有规模以上企业270家，有6家企业年营收规模超10亿元，其中群志光电营收规模超100亿元，全年全市新一代电子信息产业集群实现产值828.9亿元。绿色石化产业集群方面，有规模以上企业1052家，集群主要涵盖石油加工、化学原料及制品、橡胶和塑料制造等领域，该集群全年实现工业总产值2703.5亿元，其中精炼石油产品制造实现产值134.0亿元、化学原料及化学制品（含化学纤维）制造实现产值1143.0亿元、橡胶和塑料制品实现产值1376.5亿元。绿色石化产业集群拥有季华实验室、佛山市功能高分子材料与精细化学品专业中心、佛山（华南）新材料研究院等创新平台，拥有高富中石油燃料沥青、德美精细化工、英力士苯领高分子材料（佛山）、创莱纤维（佛山）、联塑集团、佛塑科技、日丰集团等龙头企业，保立佳化工、惠福科创、塑兴母料、德冠薄膜等“隐形冠军”企业，该集群上市企业共3家。智能家电产业集群方面，有规模以上企业936家，有15家企业年营收规模超10亿元，其中美的、海信、格兰仕、万和集团、新宝电器5家企业营收规模超100亿元，全年全市智能家电产业集群实现工业总产值5196.9亿元。汽车制造产业集群方面，有规模以上企业218家，其中规模以上零部件企业203家，有16家企业年营收规模超10亿元，一汽－大众、本田汽车零部件等2家企业营收规模超100亿元，全年全市汽车制造产业集群完成工业总产值1259.8亿元。先进材料产业集群方面，有规模以上企业1953家，全年全市先进材料产业集群实现工业总产值5671.4亿元，拥有武汉理工大学佛山南方材料工程研究院、清华大学材料学院华南研究院、中国科学院苏州纳米技术与纳米仿生研究所广东（佛山）研究院等一批载体及创新平台，同时，拥有兴发铝业、凤铝铝业、坚美铝业、联塑科技、日丰集团、蒙娜丽莎、欧神诺等龙头企业，精达里亚特种漆包线、深达美特种铝合金、炜林纳新材料等“隐形冠军”企业，集群内上市企业5家。现代轻工纺织产业集群方面，有规模以上企业2834家，集群产业链完善，从产品的设计、生产、销售到原辅材料的供应齐备，主要由家具、纺织服装等产业组成，该集群全年实现工业总产值6657.8亿元，其中纺织服装业实现产值1320.4亿元、家具行业实现产值662.7亿元，拥有溢达纺织、维尚家具等龙头企业，联邦家私、必得福、天进新材料、远华新材料、骆驼服饰等“隐形冠军”企业。

（佛山市工业和信息化局）

【惠州园区建设】2021年，惠州市腾挪存量建设用地规模调入工业项目地块637公顷，其中，调入“3+7”园区446公顷。全年通过存量土地处置争取的新增建设用地指标624.82公顷，其中，468.43公顷（占比74.97%）用于保障工业项目，394.43公顷（占比63.13%）用于保障“3+7”产业园区。7个千亿级园区盘整收储土地1853.33公顷，供应土地359.65公顷。统筹推进数据产业园建设，至年底，数据产业园规划面积342.33公顷（其中惠东县133.33公顷、龙门县209公顷），有79.47公顷完成土地挂牌出让，引进中国移动、润泽科技、万国数据、阿里巴巴、云宏等企业签约落户园区并摘地。

2021年，惠州市“3+7”工业园区基础设施建设投入135.54亿元，完成年度计划106.8%。大亚湾经济开发区完成投资61.29亿元，完成率109.4%，其中大亚湾新兴产业园完成投资9.77亿元，完成率100.2%。仲恺高新区完成投资50.6亿元，完成率113.4%，其中仲恺人工智能产业园完成投资12.1亿元，完成率103.2%。惠州新材料产业园完成投资6.04亿元，完成率112%。惠阳（象岭）智慧科技产业园完成投资4.83亿元，完成率94%。博罗智能装备产业园完成投资4.48亿元，完成率80%。龙门大健康产业园完成投资4.39亿元，完成率68.4%。惠城高新科技产业园完成投资2.92亿元，完成率106.6%。惠东产业转移工业园完成投资1亿元，完成率100%。

2021年，惠州市“3+7”工业园区新签约项目164个，新开工项目195个，新投产项目108个。其中，7个千亿级园区新签约95个，新开工124个，新投产63个。全年“3+7”工业园区实现规上工业总产值6325亿元，比上年增长28.6%，实现工业增加值1195.6亿元，增长14.2%。其中，7个千亿级园区实现规上工业总产值1587.3亿元，比上年增长25.7%；实现工业增加值347.6亿元，增长17.5%。

（惠州市人民政府地方志办公室）

【东莞培育产业集群体系】2021年，东莞市构建以新一代电子信息、高端装备制造、纺织服装鞋帽、食品饮料为战略性支柱产业集群，软件与信息服务、新材料、新能源、生物医药及高端医疗器械、半导体及集成电路为战略性新兴产业集群的产业集群培育体系，打造松山湖生物医药产业基地、东部智能制造产业基地、东莞新材料产业基地、东莞数字经济融合发展产业基地、东莞水乡新能源产业基地、临深新一代电子信息产业基地和银瓶高端装备产业基地七大战略性新兴产业基地。是年，东莞市以超常规政策支持基地发展，设立规模100亿元引导基金，撬动社会资本参与形成总规模500亿元战略性新兴产业基金体系；出台基地建设系列政策，通过配套优质产业空间和专项政策，推动战略性新兴产业加速集聚。2021年5月，七大基地启动首批0.07万公顷（1万亩）土地面向全球招商，签约项目总投资额1500亿元。

（东莞市人民政府地方志办公室）

【中山谋划十大主题产业园】2021年，中山市加快产业发展和空间布局谋划，最大限度保护和拓展产业空间，结合现有产业布局、区域禀赋优势及各镇（街道）工改片区范围，按照土地可利用可连片的原则，在全市统筹布局智能家电产业园、智能制造产业园、研发与高端制造产业园、清洁能源与智能装备产业园、半导体产业园、新材料（原料药及化工）产业园、光电与智能终端产业园、健康医药产业园、科创与总部经济产业园和中山市经济技术开发区（高端显示产业园）首批十大跨镇街的主题产业园，总规划面积1935.33公顷。智能家电产业园包括黄圃、南头和东凤片区，重点发展智能家电产业，集聚家电龙头及配套企业，加强顺德深度融合发展，共同打造世界级智能家电产业集群。智能制造产业园包括小榄、古镇和横栏片区。围绕智能制造，重点发展工业互联网、工业设计、数字照明与智能家居产业。研发与高端制造产业园包括岐江新城（江北科创区）。重点引入研发、中试、数字经济、企业总部、高端制造等产业，集聚国际型服务中枢、创智型总部基地、生态型文化新城三大功能，建设成为中山城市新客厅。清洁能源与智能装备产业园包括大涌、南区、板芙和南朗片区。围绕新能源研发、生产，重点引入新能源中的氢能（制氢、储氢、运氢和加氢装备）、风能、太阳能等细分领域产业，打造新能源产业高地。半导体产业园包括三乡片区。重点发展新一代信息技术产业中电子核心产业、集成电路制造等细分领域产业。新材料（原料药及化工）产业园包括三角和民众片区。重点发展集成电路、电子化学、原料药、化学药等产业。光电与智能终端产业园包括民众片区，聚焦光学光电、新一代信息技术，以智慧物联为突破口，打造珠三角最具特色的光电与智能终端产业数字化精品园区。科创与总部经济产业园包括翠亨新区马鞍岛，重点强化科技创新功能，聚焦生物医药、人工智能等新兴产业，吸引优质总部企业和研发机构落户。健康医药产业园包括火炬和南朗片区，重点发展生物医药与高端医疗器械，引入生物医药研发、生物医药的生产制造（包括生产制造生物药、化学药、现代中药、药妆等）、生物医药流通与应用相关产业，实现生物医药产业链有机协同发展。中山市经济技术开发区（高端显示产业园）包括坦洲片区，重点发展新材料和高端显示产业。

（中山市人民政府地方志办公室）

【肇庆大型产业集聚区规划建设】2021 年，肇庆市加快大型产业集聚区 82 平方千米起步区建设，构建市统一规划、开发、管理，市县（区）两级协调开发机制，制定出台规划建设实施方案，以肇庆高新区、肇庆新区为核心，按照“九通一平”标准规划建设，力争五大起步区的肇庆新区永安起步区基础配套、端州双龙起步区基础设施等 18 个基础设施与服务配套项目完成投资 100 亿元，推动广东肇庆（高要）汽车零部件产业园、平谦国际（肇庆新区）现代产业园、中安产城产业园等重大平台项目与喜珍电路、林顿高端智能装备等重点产业项目建设，其中力促宁德时代动力及储能电池、维珍妮等 7 个重点产业项目建成投产。4 月 29 日，肇庆金利高新技术产业开发区挂牌仪式在高要区金利镇举行。该开发区规划面积 288.06 公顷，2020 年 12 月经省政府认定为省级高新技术产业开发区，实行现行的省级高新区政策。开发区所在的金利镇，是全国重点镇、中国建筑五金精品生产（采购）名镇、广东省中心镇、省五金产业集群升级示范区、省深化和扩大经济发达镇行政体制管理改革试点镇。全镇规模以上工业企业 105 家，国家级高新技术企业 118 家，全年实现工业总产值 456 亿元。年内，肇庆金利高新技术产业开发区已形成汽配、五金、化工、新型建材等产业集群，拥有省级汽车零部件产业园、中安智谷、五金智造小镇、瀚和（高要）精细化工产业基地、信基创新科技园等一批产业平台，吸引大唐国际、鸿图科技、太尔化工、北新建材、嘉利车灯等一批创新型效益型企业入驻。道路交通、供水供电、能源通信、商务休闲等基础设施配套日益完善，金利大道等一批重点项目加快建设。

（肇庆市人民政府地方志办公室）

战略性新兴产业

·产业集群打造·

【广州战略性新兴产业发展壮大】2021 年，广州市地区生产总值 2.82 万亿元，比上年增长 8.1%。全年战略性新兴产业增加值占地区生产总值比重达 30.5%。先进制造业强市和现代服务业强市建设加快，全市形成汽车、电子、石化、电力热力、电气机械 5 个产值超千亿元的工业产业集群和批发零售、金融保险、房地产、租赁和商务服务、交通运输、信息服务 6 个增加值超千亿元的服务业产业集群；先进制造业增加值占规模以上制造业增加值比重、现代服务业增加值占服务业增加值比重分别达65.7%、67.5%。

（龙建雄）

【深圳战略性新兴产业】2021年，深圳市战略性新兴产业实现增加值12146.37亿元，比上年增长6.7%，占GDP比重提升至39.6%，七大产业均实现正增长。其中，新一代电子信息产业实现增加值5641.6亿元，比上年增长1.2%；高端装备制造业实现增加值506.53亿元，增长19.4%；新材料产业实现增加值324.34亿元，增长10%；生物医药和健康产业实现增加值589.6亿元，增长7.6%；数字与时尚产业实现增加值3103.66亿元，增长10%；绿色低碳产业实现增加值1386.78亿元，增长8.8%；海洋经济产业实现增加值593.8亿元，增长14.5%。年内，战略性新兴产业布局更精准，研究制定战略性新兴产业集群行动计划，前瞻布局未来产业，健全完善"链长制"，建立"六个一"工作体系。战略性新兴产业增加值明显增长，占地区生产总值比重稳步提升。培育壮大市场主体，新增商事主体54万户、专精特新"小巨人"企业134家，国家级高新技术企业突破2万家，居全国城市第二位。出台推动制造业高质量发展28条，建立697家骨干企业专项服务小组，提升现代产业发展能级。战略性新兴产业引领作用更加凸显。衔接国家、省规划部署，研究制定宽带通信与新型网络、半导体与集成电路、生物医药等产业行动计划，前瞻布局合成生物、量子信息、深地深海等未来产业，建立"六个一"工作体系。软件与信息服务、新能源、智能网联汽车等细分产业增加值保持两位数增长，新一代信息通信、先进电池材料等4个集群入选国家先进制造业集群。8月31日，由深圳市战略性新兴产业发展促进会联合深圳报业集团·深圳商报等单位开展的2021年粤港澳大湾区战略性新兴产业"领航企业50强"暨首届战略性新兴产业"拓荒人物""青年领袖"评选，迈瑞医疗、瑞声科技、深信服、欣旺达、稳健医疗、沃特股份等50家企业上榜"领航企业50强"名单。以李连和、樊建平、陈志列、李西廷、吴宪、陈政立、厉伟、陈五奎、李屹、武永强为代表的10名企业家、科技带头人、创投家获评"拓荒人物"。优必选周剑、雷曼光电李漫铁、科达利励建炬、科创新源周东、唯酷光电李风华、镭神智能胡小波、创想三维刘辉林、光韵达姚彩虹等20名企业家获评"青年领袖"。

（深圳市人民政府地方志办公室）

【珠海推动产业集群加快布局】2021年，珠海市建立制造业强市建设领导小组、"5+1"产业集群专班等工作机制，推动现代产业集群加快布局。全市规模以上工业总产值超5000亿元，集成电路产业规模比上年增长50.1%，新材料产业规模增长33.2%，先进制造业占规模以上工业增加值比重达57.2%。全年新签约重点产业项目136个，投资总额1212.5亿元，已落地项目80个。总投资170亿元的高景太阳能建成投产，总投资180亿元的爱旭光伏电池和总投资115亿元的德尔塔摄像头模组项目在斗门动工建设。

（杨浩航）

【佛山战略性新兴产业集群发展】2021年，佛山市工业领域主要形成高端装备制造产业集群、智能机器人产业集群、软件与信息服务产业集群3个战略性新兴产业集群（2020年《广东省人民政府关于培育发展战略性支柱产业集群和战略性新兴产业集群的意见》提出重点发展半导体与集成电路、高端装备制造、智能机器人、区块链与量子信息、前沿新材料、新能源、激光与增材制造、数字创意、安全应急与环保、精密仪器设备"十大战略性新兴产业集群"）。

高端装备制造产业集群方面，集群围绕上中游原材料、零部件配套，下游通用设备、专用设备、交通运输设备等整机产品研制，布局形成较为完整的产业链条，集群有规模以上企业1195家，集群全年实现规模以上工业总产值1.38万亿元，拥有工业泵、机床、激光设备等细分领域“隐形冠军”企业，陶瓷、塑料等专用设备领域发展国际国内领先，环保专用设备领域逐渐发展壮大，机器人、无人机等高端装备领域逐步形成规模。智能机器人产业集群方面，有机器人研发生产企业超110家，“机器人”企业与相关机构数量超3000家，基本形成“核心零部件—机器人本体—机器人系统集成—机器人应用”的产业链，集群有规模以上企业23家，该集群全年实现工业总产值35.9亿元，比上年增长138.8%。软件与信息服务产业集群方面，全市计算机软件著作权登记1.09万件，全市规模以上软件和信息技术服务业营业收入实现高速增长，1—11月增速61.3%。

高端装备制造产业集群 2021年，佛山市高端装备制造产业集群实现规模以上工业总产值13791.2亿元，有规模以上企业1195家。集群在通用设备制造若干细分领域实力凸显，有工业泵、机床、激光设备等细分领域“隐形冠军”，陶瓷、塑料等专用设备领域发展国际国内领先，环保专用设备领域逐渐发展壮大，机器人、无人机等高端装备领域逐步形成规模。全市通用设备制造业实现工业总产值1848.5亿元，有规模以上通用设备制造业企业558家，主要分布在南海区和顺德区；通用设备制造业实现工业增加值334.9亿元，比上年增长7.7%。全市专用设备制造业实现工业总产值1033.8亿元，有规模以上专用设备制造业企业475家，主要分布在南海区和顺德区；专用设备制造业实现工业增加值213亿元，比上年上升16.9%。全市交通运输设备制造业实现工业总产值113.1亿元。有规模以上专用设备制造业企业53家，主要分布在南海区和顺德区；交通运输设备制造业实现工业增加值17.1亿元，比上年下降14.1%。

智能机器人产业集群 2021年，佛山市智能机器人产业集群机器人研发生产企业超110家，“机器人”企业与相关机构数量超3000家，基本形成“核心零部件—机器人本体—机器人系统集成—机器人应用”的产业链。集群现有规模以上企业23家，全年佛山市智能机器人产业集群实现工业总产值35.9亿元，比上年增长138.8%，全年生产工业机器人23482套，占全省工业机器人产量（12.4万套）的18.9%。智能机器人产业集群拥有隆深机器人、嘉腾机器人、华数机器人、库卡机器人、沃顿装备、埃斯顿等龙头企业，蓝胖子、天太机器人、三扬科技、博智林机器人、星光传动、科凯达智能机器人等“隐形冠军”企业，集群内上市企业2家。拥有佛山市南海区广工大数控装备协同创新研究院、佛山智能装备技术研究院、中国（广东）机器人集成创新中心、佛山中国空间技术研究院创新中心等创新平台载体。

软件与信息服务产业集群 2021年，佛山市软件与信息服务产业集群主要涉及金融、政务服务、工业互联网平台等领域。全年规模以上软件和信息技术服务业营业收入实现高速增长，增速达61.3%。出台《佛山市版权发展“十四五”规划》，印发《创建全国版权示范城市两年行动计划》，成立“佛山版权产业发展联盟”，推动新一代人工智能、新一代信息通信、大数据、物联网、云计算和智能终端的发展。

（佛山市工业和信息化局）

【佛山高新区智能家居产业集群获批国家级创新型产业集群试点】 2021年8月9日，科技部火炬中心发布《关于开展2021年度创新型产业集群试点（培育）的通知》，公布2021年度创新型产业集群试点（培育）名单，佛山高新技术产业开发区申报的佛山智能家居产业集群入选。佛山智能家居产业集群是广东省4个入选的产业集群之一。通过技术创新及研发投入，借力数字经济加快转型升级，佛山家居产业逐渐从底蕴深厚、规模雄厚的传统优势产业集聚“裂变”出细分领域发展迅猛、技术领先、市场潜力巨大的智能家居特色产业集群，衍生出小熊电器、云米电器、林氏木业、汇泰龙等一批新兴发展力量。截至年底，佛山高新技术产业开发区已经形成以家电、陶瓷卫浴、家具为支柱产业，智慧照明、智能门锁、智能安防监控等特色产业，科研院所、工业互联网平台、智能制造服务平台为配套的特色创新型产业集群。

（佛山年鉴社）

【惠州石化能源新材料产业集群发展】 绿色石化产业发展　2021年，惠州市按照“大项目—产业链—产业集群”发展思路，石化行业有2200万吨炼油、220万吨乙烯、100万吨芳烃的年生产能力，在建160万吨乙烯、150万吨芳烃、500万吨精对苯二甲酸，基本形成上游炼油、中游乙烯、下游碳二、碳三、碳四、碳五、芳烃、碳九等较完整的产业链。中海壳牌SMPO/POD（苯乙烯/环氧丙烷和聚醚多元醇）、出光润滑油、宇新顺酐等项目先后建成投产；埃克森美孚惠州乙烯、恒力（惠州）PTA项目动工建设，中海油油品结构升级项目投资和建设进度双提速；中海壳牌惠州三期乙烯项目经规划专家评估会通过。

大湾区清洁能源中心　2021年，惠州市核电、风电、光伏、水电、气电等清洁能源产业快速发展，太平岭核电一期工程2台机组开工，中广核海上风电一期于年底并网，惠州LNG（液化天然气）接收站项目开工，中洞抽水蓄能电站前期工作稳步推进，大亚湾石化区综合能源站等4个天然气热电联产项目获核准，开发分布式光伏和集中式光伏建设，光伏并网装机容量比上年增长42.52%。

新材料产业集群发展　2021年，惠州市与恒力集团、中国化学、巴斯夫、乐金化学、利安德巴赛尔等世界500强企业对接。至年底，与中国化学和恒力集团签订合作框架协议，引进恒力PTA下游、尼龙等项目。

能源基础设施及科技创新中心项目建设　2021年，惠州市推进电网建设，出台推进重点电网建设、电力设施迁改、电力设施防外力破坏3个机制，采用“承诺制”“容缺审批”等非常规方式核准立项、审批。至年底，投产变电站11座，其中220千伏变电站4座、110千伏变电站7座，新投产变电站数量居全省第一位。新增主变容量290万千伏安，新增线路长度287千米，电网网架完善，供电能力和供电可靠性提升。　　（惠州市人民政府地方志办公室）

【东莞产业集群发展】 2021年，东莞市新一代电子信息产业集群营业收入超万亿元规模，占全省新一代电子信息产业集群四分之一。东莞市新一代电子信息产业集群包括华为、OPPO、vivo等全球领先智能手机龙头企业，汇聚整机制造、电路板及元器件、触摸屏、电池、机背板、结构件生产制造等领域一批行业领先企业和“隐形冠军”。

4个千亿规模产业集群　2021年，东莞市“4个千亿规模产业集群”形成。装备制造产业集群营业收入4488亿元，形成上游研发设计，中游零部件生产、设备制造，下游运营服务全产业链条，机器人及智能制造装备、新能源汽车等高端装备产业。新材料产业集群营业收入规模1200亿元，产业链涵盖半导体材料、电子新材料、新能源材料、先进金属材料、生物医用材料等。食品饮料产业集群营业收入1260亿元，涵盖粮油加工、烘焙、饮料、糖果、调味品、食品添加剂等领域。纺织服装鞋帽产业集群营业收入870亿元，覆盖纺织印染、研发设计、机械设备制造、配件及辅料生产、组装加工、品牌销售等环节。

4个百亿规模产业集群　2021年，东莞市“4个百亿规模产业集群”发展迅速。软件与信息服务产业集群中规模以上互联网和相关服务、软件和信息技术服务业企业实现营业收入116.9亿元。年内，东莞市认定松山湖高新区、南城街道为“市软件和信息技术服务业集聚区”。是年，在新能源产业集群中，东莞市着力发展氢能源产业，从制氢、加氢站建设运营到整车生产的氢燃料电池产业链进行布局，申报国家燃料电池汽车示范城市。生物医药及高端医疗器械产业集群中涌现菲鹏生物、东阳光药业等细分行业龙头企业，建成广东省医疗器械质量监督检验所（东莞中心）、东莞市食品药品检验所、松山湖生物医药创新研发公共仪器平台等产业公共服务平台。全年生物医药及高端医疗器械产业集群营业收入230亿元。半导体及集成电路产业集群形成以第三代半导体、封装测试、集成电路设计、材料及器件等环节为支撑的产业链结构。全年全市半导体及集成电路产业集群营业收入240亿元。　（东莞市人民政府地方志办公室）

【中山战略性新兴产业集群发展】 2021年，中山市推动战略性新兴产业集群发展。开展产业核心关键技术攻关。聚焦人工智能与数字经济、高端装备制造、光电激光、5G新材料、生物医药与健康等重点领域，获得省重大领域研发计划4项，市级安排重大科技专项16项，合计立项经费1.1亿元。组织开展2022年市级先进装备制造业资金项目申报，共有支持企业做大做强、首台套保险保费补贴、过渡性用房补贴、高端装备厂房建设、首台套研发等专题50个项目入库，入库资金7910万元。整合东部片区资源建设大型园区，成功申报省级大型产业集聚区，推动南区科技产业园申报首批省产业园，推动火炬区健康科技产业基地申报首批省特色产业园。集群经济持续发展，培育电子信息、装备制造、白色家电3个产业成为千亿级产业集群。推动粤港生物医药合作创新区建设，制定《中山市中医药传承创新发展行动方案（2021—2023年）》，成功获批国家药品进口口岸。推进产业链协同创新试点工作。成功申报全省第二个开展特色产业集群产业链协同创新试点城市，围绕五金、家电、灯饰及板式家具等特色产业集群，推进产业链协同创新试点工作。认定11家智能制造供应商，入库53个协同创新项目，总设备投资额36154.7万元。将数字化智能化作为推动制造业高质量发展的主攻方向，大力推动数字化改造、智能化升级。全市拥有国家级智能制造试点示范项目2个、省级29个、市级86个，已培育13家省级工业互联网资源池企业，引进培育18个市工业和工业互联网服务平台。推动灯饰、小家电、厨卫产业集群入选省产业集群数字化转型试点，开展数字化标杆示范引领，31家行业龙头企业入选省级工业互联网标杆项目，助推235家规上工业企业“上云上平台”实施数字化升级，带动2500多家企业上云用平台。

【中山获“粤港澳大湾区世界级家电产业集群（中山）”称号】 2021年12月31日，中山市人民政府与中国轻工业联合会、中国家用电器协会联合举行“粤港澳大湾区世界级家电产业集群（中山）”线上授牌仪式。至2021年底，中山市家电主营业务收入超过2000亿元，占粤港澳大湾区家电产业集群收入近30%，占家电全行业的13.5%，打造美的电扇、TCL空调、格兰仕微波炉、奥马冰箱、华帝燃具等名优品牌，培育“中国家电品牌基地·南头”“中国小家电创新基地·东凤”“中国家电制造基地·黄圃”等具影响力的区域品牌。12月，中山市第十五次党代会报告提出深化“北融”发展，加强与佛山产业链协作，推动北部片区与佛山市顺德区深度融合发展，共同打造全球最具活力的万亿级智能家电产业集群。

（中山市人民政府地方志办公室）

【江门战略性新兴产业集群发展】 2021年，江门市10个战略性新兴产业集群合计实现规上工业产值约507.24亿元，约占全市规模以上工业产值9.5%。其中，新能源、半导体及集成电路发展基础较好、规模较大，规上工业产值分别超190亿元、90亿元，增速分别达18.13%、48.32%。前沿新材料、数字创意、安全应急与环保、区块链与量子信息、精密仪器设备等产业集群发展迅猛，规上工业产值增速分别达48.8%、36.17%、27.93%、25.87%、24.2%。

（江门市工业和信息化局）

【肇庆高新区智能网联新能源汽车产业集群入选2021年度创新型产业集群试点（培育）名单】 2021年8月9日，肇庆高新区智能网联新能源汽车产业集群入选2021年度创新型产业集群试点（培育）名单。该名单由科技部火炬高新技术开发中心公布，该次全国纳入试点（培育）产业集群43个，其中广东省4个。肇庆高新区引进小鹏汽车、瑞庆时代（宁德时代）、理士电源等新能源产业龙头企业，初步形成新能源整车、汽车关键零部件、智能网联、汽车轻量化、充电设施、汽车后市场、新能源储能等领域全面发展新格局；培育引进智华（广东）智能网联研究院、哈工大海特复合材料技术研究院、广东省电动车工程技术研究中心、广东省特种车辆工程技术研究中心等省级优势创新平台；承担一批国家重点科研项目，在智能网联新能源汽车科研和产业基础方面具备较强竞争力。肇庆高新区拥有全国首个城市级自动驾驶路测示范区，打造完整智能网联测试体系。

（肇庆市人民政府地方志办公室）

【广东燃料电池汽车示范应用城市群启动】2021年8月，财政部、工业和信息化部、科技部、国家发展改革委、国家能源局五部委联合批复同意由佛山市牵头，联合广州、深圳、福州、珠海、东莞、中山、阳江、云浮、包头、六安和淄博等城市组建的广东城市群为首批国家燃料电池汽车示范城市群。12月8日，广东燃料电池汽车示范应用城市群（简称广东城市群）项目启动，拉开广东城市群为期4年的应用示范工作，标志着广东城市群进入推动落实示范任务的新阶段。广东城市群坚持“合作共赢、协同发展”理念，紧抓国家开展燃料电池汽车示范应用契机，力争到示范期末实现电堆、膜电极、双极板、质子交换膜、催化剂、碳纸、空气压缩机、氢气循环系统八大关键零部件技术自主可控，并具备自主知识产权的产品配套应用，推广超万辆燃料电池汽车，形成超过46万吨的氢气供应体系，建成200座以上加氢站，降低氢气售价至35元/千克以下（省内30元/千克以下），构建完善的燃料电池汽车政策体系等目标。

（佛山市工业和信息化局）

·新支柱产业推动·

【香港生物医药产业】2021年，香港现时约有超过250家生物科技相关公司，当中大部分为医疗健康公司，从事的领域包括药物、以传统中药为本的药用或健康产品、医疗和诊断器材。这些公司从事产品研发、制造、市场推广和销售等活动。香港科学园是推动香港科技创新的重要一员，确立生物医药科技为重点发展的五大科技领域之一，致力促进生物医药研究由实验阶段至商品化阶段的转化。在2020—2021年度，生物医药科技领域迅速壮大。截至2021年3月31日，在科学园内从事生物医药科技的企业及培育公司总数达156家。科学园汇聚多家生物医药公司，突显香港作为策略性生物医药研究基地的独特地位。其中，业聚器械集团推出一系列治疗冠状动脉和外周血管疾病的创新支架和冠状动脉扩张导管，并在中国和日本获得欧洲合格认证并通过审批。2021年2月，科学园与英国阿斯利康药厂携手推出专项培育计划，共同培育生物医药初创企业研发综合肿瘤诊疗方案。香港特别行政区政府通过创新及科技基金为生物科技研究项目提供资助。2021年，创新及科技基金批出70个与生物科技有关的资助计划，资助额达20280万元。获资助的项目涵盖不同研究范畴，包括干细胞疗法、分子诊断、生物药品制造以及传统中药现代化等。

（香港历史研究基金会）

【澳门科技产业】2021年2月1日起，澳门经济局重组并更名为经济及科技发展局，增设科技厅，负责推动科技创新发展的职能，以促进科技发展与经济适度多元的联动，推动澳门经济适度多元发展。是年，澳门经济及科技发展局遵循“经济及科技发展局促进科研成果产业化及成果化”和“推动企业应用科技提质发展”两个主要方向，推动澳门科技产业发展。依托澳门高等院校、4个国家重点实验室等科研力量，发掘具有潜力的澳门科技企业，协助其对接澳门科研机构及实验室，促进产学研发展。支持传统产业利用数字化解决方案提升营运效率，善用互联网平台扩大市场，实现企业创新发展，推动科技创新成为经济适度多元可持续发展的新动能。

（摘自《2022 澳门年鉴》）

【广州新兴产业】新材料产业 2021 年，广州市新材料产业产值 3538 亿元，占全市规模以上工业总产值的 15.68%。全市新材料产业规上企业 1000 家，规模超亿元企业 300 多家，产值规模达 100 亿元以上的新材料企业 4 家，分别是广州江铜铜材有限公司、鞍钢联众（广州）不锈钢有限公司、金发科技股份有限公司、雪松铜业（广州）有限公司；产值 10 亿元以上企业 41 家。新材料企业涵盖新材料所有领域，形成先进石化化工新材料为特色主导，先进无机非金属材料、先进钢铁材料和先进有色金属材料共同发展的行业格局。有新材料领域国家级研发平台 17 个，新材料领域省级平台 153 个和新材料领域市级平台 238 个，高分子功能材料集群实力位于全国前列。建设纳米科技核心研发区、中试孵化区等核心功能区，打造“纳米创新集群”。年内制定《广州市重点新材料首批次应用示范指导目录》，将技术水平领先、发展前景良好的新材料产品纳入目录。全年安排 5997 万元支持 31 家企业 40 个市重点新材料首批次应用示范项目，助推企业在新材料产业化初期加速打开市场，精准支持全市新材料创新成果转化和应用。

集成电路产业 2021 年，广州市有安凯微电子、润芯、硅芯、高云半导体等细分领域龙头设计企业，以及兴森快捷、安捷利、风华芯电等集成电路封装企业。广州国家现代服务业集成电路设计产业化基地是全国十个国家级的集成电路设计高新技术产业化基地之一。年内落实《广州市加快发展集成电路产业的若干措施》，对设计企业产品流片给予补助，举办第 2 届中国 IC30 人圆桌会、第 24 届中国集成电路制造年会，会上发布广东省半导体及集成电路产业投资基金，其中风险子资金落户南沙区，揭牌成立湾区半导体产业集团、广大融智产业集团和智能传感器产业集团三大产业集团。国家集成电路产业基金出资 2.2 亿元投资广州市集成电路设计企业慧智微电子，是大基金首次在功率放大器领域的布局。布局宽禁带半导体领域，南砂晶圆碳化硅单晶材料项目、芯粤能碳化硅功率器件研发生产基地、志橙碳化硅材料研发制造等宽禁带半导体项目落户南沙。黄埔区依托粤芯半导体制造项目建设综合性集成电路产业聚集区，吸引湾区半导体集团、广大融智集团以及新锐光掩模、深南电路 FCBGA 封装基板项目等落户。智能传感器产业集团、增芯智能传感器制造项目以及芯粤能碳化硅功率器件生产基地等企业（项目）落户增城和南沙。

高端装备产业 2021 年，广州市高端装备产业（不含汽车、电子、金属制品业、修理业）规模以上工业产值 3023 亿元，比上年增长 14.24%，占规模以上工业总产值 13.4%。全市的智能装备和机器人规模居国内城市前列，有华南地区最大的系统集成综合服务商、国家机器人检测与评定中心。广深佛莞智能装备产业集群入围国家先进制造业集群决赛。国机智能、明森科技等企业研发转产口罩机及其关键零部件，其中广州兴世研制上线超高速全自动平面口罩机生产线。全市高端装备产业形成以黄埔区为轴心，以增城区、南沙区、番禺区、白云区、花都区和中心城区为依托的产业布局。其中，黄埔区重点发展智能装备及机器人；南沙区重点发展船舶及海洋工程装备等大型装备；白云区打造轨道交通全产业链；增城区发展特色智能装备；番禺区、花都区发展汽车等主导产业相关智能装备。（龙建雄）

【深圳四大支柱产业】2021 年，深圳市金融业、物流业、文化产业和高新技术产业四大支柱产业稳步发展。

金融业 2021 年，深圳金融业实现增加值 4738.8 亿元，比上年增长 7.6%，占地区生产总值比重（15.4%）增加 0.3 个百分点，两年平均增速达8.3%，高于全国（5.3%）3个百分点。金融业实现税收1662亿元，占全市总税收的24%，居各行业第一位。全年增加境内外上市公司47家、总数达495家，新增分行级以上持牌金融机构23家，制造业贷款、绿色信贷、中小微企业贷款余额分别比上年增长13.3%、28.6%、20.6%。打造创投街区、财富管理集聚区，推动组建战略性新兴产业并购基金，提升金融支持科技创新水平。全年全市科技型企业贷款余额6387亿元，比上年增长39.4%；普惠小微贷款余额1.21万亿元，增长29.7%；绿色信贷余额4485亿元，增长28.6%；均显著高于各项贷款平均增速。全年新增境内上市公司39家，总数（372家）居各城市第三位，引进26家股权投资基金，直接融资稳步提升。成立市级绿色金融协会，起草近20项制度标准，认定首批11个绿色金融专营机构；引进中国供应链金融数字信息服务平台、数字函证平台，打造供应链金融标准体系；制定"1+1"创投扶持政策和任务清单，印发支持罗湖区黄金金融发展的若干措施，制定推进文化金融深度融合的意见等。在全国首创搭建"好人举手"平台（深圳市私募投资企业监管信息平台），成功争取全国首个契约型基金试点资格，"优化私募基金市场准入环境"改革任务被国家发展改革委、证监会认定"圆满完成"。深圳证券交易所主板与中小板正式合并，首批基础设施公募REITs成功上市；跨国公司本外币一体化资金池试点、本外币合一银行结算账户体系试点先后启动，深圳传音公司成为全国首家试点企业；粤港澳大湾区"跨境理财通"、债券通"南向通"相继落地；资本市场金融科技创新试点获证监会批准。金融开放合作有序扩大。大力支持前海先行先试，制定前海金融专项工作方案，启动前海深港国际金融城建设，积极推进大湾区保险服务中心等项目。联合香港筹备申报"深港金融论坛"，与伦敦、新加坡深化绿色金融、财富管理等交流合作，与苏黎世正式建立工作关系；构建深港澳金融科技人才培养机制；修订出台QFLP和QDIE政策，其中QDIE获批额度全国最高；瑞银前海公募基金销售资格获批，是国内第二家外商独资基金销售机构。继续加强重点领域风险防控工作。专项攻坚处置重点房企金融债务风险。纵深推进网贷风险整治收官，推动网贷风险应对工作领导小组升级为市涉众金融风险应对工作领导小组，进一步加强统筹领导。精准拆弹，推动小牛在线、"红岭"系、"文燊威"、荷包金融等高风险机构立案；实现网贷机构接入央行征信零的突破。组织"深房理"涉小贷、融担业务查处，开展首单对在营机构的行政处罚；推进商业保理、融资租赁减量增效，合计超4000家企业退出市场；实现全市4320家私募管理人差异化分类监管，提前完成1个潜在风险及僵尸私募机构摸排，进度居全国首位。

物流业 2021年，深圳市现代物流业增加值比上年增长9.8%。社会货运量累计完成43930.24万吨，比上年增长5.93%，增速增加10.66个百分点。社会货物周转量2196.60亿吨千米，比上年增长9.00%，增速增加19.12个百分点。从行业效率看，社会物流总费用16.7万亿元，比上年增长12.5%，与同期地区生产总值比率为14.6%，下降0.1个百分点。年内，深圳物流业平均景气指数52.44%，比上年增加3.49个百分点，物流经济趋于活跃。深圳港全年集装箱吞吐量达2876.76万标准箱，比上年增长8.4%，增速增加5.4个百分点。其中，外贸集装箱吞吐量占全港集装箱吞吐量比重为92.6%，增加0.7个百分点，深圳港集装箱吞吐量稳步提升。年内，深圳机场货邮吞吐量156.83万吨，比上年增长12.13%。在国内货邮百万吨级机场中，深圳机场是唯一连续四年保持5%以上增速的机场，也是唯一连续四年货邮吞吐量持续增长的机场。深圳机场国际货运业务持续发力，国际航线货邮吞吐量59.65万吨，比上年增长29.76%。

文化产业 截至2021年年底，深圳市有规模以上文化企业3157家，全年营收9740亿元，比上年增长15.6%。全年文化产业全口径增加值2566亿元，比上年增长15%，占全市地区生产总值比重8.4%。产业规模仅次于北京、上海。2021年，全市有市级以上文化产业园区71个，其中国家级文化产业园区1个，国家级文化产业基地9个，省级文化产业园区9个。另省级文化和旅游融合示范区2个。编制《深圳市文化产业高质量发展规划》，新认定市级以上文化产业园区15家，全市市级文化产业园区有71家，龙岗数字创意产业走廊获得国家级文化产业示范园区创建资格。蛇口滨海文化创意产业带、DCC文化创意园成功创建省级文化产业示范园区，中华商务、雅昌文化（集团）有限公司等19家企业成功入选“2021—2022年度国家文化出口重点企业”，《熊出没》系列产品等4个项目入选“2021—2022年度国家文化出口重点项目”。年内，深圳电影年度票房市场达16.32亿元，排名上海、北京之后，位列全国第三位。推动网络游戏产业健康发展，全年全市网络游戏营收规模约1610亿元。华侨城、华强方特再次获评全国“文化企业30强”，文化领军企业带动示范效应显现。

高新技术产业 2021年，深圳市高新技术产业增加值比上年增长9%。国家高新技术企业超过1.86万家，是2015年的3.4倍。年内，深圳市新增国家高新技术企业超2000家，累计超过2万家，居全国城市第二位。深圳深入推进科技供给侧结构性改革，通过特区立法确立30%以上市级科技研发资金投向基础研究的长效机制，建立完善“基础研究+技术攻关+成果产业化+科技金融+人才支撑”全过程创新生态链，高新技术产业发展成为全国的一面旗帜。

（深圳市人民政府地方志办公室）

【珠海主导产业】 2021年，珠海市六大主导产业规模以上增加值占规模以上工业增加值比重72.9%。家电电气、生物医药、电子信息、石油化工、电力能源、精密机械制造产业全部实现增长，支撑作用明显，成为全市工业经济增长主要推动力。其中，电子信息产业完成工业增加值226.37亿元，比上年增长5.6%，增速低于全市规模以上工业增加值增速3.2个百分点；精密机械制造产业完成工业增加值93.99亿元，增长7.8%，增速低于全市规模以上工业增加值增速1.0个百分点；家电电气产业完成工业增加值329.65亿元，增长9.7%，增速高于全市规模以上工业增加值增速0.9个百分点；石油化工产业完成工业增加值153.34亿元，增长15.2%，增速高于全市规模以上工业增加值增速6.4个百分点；电力能源产业完成工业增加值91.67亿元，增长21.7%，增速高于全市规模以上工业增加值增速12.9个百分点；生物医药产业完成工业增加值81.89亿元，增长19.5%，增速高于全市规模以上工业增加值增速10.7个百分点。

（黄剑）

2021年10月21—22日，2021全球IPv6下一代互联网峰会在广州举办，峰会开幕式上启动IPv6 Ready SRv6 Logo国际认证项目　（周智群　摄）

生物医药产业 2021年，珠海市生物医药产业规模以上工业总产值204.34亿元，比上年增长16.1%。规模以上工业增加值81.89亿元，增长 19.5%。聚焦化学药、生物药、现代中医药、高端制剂、中高端医疗器械等重点领域，完善以医药制造业为主体，医疗器械为支撑，中医药为特色的生物医药产业体系，初步形成以丽珠医药集团股份有限公司 、珠海联邦制药股份有限公司、珠海润都制药股份有限公司等医药制造企业，健帆生物科技股份集团有限公司、广东宝莱特医用科技股份有限公司等医疗器械企业，汤臣倍健股份有限公司、伊斯佳科技股份有限公司等保健食品化妆品企业为龙头的生物医药产业集群。（魏丽郦）

电子信息制造业 2021 年，珠海市规模以上电子信息制造业产业总产值 943.41 亿元，比上年增长 6.2%，规模以上增加值 226.37 亿元，增长 5.6%。规模以上电子信息制造企业 297 家。拥有东信和平和全志科技 2 家国家级企业技术中心。产值在 5 亿元以上的电子信息制造企业 39 家，总产值 658.54 亿元。其中，百亿元以上企业 1 家，为伟创力制造（珠海）有限公司；珠海奔图电子有限公司、珠海紫翔电子科技有限公司、珠海市金品创业共享平台科技有限公司等 10 亿元至 100 亿元企业 22 家，总产值 429.16 亿元。全市新增炬芯科技股份有限公司、珠海冠宇电池股份有限公司、珠海安联锐视科技股份有限公司、珠海美佳音科技有限公司 4 家电子信息上市公司。（李勇祥）

【佛山新兴支柱产业】 **高端电子信息制造业** 2021 年，佛山市高端电子信息制造业实现工业增加值 169.41 亿元，比上年下降 3.7%。截至年底，佛山市有规模以上电子信息制造企业数量逾 250 家，主要分布在南海区和顺德区。顺德区主要为电子元器件制造企业，作为顺德区的家电企业的上游配套。佛山有佛山光电显示产业基地、佛山物联网和云计算产业基地、顺德 OLED 产业基地、顺德物联网技术及应用示范产业基地 4 个省市共建战略性新兴产业基地（高端新型电子信息）。佛山南海电子信息产业园、佛山电子通信产业园（三水）成为佛山市 5G 等新一代信息通信发展的重点园区载体。

绿色石化产业 2021 年，佛山市石油化工产业实现工业增加值 223.62 亿元，比上年增长 3.7%。截至年底，佛山市有规模以上石油化工企业 400 余家，主要分布在南海区、顺德区和三水区。佛山市化学原料和化学制品制造业主要集中在三大领域，涂料、油墨、颜料及类似产品制造，合成材料制造，以及专用化学产品制造。重点企业有瑞丰石化燃料、德美精细化工等。

生物医药及高性能医疗器械产业 2021 年，佛山市生物医药及高性能医疗器械实现增加值 83.43 亿元，比上年增长 19.6%。截至年底，佛山市有规模以上生物医药及高性能医疗器械企业约 100 家，主要分布在南海区。生物医药产业形成广东（南海）生物医药产业化基地、暨南大学生物医药产业园、联东 U 谷·顺德生态医药科技创新园等一批产业园区载体，建设完成中国科学院生命健康中心、国际创新转化生物产业孵化中心、广东省医学大数据融合应用工程技术研究中心等创新载体。其中，广东（南海）生物医药产业化基地建有 8600 平方米的孵化器和 66000 平方米的产业加速器，与钟南山院士团队开展合作，打造集孵化—加速—产业化功能于一体的生物医药园区——佛山安捷健康产业园。

新材料制造业 2021 年，佛山市新材料制造业实现增加值 322.66 亿元，比上年增长 4.9%。依托广东新材料产业基地、新材料国家创新产业园、高明新材料产业基地、新材料开发区等产业重点载体布局，金属制品、陶瓷建材等产业开展新技术研发，投入建设一批新材料研发及产业化项目，衍生新材料产业。佛山市通过“纳米加工平台 + 研究中心 + 育成中心”的运营模式，同步布局产业链、创新链、投资链、服务链、人才链，纳米产业生态圈初步形成。

新能源汽车产业 2021 年，佛山市新能源汽车产业集聚加快发展，新能源汽车全产业链布局基本形成。一汽 - 大众、北汽福田、飞驰汽车等汽车整车企业布局新能源汽车制造；东方精工、金辉高科、科力远、国鸿氢能、德方纳米等企业致力于动力系统研发生产；中研能源、帕克新能致力于研发生产建设充电装置；国家技术标准创新基地（氢能）、国家汽车质量监督检验中心（广东）、燃料电池及氢源技术国家工程中心华南中心等科研平台已建成，季华实验室、先进能源科学与技术广东省实验室佛山分中心（佛山仙湖实验室）、广东省武理工氢能产业技术研究院等平台进一步加快建设及完善。全市累计新能源汽车推广数量6.02万辆，其中累计推广氢能源汽车1487辆。全市建有加氢站28座（正式投运20座），建有充电站240座、充电桩7244个（不含私人充电桩）。

（佛山市工业和信息化局）

【惠州新兴产业】超高清视频产业 2021年，惠州市发展超高清视频产业，广佛惠联合培育的“广佛惠超高清视频和智能家电产业集群”入选国家先进制造业集群决赛优胜者名单；赴广州参加2021世界超高清视频（4K/8K）产业发展大会；参加广东省“超高清视频显示产业集群联动协调推进机制专题会议”。成立惠州市5G产业联盟，在惠州华贸中心举行惠州市5G产业联盟揭牌仪式。

2021年，惠州市举办小米公司供应链合作、市“5G+工业互联网”、创维数字供应链、佰维存储产业链沙龙活动、海尔集团产业合作等对接会6场，吸引伯恩光学、德赛电池等280多家企业逾400名负责人参加。加强“惠深通”平台的宣传推广，推动“天集社惠深通”平台建设并加大宣传推广力度，支持平台开发商优化升级平台，增加技术直播课堂等功能，吸引本地企业加入。

新材料产业 2021年，惠州新材料产业园进入建设实施阶段，公用工程、场平工程以及市政道路加快建设，是年，惠州市与恒力集团、中国化学工程集团分别签订合作框架协议。产业园指挥部配合相关原料供应、港口码头配套和公用工程等调研。做好恒力意向地块选址、征地和场平等工作。8月，总投资102.5亿元，总产值172.8亿元，税收贡献14.43亿元，占地104.4公顷（1.04平方千米）的8宗产业项目落户园区。

（惠州市人民政府地方志办公室）

【东莞新兴产业】电子信息制造业 2021年，东莞市电子信息制造业完成规模以上工业增加值1592.0亿元，占规模以上工业比重为31.8%，比上年增长6.4%，对规模以上工业增长贡献率为21.3%。东莞市电子信息制造业连续10年保持两位数增长。东莞市电子信息制造业基础扎实、产品门类广泛，涵盖通信设备、集成电路及关键零部件、3C（计算机类、通信类和消费类电子产品）产业、5G及下一代通信技术、电子元件及电子专用材料制造等多个领域。产业链配套较为完善，形成从产品设计到产品制造和检测，从基础零部件到终端产品制造，从消费类产品到投资类产品的完整产业体系，产业配套率90%以上。

电气机械及设备制造业 2021年，东莞市电气机械及设备制造业完成规模以上工业增加值1081.3亿元，比上年增长14.7%，占规模以上工业的21.6%，对规模以上工业增长贡献率为29.9%。东莞市电气机械及设备制造业产业链条较完整，从研发设计到零部件生产、设备制造，再到运营服务，均分布有较多企业，整体发展处于较高水平。截至年底，东莞市形成长安五金模具、横沥模具、虎门电子线缆、寮步汽车等规模较大、特色鲜明的产业集群，松山湖机器人及智能制造装备、麻涌新能源汽车及海工装备制造业等高端装备产业集群。在研发设计方面，东莞市引进广东省智能机器人研究院、广东华中科技大学工业技术研究院、东莞华中科技大学制造工程研究院等在数控装备、电子制造方面拥有较强研发实力的科研院所。在通用零部件方面，东莞市拥有大根（东莞）光电、日本电产（东莞）、东莞捷荣技术股份有限公司、东莞新能源科技有限公司等行业领先企业。在设备制造方面，东莞市拥有东莞中汽宏远汽车有限公司、东莞中集专用车有限公司、东莞京滨汽车电喷装置有限公司和东莞阿尔卑斯电子有限公司等汽车、助动车制造领域企业和东莞创机电业制品有限公司、京瓷办公设备科技（东莞）有限公司、东莞华新电线电缆有限公司、柯尼卡美能达商用科技（东莞）有限公司、东莞金宝电子等专用器材、设备制造企业。

（东莞市人民政府地方志办公室）

【中山四大战略性支柱产业】 2021 年，中山市推动电子信息产业、装备制造业、家电产业、汽车制造及零部件产业四大战略性支柱产业集群发展。

电子信息产业 2021 年，中山市纳入工业和信息化部统计的 90 家电子信息制造业重点企业实现工业总产值实现 1123.29 亿元，比上年增长 11.5%；纳入工业和信息化部统计的 36 家软件和信息服务业企业实现主营业务收入 23.98 亿元，比上年增长 2.5%。印发《中山市新一代信息技术产业发展项目资助实施细则补充规定》，全年安排超过 2000 万元支持新一代信息技术产业技术研发和项目建设。持续加大招商引资，促成彩迅工业智能显示项目、智隆高纯 ITO（信息技术服务外包）靶材项目、天弓科技、影石创新等一批超高清视频产业链项目、企业落户中山。

装备制造业 2021 年，中山市规模以上装备制造业实现增加值 477.24 亿元，比上年增长 12.8%，增速增加 6.1 个百分点，比全市规上工业增速高 0.8 个百分点，拉动工业经济增长近 4.3 个百分点。规上装备制造业增加值占规上工业增加值比重为 34.0%，比上年增加 0.5 个百分点。全年全市共新引进亿元以上装备制造项目 24 个，总投资 99.67 亿元；新开工项目 27 个，总投资 88.51 亿元；新投产项目 37 个，预计达产产值 275.11 亿元。广东省精密齿轮柔性制造装备技术企业重点实验室和人力资源和社会保障部博士后科研工作站投入运营。明阳智能能源集团发布 16 兆瓦全球最大海上风机，首台漂浮式 5.5 风机在阳江市沙扒湾应用，首个风光储一体化项目在通辽市动工，海洋牧场示范项目在阳江投产。中科富海（中山）低温装备制造有限公司研制的国内首套 1.5 吨氢液化器成功出口加拿大，解决液氢技术及装备被国外“卡脖子”的问题。

家电产业 2021 年，中山市有家电及其配套企业 1 万多家，其中规模以上企业 1088 家，包括年产值超 1 亿元企业 243 家，超 10 亿元企业 23 家，超 100 亿元企业 2 家，拥有奥马、TCL、华帝、长虹、格兰仕、美的等知名龙头企业。全年家电产业实现规模以上工业总产值 1822.3 亿元，比上年增长 16.9%，占全市规模以上工业总产值的 28.3%。全市电视机、空调、冰箱、厨房电器、照明灯饰等家电产品生产规模在全国位居前列，形成以南头、黄圃、东凤等 3 个镇为核心，产业链、供应链、创新链配套完善的现代集群经济。家电产业集群拥有高新技术企业超 200 家，在共性技术、核心零部件、智能制造等领域拥有一批具有自主知识产权的关键核心技术。2021 年 9 月，中国轻工业联合会和中国家用电器协会授予中山市“粤港澳大湾区世界级家电产业集群（中山）”称号，授予南头镇“中国家电品牌基地 · 南头”称号，授予东凤镇“中国小家电创新基地 · 东凤”称号，授予黄圃镇“中国家电制造基地 · 黄圃”称号。

汽车制造及零部件产业 2021 年，中山市汽车产业发展总体平稳，45 家规模以上汽车零部件企业实现销售收入 175.25 亿元，比上年增长 8.71%，上缴税收 7.46 亿元，下降 3.9%。其中，销售收入超亿元企业 24 家，比上年增加 3 家，实现销售收入 165.35 亿元，占总销售收入 94.4%，增长 8.89%，上缴税收 7.11 亿元，占总税收 95.3%，下降 2.1 个百分点。

（中山市人民政府地方志办公室）

【肇庆电子信息制造业】 2021 年，肇庆市有规模以上电子信息制造业企业 86 家，其中产值超过 10 亿元企业 6 家，超 1 亿元企业 41 家。全市电子信息产业实现工业产值 288.36 亿元，比上年增长 40.69%；连续 2 年平均增速 23.84%。全市电子信息产业企业中，上市公司11家，其中主板上市1家，中小板上市1家，科创板1家，新三板上市8家。风华高科投资75亿元的高端电容基地一期顺利投产，月产新增50亿只，其产品"片式电阻器"入选第六批国家级制造业单项冠军产品；喜珍电路一期项目6月投产。年内，肇庆市下达省级电子信息产业专项资金1388万元；下达省级首台（套）技术装备专项资金第一批1136万元；组织开展电子信息项目入库3个和首台（套）装备重大技术装备项目入库5个，项目入库金额分别为2300万元和1920万元。

（肇庆市人民政府地方志办公室）

【2021中国实体经济论坛】2021年3月27日，2021中国实体经济论坛在佛山举行。论坛由民革中央和政协广东省委员会主办，佛山市人民政府、民革广东省委会、广东省工商联、政协佛山市委员会承办，以"产业链供应链现代化与制造业高质量发展"为主题。大会探讨在后疫情时代与新发展格局的国际国内背景下，如何完善产业链供应链，并深入研讨重点行业如何稳链补链强链，推动制造业高质量发展。会上发布《全球变局下的佛山重点行业产业链供应链调研报告》。

【2021年粤港澳大湾区人工智能与机器人大会】2021年12月9日，2021年粤港澳大湾区人工智能与机器人大会在佛山市南海区举行。大会由广东省机器人协会主办，佛山智能装备技术研究院承办。国内外机器人行业的院士、专家、企业家等专家学者参加大会。大会发布《粤港澳大湾区人工智能与机器人产业研究报告》；广东省机器人协会与佛山相关部门签约合作，将在佛山建设机器人产业园；深圳市金大智能创新科技有限公司、飞腾技术（广州）有限公司、广州翼辉信息技术有限公司、上海粤浦科技有限公司、广东吉嘉精密科技有限公司签署落地佛山发展的合作协议。

【中航云电信"国际数据传输枢纽"粤港澳大湾区节点（顺德金融云）项目启动】2021年1月5日，中航云电信"国际数据传输枢纽"粤港澳大湾区节点（顺德金融云）项目在佛山市顺德区北滘镇举行启动仪式。该项目主要以全球化数据网络为支撑，以建设数据交互中心为核心，以总部经济为主要形式，搭建面向"一带一路"的跨境"金融云"平台。项目总投资约10亿元，占地面积1.67公顷（约25亩），规划建设3000个机柜的数据中心、跨境金融数据服务区、工业互联网与人工智能创新中心，以及配套孵化基地。

（佛山年鉴社）

【第七届广东国际机器人及智能终端装备博览会】于2021年10月11—13日在东莞市举办。展会规模为3万平方米，参展商300家，入场参观采购观众2万人次。该届智博会以"AI+让智造更智慧"为主题，设有AI+智造体验、机器人技术及应用、工业自动化解决方案、协作机器人及智慧物流五大精品展区；有超过50家东莞本土企业参展，借助展会平台展示东莞智能制造实力。

（东莞市人民政府地方志办公室）

·重大产业项目·

【香港5G和移动互联网】2021年，香港特别行政区政府为进一步鼓励公私营机构利用5G技术促进持续创新，通过防疫抗疫基金向鼓励及早使用5G技术资助计划增加拨款，将总资助额由5000万元增至1亿元，并延长申请期至2022年7月31日。资助计划为使用5G技术的项目提供50%成本资助，每个项目资助上限为50万元。该计划自2020年5月推出以来，至2021年底有103个申请获批，涵盖不同类型和行业的创新应用，例如遥距机械维修、遥距医疗指导、地盘实地立体模型和4K / 8K直播等。

（香港历史研究基金会）

【广州重大产业项目建设】2021年，广州集聚建设重大龙头项目，提高现代产业体系竞争力。

647个产业项目完成投资1686亿元，完成年度计划的120.8%。印发广州市产业地图、构建“链长制”推进产业高质量发展的意见、重大产业项目“3+X”招商服务工作方案等系列文件，推动一批重大产业项目落户，加快龙头项目和重大产业平台集聚建设。华星光电T9、华为广州研发中心等项目开工，维信诺模组生产线项目产能加快释放，乐金显示OLED二期量产，粤芯半导体项目二期建成，“强芯”“亮屏”“融网”工程推进。现代汽车氢燃料电池系统生产销售基地、小鹏汽车智造产业园开工，广汽丰田四线、时代广汽动力电池项目、广汽爱信变速箱建成，智能与新能源汽车全产业链增强。百济神州、诺诚健华等一批生物医药龙头企业重大项目加快建设，助力打造全球生物医药与健康产业新高地。国美信息、复星、阿里巴巴华南运营中心等项目投产运营，广州人工智能与数字经济试验区加快推进。（广州市发展和改革委）

【深圳重大产业项目】2021年，深圳市安排重大项目536个，总投资28264.9亿元，其中建设（含续建、新建）项目371个，年度计划投资2109.1亿元，同比增长5.2%。9月，经增补调整，全市重大项目达596个，其中建设项目406个，年度计划的投资2290.9亿元，前期项目190个。全年406个重大建设项目实际完成投资2711.8亿元，占年度计划的118.4%。服务科技基础设施建设，推动鹏城实验室石壁龙园区一期顺利启动建设，促成“鹏城云脑III”纳入国家重大科技基础设施“十四五”规划，推进国家深海科考中心、粤港澳联合实验室建设。服务产业基础设施建设，推动前海深港国际金融城、深圳港南山港区妈湾智慧港、国家（深圳·前海）新型互联网交换中心等投入使用，推进“新时代十大文化设施”“十大特色文化街区”建设，推进基础教育学位和四大“高中园”建设，推动坪盐通道、外环高速二期等项目建成通车。全市商务系统累计推动落地招商引资重大项目127个，其中外资项目47个，新增注册资本303亿元；内资项目80个，新增注册资本414亿元。主要落户重大项目包括：中芯国际12英寸线生产基地、香港华润微电子南方总部、中国电子迁址总部、美国开市客华南总部、德国西门子能源深圳创新中心、德国麦德龙南方总部、瑞士ABB集团电动交通中国总部、台湾臻鼎科技半导体载板生产基地、北京京东集团深圳总部综合、山东魏桥集团粤港澳大湾区国际总部、上海闻泰科技公司华南总部、广东希音跨境电商平台研发运营中心、广东领益智造公司运营总部及研发中心等。

（深圳市人民政府地方志办公室）

【珠海重大产业项目】2021年，珠海市引进年产值100亿元的闻泰科技光电智能制造产业园，与领益智造组装业务形成集群效应，推动手机及新能源汽车摄像头模组等高端配件整条制造产业链上下游企业向珠海聚集。引进年产值300亿元的爱旭新能源26吉瓦新型高效太阳能电池项目与年产值270亿元的高景太阳能50吉瓦光伏大硅片项目，带动全市光伏新能源全产业链发展，提升在全国新能源产业布局中的战略地位。与达闼机器人签订相关协议，推动项目落地珠海。发挥产业基金引导作用，协调市属国企做好对接省内重大产业基金项目落地珠海，为全市产业发展提供资金支撑，包括出资设立广东省半导体及集成电路产业投资基金设计子基金、粤港澳大湾区半导体产业投资基金，总规模210亿元，首期规模95亿元；推动设立广东省航空产业基金，总规模300亿元，首期规模50亿元。

（珠海年鉴编辑中心）

【中国绿色新材料（珠海）产业园】2021年，中国绿色新材料（珠海）产业园集聚碧辟化工、中海油、华润化学等石油化工企业，重点发展新能源锂电池材料、功能高分子材料、新一代电子信息材料三大类新材料产业。化工材料领域，产业链条以英国BP、英荷壳牌、美国路博润、华润聚酯等项目为重点，初步形成PTA上下游，合成树脂、氨纶、润滑油及添加剂等为主的化工材料产业链条。新能源锂电池材料领域，依托恩捷新材料、赛纬电子、光华科技、科立鑫、中科三顺等重点企业，重点发展锂电正极材料、负极材料、隔膜材料、电解液及铝塑复合膜材料等核心电池材料产业。功能高分子材料领域，依托华润新材料、金发科技、万华化学、派锐尔、晓星氨纶、珠海醋酸纤维、利安隆等骨干企业，打造以高性能合成纤维、特种树脂、特种工程塑料为特色的高端化、规模化功能高分子材料产业集群。新一代电子信息材料领域，围绕半导体、平板显示、印制电路板（PCB）及新兴5G产业等领域市场需求，重点发展第三代半导体材料、平板显示材料、5G产业用材料产业。截至年底，中国绿色新材料（珠海）产业园拥有规模以上工业企业238家、高新技术企业111家，实现规模以上工业总产值1372.80亿元，比上年增长14.1%；设新材料产业园一期，项目面积3平方千米。规模以上工业增加值319.80亿元，增长12.5%。

【珠海三灶科技工业园获批广东省生物医药与健康特色产业园】2021年12月1日，珠海三灶科技工业园以生物医药与健康产业为特色入选广东省制造强省建设领导办公室公示广东省首批特色产业园名单。该园地处金湾区三灶镇，园区的生物医药与健康产业发展迅速，形成以药品、营养保健食品及化妆品为主，高技术医疗器械为辅，其他生物科技制品为补充的产业发展格局。截至年底，园区内生物医药工业规模以上企业24家，实现工业总产值136.7亿元，占整个园区工业总产值的27%。园区内被认定的省、市工程中心52个，省、市新型研发机构12个，其中与大学、科研院所共建科技机构4个。

（魏丽郦）

【景旺高多层工厂珠海投产】2021年7月18日，总投资50亿元的景旺珠海高多层电路板工厂、类载板与IC封装基板工厂在金湾区正式投产。高多层工厂设计产能120万平方米，最高产品层数突破40层，平均产品层数超过12层，产品应用以通信、网络设备、服务器、存储器类为主，兼容汽车、安防、工控等产品。类载板与IC封装基板工厂设计产能60万平方米，产品主要为Anylayer-HDI（任意层高密度连接电路板）、类载板及载板，最高层数达到16层，满足智能终端产品对元器件“轻、薄、短、小”的要求，具有更高布线密度、更小更薄的外形尺寸、高可靠性的特点，专用于客户产品的小容量空间设计。

（李勇祥）

【佛山重点领域培育重大产业项目】2021年，佛山市推动制造业重点项目招商，加快开工落地。新引进瑞浦能源华南生产基地、飞利浦水健康及智能机器人全球研发制造基地、嘉士伯啤酒生产基地等10亿元（或1亿美元）以上重大产业项目68个，签约投资总额1878亿元，推动彩虹集团新能源汽车零部件总部基地、中设机器人华南智能制造产业基地、中城新润慧科技园等先进制造项目布局。加强重大制造业项目跟踪服务，加快推动广东美的机电工业4.0项目、徐州建机广东塔式起重机投资建设项目、海天华南工业区暨华南总部项目（一期）等一批重大项目动工建设，尽快形成新的产能，总部经济项目取得新进展，欢聚集团产业互联总部项目、蓝胖子机器人研发及运营总部等5个总部项目相继落户佛山。佛山市顺德区美的库卡智能制造科技园一期项目运营正常，全年园区产值25亿元，比上年增长150%以上；全年工业机器人产量17004台，增长1.66倍。博智林机器人创研中心项目首开区占地面积23.3万平方米，总建筑面积104万平方米。首开区内科研试制中心、5栋科研公寓、总部大楼和服务公寓已经竣备并交付使用；人才房已全部封顶开展后续施工，首开区项目招募2500多名国内外核心研发人才，截至年底，有在研建筑机器人产品45个，覆盖主要建筑工艺工序，在研核心零部件及技术45项，部分关键零部件实现量产；递交专利申请3637件、获授权1667件（其中发明专利690件），递交国际专利申请（PCT）91件，进入各国家/地区专利77件。首开区项目研发的建筑机器人产品中有18个投入商业化应用，服务覆盖全国25个省份（自治区、直辖市）超280个项目，累计交付超600台，累计应用施工面积超550万平方米，并在多个场景进行批量应用的试点示范，其中包括“十三五”国家重点研发计划示范项目、2021年住房和城乡建设部智能建造试点示范项目，在各试点项目累计投入建筑机器人250余台，日常在场施工机器人24款47台。

（佛山市工业和信息化局）

【海天高端智能装备产业基地启动】2021年3月18日，海天高端智能装备产业基地项目在佛山市顺德区龙江镇启动。该基地项目为广东省工业和信息化厅、佛山市政府、顺德区政府等三方签约共建的顺德高端装备产业基地。基地总投资约100亿元，计划首期总投资约50亿元，除建设形成海天高端智能装备产业基地外，还吸引高端装备智能制造产业链企业集聚，形成辐射区域的高端成型装备智造产业园，建成综合性区域华南总部。（佛山年鉴社）

【东莞重大产业项目建设】2021年，东莞市完成市重大项目投资1171.4亿元，比上年增长19.1%；省重点项目全年完成投资552.7亿元，完成年度计划的152.3%，增长24.3%。大族科技研发制造项目、vivo研发中心、高伟增资扩产项目、博力威锂电芯及储能电池研发生产总部等190个项目开工建设，总投资规模约1080亿元。华为南方工厂二期、新太阳中汇瑞德电子、凤岗天安数码城项目一组团、长安宇瞳光学视频监控高清镜头研发生产等118个项目建成投产。莞番高速二期建成通车，中堂燃气热电联产项目点火，海心沙环保热电厂三炉两机并网发电，东江下游片区水污染综合治理工程建成通水；香港城市大学（东莞）一期、松山湖未来学校动工建设；大湾区大学、高水平理工科大学国际合作创新区加快筹建。

（东莞市人民政府地方志办公室）

【中山推进重点工业项目落地】2021年，中山市出台《关于支持优质工业项目落实放管服的若干政策措施》，释放存量工业用地潜力，激发市场活力。举办“重点工业项目全流程推进提速培训班”，编制印发《重点工业项目建设全流程办理指南》等，理顺项目落地建设全流程要素。12月16日，全市首个带设计方案出让工业项目——火炬开发区武藏汽车零部件项目实现“拿地即动工”。坦洲镇投资10亿元明彩智慧显示项目，12月22日从摘牌到动工用时29分钟。全年动工重点工业项目235个，完成目标任务的102%，计划投资总额548.9亿元。其中10亿元以上项目18个，计划总投资234.4亿元。

【康方湾区科技园智能工厂在中山共建】2021年12月10日，康方生物全资子公司康方赛诺医药有限公司与西门子（中国）有限公司（简称西门子）签署商务合同和技术协议，在中山翠亨新区共同建设康方湾区科技园智能工厂。西门子将为康方湾区科技园提供全集成的解决方案，助推康方湾区科技园的自动化、数字化、智能化发展。康方湾区科技园智能工厂总投资超30亿元，占地面积11.13万平方米，建筑面积44万平方米，总规划产能超10万升，是康方生物提升一体化研发创新体系、国际化标准的药品生产质量管理规范（GMP）生产体系和先进运作模式的商业化体系能力的重要载体，也是康方生物继国家健康科技产业基地中心和中新广州知识城生物制药基地之后的第3个产业化基地，集创新抗体药物研发、原液及制剂生产、销售于一体。

【欧普照明华南工业园在中山奠基】2021年1月18日，欧普照明全球装饰灯生产基地项目——欧普照明华南工业园奠基仪式在中山市民众镇举行。根据规划，欧普照明华南工业园占地29公顷，总建筑面积48万平方米，总投资额超20亿元，将建设包含生产制造、仓储物流、研发办公、生活配套等功能的综合型园区。欧普照明预计三年内完工并投产，将聚焦数字智能化工厂、产品智能化和智能化产品研发3个核心特点，将全新华南工业园打造为行业领先的华南地区标杆性工业园区，进一步推动照明行业价值链智能化转型。

（中山市人民政府地方志办公室）

【江门重大产业项目】2021年，江门市安排产业工程重点项目317个，项目总投资2157.21亿元，年度投资计划投资323.4亿元。全年项目累计完成投资390.19亿元，投资完成率120.7%。美心食品、四方威凯涂料项目（一期）、江门粤玻实业有限公司增资扩产项目等23项实现投产；鹤山市合能商贸有限公司维龙（鹤山）珠西智慧物流产业园项目、海目星激光智能装备项目、中南高科·新会融智创美产业谷项目、迪浪大数据产业园项目等46项主体工程完成建设；江门得润汽车零部件及配件生产基地建设项目、江门广东富华工程装备制造有限公司生产高端装载机项目、广东富华重工制造有限公司年产200万套商用车底盘零部件智能制造项目、棠下稻兴智能科技产业园等115项加快推进。

江门会场作为2021第二季度全省重大项目集中开工的7个分会场之一，推动台山滨海文旅度假区项目、巴德富环保新材料项目等107个项目集中动工投产，总投资744.76亿元，年度计划投资超109亿元。其中动工项目88个，投资额713.51亿元；投产项目19个，投资额31.25亿元。按项目类别分，工业项目81个，总投资276.53亿元；文旅项目2个，总投资321亿元；基础设施项目13个，总投资67.37亿元；民生项目6个，工业园区建设项目4个，生产性服务项目1个。（江门市发展和改革局）

·节能环保技术研发和总部基地产业集聚带·

【香港电动车普及】2021年3月17日，香港特别行政区政府公布《香港电动车普及化路线图》，以配合香港致力争取于2050年前实现碳中和的目标，向“零碳排放、清新空气、智慧城市”的愿景迈进。路线图提出，在2035年或以前停止新登记燃油私家车，包括混合动力车；推动试验各种电动公共交通工具及商用车，包括巴士、小巴、出租车、货车等，力求约在2025年制定具体推行的方向及时间表；多方面扩展电动车充电网络，并逐步将充电服务市场化；推动电动车技术及维修人才的进修培训；争取在未来数年立法就电动车退役电池推行生产者责任计划，并推广电池二次应用的绿色科研；设立专责小组审视全球减碳新技术的高端发展；设立2亿元“低碳绿色科研基金”资助研发环保技术；善用物联网、大数据、人工智能等技术领域的发展；善用粤港澳大湾区电动车技术发展带来的机遇等，推动电动车普及化，把香港缔造成宜居绿色智慧城市。

（香港历史研究基金会）

【广州绿色制造名单数量居全国各城市第一位】2021年，广州市有7家绿色工厂、68个绿色设计产品、2家绿色供应链管理企业入围2021年度国家级绿色制造名单，累计入围220项，数量居全国第一位。广州以汽车、化工、电子信息、医药、机械、家电、家居、轻工行业为重点领域，推动绿色制造体系建设示范项目建设，汽车、新一代电子信息制造、绿色石化三大支柱产业和有色、电力等高耗能行业均创建绿色制造示范项目，累计获得工业和信息化部支持资金超2亿元。金发科技、南网综合能源、隽诺环保、立白集团、施耐德（广州）等企业申报创建国家级绿色制造项目。（龙建雄）

【深圳节能环保技术研发和总部基地产业集聚带】2021年，深圳市作为国家首批低碳试点城市、碳排放权交易试点城市，始终坚持绿色发展理念，推动节能环保技术研发。高效电机及控制系统领域的汇川、英威腾等，半导体照明领域的万润、九洲、瑞丰、雷曼等，水污染治理领域的深圳水务，废弃物处理领域的深圳能源、东江环保、格林美等，节能环保服务领域的铁汉生态、达实智能、世纪天源等企业在部分领域领先全国。年内，深圳环境空气质量优良率为96.2%，$PM_{2.5}$平均浓度为18微克/立方米，创有监测数据以来新低。自2009年至2021年连续13年无重度灰霾，全年共记录到灰霾日2天，创1988年以来新低。年内，区级总部企业数量突破500家，市级总部企业数量达到92家，总部经济增加值2490亿元，比上年增长8%。推进深圳湾超级总部基地、香蜜湖新金融中心、北站国际商务区、笋岗－清水河片区、光明科学城中心区、空港新城、盐田临港产业带、坪山燕子湖、坝光国际生物谷等20个重点片区规划建设。南山区通过“政府主导＋国资引导＋利益统筹”，建设“总部研发＋高端制造”10千米产业带，启动红花岭工业南区升级改造，完成百旺信工业区土地确权。（深圳市人民政府地方志办公室）

【佛山节能环保技术研发和总部基地产业集聚带】 2021年，佛山市节能环保产业主要集中在固体废物处置利用、污水处理及利用、环保设备、节能电气设备、节能环保服务等领域，涵盖化学原料和化学品制造业、非金属矿物制品业、通用设备制造业、专用设备制造业、电气机械和器材制造业、废弃资源综合利用业、水的生产和供应业、专业技术服务业、科技推广与应用服务业、生态保护和环境治理业、公共设施管理业等行业。截至年底，佛山市有4个节能环保产业载体建成，分别为：南海区国家环境服务业华南集聚区，主要专注发展节能环保相关服务业，是全国首个、也是唯一一个由部挂牌设立的环境服务业集聚区，集聚区集聚发展环保企业近1000家，业务涵盖各要素、各领域，实现环保产业全链条发展；盈峰环境顺德环保科技产业园，是以智能制造为主的环保装备研发制造产业园。集环保高端装备制造、环保技术研究、环保宣传教育中心功能于一体；广东绿能装备小镇，位于禅城区张槎街道，以张槎的装备制造业为基础，以绿色节能、低碳环保、智能创新技术为特色，以创新技术融合带动产业升级为发展导向的高端装备制造小镇；南海固废处理环保产业园，位于佛山市高新技术产业开发区，业务领域涵盖自来水生产与供应、污水处理、固废处理、燃气供应等，每日处理南海区1000多平方千米的3000吨生活垃圾，有国家AAA级生活垃圾焚烧厂，也是住房和城乡建设部推荐的达到国际先进水平的垃圾焚烧发电项目。（佛山市工业和信息化局）

2021年12月27日，先进零碳燃烧技术联合创新研发中心在佛山仙湖实验室挂牌成立（佛山仙湖实验室供稿）

【中山绿色建造体系建设】 2021年，中山市开展绿色制造体系创建和示范推动工作，修订出台《关于印发中山市工业绿色发展项目资助实施细则的通知》，加大对工业绿色化发展项目的支持力度，通过精准财政扶持，提高企业绿色发展积极性，助力绿色产业发展。年内全市有3家企业、20个产品纳入工业和信息化部2021年度绿色制造名单，其中广东通宇通讯股份有限公司被认定为绿色工厂；美迪斯智能装备有限公司、诺斯贝尔化妆品股份有限公司被认定为绿色供应链管理企业；中山榄菊日化实业有限公司（5个产品）、中山国泰整染有限公司（5个产品）、长虹美菱日电科技有限公司（5个产品）、TCL空调器（中山）有限公司（4个产品）、中山爱护日用品有限公司（1个产品）等5家企业的20个产品被认定为绿色设计产品。4家企业（长虹美菱日电科技有限公司、广东奥马冰箱有限公司、华帝股份有限公司、广东美的环境电器制造有限公司）的17个产品纳入2021年度国家工业和通信业节能技术装备产品终端消费类“能效之星”产品；1家企业（中山市格兰特实业有限公司）纳入广东省重点行业能效“领跑者”（2020年度）名单。推进工业领域清洁生产和低碳技术改造，鼓励企业通过使用清洁的能源和原料、采用先进的工艺技术与设备等措施进行清洁生产。全年全市新增注册清洁生产审核企业133家，完成省下达年度任务的166.25%；通过清洁生产审核评估验收企业89家。

2021年，中山市依托中山先进低温研究院、中科富海（中山）低温装备制造有限公司、中山嘉氢氢能科技有限公司等企业，初步形成“氢气储运基础研究—氢气储运技术研究—氢气储运装备制造—加氢站建设运营”储氢加氢产研链条。中科富海（中山）低温装备制造有限公司现计划建成覆盖液氢、液氦到超流氦温区的大型低温系统装备制造基地，实现生产氢、氖、氦等特殊气体液化与运输的装备。

中山作为广东省燃料电池汽车示范应用城市群示范应用城市之一，拥有明阳智慧能源集团股份公司、中科富海（中山）低温装备制造有限公司、广东喜玛拉雅氢能科技有限公司、广东晓兰客车有限公司等企业，形成从上游制氢到中游储运、氢燃料电池生产到下游氢燃料电池汽车整车的产业链条。明阳智能拥有行业领先的海水制氢技术、深远海电力送出技术、储能技术、波浪发电技术等前瞻性技术。中科富海（中山）低温装备制造有限公司在液氢运输设备制造等技术领域处于国内领先水平。广东喜玛拉雅氢能科技有限公司已具备电堆、膜电极、双极板、催化剂、氢循环系统自主技术和生产能力。广东晓兰客车有限公司完成氢燃料客车的试制和试验，具备初步研发生产能力。

（中山市人民政府地方志办公室）

【江门节能环保产业】 2021年，江门市节能环保产业产品涵盖高效能电器、环保设备、环保新材料、环保涂料、环保照明、生物质能源、高效能电机、新型环保建材、节能环保服务等领域。江门市新能源汽车产业包括新能源汽车整车制造、新能源汽车装置、配件制造、新能源汽车相关设施制造、新能源汽车相关服务等。江门市是广东省专用车和汽车零部件主要生产基地之一，汇集富华重工、德昌电机、鸿特精密、得润电子等一批龙头骨干企业。

（江门市发展和改革局）

【肇庆新能源汽车及汽车零部件产业】 2021年，肇庆市新能源汽车及汽车零部件产业实现规模以上工业总产值443.11亿元，比上年增长48.12%，连续两年平均增速为33.61%。规上工业企业72家，其中产值超10亿元企业6家，产值5亿～10亿元企业12家，产值超亿元企业21家，高新技术企业44家，4家公司在深交所上市。肇庆小鹏新能源公司全年整车产量8.4万辆，产值203亿元，总交付量9.82万台，实现产值161亿元；肇庆小鹏汽车公司生产电池包6.4万个，实现产值42亿元。肇庆大旺产业转移工业园（智能网联新能源汽车）列入广东省首批特色产业园，带动肇庆市新能源汽车及汽车零部件产业实现快速增长。年内，肇庆市出台《肇庆市支持新能源汽车及汽车零部件产业发展的若干措施》《肇庆市推动新能源汽车及汽车零部件产业发展行动计划（2021—2025年）》等政策，全力支持新能源汽车及汽车零部件产业高质量发展。全年下达购车补贴2686.75万元。

是年，肇庆市的绿色建材产业有规模以上企业194家，实现总产值567.8亿元，比上年增长33.6%。绿色建材产业以封开县和德庆县为主战场，以高要区、鼎湖区、广宁县为核心区，重点发展绿色水泥、高端陶瓷制品、新型建材等领域，形成以华润水泥、力尊陶瓷为龙头，萨米特、建华建材、石井新材料等为骨干的产业集群。随着海螺水泥、锦江建材与肇庆市签订战略合作协议，肇庆市建材产业得到快速发展。

【宁德时代动力及储能电池肇庆项目开工建设】2021年2月1日，宁德时代动力及储能电池肇庆项目在肇庆市举行签约仪式，落户肇庆高新技术产业开发区。该项目为肇庆建市以来单体投资最大制造业项目，首期投资120亿元，规划产能25G吉瓦时，年产值200亿元，将构建起从电芯制造到电池系统组装全流程产业链，是宁德时代构筑产业链闭环、增强全球竞争优势重要布局，助力广东建成全球领先新能源产业综合基地，推动肇庆制造业高质量发展。为推动项目实施，宁德时代在肇庆高新技术产业开发区成立全资子公司广东瑞庆时代新能源科技有限公司。3月28日，项目正式动工建设。10月，项目（一期）一号电芯厂房完成建设，进入设备安装阶段；模组厂房已下线电池PACK测试样品。

（肇庆市人民政府地方志办公室）

·数字经济和共享经济发展·

【香港数字艺术和创意产业】2021年，香港艺术发展局（简称艺发局）推行多个资助计划，并负责策划、推广、资助和支持艺术的整体发展。艺发局是民政局艺术发展配对资助计划的受惠机构，设有配对资助计划，为中小型艺团提香港艺术发展局供资助。年内，艺发局与香港建筑师学会双年展基金会合办威尼斯国际建筑双年展香港展览，香港建筑师学会作为合作伙伴，展览于11月举行。5月，艺发局参与“香港周2021@广州”，以及资助表演艺术团体及艺术家参与在网上举办的CINARS国际演出交易会2021。为推广艺术与科技的融合，艺发局就校园艺术大使计划举办两个不同主题的艺术科技互动展览，8月分别于青年广场及大埔艺术中心举行，为期11日，吸引超4000名参加者。艺发局推行学校与艺团伙伴计划，以加强双方的合作，同时推广善用校舍作艺术空间。艺发局在荔枝角及大埔分别设有一个艺术空间，观塘则有两个。创意香港亦于2021年11月至12月在大湾区城市深圳、珠海、佛山和东莞举办展览，展示香港创意产业的实力。

亚洲首个大型艺术科技体验展Digital Art Fair Asia（DAFA 2021）于2021年9—10月在香港举行。通过数码艺术品的创新表现方式，为观众带来多重感官艺术展览和表演。是年，举办巴塞尔艺术展香港展会，同期举行“巴塞尔艺术展:香港现场”数码活动，展示来自23个国家及地区共104家顶尖画廊的艺术品。艺术馆亦应用艺术科技以配合展览，以机械装置作品“人工现实”回应专题展览中超现实艺术家的作品。该馆的“云游艺术馆”网上平台，让市民可安坐家中欣赏艺术。“艺术馆访客体验计划——Stamp by Me”在手机市场推广卓越大奖2021中获金奖（最创新手机技术应用）。（香港历史研究基金会）

【广州数字经济和共享经济发展】2021年，广州市推动数字经济立法，在全国省会城市和国家中心城市中率先制定数字经济促进条例，为数字经济发展提供法治保障。制定出台推进制造业数字化转型政策文件，提出全市制造业数字化转型实施路径，启动实施具有广州特色的制造业数字化转型行动，发布《广州市特色产业集群数字化转型成果白皮书》，搭建广州市产业链公共服务平台，建成纺织服装、美妆日化等五大传统特色产业集群数字化转型公共平台。获批建设国家人工智能创新应用先导区，印发《广州国家人工智能创新应用先导区建设方案》。推进广州人工智能与数字经济试验区建设，发布产业导则和数字建设导则，试验区内登记注册企业超8万家，琶洲核心区数字经济产业39个重点项目营业收入比上年增长69.6%。以数字经济为主导打造12个滨江高端产业园，建设白云湖数字科技城和黄埔横沙数字产业园等示范园区。印发《广州市推进制造业数字化转型若干政策措施》，推动中国工业互联网研究院广东分院和工业大数据广东分中心落户建设。建成纺织服装、美妆日化等五大集群工业互联网平台，7家企业项目入选2022年广东省制造业数字化转型标杆示范项目，全市规模以上企业上“云”上平台率超40%。建设国际数字信息枢纽。获评全国首批“千兆城市”。加快建设中国广电700兆赫兹5G网络核心网华南节点和基站，支持华南唯一工业互联网标识解析国家顶级节点扩能增容，加快建设广州人工智能公共算力中心，布局建设新型数据中心。全年新建5G基站14559座，5G用户突破1000万户，新建公私充电桩7700台，车桩比为4.2 ：1。举办中国（广州）数产融合大会、2021年5G应用创新大会。面向社会公布数字经济领域优质应用场景示范项目141个。全市9个单位入围工业和信息化部新一代人工智能产业创新重点任务揭榜单位，43家企业入选广东省人工智能、大数据骨干（培育）企业，数量均居全省第一位。支持12家企业建设人工智能、大数据公共服务平台。打造广州港南沙四期5G智慧港口、无人驾驶等5G应用示范项目超300个，9家企业入选中国互联网百强，数量位列全国第三位。

2021年，广州市提升数据共享交换能力，开展政务数据全生命周期管理，全年普查政务数据资源15171类；政务信息共享平台交换数据516亿条，比上年增长60.7%，日均交换量1.4亿条；保障新冠肺炎疫情防控需求，5月28日至6月30日的单日交换量达5.5亿多条，是近三年日均交换量的近10倍。推进数据回流工作，清洗形成“人口数据回流库”推送至市政务信息共享平台，向试点区实施主动回流共享，向越秀区回流人口数据159.7万条，向海珠区回流人口数据245.4万条，全年市政务信息共享平台向各区回流数据335多亿条，比上年增长63.4%。推进数据应用，为首届广州白云数据创新应用大赛和2021全球开放数据应用创新大赛等提供数据支持；市电子证照系统支撑部门用证1635万余次，比上年增长2.86倍；一体化在线政务服务平台支撑调用电子证照23592次，增加21652次，调用量增长超11倍。数字广州基础应用平台汇聚“四标四实”（标准作业图、标准建筑物编码、标准地址库、标准基础网格；实有人口、实有房屋、实有单位、实有设施）数据5800多万条，为全市各区、各部门提供“四标四实”大数据应用支撑。（张毅）

【深圳数字经济和共享经济发展】 2021年，深圳市数字经济核心产业占地区生产总值比重达30.5%，高于全国22.7个百分点，规模和质量均位居全国大中城市首位。优化数字化发展软环境，建成国家级工业互联网平台应用创新体验中心，龙华区承办全国工业互联网大赛南方区域决赛、全国首届人工智能创新应用大赛暨全球生态峰会，深入推进服装产业数字化转型。发展信创产业，推动华为与深圳信息职业技术学院共建鲲鹏产业学院，支持举办信创应用发展研讨会等系列活动，推动成立深圳市信创联盟。丰富鲲鹏源头创新平台体系，鲲鹏产业源头创新中心发展生态合作伙伴432家，形成解决方案595个，伙伴数量和方案数量均占全国约十分之一。深圳市依托数字技术发达和文化创意资源汇聚优势，推动文化产业数字化，数字创意产业快速发展，增速显著高于同期全市地区生产总值增速，成为深圳文化产业发展的重要特色和突出亮点。截至年底，数字创意产业规模和发展水平全国领先，游戏产业占据全国一半以上市场份额，数字信息服务、动漫、网络视听、数字文化装备和消费终端制造等行业实力位居全国前列。数字创意产业链较为完整，初步形成覆盖创作生产、传播运营、消费服务、衍生品制造等较为完整的产业链条。

2021年，深圳市政务数据资源共享开放利用取得新提升。全市数据资源“一本账”管理初步实现。摸清全市信息系统1388个、公共数据资源14504类，建立全市统一的政务信息系统清单、公共数据资源清单、数据需求清单。数据归集共享持续推进。市政务信息资源共享平台完成升级改造，实现省、市、区三级平台互联互通，市直部门接入覆盖率达91%，累计发布资源目录12771类、共享数据总量达85亿条。推进国家数据回流共享，已对接25项国家数据，累积调用接口数超过2.6亿次，为全市各部门业务系统提供国家数据支撑服务。数据开放应用稳步开展。向社会公众累计开放数据集总量2478个，数据总量5.9亿条，可下载数据项1.3万项，累计下载次数超49万次。举办2021全球开放数据应用创新大赛暨未来城市场景大会。探索建设可信平台，打造融合公共数据和社会数据开发利用环境，促进公共数据安全开放共享。年内，深圳市抢抓《区域全面经济伙伴关系协定》（RCEP）生效机遇，开展与RCEP国家合作课题研究，为与相关国家地区开展合作提供新思路、新方法；深耕“深系澜湄”项目，持续开展“共享经济特区建设经验”培训，分享深圳市建设经济特区鲜活案例与实操路径。

（深圳市人民政府地方志办公室）

【佛山产业数字化】2021年，佛山市继续推进实施数字经济发展战略，完善数字基础设施，加快培育新业态新模式，推进数字产业化和产业数字化取得成效。

数字经济核心产业发展　佛山数字经济核心产业全年营业收入1727.07亿元（统计口径为规模以上企业，统计产业范围依据国家统计局印发的《数字经济及其核心产业统计分类》确定），比上年增长9.0%，其中数字产品制造业营业收入1298.08亿元，增长6.5%；数字产品服务业全年营业收入25.17亿元，增长7.9%；数字技术应用业全年营业收入224.24亿元，增长10.8%；数字要素驱动业全年营业收入179.58亿元，增长28.5%。

数字产业化　加速推进数字产业化，加快发展软件和信息技术产业，规模以上企业全年完成营业收入224.24亿元，比上年增长10.81%。继续推动电子信息制造业发展，电子信息制造业全年实现产值828.9亿元，比上年增长2.2%。加快培育超高清视频显示产业集群，广佛惠超高清视频和智能家电产业集群入围国家先进制造业集群首批培育对象；佛山、广州、惠州三地政府签订战略合作协议，成立集群建设工作领导小组，初步建立“市场+政府+社会组织”的集群共治共建模式。推进半导体及集成电路产业发展，半导体及集成电路战略性新兴产业集群全年实现总产值67.58亿元，比上年增长30%，规模以上企业89家。加快培育发展智能制造装备及机器人产业，全市机器人工业企业超240家，全年培育认定市级机器人制造和系统集成骨干企业9家，遴选认定数字化智能化改造标杆示范项目25个。软件产业发展方面，全市涉软企业超250家，受新冠肺炎疫情影响，全市软件和信息技术服务业从业人员有所减少，但软件研发人员大幅增长，主要集中在信息技术服务类企业，全年全市软件业务收入总额169亿元。

产业数字化　出台《佛山市推进制造业数字化智能化转型发展若干措施》及配套操作细则，投入100亿元，从制造业转型、金融支持、服务供给能力、人才培养、公共服务5个方面加快推进制造业数字化智能化转型发展，全年培育认定数字化智能化示范工厂22家、示范车间64个，450多家企业获广东省“上云上平台”服务券补贴，奖补金额和企业数量位居全省前列。加快发展工业互联网，遴选市级工业互联网标杆示范项目28个，“工业互联网·广东省佛山市”入选第十批国家新型工业化产业示范基地，美云智数工业互联网平台家电行业典型应用项目入选工业和信息化部特色专业型工业互联网平台方向试点示范，美的集团入选福布斯“2021年度中国十大工业数字化转型企业”并囊括全省3个“灯塔工厂”中的2个工厂。建立完善工业互联网产业生态供给资源池，全年新增11家企业入选广东省工业互联网产业生态供给资源池

（累计 44 家），遴选 40 家企业进入市级资源池。

（佛山市发展和改革局　佛山市工业和信息化局）

【佛山数字创意产业合作】2021 年，佛山市出台《佛山市建设高质量文化导向型名城三年行动计划（2020—2022 年）》，发布《佛山市文化广电旅游体育局原创文艺作品扶持办法》，促进文化事业繁荣发展。全年佛山数字创意产业规模约 42 亿元，其中数字创意技术设备制造实现产值约 14 亿元，数字文化创意活动约 15 亿元，优势主要集中在影视、电竞、工业设计等领域。佛山创意产业园入驻企业 1200 多家，形成不夜城、教育城、人居产业、互联网科技在内的服务业产业集聚；广佛上城投入 32 亿元，建设数字艺术中心，并联手香港国艺集团、佛山传媒集团等共建影视文化产业孵化中心；南海西樵镇打造粤港澳大湾区功夫体验交流中心和粤港澳大湾区武术文化生态保护试验区。佛山影视产业发展迅速，影视园区基地建设加快推进，影视骨干企业规模不断扩大。截至年底，佛山市建成"丰收街·菁创聚"青年创新创业社区、289 米艇头 PARK 影视文创园、"碧 +"文化产业园、您好·影视梦工场、源海未来城瞳画影视孵化园等 10 个影视产业园区，集聚约 400 家影视企业。佛山影视及相关企业 1700 多家，涌现出广东精鹰传媒、宝琳创展、七印象等影视制作重点企业，其中参与出品电影《八佰》的佛山七印象影视传媒有限公司年营业收入 1.5 亿元。电竞产业加快集聚，截至年底，佛山电竞人群达 300 万人，约占常住人口的三分之一。年内，举办第六届中国电子竞技娱乐大赛佛山赛区总决赛、《穿越火线：枪战王者》2021 年百城联赛 M 春季赛海选赛、2021 战马杯电子竞技联赛佛山站。2021 年致竞·粤港澳大湾区电竞论坛暨城市交流赛在佛山设立分赛站。石湾古镇文创园与狮王互娱共同打造佛山首个电竞文化产业基地，并发起成立佛山市电子竞技协会。广东省电子竞技青训基地落户南海瀚天科技园。佛山市三龙湾南海片区电竞产业基地首批签约进驻 8 家企业。组织开展"省长杯""市长杯"工业设计大赛，搭建线上设计成果产业化对接平台，覆盖全产业链的设计对接需求，常态化运作持续推进成果转化。指导推荐广东合创泛家居设计有限公司牵头建设的广东省泛家居工业设计研究院申报创建广东省省级工业设计研究院。2021 年，佛山"市长杯"产业化项目 1303 个，销售额超 100 亿元。全市有国家级工业设计中心 7 个，省级工业设计中心 54 个。（佛山年鉴社）

【惠州数字产业化发展】2021 年，惠州市推进数字产业化，分别印发促进大数据和软件信息服务业集群、数字创意产业集群、数字经济产业发展，以及制造业数字化转型的相关政策措施，全方位赋能推进全市各领域数字化转型发展。全年全市 11 家重点监测人工智能企业产值 72.63 亿元，比上年增长 105.57%。

产业数字化取得新进展　2021 年，惠州市加大财政资金支持力度，支持数字产业领域省、市财政资金超过 3064.15 万元，惠及工业互联网标杆项目 6 个，上云上平台企业 38 家，数字经济产业奖励企业 43 家。推动产业集群数字化转型，以仲恺高新区电子信息产业集群数字化转型（5G+ 工业互联网应用）试点为标杆，鼓励工业企业集群式"上云用数赋智"，全年全市推动 4959 家企业上云上平台。推动工业互联网标杆项目建设，至年底，工业互联网二级节点标识解析推广应用企业 21 家，企业级标识注册量 936 万个。

推动产业集群数字化转型　2021 年，惠州市以仲恺高新区电子信息产业集群数字化转型（5G+ 工业互联网应用）试点为标杆，提出以 5G 专网为基础，以 5G 应用为切入点，聚焦 5G+ 空压站云智控、5G+ 制冷机水智控等 6 个场景应用。市仲恺高新区电子信息产业集群（5G+ 工业互联网应用）项目在第四届绽放杯 5G 应用征集大赛中获全国三等奖，TCL"采用现场级 5G 边缘计算的全连接数字工厂"获第四届绽放杯标杆赛全国决赛三等奖。

推动工业互联网标杆项目建设 2021年，惠州市开展省级促进经济高质量发展专项资金（支持工业互联网发展）工业互联网标杆示范项目建设，培育一批工业互联网标杆示范项目，促进制造业降本提质增效。推动德赛西威、胜宏科技等6家公司投入超1亿元资金进行"5G+工业互联网"标杆示范项目建设，在智能装备制造、汽车电子、印制线路板等多个行业领域推行个性化定制、网络化协同、智能化生产等基于互联网的制造业新模式，实践5G在制造业不同场景中的应用落地，取得良好应用成效。推动TCL王牌、华阳通用、中京电子等6个工业互联网标杆示范项目完成建设，打造多个基于5G+工业互联网技术的应用场景。新遴选惠州市金百泽电路科技有限公司的"基于工业互联网的电子电路行业柔性化智能工厂"项目等6个项目入库2022年省级促进经济高质量发展专项资金制造业数字化转型标杆示范项目。年内，惠州市在国家"5G+工业互联网项目库"系统中分享5G+超高清视频等11个5G典型应用案例。

加强数字化转型经验总结推广 2021年，惠州市组织"5G+工业互联网"走进德赛西威、企业数字化转型管理实践案例研讨会等供需对接、技术交流、案例分享活动。组织数字化转型、数字经济条例、数字经济产业政策宣贯会，参与2021年广东省"民声热线"——制造业数字化转型线上直播活动。

（惠州市人民政府地方志办公室）

【东莞软件和信息技术服务业集聚区建设】 2021年7月2日，东莞市印发《东莞市软件和信息技术服务业集聚区创建管理工作方案》，支持松山湖、南城创建首批软件和信息技术服务业集聚区。年内，东莞市加强落实国家、省、市发展软件和信息技术服务业战略部署，推进东莞市软件和信息技术服务业产业集聚。松山湖、南城实现规模以上营收65.78亿元，占全市比重56.2%，规模以上营收增长40%，增速远高于全市平均水平，产业集聚效应明显，带动全市软件与信息服务产业发展。

（东莞市人民政府地方志办公室）

【中山数字经济发展】 2021年，中山市加快推动数字经济发展。印发实施《中山数字经济发展规划（2021—2025年）》，以数字制造核心产业、数字应用服务产业、融合带动赋能产业、数字要素驱动产业为发展重点，以加快传统产业数字化转型、打造数字资产化新模式、做强数字经济新兴产业、推进数据基础设施建设、丰富数字经济场景应用、强化数字经济载体建设、引进培育重点企业、激发科技创新活力、拓展人才培养渠道等九大方向为主要工作任务，促进数字经济和实体经济融合发展，推动中山市成为珠江西岸数字终端制造集聚区、粤港澳大湾区数字经济高地、全国产业数字化转型先行区。

翠亨新区申报人工智能省特色产业园，协调天弓高清视频大数据产业园项目建设和应用推广。完成"中山市北斗城市应用示范采购项目（中山市北斗智能位置服务城市管理应用系统）"验收。全年电子信息产业集群工业总产值突破2690亿元，比上年增长16.2%。全面推进信息基础设施建设。年内全市新建5G基站2188座，累计建成6451座，实现全市所有镇（街道）主要区域5G室外连续覆盖、100%村（社区）主要区域5G全覆盖，5G用户超300万个。支持横栏镇5G智慧灯杆示范和制造基地建设，成立中山市智慧杆产业联合会，推动古镇、横栏等镇街试点开展智慧灯杆建设。制定《中山市推进制造业数字化智能化转型发展若干政策措施》，开展制造业企业数字化升级。皮阿诺、伊莱特、益达服装等10家行业骨干企业开展"5G+工业互联网"标杆示范项目建设，中顺洁柔、合胜厨电等4家企业开展制造业数字化转型标杆示范项目建设，辰元纺织完成省级工业互联网标杆示范项目验收。建设并推广工业互联网平台应用，加强数字化赋能。引入西门子数字化技术赋能平台，建设中德（大湾区）工业互联网创新孵化中心。推动中软国际、致景纺织产业互联网平台落地中山。推动东凤镇建成智能家居云平台，推动产业链协同、IoT 与智能制造、5G+AI 等方面应用，君创电子、欧布尔等 197 家平台注册企业实施数字化升级改造。推动特色产业集群数字化转型。推动铧禧电子科技有限公司建设粤港国家工业互联网标识解析服务平台和厨卫产业集群可信制造服务平台，开展泛家居制造工业互联网标识解析二级节点建设，累计发出 1.56 亿标识，日均解析量达到 4.8 万次，支撑中山厨卫产品的可信产品溯源和可信制造提升。推动厨卫智能数字化产业示范园建设。

（中山市人民政府地方志办公室）

【2021 年大湾区工业数字化高峰论坛】 2021 年 5 月 17 日，2021 年大湾区工业数字化高峰论坛在佛山市举办。大会在佛山市政府和佛山市工业和信息化局的指导下，由佛山移动、广东省科学院佛山产业技术研究院、佛山市信息协会联合主办，以“5G 启航　创变未来　工业互联　集群赋能”为主题。大会邀请国内工业互联网、5G、人工智能等领域的 400 多名专家学者，围绕数字化转型、智能制造、大数据等热点话题进行探讨。大会现场，举行新一代工业互联网通信技术研发中心揭牌仪式，并发布中心的首款产品——工业黑盒；佛山移动携手泛家居（陶瓷）产业集群联合体单位共同举行佛山泛家居（陶瓷）产业集群启动仪式；佛山移动与中国工商银行股份有限公司佛山分行等 20 家合作伙伴签订“5G+ 工业互联网”战略合作协议。

（佛山年鉴社）

现代服务业

· 国际金融枢纽建设 ·

【粤港澳金融合作】 截至 2021 年 12 月，11 家香港银行在广东银保监局辖内设立 94 个营业性机构、1 家代表处，4 家澳门银行在粤港澳大湾区内地城市设立 7 个营业性机构、1 家代表处，港澳银行营业性机构数量均居全国第一位。2 家港资保险公司在大湾区内地共设立 65 个分支机构。“跨境理财通”试点落地，首月跨境资金汇划 2.7 亿元，投资产品交易金额 1.5 亿元。跨境保险保障水平不断提高，跨境车险创新取得突破，实现“三地保单一地购买”，跨境医疗保险和大湾区专属重疾保险产品日益丰富，13 个保险机构研发推出 22 个大湾区专属重疾保险产品，承保人次突破 7 万人，保费收入 4.08 亿元，提供风险保障 246 亿元。　（广东银保监局）

【香港金融证券服务】 香港特别行政区内主要市场和全球一半人口所居之处，均位于香港五小时飞行航程范围内。香港的交易系统紧贴 24 小时不停运作的环球金融贸易市场，与其他主要金融枢纽互联互通，使得香港成为国际金融中心。香港市场资金流动性高，并具备能接触国际投资者的优势，对有意筹集资金的公司而言相当吸引。2021 年通过首次公开招股集资所得的金额约为 3310 亿元，位列全球第四位、亚洲第二位。年内，共有 98 家公司上市，包括两家由 GEM（即创业板市场，对象为中小型发行人，上市资格低于主板市场）转到主板市场上市的公司。在第二市场筹集的资金约为 4420 亿元，加上首次公开招股集资所得的资金，集资总额约达 7730 亿元。证券市场的总成交额达 41.2 万亿元。香港交易所的证券化衍生产品成交量自 2007 年起一直全球称冠。截至 2021 年底，在香港联合交易所有限公司（简称联交所）上市的内地企业有 1368 家，自 1993 年起在香港市场的集资总额达 7.9 万亿元。2021 年，内地公司所筹集的资金占香港首次公开招股集资额的 98%。年内，在联交所新上市的公司除了来自香港和内地之外，还有两家分别来自新加坡和美国的公司。为增强金融服务的竞争力，香港改善监管架构、促进市场发展和金融科技应用，以提高生产力、加强普及金融和推动绿色及可持续发展。

香港财务汇报局（简称财务汇报局）是独

立的监管机构。自核数师监管制度在2019年实施后，该局的职能得以扩大，负责查察、调查和纪律处分香港上市实体核数师、认可境外上市实体核数师，以及监督香港会计师公会（会计师公会）在执行指明职能时的表现。2021年，财务汇报局根据该制度发表首份年度查察报告和调查报告，并按其监察权力就会计师公会的指明职能完成第二次评估。香港特别行政区政府通过跨界别平台（包括由财政司司长担任主席的金融监管机构议会，以及由财经事务及库务局局长担任主席的金融市场稳定委员会）与金融监管机构保持定期沟通。这些跨界别平台旨在提高规管和监督金融机构方面的效率和成效，并维持香港金融市场稳定。财经事务及库务局亦与金融监管机构举行会议，讨论规管及监督事宜，并统筹立法及其他工作，以加强金融稳定和金融市场发展。投资者赔偿有限公司在证监会监督下管理投资者赔偿基金。如投资者因获证监会发牌或向证监会注册的中介人或认可财务机构违责，在买卖若干上市证券或期货合约中蒙受损失，基金会提供赔偿。投资者及理财教育委员会是证监会全资拥有的附属机构，通过消费者教育平台“钱家有道”，提供理财教育资源和计划，并推出《香港金融理财知识和能力策略》，为持份者营造理想环境，以推广优质的理财教育。

【香港银行及支付系统发展】 香港银行业维持稳健，资产质素处于健康水平，流动资产和资本充裕。根据国际结算银行发表截至2021年12月的季度报告，以对外头寸计算，香港是全球第六大和亚洲第二大银行中心。在香港营业的国际金融机构为数众多。截至2021年底，全港有160家持牌银行，其中151家由香港境外的机构实际拥有，在全球排100名以内的银行中，有78家在港营业。认可机构的存款总额达151862亿元，贷款和垫款总额为108967亿元，分别比上年增长4.6%和3.8%；认可机构的资产总额263670亿元，增长1.9%。快速支付系统方面，转数快自2018年推出以来，应用愈见广泛，交易量持续增长。截至2021年底，转数快共录得960万个登记，平均每日交易量比上年增长90%，全年共处673000宗即时交易。截至2021年底，获证监会发牌或向证监会注册在香港从事资产管理业务的公司合共有2016家，比上年底增长5.3%。香港有2240个经证监会认可的单位信托和互惠基金，其中有865个在香港注册，比5年前增长23%。

【香港保险业发展】 香港是全球最开放的保险中心之一，保险密度位居亚洲前列。2021年底，有164家获授权保险公司在香港营运，当中67家来自其他司法管辖区。在全球二十大保险公司中，有13家获授权在香港经营业务。香港有17家专业再保险公司，当中包括全球大部分顶尖的再保险公司。过去5年，香港保险业平均每年增长5.9%。2021年，毛保费总额为6027亿元；有效长期业务的保费总收入达5408亿元。个人人寿和年金保险业务仍是主要的业务类别，保费收入达4912亿元，占保费总收入的90.8%，相应的保单有1500万份。一般保险业务增至618亿元。一般保险业务的整体承保利润由22亿元下跌至20亿元。

【香港离岸人民币业务】 香港是最大和最重要的全球离岸人民币业务枢纽，提供多类以人民币计价的投资产品，包括上市和非上市投资基金、保险产品、货币期货、房地产投资信托基金、股票、衍生工具产品和债券。在人民币金融中介活动方面，香港一直领先全球。2021年，香港的人民币即时支付结算系统平均每日交易金额高达15226亿元。截至年底，整体离岸人民币存款（包括客户存款和未偿还存款证）总额达9450亿元人民币，而银行人民币贷款额和未偿还人民币债券余额亦分别达1636亿元人民币和3114亿元人民币。是年，经香港银行处理的人民币贸易结算额达7.1万亿元。财政部自2009年起在香港发行人民币国债，包括在2021年发行200亿元人民币债券。中国人民银行在2018

年首次在香港发行人民币票据，丰富了香港的人民币金融产品和推动人民币国际化。2021 年共发行 1200 亿元人民币票据。深圳市人民政府于 10 月在香港发行总额 50 亿元人民币的离岸人民币地方政府债券，是内地市政府首次在境外发行债券。

【香港金融科技应用】香港金融科技生态发展态势向好，在香港营运的金融科技公司和初创企业约有 600 家，当中包括全球知名的创新实验室和加速器计划。

财经事务及库务局推出“拍住上”金融科技概念验证测试资助计划（简称“拍住上”资助计划），于 2021 年 2 月 26 日开始接受申请。计划旨在鼓励传统金融机构伙拍金融科技企业就创新金融服务产品进行概念验证测试。在“拍住上”资助计划下，每个获批的概念验证测试项目一般可获最多 10 万元的一次性直接资助。若有关测试项目涉及跨金融界别或跨境应用（如粤港澳大湾区、东南亚国家联盟地区）等更复杂、广泛的领域，则可获最多 15 万元的资助额。金融机构可自行为受资助的测试项目提供额外资源。政府已预留 1000 万元作推行计划之用。香港金融管理局（简称金管局）在 2021 年 6 月公布“金融科技 2025”策略，旨在鼓励金融业界在 2025 年或之前全面应用金融科技，并提供合理和高效的金融服务，惠及香港市民和整体经济。继续协助银行业根据开放应用程序界面框架研发和采用开放应用程序界面。该框架分四个阶段实施。银行利用第一和第二阶段（产品资料和产品申请）的开放应用程式介面提供创新服务；以及由 12 月起，实施第三和第四阶段（账户资讯和执行交易）的首批开放应用程序界面功能。在跨境合作方面，香港证监会与海外监管机构保持密切联系，以掌握金融科技趋势和市场资讯。6 月，香港证监会与加拿大证券管理机构协会的 8 名成员签订协议，建立金融科技合作框架。香港证监会与阿布扎比、澳洲、迪拜、以色列、马来西亚、瑞士和英国的监管机构签订金融科技合作协议，并以国际证券事务监察委员会组织成员和全球金融创新网络成员的身份，参与金融科技相关的政策讨论。保监局与迪拜、直布罗陀、中国澳门、中国内地和英国的监管机构签订金融科技合作协议，并定期就金融科技事宜与全球金融创新网络和保监协会的监管机构沟通。

在监管方面，2021 年有 41 个金融科技项目获准使用金融科技监管沙盒（简称沙盒）进行测试。自沙盒于 2016 年推出以来，累计测试项目总数达 234 个。金管局亦在 2021 年接获 133 项使用金融科技监管聊天室的要求。自该聊天室于 2017 年推出以来，累计要求总数达 666 项。金管局在 11 月把沙盒升级，为符合资格的项目提供资助。香港金融管理局和中国人民银行 10 月 21 日发出联合公告，宣布双方签署《关于在粤港澳大湾区开展金融科技创新监管合作的谅解备忘录》，同意通过联网方式，把人民银行的金融科技创新监管工具与金管局的金融科技监管沙盒对接。香港保监局也通过各项措施推动保险科技发展，包括推出保险科技沙盒，让获授权保险公司试行拟应用于商业运作的创新保险科技；成立保险科技促进小组，与在香港开发和应用保险科技的公司沟通；以及设立快速通道计划，供持有和使用全数码分销渠道的申请人作授权申请。（香港历史研究基金会）

【澳门金融机构发展快速】截至 2021 年 12 月 31 日，在澳门获准经营的金融机构有 33 家银行（其中 1 家为特别行政区政府拥有的邮政储金局）、25 家保险公司、2 家退休基金管理公司、1 个外地再保险公司代理办事处、1 家金融公司、2 家融资租赁公司、2 家金融中介业务公司、11 家兑换店、6 个兑换柜台、3 家现金速递公司、1 个非银行信用机构、2 个支付服务机构、1 家金融资产交易公司及 1 个外地金融机构代表处。

截至 2021 年底，澳门 32 家已开业银行总资产 2.68 万亿澳门元，存款总额为 1.29 万亿澳门元，贷款总额1.31万亿澳门元，贷存比率为101.3%。除特别行政区政府属下的邮政储金局外，在澳门经营的银行中有11家是本地注册成立，其余均为外地注册银行的分行，主要来自中国内地、葡萄牙、美国、英国、新加坡、中国台湾和中国香港7个国家或地区。

是年，澳门银行的经营模式高度电子化，所使用的软、硬件设施都相当现代化。电子银行服务已非常普遍，包括利用流动电话或互联网等渠道，为客户提供24小时不间断的银行服务。

【澳门实施保险中介人素质保证计划】2021年，澳门为提高保险中介人的整体专业水平，实施保险中介人素质保证计划，所有申请人必须通过特定的资格考试，方可取得中介人牌照及在澳门特区从事保险业务。全年共有1.20万人次参加保险中介人资格考试，合格率为85.4%。按《保险中介人持续专业培训计划》的要求，所有中介人必须完成及申报足够的培训时数方可续期。澳门金融管理局推动澳门金融学会增设更多元的培训渠道，鼓励保险公司提供实时网上培训课程。（摘自《2022澳门年鉴》）

【广州国际金融市场建设】2021年，广州市有持牌金融机构329个，其中法人金融机构57个，形成以银行、证券、保险、信托、消费金融等持牌金融机构为主体，小额贷款公司、融资担保公司、融资租赁公司等地方金融业态为重要组成部分的现代金融组织体系。广州成为全国金融门类最丰富齐全、金融产业链条最完善的城市之一。新增境内外上市公司23家，累计224家，市值3.5万亿元。证券交易额24.3万亿元，比上年增长30.1%。保险市场平稳发展。保费收入1463.4亿元，比上年增长4.3%，保险资金运用累计超过5300亿元。全市有地方金融组织2167个，注册资本累计1308亿元，资产总额2890亿元。是年，广州市加快建设国际金融城，推进绿色金融改革创新试验区、国际金融岛等金融功能区建设。推动金融服务实体经济，提升社会民生能力。印发《广州市金融发展“十四五”规划》等改革创新措施。广州期货交易所揭牌运营，推动数字金融创新发展。发挥岭南金融博物馆公共文化服务职能，结合中国共产党成立100周年弘扬岭南优秀金融文化及红色文化。

2021年，广州市构建以国际金融城为核心、各区金融功能区为节点的空间发展格局。广州民间金融街入驻机构336个，街内累计提供贷款1335.9亿元。广州创投小镇累计引进机构超过160个，年纳税总额超过4亿元，为超过15家企业提供投融资对接服务。广州中小微企业金融服务区进驻各类融资服务机构336个。是年，南沙自贸试验区金融创新示范区实现金融业增加值171.25亿元，比上年增长7.8%，占南沙区地区生产总值的8.05%；累计落户金融企业6649家；金融业主要重点企业税收超70亿元，增长55.32%；跨境人民币结算量累计5139.94亿元；融资租赁行业累计实际利用外资1.46亿美元，通过SPV（Special Purpose Vehicle，特殊目的载体）方式新增交付飞机38架（累计196架），进口贡献约88亿元。番禺万博创投集聚区风险投资机构数量342个，到位资金管理规模286.87亿元，其中风险投资管理机构149个。花都区实现金融业增加值53.09亿元，以花都为核心的广州市绿色金融改革创新试验区建设在各试验区中连续3次排第一名，绿色金融改革创新工作走在全国前列。

【广州建设大湾区国际金融枢纽】2021年，广州市举办“读懂中国”国际会议（广州）金融平行论坛、国际金融论坛（IFF）全球年会、粤港澳大湾区金融发展论坛、中国（广州）国际金融交易·博览会等国际性金融论坛展会活动。加强金融国际交流，对接新加坡金融管理局、阿布扎比国际金融中心金融服务监管局等，建立与国际金融中心间沟通交流机制。在第30期全球金融中心指数排名中，广州列全球第32位。广州“获得信贷”指标在2021年国评中排全国第二名。全年全市累计落实具体金融招商项目76个，投融资总额超1198.6亿元；累计落实具体金融招商业务88个，投融资总额2080.96亿元。《关于支持广州区域金融中心建设的若干规定》实施以来，累计支出金融发展专项资金超25亿元。加强金融智库建设，发挥广州中国金融四十人研究院、广州金羊金融研究院等高端金融智库作用，提升广州金融战略研究水平。2021年9月，人民银行广州分行、人民银行深圳市中心支行、广东银保监局、深圳银保监局、广东证监局、深圳证监局联合印发《粤港澳大湾区"跨境理财通"业务试点实施细则》，粤港澳大湾区"跨境理财通"试点启动。试点阶段，"北向通"产品主要以中低风险的银行理财和公募基金产品为主。至年底，粤港澳大湾区"跨境理财通"发生业务5855笔，总金额4.86亿元。其中，"北向通"业务3802笔，金额1.96亿元；"南向通"业务2053笔，金额2.9亿元。（穗鉴）

【深圳推进国际金融枢纽建设】 2021年，深圳市金融业实现增加值4738.8亿元，比上年增长7.6%，占地区生产总值比重（15.4%）增加0.3个百分点，两年平均增速达8.3%，高于全国（5.3%）3个百分点。金融业实现税收1662亿元，占全市总税收的24%，居各行业第一位。全年新增分行级以上持牌金融机构23个，金融组织体系不断健全。深圳市各项存款增速震荡下行，非银金融机构存款增长明显放缓。截至年底，深圳市本外币各项存款余额11.30万亿元，比上年增长10.40%，增速下降10.9个百分点；较年初增加1.10万亿元，少增7323亿元。从结构上看，受上年高基数因素影响，各类存款增速均回落。住户存款比上年增长9.50%，增速下降7.1个百分点；非金融企业存款增长10.90%，增速下降9.2个百分点；非银金融机构存款增长12.10%，增速下降28.8个百分点。各项贷款平稳增长，信贷结构持续优化。人民银行综合运用多种货币政策工具，引导金融机构信贷平稳增长。截至年底，深圳市本外币各项贷款余额7.70万亿元，比上年增长13.60%，增速下降0.8个百分点。分部门来看，企业部门贷款增长较快，余额比上年增长16.20%；其中，企业中长期贷款较年初增加4159.40亿元，少增890.40亿元；票据融资较年初增加1059.20亿元，上年净减少677.80亿元。住户贷款比上年增长10.7%。金融服务实体经济质效进一步提升，小微企业、制造业、科技创新、绿色发展等重点领域金融支持力度显著增强。截至年底，普惠小微贷款余额1.20万亿元，比上年同期增长29.70%；制造业中长期贷款余额4091.40亿元，增长28.10%；绿色贷款余额4485.00亿元，增长28.60%。社会融资增量减少，支持实体经济力度依旧稳固。深圳社会融资规模增量1.20万亿元，比上年少增加1604.30亿元，表明支持实体经济力度依旧稳固。表外融资大幅收缩是社融增量不及上年的主要原因。其中，信托贷款全年比上年净减少1319.80亿元；受表内票据融资高增的影响，未贴现的银行承兑汇票规模下滑，净减少554.30亿元。表内融资平稳增长。其中，人民币贷款比上年新增加9170.90亿元，比上年多增加608.30亿元，占社融增量的75.50%。企业债券融资新增2444.40亿元，比上年少增加809.80亿元。全年政府债券新增945.50亿元，比上年多增加169.20亿元。年内，前海深港国际金融城投入使用。高标准规划建设香蜜湖新金融中心。完成大湾区国际医疗金融城概念方案。

2021年，深圳证券交易延续"放量上涨"态势，但增长幅度比上年有所回落。深证综指2021年末报收于2530.14，较年初上涨8.60%。深圳证券交易所全年累计股票成交金额144.00万亿元，比上年增长17.20%。深港通交易活跃度稳步提升，外资增持境内市场股票热情较高。其中，深股通2021年全年交易额14.90万亿元，比上年增长24.00%；港股通全年交易额4.80万亿港元，增长89.80%。截至年底，深圳有境内上市公司372家，比上年末增加39家，上市公司总市值9.20万亿元。辖内企业全年国内股票（A股）筹资1047.50亿元，比上年下降16.10%；发行H股筹资361.10亿元，增长179.70%。银行间债券市场筹资4461.20亿元，增长24.80%。其中，短期融资券筹资额64.50亿元，中期票据筹资额1179.20亿元。深圳市境内外上市公司增加47家、总数达495家，持牌金融机构增加23家，制造业贷款、绿色信贷、中小微企业贷款余额分别比上年增长13.3%、28.6%、20.6%。

（深圳市人民政府地方志办公室）

【珠澳金融合作】2021年，珠海市支持服务横琴粤澳深度合作区发展现代金融业，参与研究制定金融支持合作区政策措施，筹备澳珠企业家峰会金融分论坛、绿色金融发展高端论坛。支持广东省内首笔与澳门人民币清算行同业拆借落地珠海，打通澳门与珠海本地法人银行同业拆借渠道，助力澳门发展离岸人民币业务、建设葡语国家人民币清算中心。成为全国首个具备QDLP（合格境内有限合伙人）试点审批权限的地级市，支持合作区金融企业获得广东省（除深圳外）首个QDLP试点资格，助力企业通过“资本链”的全球化布局完善优化“产业链”。争取并获得人民币海外投贷基金试点资格，与潮商东盟投资基金公司签署战略合作协议，引导社会资本参与“一带一路”的投融资活动，拓宽全市企业境外投资渠道，促进产业发展强链补链。推动“跨境理财通”业务成功落地，获得试点资格银行18家，截至年底，支持合作区银行开通北向通账户1501户、南向通账户15户，跨境收支1530万元，有效满足跨境资产配置需求。推进自由贸易（FT）账户试点，将FT账户开户主体拓展至符合条件的科创类企业，支持银行机构累计开立FT账户1388个，各类分账核算业务折合人民币359.79亿元。在全国率先开展跨境住房按揭业务，港澳居民可通过跨境住房按揭业务在珠海购买商品房，自2015年开展试点以来，累计发放跨境按揭贷款逾9亿美元。在广东省率先试点跨境人民币全程电子缴社保费，通过银行与税务部门的合作创新，港澳居民可以足不出户办理社保缴费。

（余桂龙　王阳英）

【佛山跨境金融创新】2021年，佛山市推动跨境金融创新，推动贸易便利化试点政策覆盖面扩大。是年，佛山市辖区共获批开办货物贸易外汇收支便利化试点业务1.38万笔，金额84.4亿美元。鼓励银行加大对企业贸易融资支持力度，截至年底，银行对企业进出口项下外币贸易融资余额为36.68亿元，比上年同期增长57.04%。支持跨境电商综试区和市场采购试点等外贸新业态发展。全年全市跨境电子商务和市场采购贸易跨境收汇分别为1.68亿美元和11.52亿美元，比上年分别增长1100%和339%。落实资本项目便利化改革措施，提升资金使用效率。指导佛山市辖区银行落实资本项目外汇收入支付便利化政策，简化企业资本项目收入支付手续，支付业务审核时间由1小时压缩至5分钟。截至年底，佛山辖区银行累计为企业办理474笔支付便利化业务，折合1.99亿美元；推动落实外债登记改革，累计为辖区企业办理26笔外债一次性登记业务，外债规模合计99.12亿美元，累计提款折合12.87亿美元。推广非银行债务人外债注销下放银行改革政策，减轻企业经营负担，降低企业“脚底成本”，截至年底，指导佛山辖区银行为企业办理101笔外债注销登记业务。落实直接投资项下业务可在广东辖区任一银行办理外汇登记新政，佛山辖区银行为113家异地企业办理15笔直接投资外汇登记。推广落实外债便利化额度试点，使辖区中小企业充分享受政策红利，缓解融资难融资贵问题。全年佛山辖区企业共办理49笔全口径跨境融资签约备案业务，备案金额折合3.77亿美元，提款金额折合3.34亿美元。推进跨境人民币业务创新发展，提升跨境使用便利度。推动“跨境理财通”创新政策落地运行，为佛山和港澳投资者提供跨境金融服务。截至年底，辖区银行成功开立“北向通”账户80个，“南向通”账户369个，资金汇划合计2325万元。引导企业强化“本币优先”和汇率避险意识，推进提升本币结算占国际收支比例，全年辖区跨境人民币结算规模1689亿元，比上年增长18.8%，本币结算占比回升至

29.2%。支持企业通过跨境并购等方式“走出去”，促进企业延伸产业链。引导金融机构开发多样化、差异化的金融产品，为跨境并购提供支持。开展跨境保险业务和平台建设，提升保险服务水平。中国人寿财险佛山分公司开发粤港澳跨境货物运输、建筑工程保障、财产类保险服务，以及跨境车辆保险专属服务方案。中国人寿保险推出专属服务粤港澳大湾区的医疗保险产品——国寿粤港澳大湾区医疗保险，佛山分公司为23万名粤港澳大湾区居民提供百万高端医疗保障。中国信保广东分公司通过海外投资保险支持佛山企业海外投资建厂，承保金额4203.23万美元。2021年太平人寿推出太平粤港澳大湾区终身重大疾病保险和太平“鑫如意”养老年金保险。新华人寿保险首次对外推出粤港澳大湾区专属重疾险产品并在佛山市首销。

（佛山市金融工作局　中国人民银行佛山市中心支行）

【惠州金融业发展】 2021年，惠州市制定《惠州市金融支持粤港澳大湾区建设实施方案》，由市金融工作局会同人民银行惠州市中心支行、惠州银保监局等相关部门联合发文，并制定省“金融80条”工作台账抓落实。全市跨境收支比上年增长61.66%，其中以跨境人民币计价结算比上年增长24%。

是年，惠州市发展区域股权交易市场，为促进股权交易市场发展，聘请中介机构，对广东股交分公司服务地方情况进行绩效考核，落实绩效考核奖励80万元，支持广东股权交易市场在惠州拓展业务。组织广东股交惠州分公司走访东江科技园管委会等16个县（区）政府部门及工业园区，向园区内66家优质企业宣传区域股权市场知识及有关服务；组织“中小微企业融资需求对接会”9场，科技创新专板2021系列交流服务会1场。

设立惠州市产业集群发展基金，创新产业基金组建模式，拓宽企业多元化融资渠道。引进深创投成立惠州市红土创投基金，投资项目3个，其中九联科技、格林精密均于年内成功上市。推动基金行业协会成立，促进行业自律发展；通过协会完善基金行业发展平台，对接国内优秀投资机构、投资人才，组织专业机构开展中小微企获得股权投资机构融资专题培训。

推进产业链金融发展，探索构建供应链金融平台服务新模式，为中小企业提供多样化、成本更低的金融服务。支持仲恺高新技术产业开发区完善科技金融服务体系，加快推动广东省科技金融综合服务中心惠州分中心建设。至年底，该分中心场所8人运营团队全部到位，协助引入私募股股权基金2支，注册规模5.3亿元；协助举办融资对接活动会9场，服务科技企业超过300家。

年内，惠州市引进港澳金融机构在惠州设立分支机构，为市企业等提供专业金融服务，助力惠州企业“走出去”和国外优质企业“引进来”，助力粤港澳大湾区金融融合发展。至年底，引进东亚、汇丰、恒生、澳门国际4家港澳资银行在惠州设立支行。

推动绿色金融发展。广东惠州平海发电厂有限公司于10月15日发行可持续挂钩债券，该债券发行为惠州市首单可持续挂钩债券，也是全国首单挂钩碳市场履约债券。推动全国首笔“绿色碳链通”业务落地，该业务是基于《粤港澳大湾区绿色供应链金融服务指南——低碳评级体系》的首笔供应链票据贴现。

（惠州市人民政府地方志办公室）

【东莞金融改革】 2021年，东莞市编制《东莞市金融业发展“十四五”规划》，落实东莞大湾区发展“金融80条”，推动金融改革发展。年内，以深度参与粤港澳大湾区国际金融枢纽建设为目标，落实金融空间布局优化、现代金融产业发展、金融服务能力提升、产融深度融合、金融开放合作、金融生态优化六大工作措施和推进实施制造业金融、普惠金融、绿色金融、上市融资、金融人才、金融安全六大行动计划，以金融赋能“科技创新＋先进制造”提速发展。

强化粤港澳大湾区建设金融支持，推进落地跨境贸易投资便利化、贸易新业态外汇管理、资本项目收入支付便利化、非投资性企业开展股权投资试点等多项新政，督促辖内金融机构用好用活跨境人民币政策，推广跨境人民币资金池业务，扩大大湾区内人民币跨境使用规模和范围，降低企业汇兑风险。制定印发《东莞市外商投资股权投资类企业试点管理暂行办法》《东莞市外商投资股权投资企业试点工作联合会商机制》等政策文件，QFLP（合格境外有限合伙人，指经认定在本市依法由境外投资者参与设立的，以非公开方式向投资者募集资金在境内进行股权投资活动的企业）试点政策顺利落地，境内外资金融通效率得到提升。

截至年底，全市7个地方法人金融机构资产总额10898.99亿元，较年初增长11.90%；营业收入374.50亿元，比上年增长5.17%。其中，东莞农商银行成功在香港交易所上市，成为东莞第一个上市的地方金融机构、全国第4家在H股上市的农商银行；东莞银行香港分行开业，成为全国唯一在香港设立分行的城市商业银行；东莞科创融资担保公司成功增资2亿元，与19家银行机构建立合作关系，业务累计发生额突破100亿元；全年有178家基金管理人在莞注册办公，数量居广东省地级市首位；作为广东省内首批推进供应链金融平台试点城市的政策契机，推动第一批试点申报项目广东产通供应链金融服务有限公司完成登记注册。

【东莞金融业发展】 2021年，东莞市修订《东莞市推动企业发展利用资本市场扶持办法》，出台《东莞市推动企业上市发展三年行动鲲鹏计划（2021—2023年）》。推动市政府与深圳证券交易所（简称深交所）签订战略合作协议，成功争取深交所、上海证券交易所资本市场服务东莞基地落户。全年22家次企业获得资本市场奖励资金总额4770万元。全年全市制造业、普惠小微企业和高新技术企业贷款分别突破2800亿元、2300亿元和1500亿元，分别比上年增长31.15%、46.6%和85.2%，均远高于贷款平均增速；依托“省中小融平台”实现政银互动数据共享，支持轻资产、无抵押的中小微企业融资，企业注册12236家，企业申请融资4610笔，企业累计申请融资额40.59亿元；银行机构累计与358个基础设施建设、城市更新（“三旧改造”）、产业园区建设项目建立授信合作关系，授信金额1707.51亿元；银行机构新发放企业贷款加权平均利率降至4.70%，累计让利约27亿元。东莞金控集团与战略性新兴产业基地开展合作，以“基础设施建设基金＋产业投资基金＋定向招商基金”联动的方式定向引入前沿科技创新项目；东莞科创金融集团设立总规模10亿元松山湖天使投资基金，重点培育、孵化一批具有成长潜力的优质创业项目，并与国家开发银行广东省分行合作实施5亿元东莞制造业发展资金合作计划，以“创投＋跟贷”模式，重点支持有融资需求但缺少正常贷款抵质押物的科技型、高成长型中小微企业。协助在莞法人企业按时转贷，解决企业短期资金周转困难，截至年底，进入企业名录数据库的企业1977家，转贷资金累计成功运作1007笔，累计转贷金额263.77亿元。

（东莞市人民政府地方志办公室）

【中山跨境金融服务】 2021年，中山市制定印发外商投资股权投资企业试点工作暂行办法，为拓宽企业融资渠道、开展相关业务提供政策保障。全年全市引导15个银行机构设立科技支行，支持高新技术企业在等值500万美元额度内自主借用外债。人民银行中山中支推动完成2笔出口信保保单融资业务，全年中山银行通过跨境金融区块链平台完成出口贸易融资放款业务量居广东省地市第二位。扩大贸易外汇收支便利化、完善贸易新业态外汇管理、落实资本项目改革等系列开放共享政策的试点范围。建立政策、产品、企业库，鼓励银行为75家重点企业提供手续费减免、结售汇和外汇衍生品价格优惠等，更好满足企业汇率避险需求，2021年中山市企业套保率位居广东省首位。实现个体工商户签约外汇衍生品规避汇率风险，12 家个体工商户签约金额 1000 万美元。推动全国首个互联网接入模式人民币跨境支付系统（CIPS）标准收发器项目落地中山市，为中山企业境内外上市融资、发债参与“一带一路”建设等提供安全、优质、快捷的金融服务。在全国范围内率先推出跨境人民币电子化退税方式，开展全国首笔跨境全流程电子化退税业务，实现跨境人民币退税当天直达纳税人境外账户。建立跨境人民币结算重点企业名单，对企业开展“一对一”专班服务，2021 年辖区跨境人民币结算业务量居广东省第六位。

【中山金融开放创新】2021 年，中山市推进金融领域开放创新。4 月，《中山市贯彻落实金融支持粤港澳大湾区建设意见的行动方案》印发，成功争取本外币合一的跨境资金池业务试点落地中山，推动中山农村商业银行作为粤港澳大湾区首批试点机构探索开展环境信息披露试点，完成中山市首笔“跨境理财通”业务办理，支持推动明阳集团在澳门成功发行首笔民营企业绿色债券。推进政务服务“湾区通办”。实现中山市不动产抵押登记业务在澳门“跨境通办”。采取导办、帮办、代办、“指尖办”等方式，为居住中山的港澳人士提供“就近可办”的政务服务。

年内，发布中山市战略性产业集群相关企业白名单和战略性产业集群相关企业融资需求情况名单。全市各金融机构累计支持战略性产业集群企业 4397 家，累计融资逾 827.59 亿元，支持企业数量和融资金额分别保持全省第五名和第四名。引导辖内银行机构加大小微信贷产品创新，提高信用贷款和中长期贷款比例。至年底，辖内银行机构普惠口径小微贷款余额 988.42 亿元，比上年增长 24.72%。积极创新开展知识产权质押融资业务，推广知识产权质押融资“中山模式”，扩大知识产权融资受益面，扩大知识产权质押融资风险补偿资金规模至 7000 万元，至年底，知识产权质押融资风险补偿项目累计为企业提供融资 6.64 亿元。

加快发展创新创业投资，出台《中山市科技创新创业投资引导基金管理办法补充规定》，增加直接投资的投资形式，市科技创新创业投资引导基金组建首只投资基金——广东粤科珠江西岸大健康创业投资基金（3 亿元）。推动企业上市融资，累计 25 家中山企业进入广东省“科技创新专板”（挂牌 3 家、展示 22 家）。优化科技信贷申请流程，简化放款及还款备案手续，采用“白名单 + 负面清单”制度，严把入池企业关，放宽贷款用途，新增科技贷款 10 亿元，累计入池企业超 2400 家，累计审批贷款超 90 亿元。推动成立广东省首家科技保险专管专营机构（中山市科技保险服务中心），推广科技项目研发费用损失保险、科技成果转化费用损失保险等科技创新类险种，为科创企业提供多重保障。对 310 家企业发放科技保险补助 797.12 万元。

（中山市人民政府地方志办公室）

【江澳金融合作】2021 年，江门市有 7 个江门银行机构与澳门 10 个银行机构建立合作关系，并且跨境融资和跨境人民币奖补方案走向制度化，出台《江门市金融支持跨境融资专项资金管理办法》，提高银行开展跨境金融业务的积极性。截至 12 月末，两地跨境业务累计发生额接近 2200 亿元。全年江澳金融合作发生额为 301.38 亿元，其中包括银行间同业存放 284.47 亿元，企业融资 16.91 亿元。

【江门金融便利化试点】2021 年，江门获批跨境人民币支付购房款试点业务资格。获批以业务试点方式开展港澳居民通过跨境人民币购房业务。截至 12 月末，江门辖区合计办理非居民人民币购房业务 85.56 万元，解决非居民个人使用跨境人民币在境内进行购房款结算问题。实施《江门市金融工作局关于促进基金和证券业集聚发展实施办法》，为合格境外投资人搭建 QFLP 渠道，投资江门市优质项目。至是年，有 17 只基金新注册登记在江门人才岛，基金总规模超过56亿元。江门辖区有45家企业纳入优质企业名单，其中39家优质企业得到辖区银行提供的跨境人民币结算便利化服务，合计金额149.41亿元。截至12月末，江门辖区共有4家企业相继被纳入贸易外汇收支便利化试点，累计付汇金额合计2.13亿美元。一次性外债登记业务签约金额合计90.68亿美元；非投资性企业股权投资业务13笔，合计1330.7万元人民币。2021全年资本项目收入支付便利化业务584笔，合计4665.6万美元；实现辖区首笔辖区银行向港澳地区的机构发放跨境贷款，发放风险参贷项下跨境贷款业务2.5亿元。出台《江门市金融支持跨境融资专项资金管理办法》，提高银行开展跨境金融业务的积极性。是年11月19日，广东古兜酒店管理有限公司接入CIPS标准收发器（企业端），成为广东省内除广州、深圳外第四家上线CIPS标准收发器的企业；并于11月29日办理首笔5万元跨境人民币管理咨询费，标志着江门首笔依托CIPS标准收发器（企业端）的跨境人民币资金清算业务正式落地。（江门市金融局）

【肇庆金融支持大湾区建设】2021年，肇庆银保监分局联合市金融局、人民银行肇庆市中心支行制定金融支持大湾区发展工作要点，开展湾区相关机构和高管简政放权执行情况评估，配合推进“互联网+政务服务”平台，助力打造一流营商环境。落实湾区准入备案全流程电子化管理，提高办理效率，年内简化办理备案准入事项205件。强化湾区金融互联互通。引导辖区银行机构积极推广跨境业务，简化港澳居民开立银行账户流程，为粤港澳贸易和资金往来提供合法高效渠道，年内辖区银行机构为港澳机构开立NRA（境外公司在国内银行开设的外币账号）账户48个，对港澳资企业贷款55.76亿元，对港澳地区国际结算金额190.28亿元，对港澳地区跨境人民币结算金额60.77亿元。中国人民银行肇庆市中心支行立足服务“双区”建设，提升金融开放合作水平，推动全市12家银行纳入首批“跨境理财通”试点工作，进一步促进大湾区居民个人跨境投资便利化。以民生安居项目为切入点，创新开展香港居民内地安居购房跨境人民币结算业务288笔，金额2亿元。支持举办西江—濠江（肇澳）金融合作交流暨银企融资对接会，推动澳门、肇庆两地银行机构联动向肇庆6家企业现场授信7.9亿元，实现肇澳金融合作、产融对接新跨越，成功引入澳门低成本资金支持肇庆产业发展。大力推动肇庆市国联投资控股有限公司和高要区国有资产经营有限公司分别发行3亿美元和4800万美元境外债券。（肇庆市人民政府地方志办公室）

·特色金融产业发展·

【香港推动绿色和可持续金融】2021年，香港特别行政区政府加强与金融监管机构、香港联合交易所有限公司（简称联交所）和业界合作，推动绿色和可持续金融的发展，以期推动香港在2050年前实现碳中和，并巩固香港作为区内绿色和可持续金融枢纽的地位。2021年，全球首个专为发行绿色债券而设的政府类别全球中期票据发行计划成立。年内发行接近65亿美元等值的绿色机构债券，包括香港特别行政区政府首次发行的欧元和人民币债券。7月，政府绿色债券计划的借款上限倍增至2000亿港元。《绿色债券报告2021》在8月发表，内容包括绿色债券募集所得资金的分配详情和相关项目的预期环境效益。国际证券事务监察委员会组织（国际证监会组织）辖下可持续发展专责小组，全年发表3份报告，就多个范畴列明监管期望，包括发行人对于可持续发展信息的披露；投资基金和资产管理公司；以及环境、社会及管治评级和数据提供者。由证监会领导的国际证监会组织亚太区委员会可持续金融工作小组，在3月完成有关区内监管机构如何应对环境、社会及管治和气候相关风险的研究。2021年5月，政府推出为期3年的绿色和可持续金融资助计划，资助符合资格的债券发行人和借款人的发债支出及外部评审服务。该计划将有助吸引更多债券发行人和借款人使用香港的融资平台和专业服务，令香港绿色金融活动更趋蓬勃，同时亦可鼓励更多金融及专业服务提供者和外部评审机构以香港作为区域业务枢纽。截至年底，该计划已向约50项在香港发行的绿色和可持续债务工具批出资助。香港联交所在2018年修订其上市规则，便利新兴和创新产业公司来港上市，并制定保障措施。拓宽后的上市制度容许下列公司在主板上市：未有收入或盈利记录的生物科技公司；采用不同投票权架构的高增长和创新产业公司；通过新设便利渠道寻求在联交所作第二上市的符合资格发行人。上市制度切合新经济环境的集资需要，令香港上市平台对来自不同司法管辖区的发行人更具吸引力。截至2021年底，共有70家公司根据该制度成功在联交所上市。（香港历史研究基金会）

【广州数字金融】2021年，广州市筹备争取数字人民币试点落户广州。开展数字金融创新政策研究，起草《广州市数字经济条例》数字金融条款，形成《广州推动区块链赋能粤港澳大湾区国际金融枢纽建设发展对策建议》《十四五时期基于数字科技构建供应链金融生态》《广州市开展数字人民币试点调研分析报告》《广州推动数字金融建设专题调研报告》等政策研究成果。举办首届金羊“点数成金”数字金融创新案例示范活动，遴选出10个金融科技创新应用示范案例和5个数字金融创新专项示范案例。设立广州市数字金融协会、数字金融创新研究院及高端智库、数字金融创新监管和应用场景实验室、中大湾谷风险管理技术实验室、金融分布式数据库协同创新实验室等创新平台和专业组织，与中国科学院软件研究所、国内三大通信运营商等单位建立全面战略合作，形成数字金融生态圈。探索设立粤港澳大湾区数字金融科创中心，支持有条件的区域规划建设数字金融产业园区，发展“区块链+金融”“人工智能+金融”“新一代网络通信+金融”等领域，构建“广州特色、国内领先”的数字金融创新生态。

【广州绿色金融】2021年，广州市绿色贷款余额5705.59亿元，比上年增长49.3%；累计发行各类绿色债券960.89亿元；广州碳排放权交易中心碳配额现货交易2亿吨，居全国第一位。强化绿色金融组织体系，推动设立金融机构绿色金融事业部、环境权益绿色金融研发基地，建设银行在广州设立全国首家气候支行。深化绿色金融产品与服务创新，创新推广绿色供应链融资模式、碳惠贷、“保险+期货+银行”、“银行+融资租赁”等绿色金融产品和服务，发行全国首单“三标”绿色债券。碳排放权期货、电力期货等纳入广州期货交易所两年产品研究规划。参与金融机构环境信息披露指南、环境权益融资工具、碳金融产品等国标制定。广州银行、广州农商银行参与大湾区首批法人金融机构环境信息披露试点。加强大湾区绿色金融合作，广州地铁集团赴香港发行境外绿色债券，参与粤港澳大湾区绿色金融联盟工作，发挥广州绿色金融研究院、广州绿色金融协会作用。（李政）

【深圳推进绿色金融试验区建设】2021年，深圳市新制定全国首部绿色金融条例，发布国内首只绿色金融指数。抓好国内首部绿色金融条例落地实施，成立市级绿色金融协会，起草近20项制度标准，加强绿色金融专营体系建设，11个机构获评深圳首批绿色金融机构。组织指导辖内招商银行总行、兴业银行深圳分行开展环境信息披露试点工作，在碳信息披露等方面先行先试。协助地方财政在香港顺利发行国内首只离岸人民币地方政府债券及绿色债券，协调保障发债资金跨境调拨及资金收付。积极推进绿色项目银企对接，推动绿色债券市场增量扩面。深圳金融机构绿色贷款余额同比增长28.60%。辖内非金融企业在银行间市场发行绿色债券153.10亿元，比上年增长759.70%，落地银行间市场核电项目碳中和债、租赁行业碳中和主体信用债、市属国企碳中和债。开展绿色金融创新，与人民银行深圳市中心支行签署推动绿色金融发展的战略合作框架协议，为绿色企业提供高效快捷绿色融资渠道。与伦敦、新加坡深化绿色金融、财富管理等交流合作。年内，前海联合交易中心落地首单绿色金融业务，创新推出“前海仓单”项目。

【深圳科技金融发展】 2021年，深圳市科技金融深度融合。科技型企业贷款余额比上年增长39.4%。新增风投创投机构46个，天使母基金累计投资初创项目504个。专利质押登记金额115亿元、增长18.6%。新发行知识产权证券化产品金额55亿元，融资规模居全国城市首位。科技、产业、金融实现良性循环。获批开展资本市场金融科技创新试点，打造具有深圳特色的“政策引导+金融产品+综合服务”新模式，建立起“基础研究+技术攻关+成果产业化+科技金融+人才支撑”全过程创新生态链，创新体系实现历史性变革、系统性重构。全年金融业增加值比上年增长7.6%，科技型企业贷款增长20%，新发行知识产权证券化产品25单，融资规模近55亿元，居全国城市首位。龙华区发放科技创新扶持资金超过7亿元，科技金融备案贷款比上年增长84%。

（深圳市人民政府地方志办公室）

【佛山地方金融发展】 截至2021年底，佛山市已纳入监管正常经营类地方金融机构132个（小贷33个、融担7个、典当29个、融租45个、商业保理13个、交易场所4处、区域性股权市场1个），其中法人机构99个，分支机构33个。

小额贷款　截至2021年底，佛山市有小额贷款公司33家；注册资本合计49.18亿元；贷款余额48.9亿元，比上年下降12.1%；累计投放金额86.92亿元，同比增长19.12%，实现净利润1.46亿元。全市小额贷款公司坚守稳健经营原则，逐步优化股权结构，持续完善风控机制，其中2家无实际经营的小贷公司注销试点资格，防范区域系统性风险。截至2021年底，小额贷款行业不良贷款余额6.65亿元，不良贷款率13.58%，分别比上年下降23.56%和13.5%。若剔除欧浦小贷、和谷盛泰小贷等僵尸企业的不良贷款，佛山市正常运营的小贷公司不良贷款余额仅为1.69亿元，不良贷款率3.45%。全市小额贷款公司累计为地方中小微企业、个体工商户和“三农”投放6557笔共86.9亿元贷款（其中，涉农贷款5.3亿元，中小微贷款61.5亿元，占比高达70.77%），比上年增加14亿元，增长19.2%。

融资担保　截至2021年底，佛山市有持证融资担保法人机构7个，分支机构1个；从业人员269人；注册资本总额24.95亿元，资产总额40.9亿元，净资产31.4亿元；在保余额67.14亿元，比上年上升31.76%，放大倍数为2.36倍，下降20.27%；融资性担保代偿金额2.94亿元，代偿率为2.73%；担保业务收入3.33亿元，上缴所得税1321.16万元，净利润0.6亿元。

典当　截至2021年底，佛山市有29个典当机构，其中法人机构28个，分支机构1个；注册资本5.74亿元，从业人员184人；典当余额4.39亿元，比上年下降2.66%；利润总额1674万元，净利润总额1546万元；典当总额14.65亿元，比上年增长42.65%，其中涉动产典当总额4.25亿元、涉房地产典当总额8.59亿元、涉财产权利典当总额1.81亿元。业务主要集中于涉房地产典当，占58.63%，而涉动产典当中的民品典当相对较少。

融资租赁　截至2021年底，佛山市有融资租赁法人机构23个，从业人员281人；注册资本合计60.8亿元；23个法人机构资产总额115.8亿元；融资租赁合同余额82.4亿元，比上年增长20.23%；不良率9.04%。总收入7.35亿元，缴纳税收8395.42万元，净利润2亿元。

商业保理　截至2021年底，佛山市有商业保理法人机构4个，注册资本合计3.5亿元，资产总额6.16亿元，全年累计发放保理款本金金额10.95亿元，商业保理融资款本金5.09亿元，比上年增长3.75%，商业客户726家；发放保理融资款本金4.56亿元，受让应收账款余额5.34

亿元，净利润 108.07 万元。

交易场所 截至 2021 年底，全市有各类交易场所 3 个，注册资本 3500 万元。2021 年，佛山市金融工作局推进各类交易场所清理整顿，其中转型或退出 1 家，规范保留 3 家，桂江农产品交易中心拟变更为广东粤汇金属交易中心有限公司，并引进南海区、大沥镇国资参股，规范和优化业务开展。年内，3 家正常运营的交易所挂牌项目 1725 个，挂牌金额 104 亿元，成交项目 741 个，成交金额 43.07 亿元，营业收入 1587.17 万元，净利润 143.99 万元。

供应链金融 2021 年，佛山市推进广东南海供应链服务有限公司、广东耀达供应链金融、广东兴海供应链金融、广东海天供应链金融 4 家供应链金融企业平台试点资格申请，打造禅城、顺德、南海各两家供应链试点企业的三区齐头并进良好局面。截至年底，佛山市有广东美的供应链金融、广东顺银国通供应链金融 2 家公司获得首批供应链金融平台试点资格。

（佛山市金融工作局）

【中山绿色金融发展】 2021 年，人民银行中山中心支行印发《关于促进中山市绿色信贷发展的指导意见》，对绿色票据、涉农票据、高新技术企业票据办理再贴现开通绿色通道，加大对科技型小微企业的支持，全年科创企业票据再贴现投放资金 3.59 亿元。印发《中山中支关于运用再贷款再贴现工具支持绿色金融发展的通知》，梳理制作《中山银行机构绿色信贷产品汇总表》引导辖内银行机构加快绿色信贷发展，促进辖区绿色金融改革创新。出台全国首个银行业“零碳网点”建设指导意见，指导建行中山翠亨新区支行成为全国银行业首家实现碳中和的“零碳网点”。推动中山农村商业银行成为大湾区首批发布环境信息披露的试点行之一，推出全国首个支行级环境信息披露试点银行机构，编制发布全国首份支行投融资活动碳足迹环境信息披露报告。推动明阳智慧能源集团股份有限公司在澳门债券市场发行 2 亿美元三年期绿色债券，是澳门债券市场发行的首笔非金融企业绿色债券，也是内地企业在澳门债券市场发行的首笔民营企业债券。举办碳排放权融资交流对接会，推动广东省首笔贷款利率挂钩碳排放信贷业务落地中山。（中山市人民政府地方志办公室）

【肇庆绿色金融发展】 2021 年，肇庆市绿色贷款余额 135.89 亿元，比上年下降 4.91%。推动工商银行肇庆分行成立广东省首家县级市绿色支行；创新推出全国首笔民营企业碳排放权配额抵押贷款、广东省首笔“碳中和”贷款、全省首个“碳排放”保险产品。全市共办理碳排放配额抵押贷款 5900 万元，办理生态公益林补偿收益权质押贷款 665 万元。

（肇庆市人民政府地方志办公室）

· 金融市场互联互通 ·

【跨境理财通】 2021 年，广东省在粤港澳大湾区开展“跨境理财通”试点，“跨境理财通”业务指粤港澳大湾区内地和港澳投资者通过区内银行体系建立的闭环式资金管道，跨境投资对方银行销售的符合资格的投资产品或理财产品，大湾区内地居民可以购买港澳地区债券、基金等投资产品，港澳居民也可以配置内地理财产品和基金。按照“统筹协调、稳步推进、安全便利、风险可控”的原则，“跨境理财通”试点作出多项创新制度安排，在保障跨境资金安全的基础上，最大程度优化银行服务体验。2021 年 9 月 10 日，根据中国人民银行、中国银保监会、中国证监会的工作部署，由人民银行广州分行、深圳市中心支行牵头起草，广东、深圳银保监局，广东、深圳证监局共同参与的《粤港澳大湾区“跨境理财通”业务试点实施细则》正式发布，同日粤港澳大湾区“跨境理财通”启动仪式在广东省举行。2021 年 10 月 18 日，人民银行广州分行、深圳中支官方网站公布完成报备的“跨境理财通”首批试点银行名单，10 月 19 日即实现“跨境理财通”首批业务落地，“北向通”和“南向通”业务同步开展，业务落地的银行覆盖国有银行、股份制银行和外资银行。截至年末，参与“跨境理财通”业务试点的大湾区居民已超2万人次，参与试点银行共60余家，办理资金汇划5855笔，金额4.86亿元。其中，“北向通”业务3802笔，金额1.96亿元；“南向通”业务2053笔，金额2.9亿元。（广东银保监局）

【香港推进沪港通、深港通、债券通】 香港有多元化的跨境投资渠道，包括沪港通、深港通和债券通计划，为全球投资者提供高效便利的人民币金融平台，便利在内地债券和股票市场进行投资，同时便利内地投资者在香港和海外市场进行金融投资。国际投资者可通过沪港通和深港通，买卖超过590只和超过890只分别在上海证券交易所和深圳证券交易所上市的股票。内地投资者可选择买卖520多只在香港上市的股票。自2021年2月1日起，在上海证券交易所科创板上市的股票，如同时属上证180指数和上证380指数的成分股，或是在香港有相应H股上市的A+H公司，将符合纳入沪港通“北向通”股票范围的资格。2021年，债券通“北向通”平均每日成交金额达266亿元人民币，比上年增长34.2%。“北向通”已作出多项优化措施，包括增设第三个交易平台、推出系统以支援投资者的外汇风险管理需要、推出国际付费模式，以及推出投资者开户和第三方外汇登记服务网上平台。“南向通”于2021年9月24日开通，该系统支援有关证券的交收和托管服务，提供便捷、高效及安全的渠道让内地机构投资者经香港债券市场投资离岸债券。金管局由2021年起分阶段提升该系统，借以把握内地金融市场进一步开放所带来的机遇，以及支援新的商业运作模式。

【香港深化大湾区金融合作】 2021年9月，粤港澳大湾区跨境理财通（跨境理财通）启动。跨境理财通是首项专为零售投资者设立的互联互通机制，让大湾区内地和港澳符合资格的居民可投资于对方市场的银行所销售的理财产品。10月起，香港的合资格银行开始与内地伙伴银行共同提供跨境理财通服务。截至年底，有超过2.2万名投资者已开立账户，完成5000多笔跨境汇款交易，涉及金额超过4亿元人民币。保险业方面，全新专属的保险相连证券规管制度在2021年3月实施；保险相连证券资助先导计划在5月推出，资助保险相连证券在港发行。10月1日，保险相连证券首度在香港发行，以巨灾债券形式为内地因台风造成的损失提供保障。继续参与亚洲基础设施投资银行（亚投行）及亚洲开发银行（亚开行）的相关工作，香港的资本市场及专业和金融服务具备支援亚投行运作的有利条件。是年，亚开行通过其国际中期债券计划，在香港地区的金融市场募集9.3亿美元的资金。9月1日，香港保险业监管局分别与中国银行保险监督管理委员会及澳门金融管理局签订《金融科技合作谅解备忘录》，促进三地监管机构在金融服务创新方面的协作，并考虑合办有关应用新型金融技术的联合创新专案。香港金融管理局（金管局）和中国人民银行于10月21日发出联合公告，宣布双方签署《关于在粤港澳大湾区开展金融科技创新监管合作的谅解备忘录》，同意通过“联网”方式，把人民银行的金融科技创新监管工具与金管局的金融科技监管沙盒对接。“联网”对接让两地符合条件的金融机构及科技公司，能够透过“一站式”平台，就其跨境金融科技项目于两地进行同步测试，在新产品推出市场前预早获得监管机构的反馈和用户意见，从而加快推出金融科技产品的速度和减低开发成本。

（香港历史研究基金会）

【澳门跨境车险】 2021年，珠海银保监分局通过召开跨境车险联动会议等方式，加强与澳门金融管理局、拱北海关、交警等部门的沟通协调，完成“澳车北上”跨境车险各项准备工作。澳门特别行政区6家保险公司参与粤澳跨境车险“等效先认”（将跨境机动车向港澳保险公司投保责任范围扩大到内地的第三者责任保险保单，视同投保内地机动车交通事故责任强制保险）工作，并在澳门金融管理局完成保险条款等备案工作，广东辖内5家保险公司完成与澳门保险公司的对接，签订再保合作协议及服务协议，澳门保险公司是跨境车险在内地再保及理赔服务机构，确保跨境车险理赔服务，为港澳跨境车主提供通关便利。（黄婉瑶）

【广州跨境人民币服务】2021年，广州市创新跨境人民币业务。推进贸易投资便利化，建立跨境人民币支付领域金融数据交换标准应用试点，推动粤港澳大湾区和“一带一路”沿线国家和地区的人民币计价结算，“跨境理财通”业务试点落地。全年广州市办理跨境人民币结算金额9853.48亿元，比上年增长35.1%。其中，跨境收入5110.35亿元，比上年增长53.7%；跨境支出4743.13亿元，增长19.5%；广州市与港澳地区跨境人民币结算金额5966.78亿元，占广州市跨境人民币结算量的60.6%。至年末，全市累计办理跨境人民币结算业务5.71万亿元，占全省跨境人民币结算量的19%。与“一带一路”沿线67个国家和地区（不含港澳地区）发生跨境人民币结算业务，累计业务量9708.62亿元。全年全市有129家跨国企业办理跨境人民币资金池业务，资金收付金额2328.89亿元。

（中国人民银行广州分行营业管理部）

【深圳推进金融市场互联互通】2021年，深圳市稳步推进金融市场互联互通。跨国公司本外币一体化资金池试点于3月启动，深圳传音控股成为全国首家试点企业。本外币合一银行结算账户体系于7月启动试点。ETF纳入深港通标的达成共识。在全国率先面向香港居民开展数字人民币跨境支付测试。深圳市在香港发行全国首个离岸人民币地方政府债券50亿元，获得来自“一带一路”沿线国家、离岸人民币金融中心等国际投资人和中资投资人普遍关注和踊跃认购。大湾区“跨境理财通”业务落地试点并发布实施细则，深圳及港澳投资者可实现直接跨境投资对方银行销售的合格投资理财产品。大湾区保险服务业中心建设获银保监会支持。“深港澳金融科技师”专才计划累计组织完成3次一级考试，1047人通过考试成为一级持证人。10月19日，粤港澳大湾区“跨境理财通”业务试点正式落地，截至年底，深圳地区有20家试点银行参与试点，累计开立相关账户7453个，占内地试点地区（大湾区九市）账户总数的33.8%，跨境资金汇划合计1.9亿元，占全部试点规模的38.6%，双方向投资产品交易金额近1亿元，占全部试点交易额的37.9%。落地本外币一体化资金池试点，截至年底，全市5家首批试点企业共办理资金池业务5665笔、金额171.90亿美元，为企业节省财务成本约4000万元。启动本外币合一银行结算账户体系试点，深圳辖内开立单位账户8464户，累计人民币资金收付812.50亿元、外币资金收付43.90亿美元，预计节省财务管理成本1489万元。开展资本项目数字化服务试点，做到“让数据多跑路，让企业少跑腿”。截至年底，试点总金额占大湾区跨境代理见证业务总金额90.70%。全国首创“银行+外综服企业”模式。拓展银行跨境电商结算，助力9万多家企业提升跨境收付效率。人民币“跨境电商直通车”业务全年收款918.90亿元，比上年增长81.50%，为电商节约手续费1.40亿元。推进创新监管试点，推动科技赋能金融服务。推动两批共8个金融科技创新监管项目测试运行，涵盖区块链、大数据、云计算、人工智能等新兴信息技术，覆盖支付、信贷融资、征信、供应链金融和跨境人民币收款等金融应用场景，并率先完成全流程闭环测试。推动深港金融科技监管沙盒联网落地实施。持续扩容试点场景，全国首笔香港居民数字人民币缴税在前海落地。年内，深圳市跨境收支差额由逆转顺，除一季度外均为顺差。全年全市跨境收支总额10176.70亿美元，比上年增长32.40%。其中，跨境收入5283.30亿美元，跨境支出4893.40亿美元，分别比上年增长38.60%和26.40%；跨境收支顺差389.90亿美元，上年同期为逆差60.30亿美元。

剔除港股通流出单向申报的影响，全年跨境收支顺差854.90亿美元，比上年增长147.80%。深圳地区跨境收支延续上升态势，与前几年收支基本维持平衡的状况相比，全年跨境收支呈较大顺差。人民币收支占比上升，收支规模创历史新高。深圳市跨境人民币收付金额达3.10万亿元，比上年增长25.60%，占同期本外币跨境收付总额的比重为47.80%，收付金额居全国各城市第三位，仅次于上海和北京，上升1.5个百分点。（深圳市人民政府地方志办公室）

【珠海跨境人民币结算】2021年，中国人民银行珠海市中心支行持续推进港珠澳大桥、广东粤澳合作基金、粤澳合作产业园等重点项目跨境人民币结算，助力粤港澳大湾区建设，截至年末，广东粤澳合作发展基金首期200亿元资金全部以人民币汇入，支持粤澳合作产业园从境外借入人民币资金61.88亿元，支持澳门新街坊项目跨境人民币融资2.5亿元。拓宽澳门人民币市场流动性补充渠道，指导本地法人银行与澳门金融机构开展同业拆借业务，全年拆出15.5亿元；指导银行通过账户融资为澳门金融机构提供资金，全年融出104.8亿元。持续推进跨境资产转让人民币结算试点，推进大湾区金融市场互联互通，截至年底，横琴粤澳深度合作区7家试点银行办理贸易融资资产跨境转让人民币结算累计963.38亿元。推进FT（自由贸易账户）业务试点，FT业务试点银行扩大至4家，并推动FT账户开户主体扩大至全市科创企业，截至年末，试点银行累计开立FT账户1576个，办理各类分账核算业务440亿元，搭建全功能资金池12个。推进跨境理财通业务落地，全市获得试点资格银行18家，截至年末，累计办理跨境理财通签约账户9814个，投资资金汇划9000万元。

【珠海外汇管理“放管服”改革】2021年，国家外汇管理局珠海市中心支局力推多项资本项目便利化政策，推动25家企业通过资本项目收入支付便利化改革对外支付金额8405.49万美元；推动25家企业接受非投资性外商投资企业境内股权投资业务，金额20.11亿元；办理一次性外债登记38笔，签约金额折合112.38亿美元；首次为1家澳资高新技术小微企业办理外债便利化额度试点，协助该企业从境外融入低成本资金；成功争取“湾区薪汇通”跨境金融服务方案落地，极大便利澳门务工人员境外薪酬汇回内地需求；梳理“澳车北上”有关投保、理赔、续保、退保等跨境资金汇兑服务流程；联合市相关政府部门共同制订并出台实施港澳居民个人境内购房外汇资金结汇流程创新方案；帮助“澳门新街坊”向外汇总局申请并解决40亿元外债登记问题，顺利融入超4000万美元；全程参与广东省QDLP（合格境内有限合伙）政策设计、系统测试及宣传推广工作，获批开展合格境内有限合伙人（QDLP）境外投资试点，助力珠海和横琴粤澳深度合作区成为全国QDLP审批权限下放的首个地级市和首个创新区；推进辖区QFLP（合格境外有限合伙人）试点业务，截至年底，累计落地25家QFLP试点企业，认缴出资总规模达71.97亿美元，实际引进外资16.52亿美元，通过QFLP试点政策引进的外资占全市实际吸收外商直接投资的30.1%。（李腾）

【佛山加强港澳金融合作】2021年，佛山市进一步推进金融开放创新，加强与港澳金融合作，推进38项创新试点任务工作。截至年底，贸易外汇收支便利化试点、推进资本项目便利化、支持银行开展跨境贷款业务、私募股权投资基金跨境投资试点、非投资性企业开展股权投资试点、跨境理财通等28项任务落地，本外币合一银行账户体系建设试点、FT账户全功能型资金池业务等10项任务持续推进，佛山金融改革创新取得新成效，金融支持佛山高质量参与粤港澳大湾区建设中的作用进一步提升。推动金融机构“引进来”和“走出去”。在CEPA协议下，佛山市推动港澳金融机构在佛山市设立分支机构。截至年底，佛山市有恒生银行、澳门国际银行等9家外资银行，其中包括2家分行。深圳市主要金融机构如银行、保险、证券期货等持牌机构已在佛山市设立分支机构或子公司共50家（其中银行业2家、保险业7家、证券期货业41家）。顺德农商银行在广州南沙、珠海横琴均设立分行，作为该行在南沙自贸区、横琴自贸片区的示范窗口，利用好自贸区金融创新政策，拓展跨境业务；招商银行佛山分行作为总行下辖一级分行，管辖江门、中山二级分行。利用香港、深圳证券交易所资源，加快推动佛山企业上市。4月29日，佛山市人民政府与深圳证券交易所（简称深交所）签订《战略合作备忘录》，推进佛山与深交所在挖掘培育后备企业、加强信息交流互换、建立双边支持机制、强化风险监管防控、加强业务合作创新等方面开展合作。7月23日，深圳证券交易所佛山服务基地揭牌成立，助力佛山企业上市。截至年底，佛山市上市企业达71家，其中在深交所上市企业39家、港交所上市企业19家。

2021年，佛山市推进扩大贸易投资便利化试点，支持外贸新业态健康发展。推进贸易便利化试点政策覆盖面扩大，跟踪做好货物贸易便利化试点政策服务。佛山辖区获批开办货物贸易外汇收支便利化试点业务1.38万笔、金额84.4亿美元。鼓励银行加大对企业贸易融资支持力度，截至12月末，银行对企业进出口项下外币贸易融资余额36.68亿元，比上年增长57.04%。支持跨境电商综试区和市场采购试点等外贸新业态发展。全年全市跨境电子商务和市场采购贸易跨境收汇分别为1.68亿美元和11.52亿美元，比上年分别增长1100%和339%。落实资本项目便利化改革措施，提高资金使用效率。指导辖区银行落实资本项目外汇收入支付便利化政策，简化企业资本项目收入支付手续，支付业务审核时间由1小时压缩至5分钟。全年佛山辖区银行为企业办理474笔支付便利化业务，折合金额1.99亿美元。推动落实外债登记改革，全年为佛山辖区企业办理26笔外债一次性登记业务，外债规模合计99.12亿美元，累计提款折合12.87亿美元。推广非银行债务人外债注销下放银行改革政策，减轻企业经营负担，降低企业“脚底成本”，全年佛山辖区银行为企业办理101笔外债注销登记业务。落实直接投资项下业务可在广东辖区任一银行办理外汇登记新政，全年佛山辖区银行为113家异地企业办理15笔直接投资外汇登记。落实外债便利化额度试点，使辖区中小企业充分享受政策红利，缓解融资难融资贵问题。全年辖区企业共办理49笔全口径跨境融资签约备案业务，备案金额折合3.77亿美元，提款金额折合3.34亿美元。推进跨境人民币业务创新发展，提升跨境流通使用便利度。推动“跨境理财通”创新政策顺利落地运行，为佛山和港澳投资者提供跨境金融服务。全年佛山辖区银行开立“北向通”账户80个，“南向通”账户369个，资金汇划合计2325万元。引导企业强化“本币优先”和汇率避险意识，推进提升本币结算占国际收支比例，全年佛山辖区跨境人民币结算规模1689亿元，比上年增长18.8%，本币结算占比回升至29.2%。深化金融科技创新，提升金融服务创新水平。推广跨境金融区块链服务平台，新增出口信保保单融资应用场景试点，全年佛山辖区银行共办理出口应收账款融资业务1357笔，金额6.5亿美元，核验报关单9534份。

（佛山市金融工作局　中国人民银行佛山市中心支行）

【中山推进金融市场互联互通】2021年4月，中山市金融局、人民银行中山中支、中山银保监分局共同印发《中山市贯彻落实金融支持粤港澳大湾区建设意见的行动方案》，从促进跨境贸易和投融资便利化、深化中港澳金融合作、推进中港澳金融市场互联互通、进一步提升金融服务创新水平、切实防范跨境金融风险、加强组织实施六个方面提出具体措施60条。年内，中山市深化中港澳金融合作，“险资入中山”、绿色金融、金融科技、供应链金融、跨境移动支付等工作初见成效，超80%改革创新事项落地。支持非投资性企业开展股权投资试点，人民银行中山支行推动银行机构完成辖内首笔中应收账款融资服务平台数字证书在线确认融资业务。推动“政采贷”全流程线上融资新模式落地中山，银行机构共办理“政采贷”业务38笔，融资金额2477.98万元。推动“珠三角征信链”建设，将《电力数据报告》作为中山地区特色信用产品上链。创建发行基金托管“全业务”模式，成为广东省首个“发行基金托管”试点地级市，完成全国首笔托管跨行存取现金业务。推进金融市场内外联动。推动明阳集团成为内地首家赴澳门发行绿色债券的非金融企业；实现澳门企业、居民“不出关”即可在1个工作日内“跨境”办理中山不动产抵押线上登记业务；争取“跨境理财通”试点落地中山；制定印发外商投资股权投资企业试点工作暂行办法，为拓宽企业融资渠道、开展QFLP业务提供政策保障；5月26日，中山农商行向作为澳门人民币清算行的中国银行澳门分行拆出人民币资金5000万元，期限1天，年化利率2.25%，为中山首笔向澳门人民币清算行同业拆借业务。11月12日，启动中山—澳门跨境“不动产登记+金融服务”，首次将“互联网+政务服务+金融服务”合作模式推广至澳门金融机构，实现全市不动产抵押登记业务在澳门“跨境通办”。推动金融基础设施国产化。11月2日，中国人民银行中山市中心支行与交通银行中山分行通力合作，成功为中顺洁柔纸业股份有限公司接入CIPS标准收发器，标志着中山首个CIPS标准收发器项目成功落地，也是全国首个使用互联网接入模式的CIPS标准收发器项目。

（中山市人民政府地方志办公室）

【江门高新技术企业外债补贴】2021年，江门高新区出台广东省首创且唯一的高新技术企业外债补贴政策，是广东省首创的“高新技术企业跨境融资+专项补贴”业务落地。截至年末，江门地区有3家高新技术企业开展外债便利化额度试点，登记金额折合641.7万美元，提款150万元人民币。拓宽高新技术企业，尤其是小微高新技术企业的融资渠道，降低跨境融资成本。江门成为全省首个“进口双保理”业务落地城市。截至12月底，江门辖区合计办理“进口双保理”业务3.48亿美元。简化境内进口商与境外出口商的跨境结算手续，降低境内进口商财务成本、提高业务效率、优化资源配置。江门市是广东省首批“跨境理财通”业务落地。江门市银行机构响应大湾区“跨境理财通”工作部署，提前推广宣传、储备客户、搭建通道，顺利推动首批“跨境理财通”试点业务顺利落地江门。截至2021年12月底，江门辖区银行为港澳投资者办理“北向通”237.45万元；办理“南向通”424.54万元。江门市办理广东省内（深圳除外）首笔境外股东认购境内企业发行可转债业务。为广东世运电路科技有限公司境外股东解决可转债认购难题，直接带动企业总投资额为25亿元人民币的线路板新建项目快速落地，为辖内乃至全国同类业务的办理提供先行经验。（江门市金融局）

【全国首创粤澳跨境人民币线上缴纳社保】2021年4月27日，中国人民银行珠海市中心支行联合珠海横琴新区税务局在横琴新区全国首创粤澳跨境人民币线上缴纳社保服务，支持澳门居民和内地赴澳务工人员使用境外银联信用卡通过“云闪付”APP、银联在线支付，实现零时差风险缴纳社保费用。该业务大大便利群众跨境缴社保，进一步促进粤港澳大湾区支付一体化和民生深度融合，有效助力横琴粤澳深度合作区建设。

【全国首笔跨境人民币退税落地横琴】2021年9月9日，中国人民银行珠海市中心支行推动全国首笔跨境人民币退税落地珠海横琴。纳税人在境外可通过电子税务局网站或V-Tax远程自助办税平台申请退税，实现跨境人民币税收能缴可退，构建完整的跨境人民币缴退库业务体系，方便非居民纳税人，优化粤港澳大湾区境内营商环境。

【首笔跨境人民币融资业务落地横琴】2021年11月5日，中国人民银行珠海市中心支行推动内地银行与澳门本地法人银行办理的首笔跨境人民币融资业务落地横琴粤澳深度合作区。为澳门国际银行办理粤澳深度合作区首笔与澳门本地法人银行的跨境融资业务，金额达4.8亿元。进一步推动粤澳深度合作区金融市场互联互通、加强粤澳特色金融合作，在跨境投资、跨境融资、跨境资产转让等领域进一步提升金融服务水平，畅通粤澳资金流通渠道，拓宽多元金融服务业务范围和服务边界。（李腾）

【粤港澳大湾区首批“跨境理财通”试点业务落地佛山】2021年10月18日，人民银行广州分行官网公布粤港澳三地监管部门共同认定的“跨境理财通”试点银行名单，粤港澳大湾区首批“跨境理财通”试点业务落地佛山。业务落地的银行覆盖国有、股份制和外资银行，“北向通”和“南向通”业务同步开展。粤港澳大湾区“跨境理财通”是人民银行广州分行牵头推动的一项金融创新举措，为粤港澳大湾区投资者提供更加便利、快捷的跨境金融服务体验，进一步发挥金融业对外开放窗口示范效应。试点落地当日，佛山市的相关交易呈现覆盖范围广、主体类型多、业务品种丰富的特点。（佛山年鉴社）

·现代服务业体系构建·

【香港与内地服务贸易合作】前海片区从开始建设已定位为深港现代服务业合作区，至今已有超过1.15万家港资企业在前海注册，涵盖金融、物流、信息服务等多元化现代服务业。2021年9月6日，《全面深化前海深港现代服务业合作区改革开放方案》出台，将前海深港现代服务业合作区的面积由14.92平方千米大幅扩展至120.56平方千米。9月6日，前海管理局联同深圳市市场监督局、前海税务局推出“前海港澳e站通”在港的服务平台，为港澳人士免费提供商事登记、涉税服务等一站式线上服务，进一步便利港人港企在前海的发展。

【“香港国际机场物流园暨空侧海空联运码头”项目试运行】2021年12月，香港机场管理局在东莞选址合作建设“香港国际机场物流园暨空侧海空联运码头”项目试运行。该项目按照香港机场货站标准建设，逐步把安检、打板、集拼、报关等核心功能前移至东莞，国泰航空、香港空运货站、亚洲空运中心香港机场三大货站将在东莞开展航空货运业务。该项目打破香港与珠三角城市之间物流传统监管模式的藩篱，实现货物跨越不同关税区的制度突破，促进物流更加便捷与高效，已纳入省政府推进粤港澳大湾区建设的重点工作。

（香港历史研究基金会）

【广州现代服务业出新出彩】2021年，广州市加快建设现代服务业强市。服务业发展总体呈平稳态势，第三产业规模居全国第三位，现代服务业增加值占服务业增加值比重67.5%，形成6个增加值超千亿元的服务业集群。国际商贸中心建设取得新成就。推进国际贸易“单一窗口”应用主要项目全覆盖，广州“单一窗口”主要业务覆盖率100%。获批培育建设国际消费中心城市，全市社会消费品零售总额、商品进出口总值双双突破万亿元。第130届广交会创新线下线上融合办展。全年全市快递业务量突破百亿件，跨境电商零售进口连续8年居全国第一位。大湾区物流枢纽建设迈出新步伐。出台《广州市交通物流融合发展第十四个五年规划》《广州市精准支持现代物流高质量发展的若干措施》，形成全国首个贯彻落实国家推动交通物流融合发展的城市战略规划体系。出台《广州市临空经济区条例》，白云国际机场三期扩建工程全面提速。南沙港物流枢纽项目纳入首批国家物流枢纽，南沙港区四期工程海轮泊位主体基本建成，广州港深水航道拓宽工程、南沙港区四期、南沙港铁路等战略性基础设施逐步投入使用。粤港澳国际金融枢纽建设取得新进展。全国首个混合所有制交易所——广州期货交易所揭牌运营，南沙自由贸易试验区获批开展跨境贸易投资高水平开放试点。落地全国首个线上航运保险要素交易平台，绿色金融改革创新试验区在全国六省九地试验区成效评价中连续三次居第一位，广州碳排放权交易中心的碳配额现货交易量居全国第一位。获批资本市场金融科技创新试点，广州国际金融城39个项目加快建设。科技创新和信息服务能力提升。出台《广州市科技创新条例》，总规模1000亿元的大湾区科技创新产业投资基金落户。南沙科学城纳入大湾区综合性国家科学中心主要承载区，广州实验室、粤港澳大湾区国家技术创新中心挂牌运行，国家、省重点实验室分别增至21个和256个。成功创建首批国家知识产权强市。广州地区22项成果获2020年度国家科学技术进步奖。文化教育医疗中心建设取得新成效。新增国家级文化产业基地3个，2021文交会重点文化项目意向合作金额超千亿元。入选国家产教融合试点城市。推进香港科技大学（广州）项目建设，暨南大学、广州中医药大学等高校探索与港澳学分互认、师生交流交换等共享模式。新增穗港澳姊妹学校303对。广医附一院、市妇儿中心成功创建国家呼吸医学中心、国家儿童区域医疗中心。成立17个医疗集团。与港澳共建国际健康产业城。街镇综合养老服务中心（颐康中心）实现街镇全覆盖。

现代服务业集聚发展。打造中新广州知识城粤港澳大湾区知识创造示范区，国家知识产权服务业集聚发展试验区建设通过验收。规划建设南沙粤港深度合作园，率先放宽具备港澳职业资格的金融、建筑、规划等专业人才从业限制。签署共建广佛高质量发展融合试验区备忘录，打造“1+4”广佛高质量发展融合试验区。推进广清经济特别合作区建设。获批建设国家人工智能创新应用先导区。成功创建全国首个设计仿真工业软件适配验证中心。推进天河中央商务区、白云新城、白鹅潭商务区、海珠广场片区、万博南站商务区等现代服务业平台建设。

（穗鉴）

【深圳现代服务业体系构建】 2021年，深圳市现代服务业增加值14698.12亿元，比上年增长7.5%，现代服务业增加值占服务业增加值比重提升至76.2%。中共中央、国务院印发实施《全面深化前海深港现代服务业合作区改革开放方案》，深圳构建形成“2+2+N”落实体系，细化分解203项重点事项。年内，推进前海深港现代服务业合作区条例修订。研究审议《前海深港现代服务业合作区总体发展规划（2021—2035年）》。完善现代服务业标准体系，发布全国首个《基于跨境活动的企业信用报告格式规范》。建立与国际接轨的供应链标准，《大宗货物电子仓单》等标准获国家发展改革委批复。编制全国首套基于国际开放格式的《前海BIM标准体系》，实现人机交互和自动化验证。推动现代服务业创新发展，打造ICT物料供应链中心和全球保税检测维修中心，推动香港交易所前海联合交易中心增设大豆离岸现货品种。5月27日，财政部、税务总局发布《关于延续深圳前海深港现代服务业合作区企业所得税优惠政策的通知》，对设在前海深港现代服务业合作区的符合条件的企业减按15%的税率征收企业所得税。对总机构设在前海合作区的企业，仅就其合作区内符合规定条件的总机构和分支机构的所得适用15%税率；对总机构设在合作区以外的企业，仅就其设在合作区内符合规定条件的分支机构所得适用15%税率。享受相关优惠政策的企业须以《前海深港现代服务业合作区企业所得税优惠目录（2021版）》中规定的产业项目为主营业务，且其主营业务收入占收入总额60%以上。该通知自2021年1月1日起执行至2025年12月31日。8月6日，深圳市前海管理局研究制定《深圳市前海深港现代服务业合作区管理局支持科技创新实施办法（试行）》，成为前海推动科技要素集聚的重要抓手以及前海推进科技体制机制改革创新重要依托。9月6日，中共中央、国务院印发《全面深化前海深港现代服务业合作区改革开放方案》，并发出通知，要求各地区各部门结合实

2021年，建设中的小漠国际物流港

（深圳市人民政府地方志办公室供稿）

际认真贯彻落实。该方案赋予前海“加快科技发展体制机制改革创新”新任务，在前海现代服务业发展基础上，叠加科技创新发展战略部署，为前海发展模式实现新突破提供重要机遇。深圳市科技创新“十四五”规划将前海与河套、西丽湖科教城、光明科学城一起，列入全市四大战略平台，要求重点打造粤港澳大湾区科技创新极核。方案将前海深港现代服务业合作区的面积由14.92平方千米大幅扩展至120.56平方千米，并强调推动前海高水平对外开放，推动现代服务业创新发展，加快在前海建立与香港联通、国际接轨的现代服务业体制。

（深圳市人民政府地方志办公室）

【珠海现代服务业加快发展】2021年，珠海市规模以上服务业企业营业收入比上年增长17.7%，金融业占地区生产总值比重稳定在12%以上。举办各类会展活动超1200场，全市接待游客1800万人，比上年增长19%，机场、港口旅客吞吐量分别增长14.9%、26.3%，港口集装箱吞吐量增长15%。

线上缴税便利港澳居民　2021年，珠海税务系统实现港澳人士购买一手房全程线上自助缴税。联合市不动产登记中心等部门，创新推动税务部门与不动产登记中心数据接口智能对接，解决港澳通行证和港澳居民身份证信息无法自动匹配的难题。纳税人只需通过“粤税通”小程序录入港澳身份证号码等必要信息，系统审核校验后即可在线缴纳税费。推行港澳居民参加珠海基本医疗保险全市通办，联合粤澳工商联会，率先在澳门的粤澳工商服务中心开设参保登记办理服务点。在线上为港澳居民开通绿色通道，便利港澳居民办理参保缴费。

赴澳务工人员参保缴费服务　2021年7月1日起，在珠海办理居住证且持澳门特别行政区外地雇员身份认别证的非珠海户籍内地赴澳务工人员，也可以灵活就业人员身份参加珠海市职工医保。实现港澳台居民和内地赴澳务工人员在珠海参加养老保险和医疗保险全覆盖受益。在广东省率先推出港澳台居民和内地赴澳务工人员参保缴费“掌上办、跨境办、全城办”服务，在珠海就业、居住和就读的10万港澳台居民以及11.2万内地赴澳务工人员能随时随地、轻松办理参保缴费业务，促进粤澳民生保障领域融合。（张申际）

金融消费权益保护　2021年，中国人民银行珠海市中心支行联合市中级人民法院、市银保监分局、市金融工作局出台《关于全面推进金融纠纷多元化解机制建设的实施意见》。推动珠海市和澳门特别行政区的7家机构共同签署“3+4”（“3”指珠海市金融消费权益保护联合会、横琴新区金融行业协会、珠海国际仲裁院，“4”指澳门世界贸易中心仲裁中心、澳门银行公会、澳门保险公会、澳门保险中介行业协会）战略合作框架协议，启动“横琴（珠澳）金融纠纷调解室”。“完善金融纠纷调解合作模式、助力粤港澳大湾区深度融合发展”工作入选珠

海市平安建设（市域社会治理）“十佳”典范案例。全年办理金融消费者投诉868件，比上年增长47%。（李腾）

银行业服务横琴粤澳深度合作区　2021年，珠海银行业深化改革开放，服务粤港澳大湾区和横琴粤澳深度合作区建设。加快促进跨境融资结算便利化。自各项业务开展以来，截至年末，全市银行机构累计为在横琴的企业开立自由贸易（FT）账户1446户，支持港澳居民通过异地见证业务开立内地结算账户2.27万户，通过“粤澳共享贷”为12家澳门企业提供纯信用贷款3500万元，办理跨境按揭贷款结汇10.72亿美元。自2021年10月粤港澳大湾区“跨境理财通”首批业务成功落地珠海。截至年底，银行为9800余户符合资格的个人开立投资账户，通过资金闭环汇划管道办理资金跨境汇划近1亿元，业务规模居广东辖内前列。推出“易注册”、视频公证、医保“一站通”等服务，便利澳门企业和居民“足不出澳”跨境注册企业、办理民生公证和参加内地社保等。珠海银保监分局提前筹谋横琴粤澳深度合作区金融监管新模式，深入调研澳门和内地金融监管差异，借鉴国际监管经验，推进粤澳金融监管规则衔接和体制对接。持续落实“放管服”改革，优化银行保险机构营商环境。最快实现1个工作日内为横琴粤澳深度合作区机构完成准入备案，横琴有7家银行更名为横琴粤澳深度合作区机构，3家银行在横琴粤澳深度合作区新设营业性网点。（黄婉瑶）

【佛山普惠金融服务体系建设】2021年，佛山市加大普惠金融服务体系建设力度，缓解中小企业融资难融资贵等问题。印发《佛山市“数字贷”工程风险补偿资金实施细则》，实行“数字贷”工程，包括企业数字化智能化项目贷款的全额贴息和风险补偿，支持制造业数字化智能化转型发展。依托佛山“扶持通”平台，开设线上金融超市服务专区，方便银企融资对接。各家合作金融机构的“数字贷”等金融产品通过备案后上架“金融超市”，有贷款需求的企业自主选择合适的金融产品，在企业提出贷款申请后，平台直接将贷款需求信息推送至合作金融机构，为广大制造业企业开启融资“直通车”。截至年底，全市有27家银行推出88个“数字贷”金融产品并上线“金融超市”服务专区。用好用活再贷款再贴现货币政策工具，加强政策资金投向和利率管理，促进金融资源直达民营小微、科技创新、绿色发展等政策支持的重点领域，推动实现结构引导、精准滴灌的目标，带动重点领域贷款量增价降。年内，人民银行佛山市中心支行发放再贷款再贴现政策资金259.79亿元，惠及市场主体6863户，其中投向普惠领域和小微企业的政策资金241.27亿元，占比92.87%。引导拓展和培育“首贷户”，推动普惠金融服务下沉。印发《关于加强银行业机构首贷户拓展和培育工作的通知》，鼓励金融机构在业务拓展、授信管理、考核激励等八个方面加快制造业小微企业从“无贷户”向“有贷户”有效转化，促进金融支持制造业高质量发展，并动态跟踪“首贷户”拓展情况，召开座谈会对制度落实情况进行后评估。年内，佛山银行机构累计向7262户“首贷户”新发放普惠型小微企业贷款230.53亿元。

（佛山市金融工作局）

【佛山市政府与全国股转公司签署战略合作备忘录】2021年5月14日，佛山市人民政府与全国中小企业股份转让系统有限责任公司在佛山签署《战略合作备忘录》。双方将在挖掘培育后备企业、加强信息交流互换、建立双边支持机制、强化风险监管防控、加强业务合作创新等方面开展合作，不断增强佛山金融市场发展活力，促进区域经济高质量发展。活动现场，佛山市金融工作局、佛山市工业和信息化局联合举行资本助力专精特新企业高质量发展会议，为佛山市专精特新企业搭建资本交流平台，推动企业抓住资本市场改革契机做优做强。

【佛山金控期货有限公司落户广东金融高新区】2021年12月21日，佛山金控期货有限公司迁址，落户广东金融高新区。作为佛山国有资本掌握的第一张期货金融牌照，佛山金控期货有限公司填补佛山金融领域法人期货业态空白。迁址活动当天，佛山金控期货与民生银行、中信银行、联储证券、龙汇供应链、市金属材料行业协会等多家单位签订战略合作框架协议，将在客户资源、业务开拓等方面开展深度合作和互补协同，实现互利共赢。佛山金控期货成立于1996年1月，是经中国证监会批准，从事商品期货经纪、金融期货经纪、期货投资咨询业务、资产管理业务的专业化金融机构，设有广州、深圳、佛山等8个分支机构。公司前身是由南方有色金属交易市场组建的南海市南粤期货经纪有限公司，2008年更名为广晟期货有限公司并迁址至广州，2012年更名为新晟期货有限公司，2021年12月更名为佛山金控期货有限公司并迁址至佛山。公司主营业务范围包括商品期货经纪、金融期货经纪、期货投资咨询业务、资产管理业务。

（佛山年鉴社）

【惠州商贸物流业】 2021年，惠州市综合零售业（超市、百货）实现零售额33.4亿元，比上年增长25.2%，占限额以上社会消费品零售总额的6.3%。全市加强流通领域市场体系建设、培育具有竞争力的现代流通企业。实现农村物流配送网络节点全覆盖；加速推进农产品冷链物流建设工程，重点建设一批农产品产地预冷库、冷藏库及冷链物流配送中心，实现原产地农产品冷链物流配送。

（惠州市人民政府地方志办公室）

【中山构建现代服务业体系】 2021年，中山市服务业主体不断壮大。实施现代服务业百企培育计划，首批32家现代服务业企业入库培育。完善总部企业扶持政策，支持总部企业高质量发展，保利长大湾区总部、华润燃气总部基地等加快建设。金融服务实体经济能力增强。优化直接融资环境，新增直接融资超90亿元，华利集团成为中山市首家市值破千亿的上市公司。支持企业境外融资，推动明阳智慧在澳门首发非金融企业绿色债券。加快发展普惠金融，发放助保贷11.2亿元，办理“过桥融资”贷款121.7亿元。重点行业加快发展。大力发展现代物流，开展中央物流仓数字化改造，加快建设冷链物流基础设施。推动会展业发展，举办家电交易会、古镇国际灯饰博览会、游戏游艺博览会、中国（中山）花木产业大会，组织企业参加“广交会”“粤贸全国”等展会活动，连续5年获“中国最具竞争力会展城市”称号。规上服务业平稳恢复，综合经营状况逐步好转。全年全市服务业实现增加值1713.6亿元，比上年增长5.0%，两年平均增长3.0%，拉动地区生产总值增长2.5个百分点。全年全市规模以上服务业企业实现营业收入473.49亿元。实现利润总额63.47亿元，比上年增长4.5%。现代服务业增加值1040.97亿元，比上年增长4.3%。传统服务业发展受疫情影响，新兴服务业如网络购物、零接触配送、线上课程、远程办公、数字娱乐等新经济发展模式为服务业发展注入新动能。全年规上电信广播传输服务比上年增长6.7%、软件和信息技术服务增长8.7%，合共实现营业收入96.08亿元，占规上服务业的22.6%，拉动全市规上服务业增长1.6个百分点。全年完成电信业务总量79.31亿元，比上年增长27.1%；完成快递业务量达7.26亿件，比上年增长19.0%。

（中山市人民政府地方志办公室）

【江门商贸物流业】 2021年，江门市社会消费品零售总额1278.1亿元，总量在广东省排第10名；增长9.9%，两年平均增长2.9%，增速高于广东省平均水平1.5个百分点。分地区看，各县（市、区）实现社会消费品零售总额分别为：蓬江区260.72亿元，比上年增长9.2%；江海区63.34亿元，增长11.5%；新会区294.32亿元，增长9.4%；台山市225.22亿元，增长10.9%；开平市182.22亿元，增长9.9%；鹤山市155.79亿元，增长9.8%；恩平市96.49亿元，增长10.8%。按经营地分，城镇实现零售总额994.49

亿元，增长11.8%；乡村实现零售总额283.6亿元，增长3.8%。（江门市商务局）

【肇庆现代服务业发展】2021年，肇庆市服务业增加值实现1090.04亿元，比上年增长7.5%。全市接待游客4092.6万人次，旅游综合收入308.1亿元，分别增长160.3%、184.9%；星级酒店入住率60%。分别创建国家AAAA级、AAA级旅游景区1家、11家，砚阳湖旅游度假区创建成为省级旅游度假区，高要、四会创建成为省级全域旅游示范区。全市社会消费品零售总额增长9.3%。新增限额以上商贸企业80家。星湖国际广场商圈创建成为省级示范特色步行街（商圈），鼎湖万达广场、四会吾悦广场正式开业，端州世茂城市综合体等大型商业项目加快建设。承办2021广东旅游文化节，举办肇庆市“粤贸全国——肇（货）亮金秋”直播带货活动。

（肇庆市人民政府地方志办公室）

海洋经济

·海洋资源开发利用·

【粤港澳大湾区海事工作协调】2021年广东海事局、香港海事处、澳门海事及水务局，连同深圳海事局、南海航海保障中心联合进行2021年粤港澳大湾区海事工作协调会议，就优化海上事故通报、船舶违章协查等事项进行沟通交流。各方就优化海上事故资讯通报机制进行交流，建立月度事故资讯通报机制，每月通报涉及对方登记船舶事故资讯。就跨区船只在港珠澳大桥警戒水域进行影响水上交通安全的活动方面，三方同意建立违规船的资料通报、核实、处罚和教育等合作，以共同打击跨境船只违规行为。加快建立《粤港澳大湾区非公约船舶安全检验协同机制》，通过统一检查标准和信息通报机制，减少三地船只的重复检验。会议还讨论了大湾区海事机构防台风联动机制建设、加强海上遇险求救信号传递合作、建设大湾区非公约船舶安全检查及船舶违章协查机制、共同加强港珠澳大桥警戒水域相关行为监管、继续推进珠江口区域海上船舶溢油应急合作、筹备“大湾区海事节”及青少年海事夏令营、开展海事自媒体等宣传资源分享合作等议题。

（广东海事局）

【深圳推动全球海洋中心城市建设】2021年，深圳主动服务海洋强国战略，积极建设“全球海洋中心城市”。深圳港口集装箱吞吐量达2877万标箱，位居世界第四位。深圳市企业研制的蓝鲸系列超深水半潜式钻井平台成功试采可燃冰，首套变频器设备在中国钻井平台成功应用，研制各类涉海创新载体超过60个。至年底，深圳海洋生产总值占全市地区生产总值约10%。海洋经济产业逐步成为深圳的支柱性产业和重要经济增长点，年内，深圳市规划和自然资源局落实市委、市政府《关于勇当海洋强国尖兵加快建设全球海洋中心城市的决定》及《关于勇当海洋强国尖兵加快建设全球海洋中心城市的实施方案（2020—2025年）》部署，统筹推进63个重点项目，形成各季度全球海洋中心城市建设评估报告。开展《深圳市海洋发展规划（2020—2035年）》研究编制，围绕深圳海洋发展定位目标、科教文化、海洋经济、生态环境、海洋服务、海洋治理等内容，谋划深圳未来15年海洋高质量发展道路。推进国家深海科考中心组建工作，谋求中国科学院与深圳市共建科考中心，助力建设全球海洋中心城市。研究制定《深圳市培育发展海洋产业集群行动计划（2021—2025年）》和“六个一”工作体系，已通过深圳市政府常务会议审议。年内，加快建设全球海洋中心城市核心区，盐田港新增泊位建设，适应船舶大型化发展要求、节约船舶运营成本，降低腹地货物运输成本，稳定外贸向好发展，巩固提升国际航运枢纽港地位。

【深圳海洋资源管理】2021年，深圳市陆续出台系列海域资源管理规范性文件。印发《深圳

鲘门海洋智慧港（2021 年）　　（深圳市人民政府地方志办公室供稿）

市申请批准使用海域目录》《海域使用权招标拍卖挂牌出让管理办法》《海域使用权出让合同范本》，规范海域使用权出让工作，完善深圳市海域资源配置方式，提高海域资源市场化配置效率；出台《海域管理范围划定管理办法》，健全海域使用管理方式；出台《深圳市沙滩资源保护管理办法》《深圳市沙滩管理分类名录》，对深圳市 50 个自然沙滩按照浴场型、休憩型和管控型三类进行精细化保护和分类管理。加快推进围填海项目海域使用权转换国有建设用地使用权管理规定、海域立体分层确权管理制度、涉海工程建设规划许可和竣工验收技术规范等一批政策制度的研究，提升深圳市海域法治化管理水平。（深圳市人民政府地方志办公室）

【广州海域海岛管理】 2021 年，广州市海洋综合执法部门组织落实“靖海 2021”专项执法行动，在重点时段组织对虎门大桥、南沙大桥、狮子洋通道等重点海域和全市 9 个无居民海岛、5 个有居民海岛等重点区域开展巡查。组织排查用海疑点疑区，完成自然资源部转办 6 批次 10 个疑点疑区排查，指导各区完成市、区海洋主管部门转办的 18 个疑点疑区整改查处。加强重点用海单位海洋普法宣传，联合自然资源部门召开用海项目管理工作座谈会，与 20 余家重点用海企业面对面开展规范用海交流。全年查办海域案件 13 件，比上年增长 3.33 倍，数量居广东省第二位。（周琳）

【珠海海域海岛保护和开发利用】 2021 年，珠海市批准项目海域使用权 18 宗，面积 972.08 公顷，其中国管用海项目 1 个，省管用海项目 2 个，市管用海项目 2 个，区（功能区）级用海项目 10 个，市管临时用海项目 2 个，市局批复转让用海项目 1 个。全年，自然资源部下发珠海市海域使用疑点疑区图斑 13 个，其中经整改后不认定为违法用海图斑 7 个，移交海洋执法部门处理图斑 3 个，现场核查后认定为影像误判图斑 3 个。根据《珠海经济特区无居民海岛开发利用管理规定》相关规定，11 月，三角岛建设实施优化提升方案经第四届珠海市城乡规划委员会建筑设计与环境艺术委员会审议通过，并于 12 月报经市政府批复同意实施。（蒋施思）

【惠州海洋资源管理】 2021 年，惠州市开展多次海洋自然资源外业调查，以及连续近一个月的赤潮藻、尖笔帽螺等海洋生态灾害应急监测工作，实现海洋生物生态资源数据业务化、可持续稳定生产。全年外业调查 100 多人次，获取包括海洋浮游动植物、大型底栖生物、潮间带生物，及其邻近海域水环境、沉积物、水文等方面的指标 40 多项，获得各类检测数据约 4000 个。初步形成生物资源调查监测总结、生态灾害预警监测情况、生物多样性统计简报等各类技术成果 10 多份，为重点项目用海论证、生态修复方案设计和专项规划编制提供基础数据资料保障。

2021 年，惠州市完成 2019 年度、2020 年度省级海洋生态修复专项资金项目市级验收工作，在平海内港、范和港、大埔屯等海域新增红树林面积113.6公顷，整治修复岸线长度约8.3千米。申请省级海洋生态修复专项资金4400万元在考洲洋开展红树林种植。

（惠州市人民政府地方志办公室）

【中山海洋资源开发利用】2021年，中山市围绕重大产业平台、重大项目建设，做好用海保障，通过陆海统筹，加强与土地、港口、产业等领域的前期衔接，改进海域使用论证方式，对符合条件的重大项目做到“应用尽用”，对一般性项目做到“应优尽优”，对不符合条件的项目做到“应退尽退”，提高海域和岸线资源的利用效率和效益。全年有5个用海项目海域使用论证报告通过评审，保障中山市玻璃围海堤整治防灾减灾工程，翠亨新区4号、5号桥梁工程，深中通道虎池围趸船纳泥项目以及三角镇建筑废弃物循环利用配套系船桩项目用海需求，提高区域防洪安全保障，改善市政道路配套需求，助推深中通道工程重大项目建设实施。

（中山市人民政府地方志办公室）

【江门加强海域海岛管理】2021年，江门市海洋经济稳步发展，海洋总产值1504.85亿元，海洋生产总值537.85亿元，增速分别为9.2%和9.5%。形成以滨海旅游、海洋生物制品、海洋水产品加工、海洋渔业、临港装备制造、滨海电力、海洋船舶、海洋交通运输业为主导的海洋产业体系。

是年，江门市推进海域海岛海岸线资源的高水平保护和高效率利用，将江门市海洋资源优势转化为高质量发展优势。印发《江门市自然资源局与江门海警局执法协作工作机制》，健全海域海岛行政管理、动态监测、执法核查、立案处罚相协调机制。利用广东省下达的海洋综合管理专项资金，建立海洋协管员制度，加强海域海岛监视监测能力建设。全年组织开展海域海岛监视监测行动80多次，监测用海项目50多个次，无居民海岛250多个次，岸线（含严格保护岸段）70多段次，发现并向海洋执法部门通报海域使用疑点疑区21处，核查自然资源部下发的海域使用疑点疑区16处，对违法用海行为做到早发现、早制止、早处理。开展“共享沙滩”专项清理行动，共排查公共沙滩66个，需清理整治的有7个，其中3个拆除进出沙滩的围蔽遮挡物实现还滩于民，3个计划补办用海手续，1个交由海洋综合执法部门依法处理。

（江门市自然资源局）

·海洋空间布局优化·

【深圳海洋空间布局优化】2021年，深圳市逐步构建以国土空间规划（海洋）、重点海域详细规划两层级法定规划为框架，以海岸带综合保护与利用规划等专项规划为支撑的海洋空间规划体系。在国土空间规划层面，完成海洋生态空间、海洋开发利用空间和海洋生态红线（即“海洋两空间内部一红线”）试划，试划成果按程序报广东省自然资源厅，并纳入深圳市级国土空间规划草案；创新推进小梅沙、土洋—官湖、金沙湾等重点海域详细规划编制，细化用海分区和分类，提出陆域功能指引，强化陆海统筹和项目可实施性；组织开展深汕合作区海岸带综合保护与利用规划编制工作，为深汕海岸带地区综合管理提供规划支撑；完成赖氏洲、洲仔岛两个无居民海岛的单岛保护与利用规划编制工作，为推进岛岸互动、增强滨海特色提供规划指引。

（深圳市人民政府地方志办公室）

【惠州海域海岛管理】2021年，惠州市围绕服务中心大局，保障重大项目用海。建立重大项目“前置服务”“挂图作战”机制和“绿色通道制度”，进一步提高对重大项目保障的水平。为落实阳光用海“三减一高”（减事项、减环节、减时间，高效率）的要求，对用海企业恒力石化（惠州）有限公司在惠州港东马港区建设的通用码头用海项目用海申请实行快速受理、缩短用海材料审核时间、网上审批无缝衔接，从受理用海业务至审核审批仅用2个工作日为用海企业出具用海批复。

【惠州海洋空间开发利用】2021年，惠州市探索建立惠州市海岸线占补工作规范。贯彻落实省级《海岸线占补实施办法（试行）》，摸清全市海岸线利用、整治修复及后备资源潜力情况，建立清晰准确的市级海岸线占补台账，为保障重大项目建设需求夯实基础。发布《惠州市海岸线占补管理技术规范（试行）》，明确海岸线占补范围、原则、职责及实施流程等内容，为全市海岸线占补工作提供指引，加强全市海岸线保护与利用管理。

（惠州市人民政府地方志办公室）

【中山海洋空间布局优化】2021年，中山市加快陆海统筹，提升基础能力。结合国土空间总体规划编制，完成海洋“两空间内部一红线”试划工作。打造翠亨新区海岸带综合示范区建设，全面落实海岸线精细化管控、海洋经济高质量发展、“多规融合”、海洋生态修复、海洋防灾减灾体系建设、陆源污染防控六个方面建设实施工作。重点完成中山翠亨国家湿地公园堤围加固和生态化修复项目、湿地公园园林建设及湿地生态系统修复项目、生态污水处理项目。

（中山市人民政府地方志办公室）

【江门海洋服务管理】2021年，江门市全力做好项目用海服务工作，新增确权用海项目13个（省管项目1个、县管项目12个；渔业用海7个、交通运输用海5个、其他用海1个），用海总面积658.0445公顷。截至年底，江门市存量确权用海项目437个，用海总面积10265.8524公顷。

探索用海试点改革工作，开展全省海域使用权立体分层设权试点工作，重点探索养殖用海与光伏发电项目用海分层设权管理，完成3个光伏发电项目海域使用论证工作，其中1个光伏发电项目完成用海审核并上报江门市政府审批。以台山市为试点探索养殖用海海域使用权市场化出让，完成试点项目选址、海域使用论证、海域价值评估等工作，启动编制出让方案。

加快处置围填海历史遗留问题，已批准的7个图斑中，3个经广东省政府同意重启围填海工程，3个终止围填，1个待定；未批准的20个图斑，分6个区域编制上报生态评估报告、生态修复方案和处理方案，其中2个区域的处理方案通过自然资源部的备案审查。5个区域已开展生态修复工作，共投入资金1048.17万元，拆除填海成陆面积0.58公顷，修复海岸线1.89千米，种植红树林4.31公顷，修复滨海湿地0.65公顷，增殖放流鱼虾苗762万尾。

（江门市人民政府地方志办公室）

·现代海洋产业体系构建·

【香港海洋经济基础领域创新研究】香港港口的班轮服务次数频密，覆盖全面。根据《船务周刊》2021年的资料，港口每星期约有270班国际货柜船连接全球近600个目的地。香港有近900家与航运有关的公司，提供船只管理、船务经纪及船舶租赁、海事保险，以及海事法律及仲裁服务。香港船东拥有或管理的船舶，其载重吨位占全球商船总载重吨位的10%。截至2021年底，香港与51个税务管辖区订立多项双重课税宽免安排，其中包括海运收入的宽免。为促进香港高增值海运服务的发展，船舶租赁及海事保险业务获提供税务优惠。

（香港历史研究基金会）

【广州船舶工业发展】中国船舶集团有限公司（简称中国船舶集团）在广州单位有5个，分别为广州船舶工业有限公司、中船海洋与防务装备股份有限公司、广船国际有限公司、中船黄埔文冲船舶有限公司、广州船舶及海洋工程设计研究院。2021年，中国船舶集团在广州造修企业累计完成工业总产值271.06亿元，造船累计完工交船143.68万修正总吨/199.99万载重吨，船舶修理累计236艘/11亿元。造修企业的困难和问题：1.受城市基础设施风电快速发展的影响，修造船企业的熟练焊工、机加工等工人流失严重，年轻劳动力不足，企业工人年龄结构偏大，行业可持续发展存在隐患；2.受新冠肺炎疫情持续影响，进口船用主机、关键配套设备物流成本和运输周期大幅增加。广船国际有限公司（简称广船国际）有南沙和中山两个生产厂区。其中，南沙厂区本部占地面积254万平方米，码头岸线长1530米，设计水深8.5米，年造船能力358万载重吨，配置30万吨级以上造船干坞2座，900吨龙门吊1台、600吨龙门吊4台、超大型船舶泊位5个，5万吨级造船平台2座，配套华南地区最大的轴舵系机加工中心。南沙厂区修船区域占地面积48万平方米，有30万吨、20万吨修船干坞各1座，主航道水深13.2米，码头岸线长1947米，30万吨级修船码头4个，1万吨级修船码头1个，2.5万吨级修船码头1个，码头水深9.5米。广船国际可设计建造符合世界各主要船级社规范要求的40万载重吨以下的各类船舶，在MR、LRI&LR Ⅱ、VLCC、VLOC型船舶以及半潜船、客滚船、极地运输船等高技术、高附加值船舶制造方面掌握核心技术。中船黄埔文冲船舶有限公司（简称黄埔文冲）是华南地区军用舰船、特种工程船和海洋工程的主要建造基地，也是中国疏浚工程船和支线集装箱船最大最强生产基地。（徐晶）

【深圳建设现代海洋产业体系】 2021年，深圳市海洋经济产业实现增加值593.8亿元，比上年增长14.5%。12月，《广东省海洋经济发展"十四五"规划》发布，提出支持深圳建设"蛇口—前海—海洋新城—光明"西部海洋科技创新走廊和"盐田—大鹏—深汕"东部向海发展走廊，吸引更多国际组织和机构落户，打造全球海洋中心城市。年内，深圳市完成2020年度、2021年各季度海洋经济运行情况分析评估报告及《2020年深圳市海洋产业创新能力评估报告》编制工作；编制"海洋经济简报""海洋经济运行小册子""深圳市海洋产业创新评价报告"等特色成果。11月24日，深圳海洋电子信息产业研究院揭牌仪式暨第十五届国际水下网络与系统会议在深圳国家工程实验室大楼举行。研究院聚焦海洋电子信息产业产学研一体化平台建设，以水下通信定位导航探测一体化为核心技术，通过引进国内外高端海洋电子信息人才，开展水下无线通信、水下智能机器人、水下传感探测、海洋大数据、海洋专用芯片等多领域前沿技术研究。12月9—10日，由深圳市科学技术协会、深圳全球海洋中心城市建设促进会联合主办，深圳前海创投孵化器有限公司、恒裕前海金融中心承办的"2021深海论坛系列活动"在恒裕前海金融中心举办。该次系列活动由"深海资源开发利用论坛""智慧海洋技术创新与发展论坛""海洋科技产业创新、创业发展论坛"等部分组成，汇聚一批深海智能技术与装备等海洋战略性新兴产业为重点的高层次人才团队，促进深海智能技术与装备等项目成果转化，展望海洋产业未来前景，开拓蓝色经济发展新思路，吸引高层次海洋人才团队落地深圳，助力深圳全球海洋中心城市建设。

（深圳市人民政府地方志办公室）

【珠海海洋产业结构】 2021年，珠海市海洋三次产业结构比为1.3 ∶ 27.0 ∶ 71.7，海洋第一产业比重比上年下降0.2个百分点，海洋第二产业比重上升1.3个百分点，海洋第三产业比重下降1.2个百分点，海洋制造业作为海洋经济增长的发动机，在海洋经济发展中的贡献持续增强。海洋新兴产业增加值48.3亿元，占海洋生产总值比重为5.1%，比上年增长0.2个百分点。主要海洋产业增加值322.0亿元，增长17.1%，海洋科研教育管理服务业增加值483.4亿元，增长12.0%，海洋相关产业增加值139.1亿元，增长10.0%。从主要海洋产业构成来看，全市初步建立起以海洋旅游业、海洋油气业、海洋工程装备制造业、海洋交通运输业等为支柱的现代海洋产业体系，其中，海洋旅游、海洋油气、海洋工程装备制造三个产业增加值占主要海洋产业比重达78.3%，海洋产业竞争力稳步提升。全市规模以上涉海企业超过500家，海洋工程装备制造业成为海洋经济的"名片"；滨海旅游业快速向高端升级。（蒋施思）

【惠州海洋经济发展】 2021年，惠州市克服新冠肺炎疫情带来的不利影响，推进涉海重大项目建设和海洋经济发展。惠州LNG接收站项目于年内完成核准并开工建设；中广核惠州港口一海上风电项目实现全容量并网发电，年上网电量7.06亿度。

（惠州市人民政府地方志办公室）

【中山发展现代海洋产业】 2021年，中山市推进高端装备制造等重点领域产业融合，重点发展海上风电、船舶制造等现代海洋产业。抓好海洋经济运行评估，加强与第四次全国经济普查数据衔接，选定200家代表企业纳入广东省海洋直报系统。编制2021年每季度海洋经济运行分析报告，全年中山市海洋生产总值309.84亿元，比上年增长12.6%。推动海洋科技自主创新，开展16兆瓦级超大型海上风电机组研发，助力海上风电新型直流输电试验中心、超高性能混凝土材料研发实验室、漂浮式基础预制件研发试制产线等项目建设。3月，江龙船艇科技股份有限公司江龙船舶（三期）海洋先进船艇智能制造项目动工，项目总投资3.5亿，项目建成后预计年产值可达9.1亿元，助力企业形成100米级千吨级以下船艇全产品线的建造能力。神湾镇在磨刀水道沿岸集聚船舶制造和服务型企业12家，形成一定规模的海洋装备工业体系。

（中山市人民政府地方志办公室）

【江门船舶与海工装备产业】 江门市船舶与海工装备产业主要分布在新会区、台山市，其中新会银洲湖区域是江门市船舶与海工装备产业的核心区。江门市船舶与海工装备产业主要集中在中游和下游，拥有规模以上的船舶企业15家，主要集中在中游的船舶制造、海工装备制造以及下游的船舶拆解回收、修船领域，龙头企业包括南洋船舶、航通船业、海星游艇等。2021年，江门市的船舶与海工装备产业链累计完成工业总产值17.22亿元，比上年增长41.9%。

（江门市工业和信息化局）

【全球首艘智能大型公务船“海巡09”轮在广州交付】 2021年10月23日，黄埔文冲建造的中国首艘万吨级海事巡逻船、全球首艘智能大型公务船“海巡09”轮在广州南沙交付列编，加入中国海事执法序列。“海巡09”轮总长165米，型宽20.6米，型深9.5米，满载排水量1.3万吨，续航力不低于10000海里/16节，最大航速不低于25节，自持力90天，能在9级海况、蒲氏12级风力条件下安全航行，配置智能机舱系统、智能执法水炮系统、救助艇、光电跟踪取证系统等，可搭载多型直升机。该轮建有海上数据中心，具有动态感知、监测预警、信息处理、综合指挥、海事监管等能力，可对遇险船舶实施封舱、堵漏、排水等进行专业救助，对遇险受伤人员进行简易药物、器械和手术治疗等。

【国内首艘甲醇/燃油双燃料动力新型环保船舶在广州下水】 2021年10月31日，广船国际为瑞典PromanStena航运公司建造的4.99万吨甲醇双燃料化学品/成品油船首制船实现出坞下水。该船是国内建造的首艘采用甲醇/燃油双燃料动力的新型环保船舶，船总长186米，型宽32.2米，型深18.35米，设计吃水11.5米。该型号船只配备世界首创的甲醇双燃料驱动系统，可采用燃油、燃油水合物、甲醇、甲醇水合物四种燃料模式驱动，是船舶领域首次应用水合物燃料方案，能够控制燃烧状态以降低废气排放，可满足国际海事组织Tier Ⅲ的排放要求。

【国内首个深远海工况浮式风电平台在广州生产下线】 2021年12月10日，黄埔文冲建造的国内首个深远海工况浮式风电平台“扶摇号”生产下线。“扶摇号”海上浮式风电平台总长71.96米，型深32米、型宽80米，运行半潜吃水为18米，设计排水量15600吨，具有环境适应性强、机组功率国内最大、浮体结构形式简单、系泊锚固系统可靠性高、一体化设计的特点。该平台搭载一台由中国船舶集团海装风电股份有限公司自主研发的6.2兆瓦风电机

2021 年 12 月 10 日，国内首个深远海工况浮式风电平台“扶摇号”在广州生产下线　　（中国船舶公司供稿）

组，每小时最高发电量可达 6200 度，项目完成并网发电后可刷新中国漂浮式风电的单体发电量纪录。

【火车滚装船“切诺基”号在广州交付】 2021 年 6 月 8 日，黄埔文冲建造的国内首艘具备船内变轨装卸功能的火车滚装船“切诺基”号在龙穴厂区交付。该型火车滚装船总长 180 米，上甲板型宽 38.6 米，上甲板型深 16.2 米，设计吃水 6.7 米，入级 ABS。该船为美国与墨西哥港口的特定航线定制船，设置 2 层滚装甲板，可实现船内变轨装卸功能，2 小时内可完成 136 节车厢的装卸要求，满足 TIER Ⅲ排放要求。（徐晶）

【江龙船艇（三期）——海洋先进船艇智能制造项目】 2021 年 3 月 27 日，江龙船艇（三期）——海洋先进船艇智能制造项目在中山市神湾镇竹排岛奠基。该项目计划投资 3.5 亿元，占地面积 6.07 公顷，建设厂房 3.2 万平方米，规划建设千吨级船艇总装车间、智能装配车间、智能仓库、舾装码头及下水设施，达产后预计年产千吨级船艇制造能力 12 艘，年产值 9 亿元。该项目致力建设成为粤港澳大湾区绿色船舶、高速海洋执法船、迷你邮轮以及高端客滚船艇的生产基地。

【神湾镇海洋高端装备产业集聚示范区建设】 2021 年，中山市神湾镇在神溪工业区西部、竹排岛北部等区域打造“海洋高端装备产业集聚示范区”，规划总面积 17 公顷，重点发展高端海洋装备制造、精密制造、新能源、新材料等产业。神湾镇磨刀门水道沿岸现有 12 家船艇制造和服务业企业，初步形成具有一定规模和特色的海洋装备产业体系。其中，江龙船艇作为国内船艇细分市场的龙头企业，特别在清洁能源船艇产品细分领域具有绝对技术优势，是国内首家纯电力驱动船艇商业化，氢燃料动力船艇商业化以及实现甲醇燃料船艇设计、制造的企业。

（中山市人民政府地方志办公室）

·责任编辑　贺坤·

生态文明建设

综 述

【概况】 2021年，广东省推进园林绿化、生活污水处理、海绵城市建设、黑臭水体治理、生活垃圾分类、生活垃圾处理等市政管理。至年底，全省建成区绿化覆盖率42.9%。建成城市（县城）污水处理设施410座，日处理能力2947万吨，建成城市污水管网7.34万千米，处理能力及管网长度保持全国第一位。全省建成生活垃圾无害化处理场（厂）153座，无害化处理能力15.2万吨/日，居全国首位，全省焚烧处理能力占比75%。

【建设粤港澳大湾区环境空气质量改善先行示范区】 2021年，广东省坚持加快推进美丽广东和粤港澳大湾区环境空气质量改善先行示范区建设。珠三角地区$PM_{2.5}$降低至21微克/立方米，大湾区内地九市均优于世界卫生组织第二阶段标准（25微克/立方米）；空气质量指数（AQI）达标率为90.8%，相较于其他重点城市群，珠三角地区长期处于领先水平。在全国168个重点城市中，深圳、惠州、珠海、中山、肇庆五市空气质量排名居前20位。

是年，广东省持续推进粤港珠江三角洲空气质素管理及监察专责小组合作，召开珠江三角洲空气质素管理及监察专责小组会议；成立粤港双方科研小组，推进粤港大气污染联合减排研究工作；省市均建立大气污染防治攻关攻坚中心和工作团队，形成“预测研判—减排方案—措施制定—落地跟踪—综合评估”科学闭环工作机制，建立大气污染防治重点控制区清单，精细化应急应对污染天气。成立“散乱污”综合整治、天然气管道建设、非法成品油（燃料油）联防联控、船舶和港口大气污染防治联席会议等工作机制，全年全省完成107386家“散乱污”综合整治工作，677家在用建筑陶瓷生产线全部实现“煤改气”；珠三角燃煤锅炉清洁能源改造完成率达到86%，35蒸吨及以上燃煤锅炉超低排放改造完成率达到100%，超额完成生物质成型燃料锅炉整治，公交车100%实现电动化。紧盯臭氧污染防治，强化挥发性有机物（VOCs）和氮氧化物协同控制，对重点石化企业及油气仓储基地VOCs排放进行精细化管控，组织开展VOCs排放过程监控技术应用试点，探索推进“共性车间”建设，推动建设家具、汽车维修等典型行业喷涂共性工厂。建成$PM_{2.5}$成分监测网络、VOCs光化学监测网络、颗粒物和臭氧激光雷达监测网络，结合遥感卫星立体监测系统，形成天地空一体监测体系，基本实现未来7天AQI数值短期精准和中长期趋势预报，初步形成以区域视野城市行动为核心的区域空气质量运行管理体系和机制，珠三角成为继美国加利福尼亚州和欧盟之后全球第三、全国第一大气污染联防联控技术示范区。

【高耗能高排放项目生态环境源头防控】 2021年，广东省生态环境厅实施“三线一单”（生态保护红线、环境质量底线、资源利用上线和生态环境准入清单）生态环境分区管控，各地市“三线一单”全部落地，省级“三线一单”数据管理及应用平台上线运行。佛山市顺德区在生态环境准入清单中明确金属表面处理行业准入要求，引导企业定点集中管理。河源市单独划定新丰江水库（万绿湖）饮用水源保护区为优先保护单元。强化规划环评宏观管控，审查大亚湾石化园区等产业园区、专项规划环评。严格“两高”（高耗能、高排放）项目生态环境管理，实施全省在建、拟建、存量“两高”企业（项目）生态环境台账管理。加强排污许可管理，实现54万个固定污染源排污许可发证登记“全覆盖”管理，广州、深圳、佛山、东莞等市开展排污许可制改革试点。

【大湾区水污染防治】2021年，珠三角内广佛跨界河、茅洲河、淡水河、石马河等重点流域水质明显改善，大湾区内地九市地表水国考断面水质优良率达到87.5%，水污染防治工作取得新进展新突破，水环境质量连续四年稳步提升。茅洲河入选2021年生态环境部全国美丽河湖优秀案例。持续提高污水处理设施减排效益，推动城市生活污水治理从对“污水处理率”向对“污水收集率”进行管理的转变，将“新增1000个以上自然村完成生活污水治理工作”列入2021年广东省十件民生实事。是年，全省城市（县城）新增生活污水处理能力约190.9万吨/日，新建污水管网5243千米。启动开展入河排污口排查整治，对全省流域面积大于100平方千米的河流、所有中型以上水库以及其他重要中小河流湖库开展入河排污口排查整治专项行动，完成3.6万千米流域的排查工作，合计排查入河排口9.78万个，基本摸清全省主要干流及重点流域排污口基础性“底数”，对拟整治问题排污口按“一口一策”提出整治措施，建立重点监管入河排污口名录。

【推动粤港澳碳标签互认机制】2021年，广东省开展广东碳标签机制建设前期研究，委托中国质量认证中心（CQC）广州分中心围绕广东碳标签机制规划、技术标准开展研究，并与中国香港、英国等不同地区和国家的相关机构就碳标签互认等方面开展交流座谈，初步完成广东碳标签机制建设的前期工作。在技术层面，完成10项相关标准制定，包括1项产品排放评价通用要求（已成为广东省地标并发布）和9项具体产品的产品碳排放评价技术标准（已成为CQC中心技术规范），初步构建广东碳标签技术体系框架。为更好发挥社会组织在推动低碳生产、生活方面的作用，多个技术机构依托广东省低碳发展促进会，共同发起并于2022年1月正式成立广东碳标签专业委员会。

【创建珠三角“无废试验区”】2021年2月，广东省印发推进“无废城市”建设试点工作方案，明确珠三角所有城市建设无废试验区，以深圳市为引领，珠三角区域重点推行绿色工业、绿色生活、绿色农业以及培育固体废物处置产业、推行固体废物多元协同共治，探索“珠三角无废试验区”建设模式。至年底，全省核准危险废物利用处置850万吨/年，比上年增长10%；全省医疗废物集中处置能力600吨/天，较新冠肺炎疫情前增长90.6%，储备33个应急处置设施，保障医疗废物安全无害化处置。

（广东省生态环境厅）

生态防护屏障打造

·自然生态保护和修复·

【概况】2021年，广东省推进省国土空间生态修复规划（2021—2035年）、省重要生态系统保护和修复重大工程总体规划（2021—2035年）征求意见和修改完善工作。省内20个以乡镇为实施单元的全域土地综合整治试点获自然资源部批准，广州市从化区成为全国唯一一个以县域为实施单元的试点。实施生态修复重大工程，珠海市海洋生态修复项目获得中央资金补助，深入推进红树林保护修复、重点海湾整治、海岸线生态修复、矿山地质环境恢复治理等省级生态修复重大工程，组织开展海岸线整治修复实地核查。发布广东省自然保护地建设技术指引和标识，建立自然保护地监管平台、巡护平台和开放预约平台系统。选取国家级和部分省级自然保护区开展监测样地和样线建设，布设红外相机3600多台，车八岭自然保护区率先研发野生动物智能监测综合信息服务平台，象头山、珠江口中华白海豚、惠东海龟等自然保护区对野生动植物资源及其生境开展持续监测。

（广东省生态环境厅）

【澳门推进区域环保合作】2021年8月5日至7日，由澳门特别行政区政府主办的“2021年澳门国际环保合作发展论坛及展览”（2021MIECF）举行。该展览由国家发展改革委、科技部、工业和信息化部、生态环境部作为特邀支持单位，泛珠三角省/区政府协办，澳门贸易投资促进局及环境保护局作为官方承办单位，以“共创绿色低碳新时代”为主题，通过线上展览及云配对等形式举行。

在泛珠三角区域环保合作方面，2021年7—8月，澳门环境保护局以视频方式参与泛珠三角区域环境保护合作联席会议第十七次会议联络员工作会议、泛珠三角区域环境保护合作联席会议第十七次会议。

在环保合作及参与技术交流方面，2021年12月，澳门环境保护局与生态环境部华南环境科学研究所签署《关于为澳门环保工作提供技术支撑的合作意向书》，开展环境领域合作。粤港澳三地于2021年6月共同发布《2020年粤港澳珠江三角洲区域空气监测网络监测报告》，进行“粤港澳珠江三角洲区域空气监测网络”管理及维护。2021年12月，澳门市政署、澳门环境保护局参加“第六次粤港澳滨海自然保护地研学座谈会”，就加强粤港澳生态环境保护合作和滨海自然保护地管理进行交流分享。

在粤澳环保合作方面，澳门环境保护局与广东省生态环境厅就环保领域工作进行交流。继续加强区域能源合作，进行相关电力规划，兴建连接澳门和珠海的第三条220千伏输电通道，2021年底完成变电站建造工程，建成运营后可满足澳门未来五年用电需求。

在港澳环保合作方面，2021年7月，港澳双方以视频方式召开“港澳环保合作第十三次会议”，双方在会上就环境状况、空气污染、电动车、减少废物、环保展览及研讨会等议题进行交流，商讨未来合作计划。澳门环境保护局以视频方式参与“国际环保博览”之“亚洲环保会议2021”，以及“2020年度香港环境卓越大奖暨香港绿色机构认证颁奖典礼”。

2021年11月，在《珠澳环境保护合作协议》框架下，珠澳双方以视频方式召开“2021珠澳环保合作工作小组会议”，总结2021年环保合作项目，就水环境污染治理、大气环境质量及监测、突发环境事件通报、生态交流、环保产业、环境宣传教育等领域合作交换意见，并商讨2022年合作计划。

（摘自《2022澳门年鉴》）

【广州推进生物多样性保护】2021年，广州市多举措加强生物多样性保护，推进自然保护地体系建设。建成各类各级自然保护地89个，总面积约11万公顷；6个自然保护区保护唐鱼、桃花水母、伯乐树等珍稀物种及森林、湿地等自然生态系统。白云山、海珠湿地与天河湿地、花都湖湿地、海鸥岛红树林湿地、南沙湿地共同构成城区生态屏障，为野生动物尤其是鸟类提供良好的生存空间。鸟类等野生动物种类不断增加，海珠湿地鸟类从2012年的72种增加到2021年的185种。

【广州国土绿化和生态修复】2021年，广州市统筹北、中、南三大区域修复重点，以保育九大生态片区、建设三级生态廊道、提升六大生态节点为抓手，以生态修复手段优化整体生态格局。北部山地丘陵区重点强化生态源地保育，中部沿江平原区重点修复蓝脉绿网，南部滨海河网区重点修复滨海生态系统，保育市域自然资源分布最为集中的九大生态片区，提升六大生态节点生态服务水平，构建由碧道、绿道、古驿道和登山步道共同组成的城乡生态游憩网络，建立广州市联通山水、贯穿城区、功能复合的生态廊道网络，建设区域级、组团级、社区级三级生态廊道，并结合生态廊道控制构建市域6条通风廊道，保护利用好45个江心岛，打造与自然和谐、与城市共生、与市民同享的珠江生态岛链。（广州市人民政府地方志办公室）

【深圳推进生物多样性保护】2021年，深圳市发布全国首个城市生物多样性保护白皮书；参与《生物多样性公约》第十五次缔约方大会（COP15）第一阶段会议，在央视《焦点访谈》等栏目宣传该市生物多样性情况。继续加强国内唯一一处在城市腹地的国家级自然保护区——广东内伶仃福田自然保护区管理工作，推进编制《广东内伶仃岛—福田国家级自然保护区总体规划（2021—2030年）》，开展福田红树林保护区基围鱼塘芦苇控制技术研究与示范，与香港都会大学、深圳大学共同发起筹建“大湾区红树林湿地研发中心”并签署合作框架协议，推进红树林博物馆筹建，完成博物馆选址区域初步勘察、地形图测绘、建筑及景观方案深化设计，开展博物馆用地审批和地铁上盖法定图则调整、生态控制线调整等工作，尝试地块分层出让新举措。视频作品《嘴到擒来》在中央广播电视总台、国家林业和草原局共同主办的“2021精彩影像评选点赞活动”中获一等奖。

【深圳国土绿化和生态修复】2021年，深圳市在全国率先建立以技术规范、统计报表制度和自动核算平台为支撑的生态系统生产总值（GEP）“1+3”核算制度体系，完成并发布全市2020年度GEP核算结果。首次将“生态保护与修复”作为专章纳入《深圳经济特区生态环境保护条例》，为生态保护与修复、生物多样性保护提供法律依据。在全国率先完成城市生态保护红线基础信息调查，初步摸清红线内生态家底，建立基础信息数据库。持续开展自然保护地全覆盖遥感监测，初步形成“遥感监测—实地核查—问题清单—移交整改—现场复核”自然保护地闭环监管机制。（艾衍慧）

【珠海国土绿化和生态修复】2021年，珠海市开展“绿盾2021”自然保护地强化监督工作，以四类自然保护区为重点对象，核实存在问题，跟踪处理进展，确保整改措施落实到位。完成“绿盾2017—2019”珠江口中华白海豚国家级自然保护区、珠海淇澳—担杆岛省级自然保护区五个问题复查以及“绿盾2021”珠江口中华白海豚国家级自然保护区、珠海淇澳—担杆岛省级自然保护区新增9个人类活动点位实地核查，问题销号100%。

在造林绿化方面，是年，珠海市持续对中幼林进行抚育，推进乡村绿化美化建设，不断提升森林碳储汇功能、森林质量和村居生态环境。全市完成高质量水源林人工造林53.33公顷、退化林修复101.47公顷、新造林抚育800.67公顷，沿海防护林造林更新35.54公顷、新造林抚育43.63公顷、乡村绿化美化建设8个村（社区）。

在园林绿化建设方面，是年，珠海市新建8个市民公园、16个社区公园，改造提升4个社区公园，建成健康步道24千米、林荫道25千米。进一步完善园林绿化工程全流程闭环管理体系和园林绿化行业地方技术标准体系。在“粤港澳大湾区·2021深圳花展”中，“珠海城市花园”获评“城市花园造园艺术金奖”，珠海市获评“优秀组织奖”。十字门体育公园入选2021年住房和城乡建设部《城市居住社区活动场地设施建设范例案例集》，为广东省五个入选社区体育公园之一。（胡源　蒋施思　黄毅龙）

【佛山自然生态保护和修复】2021年，《佛山市国土空间生态修复规划（2020—2035年）》形成初稿。年内，佛山市立项备案农村建设用地拆旧复垦项目19个，面积29.46公顷；规划设计备案项目8个，复垦规模9.97公顷；验收意见函备案项目1个，备案面积2.58公顷。全市完成历史矿山治理项目4个，治理复绿面积25公顷。（佛山市自然资源局）

【佛山入选国家生态文明建设示范区】2021年10月14日，生态环境部在《生物多样性公约》缔约方大会第十五次会议生态文明论坛上为第五批国家生态文明建设示范区授牌，佛山市入选，为制造业城市转型升级提供生态文明建设“佛山样板”。

构建“大环保”机制和“大生态”格局　佛山市在广东省率先成立市级环境保护委员会，构建生态环境保护“党政同责、一岗双责”责任体系。率先开展环评审批制度改革和排污权交易试点，实行降级管理和告知承诺。建立多部门、多层级、跨城市联防联控机制，构建“党委统揽全局、政府推动落实、人大全面监督、政协参政议政”同向发力治污新格局。至年底，佛山市先后颁布实施三部环保领域地方性法规，制订实施多部纲领性规划及政策。推行河长制、湖长制，坚持生活源、工业源、农业源、内生源“四源”共治。

找准治污“破题点”　佛山市加强涉镉等重金属行业隐患排查，落实关闭搬迁工业企业地块环境排查、建设用地土壤污染状况调查及风险评估与修复，实行污染地块再开发利用准入管理。持续开展电力、陶瓷和铝型材等重点行业及VOCs重点企业提升治理，全面完成电厂“超洁净排放”改造。利用“人巡＋机巡”精细化监管扬尘源。首创“环保取证、公安处罚”模式，应用黑烟车电子抓拍、重型柴油车OBD（车载自动诊断系统）远程在线监控、固定遥感监测等科技手段，打击机动车排放检验机构违规行为。淘汰落后产能，调整能源结构，以污染防治倒逼“佛山制造”升级“佛山智造”。探索“共享治污”模式，试点推行纺织印染工业园“统一供水、统一供气、统一污水处理”模式，实行处理后污水循环利用，疏通中小企业污染治理难、绿色发展难的堵点。

倡导绿色生产生活方式　佛山市构建以先进制造业为核心的现代产业体系，发展装备制造、泛家居产业及机器人、新能源汽车、生物医药等战略性新兴产业，获批全国唯一制造业转型升级综合改革试点城市。深挖生态资源综合服务功能，推进万里碧道、城郊万亩郊野森林和湿地公园建设，将人文城市与山水生态格局相融合。抢抓“美丽乡村”建设战略机遇，以整治村级工业园为抓手，完善农村环保基础设施，建设“百里芳华”乡村振兴示范项目，形成“点上有精品、沿线连成景”美丽乡村风景线。加大生态文明宣教力度，组织生态环保、绿色生活、节水节能等宣传教育活动进校园、进社区、进乡村。（佛山市生态环境局）

【东莞国土绿化】2021年，东莞市开展水源涵养林改造抚育和透光伐抚育800公顷，抚育生物防火林带447千米，抚育红树林5.33公顷，综合核查桉树林、相思林、松林7946公顷，送苗下乡6500株，三大森林公园（大岭山、大屏嶂、银瓶山森林公园）彩色林建设初见成效。落实薇甘菊防治防控3987.73公顷、松材线虫病治理1.41万株，完成红花油茶寄生植物防治一期13.33公顷第三、四次抚育，二期项目333.54公顷质保期清理及三期169公顷防治，开展全市古树名木巡查和保护，重点开展19镇、57株古树名木挽救复壮。（东莞市人民政府地方志办公室）

【中山自然生态保护和修复】2021年，中山市编制《中山市国土空间生态修复规划（2020—2035年）》，完成南朗街道横门口水道西侧3千米岸线整治修复。开展中山市“绿盾2021”自然保护地强化监督工作，抽查2个省级以上自然保护地，未发现违法违规问题。开展“三区两线”（“三区”即省级以上自然保护区，省级以上风景名胜区，县级以上城市规划区等重要居民集中区周边；“两线”即高速铁路、高速公路、国道、省道等重要交通干线，海岸线直观可视范围）

重点区域内矿山治理复绿调查，针对矿山范围、坡面和平地破坏范围、治理复绿情况不详等进行详细调查，完成影像航拍以及标图入库。南区街道万宜石场试点利用市场化方式推进矿山生态修复，被纳入广东省10个生态修复市场化试点之一。（中山市人民政府地方志办公室）

【江门推进生物多样性保护】2021年，江门市加强野生动物保护法治建设，12月16日，《江门市人民政府关于禁止猎捕陆生野生动物的通告》印发施行。加强繁育利用监督，加强源头管理，防范野生动物非法流入市场。开展野生动植物普法宣传，通过现场和网络相结合的方式向广大群众宣传禁养、禁猎、禁食野生动物政策，弘扬生物多样性保护和生态文明理念。

【江门国土绿化和生态修复】2021年，江门市推进国土绿化提质增效，完成广东省林业局下达的造林与生态修复任务5860公顷，其中人工造林566.67公顷，退化林修复3446.67公顷，封山育林1846.67公顷。（江门市自然资源局）

【肇庆推进生物多样性保护】2021年，肇庆市做好《国家重点保护野生动物名录》调整实施和过渡衔接工作，全面落实疫源疫病预警监测机制，牵头建立打击野生动物非法贸易部门间联席会议制度，组织开展“清风行动”等严厉打击破坏野生动物资源专项行动。强化野生动物保护宣传教育，进一步提升全社会保护野生动物意识。扎实做好野生动物收容救护工作，全年接收各级移交保护野生动物56种、4890只（条），组织野生动物放生活动13次，放生野生动物19种、3213只（条）。

【肇庆国土绿化和生态修复】2021年，肇庆市以建设“森林之都·美丽肇庆”为总目标，以高质量水源林建设、新造林抚育、乡村绿化美化等林业重点生态工程为抓手，推进全市林业重点生态工程建设，切实提升全市国土绿化水平。年内，肇庆市完成造林8133.33公顷，新造林抚育2513.33公顷，实施乡村绿化美化68个，其中绿美古树乡村4个，红色乡村4个。推动重点区域桉树林分改造工作，全年完成桉改采伐2725.67公顷，占年度任务的106%。开展生态修复，组织开展毁林违建乱象清理整治专项行动，立案查处违法占用林地案件72件（其中行政案件69件、刑事案件3件），收缴罚款209万元，复绿面积15.44公顷。加强生态系统保护和修复，持续巩固“国家生态文明建设示范市”建设成果，空气、水质量在全国重点城市排名中均居前20位。

（肇庆市人民政府地方志办公室）

·生态保护红线划定和自然生态空间用途管控·

【广州自然生态环境管控】2021年，广州市在全省率先完成“三线一单”成果编制。6月25日，《广州市“三线一单”生态环境分区管控方案》印发实施，划分环境管控单元253个，明确环境准入要求。广州市“三线一单”工作多次获生态环境部、广东省生态环境厅认可，有关经验做法被《中国环境报》等媒体报道，相关应用案例入选全国“三线一单”落地应用第一批案例。

（广州市人民政府地方志办公室）

【深圳自然生态空间用途管控】2021年，深圳市立足存量发展实际，科学划定“三区三线”（“三区”指生态空间、农业空间、城镇空间，“三线”指永久基本农田控制线、生态保护红线、城镇开发边界），形成两轮试划成果。审议通过《深圳市“三线一单”生态环境分区管控方案（送审稿）》。逐步构建以国土空间规划（海洋）、重点海域详细规划两层级法定规划为框架，以海岸带综合保护与利用规划等专项规划为支撑的海洋空间规划体系。在国土空间规划层面，完成海洋生态空间、海洋开发利用空间和海洋生态红线（即“海洋两空间内部一红线”）试划，试划成果报广东省自然资源厅并纳入深圳市级国土空间规划草案。创新性推进小梅沙、土洋—官湖、金沙湾等重点海域详细规划编制，细化用海分区和分类，提出陆域功能指引，强化陆海统筹和项目可实施性。组织开展深汕合作区海岸带综合保护与利用规划编制工作，为深汕海岸带地区综合管理提供规划支撑。完成赖氏洲、洲仔岛两个无居民海岛的单岛保护与利用规划编制工作，为推进岛岸互动、增强滨海特色提供规划指引。（艾衍慧）

【佛山自然红线划定和自然生态空间用途管控】2021年，佛山市按照国家和广东省的工作要求，协调生态保护红线划定与自然保护地、永久基本农田及重大基础设施衔接，完善优化生态保护红线划定范围。强化生态保护红线与国土空间总体规划工作内容、“三区三线”划定及重点项目衔接，切实保证生态保护红线划定的准确性与可实施性。是年，佛山市生态保护红线划定成果面积为324.65平方千米，占市域面积的8.55%。划定红线类型包括水土保持、水源涵养以及生物多样性维护三类，主要分布区域为高明区南部和三水区北部、南海区西部等区域。

（佛山市自然资源局）

【中山自然生态空间用途管控】2021年，中山市落实“三线一单”生态环境分区管控方案，建立覆盖全域的生态环境分区管控体系，构建完善生态文明体系。生态保护红线方面，全市划定陆域生态空间总面积237.47平方千米，占全市陆域国土面积的13.31%；海洋生态保护红线面积65.29平方千米。划定56个环境管控单元，分为优先保护、重点管控和一般管控三类，其中陆域环境管控单元48个，海域环境管控单元8个。加强对“三线一单”生态环境分区管控制度实施和落地应用的指导，发挥“三线一单”生态环境分区管控对重点行业、重点区域的环境准入约束作用。

（中山市人民政府地方志办公室）

【江门自然生态空间用途管控】2021年，江门市生态保护红线面积约2537.49平方千米，其中陆域生态保护红线面积约1402.3平方千米，海洋生态保护红线面积约1135.19平方千米。结合“三区三线”试划工作，江门市将生态保护红线内自然保护地非核心区的稳定耕地图斑标出，于11月上旬提交至广东省自然资源厅审查。年底，广东省自然资源厅将自然保护地非核心区内的稳定耕地以及已有明确选址的基础设施（包括抽水蓄能项目及国省道、高速公路等）调出生态保护红线。（江门市自然资源局）

·森林生态屏障构筑·

【广州森林资源保护管理】2021年，广州市落实森林资源保护管理责任，规范林地和林木管理秩序，组织开展“森林督查”和“打击毁林专项行动”，严肃查处非法破坏林地林木等森林资源行为。严格执行林地用途管制和定额管理制度，科学合理、节约集约使用林地。落实“放管服”改革要求，保障重大基础设施、重要民生工程、重点项目使用林地需求，全年依法依规审批161个建设项目使用林地509公顷。实施林木凭证采伐和限额管理，全年核发采伐许可证3122个，采伐蓄积48.83万立方米。

（广州市人民政府地方志办公室）

【深圳森林生态建设】2021年，深圳市开展“林安2021”植物检疫执法专项行动，全市调查摸底涉木涉苗企业39家，开展春季造林检疫2单，复检森林质量精准提升工程项目5个，严防疫情入侵及传播。加强林业有害生物日常监测防控和技术研究，正式启用林业有害生物监测防控中心，开展全市200个标准地范围林业有害生物监测工作，及时组织专家进行风险分析评估。历时两年完成“深圳市大型真菌调查研究”项目，形成系列研究成果，有效填补深圳市大型真菌基础数据和研究空白。组织编制《深圳市野生动植物保护规划（2021—2035）》，形成指导全市陆生野生动植物保护管理工作的纲领性文件。

聚焦重点物种保护，开展针对性专项调查监测，启动穿山甲重点物种资源调查监测，为穿山甲保育提供基础数据。历时两年完成兰科植物资源本底调查，记录深圳市兰科植物103种，占中国兰科植物所有种的7.34%，占广东省所有种33.67%，其中8种兰科植物被列为国家重点保护植物。（艾衍慧）

【深圳森林公园建设】2021年，深圳市梧桐山国家森林公园入选“广东十大最美森林旅游目的地”。实施森林质量精准提升工程，推进阳台山森林公园等9个公园的低效林改造、中幼龄林抚育、薇甘菊防治工作，其中薇甘菊防治已完成全部三次防治任务，中幼龄林抚育已完成更新种植及第一次抚育，低效林改造已完成全部采伐、更新种植及第一次抚育，整体约完成总工程量的60%。“深圳毛棉杜鹃生态景观林培育关键技术创新”项目取得丰硕成果，打造具有深圳本土特色世界级毛棉杜鹃花海景观，创办集森林旅游、自然教育、生态保护和生态文化为一体毛棉杜鹃花会，取得成果登记3项、成果鉴定3项，其中2项达到国际先进水平、1项达到国内领先水平。国家林业和草原局发布2021年第二批植物新品种权名单，梧桐山风景区管理处自主培育的丹映梧桐、梧桐波影、梧桐粉黛、梧桐粉秀、梧桐红、梧桐胭脂、梧桐紫霞7个杜鹃品种获得新品种权，取得植物新品种权证书。（何航航）

【佛山森林生态屏障构筑】2021年，佛山市实施高品质森林城市工作方案和自然生态文明专项工作，推动万亩千亩公园建设和自然保护地体系建设，不断筑牢森林生态屏障。全年完成造林与生态修复任务2504.6公顷，实施控桉限桉工程2006.67公顷，提升森林质量。至年底，佛山市拥有西樵山国家森林公园、广东云勇国家森林公园两个国家级森林公园。加快开展高明凌云山火烧迹地生态修复，至年底，完成高明凌云山529.8公顷火烧迹地的造林和抚育工作。此外，高明区杨和镇利用山地资源，打造800公顷澳洲坚果基地，通过发展高附加值的林业产业助力森林生态屏障建设。（佛山市自然资源局）

【东莞森林公园建设】2021年，东莞市建立森林公园21个，完成珠三角国家森林城市群东莞核验工作。大屏嶂林场获评“全国康养林场”，广东省樟木头林场、东莞市银瓶山森林公园、东莞市大岭山森林公园星野自然教育基地获评“广东省自然教育基地”。启动陆生野生动物多样性监测，在广东宝山省级森林公园、市银瓶山森林公园和同沙生态公园等重要生态区域布设65个监测点，开展红外相机全天候实时监测，初步构建可视化陆生野生动物数据信息管理平台。在樟木头林场监测到野生中华穿山甲繁殖种群，为东莞市2001年来首次发现；在城市中心绿地——同沙生态公园发现国家二级保护物

高明区杨和镇澳洲坚果基地（2021年）　（佛山市自然资源局供稿）

种豹猫健康种群。

是年，东莞市完成《湾区绿色中心公园总体规划》初稿编制，建成开放企石镇虾公山森林公园、东清湖市级湿地公园以及横沥镇三角湖市级湿地公园，基本完成凤岗园岭公园建设，银瓶山森林公园三期项目完工。

（东莞市人民政府地方志办公室）

【中山森林资源保护】2021 年，中山市组织开展红树林生态修复前期调查工作，编制《中山市红树林保护修复可行性研究及实施规划》。强化森林防火工作，全年全市未发生较大以上森林火灾。开展森林火险安全隐患排查清坟边、清林边、清地边、清隔离带、清旅游景区内可燃物“五清”行动，全市排查“五清”点 1374 次，清理面积 21.96 公顷。开展全市野外火源治理和查处违规用火行为专项行动，排查火灾隐患 393 处，发放整改通知书 3 份，整改火灾隐患 9 处。开展全市森林火灾风险隐患排查，录入风险隐患 2252 条。完成第一次森林火灾风险普查第一阶段工作，完成 22 个乔木标准样地和 1 个大样地调查、野外火源调查、森林火灾重点隐患调查。

【中山国家森林城市建设】2021 年，中山市更新造林种植 425.9 公顷（6388.5 亩），落实生态公益林生补偿标准每亩 152 元，发放补偿资金 5650.13 万元。组织编制《中山市大径材基地建设森林资源调查及规划设计》，完成五桂山街道南桥村、板芙镇里溪村、南区街道曹边村等 10 个乡村 25 个绿化建设项目。三乡镇古鹤村、五桂山街道南桥村、南朗街道翠亨村、大涌镇青岗社区等 4 个行政村（社区）获评 2020 年“广东省森林乡村”称号，翠亨国家湿地公园获颁“广东省自然教育基地”称号。中山国家森林公园建设工程项目完成立项，香山省级自然保护区完成总体规划修编。

（中山市人民政府地方志办公室）

【江门森林生态建设】2021 年，江门市统筹城乡绿化，完成乡村绿化美化示范村 50 个，推进 3 个绿美古树乡村建设；启动台山市四九镇森林小镇创建工作，指导、督促在建森林小镇的建设镇实施各项工程。完善省级以上生态公益林落界工作，江门市省级以上生态公益林面积为 16.31 万公顷；完成生态公益林中的天然林及国有天然商品林落界成果审核工作。是年，江门市 26 个乡村全部被认定为广东省森林乡村。

【江门森林公园建设】2021 年，江门市推进北峰山国家森林公园、圭峰山国家湿地公园、江门市古斗森林公园等自然保护地基础设施建设、总体规划编制、范围功能区调整、勘界立标等工作，全面完成广东响水龙潭森林公园森林生态综合示范园第二期建设项目。至年底，江门市建成森林公园 31 个，其中国家级 2 个、省级 9 个、市级 8 个、县级 12 个。

（江门市自然资源局）

【肇庆森林生态建设】2021 年，肇庆市林业用地面积 106.46 万公顷，占全市国土总面积的 71.46%，森林面积 105.36 万公顷，有林地面积 92.44 万公顷，森林覆盖率 70.73%，活立木总蓄积量 6072.73 万立方米。全市划定生态公益林 32.74 万公顷。全市有县级以上自然保护地 113 个，其中自然保护区 18 个，包括国家级 1 个、省级 6 个、市县级 11 个；风景名胜区 6 个，包括国家级 1 个、省级 2 个、县级 3 个；森林公园 77 个，包括国家级 1 个、省级 11 个、市县级 65 个；湿地公园 11 个，包括国家级 3 个，县级 8 个；国家地质公园 1 个；自然保护地数量位居全省第二位，总面积 21.3 万公顷。

（肇庆市人民政府地方志办公室）

·海岸线资源保护和自然属性维护·

【深圳水生生物增殖放流】2021 年，深圳市聚焦水产种业高端领域，实施水产种业振兴计划。筹建深圳市现代渔业（种业）创新园，打造全市水产种质遗传育种中心。持续推进水产育种技术创新和示范应用，开展水产养殖种质资源全面普查，推动“鱼类基因组选择育种技术规程”标准制订。规划建设现代化渔港群，打造特色渔港亮丽名片。落实渔港“港长制”，制定渔港港章，开展渔港红线划定和确权。推进“智慧渔港”建设，提升渔港信息化管理水平。土洋—官湖海岸带地区详细规划作为全国第一个海域详细规划已基本编制完成。

（深圳市人民政府地方志办公室）

【珠海水生生物增殖放流】 2021年，珠海市利用中央、广东省财政资金200万元开展增殖放流活动，在万山、高栏港等海域投放海水鲷科鱼苗250万尾、斑节对虾虾苗9800万尾。

（麦晓琳）

【佛山水生生物增殖放流】 2021年，佛山市推进科学养护水生生物资源，维护生物多样性和水域生态安全。广东省（佛山）江河增殖放流活动在佛山市南海区九江镇举行，活动以“养护水生生物，建设美丽中国”为主题，共投放检疫合格鱼苗1500万余尾，包括西江流域经济鱼种以及西江流域特色鱼种。市区各级在“国际生物多样性日”“全国放鱼日”等适宜水生生物繁衍生息的特殊时间节点先后组织开展7场增殖放流活动，共计放流2046万尾鱼苗。截至是年，佛山市已连续向珠江水域实施增殖放流39年，实施珠江流域禁渔期制度11年，累计投放各类鱼种鱼苗近6亿尾，2000—2021年，全市各级财政累计投入增殖放流专项资金1500多万元。创新形式宣传增殖放流，开通线上直播平台，引导社会公众通过线上线下多种方式参与增殖放流活动；打造集科普、趣味于一体的生态主题游戏，方便市民直观认识科学放生相关知识。

（佛山市农业农村局）

【东莞海岸带保护与利用】 2021年，东莞市推进4个项目填海施工、3个项目补办以及8个生态修复工程实施，以麻涌镇大盛村海洋生态修复工程为试点，探索“市镇统筹、企业出资、村级实施”海岸线生态修复路径。开展海岸带高效率保护利用调查研究、东莞市陆海资源一体化配置及海洋资源价值研究、涌口沙历史遗留问题用岛现状勘查研究，初步摸清海岸带陆海资源底数底图，识别部分统筹单元，加强陆海统筹资源谋划。

（东莞市人民政府地方志办公室）

2021年6月22日，广东省农业农村厅和佛山市政府联合主办的广东省（佛山）江河增殖放流活动在佛山市南海区九江镇举行（佛山市农业农村局供稿）

【中山海岸线资源保护和自然属性维护】 截至2021年，中山市整治修复海岸线3005米，海堤护坡加固、生态化410米，建设生态保护科普区种植红树林防护林带1200平方米，逐步构建红树林生态系统19326平方米。实施岸线占补平衡政策，市域内批准用海项目10个，包括国家级审批项目1个、省级审批项目3个以及市审批项目6个，占用人工岸线6724.9米（含大陆人工岸线128.2米、海岛人工岸线6596.7米，该占用岸线数据不含跨市用海项目），按照相关标准规程实施占补平衡。补充全市经济鱼类种群数量，维护生物多样性，改善渔业水域生态环境，提高资源利用效率。年内，分4批次在南朗街道沿海水域、西江、小榄、鸡鸦、石岐河水道等水域开展水生生物增殖放流活动，投放黄鳍鲷、花鲈、刀额新对虾、鲫鱼、草鱼、鳙鱼、鲢鱼、广东鲂8个鱼种，1128万尾。

（中山市人民政府地方志办公室）

【江门“蓝色海湾”整治行动】2021年，江门市开展美丽海湾保护与建设工作，修建红树林生态管护监测便道一处长350米，其中管护监测长廊一座长30米，亲水平台一座长20.5米；修建科普宣传廊道一座长12米；海堤路加固525米；河道清理土方7018.18立方米。通过项目实施，改善红树林生长环境，提升人居环境，促进社会经济与自然环境和谐发展，增强海岸线防灾减灾能力，提高沿海旅游基础能力建设。

（江门市自然资源局）

·湿地保护修复·

【广州海珠湿地建设】2021年，海珠湿地推进生物多样性保护修复工程建设，恢复垛基果林湿地生态系统，提升底栖动物和鸟类多样性。高潮位栖息地新增4.8公顷，湿地栖息林新增6.6公顷，建设生态链恢复园5公顷，食源总量提升6%，形成完整生态链的天然食堂。新增观花植物和特色水生、滨海、岭南药用植物130种，丰富湿地植物多样性。是年，在海珠国家湿地公园开展生物多样性调查项目中，发现广东省特有新物种并命名海珠斯萤叶甲。至年底，海珠湿地记录有维管束植物146科835种、动物269科883种。是年，海珠湿地获评第五批全国林草科普基地，入选首批国家青少年自然教育绿色营地，成功申报国家长期科研基地。“海珠湿地生物多样性保护修复工程”项目获“2021年国际风景园林师联合会亚非中东地区奖（IFLA APPME）”自然生态类和开放公园类别的杰出奖（Owtstanding Awand）两项国际大奖。是年，海珠湿地完善基础配套设施，实现海珠十里水陆联通。新增4座可通电瓶车的过涌桥，实现海珠湖、湿地一期、湿地二期、湿地三期水陆联通，形成19.8千米水清岸绿风景线。海珠湖新增缓跑径2.5千米，新增观鸟栈道240米，增设观鸟景墙及观鸟望远镜。十香花海新增木栈道平台约4800平方米。全年接待入园游客378.76万人次。

（广州市人民政府地方志办公室）

【深圳湿地公园建设】2021年，深圳市启动编制《深圳市湿地保护规划（2021—2035）》，科学规划湿地资源保护与发展。全面摸清深圳湿地资源家底，启动新一轮全市湿地资源调查；持续对水、鸟、植物等湿地资源开展生态监测，选取深圳代表性水鸟廊道湿地为调查监测对象，整理分析全年水质、鸟、植物监测数据；有序推进广东省重要湿地申报工作，完成广东深圳华侨城国家湿地公园申报省重要湿地工作。至年底，深圳全市挂牌建设1个国家级、10个市级和4个区级共15个湿地公园，湿地公园总面积8.03平方千米。

（深圳市人民政府地方志办公室）

【佛山湿地（河心岛）保护修复】2021年，佛山市开展48个河心岛生态修复阶段性（2017—2020年）总结评价工作，研究制定河心岛生态修复提升行动计划，制定新一轮（2021—2025年）生态修复内容和实施路径，启动组织编制《佛山市河心岛生态修复五年延伸行动方案》，提出创建生态修复示范岛，实施管理、监测、修复和活化4个方面生态修复重点工作，巩固提升河心岛生态品质。（佛山市自然资源局）

【东莞湿地公园建设】2021年，东莞市推进湿地生态系统保护修复，为野生生物提供良好的生态环境和安全环境，长安莲花山自然保护区、谢岗银瓶嘴自然保护区及其周边的生态湿地成为野生生物特别是鸟类重要的栖息繁衍场所。至年底，东莞市有湿地公园24个，总面积21.21平方千米。（东莞市人民政府地方志办公室）

【中山湿地保护】 2021年，中山市受保护湿地面积2.01万公顷；建有湿地（主题）公园20个，总面积1455公顷；建有湿地保护小区18个，面积3289公顷。实施中山滨海湿地区域生物多样性调查与评估项目，掌握重点区域物种情况，形成《中山滨海湿地区域生物多样性调查评估报告（鸟类、水生生物）》《中山滨海湿地区域生物多样性重点物种后续观测方案（鸟类、水生生物）》。

（中山市人民政府地方志办公室）

【江门湿地公园建设】 2021年，江门市指导做好新会小鸟天堂、开平孔雀湖、台山镇海湾红树林3个国家湿地公园湿地生态监测、科普宣教、勘界立标等工作，广东新会小鸟天堂国家湿地公园试点建设工作通过国家林草局验收。至年底，江门市建成湿地公园14个，其中国家级3个、省级1个。（江门市自然资源局）

环境保护和治理

·城市水环境综合整治·

【澳门水环境综合整治】 2021年3月，澳门特别行政区公布《澳门水质自动监测站年度监测数据报告2020》。澳门市政署化验处定期监测澳门自来水出厂水及全澳公共供水网、水库水质，确保达到《澳门供排水规章》要求。

是年，澳门环境保护局对所管理的海域水质进行定期监测，建立环境水质监测网络，在筷子基北湾青洲塘、内港及路氹城生态保护区分别设置3个环境水质自动监测站，通过自动化网络对水质进行24小时监测；自是年8月起，接收管理两个位于鸭涌河的水质自动监测站，对鸭涌河水质进行持续监测。

是年，澳门有污水处理设施4处，分别为澳门半岛污水处理厂、氹仔污水处理厂、路环污水处理厂和跨境工业区污水处理站，总处理能力每天35.6万立方米。澳门半岛污水处理厂处理总量为5387.57万立方米，氹仔污水处理厂处理总量为872.60万立方米，路环污水处理厂处理总量为1083.72万立方米，跨境工业区污水处理站处理总量为78.95万立方米。澳门半岛污水处理厂优化工程完成，新建的污水处理设施投入运作，整体出水质量提升。完成路环污水处理厂原址升级的前期设计及地质勘测。配合港珠澳大桥澳门口岸管理区最新规划，调整澳门人工岛新污水处理厂选址后，澳门市环境保护局开展建造工程初步设计修订及补充地质勘测，预计于2022年进行公开招标。12月，澳门首个沿岸临时污水处理设施“近外港码头临时污水处理设施”项目完成建造并投入运作，改善沿岸水质及臭味问题。

（摘自《2022澳门年鉴》）

【广州水环境综合整治】 2021年，广州市坚持“以流域为体系，以网格为单元”系统治水思路，巩固提升国考省考断面水质达标攻坚成效，以重点考核断面为抓手，375条重点考核断面周边一级支流消除劣V类，纳入市总河长10号令的74条一级支流消除劣V类。推进“散乱污”场所、涉水违建整治。补齐城乡污水收集处理设施建设管理短板，推进排水单元达标改造和合流渠箱清污分流，提高污水处理厂进水浓度和生活污水集中收集率，进一步提高污染物削减效能。强化饮用水水源地生态环境保护工作，完成饮用水水源地环境状况评估，推进沙湾水道东涌水厂（旧取水口）水源保护区生效工作，组织推进沙湾水道广佛跨界区域违法问题整治，开展饮用水水源地环境保护专项行动“回头看”。

（广州市人民政府地方志办公室）

【深圳城市水环境综合整治】2021年，深圳市严格落实国家、广东省完善地下水环境监测网的要求，编制《深圳市地下水环境监测网优化方案》，完善地下水环境监测网。持续推动水污染治理工作，开展流域下沉督办及“绿水行动”，对全市310条河流408个断面实施“一周一测”“两周一排名”。构建河流水质科技管控，依托“132套高清摄像头、123个监测微站、专业巡查队伍”和深圳水环境App系统，构建水环境巡查实时可视化监控体系。以“双转变、双提升”倒逼全市污水管网系统完善，污水集中收集率从76%提高到84.1%，水质净化厂进厂水量、进厂平均生化需氧量（BOD5）浓度同比分别增长5.4%、6.4%。对全市39家水质净化厂以及44家分散式污水处理设施实施“一日一报”。年内，深圳市内无禁养区，深汕特别合作区划定禁养区且禁养区清退率100%，实现长期动态监管。

（深圳市人民政府地方志办公室）

【珠海水环境综合整治】2021年，珠海市全力推进国考断面达标攻坚、城市生活污水治理、工业污染治理、农业农村污染治理、农业面源污染治理、港口船舶污染治理、巩固提升饮用水水源保护水平等10项重点任务。珠海大桥、尖峰大桥、鸡啼门大桥、西炮台国考断面水质均值为Ⅱ类，石角咀水闸国考断面水质为Ⅲ类。推进河湖“清四乱”（乱占、乱采、乱堆、乱建）、“清漂”（水面漂浮物清理）常态化规范化，全市清理河流长度1050千米，清理水面漂浮物1.54万吨。落实流域面积50平方千米以下河道管理范围划定153千米，完成广东省下达的年度工作任务。

推进重点流域水环境综合治理、城镇污水处理提质增效、问题河涌治理、农村生活污水治理和水浸黑点整治，全年新建改建污水管网309千米，超额完成省下达的目标任务。全市自然村农村生活污水收集完成率和治理完成率均达100%。前山河流域基本实现雨污分流，水环境综合整治项目（二期）启动，水环境质量明显改善，全年水质均值达到Ⅲ类地表水标准。投入14.9亿元推进53条问题河涌治理，强化问题河涌每月水质监测及通报工作，不定期开展明察暗访，与上年相比，问题河涌总体水质实现大幅提升，治理取得阶段性成效。

横琴粤澳深度合作区协同开展全域治理。对合作区重要水域119个排水口实现无死角监测监管，对247户重点排水户全面进行源头监管，平均每日减少4000余立方米污水流入河海。全力保障省级万里碧道天沐河水环境，严格治理两岸排污口，提升水质达到优良等级。合作区河湖水质大幅提升，黑臭水体全面消除，劣Ⅴ类水体消除比例约90%，整体水域水质稳定向好，天沐河、芒洲湿地二井湾湿地水质稳定达到Ⅲ、Ⅳ类。

（胡源）

2021年，珠海东岸排洪渠一河两岸景观。从黑臭水体变为城市一道亮丽风景线，是黑臭水体治理融合碧道建设的典型范例　（珠海市水利局供稿）

【佛山城市水环境综合整治】2021年，佛山市推动水生态环境质量持续改善。印发实施《佛山市水环境全流域强统筹大兵团分层次治理实施方案（2021—2025年）》，按照全流域治理、强统筹推进、大兵团作战、分层次实施的系统性治水战略，实施生活污水处理提质增效、工业和船舶废水减排、农业污染源头防治、黑臭水体全面消除、入河排污口清理整治、清淤治违畅通河渠、以水定地城市更新、科技创新智慧治水八大行动，开创治水兴水工作新局面。全市集中式饮用水水源地水质达标率100%，14个国考省考断面全面达标，优良比例为85.7%，劣Ⅴ类比例为0，其中省考漫水河河口（墩咀断面）水质为“十三五”以来首次达到Ⅲ类考核标准，市考断面劣Ⅴ类比例由2020年底的35.59%下降到是年的16.67%。持续推进珠江三角洲水资源配置工程饮用水水源保护区划定，开展50条饮用水源保护区连通河涌整治。重点推进佛山涌、南北大涌、北村水系等流域治理，有序推进南海区解放水系、良安水系、红星运河水系、官山水系和顺德区7个联围水系等流域综合治理项目。强化污染源头治理，全年全市新增生活污水处理能力7.5万吨/日，新建污水管网768千米，排查修复老旧管网357千米，完成131个自然村的农村生活污水处理，完成10个镇级工业区“污水零直排区”试点建设，实施855.5千米省万里碧道河流排查，完成147个入河排污口整治。推动完成全省首条河涌（佛山水道罗沙段）环境应急“南阳实践”试点工作，启动樵北涌等4条河涌环境应急“南阳实践”试点工作。继续巩固鄱阳环村涌等8条城市建成区黑臭水体整治成效，落实110项城乡黑臭水体整治巩固成效工程，完成50条农村黑臭水体整治验收。构建形成“河长+检察长+河湖警长+民间河长+水义工”全覆盖巡河体系，全市各级河长累计巡河11.14万次，发现问题4.52万个，完成整改4.5万个。狠抓河湖专项清理整治，全年完成1563宗“四乱”问题清理，累计拆除建筑面积约33万平方米，清理非法占用河道岸线长度78.39千米，各类乱堆问题6698个，河涌清淤122.08千米，清理水面漂浮物7.82万吨。

（佛山市生态环境局　佛山市水利局）

【惠州水环境治理】2021年，惠州市坚持全域系统治水，全市水环境质量持续改善，淡水河、沙河整治入选“2021年广东省十大美丽河湖优秀案例”。

推进水污染治理　是年，惠州市巩固治水成效，推进支流河涌整治，规范整治入河排污口315个，九大水系112条主要一级支流水质好转，新增优良水体8条，消除劣Ⅴ类水体19条。完成6座污水处理设施主体工程建设，新改建污水管网673千米。完成淡水河流域丁山河、屯梓河、黄沙河调蓄池建设，强化应对初期雨水污染。紧盯吉隆河水质达优攻坚，实施管网清疏修复、河道清淤等五项工程建设，吉隆商贸城前断面水质年均值为Ⅲ类，实现提前达优。全域开展饮用水源保护区环境问题排查与整治，完成79个水源保护区环境状况评估，建立风险源名录，推动水源保护区规范化建设，各级水源地水质均达到优良。

推进“两江一河”综合治理　是年，惠州市开展“两江一河”（东江、西枝江，新开河）综合治理工作，完成“三无”（无船名船号、无船舶证书、无船籍港）船只和沿岸违章搭建清理工作，77户297名水上住家人员全部被引导上岸，强制拖离休闲船等“三无”船只85艘，拆解清理住家船和渔船261艘，拆除沿岸违法建设3万平方米、构筑物40多处。完成14艘400总吨以下营运船舶防污染设施改造。优化“两江一河”生态环境，巩固全国文明城市和卫生城市建设成果，印发《惠州市东江、西枝江及新开河沿岸卫生保洁和垂钓管理工作方案》，开展“两江一河”沿岸卫生保洁及垂钓管理专项治理，通过利用线上技术手段和线下执法管控等措施，解决船舶噪声扰民问题，改善沿岸环境卫生和垂钓乱象，清理沿岸垃圾6.76万立方米、沿岸菜地等违章种植8470平方米，设置告示牌175块、护栏300米，拆除钓鱼平台93处，印发宣传资料1.2万份，劝离垂钓者1.83万人次，沿岸景观风貌得到优化。

农村水环境综合整治　是年，惠州市提升农村生态环境质量，完成150个自然村生活污水治理，超过省定105个评估任务要求。排查开展农村黑臭水体整治，完成59个农村环境综合整治年度任务，改善农村环境质量。加强地下水污染防治，优化"十四五"地下水环境质量考核点位，强化点位地下水定期监测及监测井周边环境管理，国控监测点位水质达标，无Ⅴ类水体。（惠州市人民政府地方志办公室）

【东莞水环境治理】2021年，东莞市地表水7个国考断面水质基本稳定达标（溶解氧除外），国考断面优良率为57.1%，完成广东省下达的目标要求。以大兵团作战推进茅洲河、石马河、东引运河—寒溪河、东江下游片区、磨碟河片区等重点流域综合整治，是年，茅洲河共和村、石马河旗岭断面水质均为Ⅳ类，东引运河樟村断面水质为Ⅲ类，东江下游片泗盛断面水质不计溶解氧为Ⅱ类。推进全市内河涌"剿黑消劣"工作，城市建成区22条黑臭水体实现"长制久清"。是年，新增完成水环境整治任务河涌217条；全市53条农村黑臭水体基本消黑，内河涌消劣比例超70%；完成纳入广东省农村生活污水治理民生实事储备库50个自然村生活污水治理。（东莞市人民政府地方志办公室）

【中山水环境整治】2021年，中山市持续推动水污染防治攻坚。推进中心组团158条（段）未达标水体整治工程，累计完成94条（段）河涌整治，启动中心组团44条河涌、72段覆盖暗渠直排口摸排及污染源溯源工作。至年底，非中心组团未达标水体整治工程包括全市15个流域11个项目全部开工，163条河涌进场施工。完善污水处理设施设备，检测污水管网347千米，修复病害管网85千米；排查生活污水直排口638个，全部消除；加快新增管网建设，全年全市累计新建污水管网422千米。

（中山市人民政府地方志办公室）

【江门水环境综合整治】2021年，江门市系统开展西江潭江流域跨县重点支流水安全保障、水环境治理、水生态修复等项目，完成投资5.88亿元，治理河长83千米。鹤山市依托重点支流项目，成为广东省唯一入选2021年全国水系连通及水美乡村建设试点县。是年，各级河长巡河25.94万多人次，发现并解决问题1.6万多个，完成长约864千米的河流岸线保护与利用规划编制，以及113条、515千米流域面积50平方千米以下河湖管理范围划定工作，在广东省率先完成9条河湖健康评价工作。新建4座集中式工业污水处理厂，提高城镇生活污水处理设施减排效益，落实农业农村污染治理，5条纳入国家和省清单的农村黑臭水体治理工作全部完成。是年，江门市河长制水质考核断面达标断面比率95.2%，优良断面比率85.5%，基本消除劣Ⅴ类水体。（江门市水利局　江门市生态环境局）

【肇庆水环境综合整治】2021年，肇庆市积极推动水环境综合整治，实施水质断面达标攻坚。推进城镇生活污水治理，"十三五"期间，肇庆市88个建制乡镇实现生活污水处理设施全覆盖，全面完成省级污染防治攻坚战管网建设任务。推进城市生活污水处理提质增效，年内城市生活污水集中收集率51.37%。推进农村生活污水治理，因地制宜，采用纳入城镇污水处理系统、建设农村生活污水处理设施和污水资源化利用（或自然生态消纳）三种方式开展治理工作，新增150个自然村完成污水设施建设，全面完成省民生实事工作任务；全市有8734个自然村完成农村生活污水治理，完成率63.48%。加强农村饮用水水源水质监测，严格落实每季度监测一次镇村千吨万人饮用水水源地水质工作，监测结果均优于或达到Ⅲ类标准，达标率100%。

（肇庆市人民政府地方志办公室）

【广佛跨界河流水质达“十三五”以来最优】2021年4月29日，佛山市第十五届人大常委会第四十二次会议召开，听取和审议《佛山市人民政府关于2020年度环境状况及环境保护目标任务完成情况的报告》。报告指出，2020年佛山市生态环境保护成绩突出，空气质量首次达到国家二级标准，广佛跨界河流水质达到“十三五”时期以来最优。2020年1—12月，佛山市水环境质量改善成效突出，对照广东省人民政府水环境质量目标责任书，13个国考及省考断面全面达到或优于Ⅳ类水水质，水质优良率为84.6%，劣Ⅴ类水体比例为0，其中4个国考断面水质均为Ⅱ类。广佛跨界河流省考佛山水道横滘断面、西南涌和顺大桥断面水质从2016年劣Ⅴ类提升至2020年Ⅳ类，为“十三五”同期最优。

（佛山市水利局）

【中山“民间河长”巡河工作启动】2021年5月6日，中山市优化河湖长制工作，印发《中山市“民间河长”招募管理方案》，面向社会公开招募“民间河长”，引导民间力量关心、支持、参与、监督河湖管理保护工作，凝聚各界护水合力，开创河湖管理新模式。“民间河长”均在有关河涌附近居住或工作，具备经常巡查河流的便利条件，通过自主巡河与集中巡河相结合，履行好监督河湖长制及河湖治理保护落实情况、问题整改情况的义务，及时向河长办反馈巡河问题，义务宣传河道保护法律法规和科学知识等。至年底，全市累计招募民间河长422人，开展自主巡河7821次，集中巡河295次，发现问题889个。（中山市人民政府地方志办公室）

·海洋资源环境保护·

【香港海洋资源环境保护】2021年，维多利亚港海水法定水质指标整体达标率100%。至年底，超过16000间村屋污水管接驳至公共污水渠。通过源头污染管控，香港河溪水质有所改善，监测站水质被评为“良好”或“极佳”的占81%，水质等级为“恶劣”或“极劣”的占10%。全港42个宪报公布的海滩均符合法定细菌水质指标，其中30个海滩被评为“良好”，12个海滩为“一般”，没有被评为“欠佳”或“极差”级别的海滩。全年收集海上垃圾（不含沿岸垃圾）约2500吨。通过试运行“海上垃圾通报警示系统”，香港特别行政区与广东省加强合作，共同应对海上垃圾问题，粤港海洋环境管理专题小组适时通报香港、珠江河口及其邻近水域可能出现大量海上垃圾的情况，以便相关部门作出进一步跟进处理。

（香港历史研究基金会）

【广州海洋环境综合整治】2021年，广州市坚持“陆海统筹、河海共治”，加强近岸海域污染防治。编制《广州市“十四五”海洋生态环境保护规划》，推进实施美丽海岸建设项目。推进入海河流污染治理，在全市8条入海河流断面水质全部达到优良的基础上，制定实施“一断面一策”方案，持续巩固入海河流水质。建立海洋生态环境保护多部门“共商共治共管”机制，对涉海工程、陆源排污、海洋倾废、海上运输固体废弃物等开展多部门联合执法检查。推进港口船舶水污染物接收能力建设，对全市119个港口企业开展船舶污染物接收服务情况专项检查。加强对港口码头污染监督管理，落实环保工作措施。加强海漂垃圾清理，定期对珠江主航道市直管水域进行保洁，开展全市水域市容环境卫生常态化巡查督导，严厉打击建筑废弃物水上运输违法行为；黄埔、番禺、南沙和增城4个沿海区全面落实海漂垃圾清理任务，按照“一涌一策”“定人定岗”保洁模式，实行清漂长效机制常态化保洁。

（广州市人民政府地方志办公室）

【深圳海洋资源环境保护】2021年，深圳市持续完善海洋生态环境管理体系。在《深圳经济特区生态环境保护条例》中设立“海域污染防治”专章，强化海洋生态环境保护法律保障。推进“1+N”海洋生态环境保护修复机制改革，完善陆海统筹的污染防治、生态保护修复、风险防范和监测执法制度。强化入海陆源污染防治，入海河流“降总氮”与水质净化厂脱氮除磷能力提升协同发力，西部海域入海河流总氮比上年下降 3.22%。至年底，全市完成 5 个入海排污口备案工作，各类入海排放口总数为 479 个。强化监管能力建设，完成海洋污染基线和生态本底调查首航，建立由 76 个点位组成的陆海联动海洋水质监测体系，实现“一月一测一报”。大鹏湾成功入选生态环境部 8 个“美丽海湾”提名案例。（深圳市人民政府地方志办公室）

【珠海海洋环境综合整治】2021 年，珠海市“情侣路特色滨海美丽湾区”入围全国 18 个美丽海湾案例，是广东入选的 4 个海湾之一。印发实施《珠海市近岸海域污染综合治理专项攻坚方案（2021—2023 年）》。落实“碧海 2021”海洋生态环境保护专项执法行动工作。组织开展涉海工程专项联合执法行动以及近岸海域污染防治联合执法行动。建立信息共享协作机制，联合科研院所利用卫星遥感影像进行跟踪巡查，及时应对处置船舶溢油、赤潮等海洋环境突发事件。开展入河（海）排污口排查整治专项行动，落实“查、测、溯”重点任务，按“依法取缔一批、清理合并一批、规范整治一批”分类整治办法，逐一核实确定 95 个入河排污口纳入整治清单，并按“一口一策”制定整治措施，明确整治责任主体、目标和时限要求。2021 年 2 月 24 日，珠海市首例海洋环境民事公益诉讼案件由广州海事法院作出一审判决，4 名被告被判赔 204.91 万元，并向公众公开赔礼道歉。其中 1 名被告不服一审判决，向广东省高级人民法院提起上诉，12 月 13 日，广东省高级人民法院作出终审判决，驳回上诉，维持原判。该案件是珠海市生态环境部门首次作为原告依法行使海洋环境监督管理权，代表国家对责任者提出损害赔偿要求。

（胡源）

【东莞渔业资源保护】2021 年，东莞市加强渔业资源保护，开展海洋渔业增殖放流活动。5 月 26 日，市农业农村局在滨海湾新区东宝公园邻近海域开展海洋渔业增殖放流活动，投放黄鳍鲷鱼苗 25 万尾、斑节对虾苗 750 万尾；6 月 9 日，东莞市江河水生生物增殖放流活动在石龙镇金沙湾公园举行，投放鳙鱼、草鱼、鲮鱼、鲢鱼 350 万尾；7 月 23 日，在虎门威远岛开展东莞市海洋水生生物资源增殖放流活动，投放黄鳍鲷、鲻鱼、刀额新对虾、近缘新对虾苗等 1100 万尾。

（东莞市人民政府地方志办公室）

【中山海洋资源环境保护】2021 年，中山市全面整治入海排污口、近岸海域船舶港口、沿岸养殖等各类近岸海域污染问题，保障近岸海域水质达标。组织编制《中山市海洋生态环境保护“十四五”规划要点》《中山市海洋生态环境保护规划（2020—2035 年）》，总结“十三五”水生态环境保护实施成效与经验，共规划 11 个项目。开展 2021 年度中山市海洋生态环境调查评价项目、中山市近岸海域水质提升与污染防控关键问题研判工作项目，明确近岸海域生态环境现状，提出相应的污染控制模式与策略，为各项海域污染防治工作方案提供科学依据。完成每月入海河流水质和全市 18 个入海排污口季度性监测，加强对相关单位督导，推进近岸海域污染防治工作。开展“碧海 2021”海洋生态环境保护专项执法行动，检查入海排污口及建设项目 48 个次，责令整改 3 家企业，联合其他部门查处 1 宗非法采砂案件。

（中山市人民政府地方志办公室）

【江门海洋环境综合整治】2021 年，江门市开展近岸海域环境综合整治，4 条主要入海河流（潭江、大隆洞河、那扶河、海晏河）水质均达标，水质达标率 100%，潭江、那扶河出海口水质为Ⅱ类。新建沙头河污水截污管网 0.7 千米，海晏污水处理厂新建污水管网 0.94 千米，王府洲污水处理厂新建污水管网 3 千米；制定《2020 年度江门市镇海湾（北陡）美丽海湾建设项目实施方案》，投资1000万元开展镇海湾（北陡）生态修复工程，补植4.69公顷红树林。开展“碧海2021”海洋生态环境保护专项执法行动，打击非法开采海砂、违法运输和海洋倾废等破坏海洋生态环境违法行为，查获海洋生态违法案件4件，罚款46.76万元。

（江门市人民政府地方志办公室）

·水生生物资源养护·

【广州水生生物资源保护】2021年，广州市落实伏季休渔和珠江禁渔期制度，开展水生生物增殖放流活动，组织增殖放流活动10次，放流鱼苗品种有草鱼、鲢、鲫、鲮等品种，放流1021.11万尾。审核审批水生野生动物的人工繁育和经营利用许可，全年办理水生野生动物人工繁育许可证2441个、经营利用许可证113个。印发《落实水生野生保护动物疫情防控工作措施》《加强2021年秋冬季节水生野生保护动物执法行动方案》《广州市林业生物防治检疫和渔业保护区管理中心水生野生动物收容救护及处置管理制度》《水生野生动物执法监管和收容救护工作协作机制》等文件。收容救护水生野生动物37宗20个物种1006只（尾）活体，鹦鹉螺、玳瑁、绿海龟标本10只；处置水生野生动物19个物种897只（尾）。开展水生野生动物救护智能化前期研究和水生野生动物病害研究，完成保护基地淡海水生物科普展示区改造、科普设施建设及水循环系统改造项目建设。组织广州市2021年水生野生动物保护科普宣传月活动，开展渔业资源人工增殖放流科普宣传进“四区”（景区、社区、渔区、校区）系列活动。全年开展研学活动、科普讲座、活体展示等科普活动11场，宣传普及《中华人民共和国野生动物保护法》《广东省野生动物保护管理条例》《广州市禁止滥食野生动物条例》等法律法规及生物多样性保护相关科普知识，线下4000人、线上207万人次参与活动。组织开展“清风行动”“亮剑2021”和打击涉野走私专项行动。开展“双随机、一公开”以及行政执法检查，随机抽取30个水生野生保护动物驯养繁殖场所（养殖户）进行检查，开展水生野生保护动物行政许可事项检查，抽查办证场所25个。

（江浩）

【佛山水生生物资源养护】2021年，佛山市加强水生野生动物保护管理，全年全市发放水生野生动物人工繁育证1620份、水生野生动物经营利用证969份，从业人员1.6万人，名龟、鳄鱼、娃娃鱼等养殖数量约350万只，产值保守估算超3亿元。严格执行“清风行动”“中国渔政亮剑2021”等专项执法行动，落实属地责任，加大对《国家重点保护野生动物名录》所列物种的保护力度，开展反走私、水生野生动物、水上安全等领域联合执法行动43次。高明区万绿源生态种养殖有限公司与中国水产科学研究院珠江水产研究所共同开展鼋人工繁育研究。截至是年，万绿源公司成功利用4只成体鼋人工繁育子一代幼鼋950余只，并每年可繁殖约200只子代幼体鼋，佛山市保有全国最大量的鼋子一代种群。9月，农业农村部长江流域渔政监督管理办公室授牌万绿源公司“农业农村部佛山鼋人工繁育基地”。截至年底，佛山市建立全国最大的鼋保育基地，初步集成一批具有自主知识产权的鼋繁育技术成果，为鼋保护提供重要的物质基础和技术储备。（佛山市农业农村局）

【江门中华白海豚省级自然保护区】2021年，广东江门中华白海豚省级自然保护区管理处扎实推进中华白海豚保护各项工作，江门中华白海豚省级自然保护区被认定为江门市科普教育基地、江门台山市少先队校外实践教育营地（基地）。是年，江门市加强巡航管护，实现巡护常态化和巡护面积全覆盖；加强科研合作，联合各相关科研院所开展中华白海豚种群及其栖息地、海洋生态环境、声学研究等科考调查，夯实基础数据；开展多样化科普宣教活动，举办广东省2021年世界海洋日暨全国海洋宣传日、2021年中华白海豚保护宣传日和水生野生动物保护宣传月等活动，举办中华白海豚科普讲座，开展“净滩护海，鲸变未来”志愿者活动和“保护中华白海豚 守护海岸线行动”研学之旅，提升公众生态保护意识。（江门市自然资源局）

·大气污染治理·

【概况】2021年，广东省大气6项主要污染物指标连续七年全面达标，全省细颗粒物（$PM_{2.5}$）平均浓度为22微克/立方米，排名全国第三，21个地级以上市$PM_{2.5}$浓度均完成考核目标。全省可吸入颗粒物（PM_{10}）、二氧化硫（SO_2）、一氧化碳（CO）三项指标位列全国前十，AQI达标率为94.3%。深圳市$PM_{2.5}$浓度为18微克/立方米，再创历史新低；珠海、中山、深圳、惠州、肇庆五市在全国168个城市空气质量列前20位。制定VOCs重点行业治理工作指引以及重点行业分级规则，对2139家企业实施差异化管理。建立全省工业锅炉和重点工业炉窑级别管控清单，对1139家工业炉窑企业开展分级管控核查，完成建筑陶瓷生产线“煤改气”，铝型材、钢压延行业基本完成清洁能源替代。开展大气污染防治奋战80天攻坚行动，每日发布“预报预警日报”和“热异常点遥感监测简报”，适时采取减排措施，行动期间全省超标天数不超过50天。

（广东省生态环境厅）

【香港空气污染治理】2021年，香港大气中的主要污染物基本符合官方空气质量指标。是年，香港完成更严格的空气质量指标修订工作，新指标于2022年1月1日起施行。自2012年以来，香港大气中的PM_{10}、$PM_{2.5}$、二氧化氮（NO_2）及SO_2浓度分别下降36%、46%、29%、55%，路边空气中相同污染物浓度分别下降38%、44%、41%、50%。区域臭氧水平持续偏高，光化学烟雾问题有待改善。

（香港历史研究基金会）

【广州蓝天保卫战】2021年，广州市启动2021年奋战80天大气污染防治攻坚工作，制定实施大气污染防治强化方案，按照全市大气污染防控“一盘棋”思路，实施7个方面30条强化措施，强化工作调度，市、区两级联合组建巡查队伍，对重点区域污染防控工作进行巡查督导，各区各部门形成合力，共同推进攻坚工作。

是年，广州累计推广应用纯电动公交车1.3万辆、纯电动巡游出租车1.66万辆、纯电动网约车8.5万辆；提前淘汰老旧营运柴油车883辆；抽查柴油车用车大户784家，道路、停放地抽检柴油车5.1万辆，遥感监测柴油车215万辆次；从是年7月1日起全面实施柴油车国六标准；全市行政区内禁止黑烟车上路行驶，部门联动依法严查冒黑烟车；完成2.3万台非道路移动机械编码登记；抽检船舶燃油1373艘次，400多个工地实现油品直供。

开展VOCs含量涂料产品专项检查。推进

2021年，广州生态环境不断改善，环境空气质量优良天数比例为88.5%

（广州市生态环境局供稿）

132家重点VOCs企业分级管控以及327家印刷企业VOCs整治工作，夯实1179家重点企业销号式整治。开展加油站、储油库油气排放专项执法检查。健全"问题诊断、管控建议、执法支持、动态评估"工作模式，开展臭氧生成潜势物种（挥发性有机物）及空气六参数走航监测，覆盖全市11个行政区的113个工业区，行驶里程8000千米，完成整改85个异常点位。建立建设工程扬尘整治联席会议制度，印发《2021年广州市建设工程施工扬尘整治工作方案》《广州市建设工程扬尘治理和文明施工严格管理6条措施》，加大扬尘执法和曝光力度，开展"治污降尘、守护蓝天"扬尘治理专项整治行动，进行交叉检查、联合督导、媒体暗访抽查。加强道路洒水保洁。立案涉成品油刑事案件30件、行政案件16件，拘留357人、逮捕112人，查获涉案柴油2875吨、汽油1.3万余吨、轻循环油2851吨，取缔黑加油点52个，查获黑油车198辆。对施工机械等使用油品进行抽检，推进溯源查处并加强监管，督促使用正规油品。推广施工工地油品直供，减少非道路移动机械污染排放。

（广州市人民政府地方志办公室）

【深圳蓝天保卫战】 2021年，深圳市积极强化科技支撑，推进空天地一体化观测网建设，完成污染源排放清单动态更新、效益评估、超级站观测、垃圾焚烧厂VOCs调查、重型货车实际道路排放因子等研究；积极应对不利天气，发布实施《关于加强应对不利天气落实强化减排措施的指导意见》，全年启动13次69天大气污染强化减排。持续推动"深圳蓝"可持续行动计划。印发《2021年"深圳蓝"可持续行动计划》《关于开展深圳市2021年秋冬季大气污染防治攻坚行动的通知》等文件，统筹推进臭氧和$PM_{2.5}$协同治理，"深圳蓝"任务全部完成，$PM_{2.5}$和AQI达标率达到有监测数据以来最好水平。VOCs治理方面，完成25家企业原辅料替代，销号整治300家；实施VOCs企业分级规则，完成39家省级重点企业评级和43家企业（含工业企业和加油站）深度治理；核查核算1091家企业，建立532家VOCs年度重点企业清单；建成5个喷涂共性车间，完成43台天然气锅炉低氮改造。

移动源治理方面，全面实施机动车国六a排放标准，持续开展机动车路检路查和用车大户入户抽检，查处超标排放车辆909宗；完成9665台在用非道路移动机械信息编码登记和贴码，执法检测4653台次，查处185宗；推广使用低硫燃油，抽检船舶2611艘次，抽检率1.92%，查处288宗，岸电覆盖率80%；新能源汽车累计推广51万辆，继续在国内保持领先；加强油品油气质量监管，完成293家加油站、5座储油库油气回收检测，累计114家加油站安装油气回收在线监控设备；快检非道路移动机械和用车大户车辆油品997台，发现156台超标线索。

扬尘治理方面，检查工地56971项次，责令整改4803项，停工整改303项，行政处罚32起；建成30个工地扬尘治理示范工程；全市城市道路适宜机扫道路机扫率达97%以上。

生活源污染控制方面，执法检查1429家中型以上餐饮企业，限期整改347家，立案51宗，完成1470家在线监控设备安装；查处露天焚烧771宗，立案处罚30宗；鼓励市民在夜间19时至次日1时期间错峰加油；推进ODS（消耗臭氧层物质）治理，完成19家使用、销售和制冷维修企业专项执法检查。

（深圳市人民政府地方志办公室）

【珠海蓝天保卫战】 2021年，珠海市推进打赢蓝天保卫战行动，出动执法人员29.24万人次，教育整改大气污染类违法行为5411宗，立案查处180件，处罚款71.73万元。牵头餐饮油烟治理，开展联合执法行动41次，现场督办16次，加大宣传引导，探索引进第三方机构指导餐饮单位治理油烟，教育整改526宗，立案4件，关停2家。开展应对污染天气13轮次65天，比上年减少6个污染天；全年空气质量达标率为95.1%，较广东省政府下达的目标高4.7个百分点，6项大气污染物全面达标，其中$PM_{2.5}$年均浓度优于世界卫生组织第二阶段标准。横琴粤澳深度合作区针对中央生态环保督察反馈的薄弱环节，联合有关部门重点对合作区及洪湾片区建材企业粉尘污染开展多次专项行动，清理多家违规碎石场。优化合作区空气质量监测网布局，持续做好对合作区涉气污染源企业管控，加强对国控空气质量自动监测站周边餐饮企业监管。合作区空气质量持续改善，AQI达标率为94.5%，$PM_{2.5}$年平均浓度为19微克/立方米，臭氧为144微克/立方米，总体质量比上年提升0.4%。推进主要污染物总量减排工作。强化帮扶VOCs企业治理，省、市控“一企一策”综合整治率达100%，基本完成深度治理19家、过程监控建设13家、分级管理62家，全年减排1119吨，企业总投入约2000万元。强化运用“金湾区VOCs及恶臭气体污染精准管控系统”，非甲烷总烃浓度异常总时长比上年下降九成以上。4月1日起，全天禁止“黑烟车”在香洲区行政区域范围内道路行驶；7月1日起，全天禁止“黑烟车”在全市行政区域范围内道路行驶。开展施工扬尘污染防治“六个100%”，全市在建房屋市政工程项目1056个，建筑面积4554.68万平方米，472个规模以上在建工地均安装扬尘噪声监控系统。开展扬尘专项整治工作，全年检查工地3.18万家次，发现问题工地1173家次，督促整改893家，立案处罚26件；检查泥头车1.76万车次，立案2622件。9月起，公开每月“前五”“后五”PM_{10}浓度站点排名，通过“全民监督”强化扬尘防治。

（何文松　胡源　梁漫桦）

【佛山大气污染治理】2021年，佛山市空气质量综合指数为3.56，优良天数占比为85.5%。在空气质量各指标中，CO、SO_2、NO_2、PM_{10}、$PM_{2.5}$等多项污染物浓度均优于国家环境空气质量二级标准。全年全市出现49天轻度污染、4天中度污染，无重度污染和严重污染。是年，佛山市完成13家C级工业炉窑企业治理提升、13家VOCs重点企业深度治理；抓拍处罚黑烟车闯限行违法行为1342宗，处罚冒黑烟非道路移动机械33宗。

（佛山市生态环境局）

【惠州大气污染治理】2021年，惠州市奋战控源治气，坚持减污降碳协调增效，协同控制$PM_{2.5}$和臭氧污染，防治攻坚大气污染。完成115家VOCs重点企业绩效分级，14家涉VOCs企业深度治理，25家工业炉窑企业整治升级；抽查392个加油站、6大储油库和139辆油罐车油气回收治理，完成79个车用汽油年销量大于5000吨的加油站在线监控系统建设，完成8552辆柴油车抽检、167家用车大户入户检查，开展非道路移动机械编码登记；加强对全市171家营运柴油车大户、8303辆营运车辆的管理，建成汽车排放污染维修治理站（M站）21个，全年维修治理尾气排放不合格车辆483辆次，实现汽车尾气排放检验与维修闭环管理；开展扬尘污染专项检查5.5万个次，发现并整治扬尘污染问题8000余个；推进企业碳排放报告和管理，编制惠州市应对气候变化“十四五”规划、惠州市2020年温室气体清单，开展惠州市二氧化碳排放达峰研究。

（惠州市人民政府地方志办公室）

【东莞大气污染治理】2021年，东莞市持续改善空气质量。完成325家VOCs企业原辅材料替代，推广1748家VOCs企业实施第三方管理运营，现场排查核心控制区VOCs企业3822家，整改1544家。建成绿色物流片区4个，新增推广纯电动出租车（含网约车）5363辆，发布实施机动车排放检验和维护制度，定期检测145.53万辆，督促12.59万辆不合格车辆维修治理，现场抽检柴油车7863辆、非道路移动机械1631台次。查处“黑油”窝点604个，查扣涉黑油车辆751辆，查扣“黑油”1166吨。强化使用环节油品质量抽查，开展车用油品硫含量1085辆、非道路移动机械油品116台次，强化不合格油品追踪溯源。

开展船舶燃油取样检测889艘次，查处使用燃油硫含量超标船舶39艘次。是年，强化扬尘源管控，检查工地2.6万个，责令整改问题工地1287个，查扣违法违规泥头车2782辆，完成新型泥头车更新换代4898辆。截至年底，启动污染天气应急106次，通过引导工业源错峰减排、强化交通拥堵疏导和机动车执法抽检、落实增湿降温抑尘等措施，减少污染天气发生。

（东莞市人民政府地方志办公室）

【中山大气污染治理】2021年，中山市巩固打赢蓝天保卫战成果，统筹做好全市全年大气污染防治工作。持续推进VOCs综合治理。开展涉VOCs重点企业“回头看”专项检查175家次，推进“共性工厂”建设工作，建成并投入运营5家、在建7家。全面落实高污染燃料禁燃区管理，对全市256台生物质锅炉开展烟气视频实时监控，发现及处理问题152个；完成全市1064台锅炉及炉窑分级认定工作。完成全市黑烟车限行区域划定，运用8套机动车尾气遥感监测设备排查黑烟车1266万车次，查处超标排放车辆363辆次；完成1337台在用非道路移动机械环保信息登记编码。强化大气环境管理决策及监管科技支撑，全年启动8次总时长82天的污染天气应对工作；运用“互联网+VOCs”治理实时监视远程监管系统，在线监视重点企业101家，发现并处理问题206个；运用餐饮油烟监控平台管理重点单位200个，发现并处理问题89个；利用高空人工智能实时捕捉露天焚烧燃烧和排烟现象，发现并处理事件175起；运用无人机抓拍检查区域76.2平方千米，形成重点区域污染作战图；开展VOCs走航监测超过4300千米，发现164个高值点并及时组织现场检查。是年，中山市大气主要污染物6项指标浓度全面达标，AQI达89.9%，完成省下达考核任务。在全省奋战80天行动中，中山市比上年减少8个污染天。臭氧年均浓度改善幅度为0，排全省第三位。$PM_{2.5}$年均浓度连续2年优于世界卫生组织第二阶段标准。年度环境空气质量综合指数为3.01，在全国168个重点城市中排名第14位、全省排第12位、珠三角地区排第四位，其中有5个月列全国前十位。

（中山市人民政府地方志办公室）

【江门大气污染防治攻坚战】2021年，江门市坚持以空气质量改善为核心，以臭氧和$PM_{2.5}$协同控制为重点，不断巩固并扩大蓝天保卫战成果。推进VOCs综合治理，全面完成VOCs年排放量3吨及以上企业排查，推广VOCs排放企业环保管家服务，企业环境管理水平显著提升。开展工业锅（窑）炉综合整治，92家涉工业炉窑企业达到B级或以上要求，重点区域23台生物质锅炉完成清洁能源改造。强化移动源治理监管，利用遥感监测系统检查柴油车108.4万辆次，完成54家营运柴油车用车大户全覆盖检查，5094台非道路移动机械完成非道路移动机械编码登记。强化污染天气应对，开展秋冬季大气污染防治百日攻坚，取得明显成效。是年，江门市空气质量持续改善，$PM_{2.5}$连续2年优于世界卫生组织第二阶段标准，臭氧浓度改善幅度居全省第一位，AQI达标率全省排名同比上升2位。（江门市人民政府地方志办公室）

【肇庆大气污染防治】2021年，肇庆市积极推进大气污染防治，打好蓝天保卫战。强化智慧管控，依托激光雷达、网格化微型站、$PM_{2.5}$在线源解析仪、VOCs在线仪等科技装备，综合运用环境空气质量“一网统管”平台，实现环境空气质量实时监控、污染形势实时分析、污染源头实时锁定。落实精准防治，初步核减VOCs约400吨，对13家VOCs排放重点企业开展“一企一策”帮扶，完成5家重点企业深度治理验收。加快推进VOCs排放共性工厂建设，端州区汽修行业喷涂共性工厂已基本建成并投入试运行。强化移动源监管，大幅减少机动车及船舶尾气排放，设置黑烟车抓拍和遥感，推动黑烟车抓拍网络建设，构建天地车人一体监控系统。严控扬尘源及非法露天焚烧行为，整治渣土运输车辆“扬撒滴漏”、未密闭运输、未按规定路线行驶和违规上路等违法违规行为，建立市空气质量监测站综合视频智慧监管平台，扎实做好全市露天焚烧各项管控工作。

（肇庆市人民政府地方志办公室）

【全国首张气象数据资产凭证落地佛山】2021年11月18日，在广东省数据资产凭证成果发布会上，全国首张气象公共数据资产凭证落地佛山、落户南海。这是公共数据资产凭证在气象领域和农业保险领域的首次应用，在有完整信息链和数据链的“数字档案袋”加持下，确保气象数据来源真实可靠，推动农业保险向数字化、自动化迈进。公共数据资产凭证是广东省政务服务数据管理局基于区块链、大数据和云计算等先进技术基座开发的数据载体，目的是实现数据要素流通规范有序、配置高效公平，保证数据作为生产要素的基本价值。佛山市气象公共服务中心签发的公共气象数据资产凭证，数据来源可靠、可溯源且合法合规，可广泛应用于农业保险数据建模、产品设计、防灾防损服务、保险承保理赔等场景，一旦触发即可发出风险警示，为客户理赔提供便捷通道。（佛山年鉴社）

·固体废物污染治理·

【概况】2021年，广东省珠三角9个地级以上市全部参与“无废试验区”建设。推进危险废物“三个能力”（危险废物环境监管能力、利用处置能力和环境风险防范能力）建设，新增利用处置能力145.8万吨/年。安全处置医疗废物17.92万吨，疫情医疗废物全部实现“日收日清”。加强铝灰渣监管和利用处置能力建设，召开铝灰渣环境监管现场会并加强检查督导，推进底数摸查、应急处置、设施建设、政策宣传、联防联控强化打击5项工作，全省启用34个应急利用处置设施，保障过渡期应急处置需求，完成省政府明确的“库存清零”任务。

（广东省生态环境厅）

【澳门固体废物污染防治】2021年，澳门以外判合约方式交由澳门清洁专营有限公司开展生活废物收集及清运、公共垃圾桶清洁和保养、城市清洁服务等，澳门特别行政区政府对该公司运作进行监察。是年，澳门清洁专营有限公司收集生活废物28.35万吨，平均每日收集777吨。

生活垃圾废物再利用　是年，澳门落实《澳门固体废物资源管理计划（2017—2026）》，持续推动“源头减废、分类回收”工作。自1月1日起，所有回收点均回收具1至6号回收标签的塑料制品（发泡胶除外），包括所有饮品和清洁产品的胶瓶、透明啪啪纸、水果网、保鲜纸、平口保鲜袋等。自12月10日起，回收不具塑料分类回收标签的鸡蛋盒，经分选后，将可重复使用的鸡蛋盒转交供应商。4月，环境保护局推出“厨余回收好EASY”活动，在辖下“环保加Fun站”新增家居厨余回收服务（不包括食肆厨余），每名市民每日回收上限为3千克。截至年底，有161间食肆参与“食肆厨余回收先导计划”，收集包括中小型食肆的工商业厨余，统一处理后制作成有机肥料免费向市民及园林绿化公司等派发，全年派发超过7.1万包（100克/包）及4400包（20千克/包）。春节期间，环境保护局举办“回收利是封好Easy”活动，在全澳各区设置回收点840多个，回收约220万个利是封（超过6.48吨），经分选后，可重复使用的41万个利是封（超过1.2吨）于次年农历新年前向民众派发，其余回收再造。中秋节期间，举办“回收月饼盒好Easy”活动，在全澳各区设置月饼盒回收点950多个，活动期间回收超过1.39万个旧月饼盒（总重量近5000千克），收集所得的月饼盒循环再造。

7月，为配合“源头减废、资源回收”环保政策，统一管理澳门资源垃圾回收行动方案，市政署各项资源垃圾分类回收工作，包括全澳资源垃圾公共回收点、全澳玻璃瓶公共回收点、“学校、社团及公共部门资源垃圾分类回收计划”以及“家居废物分类回收计划”转交环境保护局负责，市政署与澳门救世军合作的“衣物回收计划”也交环境保护局统一跟进。市政署配合环境保护局推动厨余回收工作，全年总厨余处理量12.46吨。

固体废物焚烧发电 是年，澳门垃圾焚化中心负责处理全澳固体废物，该中心由新旧两个厂房组成，各设3台焚化炉，每日总处理能力为1728吨。该中心全年接收固体废物51.83万吨，其中城市固体废物为45.32万吨。垃圾焚化过程中产生的废热可回收发电。该中心满负荷运行每小时可产生电力28.7兆瓦，其中7兆瓦用于自身运行，21.7兆瓦可输送至公共电网，供澳门3.3万户居民使用。全年焚化中心输出1.7亿千瓦时电力至公共电网。是年，澳门垃圾焚化中心第三期扩建工程完成新地磅站建设，开展建造新变电站、新特殊和危险废物处理站。

特殊和危险废物处理 是年，澳门特殊和危险废物处理站处理特殊和危险废物（包括医疗废物）2877吨，其中废旧车胎占10%。“电子及电器设备回收计划”设22个固定回收点及流动回收车，为市民、学校、政府部门、公共资本企业、公共事业机构及非营利性团体提供大型家电免费预约上门回收服务。至年底，回收废旧电子及电器设备27.2万件。“废旧电池收集计划”推出后，全澳各区设置收集点1300多个，包括学校、商户住宅、商业大厦、公共部门及公共垃圾房等，全年收集废旧电池12.8万千克。举办“投光管投灯泡好Easy”活动，全澳全年设置回收点860个，收集包括光管、慳电胆、LED灯、钨丝灯、卤素灯、高强度气体放电灯以及其他含汞灯等常用灯具，经处理后，出口至具备资质的处理厂作无害及资源化处理，全年收集废旧灯具4.1万千克。举办“玻璃樽回收好Easy”活动，全年有138个机构参与，回收的玻璃瓶经破碎后，用作澳门道路工程物料或出口至具备资质的处理厂作资源化处理。

建筑废料处理 2021年1月17日，《建筑废料管理制度》行政法规正式生效，规范建筑废料堆填区使用和收费制度，并加强对非法弃置建筑废料监察和处罚机制。环境保护局与相关部门于全澳多个建筑废料弃置黑点进行联合巡查执法。是年，澳门建筑废料堆填区处理建筑废料287万立方米。

（摘自《2022澳门年鉴》）

【广州固体废物污染治理】 2021年，广州市加强固体废物日常管理。做好涉疫废物收运处置，涉疫废物无害化处置率100%，未发生疫情传播和污染环境情况。启动“无废城市”试点建设，2021年11月11日，广州市组织召开“无废城市”建设试点实施方案专家评审会，方案围绕固体废物源头减量、资源化利用和安全处置三个关键环节探索试点，完善制度、市场、技术、监管四大体系，提出在“无废城市”建设中探索碳达峰碳中和路径，补足工业固体废物处置缺口，在大型超市、大型商场、农贸市场等场所，提倡重提菜篮子、布袋子。探索汽车生产企业通过自主回收、委托回收或联合回收等模式，提升资源综合利用水平等。经过质询论证，与会专家一致同意该方案通过评审。

（陈鹤森）

【深圳固体废物污染治理】 2021年，深圳市生活垃圾产生量1193万吨，其中可回收物、厨余垃圾均实现资源化利用处理，医疗废物全部得到无害化安全处置。持续推动“无废城市”建设，系统构建生活垃圾、市政污泥、建筑废弃物、一般工业固体废物、危险废物、农业废弃物六大治理体系，完善制度、市场、技术、管理四大长效保障体系，全面完成100项试点任务，全市各类固体废物总利用处置能力达24.3万吨/日，比上年增加3.8万吨/日，各类固体废物100%安全处置。生活垃圾回收利用率超45%，清运垃圾实现全量焚烧和零填埋，一般工业固体废物资源化利用率超过90%。深化塑料污染治理国际合作与交流，与巴塞尔公约亚太中心签订合作备忘录。提升固体废物执法监管效能，推广固体废物处置交易平台，搭建产废企业与危

2021 年 11 月 8 日，深圳市开展垃圾减量日主题活动

（深圳市人民政府地方志办公室供稿）

废经营单位线上交易平台，为市内外 5800 余家企业提供签约、检测、支付一站式线上服务。

（深圳市人民政府地方志办公室）

【珠海固体废物污染治理】2021 年 8 月，珠海市印发《珠海市固体废物污染防治“十四五”规划》，确定“十四五”期间固体废物污染防治目标和工作安排，从强化产生者主体责任，精准施策、谋划补齐固体废物处理处置短板，加强固体废物环境风险管控等领域为“无废城市”试点建设奠定基础。10 月，市政府印发《珠海市强化解决危险废物监管和利用处置能力工作方案》，从 4 个方面提出 15 项工作措施，推动危险废物处置能力与产废情况总体匹配，建立相匹配的市、区、镇三级危险废物监管体系，严厉打击涉危险废物违法犯罪行为。（胡源）

【佛山固体废物污染治理】2021 年，佛山市推进固废处置基础设施建设。全市新增生活垃圾焚烧能力 3000 吨 / 日、医疗废物焚烧能力 25 吨 / 日；全市有 12 家企业获得危险废物综合经营许可证，危险废物处理能力增至 50 万吨 / 年；建成 19 个危险废物收集贮存试点单位，收集能力 74.93 万吨 / 年。铝灰渣处置取得阶段性进展，通过扩能限价，全年应急处置铝灰渣 6.2 万吨，解决铝灰渣出路问题，降低企业负担和贮存环境安全风险。探索建设“无废城市”服务管理平台，助力“无废城市”建设。开展废铅蓄电池和废包装容器等危险废物安全整治专项行动，全市办理涉危险废物案件63宗，向公安机关移送涉危废刑事案件线索 42 宗。

（佛山市生态环境局）

【惠州固体废物污染防治】2021 年，惠州市完成“无废城市”试点建设研究报告初稿。开展工业固体废物专项整治，发现存在问题并督促完成整改企业 137 家。完成医疗废物特许经营权项目招标，推动医疗废物处置新建项目建设。强化疫情防控期间医疗废物处置全过程监管，全市医疗废物实现“日产日清”，处置率 100%。

（惠州市人民政府地方志办公室）

【东莞固体废物污染防治】2021 年，东莞市纳入危险废物规范化管理的企业 2.62 万家。推进固体废物申报登记，完成上年度一般工业固体废物申报登记企业 5.31 万家，危险废物申报登记 2.78 万家。东莞市医疗废物处理中心处置医疗废物 1.48 万吨。是年，建成海心沙项目焚烧单元二期、物化处理单元、表面处理废物处置单元及东莞市供联新裕环保科技有限公司等危险废物处理处置项目，全市危险废物收集处理处置能力达 95.5 万吨 / 年，比上年增长 65.87%，加快补齐工业固体废物处置短板。推进市污泥集中处理处置项目、医疗废物技改扩容项目建设、危险废物填埋场建设。工业危险废物利用处置率99.98%，医疗废物无害化处置率100%，均达到广东省要求99%以上的目标。印发《东莞市工业固体废物污染防治规划（2019—2035）》，分近期、中期、远期三个阶段实施，逐步补齐固体废物处理处置缺口；推动“无废城市”建设，编制《东莞市“无废城市”建设实施方案》，加快构建现代环境治理体系。

（东莞市人民政府地方志办公室）

【中山固体废物污染治理】2021年，中山市提升固体废物监管水平。建成中山市固体废物在线监控管理平台并投入试运行，实现全市19张床位及以上医疗卫生机构医疗废物处理全过程监管，完成200个危险废物重点监管单位视频设备安装。强化广东省固体废物监管信息平台数据管理，全年发现数据质量问题255宗并完成整改。现场检查危险废物产生单位99个、危险废物经营单位9个，督促问题企业完成整改。开展打击固体废物专项排查整治行动，立涉环案件22件，破案20件。推进固体废物立法项目，编制完成《中山市工业固体废物污染环境防治条例（草案）》。启动“无废城市”建设试点工作，编制完成中山市“无废城市”建设试点工作方案。放射源和射线装置均全部安全正常工作，市内总体辐射安全状况良好。开展化学物质环境管理工作，推动全市化学品环境国际公约管控物质落实公约要求。（中山市人民政府地方志办公室）

【江门固体废物污染治理】2021年，江门市启动“无废城市”建设试点工作。推进危险废物专项整治三年行动，开展废矿物油、铝灰渣等重点行业企业危险废物专项整治工作。是年，108家铝灰渣产生企业全部纳入广东省固体废物环境监管信息平台管理，转移处置库存铝灰渣3.26万吨，降低环境安全风险。推进固体废物管理平台二期建设，对江门市涉危险废物企业按照风险程度进行分级分类监管，接入149家高风险企业监控视频，实现不见面（远程）执法等功能。落实疫情医疗废物安全处置工作，建立新冠肺炎疫情医疗废物协同应急处置环境管理机制。是年，累计收集处置医疗废物4166.29吨，其中包括标注新型冠状病毒的感染性医疗废物143.05吨，无害化处置率100%，全市未发生一起因医疗废物流失造成二次污染或感染事件。

（江门市生态环境局）

【肇庆固体废物污染治理】2021年，肇庆市推进“无废城市”试点建设，积极做好固体废物污染防治工作，重点做好铝灰渣应急处置工作，启动铝灰渣应急处置单位3个，豁免试点单位2个，规划建设正规处置单位2个。持续开展领导挂村（经营单位）、危险废物产生单位挂点联系人制度，全市领导挂村（社区）1439个，挂点危废经营单位7个，挂点产废10吨以上重点单位207个。

（肇庆市人民政府地方志办公室）

·土壤污染风险管控和修复·

【概况】2021年，广东省继续实施土壤污染防治行动，新增并公布土壤污染防治重点监管企业141家（累计565家），其中大湾区内地九市66家（累计362家）；更新建设用地土壤污染风险管控和修复名录，大湾区内地九市纳入35个地块；全省重点建设用地安全利用率有效保障，受污染耕地安全利用措施到位率100%。全面推进农用地土壤镉等重金属污染源头防治，413个重点监管单位完成土壤污染隐患排查。巩固提升受污染耕地安全利用，对21.44万公顷安全利用类耕地和9393.33公顷严格管控类耕地100%落实措施。广州市探索建设污染土壤集中处置中心，开展“环境修复+开发建设”模式试点，创新构建建设用地土壤环境“事前预警+事中监管+事后保障+质量管控”管理体系。

（广东省生态环境厅）

【广州土壤污染防治】2021年，广州市坚持“预防为主、保护优先、分类管理、风险管控”思路，严格农用地安全和建设用地风险管控，确保土壤环境安全有效保障。加强土壤污染源头控制，强化建设用地土壤环境管理，累计完成521个建设用地地块土壤污染状况调查报告评审。推进农业农村污染防治，做好畜禽养殖环境监管、农村饮用水水源保护、农村生活污水和农村黑臭水体治理等工作。推进市重点行业企业用地及重点工业园土壤污染状况调查验收总结工作。完成“十四五”地下水环境质量点位调查评估及优化调整，开展丰、平、枯水期采样监测，推进地下水“双源”监测现状调查并更新数据库。完成160家高风险化学品生产企业以及工业集聚区、矿山开采区、尾矿库、危险废物处置场、垃圾填埋场等摸排工作。

（广州市人民政府地方志办公室）

【深圳推进粤港澳土壤污染防治】2021年，深圳市持续推进土壤环境标准化规范化管理，在广东省率先出台土壤环境监管执法检查工作指引。土壤污染源头管控由“监督管理”向“服务指导”转变，委托专业团队对土壤污染重点监管单位开展“一对一”免费技术帮扶，辅助企业按规范依法履行土壤污染防治义务。全市132家在产土壤污染重点监管单位全部建立土壤污染隐患排查制度，并完成首轮规范化隐患排查。持续优化土壤污染防治市场营商环境，将119个土壤污染防治从业单位业绩情况纳入信用系统管理。是年，全市完成457个地块土壤污染状况调查报告评审，开展643块次（疑似）污染地块开发利用情况现场巡查，完成443.78公顷受污染耕地安全利用和2.92公顷耕地严格管控任务，全市受污染耕地安全利用率100%。

（深圳市人民政府地方志办公室）

【珠海土壤污染防治】2021年，珠海市强化工矿企业土壤源头防控，全年公开重点监管单位24个，隐患排查完成率100%，土壤法相关义务纳入排污许可完成率100%。开展土壤和地下水自行监测的企业均向社会公开监测结果。落实重金属减排，实施化肥农药减量增效和废弃农膜农药包装废弃物回收处理行动。建立5个水稻统防统治农药配送服务站，回收农药包装废弃物13吨，各类农药包装瓶（袋）20多万个，农药包装废弃物实现100%回收，受污染耕地安全利用措施到位率100%。

（胡源）

【佛山土壤污染防治】2021年，佛山市推进土壤和地下水污染防治工作，被列为国家“十四五”土壤污染防治先行区、地下水污染防治试验区。加强建设用地准入管理，全年完成110个地块土壤污染状况调查报告备案。土壤环境管理信息系统上线试运行，全年对27个土壤污染重点监管单位开展规范化管理，完成全市1025个村级工业园基础信息收集和24个典型工业园区的土壤污染现场调查工作。（佛山市生态环境局）

【东莞净土防御战】2021年，东莞市开展全市土壤环境背景值调查，完成21个剖面和152个分层点位现场样品分析。开展典型行业企业用地及周边耕地调查，落实建设用地土壤调查制度，按规定完成土壤污染状况调查地块197宗。推进洪梅镇污水处理中心等污染地块修复工作。开展地下水环境状况调查评估及污染防治区划分工作，截至年底，完成全市123个监测井采样分析，初步形成调查及区划成果，着手编制“十四五”地下水国考点位水质保持技术方案，启动省级化工园区地下水环境状况调查等工作。

（东莞市人民政府地方志办公室）

【中山土壤污染治理】2021年，中山市完善土壤环境管理制度，严格建设用地准入管理，公布第五批土壤污染重点监管单位22个并开展执法检查，全部按要求落实法定义务及各项污染防治措施。开展地下水环境监管，推进地下水污染防治分区，对正常运行的392个地下水监测井进行巡查维护。开展重点污染源（区域）地下水污染状况调查评估，完成169个地块226个监测点位采样监测工作。以三角镇高平工业区为试点，建设地下水环境风险评估和预警体系，实现地下水污染预测、预警及溯源。

（中山市人民政府地方志办公室）

【江门土壤污染防治】2021年，江门市稳步推进重点建设用地和受污染耕地安全利用工作，土壤环境质量总体保持稳定。严格建设用地准入，建立完善土壤污染状况调查名录，涉及地块123个，是年新增64个，累计完成83个拟开发利用地块土壤环境质量调查评估和报告评审，保障群众住得安心。实施重点监管单位名录制度，公布34家重点监管企业，是年新增7家，督促相关企业落实自行监测、隐患排查等法定义务。（江门市生态环境局）

【肇庆土壤污染防治】2021年，肇庆市有效推进全市土壤污染防治，科学开展农用地分类管理，合理分配各县（市、区）优先保护类、安全利用类、严格管控类农用地任务面积。有序推进受污染耕地分类管理工作，全市二类安全利用类耕地、三类严格管控类耕地任务完成率达100%。强化建设用地环境管理，不断完善会商机制，定期更新土壤污染状况调查名录，保障建设用地安全。

（肇庆市人民政府地方志办公室）

绿色低碳发展模式建设

·绿色低碳生产方式·

【概况】2021年，广东省推进绿色制造体系建设。围绕家电、日化、建材、汽车、电子、纺织等特色行业，推动企业开展绿色化改造，推行产品全生命周期和生产制造全过程绿色化管理，开展绿色制造示范创建，在各行业树立绿色制造示范标杆，推动制造业绿色发展。是年，全省创建国家级绿色工厂46家、绿色设计产品327种、绿色工业园区1个、绿色供应链管理企业14家，累计创建国家级绿色工厂241家、绿色设计产品871种、绿色工业园区10个、绿色供应链管理企业41个，绿色制造示范数量居全国首位。（广东省生态环境厅）

【澳门开展低碳环保社会宣传】2021年，澳门以“构建低碳澳门，共创绿色生活”为主题，举办各种形式活动371项，参与人数34.79万人次。举办建筑废料管理制度、禁止进口及转运不可降解塑料制一次性餐饮吸管及一次性饮料搅拌棒至澳门特别行政区、建筑物燃气设施的技术规范、限制提供塑料袋介绍会。开展“绿色学校伙伴计划”系列环保教育活动及“绿色学校嘉许计划”，“绿色学校嘉许计划”有35所学校获奖，得奖学校数量为历年之最，其中获“绿色学校白金奖”的学校3所，获“绿色学校荣誉大奖”及“绿色学校杰出表现奖”的分别有20所、12所；“环保教案设计奖励计划”及“环保校园嘉Fun奖”分别有26队、51组获奖。

连续3年推出“环保超市”嘉许计划，至年底，累计123家超市参与。开通环境保护局微信公众号，设“回收攻略”“会员专区”“绿色专区”等，鼓励市民实践资源垃圾分类回收，发动社会人士协助路氹城生态保护区导赏等，至年底，会员人数超过2.35万人。

流动回收车每月轮流停泊全澳16个不同地点，提供大小家电、计算机、通信设备、废旧电池、灯管、玻璃瓶及三色资源物（胶瓶、铝罐/铁罐、纸类）回收服务，至年底，全澳设置48个社区回收点（包括环保Fun回收点、环保加Fun站、环保Fun干净回收街站及流动回收车），投入使用58部智能回收机，累计收集超过27万个胶瓶、8000个金属罐。

是年，澳门推出旧衣回收好Easy、走塑好Easy、齐惜食好Easy、自备水樽好Easy等活动，全年通过设于街道的衣物回收箱收集衣物139吨，减少使用一次性餐具约290万套，累计在全澳各区设置62台直饮式水机，节省超过135万个塑料瓶。连续12年于美食节期间推动“美食节减废计划”，宣传减少使用一次性餐具、资源垃圾分类回收、厨余回收、惜食等信息，回收美食摊位厨余作资源化处理，设置资源垃圾分类回收桶，安排人员协助大众正确回收。

（摘自《2022 澳门年鉴》）

【广州绿色低碳生产】 2021 年，广州市成立市碳达峰碳中和工作领导小组，研究制定推进碳达峰碳中和实施意见及碳达峰“1+N”行动方案（“1”指全市碳达峰实施方案，“N”指能源、工业、建筑、交通运输等领域的专项行动方案）。南方电网发行全国首批碳中和债，14 家发电企业纳入全国碳交易市场。广州碳排放权交易中心碳配额现货交易量累计成交 2 亿吨，排名全国首位。绿色金融改革创新试验区建设成效评价连续 3 次排全国第一名。坚决遏制“两高”项目盲目发展，加强绿色制造试点示范，验收通过清洁生产企业 207 家。

（广州市人民政府地方志办公室）

【深圳绿色低碳生产】 2021 年，深圳市以结构优化提高产业绿色含量，率先出台实施生物、互联网、新能源等新兴产业振兴发展规划及政策，全年战略性新兴产业实现增加值 1.21 万亿元，占地区生产总值比重近四成。加速推广新能源汽车及配套基础设施，截至年底，累计推广应用新能源汽车 54.4 万辆，累计建成充电桩超过 9.7 万个，建设规模在国内领先。公交车和巡游出租车 100% 实现纯电动化，应用规模全球最大；全市新能源物流车累计 9.1 万辆，保有量全国领先。完成港口装卸作业机械“油改电”改造工程，岸电覆盖率超过 80%。

【深圳低碳节能生产技术应用】 2021 年，深圳市完成国家“无废城市”建设试点任务，新增固体废弃物综合利用能力 3.8 万吨 / 日，生活垃圾回收利用率提升至 45.6%。新增装配式建筑面积 1500 万平方米、绿色建筑面积 1887 万平方米，绿色建筑发展竞争力指数居全国城市首位。盐田国际集装箱码头获评亚洲最佳绿色集装箱码头，大鹏新区获评全国“绿水青山就是金山银山”实践创新基地。统筹开展全市 687 家管控单位碳排放核查、核算及配额签发等工作，完成 2021 年度碳交易履约工作，履约率首次达 100%。

【深圳打造特色绿色制造体系】 2021 年，深圳市工业绿色制造体系建设取得显著成效，至年底，全市创建国家级绿色工厂 62 家，绿色供应链 9 家，绿色园区 2 个，绿色产品 82 个，绿色制造系统集成项目（含绿色制造系统集成解决方案供应商）8 个，工业产品绿色设计示范企业 5 家。落实能耗“双控”，完成广东省对全市“十三五”节能目标责任评价考核，深圳市考核成绩获全省第一名，获评超额完成等级并被省通报表扬。加强重点用能单位节能管理，开展全市“十三五”“百千万”重点用能单位节能考核，梳理“十四五”拟投产达产“两高”项目，遏制“两高”项目盲目发展。

（深圳市人民政府地方志办公室）

【佛山绿色低碳生产】 2021 年，佛山市加快推进工业领域产业绿色升级。“十三五”期间全市完成清洁生产审核企业 1620 家，超额完成广东省下达的 1500 家任务；是年完成清洁生产审核企业 258 家，超额完成省下达的 150 家任务。自是年 1 月起，一汽—大众华南基地实现 MEB（电动车模块化平台）电动车项目 100% 采用绿色电力资源，成为国内汽车行业电动车项目率先采用绿色电力的整车厂，树立绿色环保新标杆。是年，佛山市新增 5 家绿色工厂、24 个绿色设计产品、4 家绿色供应链管理示范企业进入国家绿色制造示范项目公示名单；至年底，全市有 1 个绿色工业园区、36 家绿色工厂、8 个绿色供应链管理示范企业、5 个绿色集成项目、90 个绿色设计产品入选国家绿色制造体系建设示范名单，绿色制造名单数量居全省前列。

（佛山市工业和信息化局）

【惠州绿色低碳循环发展】2021年，惠州市实施科技引领，以科技创新支撑绿色低碳循环发展，建设先进能源科学与技术广东省实验室（东江实验室），推动重离子微孔膜污水处理、垃圾中转站压滤、河道修复示范项目成功运营，降低环境治理成本，节约能耗50%，垃圾渗液可全量处理，强化绿色低碳科技创新，打造重离子微孔膜技术新兴产业，推动惠州本土科研成果落地转化。是年，惠州市督促企业按要求完成碳排放信息报告、配合碳排放核查并按时履约。全年全市投放新能源车辆13468辆，其中公交车3099辆，实现100%电动化；新能源巡游出租车965辆，比上年增长60.8%；新能源网络预约出租车9285辆；新能源客运车辆119辆，增长22.7%。加快港口码头新能源改造，至年底90%港作车辆为新能源车辆，全市港口码头装卸机械100%实现电气化，完成11个普货码头岸电建设。（惠州市人民政府地方志办公室）

【东莞推动低碳节能】2021年，东莞市开展总量减排各项工作，截至年底，东莞市化学需氧量、氨氮、氮氧化物和VOCs四项主要污染物重点工程削减量分别为4380吨、520吨、2820吨和1059吨。建立差别化电力保障机制，重点保障1000家重点企业用电，协调发电企业顶峰发电；统筹协调推进天然气管网建设，保障全市全年约16亿立方米天然气增量需求，比上年增长52%。加快新能源汽车推广及充电设施建设，年内新增纯电动网约车超过1.2万辆，累计建成充电站超1000个、充电桩超1万个。

（东莞市人民政府地方志办公室）

【中山绿色技术加快发展】2021年，中山市产业结构优化调整，绿色技术加快发展。优化调整产业结构。加快高污染、高能耗落后产能出清，推动传统产业节能降耗与转型升级，发展新一代信息技术产业、健康医药产业、高端装备制造业等新兴产业，建设新能源汽车、风电装备等省级战略性新兴产业基地，力促产业结构向低耗能轻工制造转型。加快氢能产业发展，完成相关产业课题研究并出台产业发展规划，推进氢燃料电池创新发展和加氢站建设。发展绿色技术，先后打造阳明智慧能源集团股份公司技术中心（国家企业技术中心）、大洋电机新能源汽车电驱动系统国家地方联合工程实验室（国家地方联合工程实验室）、洋紫荆油墨环保油墨工程实验室（市级工程实验室）等一批创新平台，支撑中山市绿色技术创新突破发展。

（中山市人民政府地方志办公室）

【江门绿色低碳生产】2021年，江门市推动VOCs重点监管企业、涉重金属企业等开展清洁生产审核，引导企业采用先进的“节能、节水、节材、减污、降碳”清洁生产工艺和技术，加快构建绿色生产方式，充分发挥清洁生产在深入打好污染防治攻坚战和推动实现“双碳”目标中的重要作用。是年，江门市对有关实施清洁生产审核的企业开展评估验收工作，26家企业通过评估验收。（江门市生态环境局）

【第四届粤港澳生态环境高端论坛】2021年9月25日，第四届粤港澳生态环境高端论坛在广州举行。论坛以碳市场建设与碳中和为主题，围绕完善碳市场机制、推动绿色低碳发展，深入探讨交流碳排放权交易市场打造、碳金融市场建设、碳中和技术创新等问题。论坛邀请省内外相关顶级专家学者、知名企业负责人，与粤港澳三地政府有关部门负责人进行讨论，围绕碳市场建设、碳交易体系中碳配额期货与期现联动、碳中和前瞻性路径及政策等议题开展研讨交流。

【广东省首个船舶LNG燃料临时加注站在中山投产】2021年，广东省首个船舶LNG燃料临时加注站——中国海油中山黄圃加注站在黄圃港港口泊位处建成。10月27日，完成加注设备的安装与调试；11月17日，完成广东省首批新建液化天然气（LNG）单一燃料动力船舶首次加注工作。黄圃加注站投产标志着国内最大规模绿色航运示范工程正式落地，预计广东省内河船用 LNG 需求量将超过 40 万吨 / 年，替代成品油耗约 39 万吨。（广东省生态环境厅）

·绿色低碳生活方式·

【概况】2021 年，广东省绿色建筑全寿命期政策标准体系基本建立，《广东省绿色建筑条例》自是年 1 月 1 日起施行。广州、深圳、珠海等市编制绿色建筑管理地方性规章，形成较为完整的绿色建筑政策法规制度体系。贯彻落实《绿色建筑标识管理办法》等系列文件精神，在全国率先停止设计阶段标识评价，组织绿色建筑优秀项目按新标准申报绿色建筑标识，惠州市完成全省首个绿色建筑标识项目博罗县城中心客运站绿色建筑的认定及标识授予工作。是年，新建民用建筑按照绿色建筑标准设计全面推进，广州、深圳、珠海、惠州等市绿色建筑标准全面执行，全省城镇新增绿色建筑面积 1.83 亿平方米，占新建建筑的 73%，全省新增绿色建筑标识评价项目 993 个，面积 9038.22 万平方米，其中高星级绿色建筑标识项目 511 个，面积 3981.3 万平方米。（黄琼）

【广州绿色生活创建】2021 年，广州市在国内首创“循环经济产业园 + 环保主题公园”新模式，将广州七大循环经济产业园纳入广州公园名录，以低碳环保为主题，打造集现代园林景观、环保科普教育展厅、运动休闲娱乐、产业服务平台构建为一体的复合型环保主题公园。7 个环保主题公园中，有 2 个获评国家 AAA 级旅游景区。是年，广州市首次实现全市新开工项目 100% 按照绿色建筑标准进行建设，全市新增绿色建筑标识项目 1867 万平方米，其中高星级绿色建筑面积占 70%，比上年增加 14 个百分点。广州白云国际机场扩建工程二号航站楼、万科峰境花园、白天鹅宾馆更新改造项目分别获全国绿色建筑创新奖一、二、三等奖，获奖项目数量创历年之最。（广州市人民政府地方志办公室）

【深圳绿色生活创建】2021 年，深圳市启动绿色生活创建行动，全市累计创建深圳市环境教育基地 8 个、自然学校 2 所，国家自然学校能力建设试点单位 1 个。举办 2021 碳达峰碳中和论坛暨第九届深圳国际低碳城论坛，突出“碳路中国：绿色创新引领，全球聚力行动”主题，传播绿色低碳发展理念，开展绿色低碳务实合作。率先构建大型城市绿色系列评价地方标准体系，发布绿色学校、绿色企业、绿色社区、绿色家庭、自然学校、环境教育基地 6 个深圳地方标准评价规范。开展《深圳经济特区绿色建筑条例》立法，至年底，绿色建筑标识项目累计超过 1400 个、面积超过 1.4 亿平方米，标识数量和面积全国领先，获住房和城乡建设部颁授“公共建筑能效提升重点城市”称号，18 个项目获得全国绿色建筑创新奖，其中一等奖 8 个，占全国一等奖总数的 16%。

（深圳市人民政府地方志办公室）

【珠海绿色生活创建】2021 年，珠海市开展“绿色生活进万家”志愿服务活动 317 场，招募培训以青少年学生为主的志愿者 3000 余人次。发挥青少年学生的优势和特点，广泛宣传生态文明理念，宣传覆盖家庭超 2 万户，“绿色生活”公众知晓率达到 96.97%。（胡源）

【佛山绿色建筑发展】2021 年，佛山市强化绿色建筑监督管理，完成绿色建筑评价项目 170 个，建筑面积 1686.33 万平方米，超额完成 1000 万平方米的年度工作任务。全市城镇竣工绿色民用建筑面积 1520.77 平方米，占城镇竣工民用建筑面积的 70%。其中，禅城区城镇竣工绿色民用建筑面积 336.54 万平方米，占城镇竣工民用建筑面积的 77.62%；南海区城镇竣工绿色民用建筑面积 427 万平方米，占城镇竣工民用建筑面积的 70.93%；顺德区城镇竣工绿色民用建筑面积 436.50 万平方米，占城镇竣工民用建筑面积的 74.68%；高明区城镇竣工绿色民用建筑面积 142.61 万平方米，占城镇竣工民用建筑面积的 56.73%；三水区城镇竣工民用绿色建筑面积 178.12 万平方米，占城镇竣工民用建筑面积的 58.83%。（佛山市住房城乡建设局）

【惠州推进建筑领域碳达峰】2021 年，惠州市以建筑领域碳达峰为目标，组织编制《惠州市建筑领域碳达峰行动实施方案》。健全惠州市绿色建筑管理制度，强化绩效评价机制，压实条例中各项工作措施，强化绿色建筑验收工作，以末端管控加强绿色建筑达标建设监管，确保建筑品质。落实《惠州市绿色建筑发展专项规划（2016—2035）》，印发《惠州市民用绿色建筑验收工作指南（试行）》，推动绿色建筑验收工作；强化宣传引导，以“节能降碳　绿色发展”为主题开展形式多样的宣传工作，推动绿色建筑理念深入人心；落实激励措施，以专项资金奖励加大对绿色建筑科技项目的推广和扶持，突出绿色建筑、装配式建筑示范效应，全市 4 个绿色建筑、装配式建筑项目获 210 万元市级专项资金奖励，2 个绿色建筑运行项目获 300 万元省级专项资金奖励。至年底，全市城镇新建民用建筑中绿色建筑面积占比 90.19%，超额完成省下达的 75% 目标任务；城镇新开工建筑中绿色建筑面积占比 96.8%，其中星级绿色建筑占比 69%。（惠州市人民政府地方志办公室）

【东莞建设科技】2021 年，东莞市新增绿色建筑面积约 878 万平方米。申领绿色建筑评价标识项目 8 个，建筑面积约 68 万平方米；其中获得运行评价标识项目 3 个，建筑面积约 6 万平方米。完成装配式建筑设计阶段预评价项目 76 个，通过装配式建筑预评审面积合计661.22万平方米。新增民用节能建筑面积约 1150 万平方米，设计、施工阶段执行节能强制性标准比例均为 100%。推进开展城市信息模型（CIM）基础平台建设和建筑信息模型（BIM）技术应用工作，构建东莞市 BIM 技术应用标准体系，依托重点示范项目，面向全市推广工程代建模式下的BIM技术应用。（东莞市人民政府地方志办公室）

【全国首个氢能进万家智慧能源示范社区项目在佛山投运】2021 年 11 月 22 日，全国首个氢能进万家智慧能源示范社区项目在佛山市南海区丹灶镇丹青苑正式投运。该项目计划总投资 80 亿元，借鉴东京奥运会氢能社区和氢能场馆规范标准，将 2030—2040 年氢能社区以示范形式组织建设出来，推出全国首座氢能进万家智慧能源示范社区一期、二期工程。该项目以建设未来国家“氢能社会”解决方案为蓝图，为国家“减碳”社区和“碳中和”社区建设提供标准化实施路径，标志着佛山市南海区在氢能产业于民用市场的应用进一步拓宽。该项目获得多个全国首创，包括全国首个燃料电池热电联供设备进入家庭、全国首个燃料电池热电联供设备进入商业化运营；全国首个风、光、气、电，储能、供能、用能一体化智慧能源互联互通社区工程；全国首个氢能进万家智慧能源社区国家标准研发中心等。（佛山年鉴社）

·垃圾分类·

【概况】2021 年，广东省强化统筹，坚持因地制宜、分类施策推进城市生活垃圾分类。组织《广东省城乡生活垃圾管理条例》宣贯培训，联合开展 2021 年度城乡建设重点工作综合检查，做好住房和城乡建设部、省级城市生活垃圾分类评估。加快全程分类体系建设，全省地级以上市城区 2.07 万个居民小区配置分类投放设施，城区居民小区共设置分类投放点 6.9 万个，全省配置分类收运车 1.2 万辆，厨余垃圾处理能力 1.5 万吨 / 日。广州、深圳完善垃圾分类处理系统，形成可复制可推广的垃圾分类模式，其他城市生活垃圾分类示范片区建设稳步推进。

（广东省生态环境厅）

【澳门改善环境卫生】2021 年，澳门市持续改善市容市貌，维持城市整洁。市政署设置压缩式垃圾桶，兴建封闭式垃圾房，取代街道垃圾桶，改善垃圾桶容易衍生的环境卫生问题。重视居民对环境卫生的反馈，全年处理环境卫生投诉4819宗。举办各类型城市清洁宣传推广活动，提高市民大众对保持城市清洁、源头减废、防治鼠患及预防登革热意识。全年举办各项环境卫生教育宣传活动1251次，29.5万人次参与。

澳门望厦山环境信息中心为学校、团体及市民大众提供环境教育场所，定期举办围绕城市清洁及爱护环境的工作坊及活动供学校及团体预约报名参加。是年，望厦山环境信息中心接待1.32万人次。11月，成立“城市之友”义工队，作为社区环境卫生、环境保育及食品安全宣传推广大使，向澳门居民、游客以及居澳外籍人士宣扬城市清洁、源头减废及遵守澳门相关环境卫生法规等信息。

（摘自《2022澳门年鉴》）

【广州解决“垃圾围城”】 2021年，广州市垃圾分类工作在全国持续领先，自10月起，全市实现原生垃圾零填埋，彻底解决“垃圾围城”问题。建成1000个星级投放点、44条特色示范线路，推进200个农村生活垃圾分类样板村建设。建成垃圾分类收集点1.42万个、“两网融合”网点511个（其中示范点20个）、分类运输线路1308条，配置运输车辆1710台。5个资源热力电厂二期项目试运行，新增生活垃圾焚烧处理能力8000吨/日。4个餐厨垃圾处理项目基本建成，其中南沙、花都、从化餐厨厂试运营，新增厨余垃圾处理能力1900吨/日。无害化处理生活垃圾800.76万吨，城市粪污19.75万吨、死禽畜0.92万吨，发电28.87亿千瓦时。

（马钊鸿）

【深圳垃圾分类工作】 2021年，深圳市生活垃圾分类回收量达12958吨/日，生活垃圾回收利用率45.6%，居全国前列。全市5745个住宅区（含城中村）全部推行“集中分类投放+定时定点督导”分类模式，垃圾分类“蒲公英计划”等特色做法得到住房和城乡建设部推广，为全国垃圾分类工作提供“深圳样板”。举办垃圾分类百分百行动，评选出100个“百优社区”和10个社区“百分书记”，以片区100%覆盖实现社区居民100%参与，持续推进全市垃圾分类工作横向拓宽、纵深突破。生活垃圾分类科普教育馆揭幕，与香蜜公园生态景观融为一体，成为集旅游、研学、科普教育为一体的垃圾分类科普基地。

（深圳市人民政府地方志办公室）

【珠海垃圾分类工作】 2021年6月1日，《珠海经济特区生活垃圾分类管理条例》正式施行。至年底，城区小区生活垃圾分类有效覆盖率100%，公共机构、公共场所、经营场所生活垃圾分类有效覆盖率100%，无害化处理率100%，生活垃圾分类纳入国民教育的学校为100%。其他垃圾全部运至市环保生物质热电工程一、二期项目焚烧处理，实现“全焚烧、零填埋”；对厨余垃圾全面推行“驳运+直运”收运模式，建设“集中处理为主，小型处理为辅”厨余垃圾处理体系；建成可回收物分拣中心10个，通过政府采购服务方式开展低价值可回收物统收统运工作；按照危险废物贮存标准建成集中暂存点7个，依托本市危险废物处置企业建成有害垃圾闭环处理体系。横琴粤澳深度合作区实现生活垃圾分类覆盖率100%，生活垃圾无害化处理率100%；开展网格化垃圾分类巡查，完成辖区所有场景全覆盖督导工作，增强单位和个人源头减量意识；提升合作区厨余垃圾资源化利用率，探索可复制可持续的厨余垃圾资源化处理模式。

（何文松　梁漫桦）

【佛山推进垃圾分类】 2021年，佛山市稳步推进生活垃圾分类。出台《佛山市生活垃圾分类管理办法》，坚持全过程分类，居住区推行定时定点投放，“专业+物业”配合开展“桶边督导”。全市建成运行21座大件垃圾处置设施及21座园林绿化垃圾处置设施，建立建筑垃圾排放—运输—消纳利用“两点一线”监管。按照《广东省城市生活垃圾分类示范片区创建指引》，指导推进11个街道创建示范片区，上半年南海区桂城街道、三水区云东海街道基本建成示范片区。坚持示范带动，全市打造100个公共机构、100个餐饮机构、100所特色学校、100个居民区标杆单位。全市挂牌成立6个垃圾分类宣教培训基地，其中南海区瀚蓝垃圾分类教育培训基地是全国第一批垃圾分类示范基地。

（佛山市城管执法局）

【惠州推进垃圾分类】2021年，惠州市做好惠城中心区沿街16037间商铺、市直属117个机构垃圾分类宣传和督导，通过新闻宣传、社会宣传、线下活动等，提升生活垃圾分类知晓率、参与率。

是年，惠州市突出抓好垃圾“大分流”源头减量，全年惠城中心区专项收运处理大件和园林垃圾、餐厨垃圾、可回收物和有害垃圾10.16万吨，约占惠城中心区垃圾焚烧量的18%，为生活垃圾分类奠定基础。基本建立生活垃圾“四分类”收运处理体系。市区公共机构、物业小区、集贸市场、餐饮机构等1490个场所配齐分类设备，规范分类标识、公示牌、分类指引，垃圾分类覆盖率100%，提高群众参与率和分类投放准确率。配置有害垃圾运输车5辆、可回收物运输车20辆、厨余垃圾运输车17辆、其他垃圾专用运输车116辆，实现分类运输、末端分类处理。

（惠州市人民政府地方志办公室）

【东莞垃圾分类工作】2021年，东莞市推行生活垃圾收运车辆“文明出行”专项行动，完成438座生活垃圾转运站升级改造工作，以“站长制”及智慧化监管为抓手，打造一批“质量有保证、作业有监督、污染有控制”的高水平生活垃圾转运站。累计建成26家建筑垃圾资源化利用厂，处理能力2052.6万吨/年，资源化利用处理能力居全省前列。建成海心沙环保热电厂项目，有5家环保热电厂，生活垃圾焚烧处理能力1.43万吨/日，在广东省率先实现新增生活垃圾全焚烧零填埋。

是年，东莞市垃圾分类示范片区创建进度超过80%。推进厨余垃圾处理，采取“集中与分散相结合”处理模式，配置厨余垃圾专用收运车辆183辆，建有麻涌、市区餐厨垃圾处理厂，设置45座分散式厨余垃圾处理设备，厨余垃圾处理能力满足示范片区处理需求。全市建成520个有害垃圾收集箱房，全年收运量约280吨。推进可回收物处理，建成1047个可回收物便民交售点，推动可回收物回收增量和其他垃圾末端处置减量。推进其他垃圾处理，全市有垃圾运输车辆531辆，生活垃圾无害化处理率100%。推进大件垃圾和园林废弃物处理，全市设置28个大件垃圾处理点和26个园林废弃物处理点。

（东莞市人民政府地方志办公室）

【中山垃圾分类工作】2021年，中山市制定出台《中山市生活垃圾分类管理办法》，创新镇街厨余垃圾处理费价格调控机制，健全垃圾分类法规政策体系。推动全市80个示范村（社区）、426个居住小区实现垃圾分类，东区街道、小榄镇、阜沙镇、横栏镇基本建成垃圾分类示范镇街；推进城区252个试点居住小区、40个公共机构及25个餐饮机构厨余垃圾单独收运。投放分类收集容器6万个，设置分类投放点2万个，配备各类生活垃圾运输车辆1062辆，建设大件垃圾处理中心16个，有害垃圾暂存仓库20个。

是年，中山市城管和综合执法局垃圾分类管理科获市委编办批复成立，中山成为全省除广州、深圳外首个设立垃圾分类管理常设机构的地级市。是年，“推进生活垃圾分类和终端处置设施建设”被列为中山市十件民生实事之一。5月14日，中山市生活垃圾分类领导小组召开全市生活垃圾分类示范镇街创建动员会，要求25个镇街全面建成垃圾分类示范镇街。全市各镇街集中力量在试点社区（村）打造示范居住小区，召开居住小区垃圾分类现场会，参照示范标准打造一批垃圾分类试点小区，有序推进其余居住小区垃圾分类工作。至年底，东区街道、小榄镇、阜沙镇、横栏镇基本建成垃圾分类示范镇街。

（中山市人民政府地方志办公室）

【肇庆生活垃圾处理】2021年，肇庆市处理生活垃圾117.04万吨，无害化处理率100%，中心城区生活垃圾焚烧处理率100%，实现“零填埋”。制订《肇庆市城市生活垃圾分类管理条例》，成为全省首批出台生活垃圾分类地方性法规的地级市之一。实施“1+1+4+5工程”，即深化1个示范片区、创建1个示范片区、开展4个标准化示范创建、完善5类垃圾处理系统，持续开展源头减量。城区482个居民小区实现垃圾分类全覆盖；居民群众生活垃圾分类知晓率92%，参与度86%。端州区、鼎湖区、高要区、肇庆高新区和肇庆新区867个公共机构实行垃圾分类，实现城市公共机构生活垃圾分类全覆盖；端州区、鼎湖区、高要区南岸街道基本建成分类示范片区。

（肇庆市人民政府地方志办公室）

·城市绿道和碧道建设·

【概况】2021年，广东省坚持“治污先行、安全为重、生态优先”，至年底，大湾区内地九市累计建成碧道1880千米（其中2021年建成碧道1279千米）。河段水质明显改善，优于Ⅲ类水（含Ⅲ类）的河段长度增幅为12.5%，Ⅴ类和劣Ⅴ类水的河段降幅为43.3%，全面消除碧道河段黑臭水体；碧道建成后堤防全部达到规划确定的防洪标准，新增防洪（潮）排涝达标和提升防洪标准河长446千米，增幅为31.1%；河湖水生态环境得到有效保护和修复，新增生态岸线长度684千米（按河道单侧计算），生态岸线所占比例由建设前的42.1%增加至建成后的60.3%，两岸新增绿化面积2595.13公顷。新建慢行道1251千米、串联特色资源点887个。广州碧道获世界景观建筑大奖等3个国际奖项，深圳葵涌河流域碧道获2021年美国国际设计大奖（IDA），肇庆封开贺江碧道画廊入选国家体育总局2021中国体育旅游精品景区。

（广东省生态环境厅）

【广州碧道建设】2021年，广州市建成碧道308.59千米，累计建成碧道821千米。以“碧道+”模式提出水质改善、生态保育、水岸复兴、城市发展等综合性解决方案。是年，广州碧道获英国皇家风景园林学会主席奖、中国风景园林学会科学技术二等奖等8项大奖；《广州市碧道总体规划和实施》项目从全球400多个参赛项目中脱颖而出，获2021年WLA世界景观建筑大奖的“建成类—城市空间”奖（Honourable Mention）。

（广州市人民政府地方志办公室）

【深圳城市绿道建设】2021年，深圳市确定第一批山海连城建设项目库，新建改造绿道60千米，新建郊野径260千米，新增立体绿化面积

葵涌河生态公园（2021年）　　（深圳市人民政府地方志办公室供稿）

20万平方米，完成大沙河生态长廊大学城段、石岩湖绿道（一期B段）、大顶岭绿道一期、金岭路后山至丰树山绿道主体工程。年内，将党史学堂建立在阳光下、绿道中、碧海边。自2010年全面启动绿道网建设以来，深圳市先后打造罗湖淘金山绿道等一批精品绿道，建成长达2462千米、连接全市382个公共目的地的绿道网络，绿道覆盖密度全省第一。

（深圳市人民政府地方志办公室）

【珠海碧道建设】 2021年，珠海市完成碧道建设90.58千米，超额完成广东省下达的目标任务，累计完成高质量碧道建设123.28千米。西江流域首个万里碧道建设展示馆在金湾区三灶湾海堤碧道建成开馆，引起各大媒体和社会各界广泛关注。建成景山道5千米，其中香山云道鸡公山示范段、香山湖环湖段和景山道线路一（圆明新园至白莲洞公园）、线路二（吉柠路至景山公园）、线路三（白莲洞公园至吉柠路）E段建成开放。（杨泳豪　黄毅龙）

【佛山绿道碧道建设】 2021年，佛山市坚持可持续发展原则，结合新建、改建、扩建的城市道路断面规划设计，将绿道建设与道路建设同步实施、同步投入使用；结合新城区、片区开发、滨水空间建设和公园建设等项目，预留足够空间对绿道进行合理布局。坚持兼顾市民日常出行和游憩需求，通过绿道串联重要的兴趣点和节点，与全市慢行系统、公园、公交地铁站点、小区、学校、购物中心等连接起来，形成全市一体化的出行出游服务网络。与省立绿道实现无缝对接，基本实现城市居民15分钟可达城市绿道、30分钟可达省立绿道的目标。截至年底，全市建成绿道1701.1千米。建立市级碧道实施项目库，系统推进水安全、水环境、水生态、水文化综合提升，重点推进三龙湾碧道和东平河水轴线，全年建设碧道总长233.65千米。

（佛山市城管执法局　佛山市水利局）

【惠州碧道建设】 2021年，惠州市围绕打造安全、生态、休闲、旅游复合廊道和经济发展活力纽带的目标，印发《惠州市2021年碧道建设实施方案》，安排部署县（区）具体项目建设。实施碧道建设月报、季报工作机制，组织开展督导调研和工作推进会，保证碧道建设时序进度。至年底，建设碧道61.66千米，超额完成任务。

（惠州市人民政府地方志办公室）

【东莞绿道碧道建设】 2021年，东莞市深入实施“绿道之城”规划建设，新建或改造人行道198.53千米，新建绿道62.24千米，重点推进黄旗南麓文体带绿道一期工程建成开放，成为中心城区鸿福路山水文化轴和融山、贯水、连城“翡翠绿链”系统的重要组成部分。是年，东

黄旗南麓绿道一期工程：东莞首条儿童友好型绿道（2021年）

（东莞市自然资源局供稿）

莞市设立市碧道建设工作组，统筹推进全市碧道建设工作。坚持按照“一环一网、多廊串珠”总体布局，以东江干流、东江南支流、东江北干流、石马河、茅洲河、东引运河和寒溪河7条主干碧道建设为基础，开展水乡河网碧道建设。对碧道堤岸进行生态化改造、岸边带景观绿化、慢行道和配套休憩设施建设等，为市民打造娱乐休闲胜地。年内，全市建成碧道165千米。

（东莞市人民政府地方志办公室）

四会古邑碧道画廊风光（局部）（2021年）

（肇庆市文化广电体育局供稿）

【中山推进碧道建设】2021年，中山市实施碧道建设总体规划（2020—2035），坚持水岸同治，统筹山水林田湖草系统治理，高质量推进碧道建设。结合同安围海堤堤防加固改造工程、产业发展和乡村振兴、“碧道＋文化＋经济”新型建设模式，打造同安围碧道、西江横栏碧道、小榄碧道、三角金鲤湾碧道。截至年底，中山市完成碧道建设60.6千米，完成省下达的60.6千米碧道建设任务；全市累计建成18条碧道77.6千米。（中山市人民政府地方志办公室）

【江门碧道建设】2021年，江门市碧道工程完成投资17.38亿元，累计建成碧道203千米，是年建成开放的江门水道碧道、环人才岛公园碧道、西江碧道等成为新晋“网红打卡点”。全省首个县级治水主题展厅——鹤山市治水教育展厅被评为“广东省环境教育基地”，蓬江区、江海区获得2020—2021年度省万里碧道建设激励。

（江门市水利局）

【肇庆碧道规划与建设】2021年，肇庆市充分利用已建成的绿道、古驿道、森林公园、湿地公园、地质公园等设施开展碧道规划建设，打造水清岸绿的生态休闲廊道，进一步提升人均绿化水平。贺江碧道画廊被评为国家AAA级旅游景区，四会市建成“古今并存，多元结合”的四会古邑碧道画廊，广宁县建设具有竹乡特色的绥江碧道。年内，肇庆市完成碧道建设76.9千米。

（肇庆市人民政府地方志办公室）

·碳普惠制试点·

【概况】为积极推动全社会低碳行动，更好地配合碳排权交易机制，广东省在“十三五”期间推出针对小微企业、家庭和居民个人日常低碳生活方式、消费模式的市场化机制——碳普惠制。这是广东省首创的公众低碳激励机制，也是目前国内唯一较成熟的地方自愿减排市场化机制。碳普惠覆盖广州、中山、韶关、河源、东莞、惠州6个试点城市，以及全省原省定贫困村、民族地区、革命老区、中央苏区，建立以林业碳汇、分布式光伏发电、家庭节能家电使用、共享单车、废旧衣物回收再利用为代表的普惠方法学体系，审核备案一批碳普惠核证减排量（PHCER）项目。全省累计备案签发碳普惠项目175个，备案减排量 191.96 万吨，首次竞价成交金额 4245.98 万元；来自原省定贫困村、民族地区、革命老区、中央苏区项目减排量 118.4 万吨，项目收益 3025.91 万元。（广东省生态环境厅）

【广州碳普惠制试点】 2021 年，广州市推进碳普惠制试点，在广州碳普惠平台上线步行获取碳币功能模块和碳中和小程序。在全国低碳日开展系列低碳生活宣传活动，被《人民日报》等多家媒体报道。支持广州市符合条件的自愿减排项目申报广东省碳普惠核证减排量项目，全年向省申报 4 个碳普惠项目和公交电动化碳普惠方法学。至年底，广州市有 17 个项目通过备案，减排量 12.3 万吨二氧化碳当量。

（广州市人民政府地方志办公室）

【深圳碳普惠制试点】 2021 年，深圳市建设碳普惠体系，印发实施《深圳碳普惠体系建设工作方案》。编制碳普惠管理办法和方法学，建立碳普惠机制，对小微企业、社区家庭和个人节能减排行为进行量化。推进地铁四期及四期调整线路建设进度，全年地铁为社会提供约 168 亿人千米运输服务，为全社会贡献 78.4 万吨低碳公共出行碳普惠减排量，相当于 3.92 万公顷林地一年吸收量。6 月 29 日，全国首个生态环境保护全链条立法——《深圳经济特区生态环境保护条例》经深圳市人大常委会会议表决通过并自 9 月 1 日起实施。

【深圳统筹推进碳达峰碳中和】 2021 年，深圳市以先行示范标准推动碳达峰碳中和，$PM_{2.5}$ 年均浓度低于 20 微克 / 立方米，碳排放强度同比下降 9.92%，“十三五”期间全市碳排放强度下降 26.85%，超额完成广东省下达的任务目标。组织开展碳达峰研究，在《深圳经济特区生态环境保护条例》中设置“应对气候变化”专章，明确将碳达峰碳中和纳入深圳市生态文明建设整体布局。率先在深圳市未来大厦项目、中建科技深汕特别合作区绿色产业园项目试点应用光储直柔技术，该技术路线被正式写入国务院文件《2030 年前碳达峰行动方案》。正式发布《深圳市“零碳公园”建设导则》，在全国率先对“零碳公园”进行定义，并提出“零碳公园”建设、管理模式及指标体系。年内，深圳证监局指导发布首份期货行业服务“碳达峰、碳中和”战略倡议书，辖区证券公司助力发行交易所首单碳中和 ABS、首批碳中和绿色公司债。

（深圳市人民政府地方志办公室）

【珠海统筹推进碳达峰碳中和】 2021 年，珠海市成立碳达峰碳中和工作领导小组和专责工作组。编制全市 2018 年、2020 年温室气体排放清单报告，推动碳达峰重点行业研究，推进编制重点行业碳达峰行动方案和路线图。建立并动态管理全市高耗能、高排放项目台账，完成排污许可证质量核查。全市电力、钢铁、水泥、石化、造纸、航空 6 个行业 13 家控排企业均按期完成碳排放核查和配额清缴工作，履约率 100%。落实消耗臭氧层物质企业监督管理，对全市 9 家涉 ODS 企业完成一轮次专项执法和跨部门“双随机”检查。（胡源　温奇）

【惠州推进碳达峰工作】 2021 年，惠州市坚持新发展理念，推进全市碳达峰工作，成立领导小组，初步制定碳达峰实施方案，协同推进节能减排降碳；印发《惠州市全面加强能耗“双控”工作的实施意见》，完成“十三五”能耗双控考核工作，“十三五”末全市地区生产总值能耗下降 17.1%，能耗双控考核确定为完成等级。惠州市运用节能审查制度优先支持符合产业政策、低能耗、高产出的项目建设；年内推动 30% 以上的县级以上党政机关完成节约型机关创建；加强能耗双控管理，合理制定下达县（区）的目标任务，压减违法违规“两高”企业用能。加强与国土空间规划、交通规划、旅游规划、农业规划等规划的衔接应用，推动形成节约资源、保护环境新局面。制定碳达峰、碳中和工作。全市开展企业碳排放管理工作，督促企业按要求完成碳排放信息报告、配合碳排放核查并按时履约。统筹编制“十四五”生态环境保护规划，以减污降碳为重点战略方向，以改善生态环境质量为核心，高标准高质量编制完成《惠州市生态环境保护“十四五”规划》。

（惠州市人民政府地方志办公室）

【肇庆碳普惠制试点】2021 年，肇庆市积极推进碳普惠制试点，编制《肇庆市碳达峰实施方案》并征求意见。组织陶瓷、纺织等行业企业参加碳交易能力建设专题培训，为 2023 年陶瓷、纺织行业纳入碳交易市场做好准备。积极开展碳普惠专题培训和宣讲活动，选取条件成熟区域打造近零碳示范区。

（肇庆市人民政府地方志办公室）

【粤港澳大湾区“零碳行动”高峰论坛】2021 年 5 月 11 日，粤港澳大湾区“零碳行动”高峰论坛在佛山市南海区举办，政府职能部门、环保领域专家学者、大湾区制造业企业参加论坛，分别从不同维度对减碳行动的迫切性、实施路径和对全球气候治理的意义作主题报告。论坛上，大湾区减碳联盟宣布成立，首批联盟单位包括瀚蓝环境股份有限公司、蒙娜丽莎集团股份有限公司、广东华兴玻璃股份有限公司、广州碳交易所、安德里茨（中国）有限公司等 10 家企业，涵盖环保、陶瓷、汽配等多个领域。以论坛举办为契机，佛山高新区南海园管理局与瀚蓝环境股份有限公司正式签约共建“佛山国家高新区南海园绿色产业创新发展项目”。

（佛山年鉴社）

【全国首家碳中和“零碳网点”落地中山】2021 年 5 月 20 日，全国首家碳中和企业——中国建设银行中山翠亨新区支行在中山市翠亨新区科技金融新城一期开业。活动当天，广州碳排放交易所向翠亨新区建行颁发“碳中和”证书，标志着全国首家“零碳网点”正式挂牌。为确保在翠亨新区建行开业前取得碳中和证书，银行方面经过建筑材料核查、碳排放计算、“碳中和”减排注销等环节，对 2021 年度运营活动率先作出碳中和规划，自愿购买并注销 7 吨中国自愿减排项目产生的碳减排量，在全国范围内率先实现网点装修建设“碳中和”目标。

【中山省级碳中和试点示范区建设】2021 年，中山市聚焦建立健全绿色低碳循环发展经济体系，推进国家低碳城市试点建设、省级碳普惠制试点城市建设，打造近零碳排放区示范工程试点。翠亨新区、神湾镇被列为全省首批碳中和试点示范市（区），小榄镇北区社区被生态环境部评为 2021 年绿色低碳典型案例中 10 个社区案例之一，国泰染整、达能食品公司被广东省生态环境厅办公室授予第一批“减污降碳突出贡献企业”称号。作为广东省首批碳普惠制 6 个试点城市之一，中山市印发全省首个地级市碳排放管理政策《中山市碳排放管理实施细则》，并设立低碳发展专项资金，用于支持低碳试点镇区、园区、社区和项目建设；编制全国首个镇级温室气体排放清单，并推广至全市各镇（街道）。电子科技大学中山学院成为中山市首批碳普惠试点校园。

（中山市人民政府地方志办公室）

·责任编辑　陈英纳·

宜居宜业宜游优质生活圈建设

综　述

【教育交流合作】2021年，广东省贯彻落实《粤港澳大湾区发展规划纲要》《关于支持深圳建设中国特色社会主义先行示范区的意见》《推进粤港澳大湾区高等教育合作发展规划》，创新粤港澳大湾区教育交流合作机制，推进大湾区教育合作发展和深圳教育先行先试。

推动粤港澳姊妹学校共建，全年新增粤港澳姊妹学校（园）98对，其中粤港77对、粤澳12对，创新以粤港澳三地学校缔结形式进行结对9对。截至年底，共有粤港澳姊妹学校1165对。支持港澳地区居民内地申请教师资格。港澳居民申请参加内地中小学教师资格考试、认定教师资格工作常态化，每年考试和认定的时间与内地居民考试和认定的时间一致。是年，共有159名港澳人员通过教师资格认定，其中123人通过考试并获认定中小学教师资格，36人获认定高校教师资格。推动合作办学，推进大湾区大学、广州交通大学、中山科技大学的筹建，推进香港科技大学（广州）建设工作，推动天津大学佐治亚理工深圳学院等一批不具有法人资格的中外合作办学机构获教育部批准设立，启动深圳职业教育创新发展高地创建工作。

推进粤港澳教育交流合作平台建设，充分发挥粤港澳大湾区中小学校长联合会、教师联合会和省级中小学教师发展中心等平台的作用，成立粤港澳办学团体发展协作会，构建办学团体、校长、教师全方位、多层面的交流平台。支持粤港澳高校联盟及专业联盟、粤港澳大湾区高校在线课程联盟等40多个交流合作平台发展，新增粤港澳高校联盟工科专业联盟、粤港澳大湾区孔子学院合作大学联盟等交流平台20多个。积极开展粤港澳师生交流活动，举办或承办“粤港澳姊妹学校中华经典美文诵读比赛”、第六届中华经典诵读港澳展演交流活动、第三届粤港澳大湾区学校美术与设计作品展暨第五届广东省高校美术作品学院双年展、第二届粤港澳大湾区中小学音乐节和第三届粤港澳大湾区国际音乐季等活动；邀请港澳地区学生参加广东省大中小学生“学宪法 讲宪法”演讲比赛及相关活动。（广东省教育厅）

【人才高地建设】2021年，广东省实施战略人才锻造工程、人才培养强基工程、人才引进提质工程、人才体制改革工程、人才生态优化工程“五大工程”，推进人才发展体制机制改革，引导广大人才投入“双区”（粤港澳大湾区、深圳建设中国特色社会主义先行示范区）建设、科技创新、制造强省建设、脱贫攻坚、乡村振兴等工作。实施“珠江人才计划”等，引进培养海内外高层次人才。推动粤港澳人才协同管理机制改革创新，落实境外高端人才和紧缺人才个税补贴办法，推动深圳先行示范区建设综合改革试点首批授权人才事项落地，制定横琴合作区建设人才工作方案，加快推进海外人才离岸创新创业（横琴）基地建设，推动广州加快创建南沙国际化人才特区、中新知识城国际人

2021 年 3 月，由澳门中联办宣传文化部组织的“澳门青年人文湾区行”参访团一行赴广州、佛山、东莞等地参访学习。图为参访团在佛山南风古灶合影 （佛山市委台港澳办供稿）

才自由港，不断提升粤港澳人才协同发展水平。

（中共广东省委组织部）

【文旅融合发展】 2021 年，广东省推动大湾区各城市整体协作、优势互补，采取线上线下结合的方式与香港、澳门开展文旅交流合作。配合召开《粤港澳大湾区文化和旅游发展规划》实施推进会，推进规划实施。完善粤港澳文旅合作机制，举办粤港澳旅游推广机构第 81 次会议、粤港澳大湾区“9+2”城市旅游市场联合监管协作体联络员会议。打造粤港澳大湾区文化遗产游径，合作举办各类文化遗产展览、展演活动，保护、宣传和利用好大湾区文物古迹、世界文化遗产和非物质文化遗产。加强大湾区文化艺术交流，举办粤港澳青年文化之旅、粤港澳大湾区（广东）艺术精品巡演、第三届粤港澳大湾区（广东）文化创意设计大赛等活动。连续五年举办文化和旅游产业投融资对接会，成立广东滨海（海岛）旅游联盟，推动全域旅游示范区创建和乡村旅游、滨海旅游、邮轮旅游高质量发展。粤港澳互相支持举办澳门国际旅游（产业）博览会、广东（国际）旅游产业博览会、中国（深圳）国际文化产业博览交易会等文化和旅游展会，设立大湾区联合展台、展区，展示大湾区文化和旅游资源和形象。落实横琴粤澳深度合作区和前海深港现代服务业合作区涉文化和旅游任务。

（广东省文化和旅游厅）

【就业服务体系优化】 2021 年，广东省制定实施 3.0 版“促进就业九条”（《广东省进一步稳定和扩大就业若干政策措施》）和资金配套文件，将在粤求职、工作的港澳居民纳入就业扶持对象范围。出台支持港澳青年在大湾区就业创业政策文件的实施细则。举办粤港澳大湾区大学生就业实习双选会，为港澳青年提供近 10 万个就业实习岗位。支持实施“大湾区青年就业计划”，向到广东就业的香港青年发放每人每月 1000 元生活补助。

（广东省人力资源和社会保障厅）

【医疗保障合作】 2021 年，广东省全力做好港澳台人员参保工作。规定在粤工作的港澳台人员应当参加当地的职工医保，享受与内地职工同等的医疗保险待遇。同时推动在内地（大陆）居住且办理港澳台居民居住证的未就业港澳台居民，在居住地按照规定参加城乡居民基本医疗保险，与居住地城乡居民同等标准缴费，享受同等的基本医疗保险待遇。是年，在粤参加职工医保的港澳人员 12.7 万，参加城乡居民医保的港澳台人员 10.6 万人。

完善港澳台居民参保缴费服务流程。是年6月，广东省印发《香港澳门台湾居民参加基本医疗保险参保缴费办事指南》，进一步畅通持港澳台居民居住证的港澳台居民参加基本医疗保险渠道，持续助力粤港澳大湾区医疗保障融合发展。珠海市构建医保经办、银行与澳门社团共同参与的跨境医保经办新模式，常住横琴的澳门居民医保中银“一站通”业务入选广东自贸试验区第五批制度创新案例，并入选横琴自贸试验片区第五批可在珠海全市复制推广的改革创新措施。同时，为协助澳门居民融入粤港澳大湾区生活，广东省医疗保障局与澳门特区政府卫生局构建数据共享机制，提供广东省各市参保缴费政策，并按季度提供澳门居民在广东省内的参保人数，以便澳门特区政府向符合资格的澳门居民发放参保津贴，维护澳门地区人员参保权益。

（广东省医疗保障局）

【社会保障合作】2021年，广东省落实《香港澳门台湾居民在内地（大陆）参加社会保险暂行办法》《关于进一步完善我省港澳台居民养老保险措施的意见》，指导做好个体工商户、灵活就业、未就业和就读大学生4类新增参保港澳群体服务。开展粤港澳三地养老保险衔接问题研究和工伤保险比较研究。出台“湾区社保服务通”实施方案，研究明确澳门居民豁免内地参保办法，完善港澳居民参保缴费登记录入规则，印发港澳台居民在粤参保办事指南。加快社保卡居民服务“一卡通”和社保卡金融功能跨境通用管理机制建设，截至年底，香港地区居民持社保卡人数13.3万人、澳门地区居民持社保卡人数6.9万人。扩大港澳居民在粤参保宣传，制定社保缴费及待遇标准说明，起草政策问答二十条，举办宣传季暨“湾区社保通”上线启动仪式。截至年底，港澳居民在粤参保27.92万人次，其中参加企业职工养老保险10.93万人、城乡居民养老保险3.61万人、失业保险6.64万人、工伤保险6.74万人。

（广东省人力资源和社会保障厅）

【社会治理合作】2021年，广东省围绕打造“平安湾区”“便利湾区”“共享湾区”，公布第三批20项服务粤港澳大湾区建设创新举措，涵盖公安机关服务粤港澳大湾区重大平台建设、规则制度衔接、人员车辆往来便利化、防范化解风险隐患等管理事项。是年，广东省“港车北上”重新启动。制定落实广东省公安机关关于支持深圳建设中国特色社会主义先行示范区综合改革试点8项创新举措，并以同等力度支持广州实现老城市新活力；谋划支持横琴、前海合作区建设13项政策措施，指导横琴合作区公安局建设，在机构设置、社会管控、执法模式、政务服务等方面探索创新，建立健全粤澳共商共建共管共享新体制。（广东省公安厅）

教育和人才高地打造

·教育合作发展·

【概况】2021年，广东省新增不具独立法人性质的中外合作办学机构2个，本科层次以上中外合作办学项目3个。至年底，广东省有中外、内地与港澳合作办学机构18个，本科层次以上中外、内地和港澳合作办学项目42个。参与中外人文交流项目，开展第二届“中外人文交流小使者”活动，落实“共迎未来”中外青少年人文交流活动“姊妹校”项目；推动国际中文教育创新发展，支持高校在沿线国家合作共建“中文+职业技能”孔子学院（课堂）。举办广东省“一带一路”职业教育联盟2021年度交流活动、广东省民办高校对外开放座谈交流活动；支持和鼓励高职院校在沿线国家开展境外办学、建设“鲁班工坊”；组织职业院校申报中德先进职业教育合作项目；推进国别和区域研究质量提升，至年底，广东省高校获教育部批准设立高校国别和区域备案中心或培育基地30个。召开全省高校国际学生工作会议，开展国际学生管理服务五项行动计划。2020—2021学年，广东省高校招收留学生1.8万人，备案招收留学生高校 88 所。按照“一视同仁无差别服务”的原则，做好涉外学生的疫情防控和健康管理服务。推动粤港澳教育交流不断线、合作不停滞，全年新增粤港澳姊妹学校（园）98 对，新增粤港澳大湾区孔子学院合作大学联盟、粤港澳高校联盟等 11 个专业联盟，举办粤港澳大湾区中小学校长论坛等活动。全省各级各类学校港澳台在校生 14.3 万人。

【基础教育优质共享】2021 年，广东省完善港澳地区儿童在粤享受基础教育政策，保障港澳居民或其随迁子女按规定享受居住地义务教育、学前教育公共服务。推进港澳子弟学校（班）建设，全年新增广州暨大港澳子弟学校、深圳香港培侨书院龙华信义学校、东莞暨大港澳子弟学校等。在 20 多所普通中小学设立港澳子弟班，为港澳学生到广东就读提供更多优质学位。探索港澳高中阶段学生转入广东省普通高中学校就读的转学政策。制定和完善《广东省教育厅关于中小学生学籍管理的实施细则（试行）》，将港澳高中阶段学生转学内容纳入管理办法。落实港澳居民随迁子女按当地随迁子女政策参加中、高考。是年，珠三角九市中考共招收港澳居民及其随迁子女 5344 人，比上年增加 2709 人，增长 1.03 倍。其中，普通高中 4013 人，职业高中 1331 人。全省共 200 多名港澳学生通过高考被高等学校录取。

【职业教育合作共建】2021 年，广东省指导省内高职院校完善港澳地区学生招收工作，鼓励支持有关高校进一步扩大招收港澳学生规模。组织优质职业院校与港澳地区职业教育机构对接合作。推动深圳职业技术学院与香港职业训练局合作共建“粤港澳大湾区特色职业教育园区”，开展人才联合培养、共建实习实训基地、技术技能培训、科研合作等活动，为大湾区培养复合式、创新型高端技术技能人才。支持深圳职业技术学院同香港职业训练局开展合作办学项目，其中屋宇装备工程、游戏及动画两个专业通过香港学术及职业资历评审局评审。组建广东省粤菜名家名师教学指导委员会、广东省家政名家名师教学指导委员会，粤港澳三地专家共同参与烹饪、家政专业人才培养。支持粤港澳大湾区旅游职业教育联盟开展交流合作，支持澳门职业技能认可基准（MORS）项目在广东省职业院校开展师生培训。广东省高职院校组织学生参加澳门职业技能认可基准（MORS）项目线上考核。开展广东省职业院校技能大赛烹饪比赛，邀请粤港澳名厨名家观摩比赛。

【高等教育合作发展】2021 年，广东省推动港澳地区高校到粤港澳大湾区内地合作办学。香港科技大学（广州）报请教育部设立。香港城市大学（东莞）筹设申请完成多轮整改。香港大学、香港理工大学、澳门科技大学、澳门城市大学等与广东省内有关地市签署合作办学框架协议或合作备忘录。推进大湾区内地新设高校（校区）建设。完成设立深圳理工大学的省级层面审核，并由广东省政府提请教育部支持设立。统筹推进大湾区大学、广州交通大学、中山科技大学、华南理工大学广州国际校区等建设。

推动国内外优质高等教育资源聚集。北京师范大学－香港浸会大学联合国际学院、香港中文大学（深圳）、深圳北理莫斯科大学、广东以色列理工学院、哈尔滨工业大学（深圳）、北京师范大学珠海校区、清华大学深圳国际研究生院、北京大学深圳研究生院入选高水平大学建设计划。华南师范大学阿伯丁数据科学与人工智能学院、南方科技大学伦敦国王学院医学院、深圳大学深圳南特金融科技学院、广州工商学院东北州立联合科技学院先后获教育部批准设立，全省本科层次以上不具法人资格的中外合作办学机构 11 所。支撑粤港澳大湾区国际科技创新中心建设。立项建设一批粤港澳高校联合实验室，并指导实验室加强平台建设，提升科技创新能力。组织开展 2021 年广东高校科技成果转化路演大赛总决赛。加强高校大学科技园建设，支持南方医科大学、肇庆学院、佛山科学技术学院建设好国家大学科技园。推进高校赋予科研人员职务科技成果所有权或长期使用权试点，促进高校科技成果转移转化。推进大湾区高校联合培养人才。加强招生宣传力度和政策解读，指导广东省高校做好香港副学士学位毕业生到广东申请就读工作，广东现有40多所本科院校可接收在港获得副学位（含副学士、高级文凭）的香港学生到广东高校升读本科；组织广东省67所普通本科高校申报103个备案专业、18个审批专业、2个第二学士学位专业，一半以上为大湾区经济社会发展急需的理工农医类专业；督促广东高校落实与港澳高校联合培养研究生工作，是年共安排专项博士计划136名、硕士计划1046名，推动粤港澳三地人才培养和科研资源的有效共享、深度融合。（广东省教育厅）

【香港学生到内地升学】2021年，香港地区参加2021—2022学年“文凭试收生计划”的院校由122所增至127所，遍布内地21个省市和1个自治区，收到申请4800多份。该计划由教育部在2012—2013学年开始推行，参与计划的内地高等院校可根据文凭试成绩择优录取香港学生，香港学生不必再参加额外考试。3900多名香港学生通过该计划报读内地高校课程，其中约2000人获录取。2020—2021学年，在内地大学升学资助计划指定的内地院校修读学士学位课程的符合资格的香港本地学生，每年可获最多1.68万元经入息审查资助或5600元免入息审查资助。2020—2021年度，有3844名学生获发放约4900万元资助。

【香港推动高等和职业教育合作发展】2021年，香港科技大学、香港城市大学、香港公开大学、香港中文大学医学院等香港多所高等院校推进在粤港澳大湾区内地城市的办学计划。是年，深圳市政府与香港大学签署合作办学备忘录，开展香港大学在深圳成立分校的筹备工作，促进大湾区内高水平学术及研究活动开展。在职业专才教育方面，香港职业训练局与深圳职业技术学院推出新的合办课程，为粤港澳学生提供职业实训实习和交流机会，加强研发合作。

（香港历史研究基金会）

【澳门教育资助与发展】2021年，澳门教育发展基金鼓励并推动学校向教学人员提供融合教育培训，推动学校组织学生前往粤港澳大湾区的职业技术训练基地学习、缔结姐妹学校，支持师生赴内地交流学习等。

是年，为落实由澳门特别行政区政府与教育部港澳台事务办公室、国家民族事务委员会港澳台办公室签订的《关于发放研究生奖学金的合作协议书》，澳门特别行政区政府继续向由上述部委推荐到澳门修读硕士课程的学生发放奖学金（学费、住宿费和生活津贴）。2021—2022学年获奖者共有25人。此外，新增设置“资助于顶尖学府就读奖学金计划”，资助在顶尖学府升读或正在就读高等教育课程的学生。推动粤港澳大湾区旅游教育培训专项资助，全年共资助18个项目，批出资助金额约250万元。为推动澳门中葡双语人才培训工作的发展，促进澳门及内地、其他亚太地区及葡语系国家之间在高等教育范畴的合作，继续开展澳门高等院校中葡人才培训及教研合作专项资助，高等教育基金2021年共资助25个项目，批给资助金额约464万元。

【澳门高等教育交流和合作】2021年，澳门特别行政区教育及青年发展局（简称教青局）推动高等教育领域内的各项对外合作，落实与教育部、国家民族事务委员会、广东省以至葡萄牙等方面签订的各项协议，为澳门高等教育领域拓展与外地合作的空间。复旦大学、浙江大学、厦门大学、华侨大学、武汉大学、华中科技大学、华中师范大学、中山大学、暨南大学和华南师范大学10所内地高校继续以采认四校联考成绩方式录取澳门学生。是年，为配合国家“一带一路”倡议，以及向亚洲地区其他国家推广澳门高等教育，澳门特别行政区教青局组织澳门高等院校代表参加由 BMI 全球教育主办的“THE 在线全球教育展（亚洲专场）”和“Talk Global Study ASIA 在线教育展”（亚洲场次），协调组织澳门高等院校参与“2021 中国国际教育在线展—中国高校合作展”。

【澳门促进学生多元化发展】2021 年，澳门推动学生多元化发展，举办文化、体育和专业技能等方面的比赛和活动，派出学生代表队参与国际和全国性比赛。以在线方式参与 9 项全国或国际性比赛，包括国际科学与工程大奖赛、国际数学奥林匹克竞赛、全国中小学信息技术创新与实践大赛、中国女子数学奥林匹克竞赛及中国化学奥林匹克（决赛）等，共获得奖项 51 个。派出 110 名代表参加第十四届全国学生运动会，共参加田径、游泳、武术、沙滩排球、羽毛球、帆船及跳绳 7 个项目的赛事，获得一金四银三铜。以在线方式参与第六届全国学生“学宪法　讲宪法”活动全国总决赛，分别获得高中组一等奖和最佳表达奖、小学组二等奖、高校组和初中组三等奖。升学就业及生涯规划方面，2021 年各类升学就业等生涯规划项目超过 1.1 万人次参与及观看网上直播。“内地与澳门高等教育展”通过在线展形式，提供全方位的内地和澳门高等学校入学信息，共 112 所高校参展，包括 102 所内地高校（涵盖 20 个省市）及 10 所澳门高校。

（摘自《2022 澳门年鉴》）

【广州教育合作发展】2021 年，广州市新增市属高校中外合作办学项目 2 个、高中阶段中外合作办学项目 1 个、外籍人员子女学校 1 所、基础教育阶段国际化特色民办学校 3 所，开办全国首家由知名高校指导创办的港澳子弟学校，广州市“创办港澳子弟学校”入选国务院服务贸易发展部际联席会议办公室（商务部）全面深化服务贸易创新发展试点第二批最佳实践案例。全市 7 区 11 校开设港澳子弟班 44 个。首次在全市缔结普通中小学和外籍人员子女学校姊妹学校 36 对。新增缔结穗港澳姊妹学校（园）32 对，共 303 对；新增国际姊妹学校 17 对，共 105 对。广州国际友城大学联盟新增大学 5 所，共 18 所。评定首批教育国际化窗口学校培育创建单位 20 所。推进香港科技大学（广州）项目建设，暨南大学、广州中医药大学等高校探索与港澳学分互认、师生交流交换等共享模式。

深化教育交流。首次承办教育部、冬奥会组委会主办的第二届“中外人文交流小使者”合唱类全国展演活动，与第五届“我是广州对外交流小使者”活动结合举办。在央视频、人民日报客户端举行“共迎未来”云端音乐会。广州市外办、团市委等联合举办“魅力花城·和谐共生”暨中国—中东欧国家线上儿童环保绘画展（广州赛区）。举办第二、三届“同根同源同心”穗港澳台青少年学习营，该系列活动获教育部港澳台办批准成为广东省唯一的国家级国情教育重点项目。举办 2021 年粤港澳学生诵读中华经典美文表演大赛暨粤港澳姊妹学校中华经典美文诵读比赛（广州），穗港澳 116 所学校的师生参赛。

（广州市发展和改革委员会　市委宣传部　徐俊湫　杨冰涵）

【广州全面启动创建教育国际化窗口学校】2021 年，广州市印发《广州市创建教育国际化窗口学校实施方案（试行）》，评定首批教育国际化窗口学校培育创建单位 20 所。着力规范和引领全市中小学校提升教育国际化水平，培养德智体美劳全面发展且具有国际视野的新时代青少年，推动加快建设与国际化大都市相匹配的高水平教育服务体系。广州市创建培育教育国际化窗口学校入选 2021 年中国国际教育十大事件。

（杨冰涵）

【深圳教育合作发展】2021 年，深圳市推进教育合作发展。深圳香港培侨书院龙华信义学校获批设立并开学。举办 2021 年粤港澳姊妹学校中华经典美文诵读比赛（深圳）暨粤港澳姊妹学校签约仪式，新缔结深港澳姊妹学校 35 对，总数增至346对，居全国之首。继续办好深圳大学、南方科技大学、中山大学·深圳、深圳北理莫斯科大学等高校，推进深圳理工大学建设，香港大学（深圳）落地选址，筹建海洋大学，开工建设天津大学佐治亚理工深圳学院。启动教育部、广东省共建深圳职业教育创新发展高地。深圳音乐学院、香港中文大学（深圳）医学院正式成立。提升深圳技术大学办学水平，全新机制创新创业学院开始招生。围绕建设全国一流技师学校，面向全国公开遴选深圳技师学院院长。与香港职业训练局共建“粤港澳特色职业教育园区”，累计招收202名港澳台学生。深圳艺术学校牵头发起成立深港澳青少年艺术联盟，有7所艺术院校及机构加入。强化科技教育协同，高起点建设西丽湖国际科教城、大运深港国际科教城。

是年，深圳推动对外教育交流合作。深圳清华大学深圳国际研究生院通过学分互认、学位互授、联合培养、科研合作等形式与世界一流大学开展广泛合作，与日本金泽大学、德国汉诺威大学、日本东京大学、英国伯明翰大学、英国南安普顿大学、德国慕尼黑工业大学6所国外高校新建合作关系。完善国际学生和国际学者支持保障体系建设，开展跨文化交流活动，建设文化包容、体验良好的国际化校园。

【深圳龙岗区启动粤港澳国际教育示范区建设】 2021年，深圳龙岗区启动粤港澳国际教育示范区建设。编制《深圳市龙岗区打造粤港澳国际教育示范区的实施方案（2021—2025）》，提出到2025年，形成从幼儿园到大学的国际教育公共服务体系，举办一批“国际教育示范学校（幼儿园）”，形成一批国际教育合作的新项目、新典范，实现国际教育从基础教育到职业教育、高等教育全链条、全体系覆盖，建成粤港澳大湾区首个国际教育交流平台，打造中外优秀文化融合发展的示范基地，为教育对外开放合作、提升教育国际影响力探索“深圳路径”。1月29日，举行打造粤港澳国际教育示范区启动仪式。龙岗区通过国际教育理念引领、国际师资队伍建设、国际课程开发、合作办学、对外交流及人才培养五大行动，推进一批国际教育项目落地。年内，筛选符合条件的香港地区的学校，推动深港子弟国际学校落地。

（深圳市人民政府地方志办公室）

【珠海推动高校办学合作】 2021年，珠海市推动与港澳高校合作办学，完成《珠海市与港澳高校合作办学说明》。与澳门科技大学合作办学取得新进展。5月，推动澳门科技大学在珠海办学用地的土地清理手续。9月，向广东省教育厅申请将新建澳门科技大学（珠海）纳入《广东省高等学校设置“十四五”规划》。澳门科技大学确定与暨南大学合作。与澳门城市大学合作办学取得进展。2月，推动与澳门城市大学合作办学项目用地选址手续。11月16日，澳门城市大学校董会主席陈明金、校长刘骏一行到珠海市就深化合作进行交流。完成香港大学海洋科学与技术研究院（珠海）项目的论证报告。

（郑颖梅）

【佛山教育合作发展】 2021年，佛山市中小学与港澳学校新缔结姊妹学校2对，分别为圣公会邓肇坚中学与佛山市南海区里水双语实验学校、救世军石湖学校与佛山市禅城区启智学校，累计缔结姊妹学校124对，数量居广东省第三位。深化佛港澳三地中小学姊妹学校交流合作，通过参观学习、联谊交流、STEM（Science、Technology、Engineering、Mathematics，即科学、技术、工程、数学）交流及各类比赛活动密切与结对姊妹学校学生关系；通过观摩教学、讲座、学习营及研讨等方式促进教师合作；通过开展线上主题研学、同上一节课等活动交流维系情感；通过互学互访等方式推动校长交流办学模式和管理经验，互换治校理念和教育思想。推进港澳子弟学校（班）建设。是年，佛山市有2所学校设立港澳子弟班。其中，顺德区华侨中学办学规模为3个班；顺德区华侨成美初级中学办学规模为1个班。另有设立可招收港澳子弟

2021 年 4 月，广州中医药大学顺德医院与广州中医药大学、澳门科技大学签署第三届粤港澳大湾区中医药传承创新发展大会合作项目协议

（佛山市卫生健康局供稿）

的外籍人员子女学校 2 所，分别为佛山伊顿外籍人员子女学校和佛山霍利斯外籍人员子女学校。实施港澳居民随迁子女入学政策。港澳学生在佛山市入学实行政策性借读生和普通借读生分类安置。其中，政策性借读生共 17 类，符合其一条件的，即保障入读公办学校。公办学位在完成户籍生和政策性借读生安置后，剩余学位全部用于普通借读生以积分排序方式入学。

加强与粤港澳大湾区高校、高职院校教育教学研究与交流。佛山职业技术学院参与粤港澳大湾区在线开放课程联盟；组织学生参加第六届粤港澳大湾区 IT 应用系统开发大赛。顺德职业技术学院通过合作办学、合作共建学科培训基地、合作开展项目等形式，多层次、多途径与香港都会大学、澳门旅游学院、澳门科技大学等开展交流合作。（佛山市教育局）

【惠州教育合作发展】 2021 年，惠州市调研港澳职业教育发展情况，寻找合作院校、企业或单位。市属高职院校等部分职业院校加强与深圳大疆、顺德碧桂园、珠海格力等企业开展校企合作；完成与港澳高水平高校合作情况前期调研。全市技工院校就读的港澳籍学生 28 人。

（惠州市人民政府地方志办公室）

【东莞推动大湾区大学和香港城市大学（东莞）筹建】 2021 年，东莞市加快推进大湾区大学和香港城市大学（东莞）筹设工作。成立大湾区大学(筹)独立实体机构，松山湖校区取得用地预审与选址意见，滨海湾校区完成校园规划及一期设计招标任务书编制，推进一期用地土地整备。举行香港城市大学（东莞）奠基仪式，依托香港城市大学东莞研究院成立 4 个研究中心，制定《香港城市大学（东莞）启动资金使用管理办法》并通过市政府常务会议审定，完成一期校园林地、城规、土规及生态线调整。（东莞市人民政府地方志办公室）

【中山教育合作发展】 2021 年，中山市印发《中山市关于贯彻落实粤港澳大湾区高等教育合作发展规划的若干意见》。加快筹建中山科技大学，召开校长遴选委员会第一次会议，提出校长候选人建议名单，修订校园建设规划、学科建设规划、师资队伍建设规划。推进澳门科技大学（中山）项目建设，9 月底，向广东省教育厅申请将澳门科技大学（中山）纳入《广东省高等学校设置“十四五”规划》。推动共建中国科学院大学药学院中山学院。3 月 29 日，举行粤港澳大湾区药学研究生培养协同创新论坛暨中国科学院大学药学院中山学院揭牌仪式，学院由中山市政府、中国科学院上海药物研究所联合主办。揭牌仪式上，中山药物创新研究院与合作高校签订战略合作框架协议。5 月 26 日，举行中国检科院粤港澳大湾区研究院揭牌暨正式建设启动仪式。该院的设立获广东省事业单位登记管理局批准。

（中山市人民政府地方志办公室）

【江门教育合作发展】2021 年 4 月，广东江门中医药职业学院与澳门镜湖护理学院签订合作框架协议，探讨广东江门中医药职业学院中医药特色优势走进澳门和澳门镜湖护理学院护理特色优势走进江门的建设思路与模式。10 月，江门市护理学会主办粤港澳失禁专科护理联盟会议暨第三届亚太失禁护理高峰论坛，会议邀请来自新加坡和中国香港地区的老师，以及广东省内失禁护理专家授课。10—11 月，江门市护理学会失禁护理培训基地携同新加坡，以及中国香港和澳门地区的护理专家举办第七届失禁专科护理培训。12 月 10—11 日“内地与澳门产学研合作对接会”期间，广东江门中医药职业学院博士科研团队赴澳门镜湖护理学院，双方就共同课程开发、师资互派交流、学生联合培养、中医药文化科普等工作逐一交换意见。

（江门市卫生健康局）

【肇庆教育合作发展】2021 年，肇庆市推进区域教育合作发展。支持教育机构合作共建，推进香港都会大学（肇庆）申报筹设工作，完成香港公开大学（肇庆）筹设申报整改材料和筹设复评整改材料，并上报教育部；申请将香港都会大学（肇庆）纳入《广东省高等学校设置“十四五”规划》。巩固与密兹凯维奇大学、博尔顿大学、马切拉塔大学、澳门科技大学等学校的合作，拓展合作交流项目。与澳门大学、台湾高雄师范大学、菲律宾圣保罗大学、菲律宾女子大学、波中教育基金会、国家教育行政学院、广东教育国际交流协会多元合作取得进展。根据《广东省全口径全方位融入式帮扶粤东粤西粤北地区基础教育高质量发展实施办法》，与深圳市结对，建立全口径、全方位、融入式结对帮扶机制，共同促进教育高质量发展。

加强学校交流互动。1 月 30 日，端州区组织参加第十五届“沪粤琼港”作文小能手比赛。4 月 21—23 日，肇庆市直属机关第二幼儿园到澳门浸信中学（幼稚部）开展送培送教活动。6 月 18 日，肇庆市地质中学与香港南屯官立中学缔结姐妹学校，推动教育教学改革。7 月 6 日，肇庆市端城小学与香港长洲国民学校通过远程视频开展交流合作。

（肇庆市人民政府地方志办公室）

【深圳香港培侨书院龙华信义学校设立】2021 年，香港特别行政区政府鼓励并支持香港办学团体在粤港澳大湾区开办提供香港课程或同时加入国际课程的学校。2 月 10 日，深圳香港培侨书院龙华信义学校项目签约启动，并于是年开办中小学。9 月 6 日学校开学，并为香港籍学生提供香港课程。该校占地面积 4.25 万平方米，建筑面积 15.78 万平方米。办学规模 108 个班，可提供 3240 个小学一年级至高中三年级学位。该校是深圳、香港教育直接融合的第一所寄宿制 K12 学校，学校采取深港双轨制、小班化教学模式，学生可根据自身情况灵活选择内地或香港课程。学校的建成有助于解决深圳、香港两地学童跨境入学、香港学生在深圳就学及考试问题，为内地学生就读香港课程或内地课程、香港学生就读内地课程或香港课程提供便利。

（香港历史研究基金会）

·国际化人才高地建设·

【高层次人才服务保障】2021 年 4 月，全国高层次人才服务窗口工作现场会在广州召开，广东高层次人才服务工作被人力资源和社会保障部作为“广东样板”在全国推广。是年，广东省累计保障 3621 名“优粤卡”持卡人享受子女入学、绿色就医、交通不限行等 14 项便利服务。打造包含 7000 名各行业各领域顶尖人才的专家智库。推进高标准高质量建设高层次人才服务专区、国际人才“一站式”服务窗口，推动省、市服务贯通。推动粤东、粤西、粤北 13 个地市共 357 个人才驿站柔性引才 7512 人次、组织人才活动 3625 场、促成各地签约合作项目 341 项。统筹联动打造急需紧缺人才招聘品牌，举办线上线下逾 2000 场急需紧缺人才招聘会，服务近 110 万人次求职。举办医学、留学、博士科研、国企、职教等大型专场以及粤藏、粤桂东西就业协作专场，组团赴江苏、吉林等5省引才。升级广东省急需紧缺人才供求信息平台，全年累计引流近2000万人次。全力推进粤港澳大湾区（广东）人才港建设。

（广东省人力资源和社会保障厅）

【高层次人才引进】2021年，广东省实施“海外名师”项目，设个人和团队两类项目，资助342个项目，吸引431名海外名师、名家、名医、名匠、名人到广东短期开展科技、教育、人文、医疗卫生、艺术、管理等方面的交流合作。组织全省有关单位参加第十九届中国国际人才交流大会、第二十三届海峡两岸经贸交易会，吸引更多高层次人才到广东创新创业。

【外国人才服务管理体系】2021年，广东省科技厅实施16项出入境政策、外国人来华工作许可制度、外国人才签证制度、外国专家来华邀请函政策等，基本形成外国人才服务管理体系。至年底，广东省持有效的外国人工作许可证的外国人和A类外国高端人才分别占全国的1/5，其中A类高端人才1.14万人，占全国的26.4%。核发《外国高端人才确认函》936份，《外国专家来华邀请函》459份。

【外国专家项目及创新专项】2021年，广东省列入国家外国专家项目67项，获资助总经费1825万元，比上年增长46%，创历年新高。开展“企业科技特派员专项”，采取精确特派和经费包干制，探索“以企业技术需求为导向”的新模式。至年底，吸引省内外2123名高端科研人才，221家优质特派员派出单位入驻，946家企业注册入库，发布技术需求734项，成功对接566项，技术合同总额超1.4亿元。专项资金投入4000万元，资助380项。开展高端人才交流专项“银龄专家”项目工作，立项79项，资助经费1440万元，引进包括9名外籍院士在内的79名退休专家。（苏永泉　董彦）

【香港人才高地建设】2021年，香港推进实施人才入境计划，鼓励高技术人才或优秀人才到香港定居。获批准的申请人到香港定居前无须获得香港本地雇主聘用。10月，香港特别行政区政府把该项计划的年度配额倍增至4000个，全年批出2004个名额。推动实施科技人才入境计划，所有从事13个科技范畴研发活动的公司可通过快速处理安排，申请输入非香港本地科技人才到香港从事研发工作。自2018年6月实施至2021年底，该计划共推动275宗签证或入境许可申请获批。继续实施专业人士到香港就业开放政策，鼓励和支持香港需要但紧缺的具有特别技能、知识或经验的人士到香港工作。年内，有22886名专业人士及企业家获批到香港。

（香港历史研究基金会）

【广州人才高地建设】2021年，广州市聚焦粤港澳大湾区高水平人才高地建设战略布局，推进战略人才锻造工程、人才培养强基工程、人才引进提质工程、人才体制改革工程、人才生态优化工程“五大实践行动”。深化人才发展体制机制改革，构建“广聚英才”人才工程体系，实施“广聚英才计划”。是年两院院士增选结果中，广州市新增3人，引进赵宇亮、谢晓亮等一批院士及其团队，颁发人才绿卡超过1万张，累计2223人入选国家和省人才工程。建设中新广州知识城国际人才自由港和南沙国际化人才特区，推动南沙区（自贸区南沙片区）、广州开发区（黄埔区）成功申报国家海外人才离岸创新创业基地，是中国科协首次同时批准在同一个城市设立两个离岸基地。落实粤港澳大湾区境外高端人才个人所得税补贴政策，印发《持永久居留身份证外籍人员创办科技型企业试行办法》，支持外籍人才创办科技型企业享受国民待遇。

（广州市科技局　张东武　谌艳萍　张哲）

【广州开发区打造海外招才引智平台】2021年，广州开发区推动打造海外招才引智新平台。研究制定“离岸基地”建设五年行动计划，确立“1+3+3+N”总体建设布局，以知识城为“1”个核心区，链接科学城、生物岛、黄埔港“3”个协同发展区，联动知识城国际人才自由港、中新国际联合研究院、澳门青年人创新部落“3”大运营主体，建设“N”个海内外离岸创新中心、合作基地，构建功能梯度布局、产业错位发展、政策覆盖全区的空间结构和创新业态。建立服务人才政策新体系。构建“金镶玉”政策体系，出台“海外尖端人才8条”“国际人才自由港10条”等人才政策20项。推动“粤港澳知识产权互认10条”、“港澳青创10条”及实施细则，为港澳青年在创业启动、创新激励等方面提供扶持。打造科创合作新格局，与新加坡共建中新国际联合研究院、新加坡国立大学广州创新研究院、新加坡国际管理学院（中国）等科研服务机构，启动中欧创新中心建设。与香港知识产权交易所、澳门科技大学等单位成立粤港澳大湾区知识产权联盟，构建“离岸基地”国内国际双循环相互促进的新发展格局。11月18日，广州开发区获中国科协批复同意设立国家海外人才离岸创新创业基地，成为广州市首批获得该项荣誉的单位。（田丽华）

【深圳人才高地建设】2021年，深圳市强化科技人才协同，培育和引进战略科技人才、科技领军人才、青年科技人才和高水平创新团队，继续办好国际人才交流大会，打造人才高地。围绕打造深港人才共同体、集聚全球人才来华等专题，开展全市人才工作深调研。拓宽选人用人视野和渠道，从国内知名高校、医院引进2名院士和2名高层次医学专家担任市属高校校长和市属医院院长。完善高端紧缺人才引育政策，构建“鹏城孔雀计划”“鹏城英才计划”引育并重的人才政策体系。以“筑巢引凤”和“引凤筑巢”理念，引进沈向洋、薛其坤等科学家。出台《深圳市外籍“高精尖缺”人才认定标准》。探索“中国绿卡”核验便利化，推动人才R字签证、出入境和停居留便利化措施落地。搭建“外国人综合服务管理平台”，建成“外国人就业居留事务服务中心”，实现外籍人士可同时申请、同时领取工作许可证和工作居留许可，审批时限压缩至7个工作日。按照“文化引领、服务贴心、社群融合、事业成就、国际代言”原则，构建国际人才街区建设分类分层评价指标体系，发布全国首部《国际人才街区评价指南》地方标准，打破街区固有概念，以提供高水准生活、工作、创业或专业服务人才聚集地为落脚点，将其分为居住生活型、商务办公型、创新创业型、专业服务型四种类型。

2021年10月31日，2021深圳全球创新人才论坛举办，7名海内外专家以《聚天下英才 筑创新高地》为题展开演讲

（深圳市人民政府地方志办公室供稿）

是年，深圳将“下一站·深圳”品牌融入国际人才交流大会、湾区青年人才发展论坛、海归人才招聘会、深爱人才·圳品SHOW等活动中。在第十九届国际人才交流大会上设立国际人才服务专区等，吸引近3万名海内外人才参观。推出《Y深圳》高层次人才访谈栏目，访谈近60名高层次人才，全网点播量2.3亿人次。发布《深圳脚步》宣传片，译制推出英、法、西、葡、俄、日六种外语版本，推动全球引才，全网阅读量2.61亿人次。年内，深圳全球创新人才论坛直播以“聚天下英才·筑创新高地”为主题，邀请战略科学家、院士、科技领军人才、创业团队带头人、青年科技人才、卓越工程师等7名不同领域人才代表发表演讲，超过2600万人次点击观看，观看总时长超过130万小时。

截至年底，深圳市各类人才总量超600万人，累计引进留学回国人员超18万人。高层次人才总数突破2万名。全职院士74名。新增认定国内外高层次人才4278人，引进落户各类人才25.6万人。全市在站博士后5137人，在首届全国博士后创新创业大赛中获三金两银八铜，金牌数、奖牌数均居广东省第一位；鹏城实验室获评全国专业技术人才先进集体，全市2名专业技术人才分获南粤突出贡献奖、南粤创新奖。9月，深圳作为唯一副省级城市代表，在中央人才工作会议上以深化人才发展体制机制改革为主题作交流发言。

（深圳市人民政府地方志办公室）

【珠澳人才协同发展】2021年，珠海市构建更加积极开放的人才政策体系，推动具有澳珠特色的人才协同发展。成立由全国政协副主席担任永久名誉会长的澳珠人才发展促进会。完善“珠海英才计划”配套政策措施，在广东省率先出台人才住房管理办法，形成实物住房和货币补贴相结合的人才安居体系。配合起草横琴粤澳深度合作区高端紧缺人才认定标准、个税优惠政策管理办法等人才政策，与横琴粤澳深度合作区研究人才政策衔接过渡并达成共识，保障合作区人才工作平稳过渡。持续开展“人才点亮珠海”活动，在重大节日慰问人才，完善人才子女入学统筹协调机制，营造人才友好型发展环境。

抓好重大人才工程和活动。开展珠海市高层次人才评定，新评定市高层次人才236人，新评定张旭院士为珠海市顶尖人才，牵引带动重大平台项目和人才团队落地珠海。开展珠海市创新创业团队和高层次人才创业项目申报评审，突破性设立“市外引进创业团队”项目，29个项目获3.15亿元立项资助；对“中国化学会第32届学术年会”等16个高端学术交流活动予以立项资助。举办“粤港澳大湾区大学生就业实习双选会”，为大湾区大学生提供就业实习岗位近10万个。

（黄梓灿）

【珠海海外高层次人才引进】2021年，珠海市聘请外国人的单位超过1000个，有效办理外国人来华工作许可证1406人，其中外国高端人才496人。为外国高端人才开辟绿色通道，100名外国高端人才获签发外国高端人才确认函并办理外国人才签证。为34名外籍高层次人才出具永久居留证推荐函。5个单位获广东省科技厅年度外国银龄人才引进计划立项，获资助经费100万元。4个单位获广东省科技厅年度海外名师引进计划立项，获资助经费20万元。落实粤港澳大湾区个人所得税优惠政策，有512名境外高端人才申请个税补贴，涉及补贴金额超过1.5亿元。

（陈楚君）

【佛山人才高地建设】2021年，佛山市出台《佛山市柔性引才暂行办法》《佛山市关于实施粤港澳大湾区个人所得税优惠政策财政补贴管理办法》；发布《佛山市2021年制造业紧缺人才目录》《佛山市紧缺人才目录（2021年）》。全年发放市级人才补贴1.9亿元，认定“优粤佛山卡”人才11.24万人。组织佛山企事业单位在澳门大学举办“澳门大学—佛山市人才驿站”系列活动；打造“优越佛山·佛山有约”“魅力佛山行”等引才品牌，与全国206家院校建立人才交流合作关系，与武汉教育部直属8所高校实现互访，组织佛山11家重点企业（平台）到武汉大学参加校园招聘活动；组织各类人事考试工作45项，设置考场127场次，参加考试25.76万人次。

是年，佛山市新增引进领军人才71人、博士777人、硕士3559人、高级职称专业技术人才2903人。历年累计引进领军人才314人、博士2646人、硕士2.6万人、高级职称专业技术人才3.2万人，引进省创新创业团队28个；全市有博士后工作站64个，博士后工作站分站、基地73个。（佛山市人力资源和社会保障局）

【惠州人才引进工作】2021年，惠州市制定《惠州市高层次人才分类目录》《关于支持港澳居民在惠就业创业办法》《惠州市国际人才一站式服务实施方案》《惠州市加快推进乡村人才振兴指导意见》等文件，聚焦优化人才生态，完善人才政策体系。建立专业人才职称评审绿色通道，在惠州市工作的港澳台同胞以及外籍人士中的专业技术人员，可自愿申报评审专业技术资格，或依据有关规定，报名参加国家统一组织的专业技术资格以及职（执）业资格考试。做好个人所得税财政补贴申报工作，通过媒体、各单位网站、微信公众号发布政策和办事指南，到境外人才较多的企业进行宣讲发动。至年底，受理122名境外紧缺人才2019年度、2020年度个人所得税财政补贴申报。全年为49名高层次人才办理入户审核手续，为13名高层次人才子女协调解决入学转学问题。

开展宣传推荐惠州和引才工作。4月，参加第十九届中国（深圳）国际人才交流大会，提供新材料、新能源、电子信息等行业100多个年薪15万~30万元不等的岗位。在粤港澳大湾区科技创新与人才智力展区，惠州市展示“两大科学装置”（强流重离子加速器装置HIAF和加速器驱动嬗变研究装置CiADS）及东江实验室，创新及人才政策等宣传内容吸引众多企业负责人、高端人才关注。6月，整理中国共产党成立以来5名惠州籍杰出人才（叶挺、高恬波、曾生、廖仲恺、黄秉维）和2008年以来惠州市人才政策、人才活动、人才工作成效的图片资料，通过粤港澳大湾区（广东）人才港平台进行展示。至年底，惠州市新引进博士40人。

是年，惠州市实施“海外人才工程”，加大海外人才引进力度。坚持“以才引才”，发动现有人才积极推荐；坚持“产业引才”，发挥埃克森·美孚、正威新材料、恒力石化等项目云集惠州的优势，引进人才；坚持“平台引才”，依托国家“两大科学装置”和先进能源科学与技术广东省实验室引进人才。开展新一轮“惠”聚优才行动，共涉及146个岗位，根据招聘岗位类别不同，于10月12日发布两份引才公告。其中，《惠州市2021年引进事业单位高层次人才公告》主要面向国内“双一流”高校、境外60所知名高校引进123名市、县党政机关储备人才；《惠州市委党校、东江干部学院、高职院校2021年公开招聘高层次人才公告》主要面向社会招聘23名专任教师。该次引才行动吸引3835人注册报名，2570名人才成功报名，其中博士178人，硕士2389人。

（惠州市人民政府地方志办公室）

【东莞人才高地建设】2021年，东莞市实施“莞爱人才”七项行动，累计办理优才卡1.1万张。修订特色人才和技能人才政策，举办高层次人才活动周洽谈和招聘活动。事业单位招聘实现公开招聘港澳居民的突破。举办“粤菜师傅”“广东技工”“南粤家政”三项工程职业技能电视大赛等系列市级竞赛18项，带动镇街小赛、企业练兵，吸引1464名行业精英参赛，其中359人获得奖项，114人被评为“东莞市技术能手”。松山湖持续强化人才专项扶持政策和资金保障，港澳青年创新创业基地成为首批12个省级基地之一。虎门举办多场港澳青年交流和赋能活动。是年，东莞市有博士后工作平台76个，累计招收博士后549人，累计引进博士人才4990人，数量居广东省前列，人才生态“引育留用待”功能提升。（东莞市人民政府地方志办公室）

【中山人才高地建设】2021年，中山市推动创新人才高地建设。优化高层次人才团队引进机制。全市共引进国家重大人才工程人选20人、省级创新创业团队5个、市级创新科研团队45个。修订出台《中山市科技人才发展专项资金管理办法》《中山市引进培育创新科研团队管理办法》和《中山市推进科技创新人才集聚项目管理办法》，打造科研人才项目全生命周期引进计划体系。出台实施《中山市博士和博士后扶持资金管理办法》《中山市博士和博士后工作管理办法》等政策，提高在站博士后人员待遇，全年发放各项扶持资金和补贴747万元，新引进22名博士后人员，新增1个博士后创新实践基地、5家省博士工作站，累计设立博士后创新平台55个。

优化人才服务。建设中山国际人才港，成立人才港服务中心，在翠亨新区建成4万平方米人才港总部，开设国际化“一站式”服务窗口并辐射全市各镇街，建立人才港服务网络。是年，办理外国人来华工作许可1714人次，持有效工作许可证的外籍人员1032人，全年发放5份《外国高端人才确认函》。修订《中山市实施粤港澳大湾区个人所得税优惠政策财政补贴管理办法》，全年认定可享受个税补贴的外籍人才322名，补贴金额4645.3万元，其中境外高端人才个税补贴4055.9万元，境外紧缺人才个税补贴589.4万元。落实港澳居民养老保险相关措施，全年港澳人员参加中山市基本医疗保险人数合计12376人；为190名港澳居民办理企业职工养老保险继续缴费业务，其中香港居民102人，澳门居民88人。实施“大湾区青年就业计划生活补助”，为首批3名参加大湾区青年就业计划的港籍青年发放生活补助1.3万元。落实《粤港澳大湾区（内地）事业单位公开招聘港澳居民管理办法（试行）》，全市事业单位共招聘港澳籍工作人员4人。

（中山市人民政府地方志办公室）

【江门人才高地建设】2021年，江门市推动事业单位招聘港澳居民，共1名香港籍居民被聘用为事业单位职员。18家港澳投资企业开展28项职业评价，9240人获得技能等级证书。53名在江门工作、就读的港澳人员完成技能人才评价。发布江门市“人才绿卡”，建设“1+7+N”模式的（国际）人才“一站式”服务窗口。首次将新会、鹤山纳入“三支一扶”实施区域，广东省首创评选4家“三支一扶示范实践基地”和8名“帮扶能手”。开展高层次人才项目对接会等系列引才合作对接活动，形成人才链、创新链、产业链“三链”融合发展局面。集中发布市本级、各县（市、区）最新人才政策及“人才绿卡”配套服务。活动吸引国家、省有关部门领导及专家学者、人才企业代表近万人参加，得到中央、省、市54家主流媒体和多家港澳媒体的集中播报。

是年，江门连续三年承办广东省众创杯博士博士后大赛，全球1231名博士和博士后同场竞技。举办2021年江门市高层次人才国情研修班，邀请江门市40余名高层次人才及“百名博（硕）士引育工程”引进对象赴深圳、惠州两地参加培训。举办2021年江门“520”人才节活动，以“侨连世界　邑聚英才”为宣传口号，首发江门人才LOGO、人才微电影等人才工作品牌元素。举办江门市高层次人才故事荟、邑青人才回乡振兴发展计划、广东省博士后创新工作等主题活动。

是年，江门新建广东省博士工作站10个，新引进博士119人、在站博士后22人，新增高层次人才2094人。建成人才供给基地11个、博士博士后科研平台114个。现有专业技术人才21.8万人（其中副高以上职称2.03万人，政府特殊津贴专家49人）、高层次人才8081人、在站博士后74人。新增技能人才33570人次，其中高技能人才6388人次；培训粤菜师傅4922人次，其中获证1558人次，“南粤家政”培训9808人次。

（江门市人力资源和社会保障局　江门市人才工作局）

【肇庆人才建设】2021年，肇庆市通过“西江人才计划”和“百千万”人才引育工程引进创新创业团队14个、领军人才4人。引育高层次领军人才、青年人才259人，市级以上人才项目入选者增至376人，实现国家、省、市级重大人才工程项目全覆盖。建成全省首家地市级“广东省博士博士后创新（肇庆）示范中心”，新增设立博士工作站15个，新增享受政府特殊津贴专家2人，引进培育博士156人、硕士1106人。高标准建设岭南现代农业科学与技术广东省实验室肇庆分中心，联合2名院士，引进博士后2名、研究生30名。加强高素质专业化后备干部建设，设立肇庆市高层次人才培养发展中心，新引进23名博（硕）士。推进“肇庆名厨”“肇庆工匠”“肇庆管家”三项技能人才培养行动，通过订单育才、校企合作等方式，新增培养技能人才2.3万名。推动开展“南粤家政”职业技能大赛肇庆选拔赛暨第二届“南粤家政·肇庆管家”职业技能大赛等活动。是年，肇庆市人才总量88.63万人，比上年增加5.46万人，增长6.56%。

（肇庆市人民政府地方志办公室）

【大湾区（广东）国际人才驿站挂牌】2021年7月20日，“大湾区（广东）国际人才驿站”挂牌仪式在南沙国际人才港举办，广东省首个冠名“大湾区（广东）”的人才驿站挂牌启用。驿站围绕湾区所向、人才所需、南沙所能，为各类人才在南沙创新、创业、生活提供全链条、全方位的“一站式”服务。驿站选址南沙国际人才港，设置南沙人才“一站式”政务服务区、人才评价培训公共服务区、人才成果数字化展示区、人力资源服务产业集聚区、人才创新成果转化孵化区等功能区。（李芳）

【大湾区职称和职业资格业务“一站式”平台启用】2021年11月15日，“粤港澳大湾区职称和职业资格业务‘一站式’服务平台”（简称“一站式”服务平台）在南沙启用，并在广州南沙政务服务中心和国际人才港人才“一站式”服务大厅正式对外运作。这是国内首个关于职称和职业资格业务一站式、全科型的综合服务平台。该平台集约粤港澳三地专业人才职称评价和职业资格考试、认可业务等事项，通过统一窗口、统一系统、统一科学编制各项标准化办事指南，为专业人才提供职称评价、资格认可、备案执业等方面的业务咨询及受理服务，方便港澳专业人才在南沙从业执业。“一站式”服务平台首批进驻办理事项涵盖广东省各专业系列职称评价的咨询、受理等事项，并汇集教育、医疗、会计等主要领域的职业资格事项。同时致力于推动粤港澳大湾区执业从业的互认互通，汇集港澳建筑专业人才执业备案相关业务，打造专属于粤港澳专业人才的综合服务体系。“一站式”服务平台的启用，是南沙区促进港澳专业人才

2021年4月30日，“南粤家政”职业技能大赛肇庆选拔赛暨第二届“南粤家政·肇庆管家”职业技能大赛在肇庆新区举行

（肇庆市人力资源和社会保障局供稿）

在大湾区从业执业便利化的最新探索。

【国内首部港澳专业人才在内地申报职称文件出台】2021年11月1日，广州市南沙区发布《广州市南沙区建筑和交通工程专业港澳人才职称评价管理办法（试行）》，是国内首个关于港澳专业人才在内地申报职称的规范性文件，为港澳人才参与内地职称评价提供行动指南。该管理办法旨在推动构建全面开放的粤港澳大湾区职称评价体系，对香港及澳门地区专业人士开放内地的职称评审，鼓励具有不同专业水平的港澳专业技术人士更直接参与内地的人才评价，融入粤港澳大湾区发展，为与港澳深度融合发展夯实基础。管理办法充分考虑港澳工程专业与内地的差异，通过建立内地建筑和交通工程领域专业设置与港澳工程专业以及所属学会的对应关系，指引港澳职称评审申报人确定正确的专业申报方向，解决职称申报过程中因内地职称评价体系和港澳职业资格体系差异性所造成的难题。其中，在职称评价中试行对执业资格的直接认可，为已具备一定执业资格的港澳人才畅通职称评价渠道，最高可直接申报正高级职称，无需逐级申报。同时，为更加公平、公正、全面地审核、评议港澳专业人才的业绩成果和学术成果，管理办法提出设立港澳专业人才评议组，并可结合评审实际设置一定比例的港澳评委或邀请港澳专家参与评议。（穗鉴）

【2021海交会在“云端”启动】2021年12月17日，由教育部、欧美同学会（中国留学人员联谊会）和广州市政府联合主办，北京、香港、澳门和暨南大学等30个城市（机构）协办的2021中国海外人才交流大会暨第23届中国留学人员广州科技交流会（简称2021海交会）举行。大会首次在“云端”启动，持续开展常态化的引才引智服务，24个国内政府代表团，405所高校、科研院所及企业参展参会，带来合作项目1206个，职位岗位需求1.4万个。大会设7场海外分会场、3场区分会场，举办8场论坛和专项交流活动、17场人才项目推介和路演活动，参会人数超过400万人次。大会应对疫情创新办会思路，以大会官网为主平台架设“云会场”，实现“线上项目对接”“线上招聘”“线上展览”“线上会议”等功能，交流论坛、项目路演、展览展示与人才招聘等活动持续开展。与孵化园区合作共建海交会留学人员创业服务合作园区，与专业人才服务机构合作，征集包括广州“2+2+N”科技创新平台、香港科技大学（广州）、广汽、小鹏汽车、唯品会等企业、高校和科研机构的人才岗位需求，为粤港澳大湾区建设提供智力支撑服务。会上，诺贝尔奖获得者爱德华·莫索尔发表主旨演讲，钟南山向海外留学人员发出回国服务国家建设的呼唤。（广州市科技局）

【广州南沙开发区获批国家海外人才离岸创新创业基地】2021年11月18日，广州南沙开发区（自贸区南沙片区）获中国科协批复设立国家海外人才离岸创新创业基地。该基地按照“政府引导、市场运作”的建设思路，采取“政府+运营机构+合作网络”的多方联动运营模式，依托以华南技术转移中心为核心的离岸孵化空间和产业园区，通过实施离岸基地政策改革创新工程、大科学装置海外人才共享工程、离岸基地服务体系建设工程、海外站点渠道拓展铺设工程、国际一流营智环境营造工程、离岸基地孵化空间建设工程、离岸基地线上平台建设工程七大工程，为离岸或到南沙开展创新创业活动的项目团队及人才提供政策支持、科研设施等支撑保障，助力南沙对接海外人才创新资源，并推动科技成果在南沙离岸孵化。离岸基地实行“区内注册，海内外经营”模式，海外人才既可享受国内政策、广阔市场，又可继续享受国外科研生活条件，南沙区内企业也可更加便利地对接海外科创资源。海外人才离岸创新创业基地具备双向服务功能，可帮助南沙区内高科技企业开辟海外市场，更好“走出去”。

（李芳）

2021 年 12 月 18—20 日，2021 中国博士后创新发展（横琴）峰会在横琴粤澳深度合作区举行，图为第 102 批中国博士后科技服务团暨博新人才走进横琴启动仪式　　（珠海市人力资源和社会保障局供稿）

【2021 中国博士后创新发展（横琴）峰会】 于 2021 年 12 月 18—20 日在横琴粤澳深度合作区举行。峰会由人力资源和社会保障部、广东省人民政府联合主办，横琴粤澳深度合作区、珠海市人民政府提供支持。国内外高校、科研院所、重点企业近 100 家单位参会。中山大学、暨南大学、澳门大学、北京师范大学等 8 所高校校长、4 名院士参会。线下 250 余名博士与珠海市格力电器股份有限公司、健帆生物科技集团股份有限公司、丽珠试剂股份有限公司等企业对接。线上吸引海内外 6000 余名高端人才参与，投递简历超 500 份。峰会包括“人工智能新生态”全国博士后学术论坛、“澳门青年学者计划”联席会、中医药博士后产学研用创新研讨会、第 102 批中国博士后科技服务团暨博新人才走进横琴等活动。（孔晶）

【第一届粤港澳大湾区新材料青年博士论坛】 于 2021 年 10 月 23 日在佛山（华南）新材料研究院报告厅举行。来自清华大学、北京科技大学等全国各地的高校及科研院所的专家、青年博士参加。论坛邀请来自清华大学、西南交通大学等机构的 5 名知名专家作主旨报告，来自广东工业大学、华南师范大学等机构的 20 名青年博士作课题分享。论坛围绕新材料领域的基础科学和前沿热点问题，展现最新研究成果，旨在为新材料产业的发展构建高端学术交流平台，促进先进成果转化和产学研合作。该活动是南海鲲鹏人才节活动之一。

【佛山率先实现博士人才安家补贴申领“秒报秒批秒付”服务】 2021 年 9 月 10 日，“优粤佛山卡”服务平台在全国率先实现博士人才安家补贴申领“秒报秒批秒付”服务。博士人才在“优粤佛山卡”服务平台注册并发起人才补贴申请业务时，平台自动将人才信息与后台的人才引进、学历、学位、社保等大数据进行比对，自动帮助人才填写表格，生成人才信息，人才确认无误后即可一键“秒报”。平台收到申请后，后台自动匹配数据审核，符合条件的自动通过，实现在线“秒批”。申请审核通过后，平台自动把补贴发放的明细发送到市财政局“扶持通”支付系统，实时将人才补贴资金“秒付”到人才的“优粤佛山卡”账户或人才指定的银行账户中。（佛山年鉴社）

【中山国际化“一站式”服务窗口挂牌运营】 2021 年 4 月 7 日，中山市国际化人才“一站式”服务窗口和东区人才工作服务站在中山市东区人力资源服务产业园挂牌运营。服务窗口和服务站旨在打造全方位的人才服务链，为国际化人才提供便捷高效“一站式、零距离”服务保障，共进驻人才综合服务27项和企业综合服务29项，涵盖创新创业、公共服务、生活配套等服务领域。

【2021年中山—港澳青年人才发展实践营】2021年4月24—25日，中山—港澳青年人才发展实践营在中山市翠亨新区规划馆开营，首批40名来自澳门高校的博士、硕士青年人才参加活动。活动聚焦生物医药、信息技术、高端制作及金融等专业，吸引澳门大学、澳门科技大学、澳门城市大学、澳门旅游学院4所高校近200名学生报名参加。活动期间，澳门硕博团考察翠亨新区规划馆、深中通道、中国科学院药物创新研究院中山研究院、明阳智慧能源集团股份公司、中国（大涌）红木博览城、古镇星光联盟全球品牌灯饰中心等重大平台、重大工程、优质企业和特色产业。其间，举行中山—澳门青年人才发展交流分享会，由主要承办单位相关领导嘉宾对澳门青年人才提出的问题进行回应交流，并从历史文化底蕴、区位优势、宜居环境，上年度中山的发展势头，以及近年来市委、市政府出台的利好政策等方面，作中山人才发展环境的解读。活动开营仪式上，共青团中山市委与近20家中山的优质企业进行“雏鹰归巢”大学生中山实习实践基地首批合作企业签约仪式，并启动“寻梦湾区　扎根中山”港澳硕博青年人才中山行主题实践活动，旨在加强在校大学生特别是港澳高校大学生与中山本地企事业单位的交流互动，搭建人才企业的对接平台。

（中山市人民政府地方志办公室）

人文湾区共建

·文化交流合作·

【概况】2021年6月，广东省公布第二批粤港澳大湾区文化遗产游径，包含西学东渐文化遗产游径、近代商埠开放文化遗产游径和非物质（粤剧）文化遗产游径三个主题16条实体游径。其中，西学东渐文化遗产游径主要分布于广州、珠海、佛山和肇庆，包括广州西医东渐游径等5条实体游径；近代商埠开放文化遗产游径主要分布于广州、深圳、珠海、佛山和江门等地，包括广州近代商埠游径等9条实体游径；非物质（粤剧）文化遗产游径主要分布于广州和佛山，包括广州粤剧名伶纪念游径等2条实体游径。广东省粤港澳大湾区文化遗产游径信息站同步对外开放。信息总站位于广州市荔湾区沿江西路人民桥桥头堡，展出内容包括各条游径线路的详细介绍、游径从规划设计到节点建设全过程的“大事记”、可带来实际体验感的影音设备和触摸屏等。

是年5月，国务院公布第五批国家级非物质文化遗产代表性项目名录和扩展项目名录，广东省有18项入选，入选数量居全国前列。部分项目为粤港澳大湾区共享，展现岭南优秀传统文化传承弘扬取得的成效。6月，广东省文化和旅游厅与江门市人民政府联合主办2021年“文化和自然遗产日”非遗宣传展示广东主会场（江门）暨新会陈皮文化周活动，活动以“人民的非遗　人民共享”为主题，搭建文化和旅游交流展示展销平台，组织开展非遗购物节、陈皮品鉴大赛等活动，营造全社会共同参与保护非遗、传承中华优秀传统文化的浓厚氛围。江门主会场活动当天，线上参与人数累计超过558万人次。同期举办“非遗少年说”第二届广东非物质文化遗产青少年演讲展示活动。12月出台《广东省省级非物质文化遗产代表性传承人认定与管理办法》，鼓励长期在粤居住或工作，且符合申报条件的香港、澳门居民中的中国公民申请广东省省级非物质文化遗产代表性传承人，吸纳港澳地区传承人保护、宣传、利用好湾区内的非物质文化遗产，共建文化湾区。

【海上丝绸之路文化遗产保护利用】2021年，广州市发挥海上丝绸之路保护和联合申报世界文化遗产城市联盟牵头城市作用，与中国文化遗产研究院、中国博物馆协会在广州联合主办“四海通达——海上丝绸之路（中国段）文物联展”，展出广州、南京、宁波、上海、澳门等城市的31家博物馆及文物收藏单位383件文物精品，是历年参展城市最多、文物覆盖范围最广的海丝主题联展。是年，广州完成《“海上丝绸之路·中国史迹”广州市三塔规划工作方案》项目；举办“海上丝绸之路：港口、航线与贸易”学术研讨会；完成海丝史迹点光孝寺本体修缮工程验收。在2021年海上丝绸之路保护和联合申报世界文化遗产城市联盟联席会议上，惠州市正式加入“海丝申遗城市联盟”。至此，广东省有广州、潮州、汕头、江门、阳江、湛江、惠州7个城市加入“海丝申遗城市联盟”。

是年4—11月，由广东省文化和旅游厅、香港特区政府民政事务局、澳门特区政府文化局共同主办，广东省博物馆、香港艺术馆、澳门博物馆承办的“三城记——明清时期的粤港澳湾区与丝绸外销”展览相继在广东省博物馆、澳门博物馆展出。该展览被文化和旅游部纳入2020年度内地与港澳文化和旅游交流重点项目，并获第十九届（2021年度）全国博物馆十大陈列展览国际及港澳台合作入围奖。8—10月，由广州艺术博物院主办，广东省博物馆、香港艺术馆、香港中文大学文物馆、澳门艺术博物馆协办的“返本开新——国画研究会艺术回顾展”在广州艺术博物院举办。粤港澳联合举办文物交流活动，2021年“5·18”国际博物馆日广东主会场活动、澳门文化局举办的“2021澳门国际博物馆日嘉年华”活动等，均互相邀请三地代表参加，宣传展示大湾区各地博物馆发展情况。

【文艺精品创作】 2021年，粤港澳大湾区城市（含广东省直属院团）创作大型舞台艺术作品20多部，推出音乐剧《使命必达》、交响乐《中国1921》、杂技剧《化·蝶》、交响乐《英雄颂》等文艺作品。举办大湾区艺术精品创作和交流演出活动，广州歌舞剧院赴澳门美高梅剧场开展“醒狮美高梅”驻场演出，香港康文署在广州举办“香港周2021@广州”，广东美术馆汇聚粤港澳优秀水墨艺术作品举办“臆象——粤港澳当代水墨艺术谱系（2000—2020）”展览，广东省民族乐团赴澳门参加“澳门中乐节”，粤港澳大湾区（广东）艺术精品巡演于8月起在大湾区城市开展。广东省文化和旅游厅、中山市人民政府联合举办“岭南潮声——2021粤港澳大湾区美术书法作品展”，邀请香港文联、澳门中华文化联谊会协办，并支持港澳作品参展。深圳市联合香港康文署、澳门文化局共同举办首届“湾区云和声——深港澳阿卡贝拉菁英交流艺术周”系列活动，包括阿卡贝拉线上音乐会、阿卡贝拉心连心大合唱线上演出、普及教育讲座等内容。

【现代文化产业体系建设】 2021年，粤港澳大湾区培育数字文化产业发展集聚区，以市场化方式促进产业集聚，推动区域文化产业带建设，支持广州、深圳、佛山、东莞等粤港澳大湾区核心城市文化产业园区提升质量和打造品牌。培育一批标杆性夜间文化和旅游消费集聚区、文旅融合示范区和文商旅综合体，加大对青年主流消费群体的吸引力。在珠海市举办第三届粤港澳大湾区（广东）文化创意设计大赛，推动文化创意产品开发，促进创意设计和资本、产业有效对接，12月在珠海大剧院举行颁奖仪式。依托文化会展活动搭建文化产业交流平台，首次以线上线下结合的方式举办第十七届中国（深圳）国际文化产业博览交易会，展出文化产品近10万件，总参与人数205.04万人次。中国（广州）文化产业交易会吸引多家港澳文化机构、企业参加并举办首届粤港澳大湾区剧场大会。在第十二届中国国际影视动漫版权保护和贸易博览会上，设置粤港澳大湾区动漫交流展区，吸引香港多媒体设计协会和澳门动漫玩协参展。

（广东省文化和旅游厅）

【香港推进湾区艺术交流合作】 2021年，香港艺术推广办事处与香港设计师协会共同筹划粤港澳大湾区艺术展览系列“创艺互联”，在大湾区城市广州、深圳、佛山及东莞举办6个展览。

展览系列展示12名香港艺术家、设计师及1名深圳媒体艺术家的作品。艺术家与设计师于展览中成为创作伙伴，交流创作理念、经验和表达手法，迸发创作灵感，以创意与艺术带动香港与大湾区其他城市的互联互通。同时，三个由香港本地艺术团及艺术工作者演出的网上节目在内地多个网上平台推出，吸引超过198万人次观看。（香港历史研究基金会）

【广州推进湾区文化交流合作】2021年，广州市推进粤港澳大湾区文化交流合作。4月，英皇娱乐大湾区总部落户广州，广州市文化广电旅游局与英皇娱乐（广东）有限公司签订合作备忘录，推动双方在数字音乐、文化创意、艺术人才培养等方面交流合作。邀请网易计算机、漫友文化、奥飞娱乐、茉莉传媒、酷狗、欢聚时代、虎牙直播等广州市头部文化娱乐企业，与英皇娱乐（广东）有限公司共同举行湾区文化企业业务交流会，在数字IP、动漫游戏、影视制作、艺人直播等领域进行业务交流对接。4月17日至5月30日，广州市文化广电旅游局与香港特别行政区政府康乐及文化事务署联合举办“香港周2021@广州”活动，活动在广州以线上线下相结合的方式，为广大市民带来15场涵盖音乐、舞蹈、戏剧、电影和展览等多项内容的文化活动。12月4—6日，广州文化产业交易会以“湾区文交会”为背景，吸引香港旅游发展局、澳门旅游局以及英皇娱乐、凌速国际、大湾区动漫文化协会等港澳机构、企业，以及广东省多家企业、商家参展参会，部分粤港澳大湾区企业线上参与。召开首届粤港澳大湾区剧场大会，组织共筑湾区文旅产融生态圈。举办粤港澳大湾区文化金融优势与未来等高端对话。（鄢波）

【深圳开展湾区“共读”活动】2021年，深圳发起第六届“共读半小时”活动，粤港澳三地公共图书馆、高校图书馆以“100年里的中国”为主题，呼吁市民于4月23日“世界读书日”打开书本，品味书香，享阅读之乐。活动通过具有仪式感的共读行为，诠释“让阅读成为习惯”的理念。活动在粤港澳地区的“4+N”会场同时举行，其中，广州、深圳、东莞、澳门为共读主会场，图书馆、学校、企业、社区、医院、工业园、餐馆、家庭等为共读点。深圳读书月期间，深圳图书馆联合澳门公共图书馆管理厅举办系列活动，包含3个展览和1场讲座：“从文献看澳门”——澳门的铅活字印刷展、深圳图书馆馆藏澳门文献展、匠心——深澳传统手工艺展（澳门展）和“从议事亭藏书楼馆藏看澳门铅活字印刷”主题讲座。

（深圳市人民政府地方志办公室）

【珠海加强湾区文艺合作】2021年，珠海市加强湾区文艺合作。在中国文联、广东省文联的指导下，举办首届粤港澳大湾区文艺合作峰会，签署《粤港澳大湾区文艺合作峰会成员单位合作备忘录》，签订《澳门中华文化联谊会与珠海市文学艺术界联合会文艺战略合作协议》，打造珠澳文艺交流新平台，建设珠澳文艺深度合作新典范。在中国作协的指导下，承办2021年度全国文学报刊联盟理事会议，期间举办全国文学报刊主编高峰论坛、珠海作家陈继明长篇小说《平安批》作品分享会等系列活动。举办首届“爱莲杯”全国书法大展，“2021今日水原”——珠海·水原（韩国）美术交流展，“奋进粤港澳大湾区”全国中国画、油画作品展，第十八届珠澳舞蹈交流展演，珠澳书法家写春联送万福等文化活动，以文艺形式宣传珠海城市形象。7月29日，珠海市民族管弦乐团应澳门长虹音乐会邀请，参加“第一届澳门中乐节·2021”演出活动。9月30日至10月19日，珠海市美术馆（古元美术馆）联合粤港澳大湾区美术家联盟在珠海市香洲区跨境工业区举办“大美湾区　红色东江”——中国画作品展，广州、珠海、佛山、惠州、东莞、中山、江门等地美术家作品参展。11月30日，珠海市文化馆邀请澳门演员赴珠海参加“2021年珠海市民艺术荟闭幕式”演出。12月23日，诚丰美术馆举办“价值的链接——第三回”画展，

2021 年 10 月 26 日，首届粤港澳大湾区文艺合作峰会在珠海市长隆横琴湾酒店举行　　（朱瑞盛　摄）

展出 16 名画家的 76 幅作品（包括 2 名香港画家的作品），邀请香港画家到珠海出席开幕式。12 月 28 日，珠海民族管弦乐团赴澳门参加“珠澳新年音乐会”。　（陈菲　白群）

【佛山推进湾区文化交流合作】 2021 年，佛山市立足本土历史资源，利用历史人文和地缘优势，开展粤港澳大湾区文化交流与合作。为传播佛山美食文化，擦亮“世界美食之都”和“厨出佛山”名片，组织协调顺德厨师协会人员参加第九届澳门国际旅游（产业）博览会活动，并在以“感受澳门·荟宴时刻”为主题的创意城市“美食之都”厨艺节上，现场展示佛山美食制作技艺，通过美食制作展示推动“岭南味·佛山品”粤菜美食文化品牌系列“走出去”，向全世界传播粤菜文化。在中山美术馆、中山纪念图书馆举行的“岭南潮声”——2021 粤港澳大湾区美术书法作品展中，佛山市组织 24 件美术作品和 21 件书法作品参展，其中 8 件美术作品、13 件书法作品入选。促进湾区文旅交流，澳门中联办宣传文化部组织澳门文化产业界人士 70 多人开展“澳门青年人文湾区行”活动，到佛山市考察文化产业园区等。促进澳门文创产业协会和佛山市文化产业促进协会共同签订《合作框架协议》，发挥各自的资源优势，共同创造大湾区新时代。7 月 26—31 日，举办“岭南文化　佛山功夫”——2021 年粤港澳青年文化之旅。该活动由广东省文化和旅游厅、香港特别行政区政府民政事务局和澳门特别行政区政府教育及青年发展局联合主办，佛山市文化广电旅游体育局承办，70 多名粤港澳三地大学生走进澳门、佛山两地，深度体验“时尚、寻味、创新、爱国、传承、文明”等不同主题的文化体验活动，了解中国共产党百年历史，深度体验非遗文化精髓，增强中华民族的文化认同、血脉认知。8 月，文化和旅游部 2023 年至 2025 年“东亚文化之都”评审初审结果发布，佛山入围 2024 年“东亚文化之都”候选城市，是广东省唯一入围 2024 年“东亚文化之都”的候选城市。　（佛山年鉴社）

【江门推进文化交流合作】 2021 年，江门市先后在澳门举办“一衣带水——文物视角中的澳门与江门”“梁启超先生图片及实物展”等专题展览。开展“20 城联动　千团游江门”“长三角游客江门专线游”等活动，打造一系列兼具江门地域特色、强文化属性以及假日民俗色彩的产品。4 月 14 日，江门演艺中心与澳门江门青年会合作成立的“江澳青年文创基地”在江门演艺中心·水岸艺术长廊正式启动。4 月 17 日，江门市博物馆与澳门文物保存修复学会合办“纸质文物保护修复进阶培训班”。4 月 28—29 日，承办在澳门举办的 2021 江门“开新局 展新貌”对接会，其间银湖湾澳门国际健康港、鹤山双合茶文化体验产业基地等 6 个经济类项目和“江

2021 年 4 月 27 日，在澳门江门同乡会举办“江门－澳门跨境通办政务服务专区”暨“人社自助服务跨境全省通办平台”启动揭牌仪式，并同步发布“人社自助服务跨境全省通办平台”

（江门市政务服务数据管理局供稿）

门－澳门跨境通办政务服务专区”等 2 个社会类项目集中签约。7 月 9 日，组织江门市各县（市、区）文化广电旅游体育局、江门市旅游行业协会及各旅游企业参加澳门旅游局、广东省国际旅游博览会和深圳国际文化产业博览交易会等湾区大型国际文旅展销活动。与澳门大学在教育、科技、产业等领域深化产学研合作，建设科创合作平台，加快科研成果转化落地达成共识。

（江门市委外办　江门市文化广电旅游体育局）

【肇庆推进湾区文化交流合作】2021 年，肇庆市推进与粤港澳大湾区城市的文化交流合作。6 月 12 日，肇庆中西文化交流游径入选广东省粤港澳大湾区文化遗产游径（第二批）名录。7 月 9 日，组织肇庆市文旅企业参加第九届澳门国际旅游（产业）博览会。10 月 22—24 日，来自粤港澳大湾区其他城市的旅游达人及旅行社代表到肇庆市采风，考察星湖游船、封开贺江碧道画廊、端州岩前村酒吧街、德庆悦城龙母祖庙营地等景区（点）。12 月 1 日，肇庆市与云浮市签署《肇庆、云浮文化旅游体育一体化发展合作框架协议》。12 月 18 日，2021 广东（肇庆）文化和旅游产业投融资对接会在肇庆市举行，赋能文化旅游产业发展，会议对涵盖生态旅游、乡村旅游、文化旅游、森林旅游、温泉旅游、主题乐园、民宿、田园综合体、古村落等领域的 74 个文旅项目进行推介。

（肇庆市人民政府地方志办公室）

【首届粤港澳大湾区文艺合作峰会召开】2021 年 10 月 26—27 日，由中国文联指导，广东省文联、珠海市文联共同主办的首届粤港澳大湾区文艺合作峰会在珠海召开。广东省文联、中国文联香港会员总会、澳门中华文化联谊会和广州、深圳、珠海、佛山、惠州、东莞等地文联的 12 个单位共同签署《合作备忘录》，为粤港澳大湾区文艺组织、团体、机构及广大文艺家和文艺工作者搭建交流合作、共迎挑战、驱动创新的新平台。其间，珠海市文联与澳门中华文化联谊会签订《战略合作协议》，建立常态化协调机制，共同策划、统筹、推广和支持珠澳两地文艺事业发展。

【第十八届珠澳舞蹈交流展演】2021 年 12 月 5 日，由珠海市文学艺术界联合会指导，珠海市舞蹈家协会、澳门舞蹈协会共同举办的“中国心　民族情”——第十八届珠澳舞蹈交流活动在珠海艺术职业学院举办。来自珠澳两地的 10 多个社团和专业院校的 16 个舞蹈节目以视频形式集中展播，150 余名舞蹈演员参加演出。其中有以杨匏安为原型的省级党史题材舞蹈《红色宣言》，以香洲湾仔渔民脱贫致富故事展示粤港澳大湾区腾飞之路的舞蹈《湾仔渔街》，讲述

南国海湾红树林发生的美好爱情故事的舞蹈《红树林之恋》，表现岭南特色民间文化的舞蹈《鹤香沙田》。（陈菲）

【首届粤港澳大湾区文艺创新论坛开幕】2021年11月6日，由中国文联港澳台办公室、香港中联办宣文部、澳门中联办宣文部共同指导，中国文艺评论家协会、中国文联文艺评论中心与广东省文联共同主办的“首届粤港澳大湾区文艺创新论坛”在中山市开幕。论坛采取线上线下相结合的方式进行，设北京、中山两个会场。来自内地和港澳的著名专家学者，粤港澳大湾区节点城市的文联主席、评协主席，首届全国文艺评论领军人才培训班的学员等近100人参加。论坛以“创新驱动下粤港澳大湾区的文艺未来——想象与期待”为主题，设有“粤港澳大湾区推动新时代文艺创新的机遇与挑战”“创新理念下粤港澳大湾区文艺实践与理论建构”“传承与重塑：区域文化视阈下粤港澳大湾区优秀传统文化创新发展”“基于新媒体融合矩阵的文艺新传播探索”4个分论坛。其间发布优秀文艺创新案例6个和重点文艺研究课题5个，并成立论坛执行委员会，设轮值主席、委员，组建论坛专家库，聚合文艺评论专家和学术力量。

【“品读湾区”9+2城市悦读之旅（2021）】2021年，中山市文化广电旅游局联合粤港澳大湾区9+2城市公共图书馆联盟、广东图书馆学会主办“品读湾区”9+2城市悦读之旅活动。围绕庆祝中国共产党成立一百周年主题，组织策划“走读大湾区体验新生活”“致敬建党百年百名馆长（馆员）带你读经典”“致敬建党百年百人荐读百本图书”“致敬建党百年城市阅读马拉松”和“品读湾区”9+2城市摄影比赛五大主题系列活动，共举办线上线下活动13场，吸引粤港澳大湾区11城市的131万人次参与。在“走读大湾区体验新生活”活动中，组织粤港澳大湾区的200多人到杨殷故居、里溪村党员教育基地等红色文化旅游景点边走边读；在“致敬建党百年百名馆长（馆员）带你读经典”活动中，香港中央图书馆、澳门公共图书馆、中山纪念图书馆等11个公共图书馆的馆长和馆员近100人参加领读，带动当地读者深读经典、感悟经典；在“致敬建党百年百人荐读百本图书”活动中，来自大湾区的400多位读者推荐《乡土中国》《老人与海》《雷锋的故事》等392本优秀图书，吸引22万人次在线阅览、点赞；在“致敬建党百年城市阅读马拉松”活动中，来自大湾区的1300多名读者、约108万人次实现在线打卡，上传阅读感悟、心得和体会；“品读湾区”9+2城市悦读之旅摄影比赛收到投稿作品1500多幅，主办方精选出100幅优秀作品进行线上线下展示，作品有充满香港人文特色的叮叮车、新旧建筑对比的澳门巷口，以及其他湾区城市的新型阅读空间等，从不同角度展现粤港澳大湾区发展图景，展示包括中山在内的湾区城市全民阅读工作的成效和公共文化服务水平，以及人民群众在文化发展中的获得感和幸福感。春节期间累计吸引近1000名市民观展，《南方日报》《南方都市报》《羊城晚报》《中山日报》及中山广播电视台等对展览进行报道。

【粤港澳大湾区（中山）特殊儿童全民阅读系列活动】2021年5月29日，“特别的爱给特别的你”粤港澳大湾区（中山）特殊儿童全民阅读系列活动在中山市纪念图书馆举行。活动由中山市文明办、市残联、市教体局以及市文广旅局主办，设置赠书仪式、专家讲座、示范课、教学分享等环节。在首发式及赠书仪式上，主办单位向粤港澳大湾区9+2城市的残疾儿童康复机构、特殊教育学校、图书馆、青少年宫、特殊儿童代表赠送《特殊儿童的绘本课》《我的绘本课学习手册》近600册。

（中山市人民政府地方志办公室）

·粤港澳青少年交流·

【概况】2021年，广东省加强粤港澳青少年交流，省文化和旅游厅、香港特别行政区政府民政事务局、澳门特别行政区政府教育及青年发展局举办粤港澳青年文化之旅活动，是连续13年举办该项活动。该次活动组织招募在粤就读的香港籍、内地学生以及澳门本地学生74人，通过为期6天的行程，实地体验历史悠久的多元文化和粤港澳大湾区合作发展成就，亲身感受佛山岭南园林、非遗民俗、粤菜美食、人文美景、工业制造与现代都市交融交汇的独特魅力，在大湾区发展大潮中增强文化认同和血脉认知，共同画出“青年同心圆”。在2021“港澳大学生文化实践活动”中，协调广东省内文博机构吸收十余名港澳学生实习。广东省青年联合会举办粤港澳台青少年交流合作活动126场次，覆盖超15万人次。举办第九届海峡青年峰会广东分会场暨港澳台青少年红色寻根之旅等活动。广州市举办第六届“2021穗港澳青少年交流季”活动，深圳艺术学校牵头发起成立深港澳青少年艺术联盟，澳门文化产业界70多人到佛山开展“澳门青年人文湾区行”活动。

【青少年思想政治引领】2021年，广东省各级关工委（关心下一代工作委员会）实施“传承红色基因工程”，省内各地关工委深入开展“传承红色基因、争做时代新人”主题教育、党史学习教育、“中华魂”主题教育等活动，举办教育活动14.2万场次，“五老”（老干部、老战士、老专家、老教师、老模范）参与活动20.6万人次，受教育青少年4910.6万人次。10件“五老”讲中国共产党成立百年故事视频作品参加全国线上展播，获中国关工委好评；4个集体和5名“五老”、19名辅导员、32名中小学生受到全国“中华魂”主题教育活动组委会表彰。搭建大湾区青少年文化交流平台，珠江三角洲各地关工委组织“穗港澳青少年文化交流”“深港一家亲”“珠澳香山行”“情是故乡浓”等夏冬令营活动和学雷锋志愿服务，开展线上线下爱国主义教育和国情教育活动886场次，参与活动的青少年77.6万人次，促进粤港澳青少年广泛交往、全面交流、深度交融。省关工委联合团省委等部门开展服务“光荣在党50年”老党员“金晖行动”，吸引近5000名青少年与700多名老党员结对子，开展志愿活动1500余场；联合省作协开展“用青春拥抱时代”广东省少年儿童践行社会主义核心价值观主题征文活动，收到投稿39.7万篇，有620名学生的作品获奖，30个单位获优秀组织工作奖。（广东省关心下一代工作委员会）

【香港推动粤港澳青年交流】2021年，香港推动粤港澳青少年交流交融，香港民政事务局继续与内地的文化及科研机构合作，优化和扩大专题实习计划，以涵盖更多专业领域。7月1日，为庆祝中国共产党成立100周年和香港回归祖国24周年，“薪火相传”接力跑起头礼在香港举行，香港青年祝福祖国，爱国精神薪火相传。7月26—31日，香港民政事务局与广东省文化和旅游厅、澳门特区政府高等教育局在佛山联合举办2021粤港澳青年文化之旅活动。来自粤港澳三地的70名大学生，走进澳门、佛山两地，深度体验时尚、寻味、创新、爱国、传承、文明等不同主题的文化活动。10月15—19日，组织参加第二届粤港澳大湾区舞蹈周暨“手牵手向前走”深港青少年携手成长计划活动，推动深港青少年交往交流交融。11月17日至12月2日，组织参加粤港澳大湾区青年戏剧邀请展，香港话剧团推出话剧《最后晚餐》。

（香港历史研究基金会）

【广州举办粤港澳青少年交流系列活动】2021年，广州市通过网络直播展示的开幕文艺演出吸引近10万观众收看；“2021粤港澳中小学生故事大会总展演”网络直播吸引近13.5万人收看；系列活动之故事大会、书画展、文艺演出、人文湾区行等吸引穗港澳青少年2500多人次参与。（鄢波）

【珠海推动粤港澳青少年交流】2021年，珠海市强化珠港澳青年交流合作，团结青年力量。共青团珠海市委以“青年同心圆计划”为统揽，联系港澳地区主流青年社团10余个，开展全国青联澳区委员调研横琴粤澳深度合作区、珠澳青年人才研习交流营等活动。依托横琴·澳门青年创业谷、大横琴&BEEPLUS空间建设两个“粤港澳大湾区青年家园”，为港澳青年提供一站式服务。定期举办“展翅计划”港澳台大学生实习专项行动等，为港澳青年融入粤港澳大湾区“搭台搭梯”。赴澳门召开两地青联联席会议，推动合作区青联组织建设。举办“珠澳正青春　逐梦新时代”第二届珠澳学生文化艺术荟暨第十五届珠海大学生文化艺术荟，加强珠澳两地青年文化交流。组织中山大学珠海校区、北京师范大学珠海校区、北京理工大学珠海学院、UIC等高校港澳籍教师代表赴贵州省贵阳市、遵义市开展国情教育，组织港澳青少年代表团参观航展、开展青少年爱国主义教育研学活动等，提升港澳青少年对国情的认知，增强家国意识和爱国情怀。召开澳门青年联合会—珠海市青年联合会2021年第四季度联席会议。两地青联围绕青年组织建设、青年阵地建设、青年交流实效、青年服务水平、青年交流合作制度化建设5个方面，提出系列重点合作项目，重点推动合作区青年组织和青年交流营建设，打造“情感家园”和“服务门店”，依托组织搭建亲情、友情、商情纽带，更好提升澳门青年对祖国的向心力，并为澳门青年就业、创业、生活、学习提供精准有效服务。（刘慧赟）

【佛山加强粤港澳青少年交流】2021年，在新冠肺炎疫情防控常态化下，佛山市港澳青年交流工作平稳开展。值中国共产党成立100周年之际，中共佛山市委台港澳办、佛山团市委等市属单位及各区台港澳工作部门分别以国情教育考察、论坛交流、志愿者服务、爱心义卖、功夫、美食、文体、艺术交流等主题，举办“百年追梦青春激荡”“青联榜样说”“青春禅城同心圆”“同脉情　中国梦”“青年同心　逐梦湾区”等交流活动，通过体验、交流和分享中国共产党的历史、港澳青年奋斗进取故事，引导港澳青年投身佛山争当广东省地级市高质量发展领头羊的新征程。开展“澳门+佛山”合作项目，以“任务清单”工作模式与澳门政策研究和区域发展局协调推动包括“佛澳青少年‘功夫’夏令营”在内的20个合作项目纳入推进名单。以“一事一议”工作模式与香港特别行政区政府驻粤经济贸易办事处联合策划开展“扬帆佛山　筑梦同行”香港青年研学行活动。举办“工合青翎杯羽毛球联谊赛”，香港中联办、广东省港澳办、港澳青年代表参与该活动。联合香港、澳门举办“岭南文化　佛山功夫”——2021年粤港澳青年文化之旅，来自粤港澳三地多所高校的大学生在澳门游览澳门大赛车博物馆、婆仔屋文创空间、澳门妈阁庙等地标性建筑，随后走进佛山体验“时尚、寻味、创新、爱国、传承、文明”等不同主题的文化活动，增进粤港澳三地高校学子的文化交流和情谊，增强中华民族的文化认同、血脉认知。在暑假期间开展为期4周的实习活动，从岗位开发、配岗、关怀、住宿、实践研学等多方面入手，给港澳青年实习生在佛山学习和生活提供全方位的帮助，助力港澳青年大学生在佛山实习就业，更好地融入佛山。

（佛山市委台港澳办）

【惠州推动港澳青少年内地游学】2021年，惠州市发挥罗浮山风景名胜区作为第二批港澳青少年内地游学基地的作用，推行朱明洞主景区对港澳游学学子免门票措施，完善以游学基地为载体、游学产品深度研发为手段的游学服务与管理体系，做好粤港澳青少年研学旅游工作。

（惠州市人民政府地方志办公室）

【中山加强港澳青年人才交流】2021年，中山市开展港澳与中山三地青年交流活动，组织“粤港暑期实习计划”“澳门青年湾区实习计划”等项目，与港澳高校、工会等签订青年人才交流合作协议，形成交流推广、信息互通、资源共用的人才合作机制。搭建双创资源对接平台，鼓励在中山学习、创业和就业的港澳青年积极参与“众创杯”等创新创业大赛，发挥创业大赛引导示范作用。设立“港澳青年人才一站式服务窗口”，为港澳青年人才提供个性化、定制化、精细化的专业服务。组织28个优质企事业单位赴澳门开展人才对接交流活动，活动共有280名澳门人才参与，现场签约入驻的澳门青年企业3家。组织首批40名来自澳门高校的博士、硕士生齐聚2021年中山—港澳青年人才发展实践营，近20家中山优质企业举行“雏鹰归巢”大学生中山实习实践基地首批合作企业签约仪式，并与澳门中山青年商会、澳门中山青年协会签订青年人才交流合作框架协议，确立中山、澳门青年人才文化交流、人才供需合作，为在校大学生特别是港澳高校大学生与中山本地企事业单位的交流互动搭建对接平台。8月23日、9月14日，组织澳门科技大学与火炬开发区、翠亨新区的重点企业，中山市内科研单位等进行交流，召开澳门高层次青年人才中山实习实践工作座谈会。11月26日，澳门城市大学学生事务处和学生会代表一行到中山粤港澳青年创新创业合作平台参观，双方就两地青年人才创新创业办法、澳门学子到广东发展福利政策等进行深入交流。

巩固拓展粤港澳青少年交流交往。实施“青年同心圆”“展翅计划”等项目。以岭南文化、红色研学提升港澳青年对国家的认知。4月11日，组织30余名澳门妇联青年协会的青年朋友到中山参观交流，访问中山青年志愿者综合服务基地与中山粤港澳青年创新创业合作平台，双方围绕“服务青年、建功发展”以及促进澳门青年到广东发展等方面进行深入探讨。4月25日，邀请38位澳门劳校中学高中学生参加在中山纪念中学、杨殷故居举办的“传承红色基因　灯塔领航青春——2021年广东省少先队员离队、入团仪式暨14岁集体生日”活动，引导港澳学生把个人梦融入中国梦，时刻铭记“少年智则国智，少年强则国强”。7月28日、8月6日，发动中山粤港澳青年创新创业平台组织港澳青年参与“强国有我”系列主题观影活动与“忆党史，铭党恩”——建党100周年专题观影活动。8月28日，邀请市青联委员代表粤港澳大湾区（中山地区）出席香港青年协会举办的旅游Vlogger新媒体培育计划（线上交流会），和香港青年分享中山的人文特色、风土人情、旅游景点；11月11—13日，共青团中央“跟着主播看中国”特别节目《青春出发》栏目组走进中山，拍摄期间团市委组织8名港澳台青年代表接受采访，围绕“对青春的理解、对祖国的祝福、对和平统一的希望、对自我未来的期待”等话题开展访谈录制。

（中山市人民政府地方志办公室）

2021年5月15—16日，澳门法律交流协进会、澳门中山青年商会一行到访中山市，与市党外知识分子联谊会、市新的社会阶层人士联合会的专业人士开展学习交流，图为“学党史，强交流，助创业，促发展”中山澳门两地专业知识分子人士交流学习活动　（中共中山市委统战部供稿）

【江门促进粤港澳青少年交流交融】2021年，梁启超故居纪念馆入选广东省首批家教家风实践基地并挂牌澳门青年中华文化交流基地，开平市塘口镇入选第九批中国华侨国际文化交流基地；塘口镇仓东文化遗产游学营作为广东省唯一项目入选文化和旅游部2020年港澳青少年内地游学推荐产品。4月14日，江门演艺中心与澳门江门青年会合作成立的“江澳青年文创基地”在江门演艺中心·水岸艺术长廊正式启动。4月17日，江门市博物馆与澳门文物保存修复学会合办“纸质文物保护修复进阶培训班”。5—10月，中共江门市委台港澳工作办公室发动港澳青年参加2021年江门市“科技杯”创新创业大赛、2021年“乐业五邑”创业创新大赛在院校学生赛道新设的港澳赛区的比赛，做大做强港澳青年“双创”品牌。开展港澳台青年到江门实习计划，协助近30名港澳台大学生到江门广播电视台等单位和企业实习体验。推动青少年国情教育，成为广东省首批5个与暨南大学签订《共建粤港澳青年国情教育基地》协议的地级市之一。促进三地青少年交流交融，全年接待100余人次港澳青年到江门考察交流。

（江门市委外办　江门市文化广电旅游体育局）

【肇庆推动粤港澳青少年交流】2021年，肇庆市积极推动粤港澳青少年交流，搭建线上线下交流平台，保障交流交往不断线、联情联谊有进展，开展交流、竞赛、咨询及培训等活动18场，服务粤港澳青年450人，增强港澳青年对祖国的认同感和归属感。开展“展翅计划”，发布农村、乡镇、街道、学校、党政机关和事业单位等基层公共服务单位实（见）习岗位。肇庆市青年联合会与香港海港商会签订粤港澳大湾区青年协会合作框架协议，重点推动青年个人成长、青少年交流合作、创新创业、培养专业人才、公益服务等7个重点合作领域的青年工作。

（肇庆市人民政府地方志办公室）

【粤港澳大湾区青年资讯通手册编纂】2021年，广东省青年联合会（简称省青联）面向社会发布《粤港澳大湾区青年资讯通》手册（简称《资讯通》）。《资讯通》是中央惠港澳青年的重要举措，在共青团广东省委的指导下，由省青联联合广东省各地市青联编撰推出。手册梳理广东省涉港澳青年政策及相关实用信息，涵盖社保、医疗、教育、婚姻、人才、就业、创业、住房、餐饮、交通、消费、旅游、娱乐、环保14个方面的内容。《资讯通》帮助粤港澳大湾区青年了解到大湾区内地城市办事的流程和官方相关政策，为学习、工作和生活带来便捷。

【粤港澳台青年走进“两个合作区”活动】2021年10月27日，共青团广东省委、省青联在横琴粤澳深度合作区举办粤港澳台青年走进“两个合作区”（横琴粤澳深度合作区、前海深港现代服务业合作区）活动。两岸青年创业孵化联盟、台湾青年联合会、澳门法律交流协进会、澳门中华青年商会、广州市台湾青年创新创业服务中心、佛山市青年台商会、广东省学生联合会、广东高校香港学生联合会、广东高校澳门学生联合会等青年组织代表参加活动。粤澳港台青年代表深入珠海横琴新区，了解横琴新区的发展历程、规划等情况；前往大湾区青年家园——横琴·澳门青年创业谷、大横琴BEEPLUS青年家园，体验“拎包入住”青年办公空间，了解助力港澳台青年创业发展的配套政策和服务举措等。活动期间，举办粤港澳台青年社团代表座谈交流会，青年代表分享学习心得，对更好投身“两个合作区”建设、更好参与重大平台建设等方面提出意见建议。（共青团广东省委）

【2021年粤港澳青年文化之旅】2021年7月26—31日，“岭南文化　佛山功夫”——2021年粤港澳青年文化之旅由广东省文化和旅游厅、香港特别行政区政府民政事务局和澳门特别行政区政府教育及青年发展局联合主办，佛山市文化广电旅游体育局承办。活动组织70多名粤

2021 年 7 月 26—31 日，“岭南文化　佛山功夫”——2021 年粤港澳青年文化之旅在澳门启动，并走进佛山，参加不同主题的佛山特色文化体验活动
（佛山市委台港澳办供稿）

港澳三地大学生走进澳门、佛山，参加“时尚、寻味、创新、爱国、传承、文明”等不同主题的文化体验活动，了解中国共产党百年历史，体验非遗文化精髓，感受岭南文化和人文美景，在大湾区发展大潮中增强中华民族的文化认同、血脉认知。粤港澳青年文化之旅是列入《粤港澳大湾区发展规划纲要》的粤港澳青年交流重要品牌活动，至 2021 年已举办 13 届。

（佛山市委台港澳办）

【2021 粤港澳大湾区青年自行车联赛首站赛】于 2021 年 10 月 31 日在东莞市滨海湾新区举行。该次比赛由广东省体育局、广东省青年联合会指导，广东省自行车运动协会主办。东莞首站比赛共吸引 320 名选手参加。来自 KUNG · 环广东车队的马泽全获男子精英组的冠军，来自英豪智能车队的李子达获男子公路大众组金牌，女子公路大众组的桂冠由美和居瑞豹女子力量车队曾璐瑶摘获。

（东莞市人民政府地方志办公室）

【第四届海峡两岸暨港澳无人机航拍创作大赛】2021 年 8 月 20 日，第四届海峡两岸暨港澳无人机航拍创作大赛在深圳启动。大赛以“融”为主题，先后组织召开专家研讨会、选手交流会，增设校园新锐奖，吸引更多青年学生参与。大赛共收到近百部初赛作品，经过网络投票、专家评审，最终评出 11 项大奖。12 月 9 日，大赛颁奖典礼在深圳大鹏新区举行，并首次通过直播平台同步直播，各地参赛选手同步线上参与，超过 50 万人次实时收看。新华社、中央广播电视总台、中新社、凤凰网等相关媒体报道阅读量超过 1000 万次。

（深圳市人民政府地方志办公室）

【粤港澳大湾区（中山）自闭症青少年关爱活动】2021 年 4 月 2 日，中山市举办“星梦启航”粤港澳大湾区（中山）自闭症青少年关爱活动暨“世界自闭症日”宣传活动，粤港澳大湾区“9+2”城市的相关单位和机构代表、自闭症青少年家庭 100 多人参加，并成立广东省首个自闭症青少年艺术团——中山市蓝星融合艺术团。全年全市共举办“粤港澳大湾区（中山）自闭症青少年美术展”、“星梦启航”自闭症青少年美术画展巡展、“Happy 在星星小镇”自闭症社会融合活动、“星星同路人”家长沙龙、“星青年”职业体验活动、“大手拉小手”自闭症儿童亲子趣味运动会等公益活动 24 场次。中山市蓝星融合艺术团依托中山市，设在中山市青少年活动中心（青少年宫），首批团员 42 名，开设钢琴、古筝、陶艺、非洲鼓、书画、美术等公益课程 7 个，共培训 220 课时。

（中山市人民政府地方志办公室）

· 中外文化交流互鉴 ·

【概况】2021 年，广东省推进新冠肺炎疫情防控常态化情况下对外文化旅游交流工作，举办对外文化交流品牌活动，创新开展线上文化交流和旅游宣传。建立“云上岭南”文化博览会融平台，推出《岭南文脉》《潮人文脉》《客家文脉》融合传播系列周刊。在CCTV-4中文国际等频道投放宣传视频，展示广东文化和旅游资源和形象。2021广东国际青年音乐周以线上线下结合形式举办，内容包括网络音乐会、马友友网上大师班、跨洲际网络连线对谈活动等，活动形式新颖、内容丰富，引起国内外主流媒体的广泛关注。广东美术馆举办“交融的激流——广州影像三年展”，26个国家和地区的作品参展。佛山市入围2024年“东亚文化之都”候选城市。在佛山举办“物以载道——中国与科威特非遗数字展”启动仪式，展览聚焦中国、科威特两国非遗资源，为两国文化部门和业界之间的合作交流提供新平台。广东粤剧院应邀参加第五届蒙特利尔欢乐春节庙会线上活动，佛山艺术作品参加德国因戈尔施塔特市线上艺术展览。

（广东省文化和旅游厅）

【香港推动对外艺术交流】 2021年，香港艺术发展局（简称艺发局）再度与国际演艺协会［International Society for the Performing Arts（ISPA）］合作，推出第二届国际演艺协会——香港奖学金，支持香港本地具有丰富经验的表演艺术策划、行政、制作等从业人员前往不同城市参与ISPA国际及区域会议，增进专业知识及扩阔海外网络。艺发局继续与M+博物馆合办威尼斯双年展，是两个机构第五度合作。是年，香港艺术馆举办“超现实之外——巴黎庞比度中心藏品展”“至乐楼藏中国书画第二次捐赠珍品展”和“静观自得——静观楼藏珍品捐赠展”。大型户外艺术装置“城寻山水三部曲”获两个国际奖项——巴黎DNA设计大奖2021（景观设计）和新加坡好设计标志奖2021（室内设计）。年内，该馆吸引61.9万人入场参观。

（香港历史研究基金会）

【广州推动对外文化交流】 2021年，广州市参加西班牙瓦伦西亚市线上旅游节、TPO亚太城市旅游振兴机构线上会议、2021年外国驻穗领团见面会；接待埃塞俄比亚、新加坡驻穗总领馆来访；参加由意大利、泰国、韩国等驻穗总领馆在广州举办的活动；做好芬兰驻华大使馆代表参观广州艺术博物院等工作；主办“食在广州缤fun假期”“五一”美食主题活动，首站东南亚美食文化节于广州香格里拉大酒店启动。策划拍摄“花开四海云端比邻”——友城文化交流线上视频宣传片，供各友城线上播放。举办线上“我们·广州——花舞四海情”友城艺术团专场演出、非遗精品展示、图片展等系列活动，总点击量21万人次。

（鄢波）

【珠海加强国际友城文化交流】 2021年，珠海市加强与南太平洋岛国对口交流合作。加强政策沟通，保持交往热度。通过“云会议”、电子邮件、电话等方式与对口地区保持沟通联系，就新冠肺炎疫情防控常态化背景下，推进两地文化领域交流合作进行沟通，凝聚合作共识。深化民生合作，厚植民意根基，推动民生领域各合作项目落细落实。是年，珠海市以与德国布伦瑞克市结好10周年为契机，对外传播珠海故事和友城故事。与德国布伦瑞克市共同主办“珠海与布伦瑞克结好10周年云端音乐会”，展播珠海新版城市宣传短片；强化与德国布伦瑞克市务实合作，探讨在新能源电动车领域开展中德职业教育项目合作。发挥友好（交流）城市资源优势，邀请澳大利亚黄金海岸市、波兰格丁尼亚市、意大利拉斯佩齐亚市、印尼梭罗市通过“云推广”方式参加第九届澳门国际旅游（产业）博览会，向世界推广友城旅游资源。11月，珠海市台港澳办与市贸促会、驻穗办联合举办“珠海拉美经贸交流对接活动”，以拉美地区为重点，邀请拉美地区友城、商协会和企业，以线上线下方式搭建中拉经贸交流平台，开拓国际市场；面向友城推介北京师范大学珠海校区“一带一路”学院奖学金招生项目，促进青少年交流。2021“绘城画谊”珠海与友好（交流）城市青少年绘画交流展得到友城的响应和支持，俄罗斯布拉戈为申斯克市青少年提交绘画作品 30 幅。以与韩国水原市结好 15 周年为契机，启动线上线下“双城·印象”摄影展等。参与国际抗疫合作，传递“珠海温度”。以珠海市政府名义向受疫情影响严重的友好交流城市牙买加蒙特哥贝市捐赠医用口罩 2 万个，向菲律宾帕西市捐赠医用口罩 2 万个、连花清瘟胶囊 2700 盒，向印度尼西亚梭罗市捐赠高效过滤送风口 50 台，向南亚国家捐赠医用隔离面罩 2000 个、医用防护口罩 2 万个、医用一次性防护服 500 套。加强抗疫经验分享，与印度尼西亚梭罗市书面分享珠海市疫情防控政策及经验，并与该市举行友好交流视频会议，签署新冠肺炎抗疫物资捐赠备忘录，就后疫情时代加强两市友好交流合作进行深入沟通。加强抗疫宣传，传播珠海战疫“正能量”，牙买加《观察者报》、印度尼西亚 JITUNEWS 新闻网等当地主流媒体以及印度尼西亚中爪瓦省政府官网、梭罗市政府官网均对珠海国际抗疫合作故事进行报道。（郭婷婷）

【佛山推动中外文化交流合作】 2021 年，佛山市开展涉外文旅交流活动，搭建文旅对外交流平台，推广和宣传佛山城市形象。举办“遇见·非遗”——2021 年佛山非遗体验交流系列活动。该活动分为两部分：10 月 26—27 日，来自波兰、英国、德国、土耳其 4 个国家驻广州总领事馆官员及家属近 30 人在佛山市新美陶公司、岭南酒文化博物馆、佛山市祖庙博物馆分别体验石湾陶塑技艺、佛山剪纸、佛山木版年画、咏春拳 4 个国家级非遗项目；11 月 4 日，在南风古灶举行“遇见·非遗”——2021 年佛山非遗体验交流活动成果展示交流会，波兰、荷兰、土耳其、巴西、法国驻广州总领事馆总领事，德国、意大利、韩国、俄罗斯、安哥拉等国驻广州总领事馆领事官员出席活动。承办“物以载道”——中国非遗数字展，促进中国和科威特两国之间的文化交流。该活动由文化和旅游部、中国驻科威特国大使馆、科威特国驻广州总领事馆主办，启动仪式在佛山市智城西洋艺术馆举行。展览分为“丝路明珠”——‘一带一路’中的东方文化使者、“乘物游心”——中国古典雅致生活、“匠心传承”——创新赋能传统技艺、科威特的非物质文化遗产四个板块，展示 100 多件展品，其中佛山组织 24 个非遗项目参与展览。

是年，佛山市促进艺术交流融合，打造“和颜粤色”中荷文化交流系列活动。该活动有 3 个主题活动：《米菲》亲子绘本阅读活动、“乐舞诵”重奏音乐会、“听见·非遗”佛山非遗音乐作品征集活动。德国因戈尔施塔特市政府策划“山海虽远，艺术相牵”（ApART Together–Separately and yet together!）线上艺术展，佛山市艺术创作院雕塑家简锡昭父子的作品《勇斗

2021 年 11 月 4 日，“遇见·非遗”——2021 年佛山非遗体验交流活动成果展示交流会在佛山市南风古灶举行。图为驻广州总领事馆领事官员展示武术
（佛山市文化广电旅游体育局供稿）

士·战疫父子兵》、画家邱大尉的作品《一往无前》入选该展览。12月，佛山市文化广电旅游体育局应土耳其驻广州总领事馆邀请，参加该领馆在广州市图书馆举办的国家专题书架开架仪式并共同揭幕土耳其非遗“湿拓画”的专题展览。佛山市政协办公室联合各市直涉外部门共同制作以外国人为主体的专题电视节目——《外国人在佛山的故事》，来自丹麦在佛山市学习咏春拳的武术爱好者和来自古巴在佛山市从事旅游行业的特技表演者参与拍摄。

（佛山市文化广电旅游体育局）

【东莞加强与国际友城、友好协会联络】 2021年，东莞市加强与国际友城、友好协会的联系交流。3月下旬，举办“驻穗领团看东莞”品牌系列活动，宣传推介东莞市打造高质量发展动力源、加强知识产权保护、鼓励自主创新发展、促进抗疫国际合作和共建人类命运共同体等方面的情况和取得的成就。10月下旬，举办拉美国家图片展暨东莞—拉美友城展，邀请19个拉美国家的30多名驻华使领馆官员和机构代表参加。展览集中展示拉美文化、民俗风情、自然风光、旅游特色及近年东莞与拉美国家友好交往的精彩瞬间，增进两城友好互信。

是年，东莞市与中东欧国家塞尔维亚潘切沃市通过视频连线方式，签订友好交流合作关系备忘录。截至年底，东莞市与7座城市建立友好城市关系，与15座城市建立友好合作交流城市关系，友城关系遍及欧洲、北美洲、南美洲、亚洲、非洲、大洋洲六洲及德国、希腊、美国、韩国、巴西、以色列、俄罗斯、埃塞俄比亚、墨西哥、乌克兰、塞尔维亚等18个国家。

（东莞市人民政府地方志办公室）

【中山推动对外文化交流】 2021年，中山市充分发挥外事资源优势，推动中外文化交流互鉴。主动“走出去”，全年走访欧洲、东盟、拉美等驻穗总领事馆25次，主动宣传“双区”（粤港澳大湾区、深圳先行示范区）和横琴、前海两个合作区建设发展机遇下的中山优势。积极“引进来”，先后开展“中山—以色列企业合作座谈会”“走进拉美——2021中山—拉美文化交流周（拉美美食节）”“漠上花开——以色列花卉摄影展”“2021年驻穗总领事中山行”等中山主场外事活动，全年吸引意大利、法国、巴西等35个外国驻穗领馆代表团（领事官员）到访中山，通过外国驻华使节、驻华商会代表、在华外资企业代表对外宣传推介中山在经济、文化、旅游、环保等领域的成就和机遇，吸引更多外部资源走进中山。拍摄制作中山首部英文抗疫纪录短片《疫去春来》，向全球讲述中山抗疫故事，展现后疫情时代中山宜居宜业宜游的良好形象，视频被新华网等主流媒体转发到Facebook、Twitter等社交媒体展示，被外交部推荐给中国驻外使领馆并在各类公共外交活动中展播。开展2021年第三届“第三只眼看中国”国际短视频大赛，建设“这就是中山”海外社交媒体平台，通过社交媒体和媒体达人吸引海内外更多人关注中山。依托互联网技术扩大“国际朋友圈”，发挥民间外交独特优势，举办“中山与加拿大本拿比市纪念缔结国际友好城市关系十周年市长视频连线活动”“双城·双贤·百年情缘——中山与长崎、孙中山与梅屋庄吉图片展”“万里牵手——中国同巴西东北部地方交流云端对话会”等。

（中山市人民政府地方志办公室）

【肇庆推动对外文化交流】 2021年，肇庆市积极推动对外文化交流。印发《肇庆市2021年推动与日本交流合作工作安排》，成立肇庆市对日本交流合作工作专班。3月23日，与丹麦驻广州总领馆、丹麦有关企业举办“北欧可持续城市论坛－肇庆网络研讨会”和线下座谈会。6月29日，与广州日本商工会会长菅野达志、事务局局长樋口太郎召开视频会议，就在肇日资企业发展情况以及推动肇庆与日本经贸交流合作进行交流。9月15日，与柬埔寨华商协会、柬埔寨广东同乡慈善基金会开展座谈，就推动肇庆与柬埔寨在经贸合作、旅游文化、友好城市等领域合作进行交流。11 月 23 日，肇庆市博物馆与基里巴斯博物馆举行视频会议，就博物馆工作等情况进行交流。11 月 28 日，在肇庆高新区金凤凰酒店举办尼泊尔主题酒店授牌仪式，扩大和发展肇庆与尼泊尔的旅游、贸易合作。12 月 22 日，与中法关系促进会开展座谈，就推动肇庆与法国在新能源汽车、农业、文化旅游、友好城市等多领域的交流合作进行探讨。年内，肇庆市外事局出席卡塔尔国驻广州总领事馆国庆招待会、泰王国驻广州总领事馆招待会等活动，加强与各国驻穗领馆的沟通交流，向各国总领事介绍肇庆经济社会发展情况，推介肇庆投资环境，商讨在经贸、科技、文化、旅游等领域加强交流合作。编印《开放肇庆》（中英双语）宣传册，推送《2021 肇庆投资环境中英文宣传片》《肇庆城市中英文宣传片》《肇庆新区日英文宣传片》等高清视频。11 月 19—21 日，组织承办 2021 中外青年“粤美乡村　友我同行”肇庆站活动，邀请来自俄罗斯、巴基斯坦、东帝汶、布基纳法索等国家的在穗留学生到肇庆市开展脱贫攻坚、乡村振兴特色参访和体验活动。

（肇庆市人民政府地方志办公室）

【珠海与水原缔结友好城市关系 15 周年纪念展】2021 年是珠海市与韩国水原市缔结友好城市关系十五周年。8 月 23 日至 9 月 19 日，“双城·印象”中国珠海市与韩国水原市缔结友好城市关系十五周年摄影展在珠海规划展览馆（珠海博物馆）举办，展出反映两市经济社会发展、精神风貌、人文风情、历史底蕴、美好生活等方面的 100 幅摄影作品，这些作品由两市摄影家、普通市民和学生创作。其中，展出珠海作品 50 幅、水原作品 50 幅。12 月 14—26 日，由珠海市与韩国水原市联合举办的“2021 今日水原——中韩国际美术交流展”在韩国水原市举行。珠海美术家创作的 40 件作品被邮寄韩国水原美术馆，与水原市的美术家作品共同展出。（陈菲）

【走进拉美——2021 中山—拉美文化交流周（拉美美食节）】2021 年 10 月 12 日，由中山市与墨西哥、哥伦比亚、巴西、智利、古巴、秘鲁、阿根廷、乌拉圭等 11 家拉美和加勒比国家驻广州总领事馆共同主办的“走进拉美——2021 中山－拉美文化交流周（拉美美食节）”活动在中山温泉宾馆启动，来自牙买加等 19 个拉美和加勒比国家近 30 名驻华使节及驻广州总领事出席开幕式。活动期间，开展中山粤菜师傅与拉美厨师厨艺交流活动，以拉美菜式自助餐形式向中山市民开放，介绍拉美特色饮食文化，加深中山人民对拉美和加勒比国家的了解。

（中山市人民政府地方志办公室）

休闲湾区构筑

·多元旅游发展·

【粤港澳大湾区旅游推介】2021 年，广州、香港、澳门三地相互支持举办旅游展会。香港、澳门参与第 29 届广州国际旅游展览会。加强广深珠、广佛肇、广中江、广清韶、华南五市（广州、清远、肇庆、贺州、桂林）等旅游联盟区域合作，设计推出精品旅游线路。年内，广清韶、广佛肇、华南五市、广深珠旅游联盟赴柳州、重庆、海口、福州、重庆、成都、太原、石家庄等城市开展联合宣传推介活动，持续打造区域旅游品牌。

（广州市文化广电旅游局）

【广东文旅护照项目】2021 年，广东省继续实施广东文旅护照项目。该项目突破单一景区的限制，整合选取广东省内众多网红打卡点，以当代年轻人喜闻乐见的打卡拍照、社交互动等形式，丰富游客体验，为文化单位和景点景区提供新型聚客模式，是广东省推进文旅深度融合的重要探索。项目自 2019 年启动，先后发行第一期“见多识广”、第二期“遇见湾区”文旅护照，2021 年推出第三期广东红色文旅护照、第四期“潮风汕韵”广东文旅护照。四期广东文旅护照系列项目惠及广东15个地市54个文旅单位，有效串联粤港澳大湾区城市群精品景点。

（广东省文化和旅游厅）

【香港建设国际城市旅游枢纽】 2021年，香港推进国际城市旅游枢纽建设。开展香港郊野全接触活动，通过旅游发展局各个宣传渠道，向旅客推介香港的自然景色、生物多样性、行山径、单车径、香港联合国教科文组织世界地质公园及越野赛跑。推出“360Hong Kong Moments”活动，通过短片和虚拟实境旅程，引领旅客探索香港独特的自然郊野美景。为改善行山径设施，着手优化麦理浩径第四段、卫奕信径第二段、桥咀郊游径和流水响至鹤薮双塘径。此外，香港为旅客提供不同类型的住宿选择，截至年底，有319家酒店及1413家持牌宾馆，分别提供约88600间及11900间客房。

（香港历史研究基金会）

【澳门多元化旅游发展】 2021年，澳门推动旅游多元化发展。全方位进行线上线下旅游宣传。推广“旅游+”跨界融合，充分利用会展、体育、文创及电商等元素，融入各项推广活动中，再以澳门世遗及美食之都名片为旅游形象包装，向外宣传澳门节庆盛事、美食及深度文化游等旅游产品。澳门旅游局联同澳门贸易投资促进局到大湾区内地城市广州、东莞、中山、肇庆、惠州及深圳举办“澳门旅游会展推介会”，促进澳门和内地业界交流及拓展业务商机。11月，在深圳举办“安全宜游·魅力澳门”旅游路展，宣传澳门12月节庆盛事，活动吸引约5000人次入场。

与内地多家主流在线旅行社合作，设置产品专页，利用在线旅行社的不同营销资源，推广澳门安全宜游形象。是年吸引421754人次购买澳门旅游产品，11009人次购买粤澳一程多站旅游产品。在内地社交媒体平台发布澳门最新旅游、美食、市面现况及人文生活信息。推出话题标签推广活动“玩出新Young引以为澳”“安全宜游魅力澳门”，吸引居民及旅客参与澳门旅游及文化宣传，将亲身体验化为视频发布，并邀请逾百位内地及澳门本地微网红进行网络造势，增加澳门安全宜游的网络热度。

举办系列旅游盛事活动。充分发挥“促进澳门世界旅游休闲中心建设联合工作委员会”（简称联委会）机制作用，促进澳门世界旅游休闲中心建设。7月，联委会在澳门召开2021年度工作会议，澳门特别行政区政府经济财政司、文化和旅游部、中央人民政府驻澳门特别行政区联络办公室等多个相关单位的领导及代表出席。在内地多个城市举办“澳门周”大型路展；首办“翱游澳门无人机表演盛会”，续办“澳门光影节”，合办“游澳消费乐满FUN”活动；另通过不同形式举办或支持各类深化“旅游+”的社区旅游活动30个，吸引超过6443000人次参与。推出“澳人食住游”计划、社区旅游发展计划、《澳门满Fun》智能行程规划和面向旅客市场的澳门精品游路线。是年，内地市场继续成为澳门最大的客源地，占总访澳旅客的91.4%，比上年上升48.2%。积极参与国际旅游合作，增加澳门在国际旅游事务上的参与度和知名度。是年，澳门旅游局成为国际展览业协会（UFI）正式会员；以准成员身份参加联合国世界旅游组织（UNWTO）举办的多项活动，包括第十五届联合国世界旅游组织亚太区高级管理人员培训计划——旅游政策及策略等；参加联合国教科文组织创意城市网络在线会议、美食之都在线会议等；出席亚太旅游协会（PATA）执行理事会会议、理事会会议、亚太旅游协会年度大会及由旅游局赞助的2021亚太旅游协会金奖颁奖礼。

【《澳门满Fun》智能行程规划】 2021年，澳门旅游局推出《澳门满Fun》智能行程规划，着力推介澳门的特色店铺、文创店、零售商铺、餐饮食肆及打卡景点等，利用人工智能科技及开放数据的应用，系统整合澳门各式旅游产品及活动、多样的旅游元素及信息、周边旅游配套及资源等，并加入分区、标签、餐饮类别、出行方式及行程日数等多样化条件搜寻，进一步丰富游澳体验，推动本地旅游及周边行业发展，带动社区经济。

【澳门旅游激励计划】2021年5月1日，结合“旅游+”元素，澳门正式推出更新版的“旅游激励计划”，在原有的“奖励旅游”“婚礼旅游”“学生旅游”项目上加入“体育旅游”项目，吸引外地团队到澳门参赛、观赛及观光旅游，协同推动体育旅游发展。该计划全年支持11个申请个案，共4216名旅客受惠。

（摘自《2022澳门年鉴》）

【广州文旅一体化发展】2021年，广州制定实施《广州构建世界级旅游目的地三年行动计划》《促进文化和旅游产业发展若干措施》等政策文件。新增评定13家国家AAA级旅游景区，天河区成功创建省级全域旅游示范区，北京路文化核心区、天河区正佳广场成功创建首批国家级夜间文化和旅游消费集聚区，西关永庆坊旅游区成功创建省级旅游休闲街区，广州长隆旅游度假区入选首批国家旅游科技示范园区试点名单。是年，广州市开展粤港澳大湾区文化旅游一体化发展专项工作，出台2021—2022年粤港澳大湾区文化与旅游一体化发展专项小组工作方案，推进完成粤港澳大湾区旅游一体化发展工作绩效考评、每月信息报送、总结计划等。支持深圳建设中国特色社会主义先行示范区，推进广深战略合作；深化广佛同城化战略合作，共建宜居宜业宜游优质生活圈。

【广州加强湾区旅游市场协作监管】2021年，广州市发挥粤港澳大湾区“9+2”城市旅游市场监管协作体首任主席城市作用，召开联络员会议，组织执法业务培训，开展案件研讨交流，与其他大湾区城市共同开展未经许可经营旅行社业务专项整治，规范大湾区旅游市场秩序。采取召开执法座谈会、核查线索、举办专题培训、督办案件等形式进行旅游市场整治。开展未经许可经营旅行社业务专项整治行动，立案15件，罚款额29.96万元。（广州市文化广电旅游局）

【深圳推动多元旅游发展】2021年，深圳市推进创建国家全域旅游示范区和中国邮轮旅游发展实验区建设，打造环深滨海黄金旅游带，统筹东部旅游资源建设世界级滨海生态旅游度假区。推动“创意深圳 时尚之都”旅游形象宣传，制作新版深圳旅游形象广告片、宣传片，打造“滨海浪漫”“主题公园”“文化创意”“运动休闲”“都市风情”五大文化体育旅游特色产品。推动旅游产业发展，至年底，深圳市有旅行社1190家，其中出境组团社238家；全市注册导游数量10629人，出境领队1611人。

2021年，广州市西关永庆坊旅游区成功创建省级旅游休闲街区。图为永庆坊　（广东省文化和旅游厅供稿）

是年，深圳市梧桐山国家森林公园入选广东省十大最美森林旅游目的地。沙井古墟新生项目获联合国教科文组织亚太地区文化遗产保护奖。华侨城集团被美国主题娱乐协会（TEA）与第三方旅游行业研究及咨询机构美国AECOM集团评选为全球主题公园大型企业集团四强。华侨城旅游度假区获评首批国家级文明旅游示范单位。深圳市被国际旅游杂志*Lonely Planet*（孤独星球）列为2019年世界十大最佳旅行城市榜单第二位，是中国唯一入围该榜10强的城市。

（深圳市人民政府地方志办公室）

【珠海推动区域旅游合作】2021年5月11—15日，珠海市文化广电旅游体育局开展对口云南怒江、黑龙江黑河执法协作交流活动。5月19—22日，珠海市举办“青春之城·活力之都”旅游资源踩线活动，邀请澳门、广东广州、广东深圳、广西南宁、黑龙江黑河、贵州遵义、西藏林芝7省（区）14市旅游业界及30家媒体代表参加。10月21—23日，广州、深圳、珠海旅游联盟组织（简称广深珠旅游联盟组织）三地旅游业界代表赴山西太原、河北石家庄开展“活力广东 现代湾区——精彩广深珠”2021广深珠旅游联盟文旅推介会。12月4—6日，广深珠旅游联盟组织三地旅游业界参加第29届广州旅游国际展览会。12月1—3日，全市各区旅游部门、企业及媒体代表赴贵州遵义开展旅游资源踩线活动，深入了解遵义旅游资源，协助遵义市规划设计旅行线路。12月14日，珠海市文化广电旅游体育局和遵义市综合行政执法局签订《珠海·遵义共建文化旅游市场执法办案暨对口协作交流机制》。12月11—20日，珠海文化广电旅游体育局与遵义文体旅游局联合举办“2021年遵义市文旅局东西部协作文旅人才培训班”。

（苏涵）

【佛山文旅一体化发展】2021年，佛山市继续以食为媒，宣传带动佛山旅游市场开拓，推广佛山城市文化旅游。联合中国烹饪协会组织美食业界专家举办佛味全席专家评审会，评出108道“佛味全席”美食菜单，其中菜肴69道、汤羹9道、点心小吃30道。制作推出“佛味江湖”系列美食短视频168条，在“佛味江湖108”腾讯视频号、醒目视频，以及“佛味江湖108”同名抖音号、快手号、微博号等多个平台同步更新。举办“岭南味·佛山品”寻味顺德世界美食之都全国路演活动，以高铁沿线城市为脉络，用城市推介和户外路演等方式，集中展示佛山文旅资源和特色美食，打造佛山城市旅游品牌形象。推出“不忘初心、牢记使命”之旅、“革命精神，精武传承”之旅、“革命老区，红色高明”之旅、“红色印记，绿水青山”之旅、“红色足迹，醉美乡村”之旅和“革命礼赞，砥砺前行”之旅6条佛山红色旅游精品线路。继续提升文化遗产游径建设、传承和活化利用水平，年内，佛山市高明区乡村生态文化游、南海里水“水乡花园”之旅和南海西樵乡村美食游3条线路入选2021年广东省乡村旅游精品线路。佛山康有为故里游径、佛山古镇商埠游径、佛山河口百年商埠游径和佛山粤剧故乡游径入选粤港澳大湾区文化遗产游径（第二批）名单。举办系列旅游推介活动，包括2021年佛山文旅惠民点亮徽章活动、2021年畅游佛山“五一”文旅惠民活动发布会、第二届“我邀游”5·19旅游消费惠民活动暨佛味全席发布会、2021年金秋文旅消费惠民季发布会。开展“山河粤秀 相约黔行——见证幸福中国梦，佛山人游黔东南”主题活动，组织赴武汉市、襄阳市参加2021年广东文化和旅游主题推介活动，携同双鸭山市赴海南省海口市、福建省福州市举办“活力广东 多彩广佛肇”2021广佛肇旅游推介会，组织企业参加2021中国—东盟博览会旅游展、第九届澳门国际旅游展和2021年广州国际旅游展览会。

【佛山加强与黔东南州文旅合作】2021年，佛山市与黔东南州以东西部协作结对为契机，通过客源互送、资源共享，加强两地文旅产业合作。5月12—13日，佛山市文化广电旅游体育局、贵州省黔东南苗族侗族自治州文化广电旅游局联合两地文旅业界在黔东南州黎平县肇兴侗寨举行“山河粤秀　相约黔行——见证幸福中国梦，佛山人游黔东南”系列活动。首发团从广州南站出发，佛山市和各区文广旅体局、佛山市旅游协会、佛山市旅行社协会、佛山文旅企业的代表，媒体记者，以及近200名“佛山人游黔东南”首发团游客参与活动。5月13日，佛山、黔东南文旅行业负责人举行两地文体广电旅游业东西部协作座谈会，佛山市旅游协会与黔东南州旅游行业协会签订框架合作协议。

（佛山市文化广电旅游体育局）

【惠州推动多元旅游发展】2021年，惠州多措并举推动旅游多元化发展。依托微信视频号和抖音号搭建惠州文旅慢直播平台，首次实时直播记录惠州西湖景色。单日最高峰观看超2万人次，视频号及抖音号慢直播在线观看超20万人次，分享次数3万多次。借助北京、广州、西安及惠州知名文创策划公司的力量，推动惠州文创手信的IP设计、产品设计，开发惠州手信文创产品和“惠州有礼”手信大礼包。9月，启动“百团千企助力惠州手信”集采平台项目，推动惠州手信全产业链建设。

策划、举办系列旅游活动。是年3月17—19日，马蜂窝旅游达人在惠州进行三天两晚《踏青新灵感》探秘团线下采拍工作，全网曝光量超2.86亿次，阅读量超2120.8万人次。4月16—18日，邀请百名携程门店名店长和5名百万级别粉丝旅游达人在惠州踩线采风、网络直播，直播观看近2000万人次。5月19日，举行“山海惠州·红色季”系列活动，内容包括“520向党表白”系列评选活动、大湾区“千车万人”山海惠州红色自驾之旅、山海惠州百秒秀、山呼海应看惠州“飞阅山海惠州”航拍大赛，发布20个红色旅游打卡点，推出惠州红色文旅护照1万份自驾游优惠礼包。

开展文旅宣传。是年9月10—12日，惠州市组织80多个企事业单位、数百款产品参展2021广东国际旅游产业博览会。惠州文旅风物馆以惠州文旅标志色搭配惠州手信VI呈现，设惠州风物体验区、“山海惠州”直播间、惠州A级旅游景区及美丽乡村展等功能区域。“山海惠州”直播间直播6场次为观众展示惠州热门产品，在线观看人数超过100万人次。开展“山海惠州百秒秀”文旅宣传片征集大赛，入围作品线上投票页面超100万次点击量，投票总数84万票，全域传播量超3500万次。12月10日，赣深高铁开通，惠州市以“山海惠州·活力湾区”冠名南昌局“和谐号”专列。

【惠州参与湾区旅游合作】2021年，惠州市参与粤港澳大湾区“9+2”城市旅游联合宣传推广计划，融入深莞惠“3+2”经济圈。构建惠州与香港、深圳、东莞、广州、汕尾、河源等周边城市的高等级旅游联动格局，组团参展广东旅博会等博览会。参加“莞惠韶”三市旅游（沈阳、长春）联合宣传推广活动。前往牡丹江市、大庆市开展旅游联合宣传推广活动。举办“山海惠州·醉岭南”——“双千万游客畅享惠州”系列文旅促销活动暨“夜色惠精彩·夏季嘉年华”启动仪式，邀请携程大湾区百家名店长及旅游达人到惠州踩线采风。举办惠州文化旅游体育产业博览会暨手信产品展销会，交易额380.88万元，人均消费120.41元，线下交易意向金额604.2万元。（惠州市人民政府地方志办公室）

【东莞文旅融合发展】2021年，东莞市推动文旅融合发展。举办第十二届漫博会，500多家企业1000多个动漫IP参展，超700万人次线上线下观展，意向成交金额50.2亿元。举办2021粤港澳大湾区公共文化和旅游产品（东莞）采购会，大湾区345家文旅体企业参展，意向成交金额7492万元，直播点击量、抖音话题曝光量近1亿人次。是年，东莞入选第二批国家文化和旅游消费试点城市，莞城运河创意公社、万科769获评广东省文化产业示范园区，茶山南社明清古村落景区获评广东省文化和旅游融合发展示

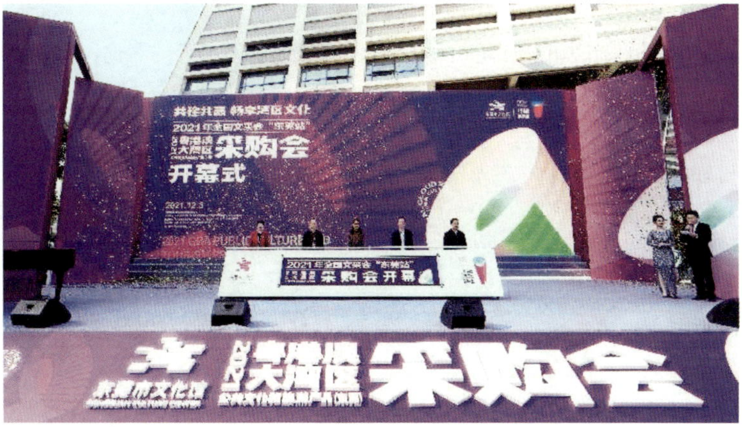

2021 年 12 月 3 日，2021 粤港澳大湾区公共文化和旅游产品（东莞）采购会开幕式在东莞举行　（东莞市文化广电旅游体育局供稿）

范区。　（东莞市人民政府地方志办公室）

【东莞旅游交流合作】2021 年，东莞市组织优质文旅企业参加第九届澳门国际旅游（产业）博览会、2021 中国—东盟博览会旅游展，以独立组团形式参加广州国际旅游展览会，扩大旅游交流合作渠道。联合深圳、惠州、韶关、汕尾、河源、韶关等城市赴黑龙江省牡丹江市和大庆市、吉林省长春市、辽宁省沈阳市、江苏省苏州市以及上海等城市进行区域旅游宣传推介，展示东莞城市形象，开拓客源市场。支持澳门、江西赣州、贵州铜仁市江口县等城市到东莞举办旅游推介会，搭建旅游业界沟通合作平台。

（东莞市人民政府地方志办公室）

【中山推动旅游产业转型升级】2021 年，中山市推动旅游产业转型升级，促进公共文化与文旅消费融合发展。印发《中山市文化和旅游产业专项扶持资金管理办法》《中山市促进公共文化与文旅消费融合发展的指导意见》《中山市文化产业扶持资金项目验收管理暂行规定》《中山市民宿管理暂行办法》等政策文件。推动文化旅游传统产业发展，大涌红木文化博览城纳入省级文化产业示范园（区）创建名单，金马科技娱乐设备有限公司、中荣印刷集体股份有限公司等 4 家重点文旅企业被认定为总部企业。引进中山美居创意产业园、760 文化创意产业园等文旅新业态企业 20 多家。年内，南区沙涌历史文化街区入选广东省首批历史文化街区，三乡镇古鹤村、南朗街道左步村、南区街道曹边村和小榄镇新市社区被评为广东省文化和旅游特色村，黄圃镇被评为广东省休闲农业与乡村旅游示范镇，孙中山故里历史文化游径、中山华侨商业历史文化游径、中山珠江纵队革命历史文化游径、岭南名人故里历史文化游径入选广东省历史文化游径。5 月 26 日，中山温泉旅游度假区被广东省文化和旅游厅评为省级旅游度假区。9 月 27 日，孙文西路文化旅游步行街被评为省级旅游休闲街区。至年底，全市旅行社入境外联 6.92 万人次，境内旅游组织 1408.03 万人次，旅游业总收入 129.58 亿元，比上年增长 7.58%。城市接待过夜旅游者 775.68 万人次，比上年下降 4.19%，旅行社责任保险投保率 100%。

（中山市人民政府地方志办公室）

【江门文旅消费试点城市建设】2021 年，江门市入选第二批国家文化和旅游消费试点城市。9 月 17 日至 11 月 30 日举办 2021 江门市"精彩夜侨都"消费节。携手金融机构发放总价值 1000 万元的消费券，吸引逾 150 万人次抢券。举办第二届江门直播节，组织百万流量网红在抖音、淘宝、拼多多等直播平台为"江门制造"带货。引导大型商业综合体、连锁超市、文旅景点等市场主体推出夜购、夜食、夜娱、夜游、夜宿等促销活动，满足夜间购物、文旅消费需求，扩大夜间消费规模。

（江门市文化广电旅游体育局）

【肇庆推动多元旅游发展】2021年，肇庆市实施“旅游振兴”十大行动计划，印发《肇庆市文化广电旅游体育事业和产业发展“十四五”规划》，继续全力创建全域旅游示范区，升级改造旅游基础设施，推出乡村旅游精品，实现文广旅体融合发展。承办2021年“中国旅游日”广东分会场活动、2021广东旅游文化节等。肇庆星湖风景名胜区入选首批广东摄影目的地，肇庆市鼎湖山国家自然保护区被列入广东省十大最美森林旅游目的地。是年，全市有省级休闲农业与乡村旅游示范镇5个、省级休闲农业与乡村旅游示范点18个、省级文化和旅游特色乡村13个；中国美丽休闲乡村2个、全国乡村旅游重点村3个、中国金牌农家乐20家。

（肇庆市人民政府地方志办公室）

【粤港澳大湾区旅游教育培训基地（广州合作中心）成立】2020年，广州市文化广电旅游局、澳门旅游学院、岭南商旅集团签订《三方战略合作框架协议》，联合打造粤港澳大湾区旅游教育培训基地（广州合作中心）。2021年12月4日，粤港澳大湾区旅游教育培训基地（广州合作中心）在南沙成立。该培训基地建立目的是发挥三方资源优势，为大湾区培养对接国际旅游酒店服务标准的高级管理专业人才，提升广州旅游酒店服务质量，接轨国际标准体系，带动穗澳两地旅游业高质量发展。

（广州市文化广电旅游局）

【广东文化和旅游产业投融资对接会】于2021年9月11日在广州举办。对接会紧扣文旅产业复苏和“十四五”文旅产业发展规划，采取“1个主会场+3个分会场”办会模式，分设县域文旅、乡村振兴、文旅融合3个分会场，深度聚焦疫情防控常态下文旅产业发展新态势和新挑战、投资的新机遇及新特点。会议共征集来自16个省市的450个项目入库，其中广东省内项目256个。针对旅游投融资领域“资金找不到项目、项目找不到资金”等问题，会议邀请广东旅控、中国工商银行、广东文投国富基金、雪松文旅等驻场对接洽谈，达成多项投资意向，打通产业供需配对“最后一公里”。

【广东国际旅游产业博览会】于2021年9月10—12日在广州举办。博览会由广东省旅游发展研究中心主办，广州广之旅国际旅行社股份有限公司承办。该届旅博会共设置10个主题展区（3个目的地展区+6个新业态展区+1个文旅惠民热卖区），举办“广东文旅产业派”9大专业论坛，以及2021广东文旅推介大会暨金秋文旅消费季、2021广东文化和旅游产业投融资对接会等重点活动，吸引34个国家及地区、14个省（区、市）和省内21个地级以上市的代表团参展，线下观众超3万人次。

【广东旅游文化节】2021年12月17—18日，2021广东旅游文化节（简称文旅节）在肇庆举办。活动由广东省文化和旅游厅、肇庆市人民政府联合主办。文旅节以“活力广东·多彩肇庆”为主题，保留开幕式及综艺晚会、“品鉴岭南——知名作家广东行”采风创作、“新闻媒体及旅行商广东行”踩线采风等品牌活动，创新策划“多彩肇庆”旅游推介暨西江美食品鉴会、广东（肇庆）文化和旅游产业投融资对接会、粤港澳大湾区非遗项目及“城市手礼”展览会、“肇庆千里旅游大环线”房车嘉年华等活动。2021年两广（广东广西）城市文化和旅游合作（肇庆）联席会议同期同步举行。

（广东省文化和旅游厅）

【第九届澳门国际旅游（产业）博览会】于2021年7月9—11日举行。由文化和旅游部支持，澳门特别行政区政府旅游局主办，澳门旅行社协会承办。博览会展场面积23000平方米，设有708个展位，来自38个国家及地区共399家参展商参与。该届旅博会强化“云系列”系统，融合线上线下展区。3天吸引近24000人次入场，达成39个签约项目，进行4974场商业配对洽谈；

“云直播”781万次，观看直播的在线人数最高达12.3万人。旅博会期间举行42场线下会议、推介会及论坛。（摘自《2022澳门年鉴》）

【岭南集团助力打造休闲湾区】 2021年，岭南集团与澳门万国控股集团在广州中国大酒店签署战略合作框架协议。双方抓住粤港澳大湾区发展机遇，以深化双方产业布局，探索共建与融合模式，助力粤港澳大湾区休闲湾区建设为目标，发挥各自产业资源和服务模式等优势创新合作模式，以创新业态、项目投资、目的地营销、酒店管理、会展服务等合作作为切入点，打造穗澳合作典范。

（广州岭南国际企业集团有限公司）

【神湾镇丰收节文体旅游活动月】 2021年9月19日至10月31日，“庆丰收、感党恩”中山市2021年庆祝中国农民丰收节活动暨神湾镇文体旅游活动月在中山市神湾镇举办。活动内容包括开幕式晚会、中山市及对口帮扶地区农产品展销会、民族文化美食嘉年华活动、“庆丰收、感党恩”乡村欢乐跑（神湾）、2021年“怡景湾”首届神湾菠萝美食全宴厨王争霸赛等17个项目。其中，首届神湾菠萝美食全宴厨王争霸赛吸引来自广州、中山、顺德3支厨王团队参赛角逐。比赛特邀江门烹饪协会、肇庆四会市餐饮行业协会、顺德龙江食品安全协会、东莞市餐饮酒店技师协会等的会长和维兰尼国际集团董事长组成评审团，评选广隆饭店为神湾最具水乡风味特色餐饮名店，1/3餐厅为最具网红气质餐饮名店，万豪海鲜酒家为最具商务特色餐饮名店。活动月参与人数49万人次，实现旅游综合收入3430万元。（中山市人民政府地方志办公室）

【粤港澳大湾区（肇庆）旅游港启用】 2021年5月1日，粤港澳大湾区（肇庆）旅游港启动仪式在肇庆市端州区举行。该项目是肇庆市推进“古端州·新活力”三年行动计划的重点项目之一，选址在肇庆火车站综合体，位于广茂铁路肇庆站西侧。项目总投资2.5亿元，总面积4.1万平方米，主要由星级品牌酒店、休闲娱乐配套、广府文化商业街、夜经济新业态体验区四部分组成。粤港澳大湾区（肇庆）旅游港分三期建设。一期项目包括酒店共300间客房，可以接待约500人；二期项目重点建设名优特产一条街、旅游文化时尚一条街、美食一条街，是肇庆市“古端州·新活力”重点文旅项目；三期项目打造肇庆“最美车站”，立足旅游港景观平台，联合社会资源、专业公司打造声光电结合的集音乐、文创、灯光于一体的年轻人夜经济端州主场，形成肇庆“旅游夜经济”文化名片。

（肇庆市人民政府地方志办公室）

·国家全域旅游示范区建设·

【概况】 2021年，广东省推进国家、省级全域旅游示范区创建。加强全域旅游创建工作培训。3月，在广州市番禺区举办广东省全域旅游暨滨海（海岛）旅游高质量发展培训班；5月，广东省文化和旅游厅与中央文化和旅游管理干部学院联合举办“全国文化和旅游干部素质能力提升工程——广东省全域旅游工作培训班”。两次培训实现对国家、省级全域旅游示范区单位和创建单位的全覆盖。9月，公布第四批广东省全域旅游示范区，广州市天河区、深圳市龙华区19个县（市、区、镇）入选。截至年底，广东省共成功创建5个国家全域旅游示范区，其中大湾区城市有3个，分别为广州市番禺区、江门市台山市和深圳市盐田区。全省全年共有13个沿海县（区）获评省级全域旅游示范区，其中位于珠三角地区的有9个。

（广东省文化和旅游厅）

【广州全域旅游示范区创建】 2021年，广州市推进全域旅游示范区建设工作。9月，天河区通过验收认定，成功创建广东省全域旅游示范区；11月，广东省文化和旅游厅批复荔湾区、花都区、南沙区为广东省全域旅游示范区创建单位。至年底，全市有国家级全域旅游示范区1个（番禺区），省级全域旅游示范区5个（从化区、增城区、越秀区、海珠区、天河区），在创建期的单位3个（荔湾区、花都区、南沙区）。

（广州市文化广电旅游局）

【深圳全域旅游示范区建设】2021年，深圳市不断提升旅游品质，推进创建国家全域旅游示范区。新推出“改革开放再出发”等6条红色旅游精品线路。全球最大的乐高乐园落户，金沙湾国际乐园、“湾区之光”摩天轮开放运营。新建改造绿道60千米，新增郊野径260千米。年内，盐田区被评为第二批国家全域旅游示范区，南山区被评为第三批广东省全域旅游示范区。

（深圳市人民政府地方志办公室）

【佛山全域旅游示范区建设】2021年，佛山市将创建国家、省级全域旅游示范区作为推进全域旅游发展的现实路径，鼓励各区开展示范区创建先行先试。编制《佛山市全域旅游发展规划（2021—2030）（征求意见稿）》；组织指导禅城区、高明区创建国家级全域旅游示范区，南海区、顺德区、三水区申报省级全域旅游示范区验收；修订《佛山市文化广电旅游体育局全域旅游发展扶持办法》；评审通过2020年度扶持项目164个，发放2020年度佛山市促进全域旅游发展扶持项目扶持资金2617多万元；完成2019年印发的《佛山市促进全域旅游发展扶持办法》政策绩效评价工作。

推动红色旅游、研学旅行和工业旅游等特色旅游业态发展，评选出首批佛山市工业旅游示范点、文化和旅游特色村、特色研学旅行课程、特色研学旅行线路、建党百年红色之旅主题旅游线路、“佛山十大潮玩地”。完善旅游公共服务设施。依托交通客运站场，建设旅游服务功能齐全的集散中心和咨询中心；优化公交线网规划，提升旅游景点覆盖度；改善农村公路路容路貌路况；完善旅游专线和旅游辅助公交等交通基础设施建设。推动粤书吧、基层综合性文化服务中心与旅游服务中心融合发展，推进厕所革命，建有旅游厕所426座。

加大宣传推广，实现精准营销。打造“佛味全席”品牌，评审发布“佛味全席”108道菜，制作推出佛味江湖系列美食短视频168条。举办“岭南味·佛山品”——留在佛山过大年春节惠民系列活动、2021年佛山文旅惠民点亮徽章活动、2021年畅游佛山“五一”文旅惠民活动发布会、第二届“我邀游”5·19旅游消费惠民活动暨佛味全席发布会、2021年金秋文旅消费惠民季发布会、佛山红色文化E地图打卡、畅游佛山等文旅宣传推广活动，推进世界美食之都“寻味顺德”全国路演，组织参加各种境内外旅游展会。在中央电视台和凤凰卫视中文台投放佛山城市旅游形象宣传广告。对接马蜂窝、携程、百度等网络平台宣传推介佛山优质旅游资源。

是年，佛山创意产业园入选首批国家级夜间文旅消费集聚区，顺德华侨城旅游度假区获评广东省旅游度假区，7家民宿获评“广东省乡村民宿示范点”，6个乡村入选第二批广东省文化和旅游特色村，2条乡村旅游线路入选第二批广东省乡村旅游精品线路，1条研学线路入选广东省研学旅行特色线路。佛山市国家AAAAA级旅游景区2家、AAAA级旅游景区15家、AAA级旅游级景区17家。星级饭店37家，其中五星级饭店8家。旅行社151家，出境旅游组团社36家，其中5家进入全国百强社、12家进入广东省百强榜。民宿157家。

（佛山市文化广电旅游体育局）

【惠州全域旅游示范区创建】2021年，惠州市以创建国家全域旅游示范区为抓手，聚焦“一区一湾一带”产业平台提质，聚力乡村旅游提升，建成粤港澳大湾区重要旅游目的地和健康休闲养生基地。全年新增国家AAA级旅游景区1家（雷公峡生态旅游度假区），共有A级旅游景区40家。惠东县、惠城区获评省级全域旅游示范区。惠阳秋长周田村入选文化和旅游部第三批全国乡村旅游重点村，1人（卢治平）入选文化和旅游部2021年“金牌导游”培养对象。惠城区水东街获评广东省旅游休闲街区，博罗县横河镇获评第二批（2021 年）广东省旅游风情小镇、广东省乡村民宿示范镇，秋长谷里等 6 家民宿入选首批（2021 年）广东省乡村民宿示范点。

（惠州市人民政府地方志办公室）

【东莞全域旅游示范区创建】 2021 年，东莞市全面发展全域旅游，出台实施《东莞市旅游发展三年行动计划（2021—2023）》，推动麻涌、茶山镇创建省全域旅游示范区，在广东省率先开展优良级旅游资源调查。推进“旅游 +”产业融合，发展乡村旅游、工业旅游、生态旅游，寮步镇入选第一批全国乡村旅游重点镇。松山湖生态景区获评国家 AAAA 级旅游景区，全市 AAAA 级景区数量居广东省前列。

（东莞市人民政府地方志办公室）

【中山全域旅游示范区创建】 2021 年，中山市推进全域旅游示范区建设。完善旅游服务设施，新增旅游交通标识牌 14 套和全域旅游导览图、全景图 19 块，新建和改建旅游厕所 41 座，评定 A 级旅游厕所 35 座。落实国家 AAAAA 级景区复评迎检工作，推进孙中山故里旅游区交通、旧村升级改造、导视系统、智慧旅游项目实施，打造栖迟小吧、礼遇中山等品质旅游购物场所。持续推进旅游品牌创建，新增 4 家 AAA 级旅游景区，中山温泉旅游度假区获评中山市首家省级旅游度假区，香山近代商业游径入选商埠开放文化遗产游径和广东省粤港澳大湾区文化遗产游径，大涌镇获评第四批广东省全域旅游示范区。整合红色旅游资源，编制“畅游中山红色之旅”读本，设计并推出 10 条红色旅游线路。出版《美景美食中山行——中山文旅镇街全攻略》，推介中山文化旅游资源。

（中山市人民政府地方志办公室）

【江门全域旅游示范区建设】 2021 年，江门市全面推进全域旅游示范区建设，出台《江门市文化和旅游发展“十四五”规划》《江门市体育发展“十四五”规划》，统筹推进各项工作。加强景区建设，恩平泉林黄金小镇获评国家 AAAA 级旅游景区，新会古兜温泉小镇获评省级旅游度假区，启明里入选广东省首批旅游休闲街区。新会小鸟天堂、梁启超故居纪念馆、林基路红色教育基地等 6 家具有侨乡文化特色的旅游景区获评国家 AAA 级旅游景区。强化旅游线路开发。新会南宋古韵乡村美食休闲游、蓬江乡村粤菜美食游、台山红色乡村之旅 3 条线路入选广东省乡村旅游精品线路；江门市“探侨乡文化　承非遗技艺”旅游线路入选广东省研学旅行特色线路。推进文旅重大项目建设。开平赤坎古镇华侨文化展示旅游项目、鹤山华侨城古劳水乡项目等 11 个文化、温泉、滨海、电竞重大文旅项目实际完成投资额 60.89 亿元，完成年度计划的 160%。其中，华侨城古劳水乡项目首期工程第二批等多个项目建成营运。推动“美食 + 旅游”融合发展。开展“粤菜师傅”旅游美食名店评选活动，评选出江门市首批 18 间“粤菜师傅”旅游美食名店。

是年，江门拥有世界文化遗产开平碉楼与村落、世界记忆遗产“侨批档案”，是联合国世界旅游组织旅游可持续发展中国观测点。形成碉楼、温泉、海岛、生态四大旅游品牌。有国家全域旅游示范区 1 个，广东省全域旅游示范区 1 个；国家 AAAAA 级景区 1 个、AAAA 级景区 10 个、AAA 级景区 19 个。有恩平市地热国家地质公园，浮石村、五丰村、强亚村、草坪村 4 个全国乡村旅游重点村，台山川岛旅游度假区、恩平泉林黄金小镇和新会古兜温泉小镇 3 个省级旅游度假区，开平市塘口镇强亚村、新会区崖门镇京梅村等 15 条广东省文化和旅游特色村，台山市川岛镇等 4 个广东省旅游风情小镇，开平世遗文化经典游、恩平温泉生态乡村两日游等 9 条广东省乡村旅游精品线路。

（江门市文化广电旅游体育局）

【肇庆全域旅游示范区创建】 2021 年，肇庆市高要区、四会市成功创建广东省全域旅游示范

2021 年，肇庆市积极构建全域旅游体系，建设千里旅游大走廊。图为广宁古水河徒步旅游基地一角
（肇庆市文化广播旅游体育局供稿）

区，全市共有 6 个县（市、区）创建成为广东省全域旅游示范区，超过县区总数的 70%，达到广东省全域旅游示范区验收认定标准。鼎湖区砚阳湖旅游度假区、高要区恒大旅游度假区被认定为广东省旅游度假区。

（肇庆市人民政府地方志办公室）

· 滨海旅游业发展 ·

【广东滨海旅游高质量发展】2021 年，广东省推动滨海（海岛）旅游高质量发展。3 月，广东省沿海地市成立滨海（海岛）旅游联盟，协调指导各沿海城市根据海岛类型和资源，科学合理发展休闲旅游新业态，构建多元化旅游产品体系，推进滨海旅游目的地建设。创建 34 家滨海主题的 A 级景区，其中珠三角地区 11 家；创建 8 家滨海主题的省级以上旅游度假景区，其中珠三角地区 4 家。深圳东部华侨城获评全国首个“国家生态旅游示范区”。打造珠海万山岛渔村风貌之旅等多条滨海主题的省级旅游精品线路和珠海万山镇、斗门镇，江门川岛镇、崖门镇等滨海旅游风情小镇。珠海三角岛探索“公益 + 生态旅游”开发新模式，形成初具规模的滨海（海岛）旅游新业态产品。

（广东省文化和旅游厅）

【香港滨海旅游业发展】香港有 6 个海岸公园和 1 个海岸保护区，占地面积约 4000 公顷，范围包括沿岸风景优美地区、海上景点和重要的生物栖息地。海岸保护区专门作自然保育、教育和科学研究用途。海岸公园范围内的捕鱼活动由政府以许可证制度规管，海岸保护区完全禁止捕鱼。2021 年，海洋公园推进开展未来策略，向专注于保育和教育、扎根自然并结合历险与休闲元素以提升访客体验的度假胜地转型。9 月 21 日，海洋公园全天候开放的户内及户外水上乐园正式开幕。9 月 25 日，“东岸公园主题区（第一期）”正式开放。主题区位于港岛炮台山海滨，入口位于中环湾仔绕道行车天桥下，建筑师以“窗户”为设计概念，把大小不一的窗框融入栏杆、户外装置及矮墨的设计。主题区24小时开放，有草地、座椅、遮阳设施等供市民享用，场地内设有儿童平衡车试验空间，部分陆地斜面海堤上设置游乐滑梯和安全地垫。主题区允许市民带宠物到访。场地设有第一条在维多利亚港内正式向公众开放的防波堤。防波堤长约100米，游客可从维多利亚港内海以全新角度欣赏香港海岸线。在防波堤末端可近乎360度观赏维多利亚港景色，其上的中环湾仔绕道东面排风口为配合海滨景致而特别设计，曾在外观设计比赛中获奖。12月24日，维多利亚港首条“海岸堤阶”连同邻近长约280米的新海滨长廊正式开放，把港岛北的海滨长廊延长至7.4千米，市民可从石塘咀沿海滨区步行至炮台山。“海岸堤阶”位于同步开放的湾仔海滨“水上运动及康乐主题区（第二期）”内，前方是一个由防波堤分隔而成的2.5公顷水体。“海岸堤阶”状似梯级，游人可拾级而下亲近水体，一级级的堤阶亦可作为赛事或表演的看台。　（香港历史研究基金会）

【澳门海上旅游发展】2021年，澳门支持海上旅游产品长远发展，推动完善海上旅游项目的硬件配套，丰富海上旅游产品组合内涵。新增妈阁码头作为海上游的靠泊点；配合节日及旅游盛事的举办，推出相应主题的夜间海上游航班。

（摘自《2022澳门年鉴》）

【深圳滨海旅游业发展】2021年，深圳市拥有首批“国家级旅游度假区”“国家生态旅游示范区”东部华侨城、“中国历史文化名街”中英街、“黄金海岸”大梅沙海滨公园、“东方夏威夷”小梅沙度假村、梧桐山国家森林公园等旅游资源，以及国保单位中英街界碑，沙头角鱼灯舞、疍家婚俗等5项国家、省级、市级非物质文化遗产。其中，“一街两制”中英街、“梅沙踏浪”、“梧桐烟云”列入“深圳八景”，是深圳滨海旅游最具代表名片。建成葵涌河生态公园等市民休闲场地。10月15日，盐田区小梅沙度假村更新改造，以“宜居、宜业、宜游”山海融城理念，打造“山、海、城”一体世界级都市型滨海旅游度假区。“一山”指盐坝高速公路以北山林，含叠翠湖水库、溪流及周边山谷，规划建设40公顷生态公园、户外运动及露营基地，结合片区婚庆产业规划，设有山间婚礼仪式堂；“一海”指对小梅沙湾134公顷海域以保护性开发为原则，建设集海湾生态、水上运动、亲水娱乐、文化艺术于一体的活力海湾，打造海滨音乐节、海上婚礼、海上飞机、海上无人船、休闲船艇等海上休闲娱乐项目；“一城”指盐坝高速以南陆域，规划有高端酒店、滨海潮文化主题商业街区、特色文旅商务空间、梅沙客厅、滨海居住社区等；“一世界”指小梅沙新海洋世界，以南海文化为主题，以科技融入为特色，打造集科普、展示、娱乐于一体的特色海洋公园。

（深圳市人民政府地方志办公室）

·国际邮轮港建设·

【香港国际邮轮港建设】2021年7月底，香港邮轮旅游在暂停近18个月后复办。邮轮公司获准在严格遵守专为邮轮旅游制定的卫生防疫措施情况下，营办供香港居民参与的“公海游”。是年，启德邮轮码头的邮轮停泊次数为84次，停泊时间超过75日，乘客总流量超过25万人次。

（香港历史研究基金会）

【广州国际邮轮港建设】2021年，广州市推进国际邮轮港建设。3月11日，南沙区赴海南省三亚中央商务区管理局参观，学习借鉴海南自贸港文旅融合发展和邮轮旅游的先进经验。南沙区政府与三亚中央商务区管理局签署战略合作协议，广州南沙国际邮轮母港运营管理有限公司与三亚国际邮轮发展有限公司签署战略合作协议，在遵循互利共赢、优势互补、共同发展原则下，三亚中央商务区管理局与广州市南沙区文化广电旅游体育局发挥各自在区位、政策、资源等方面的优势，共同推动邮轮产业健康发展，打造区域邮轮产业群。同时，两地还将整合双母港资源优势，通过“邮轮+本土文化旅游”“邮轮+免税购物”等方式，提供差异化、多样化的邮轮航线产品，提升邮轮旅游吸引力，不断拓展增量市场，共同促进邮轮旅游业发展。6月24日，广州南沙国际邮轮码头工程全面通过竣工验收。该项目位于广东自贸区南沙湾区，是广东省、广州市重点建设项目，项目落成后，将成为广州水上国际客运新门户，为广州市、广东省乃至整个华南地区居民的邮轮旅游提供良好的硬件支持和服务体验，带动交通、旅游、商贸、物流、金融、船舶等产业的发展，成为邮轮旅游产业的新引擎。

（广州市人民政府地方志办公室）

【深圳蛇口邮轮港建设】2021年，深圳市加快中国邮轮旅游发展实验区建设。推进智慧港口建设、服务及商业模式创新、标准化总结输出，助力邮轮与园区、社区的业务协同，多维打造邮轮港生态样板，邮轮港口综合能级不断提升。推动粤港澳大湾区旅游业务发展。是年，深圳蛇口邮轮中心客运码头共开通深圳蛇口至珠海、中山、香港和澳门等水路客运航线14条，营运深圳湾、港珠澳大桥和前海湾3条海上旅游航线。全年蛇口邮轮母港客流突破634万人次，出入境邮轮97艘次，接待邮轮旅客36.8万人次。7月1日，“大湾区二号”投入运营，“海上看湾区”项目进入双船运营模式。水上客运推出香港机场航线留学生专班，全力保障留学生正常出行。

丰富港口旅游航线。4月7日，招商局集团旗下招商蛇口与维京游轮购买的游轮“招商伊敦号”抵达深圳招商蛇口邮轮母港，并于6月26日举行命名仪式，成为首艘由中国自主经营管理的五星红旗豪华游轮。10月1日，“招商伊敦号”开通中国首条豪华游轮航线，主要经营深圳蛇口—海南三亚游轮旅游观光航线。

（深圳市人民政府地方志办公室）

·乡村旅游发展·

【概况】2021年，广东省推动乡村旅游提质增效。打造“粤美乡村”品牌，在珠三角地区打造20个全国乡村旅游重点村、1个全国乡村旅游重点镇，110个广东省文化和旅游特色村，19个广东省旅游风情小镇，认定76条广东省乡村旅游精品线路，推动广东省乡村旅游精品线路全覆盖。引导乡村旅游新业态发展，推动珠三角地区乡村旅游与农业、林业、渔业等产业深度融合，促进农业转型和乡村产业结构优化升级。积极培育森林生态旅游、休闲渔业旅游、科技农业旅游、创意农业旅游等乡村旅游新业态，引导珠三角地区乡村旅游产品拓展度假、体验、文化创意等功能。推动广东省珠三角地区乡村民宿集聚化和特色化发展，联合有关部门认定珠三角地区51个广东省乡村民宿示范点、8家广东省驿道乡村酒店。（广东省文化和旅游厅）

【广州乡村旅游发展】2021年，广州市从化区西和村入选全国乡村旅游重点村名录。文化和旅游部联合国家发展改革委推出300条“体验脱贫成就·助力乡村振兴”乡村旅游学习体验线路，广州从化慢享康养休闲游入选。从化区米埗村、海珠区黄埔村等10个村被评为广东省第二批文化和旅游特色村。增城区吾乡石屋民宿、从化区菁木山舍民宿等7家乡村民宿被评为广东省首批乡村民宿示范点。新增4个省级休闲农业与乡村旅游示范镇（点），从化区吕田镇获“2020年度省级休闲农业与乡村旅游示范镇”称号，广州绿沃川现代农业科技园、广州市启迪农业科技有限公司、广州市科创园艺有限公司获“2020年度省级休闲农业与乡村旅游示范点”称号。增城区麦客好客精品民宿、花都区溪云香宿等9家民宿被评为广州市首批旅游等级民宿。至年底，全市有4个全国乡村旅游重点村、11条省级乡村旅游精品线路、18个省级文化旅游特色村。17个广州旅游文化特色村、14个乡村旅游景区被评为国家AAA级以上旅游景区，有9家

广州旅游等级民宿。（广州市文化广电旅游局）

【珠海推动特色乡村旅游发展】2021年，珠海市推动特色乡村旅游建设。是年，珠海高新区设计制作并安装广东省历史文化游径（珠海近代名人历史文化游径、珠海粤海古道历史文化游径）标识牌15套，展现唐家湾镇历史传统、文化特色、建筑风貌等旅游资讯，完善参观游览服务配套。3月19日，高新区会同村获评“广东十大美丽乡村”，斗门区莲江村获评“广东风貌提升名村”。4月22日，珠海斗门岭南大地田园综合体一期项目百草园正式对外开放。该园是以中医药文化沉浸式全景体验馆——五行馆和二十四节气养生文化、科普研学及互动娱乐体验为核心，配套岭南亲水民宿、养生餐厅、无动力乐园、生态温棚蔬果采摘以及水疗、多功能会议室、户外拓展等，集科普研学、观光娱乐、养生度假为一体的旅游目的地。7月19日，以“粤美乡村　醉美珠海”为主题的第五届广东省美丽乡村摄影展在珠海博物馆和城市规划展览馆举办。展出大赛等级奖、优秀奖、入围奖获奖作品以及珠海市美丽乡村建设精美图片175幅。是年，高新区唐家湾镇会同村、斗门区莲洲镇莲江村、金湾区红旗镇三板村、万山区桂山镇桂山村获评广东省文化和旅游特色村；斗门区白蕉镇虾山村文化旅游服务中心建设获评广东省“两中心融合”（广东省文化和旅游厅开展的基层综合性文化服务中心与旅游服务中心融合发展）最佳实践案例。（苏涵）

【佛山打造乡村旅游集群】2021年，佛山市培育打造独具佛山文化特色的乡村旅游集群，推进全市乡村旅游转型升级和高质量发展，推动特色村落景区化发展。委托广东省乡村旅游协会、广东省旅游规划与营销协会专家智库平台牵头组织由华南理工大学、中山大学、暨南大学、深圳职业技术学院、甲级旅游规划设计单位的专家组成的调研组，到佛山市禅城、三水、南海、顺德、高明区开展30个美丽乡村旅游高质量发展专题调研，并策划推出专题宣传《岭南味　佛山品|佛山市乡村旅游高质量发展专题调研系列报道》。针对调研发现的制约各乡村旅游业发展的问题，举办2021年佛山市乡村旅游培训班。市、区、镇三级文广旅体、住建和农业农村部门以及文旅特色村落代表参加培训。启动首批市级文化和旅游特色村评定工作，评出首批佛山市文化和旅游特色村13个。

截至年底，佛山有全国乡村旅游重点村2个（逢简村、松塘村），全国休闲农业与乡村旅游示范点3个（陈村花卉世界、长鹿旅游休博园、广东盈香生态园）；省级休闲农业与乡村旅游示范镇7个（陈村镇、均安镇、乐从镇、乐平镇、里水镇、九江镇、白坭镇），广东省文化和旅游特色村13个（松塘村、富景村、长岐村、紫南村、罗南村、仙岗村、龙眼村、小洞村、

2021年12月，佛山市启动首批市级文化和旅游特色村评选，评出首批佛山市文化和旅游特色村13个。图为南海九江烟桥村

（佛山市文化广电旅游体育局供稿）

大旗头村、璜矶村、海寿岛、明阳村、沙围村），广东省乡村旅游精品线路9条（禅城1条、南海4条、顺德1条、高明2条、三水1条），省级休闲农业与乡村旅游示范点18个。

（佛山市文化广电旅游体育局）

【东莞推出美丽乡村游】2021年，东莞市整合特色旅游资源，推出“走读红色东莞”主题旅游线路10条，美丽乡村游主题线路10条，亲子研学游主题线路5条，体育休闲游主题线路5条，匠心智造探索之旅、工业遗存体验之旅、莞邑美好“食”光之旅工业旅游线路3条。是年，东莞市寮步镇入选第一批全国乡村旅游重点镇（乡）；寮步镇西溪村、清溪镇铁场村、茶山镇寒溪水村、大岭山镇鸡翅岭村入选第三批广东省文化和旅游特色村。（东莞市人民政府地方志办公室）

【中山乡村旅游发展】2021年，中山市大力发展乡村旅游。南朗镇左步村获评第三批全国乡村旅游重点村。横栏镇、神湾镇神溪村、南朗街道左步村、横栏水乡花田农业观光游线路获评省级以上旅游示范点。横栏镇获评省级休闲农业与乡村旅游示范镇，灯都盆景主题农业公园、南区旭景农业科技园入选2020年度省级休闲农业与乡村旅游示范点；“横栏水乡花田农业观光游”精品线路获评广东美丽乡村精品线路，三乡镇古鹤村、南朗镇左步村、南区曹边村和小榄镇新市社区获评广东省文化和旅游特色村，神湾镇神溪村获评广东特色产业名村。

是年，中山市旅游景区质量等级评定委员会开发和整合旅游资源，新评定荔景苑、大尖山露营公园、左步村、“不走回头路”罗三妹山主题公园为国家AAA级旅游景区。开展2020年度中山市乡村旅游示范点评定工作，中山市首批乡村旅游示范点16个。南区沙涌历史文化街区入选广东省首批历史文化街区。组织《中山市民宿管理暂行办法》《中山市民宿登记业务办理流程指引》培训，推进民宿备案登记工作，完成备案登记民宿16家，南朗街道崖口村禾田香野民宿等6家民宿获评广东省乡村民宿示范点，南朗街道获评广东省乡村民宿示范镇。

（中山市人民政府地方志办公室）

【江门完善乡村旅游设施】2021年，江门市不断完善乡村文化旅游公共服务设施。完成广东省7个基层综合性文化服务中心与旅游服务中心融合发展试点，打造蓬江区杜阮镇上巷村、鹤山市共和镇来苏村等特色“两中心融合”范例。完成省17个“粤书吧”试点建设，新建、改扩建旅游厕所254座，旅游厕所电子地图标注250座，标注率98.43%。继续开展“醉美江门100村”建设，评选出5个江门市乡村旅游示范镇和5个江门市乡村旅游示范村。是年，江门市有市级乡村旅游示范镇32个，市级乡村旅游示范村57个。登记民宿58家，其中新增26家，台山市水步镇下涧村侨居民宿等8家民宿入选首批广东省乡村民宿示范点，入选数量居广东省第二位。开平市百合镇马降龙村、新会区古井镇霞路村、恩平市大田镇东南村、江海区江南街道富横社区获评广东省文化和旅游特色村。新会南宋古韵乡村美食休闲游、蓬江乡村粤菜美食游、台山红色乡村之旅入选广东省乡村旅游精品线路。

（江门市人民政府地方志办公室　江门市文化广电旅游体育局）

·粤港澳旅游开发合作·

【深圳与港澳旅游合作】2021年，深圳市依托深圳改革开放历史遗迹，开发粤港澳大湾区文化遗产之旅，助力《粤港澳大湾区文化和旅游发展规划》实施。修改完善《粤港澳国际游艇旅游自由港建设建议方案》并获得香港、澳门特别行政区政府支持。支持并参与Beyond国际科技创新博览会，举办深澳创意周活动，协助澳门旅游局在深圳举办“澳门旅游推介会”“澳门旅游路演周”等活动，配合香港旅游事务署完成粤港澳大湾区旅游业发展调研报告。支持澳门企业参加文博会，展示各类葡语特色文化产品，办好文博会澳门精品展。举办第二届大湾区酒店文创展，10余家深圳企业与澳门酒店达成初步合作意向。联合香港康文署、澳门文化局举办首届“湾区云和声——深港澳阿卡贝拉菁英交流艺术周”系列活动。加快沙头角深港国际旅游消费合作区规划建设。确定“一核引领，四区联动”空间发展架构，建立完善合作区工作推进机制并与香港定期沟通协调。加快突破合作区政策体制机制。推动“中英街管理模式改革试点”纳入综合改革试点第二批授权事项清单，推动中英街限时限额等政策问题一揽子解决。推动深港合作。与香港大湾区办交流合作区建设规划思路，推动将大鹏湾 / 印洲塘生态康乐旅游圈辐射盐田区纳入香港《北部都会区发展策略》。

（深圳市人民政府地方志办公室）

【珠海推动与澳门旅游协作发展】2021年，珠海推动与澳门旅游协作发展。7月9—11日，珠海市组织各区企业参加2021第九届澳门国际旅游（产业）博览会，通过展会的国际平台推广珠澳旅游产品。12月，在澳门举办2021珠海文旅产品暨项目招商推介活动，全面展示珠海市“青春之城·活力之都”城市品牌形象和文化内涵。活动得到澳门中联办、澳门旅游局的支持，获澳门居民和媒体关注。（苏涵）

【佛山加强湾区文旅合作】2021年，佛山市全面加强文旅体各领域交流合作，深化大湾区“9+2”城市间交往，设计推广大湾区“一程多站”精品旅游线路。根据各地的差异化旅游资源，利用“一程多站”旅游概念，有针对性地打造适合大湾区游客、体现佛山独特魅力的精品旅游线路，如魅力岭南、工业之光、美丽乡村，龙舟美食游、亲子研学游、家庭休闲游，以及不忘初心之旅、牢记使命之旅等精品旅游线路。同时，整合景区、酒店等资源，与香港大航假期旅行社等大湾区旅行社签约合作，在开展“万名港人游佛山”活动的基础上，优化旅游产品，建立信息共享、客源互送常态化机制。7月19—26日，广东、澳门联合主办的“岭南文化　佛山功夫”2021年粤港澳青年文化之旅活动（广东段行程）在佛山举办。

（佛山市文化广电旅游体育局）

【江门粤港澳旅游线路开发】2021年，江门市面向粤港澳大湾区开发旅游线路，串联江门市历史遗址、文博景点、自然风光，打造江门市侨乡历史文化游径，5条游径入选广东省历史文化游径，6条入选粤港澳大湾区文化遗产游径。推出5条以文化遗产游径“跟着非遗游江门”为主题的精品线路，并将其转化为游学产品。“探侨乡文化　承非遗技艺”旅游线路入选广东省研学旅行特色线路。联合江门市旅游行业协会举办非遗进景区活动，开平立园引入非遗文化装置艺术展览，组织非遗项目、传承人进驻景区，实现非遗活态传承。

（江门市文化广电旅游体育局）

【惠州粤港澳旅游线路开发】2021年，惠州市发挥罗浮山风景名胜区作为第二批港澳青少年内地游学基地的作用，推行朱明洞主景区对港澳学子免门票措施，完善以游学基地为载体、游学产品深度研发为手段的游学服务与管理体系，做好粤港澳青少年研学旅游工作。惠州水东骑楼商埠游径（东湖旅店—镇记号—水东街骑楼群）入选第二批广东省粤港澳大湾区文化遗产游径。全市有两批共3条粤港澳大湾区文化遗产游径。

（惠州市人民政府地方志办公室）

【粤港澳大湾区“红动100”社会体育系列活动】2021年5月9日，粤港澳大湾区“红动100”社会体育系列活动暨红色徒步活动在肇庆市叶挺独立团团部旧址纪念馆（阅江楼）举行。该活动是广东省社会体育中心举办的100场粤港澳大湾区全民健身赛事的启动仪式，也是庆祝“5·18”国际博物馆日、“5·19”中国旅游日系列活动之一。肇庆的徒步线路将广东省历史文化游径（肇庆府城历史文化游径）和广东省粤港澳大湾区文化遗产游径（肇庆段）串联起来，途经历史地标叶挺独立团团部旧址、崇禧塔、渡头元魁塔、清风阁摩崖石刻、羚山炮台、张之洞为开采砚石所立石碑、王泮生祠、景福围纪念亭、景福公所旧址等。活动将红色文化和各旅游景点连成一体，让参与者沉浸在“文化+旅游”的体验中。　（肇庆市人民政府地方志办公室）

就业创业空间拓展

·公共就业服务体系建设·

【推进粤港澳职业资格互认】2021年，广东省推进粤港澳职业资格互认，推动文化旅游、医疗卫生、建筑工程、教育、律师服务、金融、社会工作、专业代理8个专业领域港澳专业人才在大湾区内地便利执业。向港澳地区居民开放职业资格考试，推进在大湾区内地城市设立考点，共有76名港澳居民获得专利代理师资格证，2名港澳居民获得注册会计师证，78名港澳专业人才取得会计专业技术资格，83名港澳居民获得高校教师资格，81名港澳居民获得中小学教师资格。做好内地与香港建筑领域人员资格互认，有1630名香港专业人士取得内地建筑师、结构工程师、监理师、造价师、房地产估价师等专业注册执业资格，其中151名在广东省办理执业注册。落实港澳医师申请认定内地医师资格以及内地短期执业政策，有428名港澳医师通过考试或认定方式获得内地医师资格证书，266名港澳医师通过短期行医方式在内地提供服务。落实香港、澳门地区导游及领队在珠海市横琴区执业方案，组织10期共600名港澳导游及领队培训，589名取得专用导游证。推进香港工程建设咨询企业和专业人士经备案后开业执业试点，有28家香港企业和78名专业人才成功备案。印发港澳籍注册城市规划专业人士在广东执业备案有关事项的通知，允许香港注册专业规划师、澳门城市规划师在广东省备案后从事概念规划、城市研究和设计等非法定规划。推进香港法律执业者和澳门执业律师在大湾区内地取得内地资质和从事律师职业试点。206名港澳居民通过法律执业资格考试，在广东省从事一定范围的法律服务。约300名港澳社会工作者在广东省从事一线服务。研究引入澳门职业技能认可基准（MORS）。

探索职业技能“一试三证”互认（考生通过一次考试，合格后可同时获得国家职业资格证书、香港专业能力评估证书或澳门职业能力证明书以及国际行业权威证书），开拓港澳地区技能人才评价新模式，推动广东省职业技能评价“一试三证”委员会工作落地实施。与香港职业训练局续签美容师、美发师“一试多证”工作协议，100人获得职业技能等级证书。引入澳门职业技能认可基准，签署合作协议书，推动粤澳“一试多证”技能人才培养评价合作。

推动广东省各地市改革试点。支持深圳出台《深圳市推进高度便利化的境外专业人才执业制度的实施方案》，明确金融、税务、建筑等11个领域境外专业人才便利执业举措，在前海自贸区先行试点后逐步推广至全市。是年，前海税务、建筑、规划3个领域免试跨境执业落地，吸引300余名港澳专业人才到深圳执业；在金融领域，起草香港专业人才执业便利有关规定，并上报国家部际联席会审议研究。支持横琴出台《珠海经济特区港澳旅游从业人员在横琴新区执业规定》《珠海经济特区横琴新区港澳建筑及相关工程咨询企业资质和专业人士执业资格认可规定》《港澳社工来珠海市执业管理办法（试行）》。是年，横琴新区发出港澳建筑及相关工程咨询企业资质和专业人士执业资格备案认可书367份，共计59家企业、308名专业人士合法备案；澳门街坊会联合总会横琴综合服务中心共有7名澳门街坊总会派驻员工。

（广东省人民政府港澳事务办公室　省人力资源和社会保障厅）

【“粤菜师傅”“广东技工”“南粤家政”工程】2021年，广东省出台《广东省“粤菜师傅”“广东技工”“南粤家政”三项工程高质量发展“十四五”规划》。推动“粤菜师傅”工程高质量发展。由广东省人力资源和社会保障厅牵头抓总，推动全省各相关部门和单位全面推进“粤菜师傅”工程各项工作。开展“粤菜师傅”培训，在广东省扶持建设6个“粤菜师傅”培养示范基地，每个示范基地给予500万元建设补助资金支持。全年广东省开展“粤菜师傅”培训24.63万人次，带动44.91万人就业创业。加快推进“粤菜师傅”工程市场化发展。广州、汕头、梅州等以“广府河粉”“潮汕牛肉”“客家腌面”为重点推动粤菜小吃产业化发展。开展星级“粤菜师傅”认定工作，在全省范围内认定30名五星级“粤菜师傅”名厨、79名四星级“粤菜师傅”名厨。加强“粤菜师傅”品牌保护和文化推广。举办第四届粤港澳大湾区“粤菜师傅”技能大赛。

打造“广东技工”援疆精品工程，帮助喀什技师学院成为南疆最大的技师学院，林芝市技工学校成为西藏7地市第一所技工院校。加强教材开发，构建“广东技工”工程教材体系，聚焦广东“双十”产业集群（十大战略性支柱产业集群、十大战略性新兴产业集群）、文化技工、乡村技工等领域，开发“广东技工”工程教材27本，组织开展“粤菜师傅”工程配套2个专业的技能人才培养标准及一体化课程规范研发。

实施“南粤家政”工程。建设“南粤家政”综合服务示范基地等载体42个、基层服务站598个，打造15分钟家政服务圈。认定21个省级家政服务培训示范基地，认定“南粤家政”省级家政服务龙头企业和诚信示范企业70家，选树发布首批10家“信得过”品牌企业；推动192家企业、院校和社会培训评价组织完成“南粤家政”职业技能等级认定备案；将家政培训、就业、维权、信用等记录纳入“南粤家政”综合管理服务网络系统；搭建“南粤家政”品牌馆，推出“南粤家政贷”等金融产品，中国银行率先为重点企业（含技能人才）提供授信支持6.96亿元。全年全省累计开展培训38.68万人次，带动就业创业66.50万人次。举办广东省第一届“南粤家政”技能大赛，累计参赛人员近5000人。

在推进“粤菜师傅”“广东技工”“南粤家政”三项工程工作过程中推广使用职业培训券。“三项工程”全年培训389.2万人次，从“惠及面越来越广”到“实效性越来越好”。创新职业院校职业技能等级认定模式，分别成立广东省“粤菜师傅”“广东技工”“南粤家政”人才培养与评价联盟，高质量推进“三项工程”人才培养评价工作。围绕实施“三项工程”、乡村振兴、先进制造业和现代服务业，组织全省开发34个专项职业能力考核规范。加强培训课程标准审核备案，公布95个职业技能培训课程标准。结合特色优势产业、“一村一品、一镇一业”规划和传统技艺项目，开发53个乡土特色培训评价项目。全省组织培训培养乡村工匠3.97万人次，推动各地选树“乡村工匠”就业创业典型，加强宣传。对龙头企业、技工院校联盟制订的行业企业评价规范进行备案评审，将腾讯公司、中国移动广东分公司、温氏集团等119个单位制定的252个行业企业评价规范报人力资源和社会保障部备案。完成工业机器人系统操作员和工业机器人系统运维员等国家职业技能标准开发。

【劳动争议跨境调解仲裁交流合作】 2021年，广东省搭建跨境劳动争议协同治理创新服务平台，粤港澳大湾区劳动争议联合调解中心落户粤港澳大湾区（广东）人才港，珠海（横琴）和广州（琶洲）速调快裁服务站建成投用。引入港澳专业人士参与劳动争议社会治理，在广州市南沙区开展聘任港澳籍仲裁员试点的基础上，试点范围拓展至深圳、珠海等地，已聘任港澳仲裁员30名、港澳调解员14名。设立粤港澳大湾区劳动争议（广州）创新研究院。

（广东省人力资源和社会保障厅）

【香港落实便利港澳居民内地就业创业政策】 2021年，香港特别行政区政府与广东省政府紧密合作，推动落实 2019 年粤港澳大湾区建设领导小组两次全体会议后通过的 24 项政策措施，是年已落实税务优惠、购买房屋便利、青年创业支援、科技经费“过河”、律师和建筑专业服务开放等措施。（香港历史研究基金会）

【广州便利港澳居民就业生活措施】2021 年，广州市推进实施“五乐”（乐游、乐学、乐业、乐创、乐居）行动计划，支持港澳青年到广州创新创业，设立首期 10 亿元穗港澳青年创业基金，建成港澳青年创新创业基地 46 个。香港科技大学（广州）一期工程主体结构全面封顶，开办全国首家港澳子弟学校——广州暨大港澳子弟学校，开设港澳子弟班 44 个，缔结穗港澳姊妹学校 303 对。港澳医师转内地医师资格认证手续进一步简化，3.64 万人次港澳居民享受广州社会医疗保险待遇。共建大湾区“菜篮子”产品质量安全监控指标体系，建成“菜篮子”通关便利区，保障新冠肺炎疫情防控期间对港澳农产品的稳定供应。

（广州市发展和改革委员会）

【深圳便利港澳居民就业生活措施】2021 年，深圳市深入实施“湾区通”工程。设立深港、深澳合作专班，强化与港澳规则衔接、机制对接，落实便利港澳居民在深发展 18 条措施。国家药监局药品和医疗器械技术审评检查大湾区分中心投入运营。“湾区经贸通”“跨境理财通”“港澳药械通”等项目落地。香港培侨书院龙华信义学校落成开学。皇岗口岸重建等工程推进。粤港澳大湾区国际仲裁中心挂牌成立。设立全国首个个人破产事务管理机构。完善公共法律服务体系，建立广东省首个涉外公共法律服务中心。

（深圳市人民政府地方志办公室）

【珠海支持港澳专业人士跨境执业】2021 年，珠海市通过人大立法支持港澳旅游从业人员、港澳建筑及工程咨询专业人士等跨境执业，构建开放的粤港澳职称评价体系，采取备案制、培训认定制、考核制等方式，实现建筑工程、导游、律师等港澳专业人才在横琴粤澳深度合作区便利执业，医疗、社工等港澳专业人才在珠海便利执业。截至年底，进入珠海执业的各类港澳人才中导游 589 人、建筑工程 258 人、医师 49 人、社工 7 人。

（孔晶）

【佛山公共就业服务体系建设】2021 年，佛山市建立健全市、区、镇（街道）、村（社区）四级公共就业服务体系。全市有区级以上公共就业服务机构 6 个、镇（街道）公共就业服务平台 32 个、村（社区）基层公共就业服务平台 785 个，实现公共就业服务全域覆盖。港澳籍人

2021 年 9 月 17 日，横琴粤澳深度合作区商事服务局向企业颁发首批营业执照

（曾遥　摄）

员纳入就业政策扶持范围，提供均等化的公共就业服务。

年内，佛山市优化就业登记、失业登记、“就业创业证”申领三大基础事项。实现免证办，群众办事采用承诺制，免申请材料，系统通过数据比对自动审核，材料精简率66.67%；实现提速办，就业登记、失业登记、“就业创业证”申领的办结时限从2个工作日提速到1个工作日，提速50%；实现场景应用，对接社保卡系统，上线佛山市“就业创业证”电子证，群众利用电子社保卡登录人社公共服务平台、佛山人才网微信公众号等端口，可自助查询就业失业登记相关信息，办事更加便捷。就业服务信息化。佛山市人力资源公共服务中心主动对标国内最好最优，在历年改革成果基础上高位推进服务改革，最大限度精简办事材料、压减办理环节、减少办事时限，助力打造一流营商环境。经过深化改革，网办事项由原来的12个增加至19个，网办率100%，其中网办深度四级事项有14个，比例由改革前的42%提升到近80%。全年新增13个事项实现身份证、社保证明等证件“免提交”，实现“能免尽免”；新增7个事项进一步压缩办事时限，平均压缩率57%，总体即办率74%。（佛山市人力资源和社会保障局）

【惠州便利港澳居民就业创业】 2021年，惠州市实施“大湾区青年就业计划”。印发《积极鼓励并引导全市高校（职业院校）搭建面向港澳青年特色创业平台，为港澳籍学生在该市创业提供强有力的支撑》，了解在册港澳籍学生情况，从政策的角度要求各职业院校给予港澳籍学生创业支持；联合相关职业院校召开在惠港澳籍职业院校学生创业座谈会。落实推进大湾区青年就业计划生活补助政策，印发《惠州市大湾区青年就业计划生活补助申领办事指引》，为15名香港青年发放大湾区青年就业计划生活补助4.8万元。落实港澳居民就业创业补贴，出台《惠州市港澳居民就业创业补贴政策清单》，港澳居民可同等享受惠州市各项就业创业补贴政策，包括社保补贴、岗位补贴、创业培训补贴、一次性创业资助、创业带动就业补贴、租金补贴等。全市向包括港澳居民在内的各类劳动者发放就业创业补贴资金5016.63万元。在惠州自主创业自筹资金不足的劳动者，可申请创业担保贷款及贴息。拓宽港澳应届毕业生就业渠道，符合《粤港澳大湾区（内地）事业单位公开招聘港澳居民管理办法（试行）》及公告规定的港澳应届毕业生，可报考惠州在内的珠三角城市及广东省直驻上述各地事业单位岗位，拓宽港澳应届毕业生就业渠道。

（惠州市人民政府地方志办公室）

【东莞就业创业体系建设】 2021年，东莞市贯彻落实市“1+1+6”工作思路，以粤港澳大湾区建设为牵引，围绕全力打造“湾区都市、品质东莞”，实施城市品质提升、发展空间拓展、产业体系升级、基层基础强化、民生福祉增进、重点改革突破“六大工程”，实施“塑造品质人社 共建成长之城”改革服务行动，完成广东省28项事业发展计划目标和市“一号文”、十件民生实事等重要任务。

是年，东莞市加快建设国际商务区香港中心项目，引进港式特色轻医疗服务、港资企业和高端国际化服务业，打造香港服务业在莞聚集基地。落实港澳籍学生招生政策，将港澳户籍随迁子女纳入积分入学范畴，全市港澳籍中小学和幼儿园学生超1.4万名。推进大湾区大学、香港城市大学（东莞）筹建工作。举办2021粤港澳大湾区文采会、粤港澳（东莞）非遗墟市等活动，深化大湾区城际文化产业交流合作。承办广东省新职业技能大赛和广东省社保卡居民服务“一卡通”现场会。

（东莞市人民政府地方志办公室）

【中山创新招工引才模式】 2021年，中山市创新招工引才模式，分人社部门、重点企业、中介机构三类组合，深入用工大省市、县、乡（村）三个层面，开展技工就业合作、劳务协作对接和企业招聘员工三项工作。先后走访26家外省市职业技工院校，组织187个次企事业单位开展校企对接和校园招聘活动，签订劳务合作协议39份、建立劳务工作站11个，先后引进外来建设者5000人。南头、黄圃、南朗等镇（街道）赴外地开展劳务对接、校企合作、劳务协作。利用“互联网+”服务模式，开展跨省市直播带岗活动，推动形成以“中山公共招聘”、国际人才网、“工小铺”小程序、“快招”APP等政企互补的线上招聘服务矩阵，为企业提供渠道畅、成本小、信息优、对接快的招聘服务。至8月26日，累计举办各类招聘会逾211场，为1万家市场主体发布超30万个岗位。5月起，整合中山市公共招聘系统、中山市实名制就业失业登记系统、中山市定点企业用工监测系统功能，结合中山智慧人社第一、二期建设成果，利用大数据手段，发挥政企资源优势，启动建设全市公共就业服务平台，实现就业实名数据“全覆盖”和数据更新“常态化”。至年底，完成平台建设的需求调研、流程梳理、框架搭建等。

（中山市人民政府地方志办公室）

【肇庆便利港澳居民就业生活措施】 2021年，肇庆市实施“湾区通”工程。便利港澳居民在肇庆购房。港澳人士在肇庆市各区购房，仅需提供港澳居民身份证或来往内地通行证，无需再提供纳税、社保、工作、学习、居留证明等。落实港澳人员在肇庆市参保政策。持肇庆市居住证的非从业港澳人员纳入肇庆市城乡居民基本医疗保险参保对象。对符合《肇庆市城乡居民基本医疗保险办法》第十四条规定，首次办理本地居住证的港澳人士可中途参加肇庆市城乡居民医保。保障在肇庆市居住的港澳居民子女享受同等的受教育权利。持有港澳台居民居住证的港澳台居民子女以及在肇庆工作的港澳居民子女入学工作纳入义务教育招生工作统筹解决。贯彻落实大湾区（内地）事业单位公开招聘港澳居民管理办法。

（肇庆市人民政府地方志办公室）

【人社部、广东省战略合作联席会议】 2021年12月20日，人力资源和社会保障部（简称人社部）、广东省政府在佛山召开部省战略合作联席会议，总结推进粤港澳大湾区建设部省战略合作协议及补充协议签署以来的工作进展情况，研究制定支持横琴、前海两个合作区建设政策措施清单，全力推动“双区”、两个合作区建设。会议通过部省支持两个合作区建设政策措施清单，人社部支持创新事项23个，省政府配套推动落实事项14个。

（广东省人力资源和社会保障厅）

【广东技能工匠争先赛】 2021年6—11月，广东“众创杯”创业创新大赛之技能工匠争先赛在佛山市举行。该次大赛由广东省人力资源和社会保障厅、省发展改革委、省教育厅、省工业和信息化厅、团省委、省妇联主办，佛山市人力资源和社会保障局承办。经过角逐，佛山市港澳青年孵化基地“稳固新型环保建材装饰构件应用及发展”项目获“广东技工”主赛道企业组金奖；“趣乡村——乡村民俗文化内涵与盲盒经济的创新融合”项目获团队组金奖；“基于生态模拟的水产智能运输解决方案”项目获“粤菜师傅”专项赛金奖；“智清杰A9家电、软装、管道智能清洗设备创业计划书”项目获“南粤家政”专项赛金奖。 （佛山年鉴社）

【粤菜烹饪全国邀请赛】 2021年3月20—21日，由中国烹饪协会、广东省人力资源和社会保障厅、中山市人民政府共同主办的“粤菜师傅工程中山美食文化周暨粤菜烹饪全国邀请赛”在中山市博览中心举办。该届粤菜烹饪全国邀请赛吸引全国14个省区26个城市（含香港、澳门）的80名粤菜烹饪高手同台竞技，产生金奖选手8人、银奖选手16人、铜奖选手24人。其中，来自广东省中山市的厨师陈文杰的参赛作品“一掌定山河”获冠军。

【广东省第二届职业技能大赛餐饮行业职业技能竞赛暨全国赛选拔赛】2021 年 8 月 28—29 日，广东省第二届职业技能大赛餐饮行业职业技能竞赛暨全国赛选拔赛在中山市中国（大涌）红木文化博览城举行。大赛作为广东省技能大赛的赛项之一，以“新时代、新技能、新梦想”为主题。广东省 149 名选手报名参加中式烹调师（暨职工职业竞赛）、中式面点师竞赛项目。经过理论知识、综合评审、实操技能 3 个环节筛选，中式烹调师组选出一等奖 4 个、二等奖 11 个、三等奖 15 个，颁发金牌 22 个、银牌 23 个、铜牌 29 个；中式面点师组选出一等奖 4 个、二等奖 11 个、三等奖 15 个，颁发金牌 22 个、银牌 23 个、铜牌 26 个。

（中山市人民政府地方志办公室）

【广东省第一届“南粤家政”技能大赛总决赛】2021 年 7 月 26—27 日，广东省第一届“南粤家政”技能大赛总决赛在肇庆市举行。该赛事是广东省“南粤家政”工程实施以来规模最大、规格最高的赛事活动。大赛以“铸南粤匠心　展家政风采”为主题，围绕母婴、居家、养老、医护等重点领域，对接新知识、新技术、新设备、新技能设置考核项目，满足家政新兴个性化需求，并首次把医疗护理纳入技能竞赛项目。大赛同步举办研讨会，邀请专家学者围绕推动“南粤家政”高质量发展进行圆桌对话；打造“南粤家政”服务展示体验馆，展示家政智能产品，提供现场家政服务体验等。大赛产生 4 名冠军、8 名二等奖、12 名三等奖、64 名优秀奖，各项目前 4 名选手获评广东技术能手。

（肇庆市人民政府地方志办公室）

·港澳青年创业就业服务·

【概况】2021 年，广东省完善支持港澳青年就业创业政策体系，配合人力资源和社会保障部制定支持港澳青年在粤港澳大湾区就业创业政策。出台《关于推动港澳青年创新创业基地高质量发展的意见》，聚焦港澳青年需求优化就业创业服务体系。印发实施《粤港澳大湾区（内地）事业单位公开招聘港澳居民管理办法》，开展“事业在湾区”港澳青年就业专项宣传，大湾区（内地）事业单位 9464 个岗位开放招聘港澳居民，累计超 1000 人次港澳居民报考，聘用 20 人。支持开展“大湾区青年就业计划”，对到广东就业的香港青年给予每人每月 1000 元的生活补助，惠及 152 名香港青年。全年向港澳创业者发放资助 500 余万元、创业担保贷款近 2000 万元。升格“粤港澳大湾区大学生就业实习双选会”，联动湾区“9+2”城市群，超过 2 万家企业、100 多所高校参与，提供近 10 万就业实习岗位。举办广东“众创杯”创业创新大赛，在部分单项赛事中专设港澳赛区，在澳门举办落地赛，吸引 150 余个港澳项目参赛。举办“港澳创业青年湾区行”活动。

是年，广东省夯实港澳青年创新创业基地体系。推动与香港、澳门特别行政区政府合作共建的首批 13 个粤港、粤澳青年双创基地发展，粤港澳大湾区（广东）创新创业孵化基地开园，广州市港澳台青年创新创业基地联盟成立。建成以粤港澳大湾区（广东）创新创业孵化基地为龙头、12 家重点基地为骨干、珠三角 55 家特色基地为基础的“1+12+N”港澳青年创新创业孵化基地体系，累计孵化港澳项目 2394 个、吸纳港澳青年就业 3455 人。

（广东省人力资源和社会保障厅）

【香港推动湾区青年创业就业】2021 年 1 月 8 日，香港特别行政区政府推出“大湾区青年就业计划”，提供 2000 个月薪不少于 18000 港元的职位，供大学毕业生到粤港澳大湾区内地城市工作。广东省政府对参加计划的香港青年发放每人每月不超过 1000 元人民币的生活补助。截至 4 月 30 日，共有 321 家企业根据计划提供 2394 个职位供符合资格的毕业生申请，其中创科职位 1267 个。截至年底，有 300 余名毕业生受聘于创科职位。

是年 2 月，香港特别行政区政府公布“青年发展基金”下粤港澳大湾区青年创业资助计划及粤港澳大湾区创新创业基地体验资助计划获资助机构名单，拟资助约230个香港青年创业团队（涉及超过800名香港青年），并向约4000名青年提供创业支援及孵化服务。在“青年内地实习资助计划”下，推出“粤港澳大湾区香港青年实习计划”，并扩展至大湾区所有内地城市。

（香港历史研究基金会）

【广州支持港澳青年创新创业】2021年，广州市推动建设港澳青年创新创业基地46个，其中被认定为“粤港青年创新创业基地”4个，被认定为“粤澳青年创新创业基地”1个，被认定为“粤港澳大湾区港澳青年创新创业基地”4个。截至年底，共吸引港澳创业项目1214个，比上年增长2.49倍。培育引进估值亿元以上的创业企业15家，比上年增加7家，其中上市公司2家。申请专利1009件，其中发明专利861件，占85.33%。评选出2021年度广州市港澳台青年创新创业示范基地10个，广州市港澳台青年创新创业基地21个。累计向广州市港澳台青年创新创业示范基地拨付2300万元建设资助资金。指导广州科学城粤港澳青年创新创业基地、南沙粤港澳（国际）创新工场获评广东省港澳青年创新创业基地。举办“融入湾区　规划未来”2021年广州市港澳台侨大学生实习就业专场招聘会，提供岗位3200个。发布港澳青年到广州创新创业补助申报指南，累计为22个港澳项目提供资助440万元；发布2022年度广州市创新环境计划港澳青年到广州创新创业补助专题申报通知，为港澳初创企业提供20万元每家的补贴，为穗港合作研发项目提供最多450万元补贴。设立广州光控穗港澳青年创业基金，首期10亿元资金全部到位，完成备案并展开投资。推进设立港澳青年发展红棉公益基金。与香港特别行政区政府驻粤办共同举办“粤港澳大湾区青年创业交流会”，吸引300余名港澳青年参加。举办2021港澳台青年到广州创新创业交流会暨青创基地联盟启动仪式、第三届粤港澳大湾区青年合作发展论坛、“同根同源同心”穗港澳台青少年学习营等活动，组织近100名澳门青年走进广州。指导建设穗港澳青年创新创业网，开通广州“12355”港澳青年热线。1月成立广州市港澳青年创新创业服务中心，9月成立广州市港澳台青年创新创业基地联盟，为港澳青年到广州创新创业提供一站式咨询服务。筹集港澳青年人才公寓1000套，近百名港澳青年入住。向港澳台青年发放租金补贴。推动港澳人士享受广州社会医疗保险待遇，有3.3万名香港居民和0.3万名澳门居民参加。

（中共广州市委外事工作委员会办公室）

【深圳推动港澳青年创业就业】2021年，深圳市推出港澳青年创业扶持政策，全年向港澳人员发放补贴589.25万元、贷款1813万元。推进港澳青年创新创业基地建设，出台港澳青年创新创业基地高质量发展实施意见，打造以前海梦工场为龙头的“1+10+N”创新创业基地布局，4个基地被广东省政府和香港特别行政区政府评定为首批“粤港青年创新创业基地”，12个基地孵化港澳项目532个，带动港澳居民就业924人。优化港澳青年到深圳就业创业环境，推进“港澳台青年实习计划”“大湾区青年就业计划”和“大湾区香港青年创新创业基地联盟”建设，将具有博士学历的港澳台居民纳入新引进人才生活补贴范围，530名香港大学生到深圳就业。专门设置职位面向港澳居民中的中国公民进行招录，年内共招录港澳籍公务员7人（其中澳门1人）。

是年，深圳市在福田区建设全市首个深港澳青年文化街区。国家级文化项目粤港澳大湾区文旅融合发展论坛落户福田。香港科学园深圳分园首期2万平方米空间落地，UNI香港青年创业空间、建设银行孵化者港湾2个粤港澳青年创新创业基地正式启用。成立龙华区海外留学归国人员协会，建成深圳香港培侨书院龙华信义学校、深圳北站港澳青年创新创业中心。推动华南（香港）国际仲裁院成为粤港澳法律合作重要平台。

深圳社保服务通过工银澳门“跨境”澳门。澳门世界贸易中心仲裁中心等4个澳门法律机构先后以合作方式进驻粤港澳大湾区国际仲裁中心位于河套地区的交流合作平台。

（深圳市人民政府地方志办公室）

【珠海推动港澳青年创新创业】 2021年，珠海市新增港澳青年创业孵化基地1家，孵化港澳创业项目75个，新增带动就业373人。截至年底，全市面向港澳青年的创业孵化基地29个，累计孵化港澳创业项目459个，累计带动就业2140人。广东省博士和博士后创新创业（珠海）孵化基地新引进博士和博士后创业项目19个，累计引进博士和博士后创业项目43个。珠海公共创业孵化（实训）基地设立澳门青年创业专区，累计孵化港澳创业项目26个。高新区港澳科技成果转化基地加快建设，主园区有港澳人才创办企业383家，其中香港企业271家、澳门企业112家。建设包括澳门大学、澳门科技大学、横琴·澳门青年创业谷、横琴国际科技创新中心4个合作基地在内的国家海外人才离岸创新创业基地。珠海市大华港澳青年创新创业服务中心通过首批粤港澳大湾区港澳青年创新创业基地授牌申请，入驻香港留学中心、华敏智能等平台企业。（梁华清）

【佛山港澳青年创业就业服务】 2021年，佛山市梳理港澳青年就业创业、人才引进、科技创新、税收补贴等13项政策奖补及申领流程，整理汇总全市11个港澳青年服务站、港澳青年交流基地信息，发布《佛山港澳青年就业创业指南》，为港澳青年在佛山市就业创业、交通、生活等提供全流程指引。佛山市“1+5+N”（港澳青年）一网式双创服务平台上线投用。该平台通过线上展示空间，实现线上VR选址、基地一键入孵、政策一键查询、申办一网通办等功能，为港澳青年入驻各港澳青年创业孵化基地提供快捷服务。同时通过平台实现信息互通，统一创业服务标准，为港澳青年提供企业孵化、落实政策、对接资源、专业培训等多项服务。佛山港澳青年创业孵化基地二期开园。依托顺德港澳台交流促进中心、南海·青创家分别建设的顺德分园区、南海分园区投入运营，全市形成“一基地两园区”新格局。佛山市港澳青年创业孵化基地主园区、顺德分园、南海·青创家累计引进台港澳项目95个，截至年底，带动就业307人。

年内，佛山市委台港澳工作部门举办佛山市台港澳青年创业就业工作交流会，推动《佛山港澳青年创业孵化基地建设实施方案》落地。开展专题调研，形成《台港澳青年在佛山交流合作情况》《佛山台港澳青年就业创业报告》等报告。推进佛山港澳青年创业孵化基地建设，南海区港澳台及留学青年创新创业基地影响力扩大，港澳台青年入驻团体占数过半。编制佛山市《青创地图》，形成政策汇编。禅城区加强禅港澳

2021年5月10日，顺德港澳台及留学青年创业交流基地在顺德区恒基国际金融大厦举行揭牌仪式，该基地将为在顺德的港澳青年提供全方位服务

（佛山市委台港澳办供稿）

青年交流基地布点。南海区成立港澳台及留学青年创新创业服务中心及基地（南海·青创家、南海青创工合空间），通过“1 中心 +N 基地”的运作模式，提供管家式服务。顺德区佛山顺德粤港澳协同发展合作区被纳入广东省推进粤港澳大湾区建设的重点平台，成立佛山市港澳青年创业孵化基地（顺德分园）、顺德港澳城港澳青年创新创业基地（港澳台交流促进中心）、顺德港澳台青年创业交流基地、顺德港澳台及留学青年创业交流基地等港澳台青年创新创业基地。高明区明港澳青年交流基地、明港澳青年文化联谊基地、高明区留学生和港澳台侨青年基地相继成立运行。三水区三水侨鑫生态园森港澳创新创业基地成立运行。

（佛山市人力资源和社会保障局　佛山市委台港澳办）

【惠州港澳青年创新创业基地建设】2021 年，惠州市出台《关于支持惠州仲恺港澳青年创业基地发展的若干措施》《惠州仲恺港澳青年创业基地入驻管理制度》等政策文件，为到惠州创业的港澳青年提供与惠州市青年同等的创业培训补贴、一次性创业资助、租金补贴、创业孵化补贴等。全年举办各类创新创业活动 17 场，参与人数 500 人次。

（惠州市人民政府地方志办公室）

【东莞港澳青年人才服务】2021 年，东莞市以重大合作平台建设为重点，打造粤港澳大湾区融合发展核心载体。高起点谋划和建设大湾区大学科技园，加快建设滨海湾 5G 综合创新示范区。滨海湾港澳青年之家创新创业基地吸引 29 家港澳企业入驻。松山湖高新区加快集聚港澳青年人才，实施《关于推动东莞市港澳青年创新创业基地高质量发展的实施意见》专项扶持政策，推进建设松山湖港澳青年创新创业基地。推进水乡功能区高质量发展，打造数字经济和新能源基地初见成效，出台推动东莞数字经济、新能源产业基地高质量发展的若干措施，引进粤港澳大湾区青商联盟数字智造中心项目。开展莞台港澳青少年科技教育交流、莞台港澳青少年羽毛球邀请赛等活动。

（东莞市人民政府地方志办公室）

【中山港澳青年创新创业基地建设】2021 年，中山市出台《中山市推动港澳青年创新创业基地高质量发展的意见》，明确提出“1+1+N”港澳青年创新创业基地建设空间，布局 2022 年起势成形的工作目标。中山粤港澳青年创新创业合作平台服务提质，启动“澳中青年创新创业园”项目建设，枫逸国际创业孵化基地等市级创业孵化基地建成投用。以海雅粤港澳创客中心项目为抓手，推动翠亨新区“澳中青年创新创业园”建设成为综合配套完善的新型“互联网＋创新创业”服务载体，打造“侨联通”和“种子期孵化器”两大项目，实现“线上”与“线下”相结合，“双创”与“一带一路”相结合。利用海雅集团在市场、资源、平台和人才等方面的优势，吸引国际资本及华侨华人精英回国创新创业。是年，中山建成澳中致远火炬创新园、南区国际青年科创谷、坦南创客园等特色创业孵化基地，吸引 75 个港澳创业团队在园孵化，其中香港团队 46 个，澳门团队 29 个。中山粤港澳青年创新创业合作平台入选广东省首批“粤港澳大湾区港澳青年创新创业基地”名单，累计孵化项目 477 个，其中港澳项目 71 个，在孵港澳团队 32 个，在孵项目年产值 5000 万元。

是年，中山市出台《中山市港澳青年创新创业基地思想文化交流建设工作实施方案》，以全市港澳青年创新创业基地为载体，实施“1+3+6”（构筑 1 个家园、搭建 3 个阵地和推进 6 项工作计划）思想文化交流机制，通过建设思想交流、学习交流、文化交流 3 个阵地，实施精品课程、特色宣传、社会实践、参观学习、结对交流、发展培育等工作计划，形成推进港澳青年思想融入长效机制，将港澳青年创新创业基地打造成为港澳青年到湾区发展的“心家园”。是年，中山举办粤港澳大湾区药学研究生培养协同创新中山论坛、中山澳门人才合作论坛、中山—港澳青年人才发展实践营等活动。在第九届广东省市直机关“先锋杯”工作创新大赛中，中山市党建引领“沉浸式”体验模式打造粤港澳青年“同融共促”的“心”家园参赛项目获二等奖。

（中山市人民政府地方志办公室）

【江门港澳青年创业就业服务】 2021 年，江门市出台实施《关于支持港澳居民到江门市就业创业的若干措施》和江门市 3.0 版“促进就业九条”等针对性政策，全年共向港澳青年发放就业创业补贴 51.79 万元，创业担保贷款 1325 万元。25 个港澳项目（17 个香港项目、8 个澳门项目）参加 2021 年“乐业五邑”创业创新大赛，获金奖 1 个、银奖 1 个、铜奖 2 个、优秀奖 2 个、卓越奖 2 个。在珠西先进产业优秀人才创业创新园设立港澳青年创业创新服务中心，为在江门就业创业的港澳青年提供政策咨询、补贴申领、就业培训和交流、职业介绍和指导等“一站式”就业创业服务。

【江门“侨梦苑”建设】 2021 年，江门市依托中国（江门）“侨梦苑”华侨华人创新产业集聚区，构建以珠西先进产业优秀人才创业创新园（简称双创园）为核心的“一园多区”港澳青年创新创业基地体系。截至年底，江门市港澳青年创新创业基地累计引进创业项目 832 个（其中港澳项目 102 个），带动就业 5594 人（其中港澳青年 157 人）。中国（江门）“侨梦苑”华侨华人创新产业集聚区入选首批粤港澳大湾区港澳青年创新创业基地。是年，双创园二期工程完工运营，新增建筑面积 1.15 万平方米，可新增容纳 200 个团队入驻孵化。双创园被江门市委、市政府授予“江门市侨界贡献奖（集体）”称号。

（江门市人力资源和社会保障局）

【肇庆港澳青年创新创业基地建设】 2021 年，肇庆市推进智联梦工场、肇庆高新区海外留学归国人员创业园、粤港澳大湾区青年家园肇庆服务站（网商大厦）3 个大湾区青年家园建设，作为肇庆服务粤港澳青年的重要实体平台和窗口。自试运营以来，青年家园共孵化创业团队、企业 75 个，举办创业咨询、培训会、调研考察、企业交流等 162 场，服务粤港澳大湾区青年 3200 人次。其中，智联梦工场与澳门青年创业孵化中心签订伙伴合作框架协议。加强与港澳志愿者协会组织沟通交流，推动大湾区青年交往交流、交心交融。引进港澳志愿者先进的工作经验和专业的服务理念，探索开展志愿服务培训、创新志愿服务研发等合作项目。推进港澳肇三地志愿服务多层次合作，引导及组织港澳青年参与社区公益志愿服务，使港澳青年更好地服务大湾区，融入大湾区。

（肇庆市人民政府地方志办公室）

【粤港澳大湾区（广东）创新创业孵化基地开园】 2021 年 3 月 29 日，粤港澳大湾区（广东）创新创业孵化基地开园运营。该基地由广东省人力资源和社会保障厅与天河区政府合作共建，总投资超 7 亿元，建筑面积 6.65 万平方米，可同时容纳孵化企业超 200 家。基地围绕“中央要求、湾区所向、港澳所需、广东所能”，着力打造人社特色的“国家级、国际化、示范性”的创业孵化示范平台，突出港澳特色。是年，引进 6 批港澳项目 136 个，约占引进孵化项目总量（157 个）的 86.6%，涵盖人工智能、新一代信息技术、节能环保、高端装备制造、新材料、生物医药与健康、新能源等前沿领域；引入港澳青年 217 人（香港青年 199 人、澳门青年 18 人），其中博士 114 人、硕士 203 人，创业带动就业 2007 人。基地强化与广东省内其他港澳青年创新创业基地联动机制，搭建港澳青年创新创业基地综合服务平台系统，为港澳青年提供线上申请入驻各个基地的快捷方式，实现“一键入孵”，统筹对接广东省资源，形成协同放大效应。

（广东省人力资源和社会保障厅）

【第八届粤港澳台大学生创新创业大赛】2021年10月19日，第八届粤港澳台大学生创新创业大赛在广州大学城启动，粤港澳台四地嘉宾代表60余人出席活动。该届大赛以“青年荟萃，创领湾区”为主题，赛事紧贴人工智能与数字经济产业方向，包含新一代信息技术、人工智能、生物医药、新能源、新材料等方面，同时聚焦珠宝设计、动漫制作、音响等传统产业升级与创新发展。大赛除大学生组、企业成长组外，新增命题揭榜组模块。赛事组委会首次发布《基于互联网的共享单车智能停放管理系统》命题，面向参赛团队与社会各创新主体公开征集解决方案，寻求产学研深入合作，建立以企业为主体、市场需求为导向的比赛与应用结合的新模式。赛事还新增汽车路演特色赛，与广汽集团联手打造“广汽传祺赛道”，邀请往届大赛优质项目团队参赛。（广州市工业和信息化局）

【2021粤港澳大湾区大学生就业实习双选会】2021年12月4日，2021粤港澳大湾区大学生就业实习双选会在珠海市开幕，线上线下同步举行。该届双选会由国务院港澳办、人力资源和社会保障部指导，广东省政府港澳事务办公室、广东省人力资源和社会保障厅、珠海市政府、澳门特别行政区政府人才发展委员会主办。双选会以“撷英湾区，盛放未来”为主题，开展高端论坛、人才招聘、展览展会、就业实习等系列主题活动。该次双选会全面联动粤港澳大湾区“9+2”城市群，聚集港澳青年大学毕业生的就业实习实际需求搭建线上线下招聘平台，引导在粤港澳三地均有业务的企业提供就业实习岗位，畅通港澳青年在大湾区内地城市的就业渠道。截至年底，双选会线上平台注册企业2.24万家，提供岗位12.24万个，浏览量13.91万次，大学生投递简历4.46万份。（广东省港澳办　梁华清）

【佛山港澳青年创业孵化基地二期开园】2021年8月27日，佛山港澳青年创业孵化基地二期开园。佛山港澳青年创业孵化基地由国家湾区办批准、广东省政府发文成立，被纳入广东省首批“1+12+N”港澳青年创新创业基地体系。该期基地位于佛山智慧新城T11栋6—7层，建筑面积约4000平方米，内部空间设施和公共服务完善，实现港澳创客“拎包入驻”。基地围绕促进港澳青年优质就业、多元创业主线，打造具有港澳特色的优秀人才创新创业载体。是年，佛山稳固环保科技有限公司等6个港澳创业项目签约入驻。中港专业人才协会等6个港澳机构与基地运营方签订合作协议。全年引进港澳青年初创项目21个，涵盖生物医药与健康、节能环保、人工智能等前沿领域。（佛山年鉴社）

【第一届全国博士后创新创业大赛总决赛】2021年12月18日，第一届全国博士后创新创业大赛总决赛在广东（潭洲）国际会展中心开幕。

2021年8月27日，佛山港澳青年创业孵化基地二期正式开园暨佛山市第七届大众创业交流会举行启动仪式

（佛山市人力资源和社会保障局供稿）

该届大赛是全国博士后制度设立以来首次举办的全国性创新创业赛事。会议发布《中国博士后发展报告（2021）》。全国各地的1400多个项目参与决赛。大赛聚焦前沿科技领域，汇聚青年创新创业团队，入围总决赛的项目均为硬科技项目，可带动一项技术突破；有23个技术需求、230个团队进入决赛。该次大赛是一次人才项目对接、科研成果转化的探索，“赛展会”有机结合，总决赛期间同步安排博士后工作成果展示、全国博士后人才交流与科研成果转化对接、博士后创新发展峰会等活动。线上线下同步，线下参赛的团队（项目）870多个，线上参赛的团队（项目）510多个，境外赛线上参赛。

（佛山年鉴社）

【松山湖港澳青年创新创业基地获批】 2021年11月，松山湖港澳青年创新创业基地获批粤港澳大湾区港澳青年创新创业基地。该基地是国务院《粤港澳大湾区发展规划纲要》建设任务之一，2019年入选广东省首批10个粤港青年创新创业基地；2020年纳入东莞市9个港澳青年创新创业服务先行区，并建设完成基地多功能厅。截至2021年底，基地累计引进92个具有港澳籍或港澳高校教育背景的人才项目。

（东莞市人民政府地方志办公室）

【第八届“创青春”粤港澳大湾区青年人才创新创业大赛（中山）】 于2021年6月15—29日在中山举行。中山市开展第八届“创青春”粤港澳大湾区青年人才创新创业大赛（中山）项目征集，吸引300余名海内外创业青年参与，107个项目团队报名。经过资格审查，85个项目进入晋级评审阶段，涉及领域包括新农业，乡村振兴，互联网应用，智能设备、材料及装备制造，生物医药，新能源技术及生活服务等。7月13日，项目评审会在东区街道奇思创客空间落幕。“岭南有礼——助力岭南非遗文创产品产业化”和“北纬39°8——助力隆盛庄镇乡村振兴的践行者”项目获得一等奖。项目评审会作为青年人才创新创业的重要活动之一，旨在激发青年人才的创新创业激情和动力，营造尊重创新、尊重创造的社会氛围，吸引及培育优秀的创业青年在中山创新创业，深度融入粤港澳大湾区建设。

（中山市人民政府地方志办公室）

健康湾区建设

·医疗卫生合作·

【概况】 2021年，广东省牢固树立“大卫生、大健康”理念，坚持以“提升素养、预防为主、完善服务、共建共享”为原则，推进健康城镇试点建设，探索健康影响评价评估制度建设，推动将健康融入所有政策，助力打造“健康湾区”。3月，广州市、深圳市、珠海市被国家遴选为健康城市建设推动健康中国行动创新模式试点城市，将健康城市建设与妇幼健康促进行动、癌症防治行动有机结合，探索有效的工作模式，创新方式方法，以点带面推动健康中国行动、健康广东行动落地落实。7月，中山市被全国爱卫办遴选作为全国健康影响评价评估建设试点，以中山市政府名义印发《中山市健康影响评价评估试点实施方案（试行）》，确保工作稳步开展。深圳市把盐田区作为健康影响评估工作先行先试试验区，探索把健康融入所有政策。12月，珠海市入选全国爱卫办2020年度全国健康城市建设样板市及广东省健康城市建设样板市。清华大学万科公共卫生与健康学院、健康中国研究院、中国新型城镇化研究院基于2021年度健康城市评价数据，对全国90个城市综合健康水平进行测算和评估。结果显示，深圳、广州、珠海、东莞、佛山在全国综合排名分别为第1、第5、第7、第22、第25名。深圳盐田区、茂名高州市、珠海香洲区通过2021年度国家级健康促进县（区）技术评估，盐田区的创建经验被全国推广。截至年底，广东省现场流行病学培训项目举办16期，共培养195名技术骨干，覆盖广东省21个地市65个县区，其中包括珠三角九市的31个县区，为粤港澳大湾区基层疾控能力建设和卫生应急能力建设奠定基础。

【粤港澳卫生健康交流合作】2021年，广东省推进粤港澳三地新冠肺炎疫情防控联动机制建设。加强三地防控信息通报、防护物资保障、重点人群追踪隔离等应急联动措施。与港澳联动建立疫情风险评估和研判机制，及时组织专家开展疫情风险专题评估。落实粤港新冠病毒核酸检测机构资质与检测结果互认。粤澳实现健康码转码互认和核酸检测结果互认，两地人员恢复正常往来。派遣公共卫生专家赴香港、澳门交流指导新冠肺炎疫情防控。与港澳卫生行政部门保持每月、每年度法定传染病疫情和突发公共卫生事件信息交换，协助各方对密切接触者及相关人员实现早发现、早处置，针对人感染禽流感、流感、登革热、诺如病毒等重点急性传染病不定期开展专项交流。推进在粤港澳籍人士新冠病毒疫苗接种，全年为香港同胞接种新冠病毒疫苗32.86万剂次，其中完成疫苗全程接种14.74万人、加强针接种1.74万人；为澳门同胞接种新冠病毒疫苗1.8万剂次，其中完成疫苗全程接种8080人、加强针接种1546人。配合推进“港澳药械通”（2020年9月29日，国家市场监管总局、国家药监局等八部委联合印发《粤港澳大湾区药品医疗器械监管创新发展工作方案》，提出创新粤港澳大湾区药品医疗器械监管方式和合作模式，明确在粤港澳大湾区内地九市开业的指定医疗机构使用临床急需、已在港澳上市的药品，以及临床急需、港澳公立医院已采购使用、具有临床应用先进性的医疗器械，均由广东省实施审批）政策落地，按程序通过审核评估临床急需药品13种、医疗器械3种。应澳门特别行政区政府请求，派出核酸检测人员300人赴澳门支援，完成核酸采样12.07万人次。接待澳门特别行政区卫生局代表团到广东交流访问。（赵薇）

【“港澳药械通”政策扩展实施】2021年1—7月，广东省在香港大学深圳医院完成“港澳药械通”政策试点，并于8月审核确定粤港澳大湾区内地九市首批5个指定医疗机构，分别为广州现代医院、广州和睦家医院、香港大学深圳医院、珠海希玛林顺潮眼科医院、中山陈星海医院。制定印发《广东省粤港澳大湾区内地临床急需进口港澳药品医疗器械管理暂行规定》《粤港澳大湾区内地临床急需进口港澳药品医疗器械使用评审专家库管理办法（试行）》《粤港澳大湾区内地临床急需进口港澳药品使用申报材料评审要点（试行）》《粤港澳大湾区内地临床急需进口港澳医疗器械使用申报材料评审要点（试行）》4项配套政策和第一批进口港澳药品医疗器械目录清单。组织“港澳药械通”政策宣讲座谈、医院实地调研，将“港澳药械通”政策作为广东省重点项目在第四届中国国际进口博览会上推介。实施进口港澳药品医疗器械评估审核工作。至年底，指定医疗机构申报进口“港澳药械通”的药品、医疗器械16种，可治疗特种疾病、重大疾病13种，服务惠及患者约300人。（李俊）

【中医药文化建设】2021年，广东省推出中医药人物视频《大医精诚》第二季、综艺节目《国医春秋》，举办“健康中国·传承中医药文化”首届粤港澳大湾区网络视听作品征评展播、中医药文化创意大赛等宣传活动，扩大中医药的社会影响力。广东省中医药局微信公众号“广东中医药”在中国中医药报社舆情监测研究中心发布的“2021年中医药政务微信排行榜”中排名第一位。举办“千名医师讲中医”活动3742场次，广东省“大医精诚——中医名家走基层活动”覆盖省内12个地市。广州、惠州等地建设中医药文化特色中小学校，其中广州市首批建设100所。动工建设岭南中医药博物馆。

【中医药交流合作】2021年，广东省召开第三届粤港澳大湾区中医药传承创新发展大会，达成中医药合作项目21个，包括共建粤港澳大湾

2021 年 4 月 28 日，第三届粤港澳大湾区中医药传承创新发展大会在惠州市罗浮山举办　（惠州市博罗县地方志办供稿）

区中医药工程技术研究院、粤澳合作中药制剂发展项目等。启动公立医疗机构招聘港澳中医师试点，确定广州、深圳、珠海三市的 7 个中医类医疗机构首批招录香港、澳门注册中医师 12 人。与澳门特别行政区政府卫生局签署《粤澳中医药交流合作框架协议》，明确中医药合作内容 6 项。至年底，粤澳合作中医药科技产业园入园企业 220 家，成功推动 9 个中药产品在海外注册及上市。（郑凯军）

【药品和医疗仪器互通】 2021 年 4 月，"港澳药械通"政策进口的第一款药物及第一种医疗仪器运抵香港大学深圳医院，投入临床使用。12 月 31 日，在已经简化的香港注册传统外用中成药在粤港澳大湾区注册及销售审批流程下，广东省药品监督管理局公布首批产品获批准在内地上市。获准在内地上市的首批产品共有 3 种，其中 2 种产品在香港制造及注册，另一种产品在澳门制造，并且在香港注册。

【粤港联手应对新冠肺炎疫情】 2021 年，在广东省政府、深圳市政府、武汉专家和各有关部委的支持和指导下，亚洲国际博览馆旁的临时医院历时四个月建造完成，医院命名为北大屿山医院香港感染控制中心。临时医院包括六座病房大楼和一座医疗中心，设有参照一线隔离病房标准而设计的负气压病房，可容纳约 820 张病床。连同 2020 年 10 月初完成的增建社区治疗设施，中央政府为香港地区应对新冠肺炎疫情共增加约 1800 张病床，增强香港医疗系统的抗疫能力。11 月 20 日，内地疫情防控专家团抵达香港，进行为期 4 天的考察，了解香港的防疫抗疫工作和措施。内地专家团由国务院港澳办和国家卫健委组织，成员包括来自国家卫健委、广东省市等的疫情防控专家，国务院港澳办及中央人民政府驻香港特别行政区联络办公室亦派员参与。专家团出席香港特别行政区政府安排的简介会、到访与香港防疫抗疫工作有关的单位，并与有关人员会面、交流和分享经验。

【香港中医药在湾区发展】 2021 年，香港特别行政区政府致力于促进中医药发展，积极推动政策法规、人才培养、科研创新、中医服务、中药产业等方面的发展。是年，在国家中医药管理局、粤港澳大湾区建设领导小组办公室、广东省人民政府联合印发的《粤港澳大湾区中医药高地建设方案（2020—2025 年）》的支持下，香港第一所中医医院及香港特别行政区政府中药检测中心两个推动中医药发展的机构落成。8 月，推动简化香港注册外用中成药在粤港澳大湾区注册及销售的审批流程、大湾区指定公共医疗机构聘请香港中医师等事项落地。继续推动与上海合作组织及其成员国的卫生部门在各方面紧密合作交流，携手促进中医药发展。

（香港历史研究基金会）

【广州加强港澳医疗卫生合作】2021 年 8 月，广州市推进粤港澳大湾区建设领导小组印发《番禺粤港澳优质生活圈示范区建设总体方案》，在番禺区布局建设粤港澳大湾区首个“宜居宜业宜游”优质生活圈示范区，其中“发展高水平医疗服务”是建设优质生活圈的重要方面。广州市荔湾区贯彻“健康中国”战略，创建荔湾粤港澳大湾区医药健康综合试验区，并推动其上升为市级平台。12 月 11 日，广州国际医药港大健康产业综合体首期展贸中心（简称展贸中心）营业。广州国际医药港是广东省“建设中医药强省”重点项目、广州市“十三五”规划重点项目和粤港澳大湾区医药健康综合试验区的重要载体，旨在打造千亿级大健康产业集群。展贸中心定位为粤港澳大湾区健康产业创新区，以“粤港澳大湾区健康大会”为引擎，立足粤港澳、服务全国、面向全球，搭建粤港澳大湾区与世界健康产业交流合作的桥梁。是年，港澳医师转内地医师资格认证手续进一步简化。

（广州市国家档案馆　荔湾区国家档案馆）

【深圳加强与港澳医疗卫生合作】2021 年，深圳市国家药监局药品和医疗器械技术审评检查大湾区分中心投入运营，“港澳药械通”政策率先落地，13 类在香港上市的国际新药率先在香港大学深圳医院获批使用。首创全国医疗仲裁平台仲裁院医疗争议仲裁中心。参与共建广深佛莞智能装备集群和深广高端医疗器械集群，加强生物医药产业链上下游合作。加快医疗器械唯一标识改革试点，在广东省率先上线运行“UDI 追溯平台”。基本完成大湾区国际医疗金融城概念方案，推动罗湖区万治门诊和思莉医疗美容门诊部列入引进使用港澳药械指定医疗机构。9 月 17 日，“香港庄柏医疗　深圳鸿安门诊部——深港医疗服务合作试点”揭牌。香港大学深圳医院入选国家公立医院高质量发展试点医院，国家癌症中心南方分中心落户。

推进深圳市新华医院、中山大学附属第七医院二期、中国医科院阜外深圳医院二期、深圳市第二儿童医院、大鹏新区人民医院、质子肿瘤治疗中心、全新机制医学科学院等项目建设，新增三甲医院 2 家，新增床位 1200 张。推进社康服务扩容提质，新增社康机构 35 个、全科医生 800 名。新引进高层次医学团队 20 个以上。推进国家感染性疾病临床医学研究中心、深圳大学医学部、中山大学医学院等建设。坚持医疗、医保、医药、医教联动，健全公共卫生、医疗服务、医护人员发展、卫生健康经费保障 4 个体系。冠心病等 52 种疾病门诊费用纳入医保统筹基金报销，异地就医直接结算在定点医院实现全覆盖。年内，深圳市在广东省药品安全责任考核中获评最高等级 A 级。

深化疾病预防控制体系改革，提高应对突发公共卫生事件能力。推进国家中医药综合改革试验区建设。健全重特大疾病医疗保障制度，

2021 年 9 月 17 日，“香港庄柏医疗　深圳鸿安门诊部——深港医疗服务合作试点”举行揭牌仪式　（深圳市人民政府地方志办公室供稿）

探索罕见病用药保障机制。全面推进三级公立医院检查检验结果共享互认。

（深圳市人民政府地方志办公室）

【珠海加强港澳医疗卫生合作】2021年，珠海市卫生健康局推动珠海三级医院与澳门大学、澳门科技大学、澳门镜湖医院等高校和医院及澳门有关医学协会等专业团体的交流合作，推进构建“医院＋高校＋社会组织”的区域医学医疗联合体，建立两地专家互访互聘机制，推动实现专家团队线上线下实时互动，开展会诊和会诊手术等教学、诊疗活动，为两地患者提供医疗、康复、保健服务。探索以珠海市人民医院横琴医院为试点，建立两地医院双向转诊机制；珠海市人民医院、中山大学附属第五医院为澳门居民跨境转诊开通绿色通道，港澳居民在中山大学附属第五医院使用社保卡可正常就诊、报销。简化手续便利澳门医务人员到珠海执业，全年为59名符合条件的澳门医疗卫生人员发放资格证书。

（邓斐）

【佛山加强港澳医疗卫生合作】2021年，佛山市继续贯彻落实《粤港澳大湾区卫生健康合作共识》，通过佛港澳在医疗、护理、康复、中医药等领域的科研、人才合作平台开展合作。继续推动“香港中文大学医学院－佛山市第一人民医院创新医学联盟”“粤港澳护理研究及知识转移联盟”研究合作，南海区护理学会与香港护理及卫生管理学院合作开展2021年南海区护理管理实务培训班，通过护理管理、人力资源管理与人才培养、专业发展、质量管理安全、科研创新、沟通与人文六大模块的课程培训，构建国际化护理管理培训体系，培育护理学科带头人和护理管理人才。深入开展中医药领域合作，建设广州中医药大学顺德医院粤港澳医学转化平台，广州中医药大学顺德医院与广州中医药大学、澳门科技大学签署第三届粤港澳大湾区中医药传承创新发展大会合作项目协议，依托粤港澳大湾区平台的科研交流，提升医院人员科研实力。组织和邀请广州中医药大学、澳门大学、澳门科技大学人员开展多场科研人员交流活动，营造良好科研气氛，实现人才共育、资源共享、技术共用、成果共赢，全面推进转化平台建设工作。2021年8月，广州中医药大学顺德医院与中国工程院院士、美国国家发明家科学院院士、中国医学科学院学部委员、澳门科技大学讲座教授、中药质量研究国家重点实验室（澳门科技大学）主任刘良签约，共建粤港澳（顺德）中医药转化医学协调创新平台。刘良院士团队将对广州中医药大学顺德医院转化平台进行科研指导、制剂质量标准化等多方面技术支持，提升转化平台的总体科研水平。

【佛山中医院联手科技企业打造智慧中医示范基地】2021年1月22日，佛山市中医院与深圳市联新移动医疗科技有限公司签订战略合作协议，双方共建首家广东省人工智能与物联网临床应用工程技术研究中心智慧中医示范基地。该基地依托佛山市中医院在中医药领域的沉淀积累以及联新公司的技术优势，聚焦智能医疗设备和中医应用场景的融合创新，促进产学研医的深度结合；探索建设中医药健康医疗大数据应用体系，发挥大数据业务关联、挖掘分析、趋势预测、异常提示等功能，提高疾病诊断和治疗效率，为精准医疗服务提供数据支撑和决策支持，推动中医诊疗创新技术的研制、标准制定、临床应用研究和示范推广。示范基地推动中药材全产业链中的大数据应用。

（佛山市卫生健康局）

【惠州加强与港澳医疗卫生合作】2021年，惠州市落实《广东省培育生物医药与健康产业集群行动计划（2021—2025年）》要求，推动深惠、穗惠等健康产业（中医药）合作与交流，推动区域健康产业协调发展。扶持广州中医药大学惠州医院做大做强，惠州市中医医院东江新城院区二期工程立项，并通过广东省发展改革委申报国家中医特色重点医院建设项目，医院扩容500张病床，通过新标准三甲中医医院评审，成为国家中医类别住院医师规范化培训基地和广东省联合培养研究生示范基地。通过推动桉树改造结合中草药种植工作，推进国家林药科技示范园区建设，重点完成中草药种植脱贫攻坚示范项目建设，完成南药种植0.124万公顷（其中惠城区0.007万公顷、惠阳区0.01万公顷、惠东县0.05万公顷、博罗县0.03万公顷、龙门县0.01万公顷、仲恺高新区0.007万公顷、市属国有林场0.01万公顷）。除重点建设广东惠州国家林药科技示范园区外，惠东县依托沉香资源建成绿奇楠品牌，将九龙峰建设成为惠州市南药种植示范基地。是年，惠州市利用森林生态环境、景观资源、食品药材和文化资源，加快发展以森林疗养、森林养生、森林休闲、森林运动、森林文化为主的森林康养产业。全年组织10家企业申报并获得广东省森林康养基地、林业龙头企业、南粤森林人家等林业产业荣誉称号；组织20余家企业参加义乌森林博览会、海南休闲博览会、深圳国际农产品博览会。开展罗浮山国药中医药产业项目前期工作，完成项目概念规划设计和一期16公顷用地的报批手续。推进九惠生物医药产业园建设，项目（一期）除质检楼规划报建后将在二期建设外，7个单体建筑主体工程均已完成，正推进内、外部装修工程及相关配套工程；项目（二期）完成用地推进办理不动产登记手续。推进泰康科技产业园项目建设，项目一期为电线电缆生产与制造项目，二期为医疗器械生产与制造项目，合计11栋建筑完成投资7.84亿元。建设惠州市院内制剂示范中心，项目完成自动化生产和药检等设备引进、制剂中心药检室扩容重建项目的布局设计、装修工程定点采购合同签订（2020年9月签订）等。4月27—29日，第三届粤港澳大湾区中医药传承创新发展大会在惠州市举办，21个粤港澳三地中医药合作项目在大会签约，仝小林、刘良等4名院士（国医大师）出席大会并作主旨演讲。广州中医药大学惠州医院与澳门科技大学中医药学院、广州中医药大学中药学院等在大会上签订“粤港澳惠州转化医学研究中心”平台共建合作协议，引进刘良院士澳门科技大学工作团队，选取温足液等6个临床经方、验方进行新制剂品种研发。推进惠城区国际生物健康谷项目和龙门万城南昆大健康文旅项目落地。

（惠州市人民政府地方志办公室）

【东莞高水平医院建设】2021年，东莞市人民医院入选广东省第二期高水平医院建设单位，市人民医院硼中子俘获治疗（BNCT）项目治疗中心大楼动工，围绕肿瘤治疗的基础和临床研究及应用，引进李振华等5名高层次人才，吸收21名博士后进站工作，市人民医院肿瘤科申报国家级临床重点专科。东莞市中医院被列入国家中医特色重点医院预选单位，市中医院国医馆完成主体工程，骨伤科研究中心提速建设，与香港浸会大学、澳门科技大学合作建设东莞市粤港澳大湾区中医药工程技术研究院。国家“5G+中医诊疗”应用试点项目建设进程加快。打造国家级胸痛中心、国家卫生健康委脑卒中防治工程委员会高级卒中中心、国家标准化心脏康复中心建设单位、国家高血压达标中心建设单位、一级癫痫中心、国家三级医院呼吸与危重症医学科建设单位、东莞溶栓地图中的急性脑卒中医疗救治医院。引进高层次人才8人，包括高级职称3人、博士研究生5人；引进10个国家区域医疗中心输出医院团队。

【东莞医疗卫生校地共建】2021年，东莞市继续推进区域中心医院和校地共建，市东部中心医院、市东南部中心医院分别与暨南大学、广东医科大学建立新型合作关系，完善校地共建管理机制。市东南部中心医院甲状腺乳腺中心、皮肤整形美容医疗中心、心血管中心等专科挂牌成立。市东部中心医院引进妇科、心血管内科、消化内科等10个学科22名知名专家、博士，建立与暨南大学附属第一医院远程会诊系统，成功申报暨南大学临床医学博士后创新实践基地并准备招收博士后进站。4家校地共建医院的市级以上重点（特色）专科 72 个，占全市的 36%，其中国家级 2 个、省级以上 33 个。

（东莞市人民政府地方志办公室）

【中山加强与港澳医疗合作】 2021 年，中山市推动中山陈星海医院加强与香港综合肿瘤中心暨香港港安医院肿瘤中心开展关于远程多学科视频会诊的合作频次，为在中山当地经商定居的港澳人士提供 5G 远程视频会诊服务，解决当地港澳患者就医问题，提供与港澳同质化的医疗服务。年内，促进港澳医师融入大湾区建设，推动中山与香港、澳门之间的就业协作和人才交流，引进中山医疗系统急需的各类专业技术人才，符合要求的港澳医师均可报名。组织开展 2 期中山市卫生健康系统事业单位人员、2 期中山市卫生健康系统高层次人才公开招聘。4 月 14 日，组织 28 家优质企事业单位赴澳门大学和澳门科技大学开展校园招聘和人才政策宣传活动，其中中山市人民医院提供若干医师岗位。组建大湾区 ECMO 联盟，与澳门镜湖医院、深圳市第二人民医院、东莞市妇幼保健院、佛山市第一人民医院、肇庆市人民医院等涵盖湾区 9 个地区共 15 家医院开展合作，加快 ECMO 远程救治系统建设。年内，ECMO 护理组联合广东省 10 余家大型三甲医院 ECMO 护理相关专家撰写《ECMO 护理管理与实践》。

（中山市人民政府地方志办公室）

【江门加强与港澳医疗保险合作】 2021 年，参加江门市基本医疗保险的香港参保人 11211 人，其中职工医保 6570 人，居民医保 4641 人；澳门参保人 1928 人，其中职工医保 1423 人，居民医保 505 人。香港参保人发生医疗总费用 2044.88 万元，医保报销 1256.57 万元；澳门参保人发生医疗总费用 671.70 万元，医保报销 420.02 万元。

（江门市医疗保障局）

【第四届中国医疗产业创新与发展大会】 2021 年 4 月 9—11 日，由中国民族卫生协会、中国民族卫生协会医疗产业专业委员会主办的第四届中国医疗产业创新与发展大会在珠海国际会展中心举办。大会展览面积 1.2 万平方米，吸引 200 余家参展商、逾 1.5 万人次专业观众参加。国家卫健委、国家药品监督管理局、海内外医疗系统、医药制造单位等近千名代表参会，解读国家产业规划和有关政策，为行业创新发展建言献策。

（张清华）

【第一届粤港澳大湾区中医药高质量发展峰会】 2021 年 9 月 10 日，第一届粤港澳大湾区中医药高质量发展峰会暨生物医药与健康产业集群创新（横琴）大会在横琴粤澳合作中医药科技产业园举行，由广东省药品监督管理局、国家药品监督管理局南方医药经济研究所、粤港澳中医药政策与技术研究中心、粤澳合作中医药科技产业园联合《医药经济报》举办。峰会以“融合创新，湾区领航”为主题，立足粤港澳大湾区生物医药大健康产业优势，围绕促进中医药产业“政产学研资”交流的核心目标，探讨促进粤港澳大湾区中医药产业高质量发展。会议期间，产业链多方携手成立“粤港澳中药联盟”，由广药集团、中山中智药业、九惠制药、香港中华制药等作为首批企业加入，旨在整合资源推动粤港澳大湾区在中医药文化、科技、研发、人才、政策等方面的优势互补、合作共赢，致力于推进粤港澳三地中药材、中成药、天然药物标准互认与产品互通体系构建，推动大湾区港澳制造中成药、天然药物进入内地市场，以及大湾区内地中药材、中成药进入国际市场。

（珠海年鉴编辑中心）

·食品食用农产品安全合作·

【农产品质量管理体系逐步完善】 2021 年，广东省落实国家七部委食用农产品“治违禁　控药残　促提升”三年行动视频会议精神，省食品安全委员会办公室、农业农村厅、市场监管局联合印发《关于进一步加强食用农产品质量安全监管工作的通知》。采取“四不两直”（不发通知、不打招呼、不听汇报、不用陪同接待，直奔基层、直插现场）方式，大范围开展水产品质量安全专项飞行检查和农产品质量安全全程监管工作明察暗访。组织实施国家地理标志农产品保护工程。出台农产品质量安全追溯、承诺达标合格证等追溯管理制度措施，开展追溯“四挂钩”（农产品质量安全追溯与农业农村重大创建认定、农业品牌推选、农产品认证、农业展会挂钩工作）审核，促进农产品“带证上网、带码上线、带标上市”。至年底，绿色、有机和地标产品总数868个，比上年增长14.8%，其中绿色食品产品716个，有机农产品90个（中绿华夏认证），农产品地理标志产品62个。

（广东省农业农村厅）

【广州创建大湾区“菜篮子”质量安全体系】
2021年，广州率先创建粤港澳大湾区“菜篮子”工程质量安全全程追溯体系，健全供应基地建设体系，建立稳产保供稳价畅流通机制。至年底，广州市认定1629个粤港澳大湾区“菜篮子”生产基地、116家产品加工企业。推动建设清远、黔南等17个粤港澳大湾区“菜篮子”配送中心（分中心），建立粤港澳大湾区“菜篮子”产品质量安全监控指标体系，总限量指标值2.12万项次。编制发布蔬菜、水果、标识使用规范、食用油及油料、乳及乳制品、水产品、畜产品、禽产品、蜂产品9项团体标准，溯源登记农产品超过4500个，初步实现粤港澳三地质量安全标准的互联互通。组织宝生园、泮塘食品等农业企业参加第二届粤港澳大湾区（江门）名特优新农产品推介活动。

（广州市人民政府地方志办公室）

【深圳加强食品食用农产品安全合作交流】
2021年，深圳市立足城市区位、政治、经济、资源特点，将深圳的粮食安全嵌入供应链，畅通粮油食品“产购储加销”各环节。开展国家食品安全示范城市创建，完成国家验收。强化初级产品供给保障，落实最严格的耕地保护制度，建设海吉星“菜篮子”小镇和国际食品谷，推进粮食储备库建设。构建食品药品安全共治共享格局，突出办理食品药品安全领域公益诉讼案件，捍卫人民群众“舌尖上安全”。4月21日，2021世界食品（深圳）博览会在深圳国际会展中心（新馆）举行。展会总面积2万平方米，开幕当天，来自全球34个国家和地区的500多个展商参展，共接待专业买家1.9万多人。同期活动以贸易对接、峰会论坛以及国际烹饪赛事交流为核心，为大湾区内的食品饮料行业提供专业优质的交流平台，以快速、高效贯通食饮市场的产业链和上下链，赋能参展企业商务对接，抢占市场先机，同时为观众从不同角度感受食饮行业的多面性提供体验平

2021年9月23日，2021中国·深圳（第7届）国际现代绿色农业博览会在深圳会展中心开幕（深圳市人民政府地方志办公室供稿）

台。9 月 23 日，2021 中国·深圳（第 7 届）国际现代绿色农业博览会在深圳会展中心开幕。（深圳市人民政府地方志办公室）

【佛山建设大湾区“菜篮子”基地】2021 年，佛山市建有“菜篮子”基地 105 家。其中，市级“菜篮子”基地 70 家，省级“菜篮子”基地 21 家，粤港澳大湾区“菜篮子”基地 14 家。涉“菜篮子”的省级现代农业产业园 5 个（均为水产）、农民专业合作社 374 家、家庭农场名录数目 21233 家、市级农业龙头企业 147 家。全市登记在册“菜篮子”产品零售网点 90825 个，其中蔬菜销售市场主体 26385 户、生鲜肉及家禽销售市场主体 30092 户、水果销售市场主体 10885 户、水产品销售主体 18093 户、其他农产品销售主体 5370 户；有社区“菜篮子”产品零售网点数量 116 个。全市每天平均交易主要“菜篮子”产品成交量 1.5 万吨，完全满足全市城乡居民消费需要。（佛山市农业农村局）

【江门农业合作发展平台建设】2021 年，江门市巩固拓展国家农产品质量安全市创建成果，围绕加强与港澳食品食用农产品安全合作，推进粤港澳大湾区（江门）高质量农业合作发展平台建设，深入实施“七大工程 30 项任务”。截至年底，江门市累计培育供港澳广深的优质农产品供应基地 126 家、粤港澳大湾区“菜篮子”生产基地（加工企业）42 家、广东省农产品出口示范基地 15 家。累计培育“粤字号”农业品牌 130 个、“三品一标”农产品 210 个，国家地理标志农产品总数 16 个，农业品牌数量位居广东省前列。

【江门农业合作交流】2021 年，江门市依托国际国内各大展会平台，组织该市 332 家企业参加粤澳农渔业交流活动、第十届中国（四川）国际茶业博览会、第 22 届中国国际食品和饮料展览会等国际、国内 7 个展会。其中，4 月 27—28 日，组织出席在澳门举办的 2021 江门、澳门“开新局　展新貌”对接会，深化两地交流合作。开展“鱼菜共生”项目，组织企业与香港中文大学、北京大学等院校师生开展创新创业交流活动，吸引多个港澳青年团体参加“鱼菜共生”农业实践活动，累计接待人数超过 8000 人次，线上教育超过 2 万人次。举办第二届粤港澳大湾区（江门）名特优新农产品推介活动，吸引来自以色列等地的 260 家农业企业参展，现场促成消费近 800 万元。（江门市农业农村局）

2021 年，佛山市建成“菜篮子”基地 105 家。图为佛山市“菜篮子”基地之一的广东圣土农场的工人在鱼塘投喂饲料　（佛山市农业农村局供稿）

【肇庆加强食品药品安全监管合作】2021 年，肇庆市以创建广东省食品安全示范城市为抓手，强化食品安全监管，成功举办 2021 年广东省食品安全示范性应急演练暨肇庆市较大食品安全事故应急演练，是广东省首个利用广东省市场监督管理局应急实时调度指挥系统的地市，实现省、市市场监管部门实时联动，提高食品安全应急处置效率。全年全市没有发生较大级别以上食品安全事故。强化对药品的安全监管，出台《肇庆市贯彻落实粤港澳大湾区药品医疗器械监管创新发展实施意见》《肇庆市药品流通产业高质量发展若干措施》，召开肇庆市2021年疫苗管理部门间联席会议，分析疫苗安全风险，检查疾病预防控制机构7个、疫苗接种单位131个，对疾控机构和疫苗接种单位的检查覆盖率100%。

（肇庆市人民政府地方志办公室）

【粤港澳大湾区现代都市农业综合示范基地获授牌】2021年11月23日，“科技赋能　都市农业”粤港澳大湾区现代都市农业综合示范基地授牌仪式在佛山市三水区南山镇举行，广东省农业农村厅向佛山市三水区授予“粤港澳大湾区现代都市农业综合示范基地”牌匾，标志着佛山市农业转型升级取得阶段性成效，三水区现代都市农业发展进入新阶段。作为粤港澳大湾区现代都市农业综合示范基地标杆项目，三水区南山镇万亩智慧农业园占地面积666.67公顷（约1万亩），由碧桂园农业有限公司投资建设，计划总投资5亿元，规划建设无人化农场实验区、设施农业及农产品加工示范区、生态智慧渔业示范区、农耕文化旅游示范区四大功能区。活动中，参会人员在万亩智慧农业园观摩无人农机作业演示。

（佛山年鉴社）

【粤港澳大湾区绿色农产品生产供应基地落成】2021年，惠州市粤港澳绿色农产品生产供应基地落实一期33.33公顷建设用地，首期3万平方米生鲜加工集配中心投入运营，15万吨粮库、5万吨冷库和海关商检综合大楼于12月底建成使用。引入首批16家行业头部企业进驻，落户广东供销农产品直供配送省级平台运营总部，形成涵盖平台运营、食品加工、生鲜出口、中央厨房等多元业态的农产品加工集聚区。9月15日，首期出口生鲜集配中心投入运营；2家中央厨房分别于11月和12月开业。

（惠州市人民政府地方志办公室）

社会保障和社会治理合作

·社会保障合作·

【湾区社保规则衔接】2021年，广东省完善省内港澳居民养老保险措施意见，出台“湾区社保服务通”实施方案，加快社保卡居民服务“一卡通”和社保卡金融功能跨境通用管理机制建设。至年底，港澳居民在粤参加养老保险、失业保险、工伤保险共27.92万人次，比上年增长37.7%。

（广东省人力资源和社会保障厅）

【香港居民移居粤闽社会保障】香港的社会保障制度以综合社会保障援助（综援）计划和公共福利金计划为主，辅以三项意外赔偿计划，即暴力及执法伤亡赔偿计划、交通意外伤亡援助计划和紧急救援基金。这些计划由42个社会保障办事处和两个中央办事处负责执行。连续领取综援至少一年的长者，如到广东或福建省养老，可根据综援长者广东或福建省养老计划继续领取综援金。无须供款的公共福利金计划包括高龄津贴、伤残津贴（分为普通伤残津贴和高额伤残津贴）、长者生活津贴（分为普通长者生活津贴和高额长者生活津贴），以及广东计划和福建计划。截至2021年底，有1124760人领取公共福利金。年内，公共福利金计划的开支总额约为390亿元，比上年减少2%。

（香港历史研究基金会）

【澳门为在大湾区服刑的澳门居民提供重返服务】2021年，澳门与广东省和香港相关机构合作，推行“大湾区跨域更生服务”，为在广东省及香港服刑的澳门居民提供各项释前支援服务和就业服务，以推动刑满释放人员更好返回社会。推行“在囚人释前就业计划”和“遥距揾工易”，用短片形式展示各工作场所的实际情况，让在囚人更好掌握应征职位的信息，更容易选择合适的工作。为强化更生人士和受辅青少年的家国情怀，社会工作局与民间机构合作，通过课程和活动向对象推广国家发展、公民教育等内容。（摘自《2022澳门年鉴》）

【广州推动湾区社会保障合作】2021年，广州市推进穗港澳民生相通、民心相连，3.64万人次港澳居民享受广州社会医疗保险待遇。5月12日，广州市人力资源和社会保障局与深圳市人力资源和社会保障局在深圳签署《加强人力资源和社会保障合作　推进双区建设双城联动框架协议》（简称“双城”联动协议）。“双城”联动协议着眼于保障和改善民生，让广州、深圳两市人民更多更好共享经济社会发展成果，以“平台共建、资源共享，优势互补、经验共鉴，信息通联、服务通办”为原则，在制度供给创新、就业创业服务、人力资源配置、专技人才发展、技能人才培育、社保互联互通、和谐劳动关系构建7个方面全面加强合作，努力促进两市人力资源和社会保障工作融合发展，提升两地人力资源和社会保障公共服务水平和便利性。11月19日，由广州市社科联主办，中山大学广州社会保障研究中心承办的“大湾区社会保障协同联动机制创新”研讨会在广州举行。

是年，广州市推进和谐劳动关系综合试验区工作，启动省市共建粤港澳大湾区和谐劳动关系多元治理海珠试验区工作。黄埔人力资源服务产业园在第一届全国人力资源服务业发展大会上展示“黄埔人才指数”大数据系统，该系统涵盖中国经济开发区、粤港澳大湾区、黄埔区域三大人才指数和智慧人才服务系统，是集政府、重点企业、人力资源服务机构和人才为一体的智慧型服务与决策平台。开展各类慈善活动，联合粤港澳大湾区城市举办第三届粤港澳大湾区社会责任影响力暨公益慈善盛典，发布《2020年广州市区域慈善指数报告》《2021广州慈善榜研究报告》《2021粤港澳大湾区企业社会责任影响力报告》，出版《广州公益慈善事业发展报告（2021）》。

（广州市人民政府地方志办公室）

【深圳推动湾区社会保障合作】2021年，深圳市强化内协外联，推进跨境协作，探索跨境宣传，实现港澳居民“足不出境”即可“网上”“掌上”“家门口”畅享深圳社保服务。截至年底，全市港澳居民参加职工养老保险突破3.8万人，其中香港居民参保3.73万人，同比增长28.7%。港澳在职参保中，灵活就业参保5279人，同比增长164.3%。年内，港澳居民职工养老保险在深参保突破3.8万人，其中香港居民参保同比增长28.7%；港澳居民城居保参保122人。

找准规则衔接“突破口”，创新服务机制，高标准推进“湾区社保服务通”在深落地，实现“跨境办”。深化深港合作，探索香港居民社保服务“跨境办”。与中银香港、深圳中行联合举行港澳居民参保专项宣传季暨深港跨境社保服务通启动仪式，三方签订“跨境办”合作协议书。12月2日起，社保现场服务首次跨境走进香港，符合条件的香港居民可在中银香港指定网点办理参保登记，“家门口”即可畅享优质、高效、便利的深圳社保服务。深圳社保服务通过工银澳门“跨境”澳门。优化营商环境，推动港澳资企业参保登记“跨境办”。与市场监督部门开展涉企服务深度合作，借助“企业开办一窗通”“深港通注册易”平台，港澳投资者可委托与深圳市市场监督管理局合作的商业银行，在港澳地区的服务网点申请代办商事登记和社保参保登记业务，实现商事登记、参保登记“一表申报、离岸受理、远程办理”。强化部门协作，嵌入前海跨境服务体系。与前海管理局在相关领域开展战略合作，将两大类8项高频业务纳入“前海港澳e站通”跨境政务服务便利化项目，利用其香港及澳门办事处便利优势，为符合条件的港澳居民提供社保登记咨询及代理服务，首次通过政务共享方式实现跨境联通。

编制繁体版宣传手册，制作双语版宣传短片，全方位、多渠道推送政策解读和服务指引。点面结合，确保应知尽知。通过媒体、网站，发挥“深圳人社”“深圳社保”微信号粉丝人数超千万优势，密集开展45次政策和业务经办宣传。深入港澳居民较集中的企业、学校、社区开展“一对一、面对面”政策宣讲和贴近式服务，共开展现场宣传40余场。精准定位港澳人员，推送1万余条宣传短信。积极参与香港中联办举办的港澳居民内地参保线上宣讲。通过中银香港、前海管理局在港网点发放宣传资料、指导线上经办。与文汇大公报、香港经济导报等港媒加强联系，面向香港地区开展参保政策及经办宣传。11月25日，深圳市人力资源和社会保障局成功举行港澳居民参保专项宣传季暨深港跨境社保服务通启动仪式。（深圳市人民政府地方志办公室）

【珠海推动湾区社会保障合作】2021年，珠海市推进台港澳居民在珠海参加社会保险。贯彻落实台港澳居民参加养老保险政策，台港澳居民在珠海市参加养老保险，与珠海市居民办理方式相同，并享受同等待遇。截至年底，台港澳居民在珠海市参加企业职工基本养老保险1.41万人，领取待遇1515人；参加城乡居民基本养老保险3.55万人，比上年增长793%，领取待遇2198人。

是年，珠海市对接服务澳门，推进社保业务“跨境办、一站办、掌上办”“珠澳社保服务通”。支持澳门居民在珠海市参保缴费享受同等社会保险待遇，对参加珠海市城乡居民基本养老保险的澳门居民给予个人缴费额65%的缴费补贴，城乡居民基础养老金每人每月490元，城乡居民基本医疗保险补贴标准每人每年650元。1月20日，珠海市人力资源和社会保障局与澳门工会联合总会、中国工商银行（澳门）股份有限公司、中国工商银行股份有限公司珠海分行、中国工商银行股份有限公司广东自贸试验区横琴分行签订社保业务合作协议，澳门居民可通过澳门工会联合总会及下属分支机构23个网点、工银澳门8个网点、工商银行珠海分行8个网点、横琴分行2个网点办理10项珠海社保业务。澳门服务网点达73个，实现澳门居民“足不出境”办理珠海社保业务。打造澳门居民“珠海社保掌上办”微信服务平台，澳门居民可掌上办理、查询六大类型业务，澳门居民注册用户3.6万人。全市为澳门居民发放社保卡的机构有9家银行370个服务网点，提供即时发卡服务网点62个。开通澳门居民掌上申领社保卡服务和澳门合作机构代办卡服务，为澳门居民发放珠海社保卡5.3万张。全年澳门合作机构为澳门居民提供办理服务和“掌上办”服务4.6万人次，提供咨询服务6.5万人次。截至年底，澳门居民在珠海市参加居民养老保险3.45万人，参加职工基本养老保险1.13万人，分别比上年增长807.2%和80.5%；参加居民医疗保险2.8万人，参加职工医疗保险1.28万人，分别增长160%和75%；享受养老待遇并按月领取养老金3211人，增长214.5%。截至年底，珠海市接纳台港澳居民参保4.77万人。

优化港澳居民医保服务，探索构建医保经办、银行与澳门社团共同参与的跨境医保经办新模式。创新实施内地赴澳门务工人员参加珠海医保政策，规定就业年龄段内，在珠海市办理居住证且持有澳门特别行政区外地雇员身份认别证（证件有效期内）的非珠海市户籍内地赴澳门务工人员，可参保并按相关规定享受医保待遇。（孔晶　汤春鲜）

【佛山推动湾区社会保障合作】2021年，港澳人员可持港澳居民居住证在佛山市各级人力资源社会保障部门办理业务。在佛山市辖区内工作并与用人单位签订劳动合同的港澳居民可依法参加社会保险。佛山市试行港澳人才享受佛山市企业职工基本养老保险延缴政策。在佛山市工作并且属于非事业编制、达到法定退休年龄、累计缴费不足15年的港澳人员，可延缴企业职工基本养老保险；延缴至男性满65周岁、女性满60周岁时缴费年限仍不足15年的，可一次性趸缴。港澳居民参加城乡居民基本养老保险，可享受财政补贴，补贴标准和佛山市户籍人员标准一致。推进工伤认定业务广佛同城化协作，建立高效机制，利用大数据及广东省集中系统的优势，加强广佛两地数据信息对接及传递；建立绿色通道，对于事实清楚、权利义务明确的案件，两地快速反应，开通绿色通道，相互协作依法从速为职工办理工伤认定；建立共同研判机制，加强两地联动，及时对特殊案件进行共同研判。

（佛山市人力资源和社会保障局）

【中山社保业务“跨城通办”】 2021年，中山市推动社保业务“网上办”“指尖办”“境外办”，推动更多“跨城通办”“湾区通办”。加强“互联网+”手段运用，港澳居民可在“广东省政务服务网”“广东人社”手机APP和“掌上12333”手机APP等服务平台，实现生存认证、关系转移接续申请、参保证明打印等30项业务全流程办。在“中山人社”微信公众号开设“社保通服务专区”，集成社保所有“指尖服务”，科学划分为业务查询、文书下载、业务办理、常见问题、政策文件、服务网点六大板块，解决原社保服务功能板块碎片化的问题，实现港澳人员关注“中山人社”公众号，一个入口，一键查询、一网通办。做优跨国（境）人员生存认证，移居澳门的中山市退休人员可通过“澳门公共服务一户通”手机应用程序和自助服务机，以及视频认证等方式办理生存认证；移居香港的中山市退休人员，可到香港工联会出具生存证明后在中山市委托代办；移居国外的中山市退休人员，可凭当地大使馆出具生存认证证明、个人委托书等委托代办，或通过视频认证委托代办。

【粤港澳大湾区人才所得税优惠政策实现全流程网办】 2021年，中山市通过流程再造、数据复用和表单整合等措施，实现粤港澳大湾区人才所得税优惠政策（简称个税优惠政策）兑现全流程网办。年内，中山市对相关业务流程进行梳理优化，将个税优惠政策申领事项纳入广东省政务服务网，实现申领事项“一网通办”；依托中山市统一申办受理平台，打造“个税优惠政策申领一件事”主题集成服务，实现申报人全程网办、异地可办。整合中山市科技局负责的境外高端人才认定、市人力资源和社会保障局负责的境外紧缺人才认定业务，申请人通过场景式问答，可自动跳转至具体业务环节，实现服务无感流转、一次办结。

（中山市人民政府地方志办公室）

【肇庆推动湾区社会保障合作】 2021年，肇庆市积极推进与粤港澳大湾区城市医保融合发展，为港澳居民在肇庆参保开通“绿色通道”，印发促进港澳人员参保通知等政策文件，落实港澳居民在肇庆参保政策，为港澳人员提供优质、高效、便捷的医疗保障服务。年内，全市参加肇庆市基本医疗保险的港澳人员新增1517人，参加肇庆市普惠型商业补充医疗保险“肇福保”63人。（肇庆市人民政府地方志办公室）

·社会治理合作·

【香港推动联合打击毒品犯罪】 2021年，香港与内地及国际禁毒机关合作，打击毒品罪行。现时有三项国际禁毒公约适用于香港，即经《1972年议定书》修订的《1961年麻醉品单一公约》《1971年精神药物公约》《1988年联合国禁止非法贩运麻醉药品和精神药物公约》，为全球合力应对毒品问题提供合作框架。是年，香港以中国代表团成员身份出席联合国麻醉品委员会及相关组织举行的视像会议。

警方采用多机构合作模式，争取社区支持，打击滥药及贩毒活动，并加强香港市民（尤其是年轻人）的意识。同时，毒品调查科与国内外执法机关维持策略伙伴关系，联手打击涉及香港的国际贩毒活动。全年共有4303人因涉及毒品罪行被捕，大部分涉及大麻，占26.4%，其次为甲基安非他明（又称冰毒），占18.6%。此外，警方侦破两宗历来最大宗贩运毒品案件，分别检获706千克可卡因及1266千克氯胺酮。是年，香港海关侦破321件贩毒案件，捣破21个毒品储存和分销中心、3个制造和稀释中心，在行动中检获多类危险药物3800千克，并拘捕217人。香港海关亦通过跨境合作执法，在澳门和海外检获危险药物共42.5千克，并拘捕13人。

（香港历史研究基金会）

【深圳完善社会应急管理联动机制】 2021年，深圳市不断提升社会治理法治化水平。完善公共法律服务体系，建立广东省首个涉外公共法律服务中心，建成49家法治宣传教育基地。制定《中高风险地区人员排查管控闭环管理流程》《酒店房源预约系统和社区网格管理系统转居家隔离的闭环管理》《跨境运输作业点管控核查的闭环管理流程》《跨境运输货柜车作业点核查流程》《药店前哨监测核查流程》等管理流程和工作指引。12月29日，深圳市民政局与珠海市民政局、中山市民政局联合印发《关于开展社会救助政策区域统筹衔接创新试点实施方案》，规定在深圳、珠海、中山三市任一城市稳定居住（居住满3个月）的三市户籍家庭，可在居住地申请社会救助申请事项，由居住地、户籍地民政部门协同完成审核确认工作，同时探索与广州实行两地低保资格认定互认。

（深圳市人民政府地方志办公室）

【横琴珠澳跨境仲裁合作平台建设】 2021年4月28日，珠海国际仲裁院与澳门律师公会仲裁中心、澳门世界贸易中心仲裁中心以及澳门律师公会在横琴国际商务中心签署《构建“横琴珠澳跨境仲裁合作平台”战略合作框架协议》，共同搭建合作区仲裁业务合作平台，为澳门仲裁机构在合作区以自身名义受理案件，并完成从立案到结案全流程仲裁提供便利。11月23日，发布《珠海国际仲裁院服务横琴粤澳深度合作区建设实施方案》，从共建跨境仲裁合作平台、深化仲裁机构改革、建立国际化仲裁机制、探索民商事法律制度衔接等方面提出服务合作区建设的具体措施，为当事人在涉外商事活动中选择珠海国际仲裁院解决纠纷提供便利。同日，举办粤港澳大湾区仲裁联盟2021年度工作会议，大湾区“9+2”城市群仲裁机构汇聚一堂，共商发展大计。会议公布2021年“粤港澳大湾区仲裁联盟十大经典案(事)例”，珠海国际仲裁院“横琴珠澳跨境仲裁合作平台”和“体制机制改革”两个项目入选。（梁淑廉）

【珠海完善社会应急管理联动机制】 2021年，广东省应急救援航空指挥调度中心落户珠海。珠海市成立涉外公共法律服务中心，建成区级群众信访诉求综合服务中心。完成“智慧边海防”试点任务。（杨浩航）

【佛澳共建跨域视频调解机制】 2021年，佛山与澳门共建跨域视频调解机制，并上线跨域视频调解平台，消费者可通过该平台以在线视频的形式解决消费纠纷。该跨域视频调解机制以营造粤港澳大湾区放心消费环境为目标，以调解平台为支撑，以互联网技术为基础，通过在线视频方式进行调解，是跨区域消费维权合作的创新模式。澳门(佛山)消费者在佛山(澳门)消费产生纠纷，可向澳门（佛山）消委会投诉申请维权，佛山市消委会将与澳门消委会根据需要共同组织消费者和经营者进行跨区域视频调解。调解成功后，消费者和经营者双方将签订和解协议，免除消费者两地奔波之苦，同时让调解工作更加透明、高效。（佛山年鉴社）

【惠州完善社会应急管理联动机制】 2021年，惠州市加强协作联动，形成打击合力，在建立“深莞惠+汕尾、河源”五市警务协作机制的基础上，推动粤闽赣三省十市开展联合跨界警务合作，加强边界地区联动协作，争取联防协作区内兄弟单位的工作支持，促进大湾区社会治安持续好转。全年处理异地办案协作1921件，办案协查函131份。

（惠州市人民政府地方志办公室）

【中山聘任港澳籍仲裁员】 2021年，中山市启动聘用港澳籍劳动人事争议仲裁员试点工作，推进粤港澳劳动争议协同治理创新服务平台搭建。制定《中山市劳动人事争议仲裁委员会聘任港澳籍仲裁员试行办法》《中山市港澳籍劳动人事争议仲裁员组织推荐和资格审查工作方案》《中山市劳动人事争议仲裁委员会港澳籍兼职仲裁员管理办法》等系列文件，并聘任澳门科技大学沈云樵副教授为中山市劳动人事争议兼职仲裁员。

【中山开展劳动争议仲裁区域合作】2021年，中山市开展劳动争议仲裁区域联合创新实践，联合东莞、佛山、广州南沙区和珠海横琴新区等5个地区在全国率先建立劳动争议仲裁共商、共建、共享区域合作机制（劳动争议仲裁区域合作RC5）。6月16日，广东省首宗跨区域合作劳动争议案件开庭。案件涉及中山和广州南沙区两地的案件当事人，通过中山、广州南沙、珠海横琴三地劳动人事争议仲裁员组成合议庭，以互联网庭审方式，让案件申请人、被申请人和互聘仲裁员在“家门口”参与庭审，实现异地仲裁案件就近办、本地办。

【中山行政裁决快速处理机制入选全国典型】2021年3月，中山市构建行政裁决案件多元化“一站式”纠纷化解平台被国家知识产权局、司法部遴选为全国13个专利侵权纠纷行政裁决建设典型经验做法之一。2021年，中山市以市知识产权局、古镇镇人民政府作为知识产权行政裁决示范创建单位，重点围绕古镇灯具涉及知识产权侵权争议，以专利侵权纠纷补偿争议为切入点，探索建立行政裁决快速处理机制。通过强化行政裁决快速调解机制，坚持调解先行、调裁结合，调解不成迅速进行行政裁决。建立行政裁决专家库，发挥专业协会、行业协会专家在行政裁决工作中的作用，实现案件处理专业、权威、高效。至年底，专利行政裁决案件立案62件，作出裁决11件。搭建集行政裁决、人民调解、仲裁、诉讼于一体的多元化、一站式纠纷化解平台，设有广州知识产权法院（中山）巡回审判法庭、中山法院知识产权巡回审判法庭、中山海关知识产权保护工作室、中山市检察机关知识产权保护工作室、广州专利代办处中山服务站、中国广州仲裁委员会中山商事调解中心等机构，形成司法保护、行政裁决、调解仲裁、社会监督“四轮驱动”机制。对于有诉讼需求的当事人可以直接在快速维权中心申请知识产权法院立案，行政裁决案件过程中的案件证据资料可在巡回法庭开庭审理时直接调用。依照当事人意愿启动诉前联调机制，由快速维权中心先行调解；对于调解不成且适用行政裁决解决的，可通过行政裁决处理，在基层高效化解矛盾纠纷。

（中山市人民政府地方志办公室）

【珠海涉外公共法律服务中心挂牌成立】2021年12月2日，珠海市涉外公共法律服务中心挂牌成立，启动仪式在珠海保税区富力优派广场举行，珠海市法学会涉外法律研究与实践基地、珠澳劳动者法律服务中心同时挂牌进驻。该中心自11月15日开始试运行，立足粤港澳大湾区和横琴粤澳深度合作区公共法律服务需求，致力于打造大湾区法律服务合作交流、人才培养、法治宣传、理论研究和为企业、居民提供法律服务的五大平台，成立由131名珠澳律师、32名涉外公证员、233名珠澳调解员组成的法律服务团。截至年底，举办珠澳两地民商事规则比较“你问我答”珠澳法律直播间系列节目、粤澳融合法治宣传与法律服务港澳居民互动交流等活动20余场。

（张浩）

【《珠海国际仲裁院条例》颁布实施】2021年3月31日，珠海市九届人大常委会第三十八次会议审议并原则通过《珠海国际仲裁院条例》，自2021年5月1日起施行。《珠海国际仲裁院条例》是国内第二部以仲裁机构为特定对象的地方人大立法，为仲裁改革提供法律依据和保障。该条例以专章的形式对理事会、执行机构、监督审计委员会及国际化仲裁机制作出规定。4月28日，珠海国际仲裁院在横琴国际商务中心召开《珠海国际仲裁院条例》新闻发布会。

（梁淑廉）

·责任编辑　王娜　周兴全·

共同参与“一带一路”建设

综 述

【概况】2021 年，广东省与香港货物进出口值 1.17 万亿元，比上年增长 16.2%，占全省货物进出口总值的 14.3%；与澳门货物进出口值 122.8 亿元，增长 10.9%，占全省货物进出口总值的 0.1%。是年，全省新批香港直接投资项目 7707 个，比上年增长 18%，实际吸收港资金额 1431.5 亿元，增长 20.4%；新批澳门直接投资项目 2469 个，增长 9.98%，实际吸收澳门投资金额 120.1 亿元。在香港设立企业 712 家，实际投资额 106.7 亿美元，比上年增长 12.9%，占全省总额的 62.9%；在澳门设立企业 29 家，实际投资额 6752 万美元，增长 327.6%。

【粤港澳服务贸易创新发展】2021 年，广东省充分发挥粤港澳合作优势，配合“双区”和横琴、前海两个合作区建设，加强统筹协调，推动落实 CEPA（《内地与香港关于建立更紧密经贸关系的安排》）服务贸易修订协议，进一步深化粤港澳服务贸易自由化，实现粤港澳服务贸易创新发展。截至年底，广东进口整体通关时间 8.95 小时，出口 0.89 小时，分别较 2017 年压缩 80.61% 和 94.31%，进出口整体通关时间均低于全国。

积极推广口岸通关模式改革创新成果　9 月 8 日，青茂口岸开通启用，在旅检通道实施“合作查验、一次放行”通关模式，并在横琴口岸车辆查验通道研究复制推广此模式；皇岗口岸改造并实施“一地两检”通关安排以及更加便利的通关模式，有效缓解通关压力，提高深港、珠澳口岸通关效率。

推进粤港、粤澳国际贸易“单一窗口”交流合作　依托“单一窗口”协同推进粤港澳跨界车辆信息管理综合服务平台建设，简化港澳跨界车辆审批和备案流程，推进港澳车辆通行大湾区“网上办”“协同办”。截至年底，成功申报海关业务超 6 万票，惠及近 3000 家跨境运输企业、10 万余辆跨境运输车辆。推进“澳车北上”信息管理服务系统建设，12 月，通过澳门机动车跨境通关演练实车检验。粤澳货物“单一窗口”综合服务平台“一单两报”服务功能正式上线试运行，服务粤澳企业货物便利化通关。持续完善粤港澳航行船舶综合服务平台建设，实现来往港澳小型船舶“一站式”申报。

推进粤港澳大湾区组合港改革　强化深圳市区域性通关便利化协作，“深圳蛇口—顺德新港组合港”“深圳蛇口—顺德北滘组合港”“深圳蛇口—南海九江”等 5 个“湾区组合港”项目实现一次报关、一次查验、一次放行，促进粤港澳大湾区贸易各方互联互通、协同发展。

【粤港澳投资推广合作】2021 年，粤港澳在贸易投资、对外推广推介方面展开多次合作，进一步扩大粤港澳大湾区在世界的影响。6 月 15 日，广东省商务厅与香港投资推广署签署《粤港澳大湾区投资推广合作备忘录》，联合香港中联办经济部贸易处、澳门中联办经济部贸易处、香港投资推广署、澳门贸易投资促进局共同推进成立"泛大湾区外来投资联络小组"，加强吸引外资协同效应。9月28日，广东省举办粤港澳大湾区商机推介暨广东省最新投资政策宣讲会，宣传粤港澳大湾区建设阶段性成效和发展前景，分别介绍粤港澳营商环境和投资商机，分享跨国公司投资大湾区规划和经验，进一步推动跨国企业参与粤港澳大湾区建设。11月8日，广东省商务厅联合香港投资推广署、澳门贸易投资促进局，线上线下融合举办2021粤港澳大湾区推介会，粤港澳三地分别介绍投资营商环境，深圳前海、珠海横琴分别介绍《全面深化前海深港现代服务业合作区改革开放方案》《横琴粤澳深度合作区建设总体方案》相关内容，在横琴和前海投资的企业代表分享营商实践经验。推介会充分利用进博会的客商和平台资源，吸引世界500强企业、跨国公司、外国驻华商务机构高管及国内企业代表出席，现场参会人员130多人，直播在线参加人员超过4万人，直播平台点阅量超过32万。

【粤港澳共同开拓国际市场】2021年，广东省携手港澳共同开拓"一带一路"沿线国家市场。组织线上线下贸易投资促进活动，联合香港贸发局主办"香港—广东企业国际化对接交流会"，促成8家广东企业与6个香港服务机构对接；与斯里兰卡、泰国、德国巴伐利亚州共同组织线上线下贸易投资促进活动，促进重点产业合作和项目对接。组织广东省40家对外承包工程企业参加第12届国际基础设施投资与建设高峰论坛，支持粤澳企业携手积极参与"一带一路"基础设施建设。推动"一带一路"沿线国家和地区、境外经贸合作园区重点项目发展，跟进俄罗斯滨海边疆区、南太岛国等地区重点合作项目，推荐恒兴埃及国家渔业产业园、博达泛家居品牌非洲（南非）展示体验馆、科达制造非洲陶瓷建设项目等五个重点项目参选第二届中非经贸博览会典型合作案例。实施对外投资合作"千百十"专项服务计划，累计服务企业1002家，策划并举办各类"走出去"业务和风险防范培训11场，累计1300人次在线上线下参训。印发《广东省境外经济贸易合作区考核办法》，考核认定首批7个省级境外经贸合作区，在全国率先出台支持境外经贸合作区发展金融服务措施，完善合作区金融服务配套政策。（广东省商务厅）

营商环境打造

·放管服改革深化·

【概况】2021年，广东省持续深化"放管服"改革，着力打造一流营商环境。加快推动粤港澳大湾区市场主体登记一体化，广东省"深化商事制度改革"工作连续4年获国务院督查激励；深圳率先创设除名、依职权注销、歇业登记等制度，探索企业强制退出方式；深圳、东莞、广州南沙等地先行试点香港投资者简化版公证文书，深圳、珠海等地创新粤港澳"注册易"服务，推动登记注册服务一体化，实现服务前移、跨境办理。

是年，广东省在惠州、江门等六市试点开展"我要开小餐馆""我要开小超市""正常退休一件事"3件省级"一件事"主题集成服务并推动落地，落地率100%；推动出生、学习、就业创业、工作、社保就医等17个高频"一件事"在全省实施，实现省内21个市全覆盖。截至年底，省事项系统录入6861个主题集成服务，5903个可网办，网办率86.04%；提供场景式导办超过3900个，5034个实现免证办，免证办率73.37%。其中，省事项系统录入粤港澳大湾区内地九市5031个主题集成服务，4527个可网办，网办率89.98%；提供场景式导办超过1170个，3641个实现免证办，免证办率72.32%。推动进一步简政放权，将117项省级行政职权事项调整由广州、深圳实施，将68项省级管理权限调整由广东自贸试验区各片区管委会实施；促进横琴粤澳深度合作区职权调整，支持横琴粤澳深度合作区完成超3000项政务服务事项划转和撤销，进一步优化审批服务协调联动机制。

（广东省市场监管局　广东省政数局）

【湾区通办】2021年，广东省以粤港澳大湾区建设为契机，积极探索推进“跨境通办”“湾区通办”，建设“粤港澳大湾区政务服务专区”，港澳企业群众可在线办理商务签注备案、两地车牌、人才优粤卡、居住证等200多项高频服务事项。创新推出粤港、粤澳“银政通”服务，依托商业银行在港澳地区的网点资源，代办市场主体登记业务，代为收取、转递申请材料，实现企业登记“湾区通办”。推出“珠澳通”APP，提供医疗健康、出行旅游、读书求学、求职就业、安居养老、经商合作等8个主题近百项办事服务。广州、深圳、珠海、江门等地依托银行机构设立专窗，为港澳投资者提供商事登记咨询、受理、办理营业执照、开通基本账户、验资、刻制公章等业务，不需入境即可“一站式、离岸办”。江门市上线“江门—澳门跨境通办政务服务专区”，珠海市将全市300多项政务服务前移至澳门本地，佛山市在香港、澳门设置“市民之窗”自助终端。（编辑部）

【广州放管服改革深化】2021年，广州市完成首次大规模市级行政权力事项精简工作，精简市级行政权力事项3237项，精简率42.7%；清理规范市级行政审批事项282项，商事制度等18项改革工作获国务院督查激励。争取“放权强市”，承接省级职权112项；持续“放权强区”，累计调整2515项市级职权由区实施。推进包容审慎监管，新增154项“双免”清单事项，对2653宗符合法定条件和轻微情节的违法经营行为免予行政处罚或行政强制。市场主体突破300万户，比2016年增长1倍。本土世界500强企业新增3家、累计5家。

是年，广州市推动实施营商环境4.0改革。围绕“国家试点、湾区示范、指标攻坚、涉企服务、数字赋能、智慧监管”六大方面总体布局，研究提出35条改革举措、260项年度任务，将商事登记、刻制印章、申领发票三个环节拓展到“照、章、税、保、金、银”（申请营业执照、刻制印章、申领发票和税务Ukey、就业和参保登记、住房公积金缴存登记、预约银行开户和银行预设账号开户）6个环节，全流程0.5天办结。持续做好低压用户“四零”（零上门、零审批、零投资、零申请）和高压用户“三省”（省力、省时、省钱）服务。推广应用165项高频办税事项“一次不用跑”和244项涉税（费）业务“全程网上办”事项清单，所有税费种100%全流程电子化申报。对办理建筑许可、获得信贷、不动产登记、跨境贸易、政府采购和招标投标、执行合同、办理破产、保护中小投资者、劳动力市场监管等世界银行评估的具体指标提出攻坚目标。9月8日，广州入选全国首批营商环境创新试点城市。在国家营商环境评价中位居前列，全部18个指标再次被评为全国标杆。打造“一网通办、全市通办”的“穗好办”政务服务品牌，推动实现“零次到场”“全程网办”，全面推行证明事项告知承诺制；推动政策兑现“一站式”集成服务，累计受理业务超29万件，涉及金额超120亿元。深化“一件事”主题套餐服务，25件“一件事”落地实施。（广州市人民政府地方志办公室）

【深圳放管服改革深化】2021年，深圳市持续推动简政放权，承接103项省级行政职权事项，加大“证照分离”改革力度，开展“一照通行”涉企审批服务改革试点。统筹深入推进“放管服”改革，制定75项年度重点改革任务，协调出台营商环境4.0改革政策和培育壮大市场主体31条措施，推动深圳获批为首批国家营商环境创新试点城市。创新加强事中事后监管，推广实施“人工智能+双随机”监管，初步构建市场主体信用风险分类管理指标体系，推动搭建全市“互联网+监管”一体化平台。推出优化非贸易非经营性购汇管理、优化国库集中支付流程等一揽子“放管服”改革举措，实现“两端”减负。（深圳市人民政府地方志办公室）

【珠海政务服务优化】2021年，珠海市重点围绕出生、学习、就业创业、工作、社保就医、车辆、住房、救助、退休养老、企业开办等17名个人和企业高频主题集成服务，深化“一件事”主题套餐35个，涉及市级部门25个、事项121项。持续深化政银合作，与工商银行等9家银行签约，推动各区各部门通过广东省一体机平台将本地政务服务向全省自助服务终端开放，逐步实现自助政务服务集成共享，上线政务服务120多项，办理量超34万件。推进“跨省通办”“省内通办”，统筹推动公安、社保等领域不少于200项个人服务、企业生产经营高频事项在年内实现“跨省通办、省内通办”，并与云南省怒江市、黑龙江省黑河市、贵州省遵义市、广西壮族自治区北海市以及广东省惠州市、江门市6地展开“跨省通办”“跨城通办”合作试点，70项政务服务事项实现可异地办理。建设5G+数字政务服务大厅，通过5G消息向办事人发送文本、图片、地理位置、音视频、富媒体卡片等消息形态，办事人无须安装任何APP即可在消息窗口内完成服务搜索、交互、办理、评价等一站式业务操作，该项目在工业和信息化部举办的第四届5G应用大赛中获得5G消息赛道三等奖。推出5G远程可视办，打破传统窗口式办公模式，方便企业群众办事“就近办、随时办”，221项事项实现5G远程可视办。

（杨浩航）

【佛山放管服改革深化】2021年，佛山市把深化“放管服”改革作为打造一流营商环境“一号改革工程”的重要抓手，出台深化“放管服”改革41条措施。推进简政放权，市向各区下放两批79项行政管理类事权，各区向镇（街道）下放3632项综合行政执法类事权。是年，全市对市场主体的现场检查率减少83%，对违法行为的发现率提升到86%。优化开办企业全流程“一网通办，一窗通取”，推出新开办企业免费刻制印章政策，企业开办全流程压缩至平均0.47天，在广东省率先推行“证照联办、一照通行”改革，在全国率先与香港、澳门实现营业执照“跨境通办”。推进“互联网+公共资源交易”，在全省率先推动部门集中类和分散类政府采购项目一网交易，全面减免面向中小微企业的政府采购项目保证金收取。推进“互联网+不动产登记”改革，涉及的不动产14类业务实现一般登记1天办结、抵押登记1小时办结。推进政府补助（扶持）资金直达企业个人改革，打造“秒速直达+限时直达”两大改革措施体系，在全国率先实现政府补助“秒到”企业和个人，该做法作为地方支持民营企业改革发展典型做法在全国范围推广。4月15日，佛山市与北京市海淀区签订政务服务“跨省通办”合作协议。根据协议，为办事企业和

2021年4月23日，在佛山市政府补助“秒到”企业启动会上，企业代表现场“秒领”补贴
（佛山市政务服务数据管理局供稿）

群众提供异地代收代办、材料智能核验、办事结果互认、审批数据上链等跨省通办服务渠道，实现两地政务服务互联互通。首批两地提供163项通办服务，佛山市、海淀区两地企业、群众可通过“海淀通”应用程序（APP）、“佛山通”应用程序（APP）或者两地的“市民之窗”自助终端办理通办业务。5月13日，佛山市南海区与湖南省岳阳市湘阴县签订政务服务“跨省通办”合作协议。根据协议，首批推出418项可跨省办理事项，涉及企业开办、经营、个人户籍、就业、参保等领域，其中南海区可办理的湘阴事项133项，湘阴县可办理的南海事项285项，两地企业、群众均可直接在工作地跨省办理户籍地相关业务。佛山市南海区在7个镇（街道）分别设置跨省通办服务窗口，由专人承接企业和市民各地、各类跨省通办业务。

（佛山市政务服务数据管理局）

【佛山首推涉企审批服务改革】 2021年，佛山市在全国首推企业准营“证照通”改革，3月31日，首张“一照通行”营业执照发出。这是国务院“照后减证”工作部署在佛山率先落地的重要举措，也是佛山继2019年在全省率先推出“证照联办”改革、2020年在全国首创“一照通”改革之后持续深化商事制度改革的又一重大成果。“一照通行”改革梳理和设置首批60个主题事项，企业可通过系统同步办理市场监管部门营业执照和各部门经营许可事项，各部门按照职能将许可审批结果信息全部归集到营业执照二维码上，对企业只颁发“一照通行”营业执照，不再颁发各种纸质许可证，实现“一企一照、一照通行”，做到一件事只跑一次甚至全程零跑动。

（佛山年鉴社）

【东莞营商环境改革】 2021年，东莞市开展营商环境改革，首次被纳入国家营商环境评价，营商便利度得83.35分，在全国80个参评城市中排名第16位，在广东省排名第三位。政商关系健康指数连续3年居全国第一位。制定《东莞市争创一流营商环境攻坚行动方案》，分解18个指标改革任务，明确具体责任分工。推动建设东莞市智能审批平台，实现31项政务服务事项“秒批”、1879项“免证办”、270项“容缺办理”，58项证明事项实行告知承诺制，为大件运输申报审批、校车使用许可等48个“一件事”提供一次办主题服务。打造“企业开办一张表”“不动产一天办”改革品牌，“不动产”高频登记业务“一天办结率”为98.8%。

是年，东莞市依托一体化政务服务平台，形成集政务服务网、政务服务大厅、移动平台、自助终端于一体的政务服务体系，市民服务中心日均办理业务3254宗，政务服务全程网办率达97.99%，“12345”热线接听率提升至90%，东莞市民服务中心被评为市级标杆大厅。

推进全市政务服务标准化建设 东莞市开展综合团队标准化收件培训，形成东莞市综合服务团队5项培训标准。完善各级大厅现场管理标准化建设，制定《东莞市政务服务大厅建设与管理规范（第二版）》及基层政务大厅现场管理六项标准规范。

打造数字服务新体验 东莞市优化一体化政务服务平台，全面实现市镇村一网通办，平台收件量是上年的3倍以上。“粤省事”东莞专版可用服务1199项，注册人数1293万人，全省排第三名；“粤商通”东莞专版上线服务498项，注册企业121.35万家，全省排第一名。拓展通办服务，235项政务服务事项实现全市通办，791项全国通办，2176项跨城通办，其中超500项湾区通办，超400项深圳事项、263项广州事项在莞可办。自助终端实现村（社区）全覆盖，上线服务232项。开通电子证照439种，工作经验被国务院办公厅向全国推介。

打造政务服务新场景 开展政务服务“走一线”，推动16个部门“一把手走窗口”、27个部门“首席审批代表坐窗口”，收集185条意见建议，协助解决痛点、堵点超150条。推出助老服务十条，开展政务服务进社区。打造政务“莞家”窗口，推出“莞家”代办、到户服务，实行“周末不打烊”“工作日不午休”，为群众提供咨询、办事、投诉、督办等一条龙服务。

（东莞市人民政府地方志办公室）

【中山放管服改革深化】2021年，中山市深化“放管服”改革，促进政府职能转变。印发《翠亨新区统筹南朗街道事权划分实施方案》，编制《火炬开发区统筹民众街道事权划分实施方案》，结合镇街机构改革“三定”（定机构、定职能、定编制）方案确认事权承接单位。以事项标准化、流程线上化、材料数字化为基础，实现企业开办业务“一网通办、一窗通取、智能审批”，全流程时长最短压缩至0.24个工作日办结。深化政府与银行合作，推动全市128家银行网点提供企业开办服务，在国内率先推行原产地证书打印“进银行”。加快工程建设项目多部门并联审批，工程建设政府投资和企业投资项目审批时间统一压缩至39个工作日，并联审批率提升至50%。上线中山市项目落地审批协同管理平台，打通项目从洽谈准入到履约监管的全链条管理，实现项目落地全生命周期“一网统管”，推动企业项目“拿地即动工”。

【中山政务服务提升】2021年，中山市依托“办不成事”窗口，首创政务服务“一跟到底”机制，通过扩大服务范围、明确事项办结时限及办理责任，设立政务督办专员和“一跟到底”协调委员会，将“一跟到底”诉求录入市统一申办受理平台等措施，实现事项专人受理、多部门联动解决、全流程反馈进度，督促“办不成事”调处落到实处。至年底，全市受理“办不成事”政务诉求58宗，办结58宗，办结满意率100%。

企业诉求“马上办”全时响应工作机制　是年，中山市上线企业诉求“马上办”线上线下服务平台，构建7×24小时企业诉求“马上办”全时响应工作机制。线上推行“专线+平台”服务模式，整合中山市“12345”政务服务便民热线企业专席、“粤省事”中山专区、“中易办”企业服务平台粤商通等线上企业诉求渠道；线下推出“专窗+专组”服务模式，在市镇两级政务服务大厅设立“企业服务专窗”，专项受理企业诉求，并开通企业诉求“书记市长直通车”，实现党政领导实时查询督办企业诉求“一键直通”。至年底，中山市企业诉求“马上办”平台共受理企业诉求1.34万件，总体满意率99.22%。其中，咨询1.27万件，求助、投诉、举报类诉求719件。粤省事、粤商通及中山“12345”微信三大指尖渠道受理475件。

政务服务“跨省通办”新模式　是年，中山市牵头举办“粤赣湘桂黔”五省十三市跨省通办“云签约”仪式。江西省九江市，湖南省邵阳市、怀化市，广西壮族自治区南宁市、柳州市、桂林市、北海市、河池市，贵州省贵阳市、六盘水市、铜仁市、黔东南州12个省外城市与中山市共同签署《“五省十三市”政务服务“跨省通办”合作协议》。根据协议内容，与会城市自愿结成政务服务“跨省通办”合作关系，共同打造“标准规范、相互授权、异地收件、远程办理、协同联动”的“跨省通办”政务服务新模式。通过全国一体化在线政务服务平台开设“跨省通办”专场，在各地政务大厅均设立“跨省通办”专场，建立异地收件、问题处理、监督管理、责任追溯机制，“十二市”户籍居民可选择任意合作城市的政务服务大厅申请“跨区域办事”。

政务服务“全城通办”　4月28日，中山市推进实施政务服务“全城通办”，制定年度首批事项清单，涵盖户政、不动产登记、社会保险、公积金、税务、企业开办等8个部门450项高频事项。制定“全城通办”事项材料受理和办事流程标准，对232项简单、仅涉及个人民生类、对社会公众利益无明显负面影响的事项实行“代收代办”，事项办理不受属地限制，无需材料数据流转，收件地直接审批办结；对218项较复杂、对社会公众利益可能产生负面影响的事项实行“代收转办”，由属地窗口线下取件。通过在银行设置自助服务终端、政务服务专区等形式，拓宽企业群众办事渠道。与邮政特快专递服务加强试点合作，申请人可选择办事材料线下窗口递交或邮寄方式送达，邮政专员主动上门收件并于当日将相关材料寄送至对应事项权限所属部门、镇街，让群众“不出门、办成事”。

（中山市人民政府地方志办公室）

【江门市场监管放管服改革】2021年，江门市全力推进市场监管领域“放管服”改革。深化开办企业“一天办结”服务改革，实现“一网通办、一表填报、一窗通办、一窗通取”，开办企业平均时长为0.53天，排全省第二名；推出新办企业免费刻章服务，开办企业实现“零成本”。深化“证照分离”全覆盖改革，对275项涉企经营许可事项实施分类改革，办理时间压减65.16%，申请材料压减21.24%；推行“一照通行”涉企审批服务改革，将多业态经营涉及的多项审批事项与营业执照实行一次申办、并联办理，年内正式上线审批事项4项。至年底，江门市市场主体总量64.66万户，新增市场主体14.66万户，分别比上年增长12.3%、42.6%，主体总量和总量增速均排全省第六名，居珠中江首位。创新事中事后监管方式，启动“双随机、一公开”监管标准化体系建设，发布地方标准14项，其中信用修复、失信约束和联合惩戒等标准为全国首创，获批全国社会管理和公共服务综合标准化试点项目；在全省率先上线特种设备智慧管理系统，实现特种设备数据化、智慧化、标准化管理。举办全国首个地级市高价值专利培育布局大赛，完善落实知识产权质押融资风险补偿机制，实现知识产权质押融资超22亿元。

（江门市市场监管局）

【江门推进“全国通办”】2021年，江门市在全国率先推出商事登记政银渠道“31省通办”服务，商事登记由“市内通办”“湾区通办”拓展至“全国通办”，实现营业执照办理跨省不用跑、一次就办好。深化机制对接，便利华人华侨投资制度专项改革成为省级试点。在全国首创港澳跨境通办政务服务综合专区，港澳同胞不出关即可办理超400项江门政务服务事项。深化投资项目承诺制改革，1179个项目实现容缺审批，项目前期工作平均提速1—2个月。出台《江门市全力构建粤港澳大湾区一流营商环境若干措施》，开展《江门市优化营商环境条例》立法项目调研，清理涉及营商环境的行政规范性文件22件。进口整体通关效率居全国第二位，整体通关时间及压缩比保持全国前列。企业网上核准率、网办率分列全省第一、第三位，招投标“评定分离”改革工作走在全省前列。

（江门市司法局）

【肇庆优化政务服务】2021年，肇庆市积极打造一流营商环境，印发《肇庆市进一步优化营商环境若干措施》，从优化政务服务、深化涉企服务等五大方面提出23条72项措施，开办企业实现“一网通办、一窗通取”，实行刻章、复印“双免费”；小微企业融资成本比上年下降0.13个百分点；国际贸易“单一窗口”应用率100%；水电气服务审批效率跃升至广东省前列。实施产业投资项目审批验收代办和数字化监测行动，牵头组建市、县两级专职代办员队伍，建立产业项目审批事项全市通办“一套标准”，年内为瑞庆时代锂离子电池生产、肇庆万达国家度假区等全市697个产业项目提供代办服务。推动签订“双容双承诺”直接落地项目251个，总投资额1393.81亿元。归集有效涉企数据566万条，建成全市首个产业项目专题数据库，实现从部门“各一本账”到政府“一本总账”升级。应用肇庆市涉企一站式服务平台，构建“一体化”关系模型，根据实时办理结果输出下一审批环节的“一次性告知清单”，推动产业项目审批办件时长平均提速31.7%。应用粤商通“全肇办”涉企服务专区，实现企业项目总体情况、在建工程进度、“一次性告知清单”等产业项目落地信息随时可查，投资商机、产业园区、供地信息以及厂房、人才等咨询信息“掌上集成”，企业开办、项目立项、融资贷款、不动产登记、水电气报装、办税服务等高频服务事项“指尖可办”，初步构建从洽谈签约、开工建设到投产经营的产业项目“全肇办”服务模式。

【肇庆放管服改革深化】2021年，肇庆市持续深化“放管服”改革，释放简政便民发展活力。全年聚焦土地资源、食品饮料、文化教育、生物医药等重点领域，梳理形成25项下放、委托县区实施的市级事项清单。应用大数据和人工智能技术构建企业异常经营风险研判模型，风险企业命中率82.1%，是年，肇庆市综合信用指数排全国第十、全省第一名。推动750项政务服务事项实现“跨省通办、省内通办、市内通办”，落实5个产业“一件事”、511个“一次办成一件事”主题服务，相关工作经验在广东省推广。提升“掌上办、就近办”服务水平，推广应用“粤系列”移动政务服务平台，“粤省事”肇庆专版注册个人用户441.3万名，上线服务事项1008项，预约、办理等业务量1830万宗；“粤商通”肇庆专区注册市场主体28.63万家，覆盖率100%，并列全省第一位。

（肇庆市人民政府地方志办公室）

·法治化营商环境建设·

【广州法治化营商环境建设】2021年，广州市不断推进市场监管领域扫黑除恶治理，优化法治化国际化营商环境。优化市场轻微违法经营行为免处罚免强制清单，新增、调整“双免”事项173项，累计418项。摸排市场监管涉黑涉恶易发领域乱点乱象线索294条，全年全系统办结案件7756件，罚没额超2.58亿元；协同打深打透黑恶势力，配合公安机关开展刑事侦查，移送司法机关案件65件。点对点向全市商事主体发送宣传短信200多万条，开展扫黑除恶主题宣讲活动，制发市场监管扫黑除恶宣传海报；曝光价格违法、广告违法、食品非法添加等涉及民生领域典型案例61件。

是年，广州上线全球首个亚太经合组织跨境商事争议在线解决（APEC-ODR）平台，全年处理案件164件，年受案量比上年增长50%，涉案金额37.61亿元；结案126件，其中调解结案78件，调解率62%；平均结案周期23天，比传统仲裁方式快近3个月。该平台被评为“粤港澳大湾区仲裁联盟2021年度十大经典案（事）例”之一，获广东省司法厅、澳门法务局、香港律政司认可。创新上线的全国首个涉港澳案件在线授权见证平台“AOL授权见证通”完成820件案件授权见证手续，该平台入选最高人民法院发布的第十一批司法改革案例、“2020年度智慧法院典型案例”和《中国法院信息化发展报告No.5（2021）》。

（广州市人民政府地方志办公室）

【深圳法治化营商环境建设】2021年，深圳市法治化营商环境优势更加凸显，依法实施最严格的知识产权保护，率先建立知识产权侵权惩罚性赔偿制度。挂牌成立粤港澳大湾区国际仲裁中心，设立全国首家个人破产事务管理机构，首创市场主体除名制、依职权注销制。成功创建国家社会信用体系建设示范区，城市综合信用指数位居全国前列。推进城市合规体系建设，率先实施公平竞争独立审查机制试点。

【深圳国际仲裁中心建设】2021年，深圳国际仲裁院（又名华南国际经济贸易仲裁委员会、粤港澳大湾区国际仲裁中心、深圳仲裁委员会，简称国际仲裁院）推进粤港澳大湾区国际仲裁中心建设，加快国际投资联合仲裁中心建设，服务资本市场、知识产权、海事海商等重点产业收效明显。年内，深圳国际仲裁院业务整体规模超过预期目标，全年新受理商事仲裁案件7036件，争议金额合计人民币856.20亿元，比上年增长38.93%，超过年初确定的人民币800亿元目标，创历史新高。

首创全国医疗仲裁平台仲裁院医疗争议仲裁中心，全年受理医疗案件比上年增长13.5%；争议金额人民币5367.9万元，增长57.2%；全年结案数44件；平均受理至结案用时39.8天，缩短48.95天。仲裁案件结构优化，年内，争议金额人民币过亿元案件138件，案件平均争议金额人民币1216.88万元，比上年增长47.16%。全年受理涉港澳台、涉外案件345件，争议金额人民币197.78亿元，分别比上年增长8.15%和72.28%；平均争议金额人民币5732.75万元，增长59.3%。案件办理效率稳中有进，年内办结仲裁案件7438件，平均结案时间以从组庭到结案计为97.98天，以从立案到结案计为167.81天，与上年185.72天相比效率有所提升，在国内外继续保持在高水平。全年所有案件实现网上立案，网上开庭次数968次，电子送达次数40524次，方便境内外当事人、仲裁员在新冠肺炎疫情防控新形势下解决纠纷。业务辐射更广泛，近七成受理仲裁案件为跨境或跨省市纠纷，比上年增长15%；全年案件所涉国家和地区25个，其中多米尼克为首次出现的国家；至年底，仲裁、调解服务累计覆盖136个国家和地区。

以综合改革试点为牵引，以服务中国重点行业和新兴产业为业务发展导向，初步形成“双城两院三中心”发展格局。服务国家战略，仲裁院先后推动审议通过《关于建设粤港澳大湾区国际仲裁中心的改革方案》《深圳国际仲裁院与深圳证券交易所共建中国（深圳）证券仲裁中心改革方案》。仲裁院“创新机制建设国际仲裁高地”被国家发展改革委列入《深圳经济特区创新举措和经验做法清单》，在全国发挥示范带动效应。聚焦重点行业，2月、4月、6月相继设立深圳国际仲裁院海事仲裁中心、中国（深圳）知识产权仲裁中心、中国（深圳）证券仲裁中心，其中，中国（深圳）证券仲裁中心为全国首个证券仲裁机构、全球第一个由国际仲裁机构与证券交易所共建的证券仲裁机构，于11月1日正式开始运作。

（深圳市人民政府地方志办公室）

【佛山法治化营商环境建设】2021年，佛山市推进“放管服”改革，推进打造一流营商环境“一号改革工程”。在全国首创24小时智能自助办照，推行企业登记“不打烊”服务，实现办理营业执照“零见面”“零材料”“全天候”“非接触”。在广东省率先编制“跨部门联合双随机”事项清单，运用信用协同监管实现“进一次门，查多项事”，减轻企业负担。实现市一体化在线政务服务平台上线运行，覆盖全市市、区、镇（街道）三级47个政务服务大厅1981个窗口9254项事项。融合线上线下服务，“一窗通办”率95%，网上可办率99%。推广主题联办、跨省通办、“门口办”等服务，“水电气电视”等民生高频事项平均办事时间压缩50%，实现与北京等13个城市797项事项“跨省通办”。推动电子证照应用，1644项事项3275项材料实现“免证办”。推行重大重点项目审批代办及交易靠前服务，为佛山市第二人民医院新院区等978个项目累计提供超16万次靠前服务。建立消费纠纷诉调对接机制和消费维权一体化信息平台，

2021年底，中国首座国际仲裁大厦（SCIA Tower）在深圳前海正式启用
（深圳市人民政府地方志办公室供稿）

实现“云调解”“云确认”。建设市、区、镇（街道）、村（社区）四级“信访超市”。佛山市司法局、佛山仲裁委员会、佛山市调解协会联合印发《关于进一步完善矛盾纠纷多元化解调解与仲裁对接机制的意见》，构建调解组织和仲裁机构积极协同、有效衔接的大调解格局。在佛山市知识产权保护中心设立仲调对接工作窗口，加强商事仲裁宣传，建立常态化知识产权保护仲调对接机制，发挥仲裁在化解知识产权纠纷中的作用。强化知识产权保护，成立国家海外知识产权应对指挥中心佛山分中心。在全省率先出台知识产权纠纷人民调解工作的意见，实现全市5个区知识产权纠纷人民调解组织全覆盖。佛山市中级人民法院发布《关于全面加强知识产权司法保护的实施意见》《佛山市中级人民法院著作权民事案件审判白皮书（2020）》。深化粤港澳大湾区社会治理合作模式，佛山市与东莞市、中山市以及广州市南沙区建立全国首个劳动争议仲裁区域合作机制。印发《佛山市常态化开展扫黑除恶斗争巩固专项斗争成果的贯彻落实意见》，为扫黑除恶斗争转入常态化打基础。成立由市委、市政府主要负责人担任组长的扫黑除恶斗争领导小组，科学谋划常态化各项工作，以信息网络、自然资源、交通运输、工程建设、金融放贷五大行业领域整治为抓手，对电信网络诈骗、违法用地、货运超载等行业进行重点整治。（佛山年鉴社）

【中山法治化营商环境建设】2021年，中山市在全省率先建设“智慧公证”全市统一平台，成立中山市律正商事调解中心，促进粤港澳大湾区调解专业化规范化，营造法治化营商环境。升级建设“智慧公证”平台，依托“互联网＋大数据”，推动具备网上申办条件的公证事项由线下转向线上，实现公证事项“指尖办”。至年底，平台推出涉民生公证事项40项，通过网上平台为当事人办理民生类公证4095件，合同类公证5789件。

成立“知识产权公证服务小组”“金融公证服务小组”等公证服务团，为企业扩大融资、资金周转等事项实行“一对一”上门服务。以“企业公证顾问”身份为企业提供文书起草、合同审查、风险管控等意见建议，依法引导企业规范参与市场竞争。开通绿色通道，为46家企业赴境外融资、进行跨境贸易办理授权委托、声明以及各类协议合同等公证事项。与省外事服务中心加强沟通，提高办证效率，助力企业跨境发展。

9月，中山市律正商事调解中心挂牌成立，开展“一站式”诉源治理，建立诉调对接机制，对移送商事调解中心的案件，达成调解协议后可向法院直接申请司法确认。重点发掘商事合同、电子商务、跨境贸易、民间借贷等领域商事纠纷调解，引导企业通过商事调解解决纠纷。逐步推动形成“诉讼案件—调解中心”“仲裁案件—调解中心”“民间纠纷—调解中心”等多元化体系，加强专门性、行业性非诉讼纠纷解决机制与诉讼程序之间的配合，推进跨境商事纠纷解决。

【中山率先建设“智慧公证”统一平台】2021年，中山市在广东省率先建成“智慧公证”全市统一平台。该平台推出40项涉民生公证事项，通过人脸识别、远程视频、语音同步存储、电子签名认证、发证等在线办理方式，便利群众网上公证，有效解决粤港澳乃至跨境家事法律服务过程中遇到的各类重大、疑难、复杂的问题，全年平台办理线上公证11713件。优化公证办证流程，对于未婚、未再婚、无刑事记录、继承等公证事项实行告知承诺制。坚持首问负责制和一次性告知制，在全市范围内统一各公证事项的证明材料清单和最快办结时限，缩短办证审批时限，延长服务时间，提供“急证”绿色通道，全年全市受理后24小时内出证的公证事项6931项，机动车驾驶公证等四类公证实现跨省通办。开通绿色通道，协助中小企业拓展海外业务，为46家企业赴境外融资和跨境贸易办理授权委托、声明等公证。推出中小企业“备案服务”，企业在授权有效期内再次公证无须提交相同资料，全年备案企业超600家。

（中山市人民政府地方志办公室）

【广佛协同立法合作协议签订】2021年4月22日，广佛协同立法签约仪式在佛山举行。广州市人大常委会法工委与佛山市人大常委会法工委签订《关于加强两市协同立法的合作协议》，全面整合两市立法资源，携手打造粤港澳大湾区法治建设高地。根据协议，协同立法内容包括立法项目的立项、调研、起草、修改、审议、实施、解释、清理等工作。围绕协同立法工作中的具体问题，双方通过召开联席会议、参与对方立法活动、信息通报、走访学习等多种方式加强联系，并在信息共享、立法工作队伍建设等方面强化沟通交流。（佛山年鉴社）

【粤港澳大湾区法律部门联席会议】2021年12月10日下午，第三次粤港澳大湾区法律部门联席会议在线上举行。来自三地司法厅的主要负责人出席会议。会上，三方通过《粤港澳大湾区调解员资格资历评审标准》以及《粤港澳大湾区调解员专业操守最佳准则》，同意在工作层面上继续跟进《粤港澳大湾区跨境争议调解规则》的制定，并积极探讨包括仲裁、支持港澳律师在大湾区内地九市执业以及三地法律部门交流互鉴等具体议题。（编辑部）

·社会信用体系建设·

【广州创建市场信用监管综合平台】2021年，广州市建立信用智慧型监管新机制，获评国家第三批社会信用体系建设示范区。推进年报公示工作，督促企业落实主体责任。全市纳入2020年度报告公示的企业1484197家，比上年增长21%，占全省应年报企业数的43.18%。至6月30日，全市企业年报率97.65%，比上年增加1.37个百分点，其中重点行业领域应年报的285家企业100%按时报送；全市11个区的年报率均超过95%。

推进“双随机、一公开”监管　是年，广州优化“双随机、一公开”综合监管平台，推进信用风险分类管理，规范监管工作流程，完善监管规则标准，形成“政府领导、部门联合、协同实施、简约高效”的跨部门综合监管模式。市一级33个单位参加“双随机、一公开”监管，建立1021个商事主体检查对象子库，270个非商事主体检查对象库以及涵盖市、区、所（队）三级12390名监管人员的执法检查人员库。全市开展跨部门联合抽查402次；随机抽查时智能排除已检企业，随机抽查重复检查率下降到1%；制定随机抽查任务2116项，抽查市场主体6.5万家、非市场主体2872家，全部通过国家企业信用信息公示系统、信用中国网站对社会公示。“以‘双随机、一公开’监管为抓手深入推进跨部门综合监管”案例获评2021年广州市信用创新应用案例。

推进企业信用风险分类管理　是年，广州上线企业信用风险分类监管系统，科学设置指标体系，利用互联网、大数据、人工智能、机器学习等现代技术手段，将全市企业智能判定为“高、较高、中、低”四类信用风险等级，同时进行动态更新和监测预警。将信用风险分类结果、风险预警监测深度应用于市综合监管平台，方便全市各部门对不同风险企业实行靶向抽查、差异化监管，对高风险企业大幅提高抽查比例、实行“零距离”重点监管；对较高风险企业适当提高抽查比例，实行“近距离”监管；对中风险企业，按正常抽查比例监管；对低风险企业大幅降低抽查比例，采用远程监管、移动监管、信用承诺监管等非现场监管手段。将信用风险分类与包容审慎监管融合，对2.8万家高新技术企业设置“包容审慎监管”标签，实施包容期监管和触发式监管，对未达到高风险、较高风险的相关企业，在包容期内免除“双随机”抽查，减少企业制度性成本，营造宽严相济的市场环境。广州“‘信用风险分类+双随机’智慧监管模式”“推行‘四新经济’包容审慎监管”入选2021年广东省营商环境综合改革试点典型经验和创新举措。

加强信用联合惩戒　做好失信企业名单管理工作，依法将符合条件的企业列入经营异常名录和严重违法失信企业名单，至年底，广州市有13205家次企业被列入严重违法失信名单，56816家次企业被列入经营异常名录，名单信息均实时推送至国家企业信用信息系统和信用广州网予以公示。清理长期停业未经营企业69210家，申请获取国家下发的11部门“联合惩戒黑名单”企业数据并在业务系统予以标注限制，及时推送联合奖惩案例、地方红名单等城市信用监测排名数据，形成企业“一处失信、处处受限”的格局。（广州市人民政府地方志办公室）

【深圳社会信用体系建设】2021年，深圳市成功创建第三批国家社会信用体系建设示范区，城市综合信用指数位居全国前列。开展对《深圳经济特区社会信用条例》的初审工作。上线全市统一信用服务平台，数源单位扩大至73个，归集各类信用信息22亿条。在全国率先推行破产信息共享公示，实现破产与信用联动。在行政许可、评优表彰、资助奖励审批等领域全面应用信用奖惩措施，严重违法失信企业信用修复1327家。深圳征信服务有限公司正式运行，信易贷累计服务中小微企业信用融资1620亿元。

是年，深圳市对标国家、省社会信用体系建设最新要求，出台《深圳市医疗保障信用评价管理办法（试行）》，设置25条信用扣分标准，对医院、药店、医师、药师、用人单位、参保人6类监管对象分类进行评价，将评价分值与医保服务人次挂钩。创新设置信用评价加分项，对举报欺诈骗保、开展视频监控就医行为、积极参与专家评审活动等给予鼓励加分，并对监管对象信用承诺、信用评价结果“双公开”，逐步形成医保领域“一处失信、处处受限”的信用惩戒格局。推进矛盾纠纷多元化解立法，促进城市治理能力现代化。组织起草《深圳经济特区矛盾纠纷多元化解条例（草案）》。是年，深圳国际仲裁院多元化纠纷解决业务齐头并进。深圳证券期货业纠纷调解中心（SFDRC）受理案件1382件，比上年增长365%，其中涉及证券纠纷59件、基金纠纷22件、期货纠纷23件、上市公司纠纷1278件；办结案件1069件，增长863%，其中调解成功414件，和解金额人民币2985万元。依托与中国对外贸易中心合作创建的广交会“云上调解”系统，创新调解模式，采用线上线下融合形式为第130届中国进出口商品交易会（广交会）提供调解服务，调解成功率100%；至年底，国际仲裁院协助广交会投诉接待站处理贸易纠纷超过1300宗，调解案件的当事人涉及119个国家和地区，总体调解成功率60%。（深圳市人民政府地方志办公室）

【珠海社会信用体系建设】2021年，横琴粤澳深度合作区升级优化“信用横琴”平台，继续推进区块链技术在“信易得”公共服务平台的应用及优化项目。开展内地与港澳地区消费维权法律制度和消费环境比较研究，探索推动横琴与澳门消费维权法律制度衔接和消费环境深度融合。建立“信用+风险”自动审批模式，自动分析纳税人的税负、发票开具、历史行为等情况，在风险可控的情况下实现自动审批纳税人的发票需求申请，“全天候”办理发票申领。

（梁漫桦）

【佛山强化信用信息归集应用】2021年，佛山市强化信用体系建设，成功创建第三批全国社会信用体系建设示范区，“信用佛山”平台获评2021年全国信用信息共享平台和信用门户网站一体化示范平台网站。强化信用信息归集力度，构建“一个平台、两个网站、三套目录、四个主体库”的信用平台架构体系，至年底，“信用佛山”平台归集734类10.62亿条信用信息，全面归集“双公示”、信用承诺及履约践诺等公共信用信息，实现企业社保、纳税、公积金、水、电、气、仓储物流、知识产权等“信易贷”数据全覆盖。

强化合同履约信息共享应用　截至2021年底，佛山市公共信用信息管理系统归集政府采购的合同履约信息，合同交易总额 89.85 亿元，合同正常履约占比 99%，交易单位 217 个，在市场监管、商务、环境保护、交通运输、国土资源规划、信息管理、公共服务、社会保障等 46 个行业细分领域开展合同履约监管。

构建新型监管机制　佛山市用好事前信用承诺，全年完成“预约办”事项 28108 项、“免证办”事项 1198 项、“容缺办”事项 247 项，建立信任审批模式，为企业提供 24 小时“不打烊”的一站式服务。在市场主体准营、补贴申领、社会保险等多个方面落实信用承诺制，归集信用承诺数据 220 多万条，信用承诺信息上报数量占城市企业总量的比值超 200%。

加强事中事后管理　佛山市切实用好信用记录、分级分类监管，在行政审批、政府采购、招标投标、商贸流通、金融、税务、建筑工程等 60 个行业细分领域实现信用分级分类监管。拓宽信用应用场景，编制《佛山市加快推进“信易 +”守信激励工作方案》，明确 26 个领域的信用信息应用场景。推进广东省“信用奖惩、一键搞定”试点工作，在“市一体化在线服务平台”等 10 个综合性业务系统中定期更新全国“红黑名单”1005 万条数据，累计开展信用核查 771.5 万次。利用信用信息价值和信用联合奖惩约束，累计反馈联合奖惩案例 63092 例。

拓展信用应用　助力中小企业融资，在广东省率先建成广东（佛山）中小微企业信用信息和融资对接平台，并升级为全省平台“粤信融”。通过佛山市信用平台共享信用信息 9000 多万条，至年底，“粤信融”佛山分平台累计注册企业 15.6 万家，签订授信合同企业 2.1 万家，撮合银企融资 21712 笔，金额 2372 亿元。在全国首创政府补助“秒速直达”模式，企业只需在“扶持通平台”一键确认信息，平台依据企业的信用状况实现资金申请在线“秒批”、政策资金在线“秒付”，累计发放补贴资金超 70 亿元。推动“人工智能 + 双随机”监管，根据风险等级开展差异化检查，企业问题发现率由改革前的 17.6% 提升至 86%，对守法经营市场主体的实地检查率比改革前减少 83%，实现对守法者“无事不扰”、对违法者“利剑高悬”，相关经验做法在全国复制推广。（佛山市发展和改革局）

【佛山全国首推零售药店“守信快批”审批模式】2021 年 11 月 1 日，全国首张零售药店“守信快批”许可证（电子证照）在佛山市发出，佛山市正式启动零售药店“守信快批”审批制度改革，推动“守信即快批、承诺即营业、失信即受限”，破解零售药店“准入不准营”的困局，打造一流药品零售行业营商环境。“守信快批”新型审批模式以信用合格为前提，以自愿选择为原则，以连锁业态为对象，以制度创新为保障，以流程再造为手段，对开办零售药店申请营业执照及食品、药品、医疗器械经营许可证等事项，按照“证照联办、一照通行”改革方案进行整体受理、证照联合审批、系统后台发证，将药品经营者“开门准营”的审批时长从 56 个工作日压缩为 1 个工作日。（佛山年鉴社）

【惠州完善信用制度】2021 年，惠州市作为广东省唯一开展信用建设服务实体经济发展改革试点的地级市，进一步完善信用制度，印发实施《惠州市公共信用信息管理办法》，修订《惠州市信用中心业务工作指引》。改版升级信用惠州网，推动信用信息增量提质，市公共信用信息管理系统归集有效数据 4.54 亿条。推广“信易贷”，全市 215 家企业获贷 7.7 亿元。推动各行业监管部门实施信用分级分类监管，探索实施诚信码，构建“信易 +”应用场景。

（惠州市人民政府地方志办公室）

【东莞加快信用体系建设】2021 年，东莞市推进社会信用体系建设，以创建全国社会信用体系建设示范区为统领，推广“信易 +”便企惠民场景应用 27 个，排名居全省地级市前列。参与广东省信用修复和异议同步区块链试点，夯实公共信用信息数据基础，归集公共信用数据 8.95 亿条，在 53 个行业领域开展分级分类监管，推出首批270项事前信用承诺容缺办理政务服务事项。东莞市信用平台被国家公共信用信息中心评为"2021年全国一体化建设特色平台网站"。

（东莞市人民政府地方志办公室）

【中山全面启动社会信用体系建设】2021年，中山市全面推动社会信用体系建设，为经济社会发展、营商环境优化提供信用支撑。在2021年全国地级市信用状况监测排名中，中山市稳居全国先进位次，被广东省推荐列入社会信用体系建设示范创建城市，3个信用案例获评全国信用应用场景优秀案例及优秀微视频。

完善信用建设基础设施体系　是年，中山市公共信用信息管理系统采集33个部门、23个镇街、184个数据主题，信用数据超2.3亿条，全国红黑名单数据1015万条，行政许可、行政处罚"双公示"数据172万条，及时率、合格率均排名全省前列，实现与政务服务网、产业扶持资金系统、公共资源交易网等平台互通共享。

健全信用分级分类监管机制　中山市在交通、建筑、烟草、食品餐饮、税务等38个领域开展信用分级分类监管，其中中山烟草作为全国试点实现零售商信用等级评价管理，中山市出租车行业监管创新做法作为优秀典型被全国推广，中山市被纳入广东省出租汽车行业创新事中事后监管机制提升文明服务试点城市。

开发信用信息应用服务场景　推广"信易读""信易行"等普惠型信用激励模式，创新"信用+志愿者""信用+红木"等群体、行业信用管理模式，守信激励的正向引导显著增强。作为全省试点在公共资源交易领域创新"信易保"电子保函模式，自2020年10月1日项目上线以来，累计为投标企业减免保证金134.84亿元（全省累计为企业减免保证金180亿元），为红名单企业减免保单费用91.75万元，成效居全省之首，获评2020年广东省电子政务创新案例，并在中山市稳企安商优秀案例征集活动中获评"十佳案例奖"。

依法开展奖惩工作　作为省联合奖惩工作试点城市，中山市建成信用联合奖惩应用系统，嵌入政务服务网、公共资源交易等系统，做到"逢办必查"，同时将联合奖惩机制应用于产业扶持资金发放领域，对列入红名单的主体优先发放产业扶持资金。

维护市场主体权益　中山市加强信用修复信息共享，加快建立完善协同联动、"一网通办"机制，对于符合修复条件的，依照相关规定移出失信名单，并终止共享公开相关失信信息，全年累计完成企业信用信息修复信息2356条。

（中山市人民政府地方志办公室）

【江门开展信用体系建设】2021年，江门市开展企业信用修复，全年办理信用修复超4900件，信用体系建设在广东省排第三名，信用承诺书获评第二届全国信用承诺书示范样本，信用应用场景微视频获第三届"新华信用杯"全国优秀信用案例最具创新传播奖。是年，江门市出台信用信息归集和治理工作方案，成立"双公示"数据归集治理专责小组，双公示数据质量由全省末位跃居全省前列。建立信用承诺归集和报送工作机制，开展江门市信用承诺事项摸底并加强督促指导，推送至"信用中国"的信用承诺数量由9000条跃升至28万条。创新开展"信易行""信易购"等惠民便企应用场景，江门市"信易+"领域由5个扩展到22个。全年召开8次"信易贷"平台宣传推广会，跟进企业贷款需求，推动金融机构加强数据归集，注册企业数由2056家上升至4454家，授信额度由0.31亿元跃升至96.49亿元。

（江门市发展和改革局）

【肇庆社会信用体系建设】2021年，肇庆市进一步完善信用制度，加快推进市信用平台四期建设，改造提升"信用肇庆"网。至年底，平台归集市、县两级信息3.1亿条，比上年增长139%；"信用肇庆"网发布行政许可和行政处罚信息166万条，与市场主体数量的比值居全省第一名。在国家发展改革委组织开展的城市信用状况监测中，肇庆市综合信用指数在全省地级市中稳居第一位，并一度取得全国地级市第十位的最佳名次。“基于‘互联网＋招投标＋信用’系统的监管示范应用”成为广东省公共数据资源开发利用试点事项，信用建设经验两次获得国家公共信用信息中心《城市信用监测月报》推广。

（肇庆市人民政府地方志办公室）

市场一体化建设

·投资便利化·

【广州投资环境优化】2021 年，广州市新洽谈产业招商项目 3147 个，比上年同期增长 32.45%；签约项目 1157 个，增长 24.27%；注册项目 1267 个，增长 15.6%；注册项目协议投资总额 10622.28 亿元，增长 31.23%；注册项目协议达产年产值（营收）14967.88 亿元，增长 0.3%。全市新登记市场主体 64.34 万户，比上年增长 16.41%，其中企业主体 44.46 万户，增长 5.86%。3 月 26 日，广州招商工作联席会议年度会议审议通过《广州市产业招商导流计划》《广州市目标投资者滴灌计划》《广州市重大产业项目 3+X 招商服务工作方案》《广州市重要会展活动招商引资工作方案》，围绕第 130 届广交会、第四届中国国际进口博览会、工业自动化技术及装备展览会、超高清视频产业发展大会等系列展会，组建招商工作专班驻场开展会展招商。发布广州市首个全球招商宣传片，在新华社境外 Facebook 账号上点击量 125 万人次。高规格、常态化举办在穗跨国公司总裁春茗和在穗日资、韩资、英资企业营商环境交流会等活动，精准服务在穗重点企业超 1000 家次。在广东省率先启动 7200 亿元金融支持稳外资战略合作计划，近千家外资企业获得超过 1000 亿元融资。全年致信重点企业超 160 家次。推出全国首个投资政策智能化运算服务平台“投资政策大算盘”，实现“一键直达”广州最新产业政策。全市各区赴市外“靶向”拜访目标企业 1299 家，在德国柏林、白俄罗斯明斯克增设境外办事处。

（李黛隐）

【深圳投资环境优化】2021 年，深圳市服务贸易进出口总额比上年增长 25%，跨境贸易便利化水平全国领先。推动贸易便利化自由化，积极申报深圳空港综合保税区，高标准建设前海蛇口自由贸易试验片区，拓展国际贸易单一窗口功能，探索口岸监管创新集成。年内，探索“中国绿卡”核验便利化，推动人才 R 字签证、出入境和停居留便利化措施落地生效。先行探索更加高效口岸管理体制机制和更加便利口岸通关模式，经深港双方沟通协商，就皇岗口岸重建后采用“合作查验、一次放行”等更加便利通关查验模式、建立共同研究推进机制等达成一致意见。推动出入境证件便利化应用，创新开放外国人永久居留身份证（绿卡）信息查询接口，向全市各单位核验持绿卡的外国人身份信息提供查询服务。是年，深圳边检累计为 3500 余艘次国际航行船舶提供入境出境边检手续“一次办妥”便利，为 14300 余艘次外籍船舶免予办理国内港口口岸间移泊出入港边检手续，为 4.31 万辆（艘、架）次运输大宗商品、鲜活产品、抗疫物资、民生物资的跨境交通运输工具提供“零等待”边检服务，为 5.03 万辆粤港跨境车辆提供信息自动备案便利，为 8800 余名港澳籍驾驶员免予办理人工备案变更手续。

【深圳投资项目服务】2021 年，深圳市推出“秒批秒报一体化”“政务服务免证办”“宝安区家事情感纠纷智慧调处”等具有代表性和推广示范意义应用场景。落实深圳—新加坡智慧城市合作谅解备忘录，第一批“跨境贸易无纸化”等 9 个合作项目已签署 8 份谅解备忘录，第二批“设立数字经济产业合作示范园区”13 个合作项目已签署 5 份谅解备忘录。优化公安政务服务水平，在“i 深圳”“粤省事”等平台上线公安政务服务事项 469 项，实现 281 项公安政务服务 100% 网办。（深圳市人民政府地方志办公室）

【珠海投资环境优化】2021年，珠海市深化对澳门金融合作，研究制定金融支持深合区政策措施，承办澳珠企业家峰会金融分论坛，开展横琴离岸与在岸金融发展政策研究。提升跨境投融资和支付便利化水平，争取全市科技型企业开立自由贸易（FT）账户，在全省率先试点跨境人民币全程电子缴社保费，推动外债便利化额度试点政策落地，完善港澳居民购买境内商品房网签和结汇流程。在风险可控的前提下有序扩大参与贸易外汇收支便利化试点银行、企业数量，至年底，辖内有5家企业获批贸易外汇收支便利化试点资格，企业充分享受减免单证及免于办理关单核验手续的政策红利，大大提升业务办理效率。（杨浩航）

【佛山推进投资便利化】2021年，佛山市依托广东省投资项目在线审批监管平台，开发投资项目统一登记赋码、在线审批、专项申报等功能，实现电子证照在线签发，全面实行投资项目审批"不见面"在线办理。全市发展改革系统"企业投资项目备案""企业投资项目核准""政府投资项目审批（可行性研究报告）"均实现电子证照在线签发，真正实现投资项目审批办理"零跑动"，同时做好服务保障，确保疫情防控期间投资项目办理不断档。提高投资项目便利化程度，优化审批流程、减少报审材料、简化审批手续、压缩审批时限，梳理发展改革系统所有涉及工程审批业务，贯彻"一套流程"，全面实现网上办理。推行重大重点项目审批代办及交易靠前服务，助力项目建设提速增效。

是年，佛山市实际利用外资52.44亿元，超额完成广东省提出的比上年增长5%的任务。新增对外投资企业（项目）46家，比上年增长55%；投资额5.5亿美元，增长75%。其中，对"一带一路"沿线国家及地区投资项目15个，投资总额比上年增长1.7倍，对RCEP（《区域全面经济伙伴关系协定》）成员方投资总额增长16倍。在存的外资企业5879家，涉及投资总额980亿美元、注册资本539亿美元。港澳对佛山市投资呈增长态势，港澳资企业在佛发展稳定，来自港澳的投资项目3598个，投资总额806亿美元。

是年，佛山市着力打造良好投资环境。举办"2021佛山市全球招商大会"，成功引进投资总额100亿元的三赢科技成像模组生产项目、50亿元的中兴新智能制造产业基地项目。长春捷翼汽配、隆深·川崎合资公司项目等先进制造项目落户佛山。加大投资相关宣传工作力度，发布"筑梦湾区　拥抱世界"创意城市形象宣传片。着力提高利用外资质量，落实安商稳企政策，全年梳理52家重大外资企业及17个重点外资项目台账，解决34个问题诉求，向26家外资企业发放6000多万元资金奖励。提升对外投资服务，联合专业服务机构针对企业开展"风险教育"培训，联合侨务部门发动企业注册"平安丝路网"，及时接收"一带一路"国家安全形势、预警提示、风险评估、全球疫情动态等资讯。编撰《佛山市企业境外投资指南》，对佛山企业境外投资的发展方向及路径提出建议，为佛山企业"出海"提供权威、实用、详细的指引。联合澳门举办葡语国家及澳门产品推介及商机对接会，超过150家内地企业参与洽谈对接，推动葡语国家及澳门食品进入中国内地市场，实现合作共赢。

【佛山建立"百所联百会"机制】2021年，佛山市制定《关于建立"百所联百会"机制的实施方案》，在全市范围内组织动员佛山市100家以上律师事务所，与100家以上工商联所属商会、区工商联建立联系合作机制，搭建律师服务民营企业新平台，结合开展"我为群众办实事""免费法治体检""法律服务进社区、进园区、进商圈"等实践活动，为商（协）会及其会员企业提供形式多样的公益法律服务，助力依法治会、法治民企建设，加快构建法治化营商环境。

（佛山市发展和改革局　佛山市商务局）

【东莞统筹招商资源】2021年，东莞市引进内外资项目4541个，协议（合同）投资首次突破3000亿元，达到3235亿元，比上年增长10.1%；实际投资1684亿元，增长12.3%；实际外资95.3亿元，增长19.7%；推动91个项目完成土地摘牌，招商引资工作实现量质齐升。是年，全市新引进内资超1亿元、外资超1000万美元的项目362个，投资额2781亿元，其中30亿元及以上产业项目7个，投资金额526亿元，比上年增长18.4%；10亿—30亿产业项目25个，投资金额390亿元；5亿—10亿元产业项目42个，投资金额262亿元。东莞市梳理形成300多家重点企业招商目录。开展产业链精准招商，建立目标企业监测机制，动态收集分析重点招商目标企业和近年来新引进龙头项目最新信息。坚持“走出去”和“请进来”相结合，市、镇领导带队赴外招商593批次，拜访企业1267家。

是年，东莞市引进现代服务业项目1339个，投资金额668亿元，比上年增长35.8%。其中，软件和信息服务业项目158个，投资金额91亿元，增长198.4%。国际商务区首批4个项目开工建设，华润置地地标、东莞香港中心、招商局集团东莞总部项目摘牌，国际四大会计事务所之一毕马威东莞办事处开业，世界500强企业思爱普（SAP）集团在东莞设立大湾区首个创新中心。

5月21日，东莞战略性新兴产业招商大会举行。大会在东莞设立主会场，在日本、德国、以色列、阿联酋以及中国香港、中国澳门6个国家和地区设立分会场。大会发布签约重大项目投资总额1483亿元，聘请毕马威、戴德梁行、粤科金融、粤财基金、深创投为东莞首批全球“招商合伙人”。大会举行“论道东莞：聚焦新兴产业，铸造全新动能”主题对话、东莞全球招商合伙人授牌仪式、东莞战略性新兴产业基地成立暨东莞新动能“全球揭榜招商”启动仪式、东莞战略性新兴产业签约仪式。各平台直播流量及各大媒体报道阅读量、关注量超2000万人次。

（东莞市人民政府地方志办公室）

【中山推动投资便利化】2021年，中山市抓好促外贸稳增长工作。制定并印发推进贸易高质量发展的工作方案（2021—2025年），推进贸易高质量发展工作。推动市场采购业务规范发展，开展市场采购扶持资金兑付工作，开展审核审计工作。印发2021年度中山市商务发展专项资金（外贸新型业态项目）申报指南通知，将2021年市场采购扶持资金兑付频次由每年一次变为每季度一次，对2019年、2020年市场采购扶持资金申报按照“达标一批、拨付一批”原则展开。全年全市市场采购贸易方式试点出口金额18.9亿元，比上年增长87.78%，市场采购三类主体（供货商、代理商、采购商）备案3405家，比去年增加1307家。做好外贸资金管理，稳步兑现促外贸稳增长19条相关扶持政策，分别在贷款贴息、市场开拓、出口信保、进口平台、公平贸易等扶持资金上做到按时兑付，年内累计审核拨付国家、省、市各级稳外贸扶持资金逾1.14亿元，服务企业数量累计1353家次。

（中山市人民政府地方志办公室）

【江门加大招商力度】2021年，江门市强化市级招商统筹力度，优化招商资源配置，围绕工业立市、制造强市战略，深入实施“链长制”，加大产业招商力度。出台《江门市重点工业项目评审办法（试行）》，用地3.33公顷以上工业项目由市级审批，每季度组织各县（市、区）举办重大项目集中动工（投产）活动，推动项目落户落地，全年推动421个项目动工投产，投资额2484.53亿元。引进超亿元项目273个，比上年增长29.4%；投资额1552.4亿元，增长24.5%。其中，超10亿元（含10亿元）项目40个，增长21.2%，投资额962.9亿元，增长12.2%；超20亿元（含20亿元）项目18个，与上年基本持平，投资额708.9亿元，增长2%。新增项目211个，占全市引进超亿元项目的77.3%，投资额1357.1亿元，占总投资额的87.4%；增资扩产项目62个，占全市引进超亿元项目的22.7%，投资额195.3亿元，占总投资额的12.6%。新批设立外商直接投资项目 432 个，比上年增长 22.03%；合同外资金额 9.61 亿美元，以商务部人民币口径统计为 62.26 亿元，下降 25.01%；实际吸收外资金额 3.45 万美元，以商务部人民币口径统计为 22.98 亿元，下降 59.41%。其中，制造业实际利用外资 11.67 亿元，下降 71.34%。继续加大对重点区域招商力度，全年全市在重点招商区域举办重大招商活动近 10 场；强化对外驻点招商，在东莞市设立驻东莞投资促进中心。是年，江门市建立招商引资项目服务系统平台，加强招商引资项目全生命周期动态跟踪服务，推进线上招商引资，及时更新发布江门市发展机会清单。加强投资优惠政策制定和政策宣贯，形成推动高质量利用外资政策保障；贯彻落实外商投资准入前国民待遇加负面清单管理制度，确保内外资依法平等进入负面清单之外的领域；建立外商投资企业投诉处理机制，切实保护外商投资权益；发挥全市招商引资工作联席会议、市政府主要领导联系跨国企业直通车机制、重大外资项目工作专班等投资服务机制作用，加强部门协作，共同解决投资者生产经营中遇到的困难和问题，增强投资者对江门市营商环境的信心。

（江门市商务局）

【肇庆投资环境优化】 2021 年，肇庆市坚持产业强市、制造业优先，实施产业招商落地攻坚年“八大行动”。全市新引进项目 1028 个、计划投资额 1536.7 亿元。引进 1 亿元以上项目 407 个、计划投资总额 1372 亿元，其中超 10 亿元项目 33 个，超 50 亿元项目 2 个，高新技术企业投资项目 130 个。全市年度项目建设实际投资额 759.4 亿元，其中制造业项目实际投资额 526 亿元，设备实际投资额 146.8 亿元。全市新增开工项目 720 个，新增竣工项目 603 个；在建项目 400 个，竣工投产项目 376 个。

是年，肇庆市持续依法深化产业投资项目“双容双承诺”直接落地改革，出台《肇庆市深化产业投资项目“双容双承诺”直接落地改革实施方案》，充分发挥企业投资项目“双容双承诺”直接落地改革工作领导小组统筹协调作用，及时解决改革过程中遇到问题和困难；通过涉企一站式服务平台，开通“双容双承诺”线上签约和数字化监测功能，加快配套完善项目事中事后监管服务机制。自 2018 年 11 月实施投资项目“双容双承诺”以来，全市产业投资项目“双容双承诺”已签项目 525 个，总投资额 2579.78 亿元，其中 2021 年新增直接落地产业投资项目 251 个，总投资额 1393.81 亿元。

（肇庆市人民政府地方志办公室）

【全国首个投资政策智能化运算服务平台上线】 2021 年 8 月 10 日，广州市推出全国首个面向投资者的投资政策智能化运算服务平台——“投资政策大算盘”。“投资政策大算盘”旨在帮助投资者准确了解广州最新产业政策，快速作出投资决策，解决信息纷繁复杂、不够直观等问题。投资者可通过大数据一步到位获取匹配政策，一键速算拟投资或已投资项目的最高支持金额，一键直达相应政策简介和条目原文，一键联系市、区专属服务人员，即时得到“一对一”的政策服务。投资政策大算盘集成政策信息量大、覆盖面广，既面向有意投资广州的境内外投资者，也面向已在广州扎根、计划增资扩股的广大在穗企业；实现智能化一键速算、精准化一键优算；以政策托盘的形式，支持政策主要条目简介和原文链接，向投资者直观、便捷地提供投资服务，实现“企业少跑腿，数据多跑路”。（谢磊）

·贸易自由化·

【广州推进跨境贸易自由化】 2021 年，广州市出台全国首个 RCEP 跨境电商专项政策，提出 5 个方面 25 条政策措施支持企业抢抓发展机遇。打造全国首个跨境电商公共分拨中心，建成全国首个粤港澳大湾区机场共享国际货运中心，转关效率压缩 2 小时，运行 4 个月即实现跨境电商出口超 300 万个包裹，货值超 8 亿元。首次线上线下融合举办第 130 届中国进出口商品交易会（广交会）。发布全国首款跨境电商银行卡，可以收取多个平台货款，打通跨境支付高速通道。

是年，广州海关优化口岸营商环境，推进首批国家营商环境创新试点改革，落实促进跨境贸易便利化专项行动，广州关区进、出口整体通关时间分别为16.35小时、0.54小时，较2017年分别压缩80.38%、95.24%。黄埔海关推进全业务领域一体化，推动跨境电商、市场采购等新业态健康发展，深化“放管服”改革，进、出口整体通关时间分别压缩至11.65小时、0.9小时。在财政部、国家发展改革委组织的营商环境评估中，广州跨境贸易指标分列第一位和第二位。

是年，广州市投入2.5亿元持续优化口岸营商环境，开展跨境贸易便利化专项行动，推进国际贸易“单一窗口”应用主要项目全覆盖，推广“湾区一港通”新模式。上线关港贸系统，与中国银行在全国率先推出市场采购贸易收汇小程序“广采通”，查验通知、提运单放行信息推送码头功能均上线使用，提升码头物流效率。广州国际贸易“单一窗口”同步对接国家标准版应用19个大类781项服务，上线地方特色模块23个大类613项服务，主要业务覆盖率100%，累计注册企业6.76万家，申报单量10.79亿单。新增申报单量3.70亿单，比上年增长40.37%。

（广州市人民政府地方志办公室）

【深圳推进贸易自由化】2021年，深圳市在商务部支持下，依托与中国对外贸易中心合作创建的广交会“云上调解”系统，创新调解模式，采用线上线下融合形式为第130届广交会提供调解服务，调解成功率100%，顺利解决中外企业贸易纠纷，扩大在国际贸易纠纷解决方面全球影响力。至年底，国际仲裁院协助广交会投诉接待站处理贸易纠纷超过1300宗，调解案件的当事人涉及119个国家和地区，总体调解成功率60%。（深圳市人民政府地方志办公室）

【佛山促进跨境贸易便利化】2021年，佛山市外贸进出口创新高，总额实现6160.7亿元，比上年增长21.7%，连续三年位居大湾区内地九市前列。市场采购贸易方式出口额突破1000亿元，跨境电商进出口额比上年增长43.89%，位居全国前列。社会消费品零售总额3556.66亿元，比上年增长8.1%，超额完成年初提出的7%的增长目标任务。出台《佛山市促商贸流通业高质量发展若干措施》，从支持商贸流通企业做大做强、搭建促消费平台、激发居民消费潜力等七大方面18条措施支持商贸流通企业发展；制定《佛山市进一步优化口岸营商环境促进跨境贸易便利化若干措施》，从优化通关作业流程、简化单证办理需求、规范口岸收费降成本、提升口岸软硬件设施、优化跨境贸易服务环境等5个方面22条措施优化口岸营商环境。搭建跨境贸易电子信息平台，建设有佛山特色的国际贸易“单一窗口”，深度推进“智慧码头”建设，年内，佛山“单一窗口”平台涉及用户数2.4万多家，自上线以来累计业务单量820万多票；通过智慧码头下发查验指令4.7万条，放行指令67.08万条，接收各码头集装箱动态数据238.37万条，散货动态数据16.79万条。根据佛山优势产业特点，组织企业参加“粤贸全球”展会、线下线上广交会等国内重要展会，以及29场重点推荐国际展会。出台《佛山市促进外贸发展试行办法》，加大资金支持力度，同时帮助企业“找船”“找柜”，启动“中小型直客纾困计划”，为42家企业提供个性化海运物流方案，协调跨境运输业务受香港疫情影响的企业通过跨境货车运输以外渠道解决货物进出口问题。

是年，佛山市继续开展惠企促贸“春雨行动”。佛山市贸促会联合中国信保广东分公司佛山营业部向佛山市小微出口企业（年出口额300万美元以下的企业）免费提供政策性出口信用保险保单，全年免费为680家小微企业赠送保单。佛山市贸促会购买中国信保广东分公司的资信服务，全年为20家外贸企业上门派送进口采购分析报告，为129家小微企业派送资信报告。提供原产地证免费寄送服务，全年为小微企业免费寄出的证书超900份，促进跨境贸易自由化、便利化。在全市全面推广原产地证书线上自助办理和自主打印服务，全年全市年审有效注册签证企业3120家，办理原产地证书等业务118771份，其中通过企业线上自助办理和自主打印的证书超8万份，约占总办证量的70%。

（佛山市商务局　佛山市贸促会）

【惠州促进贸易提质增效】2021年，惠州市促进贸易提质增效，建立稳外贸工作机制。成立推进贸易高质量发展联席会议、促进商业消费推进数据纳统联席会议2个联席会议制度，出台促进商业消费增长工作措施、鼓励跨境电商产业发展若干措施、促进供应链企业发展政策措施3个配套政策，统筹推动重点任务落实，商务运行呈现恢复性增长态势，各项指标运行良好，外贸进出口总体好于预期，同比呈双位数增长。

开展稳外资工作　是年，惠州市建立市领导联系重点项目机制，开辟重点外资企业服务绿色通道。落实38家外资企业、100家外贸企业直报商务部制度，建立14家省级重点企业与3宗重点外资项目库。惠州市外资工作经验被列为典型案例在全国推广交流。全市全年实际利用外资74.4亿元，比上年增长33.6%，总量排全省第五名，增速排珠三角第二名。

培育贸易新业态　是年，惠州市以跨境电商综试区建设为抓手，推动跨境电商公共服务平台建设，扩大跨境电商产业规模，引导工贸一体化企业"借电出海"。复制推广"保税＋新零售"创新经验，3月推动CW（Chemist Warehouse）大药房永旺店开业。

（惠州市人民政府地方志办公室）

【东莞加强经贸合作交流】2021年，东莞市贸促会发挥联系管理的东莞市驻南非经贸代表处作用，举办"东莞品牌携手开拓南非市场——东莞外贸企业协会2021年出口专场座谈会"，向东莞市外事办转达"七一"前夕收到南非夸纳省政府外事办、夸纳省贸易投资促进署以及当地工商界代表发来的贺函。及时发布风险预警，助力东莞企业深入了解南非营商环境。年内，东莞市贸促会接待南非德班理工大学孔子学院、中国瑞士商会、新加坡星迈黎亚集团、美洲工业集团等来访团体。拜访墨西哥驻穗总领事馆商务处，分别与广东省贸促会驻法国经贸代表处代表、马来西亚驻穗总领事馆商务处、厄瓜多尔共和国驻穗总领事馆商务处、伊朗驻穗总领事馆、赞比亚驻穗总领事馆进行线上友好交流；出席德国北威州商务署举办的"德国北威州国际商务署成立相关活动"、广东省贸促会和泰国驻广州总领馆举办的"粤港澳大湾区与泰国东部经济走廊线上研讨会"。

（东莞市人民政府地方志办公室）

【中山促进跨境贸易便利化】2021年，中山市制定促进跨境贸易便利化22项工作措施，支持建设湾区枢纽城市，保障供港澳农产品安全稳定供应，全年监管供港澳鲜蔬菜2.94万吨、活猪15610头、活鸡苗35.35万只。支持用好港珠澳大桥，助力5.2亿元供香港鲜活水产品经大桥快速通关。推广应用粤港、粤澳海关"跨境一锁"。开展"春晖"惠企政策宣讲，为17个镇街专场定制个性化"政策礼包"。高质量办理行政审批3873项。在拱北关区率先推动全工序外发加工担保金减免试点、企业集团加工贸易监管2项改革落地见效，为2家企业节省担保金1.5亿元，为3家企业料件流转减少4个业务环节，流转时间从改革前的2—3天缩减至0.5天。配合加快推进药品进口口岸建设，支持生物医药科技国际合作创新区建设。全力做好重大设备、核心零部件进口服务工作，支持有需求的企业用好税收优惠政策。大力支持外贸新业态新模式发展，推动中山跨境电商业务管理及综合服务平台通过评审验收正式投入使用。依托高级认证企业协调员工作室，为中山外贸龙头企业开展"一对一"服务，高效服务65家高级认证企业，帮助5家企业顺利通过AEO（经认证的经营者）高级认证。是年，中山海关助力中山进出口2694.9亿元，进出口规模创历史新高。

【中山建设跨境电子商务综合试验区】2021年，中山市用好上一年获批设立国家跨境电子商务综合试验区的政策红利，不断探索、形成与跨境电商业态发展相适应的新型监管服务和政策支持体系。先后出台《中山市商务发展专项资金（跨境电子商务项目）实施细则》等专项政策措施，鼓励中山企业开展海关跨境电商监管代码业务，支持中山企业建设跨境电商交易平台，鼓励跨境电商形成规模效应，实现线上线下（O2O）融合发展，鼓励跨境电商企业建设海外仓等，并为企业设立最高500万元的奖励金额。是年，中山全市跨境电商进出口订单金额82.5亿元，比上年取得飞跃性增长。根据商务部公布的“2021年跨境电子商务综合试验区评估”结果，中国（中山）跨境电子商务综合试验区位列第二档“成效较好”，仅次于广州、深圳，是省内同期获批的7个综试区中唯一入选第二档的城市。

（中山市人民政府地方志办公室）

【江门推进贸易高质量发展】2021年，江门市制定《江门市推进贸易高质量发展工作方案》，实施贸易高质量发展十大工程。加大外贸政策扶持力度，兑付各级外贸扶持资金5300多万元。扩大出口信用保险覆盖面和支持范围，在支持短期出口信用险和保险公司平台保险产品的基础上，新增对企业购买中国出口信保资信服务的费用支持。上线国际贸易“单一窗口”标准版18个大类108项应用功能，在所有口岸和各类特殊区域的应用覆盖率达到100%，实现主要通关业务申报无纸化、单一化，所有口岸收费清单线上公示，口岸通关、物流涉费项目阳光化，客服绩效考核自是年6月始至年底连续获得全满分，江门市成为全省唯一连续半年获得满分的地级市。

是年，江门市围绕“二平台六体系”建设工作任务，编制并组织实施《江门市跨境电子商务综合服务平台升级方案》《中国（江门）跨境电子商务综合试验区诚信体系建设方案》，推动制定《江门市2020年中央财政跨境电子商务综合试验区专项资金实施细则》，建设跨境电商信用服务体系和跨境电商统计监测体系。江门海关制定制度清单，提出支持综试区建设6项创新措施；江门市商务局完善和优化跨境电商公共服务平台建设，推动电商、物流等跨境电商企业与海关数据的互联互通，实现企业“一次申报、一次查验、一次放行”。江门跨境电商B2B出口试点业务正式启动，实现跨境电商出口海外仓（9810模式）业务、跨境电商水陆联运出口转关业务、跨境电商出口海外仓业务，提高江门地区跨境电商通关便利化水平。全年全市企业申报跨境电商进出口约20亿元，超额完成省下达的工作任务。（江门市商务局）

【肇庆推广国际贸易“单一窗口”】2021年，肇庆市积极引导企业统一通过国际贸易“单一窗口”办理口岸和跨境贸易领域相关业务，持续提升业务应用覆盖率及企业普及率，货物申报、运输工具申报、舱单申报三大主要申报业务应用率保持100%。全面推广口岸收费及服务信息发布系统，推动码头、船代、货代、报关等口岸收费主体企业在平台系统完成收费标准自主填报和线上公示、动态更新，目录清单之外不得收费，提高口岸收费透明度、可比性。扎实推进口岸物流协同平台与口岸码头、船代等企业业务系统进行数据对接交换，实现查验信息推送及调箱信息反馈功能在全市口岸码头全覆盖，推动“舱单共享”功能在高要港率先落地，有力提升口岸码头物流效率。

（肇庆市人民政府地方志办公室）

【第二届珠海对外贸易数字展览会】2021年7月1日至12月31日，第二届珠海对外贸易数字展览会举办。本届数字展览会由珠海市贸促会主办，环球资源广告（深圳）有限公司承办，108家珠海本地企业参展，涵盖集成电路、生物医药、新能源、新材料及高端打印装备等产业，参展产品近2万件，点击量31.5万次，买家有效询盘9976次，平均每家客户获询盘数超90次。

展览会得到中国贸促会驻澳门代表处支持，并邀请澳门厂商联合会、澳门出入口商会、澳门纺织商会、澳门付货人协会等澳门商协会共同加盟，从珠海线上贸易平台升级为珠澳线上交流合作平台。该展览会是珠海市首个规模对外贸易网上展览会，入选广东省商务厅2021年下半年"粤贸全球"（广东贸易高质量发展十大工程之一）广东线上展览平台项目。（秦昊）

·人员货物往来便利化·

【粤港澳大湾区国际班列开行】2021年，粤港澳大湾区国际班列持续高质量发展，构建包括中欧、中俄、中亚、东盟等线路在内的全天候、大运量、绿色低碳的陆上运输网络，促进国际陆运规则加速完善，为沿线各国生产生活需求提供稳定的运输保障。是年，粤港澳大湾区开行中欧、中亚、中老、东盟等国际班列390趟，开行数量再创历史新高，其中粤港澳大湾区至东盟、粤港澳大湾区至老挝国际班列为首发班列。粤港澳大湾区中欧班列自2013年首开以来，开行频率从最初的每周一趟提升到是年的日均一趟以上，货物种类从最初主要服务电子产业到涵盖数码产品、家用电器、纺织服饰等上千种产品。在全球新冠肺炎疫情防控形势起伏不定的情况下，中欧班列承担运输防疫物资重任，全年累计运送口罩、药品、消毒用品等防疫物资3524万件、14.67万吨。（编辑部）

【广州人员货物通关便利】2021年，广州口岸进出境旅客69万人次、交通工具7万艘（架、列）次。广州港货物吞吐量65130万吨，其中进出境货物吞吐量15917万吨；集装箱吞吐量2447万标准箱，其中外贸进出境集装箱吞吐量984万标准箱。白云国际机场完成货邮吞吐量204.52万吨，其中进出境货物143.86万吨；旅客吞吐量4025.7万人次，其中进出境旅客68.75万人次。

提升口岸通关效率　协助海关部门推动"提前申报""两步申报"模式，广州海关进、出口提前申报率稳定在50%、80%以上，进口两步申报率在20%以上，"两段准入"信息化监管试点、扩大"船边分流、直提"模式在多个码头应用；协调推进"智慧海关"建设，广州海关"24小时智能通关"入选国务院优化营商环境复制推广事项。成立跨境贸易专家库，认定首批21名广州市跨境贸易专家，为优化口岸营商环境和制定跨境贸易政策提供智力支持。

降低口岸合规成本　依托海关行政审批网上办理平台、国际贸易"单一窗口"等各类海关办事平台，实现48项海关窗口业务事项"关区通办"。落实口岸收费目录清单制度并强化动态调整更新，进一步完善规范广州口岸进出口环节收费目录清单，在全市水运口岸做好中国（广州）国际贸易单一窗口收费公示及服务信息发布。在全国率先试点查验无问题集装箱查验、仓储、移位费政府购买服务工作，完成中央财政免除查验无问题外贸企业吊装移位仓储费用试点资金2590.58万元转移支付。

创新跨境人民币业务　建立跨境人民币支付领域金融数据交换标准应用试点，推动粤港澳大湾区、周边国家和"一带一路"沿线国家和地区的人民币计价结算，"跨境理财通"业务试点落地。全年全市办理跨境人民币结算金额9853.48亿元，比上年增长35.1%。其中，跨境收入5110.35亿元，比上年增长53.7%；跨境支出4743.13亿元，增长19.5%。广州市与港澳地区跨境人民币结算金额5966.78亿元，占广州市跨境人民币结算量的60.6%。

（广州市人民政府地方志办公室）

【深圳人员货物通关便利】2021年，深圳市设立深港、深澳合作专班，强化与港澳规则衔接、机制对接，认真落实便利港澳居民在深发展18条措施。国家药监局药品和医疗器械技术审评检查大湾区分中心投入运营。"湾区经贸通""跨境理财通""港澳药械通"等项目落地。

（深圳市人民政府地方志办公室）

【珠海优化货物通关服务】2021年，珠海市推动出台横琴粤澳深度合作区放宽市场准入特别清单，支持深合区研究放宽自贸区外商投资负面清单中涉及股比限制的行业。与港澳物流行业建立长效沟通协调机制，实施“两步申报”“广东陆路快速通关”等通过便利化措施，全面落实粤港、粤澳海关查验结果参考互认、“跨境一锁”等。对重点型企业实施“专员服务”，开通供港鲜活产品、出口防疫物资绿色通道，实现“急货随到随放、普货能快尽快”，减少货物口岸滞留时间。是年，港珠澳大桥口岸进、出口平均整体通关时间在全国名列前茅。（杨浩航）

【珠海 60 项措施便利港澳居民】2021 年，珠海市完善便利港澳居民在珠发展体制机制，市委台港澳办牵头全市 38 个单位，对便利港澳居民在珠发展各项政策措施进行系统梳理，汇总制定《便利港澳居民在珠海发展 60 项措施》及实施细则（约 13 万字），涵盖居住生活、就学就业创业、科技创新、经贸交流、社会文化教育五个领域，为港澳居民在珠海发展提供一整套体系完备、覆盖全面、针对性强、实用性高的政策指南和办事指引。11 月 12 日，第十一届珠澳合作发展论坛暨《便利港澳居民在珠海发展 60 项措施》发布会在珠海召开，央视、《人民日报》、《澳门日报》、《香港商报》等 50 家境内外媒体进行全方位跟踪报道，截至年底，刊发转载超 300 篇，浏览量超 100 万次。

（梁华清）

【佛山人员货物往来便利化】2021 年，佛山海关优化口岸营商环境，提升跨境贸易便利化水平。实行简政放权，按照“能取消的取消，能退出口岸验核的退出验核”原则，持续推动进出口环节需要验核的监管证件精简化，支持大部分监管证件通过国际贸易“单一窗口”实现网上申请、网上办理，广大进出口企业足不出户就可以办理通关手续。鼓励企业选取“提前申报”“两步申报”，缩减申报前的通关时间。推广进口货物“船边直提”、出口货物“抵港直装”，缩短企业通关时间预期。采信第三方检验结果，实行“先声明、后验证”申报模式，进一步压缩口岸通关时间，提升通关效率。组织开发“单一窗口”全国口岸收费及服务信息发布系统，在佛山口岸推广港口、船代、理货等收费标准线上公开、在线查询服务，实行“一站式阳光价格”收费模式，进一步提升口岸收费透明度和可比性。拓展“单一窗口”功能，实现企业办事“零接触”、货物通关“零延时”、系统运行“零故障”，助力企业抗击疫情、及时复工复产。推动口岸通关全流程无纸化、电子化、智能化建设，推进“智慧港口”改造升级，实现物流数据多方主体共享，提升货物进出港效率。是年，佛山各口岸进出口货运量1283万吨。

（佛山海关）

2021 年 11 月 12 日，第十一届珠澳合作发展论坛暨《便利港澳居民在珠海发展 60 项措施》发布会在珠海召开（珠海市委台港澳办供稿）

【惠州推进贸易物资便利化】2021 年，惠州市协调推进落实提升跨境贸易便利化措施。发挥

“惠盐组合港”模式作用，实现大湾区港口资源互补，有效提高通关效率，降低企业物流成本；做好国际贸易“单一窗口”标准版功能推广应用，实现货物、船舶、水运舱单等主要申报业务应用率100%。全年通过组合港方式通关货物32944标箱，比上年同期增长90%。国际贸易“单一窗口”口岸信息发布系统推广培训、出口退税（外贸版）、海关原产地证书申请和原产地证书自助打印等新功能在全市推广应用。实施免除查验没有问题外贸企业吊装、移位、仓储费用试点。全年全市口岸免除海关查验环节没有问题外贸企业吊装、移位、仓储费用15.214万元，惠及219家次外贸企业。

（惠州市人民政府地方志办公室）

【东莞保障人员出入便利】 2021年，东莞市首创推出重点企业出入境专属服务，为东莞市华为、京瓷等324家重点厂企开通线上实时答疑、线下绿色通道专属服务，强化扶企惠民政策推广。实现港澳居民就近办理“回乡证”，为4175名港澳居民解决不便回港、回澳办理证件的难题，服务湾区建设。落实6项便利老年人办理出入境证件的新举措，为老年人提供各项便利服务937人次。主动提升外籍人才签证便利化，为1460名外籍人才及其随行外籍家属签发两年以上工作类及私人事务类居留许可，助力企业引才留才。畅通急事急办、绿色办证通道，为440人次提供加急服务，保障群众紧急必要的出入境需求。

【东莞海关助力货物通关】 2021年，东莞海关主动服务“一带一路”倡议，铁路跨境快速通关模式顺利试点，支持广东（石龙）铁路国际物流基地设立出口监管仓，解决中欧班列货物拼货、配货难题。为中欧班列特色专列打造“定制化”监管方案，保障广东省首趟“家电专列”、中越首发班列及邮政班列开行。参与粤港澳大湾区建设，以全国首个供港蔬菜监管中心为依托，探索一站式监管服务模式，助力供港蔬菜顺利销往香港市场。加大以企业为单元改革推广力度，推进企业集团加工贸易监管，简化集团成员企业之间保税料件流转办事流程，降低企业运营成本。推进AEO认证工作，加大信用培育力度，帮助企业在境外享受通关便利措施。推动原产地证书智能审核模式改革，实现企业申领证书零等待，助力企业“走出去”扩大出口。

（东莞市人民政府地方志办公室）

【中山推进港口贸易】 2021年，中山市正式启用“蛇口—中山港组合港”，装载中山市甜美电器有限公司生产的1106套油烟机的集装箱自中山港启航，接驳至深圳蛇口港换装国际船舶出口。运用区块链、物联网等技术优化资源配置，支持大湾区沿海枢纽港和内河支线港一体化运营；直属海关之间打破场所壁垒，实现监管互认，

2021年1月20日，广东省首趟“家电专列”经东莞海关验放后顺利开行

（东莞海关供稿）

出口货物在中山港放行后可直接在蛇口港装船出口，进口货物在蛇口港放行后可直接在中山港提离，全程只需办理一次海关手续，大幅缩减通关周期，压缩整体物流时间，节约外贸企业舱单录入费用，减小码头堆存压力。

支持药品进口口岸落地 12月30日，国家药监局与海关总署发布联合公告，增设中山港口岸为药品进口口岸。中山市成立药品进口工作领导小组，加强宣传海关深化跨境贸易便利化改革优化口岸营商环境措施，与企业建立“点对点”联系沟通机制，引导企业药品进口业务回流中山市；完善监管流程，梳理药品进口通关流程，制定便捷通关方案；开辟药品通关绿色通道，提供预约通关、延时通关等便捷通关服务；强化与市场监管局等部门联系配合，共享药企、药品进口信息，建立专人联系配合和问题快速解决机制，支持进口药品一体化通关。

推广同船运输模式 针对内外贸货物属性不同，中山市协同地方口岸部门规划推广“内外贸同船运输”模式，经海关备案后，从事承运海关监管货物的船舶可利用剩余舱位同时承运内贸集装箱货物，大大提高驳船的舱位利用率，节省运输成本。2019年以来，中山各水运口岸陆续开通“中山港—蛇口港”“中山港—盐田港”“神湾港—蛇口港”“小榄港—盐田港”4条同船运输航线，覆盖6个口岸，两年内验放3.76万标准集装箱，每年可为相关航运企业节省物流成本400余万元。

对接神湾港“特色发展、错位发展” 通过为进口水果提供预约通关服务，开辟绿色通道，加强审单、查验、物流监控等业务环节协调对接，对植物检疫证书、原产地证等资料进行前置审核，确保货到即查“零等待”，严格实施水果病虫害等检疫。5月28日，自泰国进口的37吨鲜榴莲在神湾港国际货柜码头快速验放，为中山口岸是年首票进口水果。全年累计验放进口水果140批次，货值6000余万元。

（中山市人民政府地方志办公室）

【江门优化口岸通关】 2021年，江门海关制定压缩整体通关时间工作机制，构建两级管理模式，形成工作合力；建立通关时间多维度数据评估模型，及时掌握货物申报、出证、涉税化验节点等通关全链条各环节通关时间，分析各节点作业时间对整体通关时间的负影响程度等指标；建立压缩整体通关时间“日监控、周核查、月通报、季评估”机制，形成节点管理的良性循环。实施通关一体化改革，深化口岸查验配套服务费改革，进出口环节监管证件由原有的86种精简到41种，出口和进口通关效率保持全国领先水平。是年12月进口整体通关时间为3.16小时，较2017年压缩96.02%，两项指标连续4个月在全国海关排第一名；出口整体通关时间为0.31小时，较2017年压缩94%，首次在全国海关排第十名；免除没有问题的进出口查验配套服务费158.48万元，惠及进出口企业1843家。

（江门市商务局）

【江港澳跨境通办政务服务专区】 2021年，江门市对接支持横琴、前海两个合作区建设，努力打造泛珠“9+2”政务服务“跨境通办”样板，先后启用江门—澳门、江门—香港跨境通办政务服务专区，在全国首创地级市政府在境外设立综合性政务服务专区，率先将内地政务服务窗口和模式延伸到境外。江门—港澳跨境通办政务服务专区被智慧中国年会评为“2021中国数字政府特色评选案例50强”。专区创新采用“远程视频＋自助服务＋人工服务”的服务模式，便利港澳企业和市民“零出关”“免跑腿”跨境办理江门政务服务事项。是年，江门—澳门、江门—香港跨境通办政务服务专区接待来访市民近2000人次，总业务量超2000宗，可便利港澳地区企业群众办理超400项高频政务服务事项，以及广东省内任一城市的66项高频民生服务，打造全省乃至全国跨境通办服务样本。

（江门市商务局　江门市政务服务数据管理局）

【肇庆人员车辆货物往来便利化】2021 年，肇庆海关积极推动起运港退税、“湾区一港通”模式、粤港澳大湾区组合港“肇庆高要—深圳蛇口”项目等在肇庆口岸顺利落地，有力推动物流和监管智能化。顺利启动企业自助打印报关单功能试点工作并成功办理全国首单业务，关区无纸化应用率 100%，每月进口整体通关时间均达要求。（肇庆市人民政府地方志办公室）

开放合作

·参与国际经济合作·

【澳门参与“一带一路”建设】2021 年，澳门参与国家“一带一路”建设，打造“一带一路”功能平台，坚持以“国家所需，澳门所长”为原则，发挥澳门地处国家“双循环”新发展格局交汇点的平台优势，以会展商贸活动为切入点，创设多元化投融资合作，推动澳门与“一带一路”沿线国家和地区加强经贸往来和联系。

是年，澳门出口往“一带一路”国家 / 地区的货值为 3.1 亿澳门元，由“一带一路”国家 / 地区进口的货值为 253.1 亿澳门元。加强与东亚、东南亚地区伙伴合作关系，澳门特别行政区第一、二任行政长官何厚铧先后访问新加坡、日本、韩国、越南、泰国、马来西亚，第三、四任行政长官崔世安先后率代表团访问新加坡、柬埔寨和泰国。（摘自《2022 澳门年鉴》）

【广州全面参与国际经济合作】2021 年，广州市新增对外投资企业（机构）167 个，比上年增长 2.5%；协议投资额 23.42 亿美元，增长 1.79 倍；对外直接投资额 31.36 亿美元，增长 16.45%。近五年来，上述三个指标首次实现全部正增长。对 RCEP 国家投资设立企业（机构）13 个，协议投资额 1.54 亿美元，比上年同期下降 59.6%，占同期协议投资额的 6.6%；对“一带一路”沿线国家投资设立企业（机构）15 家；协议投资额 1.83 亿美元，比上年同期下降 55.4%，占同期协议投资额的 7.8%。

是年，广州市对外投资项目主要集中在亚洲区域。新增对亚洲投资项目数 136 个，占广州市新增投资项目数的 81.4%。协议投资额主要发生在北美洲和亚洲，占比超 90%，其中北美洲协议投资额 11.76 亿美元，比上年同期增长 18.61 倍，占全市协议投资额的 50.2%；亚洲协议投资额 9.54 亿美元，增长 40.9%，占全市协议投资额的 40.7%。对外投资以第三产业为主，项目数 145 个，协议投资额 19.58 亿美元，占全市协议投资额的 83.6%；资金流向信息传输、软件和信息技术服务业等行业的增速较快，其中信息传输、软件和信息技术服务业协议投资额 12.25 亿美元，比上年增长 108.8 倍，占比最大。

是年，广州企业直接投资的境外经贸合作园区有乌干达—中国（广东）国际产能合作工业园、肯尼亚珠江经济特区、尼日利亚广东经济贸易合作区、“一带一路”产业园、清扬工业园有限公司，全部在非洲，其中乌干达—中国（广东）国际产能合作工业园、尼日利亚广东经济贸易合作区、“一带一路”产业园被认定为第一批广东省境外经济贸易合作区。纳入商务部统计的 3 家园区累计实现投资超过 6.77 亿美元，园区入驻企业 91 家，年末从业人数 6740 人，其中外籍 6047 人；累计实现合作区产值 16.32 亿美元，其中 2021 年合作区产值为 4.76 亿美元；累计上缴东道国税费 1600 万美元，其中 2021 年上缴东道国税费 272 万美元。

（广州市人民政府地方志办公室）

【深圳全面参与国际经济合作】2021 年，深圳市境外合作区继续稳步发展，中国—越南（深圳—海防）经贸合作区、招商局中白商贸物流园、老挝—中国现代农业科技示范园等境外合作区项目在“一带一路”沿线多点开花。至年底，中国—越南（深圳—海防）经贸合作区吸引入驻园区企业 32 家，包括中资控股企业 29 家（深圳投资企业 16 家），创造就业岗位 12818 个，带动全国货物出口5.28亿美元；合作区累计投资总额5.34亿美元，其中建区企业累计投资额1.56亿美元，入区企业累计投资额3.78亿美元。年内，经深圳市核准备案，深圳企业对外投资设立675家企业及机构，比上年增长48.35%，中方协议投资总额72.79亿美元，实际投资额81.02亿美元。对外投资主要流向开曼群岛、英属维尔京群岛、荷兰、新加坡和德国等国家地区。根据商务部统计数据，至年底，深圳市对外投资存量为1576.1亿美元。

（深圳市人民政府地方志办公室）

【珠海拉美经贸交流】 2021年11月19日，珠海拉美经贸交流对接活动在珠海市仁恒洲际酒店举办。活动由中国贸促会广东省委员会、中国贸促会珠海市分会、珠海市外事局、珠海市人民政府驻广州代表处联合主办，以线上、线下方式开展，旨在通过搭建更多中拉线上线下经贸交流平台，促进双边企业家开展更加深入的交流合作。活动中，珠海市贸促会、横琴粤澳深度合作区经济发展局、巴西在华工商业创新协会、巴西外国企业社会经济发展促进机构、阿根廷—中国交流理事会分别进行推介，云洲智能、力派尔、蓝图等9家珠海企业与巴西、墨西哥、哥伦比亚、阿根廷等拉美国家21家企业进行25场企业“一对一”配对活动，涵盖智能制造、生物医药等珠海重点发展产业。中国国际商会珠海商会与阿根廷—中国交流理事会签署谅解备忘录。（秦昊）

【佛山民营企业“走出去”】 2021年，佛山市对“一带一路”沿线国家及地区投资项目15个，投资总额8077万美元，比上年增长1.7倍。对RCEP成员方投资总额4.4亿美元，增长16倍。佛山市新增对外投资企业（项目）46家（个），比上年增长55%；投资额5.5亿美元，增长75%。推动企业“走出去”参与海外优质资产投资，落实佛山民营企业国际化服务，相继走访金意陶、日丰、伟龙金属等企业，为佛山企业“走出去”提供专业服务，“走出去”的业态逐步从传统优势产品贸易转向优势产业上下游链条优质资产布局。海外并购资产涉足新能源、集成电路、高端光学装备等战略性新兴产业的多个领域，全年海外并购项目21个，占整体对外投资项目总数近50%；海外并购中方投资额4亿美元，占海外投资中方投资额的71%。参与“一带一路”建设，加强家电、陶瓷、五金器材等传统产业经贸往来，集成电路、环境保护、矿产资源等新兴领域也开展经贸合作，格兰仕在新加坡设立集成电路实验室；广东邦普在印尼开展金属回收业务，吉瑞在印尼收购镍矿等。对RCEP成员方对外投资大幅增长，举办“佛山市服务RCEP‘走出去’企业座谈会”，宣讲佛山市对外投资政策，解答企业的疑问，指导企业对外投资工作。加强对海外资源布局，是年，世界500强企业青山控股集团在佛山的全资子公司——吉瑞科技集团作为三方其中之一主体，投资在印尼雅加达的哈马黑拉岛镍铁矿项目，项目总投资10亿美元，年产10.8万吨镍金属。（佛山年鉴社）

【惠州支持外贸企业发展】 2021年，惠州市货物贸易进出口3055.1亿元，比上年增长22.8%，其中出口2132.3亿元，增长26.3%；进口922.8亿元，增长15.3%。落实国家、省稳外贸政策和《惠州市促进外贸稳定发展实施细则》，加强关键生产设备、核心零部件和原材料进口贴息扶持，强化出口信用保险支持，落实国内贸易信用保险扶持政策，帮助外贸企业开拓国内市场。落实100家重点外贸企业联系服务专班和跟踪监测机制，支持大型外贸企业做大做强，帮扶中小微型外贸企业提高抗风险能力，重点推动银企对接，帮助中小外贸企业解决融资等问题。加快仲恺高新区、惠城区保税物流中心（B型）申报建设。加快跨境电商综试区建设，落实《惠州市鼓励跨境电子商务高质量发展若干措施》，引进培育跨境电商龙头企业，提升跨境电商出口规模。支持企业开拓国内外市场，组织企业参加广交会、进博会、服贸会、海丝博览会以

及首届消博会等展会，帮助企业开拓“一带一路”沿线市场。（惠州市人民政府地方志办公室）

【东莞对外经贸合作】2021年，东莞市外贸进出口额1.5万亿元，总量排全国第五、全省第二位。实际利用境外投资95.3亿元，总量排全省第四位。全市跨境电商进出口额730亿元，其中出口额719.03亿元，进口额10.97亿元。年内，东莞市国际邮件互换局的国际小包累计出口量812.7万件。对“一带一路”沿线国家（地区）进出口额3461.8亿元，比上年增长10.3%，占全市22.7%。东莞市始发的国际班列119班次，集装箱1.19万标准箱，货运量7.24万吨，货物贸易额5.55亿美元。

是年，东莞市对“一带一路”国家和地区开展投资合作项目21个（新设16个、增资5个），比上年增加2个，中方投资额5078万美元。至年底，投资到“一带一路”沿线国家和地区的项目有91个，涉及17个国家和地区，中方投资额6.91亿美元，占东莞市对外投资总额的23.2%，投资排名前三的国家分别是越南、印度和印度尼西亚。东莞企业在“一带一路”沿线国家地区的投资范围涵括制造业、医药研究、建筑安装、水力发电等领域，带动产业技术、设备和服务“走出去”。其中，广东省水利水电第三工程局有限公司作为市对外承包工程标杆企业，承接老挝沙湾拿吉塔潘通道路升级工程、怀博莱水电站、缅甸莱比塘铜矿工程等多个基建项目的建设合作，助力推动“一带一路”沿线国家地区基础设施取得新进展。

（东莞市人民政府地方志办公室）

【中山市场采购贸易发展】2021年，中山市支持市场采购规范发展，引导更多个体工商户、中小微企业采取市场采购贸易方式拓宽小商品出口通道。推行出口货物“提前申报、抵港直装”等跨境贸易便利化服务，“一对一”指导出口企业简化申报，实施工作日延时通关、节假日预约通关，100%满足企业赶订单需求，畅通市场采购货物出口通道。全市全年市场采购出口19.67亿元，比上年增长89.76%。推动跨境电商B2B直接出口及出口海外仓业务落地，通过线上、线下多种渠道详细解读跨境电商模式出口业务注册和申报流程；落实跨境电商B2B出口货物适用转关、优先查验、便利退货等通关便利措施，确保货物通关顺畅。是年，中山市跨境电商出口额85.66亿元。

（中山市人民政府地方志办公室）

【江门参与国际经济合作】2021年，江门市组织开展对接活动，鼓励具备条件的江门企业“走出去”开展国际化经营，为江门市企业到国（境）外建立海外营销网络、投资办企业、承接境外大型建筑项目等提供平台。联合乌干达在江门市举办乌干达投资贸易推介活动，帮助企业了解当地投资环境，助力企业寻找投资合作商机。至年底，到江门市投资的“一带一路”沿线国家企业有239家，累计合同外资金额16.22亿美元，实际吸收外资金额12.92亿美元；江门市在“一带一路”沿线国家和地区投资设立的企业共18家，投资总额约5000万美元。

是年，江门市外贸进出口稳定增长，规模再创新高，质量稳步提升，进出口增速在全省排第四，出口增速在全省排第二位。据海关统计，江门市是年进出口总值1789.5亿元，首次突破1500亿元大关，比上年增长25.2%，比2019年增长25.5%。其中，出口1465.7亿元，增长30.2%，比2019年增长29%；进口323.8亿元，增长6.7%，比2019年增长11.9%。

市场结构方面　是年，江门市前五大贸易伙伴依次为美国、欧盟、东盟、拉美和非洲，对上述贸易伙伴的进出口分别为316.1亿元、275亿元、192.7亿元、146亿元和111.7亿元，比上年分别增长26.7%、31.9%、23.2%、49.2%和30.6%。江门市对“一带一路”沿线国家进出口为416亿元，比上年增长29.5%，比整体增速高4.3个百分点，拉动全市增长6.6个百分点；对RCEP贸易伙伴进出口372亿元，增长16.8%。

贸易方式方面 是年，江门市一般贸易进出口 1345.2 亿元，比上年增长 28.9%，占同期全市进出口总值的 75.2%，比重提升 2.2 个百分点，对全市外贸增长的贡献率达 83.7%。其中，出口 1126.5 亿元，增长 34.2%；进口 218.7 亿元，增长 7.2%。同期，加工贸易进出口额 424.5 亿元，增长 16.1%。

商品结构方面 是年，江门市家用电器、摩托车和印制电路分别出口 205.7 亿元、84.3 亿元、75.4 亿元，分别增长 15.5%、35.9%、36.6%。集装箱出口保持显著增长，出口 70.5 亿元，增长 277.8%。主要进口商品中，农产品、集成电路和液晶显示板分别进口 38.8 亿元、19.1 亿元、12.6 亿元，分别增长 65.4%、52%、183.8%。

（江门市商务局）

·国际市场开拓·

【广州国际市场开拓】 2021 年，广州市开放型经济水平明显提升。对“一带一路”沿线市场进出口总额年均增长 8.2%；在穗投资世界 500 强企业增至 330 家；累计实际使用外资 2240 亿元，年均增长 10%。持续发挥汽车、摩托车、家居家电、快消品产业联盟引领作用，助力企业以“抱团出海”形式共同开拓国际市场，提升对外贸易合作层级。在 2021 年 4 月 15—24 日线上举办的第 129 届广交会中，新设乡村振兴专区，发挥广交会产业帮扶优势，帮助脱贫地区企业开拓国际市场，49 个展区的 1160 家脱贫地区企业零门槛、零费用参展。

（广州市人民政府地方志办公室）

【深圳对外经贸促进】 2021 年，深圳市抢抓“双区”驱动、“双区”叠加和“双改”示范重大历史机遇，引导企业科学理性高质量对外投资合作，重点推动深圳—新加坡智慧城市合作等经贸合作事项，助力企业拓展国际市场。持续深化智慧城市领域交流合作，召开深圳—新加坡智慧城市合作联合执行委员会第二次会议，在跨境贸易无纸化、跨境电子支付、科技型初创企业和中小企业服务平台等方面取得阶段性成果。

（深圳市人民政府地方志办公室）

【佛山国际市场开拓】 2021 年，佛山市对“一带一路”沿线国家和地区进出口 1995.7 亿元，比上年增长 15.7%；对 RCEP 其他成员进出口 1731.3 亿元，增长 13.4%；对中东欧国家进出口 119.3 亿元，增长 39.4%。

推动跨境电商发展 自 2019 年 12 月获批成为中国（佛山）跨境电子商务综合试验区以来，佛山市跨境电子商务发展迅猛。是年，佛山市跨境电商进出口额保持较快增长，比上年增长 43.89%，超额完成省下达的目标任务。推动跨境电商综试区建设，优化跨境电商发展环境，推进“两平台六体系”建设，发展跨境电商 B2C、B2B 出口业务，全年认定 5 个跨境电商园区（4 个功能型跨境电商园区、1 个产业型跨境电商园区）。

优化外贸转型升级基地建设 是年，广东省佛山市顺德区国家外贸转型升级基地（装备制造）获批，佛山市国家级基地数量上升至 6 个，省级基地 2 个，基地数量在全省排名前列。举办 2021 佛山市外贸转型升级基地系列线上对接交流会——巴基斯坦（陶瓷行业）及土耳其（陶瓷、金属型材、五金行业）专场，支持基地企业开拓新兴市场潜力。支持企业通过基地抱团参展，广东省佛山市顺德区国家级外贸转型升级基地（家电）组织数十家中小型家电企业，首次以专区展示的形式参与第 130 届广交会；广东省佛山市顺德区国家级外贸转型升级基地（家居五金）组织企业参加 2021 年广东 21 世纪海上丝绸之路国际博览会。

开展线上、线下国际展会 组织佛山企业参加“粤贸全球”展会，根据佛山优势产业特点将“中国—东南亚（印度尼西亚）国际贸易数字展览会”“中国（阿联酋）贸易博览会”等 29 场展会列为佛山重点推荐国际展会，对企业参展费用给予补助。佛山市有 450 家企业参加线上广交会，190 家企业参加线下广交会，设展位

646个，其中品牌展位462个、一般性展位184个。在2021年粤澳名优商品展中，佛山市组织广东石湾酒厂集团有限公司、佛山市海天调味食品股份有限公司等16家企业参展（19个展位），13家企业到展会现场进行采购活动。

举办“新征程”线上对接洽谈活动　是年，佛山市分别以乌克兰、保加利亚、土耳其等欧洲国家，以及非洲、东南亚国家为重点，邀请96名境外客商、90家佛山企业代表进行394场洽谈对接。利用中欧班列畅通国际贸易物流通道，广物集团与乌克兰本土企业合作运营的直达乌克兰的中乌班列从广州成功首发，该班列有50个标准集装箱，主要运送佛山市产品在内的家具、家电、电子等产品。

（佛山市商务局　佛山市贸促会）

【东莞企业境外投资】 2021年，东莞市有472家企业在全球52个国家和地区的597家境外企业进行非金融类直接投资，累计协议投资29.91亿美元。企业对外投资大多以东莞制造相关的批发业、零售业和制造业为主。“走出去”企业在亚洲设立的境外企业数量最多，为474家，占投资境外企业总数的79.4%；其次是北美洲和欧洲，分别为63家和32家，占比分别为10.55%和5.36%。年内，东莞市企业赴全球17个国家和地区投资的备案项目73个，涉及中方协议投资金额9.12亿美元，比上年增长6.6倍，规模与增速均创历史新高。全年全市对外投资主要流向批发和零售业、制造业等领域，其中，批发和零售业项目有62个，中方协议投资额7.5亿美元，占比82.5%；制造业项目有14个，中方协议投资额1.58亿美元，占比17.3%。

（东莞市人民政府地方志办公室）

【中山助力企业开拓国际市场】 2021年，中山市发挥出口信用保险政策的杠杆作用，继续做好稳外贸工作。联合中信保中山营业部，发挥出口信用保险政策降低企业开拓国际市场风险，是年，中信保覆盖面金额为106.4亿美元，比上年增长39.5%，累计服务企业985家。中信保中山营业部通过赔前减损介入追讨超过人民币1.15亿元，为重点客户追回货款超过人民币6976万元，为中山出口企业赔付超过人民币5093万元。发挥两届广交会双循环促进作用，聚力做好中山分团参展工作，在全球新冠肺炎疫情仍在蔓延的背景下，帮助企业线上线下融合拓单，加快数字化转型，开拓国内国际双市场。继前三届广交会开启线上展会后，第130届广交会实现线上线下融合开展，中山市有63家企业参加线下展会，组织转运采购商6000余名，设展位200个，六成以上为品牌展位，主要分布在电子及家电类、照明类、纺织服装类等15个大类22个展区。　（中山市人民政府地方志办公室）

【第四届“一带一路”地市贸促会联盟年会暨“互联网+”国际贸易研讨会】 2021年9月23—24日，第四届“一带一路”地市贸促会联盟年会暨“互联网+”国际贸易研讨会在佛山举行。大会以“大变局下数字贸易的新机遇”为主题，紧贴贸促工作特点，把握新时代贸易新方向，推动联盟成员城市间合作、互利、共赢、发展。来自15个省份、50个地市贸促会的相关负责人参加活动。会上，第三届“一带一路”沿线城市贸促会联盟执行主席方榆林市贸促会向大会作题为《发扬务实创新精神谋求贸促联盟新发展》报告。年会表决通过海口市、邯郸市、三门峡市、佛山市等12家地市贸促会加入联盟的申请。年会结束后，地市贸促会联盟召开“互联网+”国际贸易研讨会。研讨会上，与会专家围绕“大变局下数字贸易新机遇”主题进行主旨演讲并作经验交流分享，与会地市贸促会联盟达成《“一带一路”地市贸促会2021佛山共识》。

（佛山年鉴社）

·责任编辑　陈英纳·

粤港澳合作发展平台共建

综　述

【概况】2021年，广东省高标准推进粤港澳重点合作平台建设。落实横琴、前海2个合作区方案，分别成立省推进横琴合作区建设、全面深化前海合作区改革开放工作领导小组，制定出台省支持横琴、前海2个合作区建设的政策文件，加快编制2个合作区总体发展规划。前海合作区加快推动政策“扩区”，推动产业用地、产业奖补、金融、法律等政策覆盖到扩区后全部区域，企业所得税优惠政策延期、目录扩围、门槛降低等举措落地实施，探索行政区与经济区适度分离下的体制机制创新。横琴合作区管理委员会、执行委员会和省委、省政府派出机构挂牌运作，研究编制鼓励类产业和企业所得税优惠目录，“分线管理”配套政策和“二线”通道基础设施建设稳步推进。南沙粤港澳全面合作示范区加快建设，国家进口贸易促进创新示范区获批，明珠科学院启动区全面开工，南沙保税港区升级为综合保税区，南沙国际邮轮母港建成运营。落实大湾区综合性国家科学中心建设“十四五”规划和实施方案。光明科学城、松山湖科学城等主体区域人才、平台等要素加快集聚，南沙科学城作为联动协同发展区域加快布局和建设。推进特色合作平台规划建设。中新广州知识城总体发展规划获批，广州南沙新区创建国际化人才特区、广州穗港智造合作区、佛山三龙湾高端创新集聚区、佛山顺德粤港澳协同发展合作区、江门华侨华人文化交流合作重要平台等规划方案印发实施。

（广东省发展改革委　广东省人民政府地方志办公室）

【广东自贸试验区营商环境优化】中国（广东）自由贸易试验区（简称广东自贸试验区）实施范围116.2平方千米，涵盖广州南沙新区片区、深圳前海蛇口片区、珠海横琴新区片区3个片区。广东自贸试验区坚持以开放促改革，以创新促发展，各项经济指标继续保持全国自贸试验区前列。2021年，广东自贸试验区实现固定资产投资1375.99亿元，比上年增长6.5%；税收收入1048亿元，增长2.8%；外贸进出口总额1.88万亿元（口岸统计数），增长29.9%；新设外商投资企业2925家，实际利用外资82.41亿美元，增长3.8%，占全省实际外资总额的18%。是年，广东自贸试验区外商投资负面清单缩减，限制性措施已减至27项，实现制造业项目清零。粤港澳商事登记一体化工作获国务院督查激励，南沙商事登记确认制改革试点经验获国务院肯定并在全国自贸试验区推广。试点香港投资者简化版公证文书，近1.46万家企业受惠。省政府向片区下放第三批68项省级管理权限。南沙构建“五个一”（一个窗口管受理、一颗公章管审批、一支队伍管执法、一个平台管信用、一张网页优服务）行政管理服务体系，160项政务服务事项实现“湾区通办”，创新构建“信即办”（申请人做出信用承诺后实行先证后核、现场发证）审批服务体系，实现“即来即办、当场办结、立等可取”。前海制定实施优化营商环境三年行动计划，推行工程建设项目审批“一次申请、按需发证”，办理时间由49天压缩至13天。

【广东自贸试验区贸易便利化水平提升】 2021年，广东自贸试验区促进海空港资源共享。海关深化“多国集拼”（MCC）前海物流模式创新，大湾区机场群货运安检中心前置前海，累计实现552.3亿元货物在前海登机。开展“大湾区组合港”“湾区一港通”模式试点，实现枢纽港与支线港跨关区监管互认和一体化操作，开通12条组合港线路，累计10万标准箱货物便利通关。贸易新业态多元发展。南沙推进“跨境电商出口退货监管新模式”，跨境电商进出口比上年增长73%。前海打造跨境电商全业态中心，验放全国首票“9810”（跨境电商出口海外仓）报关单。综合保税区海关监管模式创新。南沙综合保税区实施“仓储货物区内直转”模式，帮助企业节约成本超500万元。实施支持文物、文化艺术品等高端消费品保税展示的22条措施，区内文化产品进出口额比上年增长86.3%。

【广东自贸试验区金融开放创新】 2021年，广东自贸试验区提升跨境资金流动便利化水平。南沙获批全国首批跨境贸易投资高水平开放试点，中国南方航空股份有限公司获准开展境内经营性租赁支付外币租金业务。自由贸易（FT）账户业务获准拓展试点银行和服务范围，截至2021年FT账户业务金额7528亿元。粤港澳金融合作深化。开展粤港澳大湾区“跨境理财通”业务，截至年末办理汇划资金4.86亿元。试点港澳代理见证开立内地个人银行账户业务，截至2021年，开立内地个人银行账户17.8万户。开展跨境金融产品创新，推行粤港澳“三地车险一地投保”，完成全国首个跨境医疗保险产品备案。特色金融发展。南沙累计注册融资租赁企业2209家，累计完成178架飞机和81艘船舶租赁业务。前海深化跨境双向股权投资试点，QFLP（合格境外有限合伙人）基金规模达400亿元，获批QDIE（合格境内有限合伙人）额度19亿美元。横琴吸引33个涉澳跨境金融企业或服务机构入驻粤澳跨境金融合作（珠海）示范区。

（张煊）

【粤港澳合作深化】 2021年，广东省扩大对港澳服务业开放。发布国内首部港澳专业人才在内地申报职称的规范性文件，搭建粤港澳大湾区职称和职业资格业务一站式服务平台。首创对粤港两地个人的跨境身份核验服务，建设大湾区跨境数据互信互认平台。开展香港工程建设咨询企业和专业人士便利化执业试点，55家香港工程建设咨询企业和253名香港专业人士成功备案。前海推进港澳税务师、导游备案执业，港澳专业人士执业备案范围扩充至16类，62名港澳涉税专业人士办理完成跨境执业登记，2家合资税务师事务所完成行政登记。前海法院聘请32名港籍陪审员。横琴“一线”口岸二期工程全面展开，“二线”海关监管作业场所动工，创新客货车通道“联合一站式”通关模式。澳门机动车便利入出横琴配额增至1万辆。打造“港企”发展平台。南沙推进粤港深度合作区建设，南沙科学城纳入粤港澳大湾区综合性国家科学中心主要承载区。前海建设“两城六区一园一场六镇双港”，出台金融、办公用房等产业政策，支持香港金融、会展、现代海洋、科技服务等优势产业发展。深港联动举办前海招商大会，20个重点港资和外资项目落地、总投资239.5亿元，全年新增港企622家。加大港澳青年创新创业支持力度。南沙出台实施“港澳青创30条”支持政策，落户省粤港澳青少年交流促进会，建成创享湾等8个港澳青创基地。前海深港青年梦工场创业空间拓展至12万平方米，为港澳青年发放专项扶持资金7900多万元。横琴澳门青年创业谷累计孵化企业729家，其中澳门创业企业321家，成为澳门青年内地创业的首选之地。（广东省商务厅）

横琴粤澳深度合作区

【概况】珠海横琴粤澳深度合作区位于珠江口西岸，珠海市南部，毗邻港澳，与澳门隔河相望，距离香港34海里。拥有保存完好的海洋、森林、湿地三大生态系统，环岛岸线长约50千米。中共中央、国务院于2021年9月5日公布《横琴粤澳深度合作区建设总体方案》，明确横琴粤澳深度合作区（简称合作区）实施范围为横琴岛“一线”和“二线”（横琴与澳门特别行政区之间设为“一线”；横琴与中华人民共和国关境内其他地区之间设为“二线”）之间的海关监管区域，总面积约106平方千米。2021年，合作区地区生产总值454.63亿元，比上年增长8.5%。

【珠海贯彻落实《横琴方案》】2021年9月5日，中共中央、国务院公布《横琴粤澳深度合作区建设总体方案》；9月17日，横琴粤澳深度合作区管理机构揭牌，合作区建设进入全面实施、加快推进的新阶段。合作区着力建立健全粤澳共商共建共管共享的新体制，在粤港澳大湾区建设领导小组领导下，粤澳双方联合组建合作区管理委员会，在职权范围内统筹决定合作区的重大规划、重大政策、重大项目和重要人事任免。合作区管理委员会实行双主任制，由广东省省长和澳门特别行政区行政长官共同担任，澳门特别行政区委派一名常务副主任，粤澳双方协商确定其他副主任。成员单位包括广东省和澳门特别行政区有关部门、珠海市政府等。合作区管理委员会下设执行委员会，履行合作区的国际推介、招商引资、产业导入、土地开发、项目建设、民生管理等职能。执行委员会主要负责人由澳门特别行政区政府委派，广东省和珠海市派人参加，协助做好涉及广东省事务的协调工作。粤澳双方根据需要组建开发投资公司，配合执行委员会做好合作区开发建设有关工作。合作区上升为广东省管理，成立广东省委和省政府派出机构，履行属地管理职能，配合合作区管理和执行机构推进合作区开发建设。

珠海举全市之力支持服务横琴粤澳深度合作区建设。12月24日，珠海市委、市政府印发具体行动方案，聚焦培育壮大战略性新兴产业，促进澳门经济适度多元的新产业；丰富珠澳合作空间，建设便利澳门居民生活就业的新家园；促进规则衔接机制对接，构建与澳门一体化高水平开放的新体系；构建合作共赢新模式，健全粤澳共商共建共管共享的新体制。以推进合作区建设为引领，辐射带动全市高质量发展。合作区建设进入全面实施、加快推进的新阶段。全面强化产业协同发展，在珠海的澳门投资企业超6000家。横琴国际休闲旅游岛全方位升级，联合澳门开发“一程多站”旅游产品，助推澳门建设世界旅游休闲中心。珠澳社会民生加快融合，“澳门新街坊”加快建设，在全国首创跨境办公、

珠海横琴口岸（2021年）（李建東　摄）

2021 年横琴粤澳深度合作区国民经济发展情况

指　　标	单位	总量	比上年增长（%）
地区生产总值	亿元	454.63	8.5
规模以上工业总产值	亿元	15.31	-16.1
规模以上工业增加值	亿元	3.18	-11.2
固定资产投资额	亿元	—	12.9
社会消费品零售总额	亿元	14.86	-8.5
外贸进出口总额	亿元	314.66	53.3
实际吸收外商直接投资	亿美元	15.23	-14.1
一般公共预算收入	亿元	108.68	14.3

跨境医保、跨境执业、跨境仲裁等一批创新举措。“澳珠极点”建设全面推进，珠海和澳门“硬联通”全面推进，青茂口岸开通运行，横琴口岸二期工程加快建设，澳门轻轨延伸横琴线项目开工，创新珠澳客车货车“合作查验，一次放行”查验模式，澳门单牌车入出横琴政策落地。跨境要素流动更加便利，深化与香港的机场、物流、商贸合作，探索共建高端航空产业集群，加强与港澳离岸金融市场互动。成立澳珠人才发展促进会，保障合作区人才工作平稳过渡。

（肖潇）

【文旅会展产业发展】 2021 年，合作区大力发展休闲度假、会议展览、体育赛事观光等旅游产业和休闲养生、康复医疗等大健康产业。推动会展业发展，为参与跨境会展的人员提供出入境便利措施，打造具有国际影响力的展会平台。作为澳门的支柱产业之一旅游业，可以与横琴的旅游业形成互补、协同发展，为粤澳文旅产业融合发展带来新机遇、创造新平台。

【现代金融产业发展】 2021 年，合作区推进现代金融产业发展。现代金融产业是澳门新兴产业，对推动产业适度多元发展起到强大的支撑作用，要求充分发挥澳门对接葡语国家的窗口作用，支持合作区打造中国—葡语国家金融服务平台。在资本应用、跨境人民币业务、机构互设、跨境保险等方面，方案提出多项金融支持政策，拓展澳门现代金融业的发展空间。

【便利澳门居民就业创业】 2021 年，《横琴粤澳深度合作区建设总体方案》提出，通过对澳门居民税务优惠政策、“澳门新街坊”和医疗联合体建设、基础设施互联互通等方面给予全面支援和便利，为澳门居民在深度合作区学习、就业、创业、生活提供便利，为澳门居民建设便利生活就业的新家园，营造趋同澳门的宜居宜业生活环境。提出“吸引澳门居民就业创业”“加强与澳门社会民生合作”“推进基础设施互联互通”，从多方面明确提出便利澳门居民的多项政策。方案指出，加快推进“澳门新街坊”建设，该项目是珠澳两地携手合作的重要综合民生项目，集居住、教育、医疗等功能于一体，可逐步对接澳门教育、医疗、社会服务，实现两地跨境公共服务和社会保障衔接，为居民创造澳人熟悉、配套齐全的跨境生活环境。

（肖潇）

【珠澳融合发展】 2021 年，横琴粤澳深度合作区从规则衔接、产业协同、社会民生融合等方面促珠澳融合发展。推出一系列优化流程、缩短时间、节省成本的创新措施。在企业跨境办公方面，近250项行政审批服务事项实现线上跨境通办。商事登记和跨境办税服务拓展至澳门，澳门居民可远程办理商事登记和涉税业务。首创跨境办公试点政策，澳门企业仅需提供澳门特区政府商事主体登记文件即可申请入驻及租金补贴。在专业人才跨境执业方面，设立全国首家内地与港澳合伙联营律师事务所、全国首家内地与港澳三地联营设计顾问机构、三地联营建筑工程咨询公司，为粤港澳三地的商事主体提供专业服务。通过立法方式对澳门专业人士执业资格实行单向认可，率先确认建筑领域资质企业和专业人士执业资格，154名澳门建筑领域专业人士和35家澳门企业通过备案在合作区执业。全国首部支持港澳旅游从业人员跨境执业的地方性法规经市人大常委会表决通过，495名澳门导游通过考核认证并获取合作区专用导游证。在要素跨境流动方面，不断放宽澳门单牌车入出合作区申请条件，推动延长澳门机动车入出合作区资格的有效期，累计向8763辆澳门单牌车授予入出合作区资格。

年内，合作区新增澳门企业数量大幅增长，实有澳资企业4761家，比上年底增长33.03%，注册资本（金）1446.11亿元。澳资企业覆盖国民经济17大行业门类，其中租赁和商务服务业1243家，占26.11%；批发和零售业1069家，占22.45%；科学研究和技术服务业952家，占20%。行业分布整体情况及变动情况与内外资企业整体情况基本一致。澳门青年创业谷、国际科创中心等创新创业基地新培育孵化澳门项目136个。

是年，合作区登记就业的澳门居民数503人，比上年增长1.15倍。全国首个“企业专属网页+港澳建筑工程领域跨境备案”正式启用，截至年底，63家港澳企业和324名专业人士获跨境执业资格。出台《横琴粤澳深度合作区境外专业人才执业备案试行管理办法》。搭建琴澳“零距离”网络招聘平台，为澳门居民提供就业岗位超400个。举办2021年澳门青年创业训练营，开展“横琴·菁彩说”、澳门青年赴内地实习计划等活动。劳动人事争议仲裁委员会正式运行并聘任首批6名港澳籍仲裁员，打造粤港澳三地劳资调解协作平台。（梁漫桦）

【澳门持续深化粤澳合作】2021年，澳门举行“以横琴为主阵地深化粤澳合作，支持澳门经济适度多元发展”为主题的2021年粤澳合作联席会议，会议确立粤澳重点从聚焦横琴等重大合作区，持续深化科技研发、高端制造、中医药、现代金融、文旅会展商贸等领域产业合作，进一步提升粤澳互联互通水平，持续推进社会民生合作4个方面加强合作。年内，出台《横琴粤澳深度合作区建设总体方案》，横琴粤澳深度合作区管理机构揭牌仪式在珠海横琴举行，横琴粤澳深度合作区澳门办事处挂牌并投入运作，首阶段主要向投资者提供深度合作区的投资信息及营商环境简要推介，安排与深度合作区相关部门进行在线视像咨询等，为办理手续和咨询提供便利。提供“粤港澳大湾区九市商事登记便利服务”，鼓励澳门企业到大湾区内地城市投资。同时，贸促局与横琴粤澳深度合作区经济发展局和商事服务局合作，提供深度合作区投资咨询转介和商事登记服务。

是年，深化与广东省合作。1月，与广东省合办“2021澳门·广州缤纷产品展”，首次设置穗澳特色直播间，在展会现场进行“商贸对接洽谈会”，吸引超过130家澳门展商及广州采购商参与。2月，与广东省工商业联合会（总商会）签署《友好合作框架协议》。3月，组织约30名澳门会展业界代表赴广州市及深圳市交流，与广州市及深圳市共同主办“穗澳会展洽谈交流会”和“深澳会展洽谈交流会”。3—4月和11月，先后在广州、东莞、中山、肇庆、惠州和深圳举行“澳门旅游及会展推介会”，推广澳门旅游和会展的多元化产品。7月，与广东省联合举办“粤港澳大湾区营商环境在线推介会—食品及餐饮经营”，吸引逾百名来自内地及澳门企业在线参与。11月与广东联合主办“2021粤澳名优商品展”，展览面积9000平方米，设置展位近400个，参展企业超过350家，线上线下安排洽谈逾90多场。11月和12月，组织澳门企业家代表团和澳门会展业界代表团，赴横琴粤澳深度合作区考察，了解当地营商环境及商事服务，以及到访商务酒店、展览场地、年会场馆等会展设施，增进交流及合作。

（摘自《2022澳门年鉴》）

【重点项目集中签约】 2021年12月6日，横琴粤澳深度合作区重点项目集中签约暨民生项目揭牌仪式在长隆横琴湾酒店国际会展中心举行。涉及教育、医疗卫生、亲子、家政等领域的4个民生机构揭牌启用。以科技研发与高端制造产业项目为主的12个重点项目集中签约，重点项目覆盖集成电路、电子信息、生物医药、中医药、大健康、现代金融等领域。其中，澳资项目4个，包括芯潮流集成电路、横琴达安国际创谷生物医药、分子态中医药健康产业3个产业项目和粤澳半导体基金项目；非澳资项目8个，包括空中客车直升机中国总部、恒健航空产业基金及飞机租赁2个总部项目，广东省智能科学与技术研究院、中国电子网信产业国际创新中心、极海半导体、中药新药技术创新中心4个产业项目，以及广东省半导体及集成电路产业基金设计子基金项目和中国太平保险集团项目。

（梁漫桦）

前海深港现代服务业合作区

【概况】 深圳前海深港现代服务业合作区（简称前海合作区）位于广东省深圳市西部南头半岛，珠江口东岸，毗邻港澳。2010年前海合作区建立，2015年中国（广东）自由贸易试验区深圳前海蛇口片区（简称前海蛇口自贸片区）挂牌成立。前海蛇口自贸片区管委会与前海管理局合署办公。2021年9月，中共中央、国务院《全面深化前海深港现代服务业合作区改革开放方案》（简称《前海方案》）公开发布，明确前海合作区总面积由14.92平方千米扩展至120.56平方千米。2021年，前海合作区实现地区生产总值1755.67亿元，比上年增长10.5%。

【《前海方案》贯彻落实】 2021年9月，中共中央、国务院《全面深化前海深港现代服务业合作区改革开放方案》印发，深圳市委、市政府深入贯彻习近平总书记、党中央决策部署，以及省委、省政府工作要求，制定出台深圳市推进全面深化前海合作区改革开放的实施方案，推动构建“2+2+N”落实体系，第一个“2”是前海合作区总体发展规划（2021—2035年）和前海合作区国土空间规划；第二个“2”是省推动全面深化前海改革开放若干措施和市推进全面深化前海改革开放实施方案；“N”是指围绕金融、法律、海关、海事、商务等领域出台一揽子专项配套政策。一体推进中央湾区办38项、省147项、市203项重点任务落地，至年底，三分之一以上任务取得阶段性成果。

【前海科技创新】 2021年，前海合作区新增在地科技企业453家，其中新增在地港资科技型企业73家。累计注册信息与科技服务业3.11万家。拥有国家级专精特新“小巨人”企业14家。拥有独角兽科技企业5家，包括菜鸟网络科技有限公司、前海微众银行、平安国际智慧城市科技股份有限公司、深圳市丰巢科技有限公司、深圳市越海全球电商供应链有限公司。年内，前海管理局实施《前海深港现代服务业合作区支持创新创业载体发展专项资金实施细则（试行）》，全年支持前海创新创业载体项目23个，扶持资金4900万元。打造前海深港数字经济集聚区，以数字经济为引领，深化深港科技产业融合发展。引进落地79家（其中港资19家）优质数字经济企业，涂鸦智能、思谋科技、丰巢科技、小马智行、爱客科技等一批港资科技企业落地前海。

【前海对外贸易】2021年，前海辖关区进出口总额1.74万亿元，比上年增长20.3%。其中，出口1.53万亿元，增长19.2%；进口0.21万亿元，增长28.5%。蛇口港、赤湾港、妈湾港实现外贸集装箱总量1202万标箱，比上年增长8.2%。开通国际班轮航线197条，新增35条，其中北美7条、亚洲22条。引入国内第一艘五星旗邮轮“招商伊敦”。年内，获海关总署批复同意在前海开展跨境贸易大数据平台建设试点，推动数据互联、单证互认、监管互助互认。推动“一带一路”贸易组合枢纽港建设，分别与深圳海事局、深圳市商务局、深圳市贸促委、香港“一带一路”总商会、吉布提港口管理局签署战略合作框架协议。妈湾智慧港开港，为粤港澳大湾区建设的第一个5G智慧港口；新开通“蛇口—顺德新港组合港”“蛇口—顺德北滘组合港”等组合港线路12条。推进深圳市贸促委前海服务中心落户前海，提供原产地认证、商事调解、高标准国际经贸规则培训等系列贸易促进服务。将支持离岸贸易发展纳入《深圳前海深港现代服务业合作区促进商贸物流业高质量发展办法》，推动离岸贸易常态化、规模化发展。是年，前海推进深港商贸物流小镇建设并揭牌运营。突出国际品牌贸易商，建立生态链招商机制。全球最大洋酒企业帝亚吉欧在前海注册法人企业，其亚太物流中心开业运营；全球知名服装品牌A&F注册法人，亚太全自动化贸易物流中心启用。推进打造全球供应链服务中心。年内，东方嘉盛、越海全球供应链等前海部分重点企业入选全国“供应链创新与应用示范企业”。

【前海招商引资】2021年，前海在全市招商大会签约项目44个、总投资895亿元，落实项目43个；前海招商大会落实重大项目30个、启动项目10个，总投资超866亿元。全年实际使用外资54.02亿美元，比上年增长16.8%。搭建招商项目管理与通报考核机制，开发前海招商引资项目库管理系统，入库重大项目80余个，实现项目“可查、可视、可控、可量化”。印发《前海招商引资工作月报》。制定《关于做好招商引资工作的十条措施》，细化全局招商指标任务。联系深圳市商务局、第三方专业机构开展不同主题招商培训20余场。联合南山区、宝安区举办前海招商大会，与会重点企业50家，线上观看破50万人次。

【前海深港国际法务区建设】2021年，前海深港国际法务区建设稳步推进，全国首个国际仲裁大厦投入使用，粤港澳大湾区国际仲裁中心揭牌，全国第一家商事中立评估机构成立，世界知识产权组织技术与创新中心落户前海。年内，司法、仲裁、调解、法律服务等六大类70多个机构进驻法务区。入驻国际仲裁大厦法治机构23个；香港大学（深圳）高等法律研究院、粤港澳大湾区司法研究院等法治机构意向在前海设立。加快知识产权保护工作示范区建设，中国（深圳）知识产权保护中心、国家海外知识产权纠纷应对指导中心深圳分中心、国家版权创新发展基地等国家级机构在前海形成集聚发展态势。举办国际知识产权保护法律培训和宣传活动6场，举行前海知识产权国际论坛，发布《强化知识产权全链条保护，营造国际一流营商环境》等知识产权成果。防范化解法律风险，开展合规性审查，制定前海管理局公平竞争审查实施细则。年内，全市法治政府考评，前海管理局在同类部门中排名第一位。年内“高标准建设前海深港国际法务区”纳入中央全面依法治国委员会文件。

【前海深港国际金融城建设】2021年，前海深港国际金融城建设启动，为金融机构提供400万平方米产业空间。探索实践“政府引导、业界共治、深港共享”模式，156个金融机构签约入驻金融城，其中港资、外资占比约30%。依托金融城产业载体，打造全国首个深港供应链金融创新基地，34个深港供应链金融头部机构等入驻，总产值突破150亿元。建设跨境投融资服务中心，提供一站式服务，吸引20余家港资、外资资产管理机构集聚，资产管理总规模超2600亿元。

12 家“跨境理财通”试点银行在前海落地，并开展首笔业务。

【前海企业服务】2021 年，前海管理局改善和加强企业服务。“一站式”港澳跨境服务平台获深圳治理现代化十大优秀案例；“信用 + 司法”列入全省第五批、全市第六批复制推广案例；“深港 / 深澳通注册易”在全市复制推广。年内，“前海港澳 e 站通”项目在深港合作论坛启动，前海管理局联合香港贸发局在前海 e 站通揭牌首个湾区“Go GBA 港商服务站”。免费提供商事、税务、社保、前海政务等 233 项服务。与西安、汕头等实现“跨城通办”。实施智慧政务一网工程。升级线下受理，实现“一窗受理”237 项事项，新增商标等 79 项公共服务，提供服务 784 项。建设“i 深圳”前海专区，提供政务办事、“e 企惠”政策匹配、信用查询等服务。网上发布事项 259 项，实现 100% 支持网上申办、100% 支持双向免费快递、100% 支持“零跑动”。深化“证照分离”改革，推动人力资源服务等领域率先实施告知承诺制。推进电子营业执照和电子印章全领域综合应用，推出 11 项支持电子印章的政务服务。设立国家知识产权局商标业务前海受理窗口。率先试点商事主体歇业登记，累计办理歇业登记企业 7 家。上线前海在地企业信息库系统，解决登记地址虚假注册、地址冒用问题。

【前海综合保税区建设】2021 年，深圳前海综合保税区二期封关运作，妈湾智慧港建成开港。全年，前海蛇口自贸片区集装箱吞吐量 1283.1 万标准箱，比上年增长 8.7%。前海综合保税区进出口总额完成 1581.1 亿元，比上年增长 8%。在全国纳入统计的 148 个综合保税区中，前海保税区进出口总值列第九位；园区单位面积进出口值 1162.6 亿元，居首位。荣耀、阿里云先后入驻前海综合保税区。建设信息通信产品、全球电子元器件进口供应链集散中心，全年进出口额分别超过 115 亿元和 90 亿元，进出口额超过百亿元企业由 3 家增加到 5 家；利丰超级服贸中心和德州仪器的自动化仓库投入运营；中免集团打造亚太免税品中心仓和调拨中心；阿迪达斯在前海综保区设立专供香港零售店的供应链中心；ICT（信息与通信技术）头部企业中电港的亚太集散中心一期项目落户前海。新增跨境电商在地企业 19 家，进出口 21 亿美元，比上年增长 45 倍。引进华为公司、大疆公司、京东方等产品的保税检测维修与售后服务。经中国民航局批准设立全国第一个机场外货物安检点，落地前海保税区，深圳机场航空货物在前海保税区完成理货、报关、安检等一站式服务后，可直达机场登机。创新国际商品 B2B 在线交易平台、跨境电商 9610 银行收汇等。

【前海专业服务业集聚】2021 年，前海合作区新增专业服务业注册企业 952 家，其中外资企业 166 家；累计注册专业服务业企业 1.46 万家。注册企业营业收入、税收分别比上年增长 50.2%、4.7%。年内，前海管理局制定港澳导游及领队备案暂行规定。测量师、税务师等 16 类港澳专业人士直接在前海执业。全国首家深港澳联营税务师事务所在前海设立，与港澳税务学会签订协议，推动港澳税务师便利执业。启动深港专业服务业集聚先导区建设。全年新增深港联营税务师事务所 5 家，新增香港工程服务机构在前海执业备案 37 个，港澳专业人士在前海执业备案 354 名。推动毕马威、安永、罗盛等专业服务机构落户前海，推动波士顿、麦肯锡、埃森哲、Hays、CGL 等国际专业服务机构筹备入驻前海。

【智慧前海】2021 年，前海推进智慧城市和数字政府建设。国家（深圳 · 前海）新型互联网交换中心实现挂牌运营，深圳互联网企业通过接入前海互联网交换中心，在时延和抖动方面实现“双降”。以 2021 年深圳市在互联网网间平均访问时延 38.79 毫秒为基础，接入前海互联网交换中心后网间平均访问时延在 3 毫秒左右，平均时延降低 92.26%。至年末，累计接入企业 31 家，端口总带宽 2533G。前海 5G 信号室外覆盖率98%以上，协调中国移动、中国联通、中国电信三大运营商，解决楼宇室分系统建设，室内手机通信信号得到优化。推进数据要素市场化配置。前海首个基于“新基建”打造的区域性智慧公交站台专项工程投入使用。前海智慧大脑项目建设完成最终设计方案和概算编制，并经专家评审和造价审核，完成概算批复程序进入实施阶段。在线经济工作会议系统，基于BIM（建筑信息模型）数字空间平台完成开发并首次上线运行。

【前海BIM技术规划获“创新杯”特等奖】2021年12月，国内首部从城市管理者视角出发的BIM（建筑信息模型）发展规划——《前海BIM技术应用推广发展规划》经由住房和城乡建设部管理的中国勘察设计协会评审，被评为2021年度第十二届“创新杯”智慧城市与可持续发展类“特等奖”。前海有建筑类BIM模型256栋，总建筑面积960万平方米；市政基础设施类BIM模型全面涵盖道路、桥梁、地下空间、景观、河道、地铁站等公共空间。是年，前海编制《前海BIM技术应用推广发展规划》，谋划前海BIM从建设阶段、发展阶段到成熟阶段的创新和实现路径，具有前瞻性、系统性、可复制性。（深圳市人民政府地方志办公室）

广州南沙粤港澳全面合作示范区

【概况】中国（广东）自由贸易试验区广州南沙新区片区（简称广州南沙新区片区）总规模60平方千米，总体功能定位是充分发挥南沙新区地理中心港口岸线资源丰富、与港澳合作紧密的优势，重点发展航运物流、特色金融、国际商贸、高端制造、专业服务等产业，建设以生产性服务业为主导的现代产业新高地和具有世界先进水平的综合服务枢纽。2021年，广州南沙新区片区新增改革创新成果73项，其中7项（累计119项）在全省复制推广，16项（累计218项）在全市复制推广。12项金融改革创新成果入选人民银行及省、市创新案例。经第三方评估，自贸区南沙片区在2020—2021年度“中国自由贸易试验区制度创新指数”中贸易便利化指数居全国54个自贸片区第一位、综合创新指数排名第三位。全球溯源中心纳入国家社会管理和公共服务综合标准化试点。率先构建“信易+”守信激励工作体系。推出“交地即开工”4.0版，“无证明自贸区”减免证明事项330项，建成全省首个无感智慧办税服务厅。实施“信即办”改革，行政许可事项即办率90.9%，承诺办理时限比法定办理时限压缩94.8%以上。是年，自贸区南沙新区片区蕉门河中心区、明珠湾起步区、南沙湾、万顷沙保税港加工制造区、海港区、南沙枢纽、庆盛枢纽7个区块按照各自功能定位推动发展。

【制度创新】2021年，自贸区南沙片区“智慧海关”助力全天候便捷快速通关、构建全球溯源体系标准体系、“一区一厅一中心”税费跨境智能联办新模式、粤港澳青年创新创业法律服务新机制、全国首家混合所有制交易所、全国首单船舶租赁资产跨境保理业务六项制度创新成果列入中国（广东）自由贸易试验区六周年制度创新最佳案例。其中，“智慧海关”助力全天候便捷快速通关纳入投资贸易便利化最佳案例。南沙海关聚焦实货监管，应用5G、人工智能（AI）等前沿技术，集成现有系统资源，融合智能化手段，全方位感知并采集运输工具、货物、物品、场所场地、人员等实货信息，通过“大数据”快速比对实货流、信息流、单证流，创新推出智慧审证、远程监管、货物分流、机器助人查验等改革措施，打造“智慧海关”通关模式。

粤港澳青年创新创业法律服务新机制纳入国际化营商环境最佳案例。自贸区南沙片区根据港澳青年创新创业的现实需求，创新推出“1+1+N”的粤港澳青年创新创业法律服务新机制，包括1个创新创业法律支援服务中心、“1站式”跨境法律服务和N个巡回法律服务支援服务站。该机制能够帮助港澳青年解决在内地发展遇到的法律和规则不同的瓶颈以及降低青创项目在创业初期的法律运营成本。

全国首单船舶租赁资产跨境保理业务纳入金融开放创新最佳案例。2020年4月，全国首单船舶租赁资产跨境直接保理融资业务落地自贸区南沙片区，打通境外船舶租赁资产直接跨境保理的渠道，提高融资效率。

【推进粤港澳合作深化】 2021年，广州南沙与港澳合作不断深化，加快实现基础设施“硬联通”、规则机制“软联通”、科技人才“智联通”、产业协同“链联通”和交往金融“心联通”。是年，南沙港铁路建成通车。粤港合作咨询委员会成立，广州南沙港澳合作促进中心设立。香港科技大学（广州）一期全面封顶，港人子弟学校动工建设，港式社区、香港科学园南沙孵化基地、大湾区旅游教育培训基地（广州合作中心）落户。全国首创港澳工程专业人才职称评价标准体系、粤港澳团体标准服务模式，建立湾区跨境涉税事项多方合作机制。广东省粤港澳青少年交流进会落地。港澳青年创新创业法律支援服务中心成立。打造“创享湾”等青年创新创业基地，累计入驻港澳青年创新创业团队270多个，累计落户港澳企业2700多家。

【进口贸易促进创新示范区建设】 2021年，南沙区推出“1336”计划，即出台1系列专项政策，推动3个重点品类进口倍增，打造3个层次的创新环境，培育6个百亿级进口平台共同发力国际供应链服务。南沙海关出台支持培育南沙进口贸易促进创新示范区25项措施，推动南沙区打造大型先进技术设备进口核心基地、民生消费品集散中心、大宗商品国际分拨枢纽等项目。扩大冷链商品聚集优势，协调海关总署在南沙港三期设立入境肉类、水果、植物种苗综合性指定监管场地。强化国际航运枢纽配套，以货物集聚带动航线挂靠，全年南沙港区净增外贸班轮航线21条，总量135条。创新大宗商品快速通道，实施“边检边卸”“不登轮查验”“两段准入”等系列措施，助推口岸粮食进口190.3亿元，推动南沙区成为全省第一大粮食进口口岸。

【构建全球溯源体系标准体系】 2021年，自贸区南沙片区推进全球溯源信息化建设项目系统试运行和系统功能优化工作，推进实体中心布展项目整体实施等工作，构建全球溯源体系标准体系，拓展开放应用并在各地复制推广。与青岛自贸片区签订战略合作协议。全球溯源服务标准化试点获批国标委第七批社会管理和公共服务综合标准化试点项目。印发全球溯源体系标准体系8份标准规范，推进粤港澳大湾区标准申报工作。《商品全生命周期溯源通用要求》获批广东省地方标准。构建全球溯源中心法律保护体系，形成配套法律协议12份。

【广州南沙—西安国际港务区“自贸通办”服务点启用】 2021年3月19日，广州南沙—西安国际港务区“自贸通办”服务点启用，广州南沙、西安国际港务区的企业可通过广州南沙—西安国际港务区“自贸通办”，在广州南沙政务服务中心、西安国际港务区政务服务中心免费办理营业执照、企业公章、财务专用章、发票专用章、合同专用章、法定代表人章等开办企业所需的证照材料。“自贸通办”服务点依托两地办事平台，整合双方信息资源，统一办事标准，实现商事登记、刻制印章、税务发票等政务事项异地协同办理，证照结果就近领取。

【广州南沙粤港合作咨询委员会成立】 2021年4月14日，广州南沙开发区（广东自贸区南沙片区）管委会成立广州南沙粤港合作咨询委员会，作为合作园开发开放和建设管理的高层次决策咨询服务机构。该咨询委员会由全国政协副主席梁振英担任顾问，委员实行聘任制，首批委员由16名香港委员和11名内地委员组成，设商贸合作、金融合作、科技合作等9个专项工作组，以及秘书处和香港工作站，建立沟通联系、会议举办、成果转化等工作机制。咨询委员会在推动粤港两地商贸合作、科技合作、信息科技和数据联通、土地规划发展、政策研究与推动、专业服务、舆论宣传、青年创业就业、金融合作等领域率先开展深化合作。10月11日，广州南沙粤港合作咨询委员会服务中心启动，为咨询委员会委员和致力推动粤港合作的工商协会组织提供场地、咨询、人员等全方位保障服务。

【粤港澳标准化与质量发展促进会成立】2021年11月23日，广州南沙《国家标准化发展纲要》宣贯会暨广州市南沙区粤港澳标准化与质量发展促进会成立大会在南沙举办。会上举行标准化重点项目签约仪式。新成立的南沙区粤港澳标准化与质量发展促进会分别与省、市有关机构、企业及港澳协会代表签订多项合作共建协议，涵盖数字货币生态、数据资产国际标准化合作、全球标准资源库应用与标准化职业教育合作等领域，有助于充分发挥促进会及有关机构、企业等市场主体的标准支撑力，携手推动区域技术、市场、人才、项目等要素资源流通合作。

（李芳）

特色合作平台

·深港科技创新合作区·

【概况】深港科技创新合作区位于深圳市福田区南部与中国香港特别行政区接壤处，面积约4平方千米，包括位于落马洲河套地区占地约0.87平方千米的“港深创新及科技园”，深圳河北侧深圳市福田区毗邻河套地区占地约3平方千米的“深方科创园区”。2021年，深圳市推动河套深港科技创新合作区快速发展。编制上报河套深圳园区发展规划，对接香港建设北部都会区，签署河套“一区两园”建设等合作协议，规划建设深港口岸经济带。出台《河套深港科技创新合作区深圳园区科研及创新创业若干支持措施》，提出7个方面24条具体举措，在科技创新全链条的各个阶段提供政策支持。在生命、信息、材料科学3个方面，福田以项目集聚牵引香港及国际化团队和人才落地，对接引进深圳国际量子研究院、大湾区数字经济研究院等高端项目逾140个，初步构建量子信息、集成电路、生物医药、大数据及人工智能、机器人5个产业集群，创新资源集聚效应显著。协同创新区建筑面积110万平方米，分两批进行开发，建设内容以科研建筑为主。是年，合作区跨境专用口岸建设纳入国家“十四五”口岸发展规划。

【机制对接】2021年，深圳市加速推进河套深港科技创新合作区规则机制“软联通”和基础设施“硬联通”，科研“政策包”及首批18个配套政策落地实施。关地一体政务大厅“e站通”投入使用，深港跨境车辆业务、商事登记等360多个服务事项，在“e站通”实现“一次办”。

（深圳市人民政府地方志办公室）

【创新成果】2021年，深港科技创新合作区作为粤港澳大湾区唯一以科技创新为主题的片区，成为国家“十四五”规划“两廊两点”架构体系的创新极点。脑解析与脑模拟等科技基础设施完成主体建设，深港澳芯片联合研究院等27个科研项目落户河套。携手香港实施联合政策包，试点实施深港机制衔接的科研管理体制，改造筹集15万平方米科研空间，建成深港联合科技创新园，打造开放创新先导区和国际规则对接区。12月23日，国家药品监督管理局药品审评检查大湾区分中心和医疗器械技术审评检查大湾区分中心，在深圳市福田区河套深港科技创新合作区正式揭牌，深圳成为继上海之后，全国第二个拥有国家药监局分中心的地区。

【深方科创园区建设】2021年，深圳市推进河套深港科技创新合作区深方科创园区规划编制、政策完善和具体建设，取得阶段性进展，项目入驻情况良好。内地首个深港联合办公场所投入使用，香港高校首批入驻科研项目4个和港澳知名仲裁机构7个，深港澳芯片联合研究院、深圳数据交易中心等140余个优质科研项目也先后落地，深港协同开发取得初步成果。澳门世界贸易中心仲裁中心等4个澳门法律机构先后以合作方式进驻粤港澳大湾区国际仲裁中心位于河套地区的交流合作平台。国家药监局药品和器械大湾区分中心正式开展业务，量子信息科学国家实验室深圳基地顺利落地。河套深港科技创新合作区投融资方案获批，深港开放创新中心、综合服务中心建设进度达到节点要求，国资国企产业创新中心正式启用，完成全国双创周等系列活动。

（深圳市人民政府地方志办公室）

· 中新广州知识城 ·

【概况】中新广州知识城（简称“知识城”）位于广州市黄埔区北部，规划总面积178平方千米。知识城是中国与新加坡的国家级双边合作项目，作为广州国际科技创新枢纽，与广州国际航运枢纽（南沙自贸区）、广州国际航空枢纽（空港经济区）共同构成广州“外三角”空间布局。2021年，中新广州知识城规划城市发展新格局，出台《中新广州知识城总体发展规划（2020—2035年）》实施方案，以24项举措明确落实总体规划时间表和路线图。依托山、水、林、田、湖生态资源，布局生产生活生态空间，合理配比城市产业、配套、居住空间，控制生态空间和建设空间5∶5的比例格局，营造“三山相拥，城景交融”的山水新城、公园城市景象。落实知识城总体发展规划，以国土空间规划为纲，编制生态环保、土地综合整治、耕地和基本农田、历史文化保护4个专题研究，完善多个专项规划、控制性详细规划、城市设计，构建“1+4+N”高质量科学规划体系。构建“一核两心多园”的城市空间格局，优化环九龙湖总部核心城市设计，优化城市空间形态，在滨水一线布局国际会议中心、科技馆、知识塔、中新科技文化艺术中心等公共文化设施和地标塔楼，加快建设墟镇片区、独角兽总部集群、知识服务走廊，打造环山绕水、独具特色的“山水创新之城”。枫下副中心围绕“创芯＋园”定位，打造全链条芯片智造产业集聚区；新龙副中心围绕“湾区策源智心”定位，以产业园区为依托，打造服务创新经济的活力宜居家园。生物医药、智能制造、湾区半导体产业园等8大组团式空间布局形成，构筑“三集群两高地”产业发展空间，形成从南到北优势互补、有机融合的高质量发展格局。加强历史文化保护传承。在控规编制中开展历史文化遗产、古树名木等调查，在规划条件核发、土地供应等环节严格落实保护要求。妥善处理城市建设和历史文化遗产保护利用关系，南北打造九佛特色文化街区与陂头岭知识城文化双客厅。按照“宜林则林、宜草则草”原则，做好知识城范围绿化顶层设计，科学选择绿化树种草种，有序推进城乡绿化。强化城市规划引领和刚性管控，完善知识城国土空间规划，科学划定永久基本农田红线、生态保护红线、城镇开发边界三条控制线，构建开发保护格局。建立健全城市规划建设管理、重大决策、审批监管等制度机制，加强城市建设审批把关和事中事后监管。强化产业发展载体支撑，拓展开发建设空间。全年完成新征地275公顷，收地688公顷；取得用地批复213公顷，比上年增长86%；完成供地144公顷。完成房屋拆迁633万平方米、管线迁改15千米，探索“全域整备、腾挪置换”，通过旧村改造和零散用地整合，完成土地置换10公顷，腾挪产业发展空间110公顷。

【实体经济发展】2021年，中新广州知识城优化服务保障实体经济发展，全年组织项目筹建协调会39次，走访项目现场135次。创新“一企一策”项目化管理，知识城26个项目纳入信任筹建，打通企业筹建征地拆迁、土地平整、市政配套等痛点堵点。全年动工项目78个，在建项目215个，竣工投试产项目89个，达产产值超1700亿元，规模以上工业总产值160亿元，比上年增长38.68%。聚焦产业前沿领域，创新云招商模式。赴上海进博会和西安举办知识城推介会，组织日本上市企业跨境路演，提升新形势下招商引资效能。全年接触、洽谈投资意向企业300多家，签约项目35个，引进万孚生物、疫苗生产基地等重大产业项目。加强商务载体统筹管理，300多家企业进驻楼宇，载体招商取得新突破。推动产业集群发展。提升生物医药产业引领力，引进40多个生物医药项目，项目总投资额超200亿元，达产产值超1000亿元。百济神州一期商业化生产，龙沙、诺诚健华一期、康方一期等项目试产，恒瑞一期、绿叶制药项目主体结构封顶，集研发孵化、中试检测、制造销售为一体的生物医药集聚区形成。提振集成电路产业影响力，深入实施"广东强芯"工程，粤芯二期进入试投产阶段，新锐光掩模、盈骅主厂房封顶，深南电路基板项目开工建设，集聚上下游产业80多家，打造全国集成电路第三极核心区。增强新能源汽车产业竞争力，加快建设小鹏汽车智造创新中心、宝能新能源汽车产业园，推动百度阿波罗等智能网联汽车项目示范应用。

【创新平台建设】2021年，中新广州知识城科教创新园建设全面铺开。园区获国家开发银行批复贷款授信75.7亿元。全年组织召开科研院所专题工作会议50多次，协调推动园区建设全面加速。西安电子科技大学校区主体结构建设完成50%，广州大学校区教学实验楼基本完成桩基础施工。构建科技创新矩阵，与中国科学院、中国信通院等院所共建科研平台18个。航空轮胎动力学大科学装置一期设备进场，第三代半导体创新中心一期验收。大湾区密码及网络安全研究院签约落地。推动设立宋尔卫院士工作站、工业互联网标识解析国家顶级节点运营中心。清华珠三角研究院、粤港澳生态环境科学中心等科研平台加速建设。西安电子科技大学、广州大学、广东外语外贸大学等入驻院所参与申报重点实验室项目150多个，获助科研经费超1亿元。开展省级产教融合试点，建立校企协同育人机制，成立知识城校企创新创业联合会，与30多家企业达成合作意向，促进科技成果转化为现实生产力和经济驱动力。

【人才高地建设】2021年，中新广州知识城优化人才环境，配套出台"国际人才自由港10条"，运营国际人才自由港，试点开展"人才零跑动"政务服务创新，加大政策扶持力度。获批成立全省首批、全市首个省级博士博士后创新示范中心、全市首批国家海外人才离岸创新创业基地，落地"世界500强企业家俱乐部"。集聚由王晓东、施一公等24名院士领衔的人才队伍，吸纳第三代半导体产业高端技术人才20余名，培养硕博研究生3400余人、产教融合高端应用型人才1000余名。

【城区交通建设】2021年，中新广州知识城坚持交通先行和引领带动。对外完善"857"（8条轨道交通、5条高速公路、7条城市快速路）交通体系，实现直升机航线30分钟直飞港澳，打造30分钟通达市中心、机场、高铁站、港口，1小时连接大湾区主要城市的交通圈。对内推动五纵五横骨架路网格局成形，生物医药园路网已经成环，集成电路园等重点园区内部路网全面加快推进。推进建设价值创新园区内部微循环路网，建设面向自动驾驶与车路协同的城市信息模型（CIM）平台，构建地铁、公交、绿道等多种方式无缝衔接的微交通系统体系。全年在建道路36条，建成道路7条，建成里程22千米。其中，花莞高速建成通车，东部快速、钟太快速、知识大道验收通车，打通创新大道知识城段，实现双向六车道全线贯通，打通知识城南北交通。

【绿色低碳区建设】2021年，中新广州知识城聚焦"双碳"目标，在知识城南起步区试点建设绿色生态区，并通过住房和城乡建设部首批"双碳"先进案例初审。贯彻落实绿色发展理念，推动绿色建筑全覆盖，有474栋建筑获得绿色建筑专业认证。成立"零碳社区发展战略合作联盟"，探索建设低碳社区、"零碳"社区，推广绿色低碳生活模式。践行海绵城市理念，建成知识城广场、知识大厦等示范项目，树立海绵城市建设新标杆。落地运营全球首个自动驾驶出行服务平台，初步实现知识城南起步区城市信息模型（CIM）平台数据衔接，城市智慧化水平迈上新台阶。强化城市综合执法治理，全年组织专项行动90余次，整治“六乱”400余宗，检查泥头车231辆次，立案查处违法违规行为24件，垃圾分类立案151件，每日对36条主次干道共276万平方米进行环卫保洁。

【穗澳知识合作先行示范区】2021年4月8日，“穗澳合作庆百年”暨穗澳合作系列项目签约仪式在中新广州知识城海丝知识中心举行，澳门青创国际集团有限公司与广州开发区投资集团有限公司签订“穗澳知识合作先行示范区”项目合作框架协议，穗澳知识合作先行示范区落地知识城。该示范区规划总用地面积约10平方千米，其中启动区占地面积约1平方千米。穗澳知识合作先行示范区在科教创新、智能制造、生物安全和健康产业、医疗器械和中医药装备智造等领域深化穗澳合作，推进产业融合和升级，打造具备港澳特色和国际影响力的现代综合性、开放性科技产业园区。是年，黄埔区、广州开发区推进三大穗澳合作重点项目建设，包括穗澳知识合作先行示范区、澳门中心以及澳门塔，项目总投资额超200亿元。

【知识城获“通商中国企业奖”】2021年11月8日，“通商中国奖”10周年庆典暨颁奖典礼在新加坡举行，中新广州知识城获“通商中国企业奖”。该奖项是为表彰中新广州知识城对中新合作的重大贡献和在知识经济领域的示范引领作用。是年，中新广州知识城加强与新加坡在科技创新、产业发展、知识产权、金融服务、人才培养、城市治理等方面全方位合作，累计签署中新合作项目60个，启动建设2平方千米中新国际科技创新合作示范区，打造高质量高水平国际化开放合作平台。集聚国际领先的创新制药项目40余个，百济神州、诺诚健华、康方生物等项目相继投试产，打造全球顶尖的生物医药与健康产业链；规划6.6平方千米湾区半导体产业园区，引进粤芯、深南电路等上下游企业80余家，打造粤港澳大湾区集成电路核心承载区；落地百度Apollo、小鹏汽车等重点项目，打造千亿级新能源智能网联汽车产业集群。深耕知识产权综改试验田，推进新加坡、粤港澳知识产权互认互通，实现知识产权优势互补、协同发展。率先推出“跨境通”业务，推动外商投资企业准入“一体化”，实现新加坡企业“足不出境”完成全流程注册手续，擦亮“新加坡企业来华投资首选地”品牌。（田丽华）

·光明科学城·

【概况】光明科学城占地面积约99平方千米，核心片区包括光明中心区、光明云谷片区和光明凤凰城。2021年，深圳市高水平规划建设以重大科技基础设施集群为核心的光明科学城。优化光明科学城规划建设领导小组组织架构，领导小组办公室调整至深圳市发展改革委，统筹负责领导小组及其办公室日常工作，下设综合、政策、建设、产业、人才5个专责小组，多部门协同推进光明科学城建设工作。

【健全政策环境】2021年，深圳市继续健全光明科学城建设政策环境。坚持法治保障。深圳市七届人大一次会议对14名市人大代表联名提出的《关于制订〈深圳经济特区光明科学城发展促进条例〉的议案》进行立案，市人大将《深圳经济特区光明科学城发展促进条例》作为2022年度立法计划“拟新提交审议项目”。光明区组建由区委书记、区长任双组长的领导小组，组建法律条文撰写组，完成条例草案初稿。完善顶层设计。深圳市政府印发《深圳光明科学城总体发展规划（2020—2035年）》，赋予光明科学城五大战略定位。推动印发《光明科学城“六重”工作五年行动计划（2021—2025年）》，加快建设重大设施、重大平台和重大项目，培育重要机构、重点团队和重点产业集群。开展政策研究。在市委大湾区办指导下，开展光明科学城创新政策研究，学习河套深港科技创新合作区科技创新运行管理机制先进经验，梳理可借鉴、可落地政策举措建议，支撑科技成果加速产业化和打造国际化科技创新生态。开展中试验证和成果转化基地专项研究，探索中试验证基地建设策略及路径，衔接研究成果编制中试基地建设工作方案和认定管理办法。构建知识产权司法服务体系，光明科学城检察官工作室正式运作，加快筹建区知识产权公共服务中心，推动成立区知识产权司法保护中心、区人民法院知识产权审判庭以及深圳知识产权法庭巡回法庭。推进营商环境改革。出台《光明区2021年优化营商环境改革重点任务清单》，围绕“完善企业服务体系”等十个重点领域提出76项改革任务，“光明科学城人才服务工作站”等10余项工作亮点取得实效。完善规划编制。编制出台《深圳光明科学城总体发展规划（2020—2035年）》，统筹开展《深圳市自主创新能力建设“十四五”规划》编制工作。编制出台《深圳市建设大湾区综合性国家科学中心先行启动区实施方案（2020—2022年）》，围绕《实施方案》及国家省市相关顶层方案，推动实施《光明科学城空间规划纲要》《深圳市光明区关于支持合成生物创新链产业链融合发展的若干措施》等一批专项规划和配套政策。编制印发《光明科学城“六重”五年行动计划》。

【重点片区建设】2021年，深圳市坚持科学谋划布局，高标准建设光明科学城重点片区。探索光明科学城开发建设时序。对标英国哈维尔、瑞典隆德、日本筑波、上海张江、北京怀柔等知名科学城，以建设专业化、高质量科创体系和提供特色化、高品质城市服务为开发策略，从建设时序、空间落位、片区统筹等维度，新策划“智慧环道”、IDEA空间、科学家小径、国际社区、特色街区等特色化项目，按照3—5年实施期，形成《光明科学城开发建设计划研究报告》。超额完成重点区域固定资产投资任务。截至12月31日，光明凤凰城完成投资285.84亿元，光明科学城核心片区完成投资153.76亿元，两个片区均超额完成年度任务，其中核心片区在新一轮19个市级重点区域中绩效考核初评全市重点区域第一位（光明凤凰城片区不参与考核排名）。科学规划1平方千米“科学家谷”。环绕楼村水库和莲塘水库，整体打造“两核一环多节点”空间布局，规划建设科学公馆、科旅之家与多功能馆、美术馆与特色运动馆等高端服务设施，环湖建设绿道、自行车道、生态廊道、亲水景观等设施，高品质打造片区生活配套。推动大科学装置集群配套设施建设。成立深圳市光明科学城开发投资有限责任公司，作为光明科学城“片区统筹开发运营商”，一体化实施大科学装置集群配套设施建设任务及后续运营管理，获得国家开发银行105亿元配套设施建设贷款额度。谋划推动大科学装置集群4条道路建设，打造

2021年，位于光明科学城的深圳市神经科学研究院正式运行。图为深圳市神经科学研究院效果图　　（深圳市人民政府地方志办公室供稿）

集群交通内循环，一号道路于2021年11月开工建设；加快开展科学城一、二号变电站前期工作，协调推动110千伏和220千伏高压线迁改工作。推动云谷片区高质量开发建设。片区"三横四纵+N"16条市政道路，开工建设10条市政道路、其中基本打通7条；科学城智慧公园海汇区、源涌区、湾流区加快开展施工；光明云谷一期项目整体主体结构封顶，国际会议中心投入使用并举办2021光明招商大会；住宅公寓、人才住房等城市配套项目按既定计划加快推进。

【创新载体集聚】2021年，深圳市光明科学城标志性重大科技基础设施有序落地。鹏城云脑Ⅲ落地光明。合成生物研究、脑解析与脑模拟、材料基因组等设施加快建设。国家超级计算深圳中心（二期）、精准医学影像设施、特殊环境材料器件科学与应用研究设施等项目已立项。加快建设科研机构平台。深圳市神经科学研究院、国家环保产品质量监督检验中心等机构平台正式运行。国际创新产业信息服务平台获批立项，同步开展可行性研究报告编制。国际科技信息中心、光明生命科学大数据中心形成初步建设方案。深圳中国计量科学研究院技术创新研究院、深圳市药品检验研究院光明分院加快开展建设前期工作。打造省实验室体系。深圳湾实验室过渡场地4万平方米，除动物实验房外全部投入使用，拥有科研团队80余个、科研人员800余人；永久场地初步选址光明科学城启动区，园区建设工程加快推进立项工作。人工智能与数字经济广东省实验室（深圳）项目实施方案经市政府审议通过，第一次理事会暨入驻启动仪式于11月18日召开。中山大学深圳校区启用，16个学院入驻，在校师生7000人。中国科学院深圳理工大学（筹）滨海明珠过渡校区首批师生已进驻，正式校区于12月29日动工建设。

【现代产业培育】2021年，深圳市坚持发展科研经济，围绕大设施同步规划光明科学城产业创新载体。首创"楼上创新、楼下创业"综合体模式，纳入国家发展改革委推广的深圳经济特区经验举措47条清单。年内，深圳市工程生物产业创新中心投入运营，在光明区注册落地厚存纳米、中科碳元等23家优质初创企业。出台全国首个《深圳市光明区关于支持合成生物创新链产业链融合发展的若干措施》，打造合成生物产业园区，集中承载合成生物关联企业。12月23日，举办中国合成生物学学术年会暨第三届工程生物创新大会，邀请6位院士级科学家出席，线上线下近500万人次参会。打造光明脑科学技术产业创新中心，项目取得设备购置概算批复并加快场地内部装修工作。谋划建设中试验证和成果转化基地。聚焦中试小试、检验检测等科技成果转化关键环节，遴选确认抗体公共技术创新服务平台等7个中试储备项目，于10月14日在光明科学城成果转化大会上公布名单并完成授牌。深港澳科技成果转移转化基地、深港澳青年创新创业基地等平台投入运营，累计组织13批港澳科技项目参加专家评审，其中30个项目通过专家评审，14个项目正式入驻基地办公。构建科技成果转移转化平台，建设光明国际技术转移转化中心、光明科学城创新验证转化基地（深圳大学），探索开展企业中试平台，全区市级以上创新平台119个，其中国家级5个、省级69个、市级45个。举办光明科学城成果转化大会，在全国率先发布支持合成生物创新链产业链融合发展等若干措施。促进"产学研"链条加速融合，华为－光明科学城产业联合创新基地揭牌，发布国内首个通用分子模拟软件框架MindSpore分子模拟库。11月18日，人工智能与数字经济广东省实验室入驻光明科学城。

（深圳市人民政府地方志办公室）

·佛山南海粤港澳合作高端服务示范区·

【概况】2021年，佛山市南海区发挥产业基础雄厚、民营经济活跃，与港澳产业合作联系紧密、人文相亲等优势，加快推进佛山南海粤港澳合作高端服务示范区建设。佛山南海粤港澳合作高端服务示范区核心区面积约74平方千米，重点围绕三龙湾（南海片区）科创极核、千灯湖金融极核，发展佛山西站枢纽新城片区、大沥国际商贸片区和南三合作智慧物流片区，构建“两核三片区”的空间格局，实现“港澳服务+佛山制造”有机融合。是年，三龙湾（南海片区）科创极核重点发展科研创新和文化创意，千灯湖金融极核重点发展金融后台和产业金融，佛山西站枢纽新城重点发展信息服务和总部经济，大沥国际商贸片区重点发展国际贸易和展会展览，南三合作智慧物流片区重点发展多业态物流和供应链服务。

【三龙湾（南海片区）科创极核】2021年，三龙湾（南海片区）科创极核重点发展科研创新和文化创意。深化与港澳科技创新合作，香港科技大学（佛山）科技成果转化中心落户南海区禾仰广场并启动运营，来自香港、深圳、广州等12个科技项目入驻孵化。国际创智园的广深港澳企业占比78%，三山科创中心的广深港澳企业占比38%。携手国家发改委中国信息协会共建“中国（粤港澳大湾区）先进制造与数字经济融合创新试验区”，引进欢聚产业互联总部、虎牙全球研发总部、利泰集团、移远通信佛山研发中心、富士康工业富联佛山智造谷、北京交控湾区总部等一批企业总部或研发中心，推动人造肉先锋企业澳门联盈生物落户投产。加快集聚港澳现代服务业，香港城项目有序施工建设，计划引入包括香港的教育、医疗、商业和产业元素等，打造港式工作和生活社区。澳门城项目建设持续推进，计划引入澳门中医药、电影制作、人工智能等科创型和文创型产业。粤港澳大湾区影视产业展示招商服务中心建成投入使用。强化与港澳教育合作，推动香港理工大学（佛山）建设，由香港资汇资本打造的全国第一所大规模、专业优质的国际艺术高中和国际艺术预科学院——辰美国际学校首批毕业生顺利毕业并获得牛津大学等多家英国大学录取通知书。推动港澳青年创新创业，探索“1中心+N基地”运作模式，为落户南海创新创业的港澳台及留学青年搭建“联谊+服务”平台。其中南海区港澳台及留学青年创新创业基地（简称“南海·青创家”）、粤港青年创新创业基地（简称“南海·青创工合空间”）2个基地港澳个人会员达109人，港澳创业团队达94支。

【千灯湖金融极核】2021年，千灯湖金融极核重点发展金融后台和产业金融。金融产业链条加速完善，集聚银行、保险、证券、期货、信托、典当、担保、金融租赁、公募基金、私募创投、小额贷款、融资租赁、金融科技、服务外包等前后台高端服务业态。全年新引进项目278个，新增注册资本超515亿元，截至年底，累计引进项目1302个，投资规模超2095亿元，吸引金融、科技人才数量超6万人，其中中科沃土基金、佛山金控期货2个金融持牌机构的进驻填补全市招商空白。港澳项目发展迅猛，集聚汇丰、东亚、恒生、大新、澳门国际等港澳资本背景金融前台项目，友邦金融中心承载着友邦保险亚太地区后台服务业务总部及友邦广东分公司前台运营业务。汇丰环球营运中心是汇丰集团中国地区后台服务基地，截至年底，吸纳超5500人就业。构筑资本对接平台，深交所佛山（南海）服务基地在千灯湖创投特色小镇揭牌，千灯湖创投特色小镇集聚私募基金类机构超1000个，募集与投资资金规模超1400亿元，其中投向佛山市项目263个，金额超100亿元。金融业创新发展，出台“区块链+金融科技十条”，建设运营广东省内首家定位“区块链+”金融科技的产业孵化中心，引进中山大学深圳研究院运营“区块链+”金融科技研究院，“区块链+”金融科技产业集聚基地进驻金融科技企业超80家，涵盖智能零售、供应链管理、绿色环保、区块链安全监测等应用场景。

【佛山西站枢纽新城片区】2021年，佛山西站枢纽新城重点发展信息服务和总部经济。深度融入大湾区一小时生活圈，佛山西站枢纽新城地处大湾区、连通大西南的“双向融合”区位，交通优势明显。开通运营4年多，佛山西站累计到发旅客约4155万人次，日均开行列车200列，开通直达香港西九龙的高铁列车，往来香港、深圳等城市实现“1小时+零换乘”。是年，推进国家“两业融合”试点先导区，通过轨道交通优势，承接香港国际化服务资源、深圳科创资源、广州人才资源，推动广深港溢出优势产业与佛山制造业在佛山西站枢纽新城融合创新。其中，腾讯工业互联网粤港澳大湾区基地有序运营，对接服务佛山企业超200家；深圳科技园佛山科创园项目动工建设；佛山西站枢纽新城会展中心成为深圳国际会展中心的战略合作项目，以科技为主题，以会带展，推动深圳—佛山两地会展业的联动发展。

【大沥国际商贸片区】 2021年，大沥国际商贸片区重点发展国际贸易和展会展览。截至年底，大沥国际商贸片区形成包括有色金属、五金装饰、布匹内衣、日用商品、家具材料等各类专业市场46个，年交易额超6000亿元。发展展会展览，南海国际会展中心会展A馆开馆运营，规划建设为中国安全应急产业大会永久会址和安全产业展贸中心，承担安全产业会议、产业展贸中心等功能，打造成为华南地区知名的商贸展示及交易平台。打造全球采购中心，发布电子商务政策“十条”，大沥电商产业园开园，引入字节系的火山引擎、巨量引擎两大服务中心，携手阿里巴巴打造新外贸示范镇和天猫商城佛山旗舰店，电商生态圈加快成型，持续放大线上营销量能。依托大沥国际商贸服务联盟大沥推介会及大沥凤池铝门窗建筑装饰博览会等展会，推动城市更新、商贸转型，打造“做生意，来大沥”名片。

【南三合作智慧物流片区】 2021年，南三合作智慧物流片区重点发展多业态物流和供应链服务。做好国家物流枢纽建设，编制出台市区两级推进佛山生产服务型国家物流枢纽建设的实施方案，重点发展多业态物流、供应链管理和在岸离岸贸易综合服务，将片区打造为全国绿色智慧物流枢纽示范区、粤港澳大湾区首个绿色智慧物流枢纽。广东一汽–大众铁路专用线加快建设，线路建成后，计划解决铁路运输“最后一公里”问题，减少货物中转，提高运输速度和生产效率，促进佛山汽配及整车产业的快速发展。佛山国际陆港项目获得突破性进展，广东省政府同意筹建佛山国际陆港保税物流中心（B型），打造成为全球供应链服务平台。广珠铁路官窑货场物流园项目（一期）纳入广东省2021年重点建设正式项目。（邓栩峰）

·佛山三龙湾科技城·

【概况】 佛山三龙湾高端创新集聚区（佛山三龙湾科技城）位于佛山市东南部，规划面积130平方千米，规划范围包括禅城区石湾镇街道，南海区桂城街道，顺德区北滘镇、陈村镇、乐从镇部分区域，东至陈村水道，西至佛山大道，南至顺德水道，北至平洲水道，规划范围覆盖中德工业服务区和粤港澳合作高端服务示范区。其中，禅城区部分（石湾镇街道）1.95平方千米，南海区部分（桂城街道）30.01平方千米，顺德区部分98.14平方千米。2021年11月，佛山市第十三次党代会提出，佛山三龙湾科技城要突出“聚”和“领”，集聚高端创新创意资源要素，加强创新策源能力建设，在知识产权、科技创新、产业创新等方面发挥引领作用。是年，佛山三龙湾高端创新集聚区在《中国城市投资吸引力指数报告》中获评“2020中国十大最具投资价值园区”；在2021广东省营商环境创新实践评选活动中入选“年度最佳经济功能区”名单。

【发展格局】 2021年，佛山市加强佛山三龙湾科技城创新策源能力建设，以产业为划分，着重建设佛山新城国际合作高端商务区和科技研发与成果转化基地两大核心区域，形成“1+1+N”科技创新格局。第一个“1”是发挥佛山新城、中德工业服务区、广东（潭洲）国际会展中心

佛山三龙湾（2021 年）（佛山三龙湾管委会供稿）

区域“引进来、走出去”的双向开放流动特性，整合打造成为国际合作高端商务区。打造三龙湾高端艺术社区，为人才提供一流的文化配套，建设国际人才服务中心，打造“一站式”高层次人才综合服务高地。着力引入产业服务业、金融服务业，重点引进和培育机器人、智能家居、生物医药、工业服务等领域企业总部与研发总部，推进知识产权交易平台落地。第二个“1”是指加强与港澳科技创新合作，推进科技创新成果就地转化，培育壮大科技型企业，打造科技研发与成果转化基地。以平洲工业园、庄头工业园等园区为依托，谋划一批科技成果转化基地。谋划建设高水平大学，畅通季华实验室人才引进及输出循环通道。将广佛荟（林岳地区）打造成为粤港澳人才服务平台、人才交流平台、成果交易平台。“N”指包括奇槎片区“科技人才生活配套社区”、中德智能制造国际合作示范区、顺德机器人谷“机器人技术创新平台”、乐从北围片区“生物医药创新平台”等组团发展平台。

【重点规划编制】2021 年，佛山三龙湾科技城累计承接和启动项目 29 个，包括开展规划建设研究类项目 25 个，其他建设项目及活动 4 个。深化总体战略规划，深入谋划广佛融合建设方案，优化《广佛高质量发展融合试验区先导区建设方案》。形成《佛山三龙湾建设发展“十四五”实施方案》编制初步成果，强化三龙湾科技城行动方案。《三龙湾城市总体规划》编写成果纳入佛山市国土空间总体规划，明确三龙湾范围作为佛山市中心城区。强化专项规划研究，完成《三龙湾新城片区立体慢行系统专项规划》初步成果。完成编制《三龙湾住房发展规划》，规划实施指标纳入《佛山市“十四五”住房发展规划》，打造三龙湾多样化住房供房模式。编制三龙湾综合管廊、优质供水、环境卫生、内河水系建设等系列基础设施专项规划，建立三龙湾高标准建设体系。重视重点区域规划。印发《三龙湾高端艺术社区功能策划与空间统筹规划研究》，研究成果纳入佛山市“1+1+9”行动计划。

【重点建设项目】2021 年，佛山三龙湾科技城围绕重点区域，推动交通成网。围绕佛山新城国际合作高端商务区、科技研发与成果转化基地两大核心区域，重点推动广佛高质量发展融合试验区先导区启动区、佛山新城及会展片区路网建设。其中，启动区 3 条道路动工、佛山新城 2 条主干道受阻路段通车、会展片区 11 条主干道路打通，各片区交通路网逐渐成形，区域联动态势逐渐显现。加大统筹协调力度，推进市级项目建设，推进三龙湾大道等跨市跨区门户主干道路提升工程、潭洲会展中心周边绿化景观提升工程。协调启动三龙湾片区重要门户节点提升工程等 4 个市政建设项目。打造高端配套，提升城市品质，加快推进三龙湾碧道、潭洲水道夜景亮化以及奇槎社区体育中心、松林和镰岗尾森林公园等民生项目建设。

【高端产业项目】2021 年，佛山三龙湾科技城签约产业项目14个，总计划投资金额349.46亿元，其中超10亿元项目3个，超20亿元项目2个。总部经济项目取得新突破，引进包括欢聚集团产业互联总部、德国LUQOM集团亚洲总部等5个总部项目。先进制造项目再添新进展，协调市、区两级资源，共同推动包括埃斯顿—克鲁斯华南产业基地、中设机器人华南智能制造产业基地、中城新润慧科技园等项目落户。对德招商取得进展，全年引进德国（欧洲）项目11个，包括德国LUQOM集团亚洲总部、克鲁斯焊接机器人、德利康医疗器械等。全年主动策划并举办39场招商及对德交流活动。

【会展产业发展】2021年，佛山三龙湾科技城举办展览及会议活动86场，比上年增长82.98%；展会规模67.7万平方米，增长28.15%；专业观众80.88万人次，增长1.07倍。年内举办工业展会17场，展览面积42.36万平方米，工业展会数量占全年展会数量的80.95%，工业展会面积占总面积的78.33%。其中，佛山潭洲陶瓷展规模居亚洲第一位、世界第二位；“互联网+”博览会与广东（佛山）工博会双展联办，形成“互联网+工业”的会展平台，促成意向交易5.3亿元。品牌展、产地展的行业影响力增强，广东（佛山）工博会成为佛山首个国际认证展会；全国博士后创新创业大赛为全国博士后制度实施以来举办的规模最大、层次最高、覆盖面最广的全国性博士后创新创业赛事。是年，潭洲会展优化营商环境，落实专项扶持政策，为22个展会项目累计发放扶持资金1722.6万元。在潭洲会展带动下，佛山会展业跃居地级市领头地位。2021年3月，佛山中德工业服务区获“2020年度中国十佳会展名区”称号；在2021年6月发布的《2020年度中国展览统计报告》中，佛山市在地级市排名升至第三名；在2021年10月发布的《2020年城市会展业竞争力指数报告》中，佛山会展业位列地级市会展业发展第一梯队。

【《佛山三龙湾高端创新集聚区发展总体规划（2020—2035年）》印发】2021年2月2日，广东省推进粤港澳大湾区建设领导小组印发《佛山三龙湾高端创新集聚区发展总体规划（2020—2035年）》。该规划明确，到2022年，佛山三龙湾高端创新集聚区框架基本成型，起步区建设基本完成；到2025年，佛山三龙湾高端创新集聚区创新集聚能力显著增强；到2035年，佛山三龙湾高端创新集聚区全面建成为粤港澳大湾区重要发展平台和珠江西岸创新极核。佛山三龙湾高端创新集聚区位于广佛接壤区域，与广州南站一河之隔，规划面积130平方千米。佛山三龙湾高端创新集聚区是佛山推进粤港澳大湾区建设的核心平台，是做大做强广佛极点、推进两地深度融合发展的重要支撑区，是粤港澳大湾区建设国际科技创新中心的重点创新平台。

【2021佛山中德工业服务区城市品牌推介会】2021年9月27日，“走进大湾区·中德下一站——2021佛山中德工业服务区城市品牌推介会”在上海市举行。该推介会由广东省商务厅、佛山市人民政府指导，佛山中德工业服务区（三龙湾）管理委员会主办，中国、德国商会协办。企业家、专家等近200人参加推介会，与会嘉宾围绕中德合作相关主题探讨共商发展新机遇。会上发布“德企华南发展陪伴计划”，为入驻德企提供贴心、专业的服务与支持。该活动是佛山三龙湾科技城举办的规模最大的招商推介活动，也是德欧企业参与人数最多的一次活动。

【佛山三龙湾获“年度最佳经济功能区“称号】2021年11月9日，第五届广东省投资发展论坛暨2021广东省营商环境创新实践评选活动颁奖仪式在广州举行。佛山三龙湾高端创新集聚区获“年度最佳经济功能区”称号。该评选活动对营商环境活动中最关键的经济功能区、产业园、招商服务团队三类主体实施评价。由40位来自知名跨国公司、行业领军企业、顶级专业机构和省级及以上产业平台的负责人以及知名专家、学者和主流媒体负责人组成独立的评审委员会，经过4个多月的筛选评审，21家参选单位获奖。

【佛山三龙湾入选“2020中国十大最具投资价值园区”】2021年4月2日，由人民日报社指导、环球时报社主办的首届环球城市招商引资推介大会暨2020中国城市投资吸引力指数发布会在北京举行。大会发布《中国城市投资吸引力指数报告》，佛山三龙湾高端创新集聚区等10个园区入选“2020中国十大最具投资价值园区”。

（马力）

·佛山顺德粤港澳协同发展合作区·

【概况】2021年2月，广东省推进粤港澳大湾区建设领导小组正式印发《佛山顺德粤港澳协同发展合作区建设方案》。合作区规划面积约100平方千米，包括顺德港和均安2个组团，通过“德胜河—容桂水道—东海水道”相连，依托顺德客运港、顺德新港货运港强化与广深港澳等中心城市的交通联系，带动人流、物流、资金流、信息流、技术流等要素顺畅流动和集聚，形成“双港领航，双团联动”的空间格局。顺德港组团位于顺德东南部，面积约20平方千米，以南方智谷为载体搭建一批科技成果转化平台，推动港澳科技成果与顺德产业精准对接，合作开展集成电路、人工智能等关键技术攻关，发展供应链金融、工业设计等现代服务业，打造港澳青年创新创业和职业教育合作基地。均安组团位于顺德西南部，面积约80平方千米，依托顺德新港发展对外贸易和现代物流，围绕李小龙文化打造功夫特色小镇，加强粤港澳美食等特色文化交流，结合水乡岛屿生态发展高端康养产业，建设现代化主题产业园区和创意生活街区，加快产城融合发展。

【产业协同发展】2021年，佛山顺德粤港澳协同发展合作区推动广深港澳科创走廊技术成果供给侧与顺德制造业转型升级需求侧精准对接，助力港澳科技成果快速产业化市场化，顺德制造业加快迈向全球价值链中高端。通过村级工业园改造保障湾区产业空间。至2021年底，顺德区382个村级工业园有510个项目启动改造，累计完成改造整理土地7500.67公顷，推进复垦复绿599.27公顷，新建建筑面积2105万平方米，累计检查封停整改落后风险企业33659家次。通过“工改工”主要改造方向以及连片规划建设现代主题产业园，吸引博智林机器人、海天华南总部基地等重大项目落户合作区，并带动一批优秀本土企业深耕顺德。推进重点产业项目建设补强湾区产业链条。顺深产业城规划面积32平方千米，通过“深圳创新＋顺德制造”合作模式对接深圳创新资源。至年内，推动广东博智林机器人有限公司认定为2020—2021年度广东省新型研发机构。推动跨境科技创新与应用合作。广州中医药大学顺德医院与澳门科技大学、香港浸会大学、广州中医药大学合作建立“粤港澳（顺德）中医药转化医学协同创新平台”，针对转化医学和临床医学进行研究实验，至年底，完成设备采购和环境装修，两地医学实验人员开展基础交换研究。北京科技大学顺德研究生院联合澳门发展及质量研究所、国家材料腐蚀与防护科学数据中心共同建设“国家材料腐蚀与防护科学数据中心—澳门发展及质量研究所联合实验室”，拟开展腐蚀寿命评估和耐蚀新材料研发。

【现代服务业协同发展】2021年，佛山顺德粤港澳协同发展合作区着重加强美食服务、跨境贸易、产业金融、知识产权保护和运用、工业设计等领域合作，推动先进制造业和现代服务业深度融合。集中资源打造顺德科技质量服务集聚区。该集聚区总规划面积约600公顷，于6月举办规划发布暨招商推介会，规划建设集工业设计集聚、数据应用开发、质量标准推广、知识产权保护、创新研发服务、湾区创新协作等六大功能的生产性服务业园区。多家知名检测认证、数字化服务、科技服务等机构进驻园区，香港国际语文集团于集聚区内完成办公场地扩充，总就业岗位在150人以上。中国检验检测学会科技服务（广东）站、外语服务产业学院揭牌落户集聚区。顺企知识产权保护服务中心获评2021年度国家知识产权信息公共服务网点。提升跨境贸易便利化水平。完成《顺德临港经济区总体概念规划》编制，加快推动综合保税区申报。临港经济区的建设，为顺德产品出海提供更为便利条件。顺德新港获批全市第二个市场采购贸易指定申报口岸，顺利开通韩国直航并与深圳结成组合港，二期码头岸线获国家主管部委批复同意。着力强化产业金融服务能力。围绕顺德“十四五”时期重点领域和重大项目，与国家开发银行广东省分行签署战略合作协议，对顺德村改“头号工程”、新型基础设施、重大产业集群、交通基础设施和生态文明等领域的重点项目，提供贷款、投资、债券、租赁、证券等各类综合金融服务。推进“顺德金凤凰产融集聚区”建设，吸引138个金融、类金融机构进驻，其中4家企业共154人获高端金融人才收入补助。

【青年协同发展】 2021年，佛山顺德粤港澳协同发展合作区紧密对接港澳青年成长发展需求，为港澳新生代青年到顺德学习交流、创业就业、寻根访亲提供多元平台和配套服务。推进港澳青年创新创业基地建设。截至年底，合作区公布新能源汽车小镇、顺科置业大厦、拔萃科技大厦3个顺德港澳城港澳青年创新创业基地，基地的港澳企业和社团有24家，其中港澳企业21家、港澳社团3家，涵盖环保科技、光电传感、软件管理和建筑建材等多个行业领域。设立港澳台交流促进中心，为有意向进驻双创基地的港澳企业，提供免费性质的临时办公空间（半年），以及一系列企业服务、交流分享、政策推介等服务。港澳台交流促进中心获评粤港澳大湾区港澳青年创新创业基地（属佛山市“一基地两园区”）。深化国际职业教育合作。推动粤港澳大湾区旅游教育培训基地（顺德合作中心）落户。顺德区大湾区办与澳门旅游学院、顺德职业技术学院联合开展澳门职业技能认可基准（MORS）证书培训、澳门知名酒店（金沙与美高梅）实习、美高梅中西饮食文化交流等一系列人才实训与美食交流活动。开展青少年多元化文化交流活动。年内，组织100多名澳门青年企业家、澳门大学生及高中生到顺德开展为期2天的创新创业之旅、文化体验之旅，考察营商环境和品味美食文化。举办第三届“滋味湾区·梦想家园”青少年美食文化大赛，200多名青少年参赛，以美食文化为媒，联结顺澳两地增进交流。举办首届创业顺德港澳专场活动，比赛吸引35个港澳团队参与，“智能注塑工业物联网”获企业组和创之星奖项，并由港澳台交流促进中心为活动优质项目提供对接与孵化场地。

【人文协同发展】 2021年，佛山顺德粤港澳协同发展合作区营造生活便利、文化繁荣的人居环境，推动与港澳人文交流融合，强化粤港澳协同发展的精神纽带。以标准引领粤菜粤厨文化的传承、发展和创新，联合餐饮行业协会和专业技术机构、粤港澳三地粤菜大师和餐饮企业，在顺德传统美食中制订“湾区标准”。至是年底，有5项美食标准经审定，接近全省首批发布总数的50%。赴澳举行“2021澳门顺德投资环境及顺德粤港澳协同发展合作区推介会”，粤港澳大湾区旅游教育培训基地（顺德合作中心）、澳门葡语系国家地区酒类及食品展示展销中心等多个项目成功签约。推动顺德区创新发明协会与澳门创新发明协会联手在合作区设立澳门创新发明协会顺德办事处，整合大湾区内优秀创新资源助推产业发展。探索发展医养结合新模式，顺德区均安镇构建东南西北4个医养结合服务中心，因地制宜盘活社区卫生服务资源，其医养结合“均安模式”被广东省委全面深化改革委员会纳入第二批基层改革创新经验复制推广清单。推动顺德客运港整体升级改造，顺德客运港岸线审批和口岸出境免税店审批按计划推进，针对顺德客运港站进行TOD（以公共交通为导向的发展模式）综合开发，研究开通至香港机场的水上客运航线。

（顺德区大湾区办）

·惠州潼湖生态智慧区·

【概况】 惠州市潼湖生态智慧区距广州中心区约 100 千米、深圳中心区约 60 千米、香港中心区约 100 千米；周边三大机场满足出行需求，距离广州机场约 140 千米、深圳机场约 100 千米、惠州机场约 30 千米。“三纵两横”高速公路（博深、惠河、龙怡、潮莞、广龙），“两纵三横”高铁城轨（京九客专、广汕客专、赣深高铁、莞惠城际、深惠城际）、惠州“丰”字形交通中部大通道——全方位、立体化的综合交通体系。潼湖生态智慧区生态特色鲜明，湿地系统由“五进三出”的 8 条河流构成，主要包含湖泊湿地、河流湿地、基塘湿地和水库湿地等类型，总水域面积约 28 平方千米；空间优势明显，土地资源丰富。

潼湖生态智慧区规划范围为潼湖湿地及周边地区，总面积约 128 平方千米，其中城乡建设用地 38 平方千米，湿地及其他农林用地 90 平方千米，形成“一环、双核、四圈层、多园”的空间布局。“一环”是指环潼湖湿地创新产业走廊；“双核”是指以潼湖湿地为中心的“生态核”，以创新与总部经济区为中心的“智慧核”；“四圈层”包括生态圈、创新圈、服务圈、环潼湖产业联动圈；“多园”包括国际合作产业园［即中韩（惠州）产业园起步区］、大数据产业园、创意与设计产业园、智能科技聚集园、科教创新园。

2014 年 8 月，潼湖生态智慧区规划建设指挥部挂牌成立。2014 年 12 月，智慧区起步区启动建设。2016 年 5 月，潼湖生态智慧区上升为广东省发展战略平台；12 月，省政府审议通过《广东惠州潼湖生态智慧区发展总体规划（2017—2030 年）》，规划将潼湖生态智慧区建设成为“广东硅谷”。2017 年 12 月，国务院印发《关于同意设立中韩产业园的批复》，惠州被确定为全国三大中韩产业园之一。2018 年 7 月，省商务局印发《中韩（惠州）产业园实施方案》，潼湖生态智慧区被确定为中韩（惠州）产业园 6 个核心组团之一。2018 年 8 月，市政府常务会议审议通过《中韩（惠州）产业园起步区建设方案》，潼湖生态智慧区国际合作产业园被确定为中韩（惠州）产业园核心区（起步区）。

【重点产业】 潼湖生态智慧区主要聚焦移动智能终端、超高清视频显示、智慧能源、人工智能、激光与增材制造等产业领域。至 2021 年底，中韩（惠州）产业园潼湖生态智慧区片区引进项目（含供地和过会）88 个。供地 53 个产业项目，用地面积 296.4 万平方米。是年，智慧区完成固定投资约 100 亿元，其中工业 50.4 亿元，基础设施 25.7 亿元，第三产业 6.9 亿元，房地产 17 亿元。（惠州市人民政府地方志办公室）

【中韩（惠州）产业园建设】 2017 年 12 月 11 日，国务院批复同意在山东省烟台市、江苏省盐城市、广东省惠州市设立中韩产业园，明确打造中韩地方经济合作和高端产业合作新高地。2018 年 7 月，广东省人民政府批复同意由广东省商务厅印发实施《中韩（惠州）产业园实施方案》。根据规划，中韩（惠州）产业园核心组团分五大片区，面积 94.1 平方千米。包括仲恺片区、大亚湾化工及海港保税区、惠州空港经济产业园、惠城区高新科技产业园和罗浮新区康养国际合作园 5 个园区。2021 年，中韩（惠州）产业园加快基础设施建设，优化园区营商环境，加强产业招商，推动项目集聚落户，项目引进数量和质量实现双提升。核心组团 5 大片区累计引进各类项目 161 个（含外资项目 33 个、投资 10 亿元及以上项目 46 个），计划总投资 1821 亿元。2021 年，各片区新引进项目 53 个，计划投资额约 562 亿元。其中，新引进外资项目 16 个、投资 10 亿元及以上项目 20 个，分别占新引进项目总数的 30.2% 和 37.7%。各片区累计引进韩资项目 12 个（含起步区引进韩资项目 10 个），其中，1 个项目（亿纬集能动力电池项目）投产，1 个

2021年12月，中韩（惠州）产业园起步区三华集团总部及智能终端模块生产项目投产　　（惠州市人民政府地方志办公室供稿）

项目（大韩无极变速器研发生产项目）竣工，3个项目（惠韩圣亚、中韩新兴智造、大韩5G材料）动工，涉及用地面积47.8万平方米，计划总投资88.2亿元。加大产业园配套工程建设。1月，赣深高铁仲恺站工程主体结构完成封顶；12月10日，正式通车，仲恺站距离中韩（惠州）产业园起步区车程在10分钟以内。3月28日，中韩（惠州）产业园起步区集中配套二期动工；11月9日，中韩（惠州）产业园起步区集中配套三期动工。（王晓宇）

·东莞市滨海湾新区·

【概况】东莞市滨海湾新区地处粤港澳大湾区几何中心，位于狮子洋珠江出海口东岸，通过虎门大桥与广州南沙自贸试验区相连，与深圳前海合作区隔河相望，毗邻香港、澳门，由交椅湾、沙角半岛和威远岛三大板块组成，是东莞“三心”都市核心区之一。2021年，滨海湾新区连续5年获评年度园区工作优秀单位，3项工作获得“单打冠军”，连续2年获评“最具投资吸引力新区”，重大建设项目完成投资总量连续3年排全市第二名。

【城市品质提升】2021年，东莞市滨海湾新区牵头推进滨海湾片区国土空间总体规划编制，形成片区7个重大专题研究最终成果、片区规划大纲和新区国土空间总体规划方案初步成果。同步开展三大板块控规编制，为新区开发建设管控提供法定规划支撑，交椅湾板块（东部片区）控规完成备案。推进滨海湾站、港澳码头站TOD（以公共交通为导向的开发）综合开发规划及TID（轨道交通站点综合开发）规划设计，谋划打造滨海湾城市中轴线。开展威远岛门户地标、东湾大道跨太平水道桥设计等城市重要节点规划设计国际竞赛，其中，威远岛森林公园概念设计获IFLA（国际景观设计师联盟）亚太地区风景园林专业奖。

【项目建设提速提效】2021年，东莞市滨海湾新区开展重大项目“双百”行动、重点任务“百日攻坚”行动，新区25个市重大建设项目完成投资56.65亿元，完成市下达投资任务的108%，完成投资总量连续第三年排全市第二名。OPPO、VIVO、正中等6个在建产业项目年内完成投资48.06亿元，累计完成投资117.25亿元。从单一交通基础设施向城市综合环境配套转变，完成基础设施投资约24亿元。东莞市首批8条、总长15.5千米智慧道路建成，滨海湾智慧城市管理中心同步启用。

【板块空间拓展】2021年，东莞市滨海湾新区调整优化新区土地整备总指挥部、现场指挥部运作架构及人员配置，形成区镇工作合力。威远岛完成土地整备482.67公顷，254宗私宅完成初测187宗，签约7宗。沙角半岛交付深茂铁路先行段2.28公顷用地，深茂铁路、轨道2号线停车场涉及的75家工厂、222栋私宅100%完成确权，测绘完成率分别达 99%、90%。开展滨海湾青创城、站北市政公园、AI+ 未来产业园、环保产业基地、信义玻璃厂等城市更新项目前期工作和沙角电厂“土地共建”协商洽谈。交椅湾初步制定厦岗片区 1.8 平方千米土地预测绘及补偿方案；2 个获批围填海项目竣工，形成可利用土地 63.2 公顷。

【培育新兴产业发展动能】2021 年，东莞市滨海湾新区聚焦“科技创新 + 先进制造”，统筹土地约 20 平方千米，谋划建设数字经济、生命健康、现代服务业等战略性新兴产业基地。港澳青年之家创新创业基地进驻粤港澳台侨企业 38 家，其中港澳企业 29 家，入选 2021 年东莞市基层人才工作创新优秀案例。持续优化营商环境，启动信用服务实体经济试点；制定鼓励企业利用资本市场、总部经济、促进生产性服务业发展、资本招商、新基建等 5 个方面政策实施细则；印发实施新区人工智能、生命健康两大产业规划；提升滨海湾版权产业服务中心区域服务能力，运行一年为大湾区市场主体办理软件、作品等著作权登记 3966 件，排全省第三名。

【对接“双区”“两个合作区”建设】2021 年，东莞市滨海湾新区争创 4 个高能级平台，推动 3 个集成型改革。争创广东自贸试验区新片区、联动发展区，联动发展区申报方案上报省自贸办。谋划大湾区一体化发展示范区，对接支持服务好“两个合作区”，主动谋划与前海联动发展平台。谋划打造莞港“三链”（产业链、创新链、供应链）融合创新区，形成中期研究成果。谋划打造大湾区先进制造业离岸创新实验区，相关方案获省领导批示，报送给相关部委。《东莞滨海湾新区建设高水平对外开放综合改革创新实验区实施方案》由市委深改委印发，“十大改革创新”项目形成阶段性成果。“研究制订支持滨海湾新区高质量发展相关文件”纳入 2022 年市政府工作报告；《滨海湾片区复制推广功能区统筹试点经验实施方案（试行）》上报市委深改委，体制机制新动力厚积成势。

【获评“2021 年最具投资吸引力新区”】2021 年 1 月 10 日，由人民日报社旗下《环球时报》主办的“第二届环球城市招商引资推介大会”在海口市举行，东莞市滨海湾新区获评“2021 最具投资吸引力新区”。被评为 2021 年东莞市“单打冠军”。年内，滨海湾新区联合省创投协会高规格举办创投峰会，在深圳市举办滨海湾新区价值投资分享会，与鹏瑞、华润、复星、金地等知名企业达成总投资 228 亿元的合作。

【交椅湾段综合管廊建设】2021 年，东莞市滨海湾新区交椅湾段综合管廊基建工作被评为 2021 年东莞市“单打冠军”。滨海湾新区东湾大道（交椅湾段）综合管廊是东莞市投资额最大的在建综合管廊项目，项目总投资额约 15 亿元，总长度 3679 米。东湾大道综合管廊沿路线布置于道路中央绿化带下，将电力、通信，燃气、供热、给排水等各种工程管线集于一体，设有专门检修口、吊装口和监测系统，有效集约利用城市地下空间，完善城市组团规划及新区创新产学研区发展单元、生活综合服务区发展单元的路网结构，缓解城市规划与市政管线发展变化之间矛盾。

【威远岛森林公园设计】2021 年 10 月 18 日，东莞滨海湾新区威远岛森林公园概念设计项目获 2021 年 IFLA（国际景观设计师联盟）亚太地区风景园林专业奖公园与环境类优秀奖。被评为 2021 年东莞市“单打冠军”。该设计着眼整个威远岛，深度剖析研判区域及森林公园的现状问题与未来发展愿景，提出“一个岛屿，一个公园”的概念，通过应用全岛范围的生态修复、功能活化及“全岛游览 + 通勤系统”三大策略，塑造森林公园五大门户，强化炮台历史、生态自然、岭南人文、高等教育、未来智慧城市 5 大特征，实现全域山—城—海和谐共生。

（东莞市人民政府地方志办公室）

·中山翠亨新区·

【概况】中山翠亨新区是广东省政府2012年批准设立的省级新区（经济功能区），于2013年3月25日挂牌成立，是粤港澳大湾区建设的重点战略平台。2019年，中共广东省委、省人民政府印发《关于贯彻落实〈粤港澳大湾区发展规划纲要〉的实施意见》，明确提出共建粤港澳合作发展平台，支持中山翠亨新区建设，高水平建设翠亨科学城，加快打造国际化现代化城市新中心、珠江两岸融合发展示范区、粤澳全面合作示范区。2020年，中共中山市委十四届八次全会明确，翠亨新区按照“百年大计、国家一流”标准，高起点规划、高标准建设国际化现代化创新型城市新中心，打造中山参与大湾区建设的主阵地。2021年，中山市第十五次党代会赋予翠亨新区打造面向未来的国际一流科技创新区、中山制造业数字化智能化转型升级示范区、中山参与粤港澳大湾区建设的主阵地三个发展定位。

2021年7月，中山市委、市政府决定由翠亨新区统筹南朗街道，翠亨新区发展空间由原来的35平方千米扩展到226平方千米，包括东片区（原翠亨新区马鞍岛）和西片区（南朗街道）。其中，马鞍岛片区重点强化科技创新功能，聚焦生物医药、人工智能、数字经济、新材料等新兴产业，建设成为高端科技创新资源集聚区；南朗片区主要打造一批高端主题产业园，重点发展生物医药、机器人、半导体和集成电路等科技型、创新型高端制造业。全年，翠亨新区实现地区生产总值195.2亿元，比上年增长16.8%；完成规模以上工业增加值98.5亿元，增长15.7%；固定资产投资增长47.5%，工业投资增长15.7%；一般公共预算收入8.54亿元，增长1.89倍。

【翠亨新区（产业园）建设】2021年，翠亨新区围绕科技创新，打造面向未来的国际一流科技创新区、中山制造业数字化智能化转型升级示范区、中山参与粤港澳大湾区建设的主阵地。建设人工智能与数字经济产业创新集聚区，打造对接广州、深圳等珠江东岸优质人工智能与数字经济创新资源要素、推动产业融合创新应用的核心产业平台。依托湾区未来科技城项目，以电子信息、智能制造、现代服务为产业主体，利用深圳科技园集团在园区建设运营、产业集聚和创新服务等方面的丰富经验，承接广深港科技创新资源。依托深圳医疗器械科技园，主动对接深圳、香港医疗健康科技的产业外溢，促进医疗器械产业协同发展，建设生物医药及高性能医疗器械研发及产业化基地。对接深圳前海和香港，在东片区以南部为核心打造中央商务区，中北部为科技创新区，重点布局总部经济、商务服务、信息服务、金融服务、科技服务、研发设计等高端服务业，打造国际性交流平台。

年内，翠亨新区推动重大龙头项目集中落地，包括“未来之门”码头综合体、世界级旅游目的地文旅生态城等标杆型项目13个，其中百亿级项目2个，总投资额近430亿元，占地超140万平方米。

【城市管理服务】2021年，翠亨新区城市运营管理全面提质。开展无废城市、零碳城市、BIM/CIM综合应用示范区建设咨询工作；完成智慧城市二期项目七大平台和15个智能应用的系统建设和初步验收，与市直部门实现数据共享、业务融合，并启动智慧城市三期项目规划建设。实施湾区一流样板工程，开展绿化、美化、亮化“三化”行动。以在建工地安全文明施工为重点，开展在建工地围蔽、工程运输车辆综合治理、安全文明施工、企业退让线等环境整治。组织开展在建项目检查、在建工程检查、餐饮场所检查、危险化学品检查、特种设备作业检查、汛期安全检查六大专项行动和安全生产事故应急救援演练。改善营商环境，接市住房城乡建设局下放权限事项46项、市水务局下放权限事项30项、市城管和执法局下放权限事项22

项、市交通运输局下放权限事项85项。做好增量产业招引落地工作，建立产业招商、项目遴选、项目落地、企业服务、履约监管五大工作机制，成立项目全生命周期专责小组，为项目配备专员，提供“一站式”服务，贯穿项目洽谈到落地见效全过程。

【创新发展保障】2021年，翠亨新区推进人才发展服务创新。着力打造人才聚集新高地，以中山国际人才港服务中心为阵地，印发“翠亨新区人才16条”政策，即发展高端人才产业，大力引进高层次人才，支持高层次人才团队创新创业，支持高端科研平台建设，鼓励企业和机构引进人才，筹建高标准人才公寓，实施高学历人才生活补贴，实施学术交流和会展补贴，建设“大湾区国际人才港”，奖励突出贡献人才，实施专业技术及高技能晋升补贴，支持优秀青年就业创业，鼓励实施“柔性引才”，设立新区人才创新创业基金，提供高层次人才专属服务，提升人才工作信息化水平。完善人才综合服务保障体系。发布新区人才公寓管理办法，为人才在新区提供住房保障。全年引进博士、正高职称人才110人，硕士、副高职称人才314人，兑现人才政策资金超过1500万元。推进投融资创新。西湾母基金实现实体化运作，设立“航天云制造基金”9.1亿元、中科创药基金3亿元、粤财生物医药基金10亿元，重点投资与招引高端装备制造业、人工智能、数字经济和生物医药产业，招引纽兰生物、瑞顺生物、华梓生物等项目落户。出台专项政策鼓励企业加大技改投资、数字化转型、科研投入和增资扩产。修订《翠亨新区促进股权投资基金业发展管理办法》，出台《翠亨新区企业科技信贷扶持政策方案》。推进工业用地存量，推动土地整备工作，实施“工改工”低效园区改造和“工改M0”工作［M0：在工业用地（M类）中增加的新型产业用地（M0），融合研发、创意、设计、中试、无污染生产等新型产业功能以及相关配套服务］，制定并印发《中山翠亨新区推进“工改工”专项工作方案》，加强土地管理，提高土地使用效率。推动项目审批制度创新，在全市率先开展“评定分离”改革项目，明确评标与定标权力界限，推行“分段报建”制度改革，实施基坑分段报建，加快项目开工进度。

【项目建设保障】2021年，翠亨新区建立领导干部挂点联系重点企业制度，形成“1+1+N”（1个重点企业挂点1个党政领导干部、1名联络员、N个专业部门）企业服务体系，建立产业招商、项目遴选、项目落地、企业服务、履约监管五大工作机制。

基础设施建设提速争优。全年启动前期项目47个，在建项目12个，新建道路17.2千米、综合管廊5.6千米、绿地覆绿2.8万平方米，实现产值20亿元。香山大道、未来大道建成通车，污水收集工程二期完工投入使用，科金城、客运港、科学城三大片区市政路网前期工作基本完成。启动香海路、翠亨第一中学、社区卫生服务中心、翠湾文化艺术中心、公交系统优化等项目前期工作。“三横三纵”（“三纵”即香山大道、未来大道、五桂路，“三横”即横门路、和信路、和清路）路网工程建设基本贯通。9月，中山翠亨国家湿地公园被认定“2021广东省自然教育基地”。

建设管理模式创新。2021年，翠亨新区全面推行“评定分离”招标工，完成翠航道“评定分离”试点，第二批拟采用“评定分离”项目基本完成，包括科技金融新城、科学城、客运港综合片区市政配套路网建设工程等新区重点项目。

土地节约集约利用。年内，处置闲置土地18宗165.53万平方米；完成闲置业务放行审批23宗。完成西湾医药健康产业园连片整备135.07万平方米。完成博物馆综合体项目16.52万平方米，以及东片区第一批基础设施项目和东四围产业用地项目的城乡建设规模调整。编制180.87万平方米中山市翠亨新区土地征收成片开发方案，包括西湾医药与健康产业园片区，横门岛北部开发片区，南朗轻轨站周边片区和泮沙村储备项目片区。

【重大产业平台和科技平台建设】2021 年，翠亨新区推进科技创新载体建设。聚焦西湾医药与健康产业园建设。出台《关于推进西湾医药与健康产业园建设工作方案》，成立专项工作小组，启动翠亨新区（含南朗）产业发展与布局规划编制工作，重新梳理新区东西两片区的产业发展规划和实施方案，指导产业招商工作。志特项目成为全市工转 M0 的典型。生物医药智创中心、康方湾区科技园、湾区未来科技城等 36 个重大项目动工建设，总投资 300 亿元。中国科学院大学药学院中山学院揭牌成立并开启联合办学，培养硕士和博士研究生 109 人，组建领军人才团队 21 个，聚集代谢、神经、肿瘤、免疫、心血管疾病等重点领域展开科研攻关。哈工大人工智能与无人装备研究院引进哈尔滨工业大学超精密仪器技术及智能化工业和信息化部重点实验室、特种环境复合材料技术国家级重点实验室；与小熊电器股份有限公司共建“石墨烯电热膜应用联合研发中心”，与广东艾默森科技有限公司共建“高温耐火材料联合实验室”，与中山市达尔科光学科技有限公司共建“智慧照明联合实验室”。中科富海（中山）低温装备制造有限公司成功开发第二套 BOG（天然气液化过程中产生的不冷凝气和 LNG 储罐汽化产生的蒸发气体）提氦设备。是年，西湾国家重大仪器科学园召开第一次全国专家组线上见面会，仪器领域的院士及权威专家为仪器园发展建设从行业规律、园区对标、产业聚集等方面提出精准建议并进入实体化运营阶段。生物医药智创中心完成年产值 8.7 亿元，项目累计完成产值 18.1 亿元，于 2021 年 6 月 30 日完成 18 栋楼主体结构封顶工作。

【新型智慧城市项目建设】2013 年，翠亨新区入选国家智慧城市试点名单，并开展新型智慧城市建设项目。至 2021 年底，新型智慧城市项目实施至第二期，并依托大数据、物联网、人工智能等技术，从建设、管理、服务三个方面开发出应用系统 16 个，实现对城市运行态势实时监测和精准管理。项目一期主要进行数据整合和建设数据机房、基础网络等设施。项目二期在新区起步区铺设监控设备 185 个，并建成数据集成平台，对数据、消息、应用进行集成组合，确保信息分派、流转和业务流程畅通。

【智慧翠亨时空数据中心及应用建设项目入选全国百佳案例】2021 年 11 月 19 日，第一届中国新型智慧城市建设峰会在山东省青岛市举行，翠亨新区的智慧翠亨时空数据中心及应用建设项目获优政赛道特等奖及最佳人气奖，并入选国家信息中心发布的“2021 年中国新型智慧城市百佳案例”。项目借助物联网、云计算、大数据和地理信息等先进技术手段，集成基础时空数据、公共专题数据、物联网感知数据、互联网抓取数据、行业专题数据，打造充分感知、互联互通、融合共享、业务协同、按需服务的一站式服务平台，可服务于土地、规划、交通、林业等公共部门，为政府决策、城市管理、社会服务等行业提供更全面的地理信息服务。项目通过数据协同实现各部门之间的空间相关业务协同，解决城市信息资源管理和城市系统部门协同共享的问题，为建设“广泛互联、深度应用、信息服务”的智慧城市提供平台支撑。

（中山市人民政府地方志办公室）

·广东（江门）大广海湾经济区·

【概况】广东（江门）大广海湾经济区（简称大广海湾经济区）是广东省政府 2013 年批准成立的省级新区，位于江门市东南部，东邻中山、珠海，西连阳江，北接江门主城区，邻近港澳，是珠江口西岸新一轮开发建设重点地区。根据《江门大广海湾经济区发展总体规划（2013—2030 年）》，总规划面积约 3240 平方千米。核心位于银湖湾——广海湾滨海地区面积约 520 平方千米。2021 年，大广海湾经济开发区开展产业发展规划及城市设计研究编制，LNG 接收站项目纳入省能源发展“十四五”规划（初稿），希望大道动工建设，物流区建设基本完成，湾汇生物等项目签订投资意向书。

【交通互联互通路网建设】2021 年，广海湾经济开发区临港经济板块生物医药产业园主干道路希望大道动工建设，连接香港惰性拆建物料处置区和白宵围区的中心大道完成立项和设计，滨海宜居板块加快推进黄茅海通道出口的赤溪东、西互通路网衔接，省道 S271 开展前期工作。

【重大项目集中动工（投产）】2021 年，台山市紧扣项目清单，实行领导责任制，践行“一线工作法”，召开项目协调会，促进项目早动工、早投产。举行季度重大项目集中动工（投产）活动 4 次，全年推进金属新材料科技产业园、迪生力、诚辉健康科技等 14 个项目开工建设。推动富华重工商用车地盘零部件智能制造等 8 个项目投产。

【台山（深圳）投资环境推介会】2021 年 11 月 19 日，台山市在深圳举办“湾区台山　共筑未来”2021 年台山（深圳）投资环境推介会。播放宣传短片《活力湾区　筑梦台山》，介绍台山市发展现状、重点平台和规划思路。举行台山市（广海湾）驻深圳招商办揭牌仪式，加强深圳驻点招商。现场签约项目 8 个，总投资 105.8 亿元。其中，广海湾完成签约项目 2 个，总投资 40 亿元，项目涉及生物医药、装备制造、汽车零部件、大健康等。与 2 家深圳机构进行招商智库战略合作签约。　（台山市人民政府地方志办公室）

·粤澳（江门）产业合作示范区·

【概况】粤澳（江门）产业合作示范区又名新会信息技术产业园，位于新会区崖门镇，被纳入广东省重点打造的三个大型集聚区之一——广东江门大型产业集聚区（新会片区）南组团建设范围。园区海、陆交通优势兼具，崖门出海航道可乘潮通航 3 万吨级货轮，江门大道和银洲湖高速贯穿园区，距离港珠澳大桥珠海落脚点 62 千米，通过港珠澳大桥、深中通道直达香港、澳门、深圳，25 分钟抵达深茂铁路（双水镇站），40 分钟抵达珠海机场。

【环保产业园】是广东省环保厅批准建设的江门市唯一定点电镀工业基地，全国首个“中国电镀示范园区”。园区已建成及规划建设的三个功能区域包括环保电镀产业区、循环经济产业区、生活配套服务区。环保电镀产业区已建成生产厂房 48 万平方米，配套厂房 1.8 万平方米，至 2021 年底，入驻企业 110 家，营业收入约 35 亿元，比上年增长约 40%，带动就业人员约 8000 人。园区规模以上企业 34 家、江门市科技型小微企业 69 家、市级和省级工程技术研发中心 8 个，国家高新技术企业 26 家，高新技术企业数比上年增长 53%。基地企业共获得授权专利 167 件。计划总投资 10 亿元建设循环经济产业区，通过综合利用和处置工业废物，实现园区废物 100% 利用和无害化处置。工业固体废物处理处置中心项目投产运营，金属污泥资源化利用项目主体完成。高浓度废液综合利用项目主体设备全部到场验收并安装到位，项目整体安装完成 85%。废水处理厂一期工程升级改造项目于 2021 年 7 月完成竣工环保验收，处理规模为工业废水 3000 立方米 / 天。

【澳葡青年创业园】2021 年，该创业园产业定位调整为电路板、电子元器件产业、新材料（石化新材料）。园区基础配套设施采用 PPP 模式进行规划建设，静态总投资 22.67 亿元。通过公开招标确定项目造价咨询单位、工程监理单位及勘察设计单位。一期启动区 266.4 公顷完成征地 170.53 公顷，累计已获批土地指标 111.84 公顷。（新会区人民政府地方志办公室）

·江门银湖湾滨海新区·

【概况】银湖湾滨海新区位于江门市新会区东

南部，控制区面积约340平方千米，包括一个核心区、三大园区（粤澳产业合作示范区、珠西新材料集聚区、沙堆金门工业园区），涵盖新会银湖湾的围垦区以及崖门、古井、沙堆三个镇部分区域。滨海新区是大广海湾经济区的核心区和起步区，大湾区（珠西）高端产业发展集聚区的核心区和广东省（江门）大型产业集聚区的南组团起步区，拥有大量连片可开发土地。2021年，滨海新区固定资产投资额累计完成33.5亿元，比上年增长44.5%；一般公共预算收入5851万元，增长1.67倍；税收收入1.60亿元，增长4.41倍。

【规划编制和研究】2021年，银湖湾滨海新区完成A3地块东南侧地块控规编制、道路网调整研究专项规划编制、健康港项目土地利用总体规划局部调整；启动生态建设规划、城市景观风貌及色彩专项规划、古兜供水厂选址地块控规调整、粤海项目土地利用总体规划局部调整等工作。

【基础设施建设】2021年，银湖湾滨海新区实施市政道路、基础设施、景观提升、城市品质提升工程等23项基础设施建设工程。区市政基础设施一期工程建设加快启动，银湖湾大道完成初步勘察、设计等前期工程，中兴路完成初步勘察设计、设计施工总承包EPC招标工作，污水处理厂一期完成施工便桥、便道和场地平整，供水工程完成场地平整。区重大项目配套设施工程建设加快推进，科苑路基本完成工程建设并通车运行，韶华路完成可研、立项工作；基本完成银洲湖海堤（滨海新区三龙围段）提标改造工程。完成新区三大入口景观提升工程建设；新海岸公园工程完成场地平整，开展基础建设；新洲围海堤生态化改造完成立项、初步设计、招标等前期工作。

【重点项目建设】2021年，广州华立学院江门校区开学启用，首批8栋建设物中7栋（约12万平方米）和校内的市政工程、公共配套工程建成交付使用，9月13日首批新生报到开学。世茂碧海银湖项目开发超进度，一期9.5万平方米全部封顶，公寓式酒店内部装修及室外配套设施完成，婚纱摄影公园建成并对外开放；二期7.5万平方米全部封顶，内部砌体完成40%；三期打桩工程完成95%，同步主体完成1.1万平方米。新澳重大技术装备创意创业园项目复工建设，2栋、3栋研发中心开展顶层建设，二期4栋研发中心完成部分管桩工程，1栋产品校测中心/管理中心开展报建及土地平整。御泉国际酒店项目完成年度投资，项目主体酒店、A1楼和A2楼封顶并开展内部装修，B1—B7楼开展基础建设，酒店外部景观绿化全面施工，项目二期增资用地2公顷摘牌。

【招商引资】2021年，新会区在深圳、广州召开三次精准对接会，并设立招商联络处；储备优质投资项目，在谈线索10项，计划总投资额超600亿元。4月与银湖湾健康港（澳门）投资有限公司签订项目框架协议书，引入总投资21亿元的银湖湾澳门国际健康港项目，重点打造粤港澳大湾区科创创业中心和大健康国际高端医养产业中心。7月与粤海置业投资（国际）有限公司签署项目框架投资协议书，引入总投资43亿元的江门银湖湾粤海智造创新港项目，主要导入大健康（含生物医药设备、医疗器械）、智能装备制造等基本无干扰无污染工业产业，打造高端制造产业园。

【江门市银湖湾滨海新区投资开发有限公司成立】2021年8月，江门市国资委联合新会区政府及银湖湾滨海新区管委会，注入市、区两级统筹的资金和优质资源，组建成立江门市银湖湾滨海新区投资开发有限公司，充分发挥“管委会+平台公司”的互补优势。公司下设江门市滨汇建材供应链管理有限公司、江门市银湖湾海泉建设投资有限公司、江门市滨富房地产开发有限公司和江门市滨兴房地产开发有限公司，

分别开展建材供应平台、温泉水供应及房地产开发业务。 （新会区人民政府地方志办公室）

·肇庆新区·

【概况】肇庆新区位于肇庆市鼎湖区中部，2012年成立。规划面积115平方千米，规划总人口60万人，规划建设粤港澳大湾区生态科技产业园、永安产业园、临港产业园三大产业片区。西以鼎湖区凤凰大道为界，东至珠三角环线高速公路，南临西江，北至鼎湖山山脉，其中起步区范围约18平方千米，西起鼎湖区凤凰大道、东至新区中路、南临鼎湖大道（新区段）、北接国道321线。肇庆新区拥有立体交通运输体系，二广、广昆、珠三角环线、广佛肇高速公路经过，广佛肇城际轨道、南广高速铁路、贵广高速铁路交会设站于肇庆东站，肇庆新港实现5000吨轮船通江达海。新区河网密布、基塘成片，是典型的岭南水乡；林地资源丰富，包括4个自然保护区和6个森林公园。主要旅游景点有砚阳湖、鼎湖山、九龙湖、砚洲岛、羚羊峡等。

【经济发展】2021年，肇庆新区实现地区生产总值71.71亿元，比上年增长10%。规模以上工业增加值21.99亿元，增长14.9%；固定资产投资完成160.02亿元，增长12.6%；社会消费品零售总额98.79亿元，增长4.9%；财政一般公共预算收入2.96亿元，增长40.4%；实际利用外资3.58亿元，外贸进出口总额6.3亿元。

【重点项目建设】2021年，肇庆新区纳入省重点项目10个，总投资253.81亿元，项目年计划投资46.33亿元，年内累计完成投资59.12亿元，完成年计划投资的1.28倍；纳入市重点项目42个，总投资956.99亿元，项目年计划投资149.18亿元，年内累计完成投资159.14亿元，完成年计划投资的1.07倍。

【招商引资】2021年，肇庆新区新引进项目110个（计划投资额1亿元以上产业项目52个），计划投资额156.72亿元，设备计划投资额50.85亿元，预计达产后项目年产值不低于178.84亿元，项目年税收不低于8.89亿元。

【财政金融】2021年，肇庆新区一般公共预算收入2.96亿元，完成调整预算1.05倍，比上年增收0.85亿元，增长40.39%。其中税收收入2.42亿元，增收0.55亿元，增长29.67%；非税收入完成0.54亿元，增收0.30亿元，增长1.22倍，非税收入占比18.39%。政府性基金收入31.05亿元，完成调整预算97.02%，减收16.85亿元，下降35.19%。其中国有土地使用权出让收入29.39亿元，减收14.91亿元，下降33.66%。一般公共预算支出3.0亿元，完成调整预算100%，减支9.15亿元，下降75.31%。政府性基金预算支出65.25亿元，完成调整预算109.45%，减支3亿元，下降4.36%。其中国有土地使用权出让收入安排的支出20.26亿元，减支17.56亿元，下降46.43%。成立2只股权投资基金，总规模4亿元。截至12月，肇庆彩鑫基金投资1.42亿元，投资项目5个；弘湾投资基金投资1500万元，投资项目1个。

【行政审批】2021年，广东政务服务网肇庆新区专厅进驻的事项69项，一站式办理率100%，全年受理业务885件，办理率100%。在项目立项阶段，对企业投资项目核准类（不含法定公示期限）、备案类事项承诺3个工作日内办结；政府投资项目于11月16日起推行网上办理，承诺3个工作日内办结政府审批类事项（不含法定公示期限、专项评审时间）。全年办结事项101项，其中审批类事项33项，核准类事项1项，备案类事项34项，其他事项33项。

【肇庆新区企业发展服务中心成立】2021年3月，肇庆新区企业发展服务中心（简称企服中心）成立，负责协调企业在建设、生产、经营等过程中遇到的问题，协助推动企业（项目）建设及达标达产。企服中心坚持“推动项目落地、服务企业发展、优化营商环境”，做好已签约项目的落地服务、促建、促产和促效工作，从“入园到落地到投产”多措并举为企业提供全过程的优质服务。

【维珍妮国际高新技术产业园动工】2021年5月19日，维珍妮国际高新技术产业园开工奠基仪式在粤港澳生态科技产业园举行，维珍妮国际高新技术产业园项目是维珍妮集团在肇庆新区投资建设的集产品研发、生产以及销售为一体的综合性产业基地，产品类型包括消费电子类产品配件、高端科技内衣及功能性科技运动产品，项目全面投产后，年产值预计超过30亿元，员工总人数超过7000人。

【广州应用科技学院（肇庆校区）落成】2021年7月10日，广州应用科技学院（肇庆校区）举行落成典礼暨揭牌仪式。该校区于2019年落户肇庆新区，位于北岭山脉南麓区域的莲花镇，邻近广佛肇高速公路莲花出口，距高铁枢纽肇庆东站仅20分钟车程。该校区总投资约50亿元人民币，总占地面积66.789万平方米，容积率为1.5，总建筑面积112.24万平方米，分两期建设，建设内容包括教学楼4栋、实验室7栋、图书馆1栋、体育馆1座、行政楼1栋、学生宿舍21栋、食堂2栋、教师工作室4栋、礼堂及师生活动中心1栋、人才公寓1栋、创新中心3栋、交流中心1栋、后期配套用房1栋等。项目建成后学校计划办成一所可容纳3万名学生的全日制普通高等本科院校。

【产业项目集中动工仪式】2021年8月18日，肇庆新区、鼎湖区举行产业项目集中签约、动工、竣工仪式及肇庆新区喜珍电路科技园（奥士康）项目（一期）竣工仪式。该次集中签约、动工、竣工项目共7个，投资额合计93.08亿元，涵盖汽车零部件、电子信息、生物医药、精细化工、大健康等“4+4”重点产业方向。

【中山大学附属第三医院肇庆医院开业】2021年11月22日，中山大学附属第三医院在肇庆新区举办庆祝中山三院建院五十周年暨中山三院肇庆院区开业运营活动。中山三院肇庆医院位于肇庆新区国道321线与砚阳路交会处，规划床位1200张，总建筑面积15.4万平方米，总投资15亿元，致力打造一所集医疗、预防、教学、科研于一体的国内一流综合性三级甲等医院。该院由中山三院垂直延伸管理，共享中山三院现有60多个专科医疗资源，有中山三院各类专家到院长驻开展工作和短期指导工作。两院区之间计划建立远程会诊系统，可高效地进行两院区双向转诊、分级诊疗，确保两院区一体化的管理和同质化的诊疗服务。

2021年10月13日，中山大学附属第三医院肇庆医院开业试运营仪式在肇庆新区举行

（肇庆市卫生健康局供稿）

【平谦国际（肇庆新区）现代产业园项目一期建设】 2021年，平谦国际（肇庆新区）现代产业园项目一期签约入园企业8家，总入园企业数9家。其中广东佳饰家新材料有限公司、肇庆市膜法智慧新材料有限公司、广东潇宇智能家具有限公司在2021年投产，广东优普新材料科技有限公司、中科量子（广东）医疗技术有限公司完成设备安装。截至年底，平谦国际（肇庆新区）现代产业园项目一期累计完成投资额8.5亿元。

（肇庆市人民政府地方志办公室）

·肇庆高新技术产业开发区·

【概况】 肇庆高新技术产业开发区（简称肇庆高新区）位于肇庆市东部。辖区有1个街道社区管理中心（下辖5个社区居委会和1个社区服务站），土地面积96.58平方千米。2021年末户籍人口5.41万人，常住人口10.9万人。肇庆高新区设立于1998年，2010年升级为国家高新区，2011年8月被国家授予全国模范劳动关系和谐工业园区称号，2012年9月被认定为国家知识产权试点园区，2015年与珠三角其他7个国家级高新区组团获批建设珠三角国家自主创新示范区，2017年被确定为国家知识产权示范园区，2018年入列珠三角国家科技成果转移转化示范区建设范围，2019年获工业和信息化部确定为绿色园区，2021年获科技部确定为智能网联新能源汽车国家创新型产业集群、获工业和信息化部确定为“智慧能源+智能网联新能源汽车”工业互联网融合应用创新园区、获国家能源局确定为整区屋顶分布式光伏开发试点区域、获省工信厅确定为全省唯一园区智慧用能服务产业集群数字化转型试点区域。

【经济发展】 2021年，肇庆高新区地区生产总值252.1亿元，比上年增长18.9%。其中，第一产业增加值0.23亿元，比上年下降7.4%；第二产业增加值196.93亿元，增长23.9%（工业增加值188.3亿元，增长24.9%）；第三产业增加值54.9亿元，增长4.6%。人均地区生产总值217045元，增长15.1%。固定资产投资247.48亿元，增长15.6%。社会消费品零售总额179.22亿元，增长7.3%。地方一般公共预算收入9.65亿元，增长25.1%。城镇常住居民人均可支配收入44356元，增长9.2%。

【科技创新】 2021年，肇庆高新区高新技术企业存量222家；市级以上新型研发机构7个，其中省级3个、市级4个（年内新增智华智能网联研究院为市级新型研发机构）；组建省级以上企业技术创新平台（工程中心、企业技术中心、重点实验室）74个，省级工程中心新认定9个，市级工程中心新认定5个；建成孵化器8个，其中国家级2个、省级1个（登骏创业谷新认定为省级孵化器）、市级4个。西江实验室加快建设运营，启动14项自主立项科研项目；入选西江创新团队5个，占全市新增数的42%，立项资金1400万元，居全市第一位。2021年，经科技部火炬中心批准，肇庆高新区入选第二批企业创新积分制试点单位名录；肇庆高新区智能网联新能源汽车产业集群入选2021年度创新型产业集群试点（培育）名单；肇庆高新区连续四年获“年度火炬先进统计工作先进单位”称号；在全国国家高新区综合评价排名中比上年上升10位。衡艺公司的“磁斥型悬浮装置”项目获第22届中国专利优秀奖；组织申报第八届广东专利奖4项，省知识产权示范企业9家。全区专利授权1458件，其中发明专利174件，比上年增长27%，占全市的28.9%；有效发明专利拥有量741件，占全市的30.62%；PCT（专利合作协定）专利申请9件，占全市的39.13%。

【社会民生】 2021年，肇庆高新区完成中心幼儿园、龙湖学校三期等教育配套建设，启动育才学校建设，增加优质学位约2000个，全区高考本科过线率77.1%，居全市第一位。肇庆高新区人民医院升级为二甲医院，肇庆粤大中医院创建为二级中医院。在全省率先实现村（居）社工点100%全覆盖，低保、特困人员供养等持续保持全市最高水平。全年未发生重大群体性事件和突发重大治安案件。

【重点项目投资】2021年，肇庆高新区新引进项目204个；新增开工项目139个，完成目标任务的1.26倍；新增竣工项目121个，完成目标任务的134.4%；省、市重点项目完成投资153.3亿元，完成投资计划的1.4倍。“千企精准登门招商”加速形成大招商格局，首席服务官累计对接“链条”企业1137家，通过评审的“千企”项目125个、引进项目79个。

【“肇庆高新区劳模和工匠人才创新工作室”挂牌】2021年10月22日，肇庆高新区总工会为9个被命名为“肇庆高新区劳模和工匠人才创新工作室”企业（单位）技术团队举行挂牌仪式。肇庆高新区总工会制定出台县（区）级劳模和工匠人才创新工作室创建激励工作机制——《肇庆高新区劳模和工匠人才创新工作室创建和奖励暂行办法》，对设立创新工作室的命名、主要目标、创建对象及基本条件、申报程序、经费奖励等作出详细规定。对命名为“肇庆高新区劳模和工匠人才创新工作室”的团队给予2万~10万元不等的5个档位的资金扶助，对获得全国、省、市级劳模和工匠人才创新工作室给予1∶1配套资金奖励。

【宁德时代肇庆项目动工】2021年2月1日，宁德时代与肇庆市政府、肇庆高新区管委会签订宁德时代动力及储能电池肇庆项目（一期）投资协议，为肇庆建市以来单体投资最大的制造业项目。该项目用50天完成71.67公顷土地的收拆工作，60天完成400万立方米土方的平衡，自3月28日广东省政府主要领导宣布项目正式开工，推进项目全天候无障碍高效建设，一个月完成近2万根桩施工，六个半月完成建筑面积50万平方米。

【小鹏智能新能源汽车肇庆二期项目动工】2021年8月18日，小鹏汽车二期项目在肇庆市高新区签约并动工，实现当天签约、当天动工、当月见成效。实现由10万辆整车产能提升为20万辆，200亿元年产值提升为400亿元。至年底，该项目实现整车生产8.5万辆，电池包6.4万个，产值突破200亿元。

【智能网联新能源汽车产业集群入选创新型产业集群试点（培育）名单】2021年，科技部火炬高新技术开发中心公布2021年度创新型产业集群试点（培育）名单，肇庆高新区智能网联新能源汽车产业集群入选。该次全国纳入试点（培育）的产业集群共43个，其中广东省4个。肇庆高新区相继引进小鹏汽车、瑞庆时代（宁德时代）、理士电源等全球知名的新能源产业龙头企业，初步形成新能源整车、汽车关键零部件、智能网联、汽车轻量化、充电设施、汽车后市场、新能源储能等领域全面发展的发展新格局。培育引进智华（广东）智能网联研究院、哈工大海特复合材料技术研究院、广东省电动车工程技术研究中心、广东省特种车辆工程技术研究中心等省级优势创新平台。承担一批国家重点科研项目，拥有全国首个城市级自动驾驶路测示范区，打造完整智能网联测试体系，在智能网联新能源汽车科研和产业基础方面具备较强的竞争力。2021年，肇庆高新区智能网联新能源汽车产业集群获广东省制造强省建设领导小组授予“广东省特色产业园（智能网联新能源汽车）”牌匾。

（肇庆市人民政府地方志办公室）

·责任编辑　王海燕·

统计资料

粤港澳大湾区主要经济指标（2021 年）

地　区	土地面积（平方千米）	地区生产总值			人均地区生产总值		
		绝对值（亿元）	绝对值（亿美元）	指数（上年=100）	绝对值（元）	绝对值（美元）	指数（上年=100）
广州	7238.46	28231.97	4376.0	108.1	150366	23307	106.7
深圳	1986.41	30664.85	4753.1	106.7	173663	26918	105.0
珠海	1725.00	3881.75	601.7	106.9	157914	24477	104.0
佛山	3797.79	12156.54	1884.3	108.3	127085	19698	107.3
惠州	11350.36	4977.36	771.5	110.1	82113	12728	109.3
东莞	2460.38	10855.35	1682.6	108.2	103284	16009	107.8
中山	1780.99	3566.17	552.8	108.2	80157	12424	107.2
江门	9535.19	3601.28	558.2	108.4	74722	11582	107.5
肇庆	14891.43	2649.99	410.8	110.5	64269	9962	110.0
香港特别行政区	1113.8	28616[1]	3681	107.0	386022[1]	49662	107.9
澳门特别行政区	33.0	2394[2]	299	117.1	350445[2]	43771	116.8

地　区	年末人口（万人）	港口集装箱吞吐量（万标准集装箱）	进出口总额（亿美元）	出口总额（亿美元）	进口总额（亿美元）
广州	1881.06	2446.65	1674.54	976.18	698.35
深圳	1768.16	2876.76	5485.77	2982.12	2503.65
珠海	246.67	204.00	513.58	291.76	221.82
佛山	961.26	370.73	952.20	773.59	178.60
惠州	606.60	50.66	472.96	330.06	142.89

（续表）

地　区	年末人口（万人）	港口集装箱吞吐量（万标准集装箱）	进出口总额（亿美元）	出口总额（亿美元）	进口总额（亿美元）
东莞	1053.68	368.49	2359.97	1479.61	880.36
中山	446.69	139.42	417.03	345.33	71.71
江门	483.51	173.28	276.93	226.82	50.11
肇庆	412.97	56.14	62.75	42.09	20.67
香港特别行政区	740.31	1780	13210.65	6382.05	6828.60
澳门特别行政区	68.32	12.41	208.39	16.19	192.19

注：1. 本表香港、澳门统计数据来自香港特区政府统计处、澳门统计暨普查局。香港特别行政区和澳门特别行政区地区生产总值为“本地生产总值”。澳门特别行政区集装箱吞吐量为载货集装箱吞吐量，其余为集装箱总吞吐量。本表汇率按照 100 港币 =83.00 人民币元，100 澳门元 =80.58 人民币元，100 美元 =645.15 人民币元计算。①为港币元。②为澳门元。

2. 本表中，广州、深圳、珠海、佛山、惠州、东莞、中山、江门、肇庆九市土地面积为 2020 年数据。

粤港澳大湾区内地九市地区生产总值和指数

单位：亿元

地　区	2000 年		2005 年		2010 年		2011 年	
	地区生产总值	指数	地区生产总值	指数	地区生产总值	指数	地区生产总值	指数
九市合计	2505.58	113.9	18426.64	115.7	38028.65	113.1	43890.08	111.1
广州	2505.58	113.4	5187.85	113	10640.67	113	12199.69	113.0
深圳	2219.2	116.3	5035.77	115.3	10069.06	112.3	11922.81	112.3
珠海	335.92	112	640.53	113.2	1241.74	113.3	1460.07	113.3
佛山	1050.38	112.5	2450.67	119.3	5665.45	114.3	6231.4	114.3
惠州	439.19	111.3	805.11	116.1	1723.56	118.2	2080.14	118.2
东莞	821.14	119.7	2189.46	119.5	4339.85	110.4	4887.26	110.4
中山	345.44	112.4	894.59	121.1	1808.48	113.8	2102.58	113.8
江门	504.66	110.2	801.7	112.6	1574.73	114.5	1836.72	114.5
肇庆	249.78	110.6	420.95	115.8	965.12	115.5	1169.41	115.5

（续表）

地　区	2012年		2013年		2014年		2015年	
	地区生产总值	指数	地区生产总值	指数	地区生产总值	指数	地区生产总值	指数
九市合计	47939.37	109.5	53472.83	110.7	57844.44	108.6	62541.37	108.6
广州	13194.69	110.4	15050.4	111.5	16135.95	108.5	17347.37	108.3
深圳	13496.27	110.2	15234.24	110.6	16795.35	108.9	18436.84	109
珠海	1583.66	107.8	1780.87	110.9	2008.86	110.4	2216.54	110
佛山	6642.95	108.1	7064.3	109.8	7509.96	108.2	8107.6	108.2
惠州	2352.46	112.6	2674.5	113.7	2959.11	110	3090.22	109.3
东莞	5190.2	106.3	5740.44	110	6174.83	108	6665.34	108.4
中山	2306.52	111.1	2470.06	109.7	2580.59	107.5	2711.36	108.2
江门	1892.98	108.2	2020.97	109.6	2099.29	107.5	2274.26	108.4
肇庆	1279.64	109.8	1437.04	109.7	1580.5	109.7	1691.85	107.9

地　区	2016年		2017年		2018年	
	地区生产总值	指数	地区生产总值	指数	地区生产总值	指数
九市合计	68196.86	108.0	74953.26	107.8	80440.72	106.8
广州	18559.73	107.6	19871.67	106.7	21002.44	106
深圳	20685.74	109.3	23280.27	108.8	25266.08	107.7
珠海	2452.61	108.1	2943.83	111.1	3216.78	107.9
佛山	8756.31	107.9	9382.16	108	9976.72	106.4
惠州	3359.52	108.1	3745.75	107.9	4003.33	105.9
东莞	7260.92	108	8079.2	108.8	8818.11	107.5
中山	2830.43	104.3	2939.52	103.8	3053.73	103.1
江门	2480.94	107.3	2745.89	108.1	3001.24	107.8
肇庆	1810.67	105	1964.97	105.1	2102.29	106.5

（续表）

地　区	2019年		2020年		2021年	
	地区生产总值	指数	地区生产总值	指数	地区生产总值	指数
九市合计	87213.05	106.4	89850.38	102.4	100585.25	107.9
广州	23844.69	106.9	25068.75	102.7	28231.97	108.1
深圳	26992.33	106.7	27759.02	103.1	30664.85	106.7
珠海	3444.23	106.8	3518.26	103	3881.75	106.9
佛山	10739.76	106.8	10758.5	101.5	12156.54	108.3
惠州	4192.93	104.2	4283.72	101.5	4977.36	110.1
东莞	9474.43	107.4	9756.77	101.1	10855.35	108.2
中山	3123.79	102	3189.15	101.5	3566.17	108.2
江门	3150.22	104.3	3202.97	102.2	3601.28	108.4
肇庆	2250.67	106.3	2313.24	103	2649.99	110.5

粤港澳大湾区内地九市第三产业增加值和指数

单位：亿元

地　区	2000年		2005年		2010年		2015年		2017年	
	第三产业增加值	指数	第三产业增加值	指数	第三产业增加值	指数	第三产业增加值	指数	第三产业增加值	指数
九市合计	3966.73	114.1	8489.80	113.7	18600.14	110.9	33370.33	109.8	41766.82	108.5
广州	1381.27	116.4	2990.63	113.3	6418.75	113.2	11363.68	109.3	13750.61	107.9
深圳	1094.87	113.8	2316.34	112.3	5335.01	110.7	10742.22	110.3	13923.18	108.7
珠海	144.35	108.9	273.71	109.2	541.10	107.5	1124.55	110.1	1594.63	110.8
佛山	435.03	113.6	880.70	112.2	1985.13	113.0	2976.96	110.2	3782.81	108.0
惠州	121.70	108.6	273.22	117.3	600.68	110.3	1199.48	108.9	1595.02	116.1
东莞	343.76	120.0	935.50	119.4	2011.28	103.3	3166.37	110.9	3639.82	106.7
中山	141.09	110.0	315.67	126.0	690.54	111.4	1135.19	110.3	1371.08	108.6
江门	199.72	110.2	303.66	104.0	590.47	111.9	1042.13	109.1	1305.26	108.6
肇庆	104.93	112.2	200.37	120.2	427.18	110.2	619.76	107.6	804.42	109.6

（续表）

地区	2018年		2019年		2020年		2021年	
	第三产业增加值	指数	第三产业增加值	指数	第三产业增加值	指数	第三产业增加值	指数
九市合计	45137.18	106.4	50033.69	107.9	52331.89	102.9	57903.57	107.3
广州	14663.32	106.4	17088.17	107.7	18066.32	102.3	20202.89	108.0
深圳	15247.60	106.7	16564.75	108.3	17352.77	103.9	19299.67	107.8
珠海	1711.86	103.8	1866.29	109.5	2004.10	104.1	2199.27	107.2
佛山	4168.66	107.0	4490.82	106.8	4680.66	102.0	5139.04	107.0
惠州	1705.00	106.0	1828.06	107.8	1929.14	101.1	2092.06	105.3
东莞	3831.87	106.0	4146.65	108.4	4191.80	103.4	4501.28	105.1
中山	1451.32	105.9	1505.07	103.5	1592.17	101.1	1713.58	105.0
江门	1470.76	108.3	1569.27	107.9	1529.37	101.3	1665.73	105.7
肇庆	886.79	105.5	974.60	112.2	985.55	102.4	1090.04	107.5

粤港澳大湾区内地九市人均地区生产总值和指数

单位：元

地区	2000年		2005年		2010年		2012年	
	人均地区生产总值	指数	人均地区生产总值	指数	人均地区生产总值	指数	人均地区生产总值	指数
九市均值	20369	106.9	40661	114.9	69281	109.6	78967	104.6
广州	25758	108.4	54160	114.3	86582	105.8	95550	104.6
深圳	33276	105.8	61843	111.8	99095	107.8	116407	102.6
珠海	28068	104.9	45682	110.5	80024	111.4	93589	102.3
佛山	20231	106.3	42434	117.7	80511	109.2	85289	102.8
惠州	13877	107.7	21942	113.2	38507	112.7	47734	107.7
东莞	13563	105.1	33383	119.5	53959	105.5	57633	100.3
中山	15077	105.4	36800	120.7	59411	108.2	66860	104.2
江门	12844	108.7	19546	112.1	35719	112.3	42148	107.5
肇庆	7422	109.9	11505	114.1	24875	113.8	32403	109.3

（续表）

地区	2013年		2014年		2015年		2016年	
	人均地区生产总值	指数	人均地区生产总值	指数	人均地区生产总值	指数	人均地区生产总值	指数
九市均值	84537	106.6	88318	105.4	92510	105.8	97721	104.7
广州	104235	106.7	107528	104.4	111060	104	113400	102.7
深圳	124208	104.6	130448	103.8	135271	102.9	142494	102.7
珠海	100939	106.4	109846	106.5	117879	107	127167	105.4
佛山	87194	105.5	89742	104.8	94608	105.7	100699	106.3
惠州	52211	109.4	55900	106.4	56802	106.3	60361	105.6
东莞	60843	105	63065	104.1	66810	106.4	72028	106.8
中山	67973	104.2	67955	102.9	69129	104.7	70352	101.7
江门	44718	108.9	46177	106.8	49767	107.8	53941	106.7
肇庆	36171	109.1	39625	109.3	42333	107.7	45151	104.7

地区	2017年		2018年		2019年		2020年		2021年	
	人均地区生产总值	指数	人均地区生产总值	指数	人均地区生产总值	指数	人均地区生产总值	指数	人均地区生产总值	指数
九市均值	103863	104.7	108094	103.7	114120	103.3	115880	100.3	128264	107.2
广州	116051	102	118511	102.5	131400	104.4	135315	100.6	150366	106.7
深圳	150739	102.7	155320	102.3	159883	102.8	159820	100.2	173663	105
珠海	146096	106.3	150345	101.7	151702	100.6	147164	97.8	157914	104
佛山	105729	105.8	109272	103.4	114914	104.3	113545	100.1	127085	107.3
惠州	66007	105.9	69206	103.9	70949	102	71220	99.7	82113	109.3
东莞	78637	106.7	84708	106.1	90696	107	93194	100.9	103284	107.8
中山	71198	101.2	72119	100.5	72014	99.6	72329	99.9	80157	107.2
江门	59244	107.3	64163	106.8	66622	103.2	67027	101.1	74722	107.5
肇庆	48781	104.6	51879	105.9	55176	105.6	56357	102.3	64269	110

粤港澳大湾区内地九市地方一般公共预算收支

单位：亿元

地 区	地方一般公共预算收入								
	2000 年	2005 年	2010 年	2015 年	2017 年	2018 年	2019 年	2020 年	2021 年
广东省	910.56	1807.2	4517.04	9366.78	11320.35	12105.26	12654.53	12923.85	14105.04
广州	200.55	371.26	872.65	1349.47	1536.74	1634.22	1699.04	1722.79	1884.26
深圳	221.92	412.38	1106.82	2726.85	3332.13	3538.44	3773.38	3857.46	4257.7
珠海	24.23	48.97	124.53	269.96	314.38	331.47	344.49	379.13	448.19
佛山	59.53	130.85	306.05	557.55	661.58	703.14	731.62	753.56	808.26
惠州	12.94	34.72	131.23	340.02	389.08	393.01	400.86	412.25	455.39
东莞	30.22	103.97	277.84	517.97	592.07	649.91	673.27	694.75	769.57
中山	17.46	54.26	139.38	287.51	312.76	315.23	283.42	287.57	316.47
江门	21.24	41.63	104.29	199.01	222.37	244.05	256.83	264	279.87
肇庆	10.97	20.44	76.8	143.36	94.85	106.04	114.21	124.51	146.46
九市合计	599.06	1218.48	3139.58	6391.7	7455.96	7915.51	8277.11	8496.03	9366.17

地 区	地方一般公共预算支出								
	2000 年	2005 年	2010 年	2015 年	2017 年	2018 年	2019 年	2020 年	2021 年
广东省	1069.86	2289.07	5421.54	12827.8	15037.48	15729.26	17297.85	17430.79	18247.01
广州	240.72	438.41	977.32	1727.72	2186.01	2506.18	2865.33	2952.65	3021.18
深圳	225.04	599.16	1266.07	3521.67	4593.8	4282.56	4552.73	4178.42	4570.22
珠海	31.14	57.77	166.41	388.77	493.89	572.52	615.74	677.62	786.66
佛山	72.48	150.85	363.35	799.93	774.96	806.54	941.32	1003.04	1072.01
惠州	20.14	52.41	185.44	486.07	554.01	544.22	614.86	637.37	663.31
东莞	33.61	117.04	289.83	581.24	667.65	765.41	863.01	840.33	882.53
中山	19.24	56.71	145.85	355.37	455.22	437.92	411.74	375.63	472.48
江门	28.18	54.24	132.98	292.9	333.26	377.88	421.24	442.38	460.25
肇庆	20.09	40.64	127.66	267.71	271.15	315.72	351.65	430.58	396.8
九市合计	690.64	1567.23	3654.91	8421.36	10329.95	10608.94	11637.61	11538.02	12325.44

粤港澳大湾区内地九市人均地方一般公共预算收入

单位：元

地　区	2000 年	2005 年	2010 年	2015 年	2017 年	2018 年	2019 年	2020 年	2021 年
广东省	1087.68	1974.59	4390.34	8086.31	9414.40	9886.28	10190.06	10292.55	11146.70
广州	2061.72	3875.93	7100.70	8639.48	8974.56	9221.44	9362.79	9299.20	10035.75
深圳	3327.64	5064.37	10892.78	20006.93	21618.61	21752.07	22350.72	22209.02	24112.41
珠海	2024.57	3492.54	8025.47	14357.08	15601.79	15492.16	15172.94	15858.65	18232.99
佛山	1146.57	2265.69	4349.20	6506.03	7455.45	7701.32	7828.20	7953.07	8449.55
惠州	408.85	946.27	2931.87	6249.93	6856.40	6793.88	6783.02	6853.94	7512.70
汕尾	170.37	255.84	893.66	1013.77	1328.53	1540.63	1574.15	1717.59	1970.40
东莞	503.97	1585.20	3454.53	5191.88	5762.78	6243.17	6444.99	6636.08	7322.12
中山	762.08	2231.98	4578.83	7330.21	7575.29	7444.60	6533.77	6522.11	7113.32
江门	540.87	1014.97	2365.62	4354.90	4797.84	5217.49	5431.53	5524.66	5807.00
肇庆	325.95	558.68	1979.41	3587.10	2354.79	2616.84	2799.84	3033.31	3552.04
九市合计	1442.48	2688.72	5717.85	9454.50	10331.72	10636.60	10869.90	10957.32	11943.50

注：本表按年中常住人口数计算。

粤港澳大湾区内地九市全体居民人均可支配收入与消费支出

单位：元

地　区	2016 年		2017 年		2018 年	
	人均可支配收入	消费支出	人均可支配收入	消费支出	人均可支配收入	消费支出
广东省	30295.8	—	33003.3	—	35809.9	—
广州	46667.0	35388.0	50782.2	37496.1	55276.1	40636.8
深圳	48695.0	36480.6	52938.0	38320.1	57543.6	38320.1
珠海	40154.1	30479.3	44043.1	32981.4	48107.1	34734.7
佛山	41940.7	30561.6	45813.3	32648.0	49629.5	33451.0
惠州	28061.4	20461.3	31090.6	22968.8	33929.9	26423.8
东莞	41901.9	29905.6	45450.6	31849.5	49331.0	32498.3
中山	40012.4	26636.9	43553.7	29034.2	46865.0	30131.5
江门	24426.7	17281.9	26850.6	19302.4	29546.9	22905.9
肇庆	20579.8	13927.6	22360.0	14867.7	24070.9	18945.0
九市均值	40109.1	—	43840.1	—	47911.0	—

（续表）

地　区	2019年		2020年		2021年	
	人均可支配收入	消费支出	人均可支配收入	消费支出	人均可支配收入	消费支出
广东省	39014.3	—	41028.6	—	44993.3	—
广州	60073.8	42308.7	63289.2	41400.3	68908.3	44253.1
深圳	62522.4	43112.7	64877.7	40581.1	70847.3	46285.7
珠海	52495.1	38211.8	55936.1	36359.7	61390.0	42333.7
佛山	54042.7	37160.3	56244.8	36936.0	61700.2	40545.2
惠州	37159.6	26610.7	39745.4	26232.4	43350.5	29175.7
东莞	53657.2	35729.7	56533.1	34259.8	62126.5	39078.9
中山	50477.6	33959.0	52753.6	32735.5	57900.8	37852.7
江门	32323.3	21647.4	33666.5	21898.7	37068.4	24192.8
肇庆	26121.5	17021.7	27496.2	16777.3	30394.1	19094.7
九市均值	52213.7	—	54809.6	—	60729.7	—

注：按照国家统计局的统一部署，广东省分市县城乡一体化住户调查工作从2013年底正式启动，从2014年开始正式对外发布分市全体居民人均消费支出数据。

粤港澳大湾区内地九市农林牧渔业总产值和指数（2021年）

单位：亿元

地　区	总产值						指　数					
	农林牧渔业总产值	农业产值	林业产值	牧业产值	渔业产值	农林牧渔专业及辅助性活动产值	农林牧渔业总产值	农业产值	林业产值	牧业产值	渔业产值	农林牧渔专业及辅助性活动产值
九市合计	2162.07	979.81	109.53	345.77	608.47	118.49	932.1	958.3	878.5	827.9	944.8	926.5
广州	416.69	231.69	2.54	41.97	81.98	58.52	103.9	102.8	70.6	103.5	106.6	107.5
深圳	42.46	11.79	0.18	2.55	25.95	1.99	97.0	97.6	73.3	87.2	97.7	103.6
珠海	100.25	13.29	0.21	11.54	66.59	8.62	105.1	115.5	147.8	123.8	101.7	94.4
佛山	289.89	88.60	1.66	47.86	131.92	19.84	104.5	108.7	112.3	97.5	104.7	102.9
惠州	280.29	198.25	5.87	46.73	25.14	4.29	103.0	104.6	102.3	94.9	107.3	108.0
东莞	39.21	30.08	0.32	0.62	6.88	1.31	106.6	111.3	90.5	34.0	110.5	100.5
中山	105.74	28.03	0.09	5.85	69.38	2.39	103.7	105.6	78.1	87.0	104.8	100.0
江门	361.69	128.14	10.63	67.32	143.20	12.40	103.9	107.0	97.0	99.6	103.7	108.0
肇庆	525.84	249.92	88.04	121.32	57.44	9.12	104.4	105.4	106.5	100.3	107.7	101.7

注：本表按可比价格计算。

粤港澳大湾区内地九市年末常住人口数

单位：万人

地　区	2000年	2005年	2010年	2015年	2017年	2018年	2019年	2020年	2021年
广东省	8650.03	9194.00	10440.94	11678.00	12141.00	12348.00	12489.00	12624.00	12684.00
广州	994.80	949.68	1270.96	1594.95	1746.27	1798.13	1831.21	1874.03	1881.06
深圳	701.24	827.75	1043.76	1414.21	1587.31	1666.12	1710.40	1763.38	1768.16
珠海	123.65	141.57	156.16	189.75	207.02	220.90	233.18	244.96	246.67
佛山	534.05	580.03	719.91	864.34	899.99	926.04	943.14	951.88	961.26
惠州	321.80	370.69	460.11	550.41	572.22	584.72	597.23	605.72	606.60
东莞	644.84	656.07	822.48	999.57	1038.22	1043.77	1045.50	1048.36	1053.68
中山	236.47	243.46	312.27	396.96	418.04	428.82	438.73	443.11	446.69
江门	395.24	410.29	445.08	458.02	465.12	470.38	475.32	480.41	483.51
肇庆	337.69	367.60	392.22	400.30	403.88	406.58	409.24	411.69	412.97
九市合计	4289.78	4547.14	5622.95	6868.51	7338.07	7545.46	7683.95	7823.54	7860.60

注：1. 2000年全省数据含根据普查误差率推算的漏登人口。
2. 2006—2009年年末常住人口根据2010年第六次全国人口普查结果平滑调整。
3. 2010年开始，深圳市包含深汕合作区人口。
4. 2011—2019年年末常住人口根据2020年第七次全国人口普查结果平滑调整。

粤港澳大湾区内地九市城镇人口占常住人口的比例

单位：%

地　区	2000年	2005年	2010年	2015年	2017年	2018年	2019年	2020年	2021年
广东省	55.00	60.68	66.18	69.51	70.74	71.81	72.65	74.15	74.63
广州	83.79	91.51	83.79	84.22	84.41	84.75	85.13	86.19	86.46
深圳	92.46	100.00	99.76	99.81	99.80	99.82	99.52	99.54	99.81
珠海	85.48	87.90	87.66	88.13	88.34	88.79	89.21	90.47	90.75
佛山	75.06	78.39	94.10	94.28	94.36	94.50	94.67	95.20	95.21
惠州	51.66	55.01	61.85	64.41	65.67	67.61	69.61	72.80	72.90
东莞	60.04	73.02	88.47	89.14	89.44	89.93	90.31	92.15	92.24
中山	60.67	74.29	87.84	87.41	87.24	87.15	87.06	86.96	87.00
江门	47.08	56.78	62.31	63.53	64.13	65.12	66.04	67.63	67.84
肇庆	32.52	38.99	42.40	44.33	45.30	46.99	48.52	51.02	51.91
九市均值	71.59	77.32	82.71	84.41	85.04	85.66	86.10	87.24	87.47

注：1. 本表2000年、2005年数据按国家统计局1999年发布的《关于统计上划分城乡的规定（试行）》计算；2006年起数据按国家统计局2006年颁布的《关于统计上划分城乡的暂行规定》计算。
2. 2006—2009年年末常住人口根据2010年第六次全国人口普查结果平滑调整，城镇人口比例也作相应调整。
3. 2011—2019年年末常住人口根据2020年第七次全国人口普查结果平滑调整，城镇人口比例也作相应调整。

粤港澳大湾区内地九市年末户籍人口数（2021 年）

地　区	总人口	按性别分			
		男		女	
		人口数（万人）	比例（%）	人口数（万人）	比例（%）
广东省	9946.95	5088.93	51.16	4858.02	48.84
广州	1011.53	501.25	49.55	510.28	50.45
深圳	627.94	310.41	49.43	317.53	50.57
珠海	147.83	72.47	49.02	75.36	50.98
佛山	484.13	234.04	48.34	250.09	51.66
惠州	405.91	202.62	49.92	203.29	50.08
东莞	278.61	136.06	48.83	142.55	51.17
中山	198.75	95.68	48.14	103.07	51.86
江门	402.87	201.68	50.06	201.19	49.94
肇庆	458.10	238.47	52.06	219.63	47.94
九市合计	4015.66	1992.68	49.62	2022.98	50.38

第七次全国人口普查分性别、受教育程度的 3 岁及以上人口数

单位：人

类　别		广东省	广州	深圳	珠海	佛山
3 岁及以上人口	合计	121623816	18116477	16948438	2361509	9207132
	男	64529347	9566885	9338737	1262832	5007864
	女	57094469	8549592	7609701	1098677	4199268
未上过学	小计	2904977	209589	164456	40006	133720
	男	968789	77726	56265	13208	46428
	女	1936188	131863	108191	26798	87292
学前教育	小计	5202168	623672	636897	87268	363014
	男	2758368	332563	341508	46157	194414
	女	2443800	291109	295389	41111	168600
小学	小计	26054418	2573108	2000783	374611	1774661
	男	12294766	1213466	964223	181440	865313
	女	13759652	1359642	1036560	193171	909348
初中	合计	44714248	5505891	5457546	705039	3449786
	男	24895602	3061743	3146965	399299	1991203
	女	19818646	2444148	2310581	305740	1458583
高中	小计	22965096	4109750	3627943	526337	1952546
	男	13224360	2296698	2145882	298946	1112008
	女	9740736	1813052	1482061	227391	840538
大专及以上	小计	19782909	5094467	5060813	628248	1533405
	男	10387462	2584689	2683894	323782	798498
	女	9395447	2509778	2376919	304466	734907

（续表）

类别		惠州	东莞	中山	江门	肇庆	九市合计
3岁及以上人口	合计	5826007	10220947	4278975	4655412	3959211	75574108
	男	3133335	5785654	2309354	2410619	2057323	40872603
	女	2692672	4435293	1969621	2244793	1901888	34701505
未上过学	小计	126189	114821	62459	74079	114743	1040062
	男	47650	44271	21506	24592	35393	367039
	女	78539	70550	40953	49487	79350	673023
学前教育	小计	245274	324835	171987	172765	192153	2817865
	男	129831	175075	90989	90516	103001	1504054
	女	115443	149760	80998	82249	89152	1313811
小学	小计	1300285	1644668	884521	1095715	1038270	12686622
	男	633426	815822	423414	500241	471272	6068617
	女	666859	828846	461107	595474	566998	6618005
初中	合计	2429466	4418896	1703938	1753867	1641230	27065659
	男	1363900	2593541	974180	938516	902815	15372162
	女	1065566	1825355	729758	815351	738415	11693497
高中	小计	980174	2331842	865995	990927	611405	15996919
	男	560882	1400298	495033	558961	350329	9219037
	女	419292	931544	370962	431966	261076	6777882
大专及以上	小计	744619	1385885	590075	568059	361410	15966981
	男	397646	756647	304232	297793	194513	8341694
	女	346973	629238	285843	270266	166897	7625287

粤港澳大湾区内地九市就业人员年末人数

单位：万人

地区	2005年	2010年	2015年	2019年	2020年	2021年
广东省	5022.97	6051.00	6566.00	6995.00	7039.00	7072.00
广州	574.46	732.93	927.91	1125.89	1158.01	1163.44
深圳	576.26	781.45	1083.35	1230.29	1239.61	1245.42
珠海	94.01	106.19	124.11	136.92	147.79	148.48
佛山	348.69	457.09	523.37	588.66	598.10	600.90
惠州	222.62	268.14	299.29	318.30	320.88	337.58
东莞	388.13	645.51	680.09	711.10	714.59	717.94
中山	188.85	213.71	241.21	264.67	274.62	275.91
江门	214.53	257.22	254.36	257.66	256.81	258.01
肇庆	215.05	219.61	209.87	202.57	200.74	201.68
九市合计	2822.60	3681.85	4343.56	4836.06	4911.15	4949.36

粤港澳大湾区内地九市按三次产业分就业人员年末人数

单位：万人

地区	2020年				2021年			
	合计	第一产业	第二产业	第三产业	合计	第一产业	第二产业	第三产业
广东省	7039.00	767.00	2526.00	3746.00	7072.00	753.00	2565.00	3754.00
广州	1158.01	59.30	259.77	838.94	1163.44	58.22	263.78	841.44
深圳	1239.61	1.23	479.00	759.38	1245.42	1.21	486.40	757.81
珠海	147.79	4.71	60.48	82.60	148.48	4.62	61.41	82.45
佛山	598.10	22.86	296.61	278.63	600.90	22.44	301.19	277.27
惠州	320.88	35.56	146.81	138.51	337.58	36.41	152.08	149.09
东莞	714.59	5.51	447.10	261.98	717.94	5.41	454.00	258.53
中山	274.62	10.03	155.24	109.35	275.91	9.85	157.64	108.42
江门	256.81	31.96	84.18	140.67	258.01	31.38	85.48	141.15
肇庆	200.74	50.87	45.72	104.15	201.68	49.94	46.43	105.31
九市合计	4911.15	222.03	1974.91	2714.21	4949.36	219.48	2008.41	2721.47

注：从2020年起，国家统计局对各省、自治区、直辖市就业人数及其产业构成以常住人口口径统一测算，同时对2010—2019年就业人数及其产业、城乡结构进行平滑修正。

粤港澳大湾区内地九市按城乡分就业人员年末人数

单位：万人

地区	2010年			2020年			2021年		
	合计	城镇	乡村	合计	城镇	乡村	合计	城镇	乡村
广东省	6051.00	4004.55	2046.45	7039.00	5418.00	1621.00	7072.00	5473.00	1599.00
广州	732.93	614.14	118.79	1158.01	1008.22	149.79	1163.44	1015.68	147.76
深圳	781.45	781.04	0.41	1239.61	1234.30	5.31	1245.42	1240.20	5.22
珠海	106.19	93.09	13.10	147.79	134.58	13.21	148.48	135.45	13.03
佛山	457.09	378.33	78.76	598.10	570.29	27.81	600.90	573.48	27.42
惠州	268.14	165.84	102.30	320.88	233.93	86.95	337.58	243.83	93.75
东莞	645.51	534.04	111.47	714.59	657.42	57.17	717.94	661.57	56.37
中山	213.71	164.32	49.39	274.62	238.82	35.80	275.91	240.61	35.30
江门	257.22	160.27	96.95	256.81	178.43	78.38	258.01	180.69	77.32
肇庆	219.61	93.11	126.50	200.74	107.27	93.47	201.68	109.46	92.22
九市合计	3681.85	2984.18	697.67	4911.15	4363.26	547.89	4949.36	4400.97	548.39

注：从2020年起，国家统计局对各省、自治区、直辖市就业人数及其产业构成以常住人口口径统一测算，同时对2010—2019年就业人数及其产业、城乡结构进行平滑修正。

粤港澳大湾区内地九市城镇非私营单位各行业在岗职工年末人数（2021 年）

单位：万人

类别	广东省	广州	深圳	珠海	佛山	惠州	东莞	中山	江门	肇庆	九市合计
合计	2027.04	402.82	499.17	76.39	148.95	101.81	282.04	76.26	60.56	35.43	1683.42
农、林、牧、渔业	2.07	0.25	0.03	0.10	0.02	0.08	0.12	0.07	0.07	0.07	0.82
采矿业	1.37	0.01	0.39	0.04	0.01	0.04	0.00	0.00	0.02	0.14	0.63
制造业	823.47	72.51	206.96	34.93	80.62	62.16	201.22	47.51	28.48	13.46	747.85
电力、热力、燃气及水生产	27.32	5.34	4.33	0.75	2.24	1.59	2.01	0.78	0.94	0.83	18.80
建筑业	111.39	17.36	25.52	4.62	3.24	2.36	7.57	1.31	3.10	1.80	66.90
批发和零售业	106.74	31.65	29.58	3.55	7.15	3.33	10.85	3.28	2.94	0.94	93.27
交通运输、仓储和邮政业	79.58	31.78	20.35	2.92	4.66	2.29	4.70	1.26	1.51	0.74	70.21
住宿和餐饮业	37.05	12.43	11.44	1.83	1.65	1.09	3.16	0.92	0.73	0.27	33.51
信息传输、软件和信息技术服务业	79.30	26.51	39.34	3.18	1.61	0.71	1.66	0.60	0.53	0.29	74.43
金融业	54.54	10.48	20.18	1.55	2.94	1.23	3.14	1.47	1.52	0.85	43.35
房地产业	89.09	30.39	30.38	4.12	4.69	2.74	4.10	2.90	1.42	0.79	81.53
租赁和商务服务业	112.83	50.01	31.08	4.50	4.67	2.10	10.19	1.93	1.41	0.37	106.28
科学研究和技术服务业	50.06	20.14	14.92	1.69	3.09	0.85	3.57	0.97	0.71	0.27	46.21
水利、环境和公共设施管理业	20.61	6.05	3.66	1.15	1.46	0.43	2.01	0.74	0.68	0.44	16.63
居民服务、修理和其他服务业	11.92	2.69	3.92	0.48	1.07	0.26	1.30	0.41	0.20	0.17	10.51
教育	164.36	30.20	18.61	3.67	11.81	7.24	11.58	4.72	6.05	5.57	99.45
卫生和社会工作	93.21	23.14	13.20	2.74	6.31	4.01	5.11	2.89	3.83	3.06	64.29
文化、体育和娱乐业	12.39	3.89	2.80	1.00	0.68	0.47	1.01	0.27	0.25	0.21	10.58
公共管理、社会保障和社会组织	149.77	27.98	22.49	3.56	11.04	8.82	8.74	4.23	6.17	5.15	98.18

粤港澳大湾区内地九市城镇非私营单位就业人员工资总额和在岗职工年平均工资（2021年）

地　区	就业人员工资				在岗职工工资			
	合计	国有单位	城镇集体单位	其他单位	合计	国有单位	城镇集体单位	其他单位
总额（亿元）								
广东省	24978.70	6855.32	273.36	17850.02	24346.28	6749.41	262.95	17333.93
广州	5988.70	1841.00	48.31	4099.39	5795.44	1813.54	46.26	3935.64
深圳	7887.90	1426.42	6.13	6455.35	7752.34	1402.03	6.06	6344.24
珠海	957.26	225.36	1.97	729.94	927.39	222.29	1.81	703.30
佛山	1596.89	406.24	29.33	1161.33	1544.43	404.21	28.95	1111.26
惠州	1044.71	298.07	4.57	742.07	1023.37	293.86	4.51	725.00
东莞	2562.48	320.47	71.34	2170.67	2525.43	311.46	69.70	2144.28
中山	776.79	196.27	12.01	568.52	751.88	192.05	11.93	547.90
江门	583.99	208.65	11.73	363.61	564.66	206.71	10.99	346.97
肇庆	334.04	164.38	4.23	165.42	327.47	162.33	4.21	160.92
平均工资（元）								
广东省	118133	160329	76875	108095	120299	163492	78446	109884
广州	139802	197973	88473	124254	144288	201205	90699	128438
深圳	153471	230122	91455	143035	155563	235268	91297	144818
珠海	120162	207427	87951	106442	121449	209679	88330	107284
佛山	103417	171479	102515	90827	104280	172241	103804	91202
惠州	97935	148231	64761	86428	99329	153283	65004	87178
东莞	88535	180071	115675	81768	88965	187964	119434	82011
中山	98515	208335	83419	83618	98818	207329	83937	83773
江门	91618	130734	85130	78357	93578	132778	90645	79650
肇庆	90280	116634	78583	73956	91792	118861	79374	74893

粤港澳大湾区内地九市城镇新增就业人数

单位：人

地　区	2016年	2017年	2018年	2019年	2020年	2021年
广东省	1470549	1488981	1476511	1399571	1336995	1403322
广州	427346	413825	407783	337337	295033	335530
深圳	103117	100844	109174	160302	173003	187476
珠海	46968	46923	47095	40856	38040	42427
佛山	80852	85918	85741	86570	86176	105181
惠州	71685	75408	73443	71577	71004	76236
东莞	83269	85011	95362	94977	94771	112709
中山	47128	61073	62009	57094	56989	63074
江门	47520	48227	48810	47118	45945	47585
肇庆	43516	42740	43791	44684	42128	45605
九市合计	951401	959969	973208	940515	903089	1015823

粤港澳大湾区内地九市固定资产投资情况

地 区	投资金额（亿元）						2019年比2018年增长（%）	2020年比2019年增长（%）	2021年比2020年增长（%）
	2000年	2005年	2010年	2014年	2015年	2017年			
广东省	3233.70	7164.11	16113.19	25928.09	30031.20	37477.96	11.1	7.2	6.3
广州	923.67	1514.01	3263.57	4889.50	5405.95	5919.83	16.5	10.0	11.7
深圳	677.12	1182.32	1944.70	2717.42	3298.31	5147.32	18.8	8.2	3.7
珠海	95.08	218.23	501.55	1135.05	1305.14	1662.02	6.1	13.1	-3.1
佛山	198.96	741.43	1719.63	2612.45	3035.52	4265.79	5.4	0.8	7.6
惠州	77.41	352.37	894.02	1606.71	1863.93	2234.88	15.4	16.0	21.8
东莞	102.89	592.20	1114.98	1427.11	1446.52	1712.83	17.5	13.0	8.2
中山	109.95	320.92	660.37	903.66	1055.41	1248.48	-17.6	21.5	15.3
江门	104.34	228.87	631.77	1111.65	1307.87	1774.83	8.3	6.9	1.4
肇庆	75.29	178.01	625.21	1138.73	1330.03	1497.55	10.8	12.1	11.6
九市合计	2364.71	5328.37	11355.80	17542.28	20048.69	25463.54	12.3	9.4	8.1

粤港澳大湾区内地九市按登记注册类型分固定资产投资增长速度（2021年）

单位：%

地 区	总计	内资	港、澳、台商投资	外商投资
广东省	6.3	5.3	12.6	18.3
广州	11.7	15.0	1.5	-25.9
深圳	3.7	1.1	49.2	16.0
珠海	-3.1	-13.7	28.8	264.6
佛山	7.6	6.1	21.3	26.1
惠州	21.8	22.4	7.3	34.3
东莞	8.2	8.8	-7.6	24.8
中山	15.3	14.1	3.5	60.2
江门	1.4	0.8	-12.8	61.4
肇庆	11.6	11.6	29.1	-4.0
九市均值	8.1	7.3	15.5	16.8

注：内资含个体经济

粤港澳大湾区内地九市按行业分固定资产投资增长速度（2021 年）

单位：%

类 别	广东省	广州	深圳	珠海	佛山	惠州	东莞	中山	江门	肇庆	九市均值
合计	6.3	11.7	3.7	-3.1	7.6	21.8	8.2	15.3	1.4	11.6	8.1
农、林、牧、渔业	25.6	50.1	-55.3	-31.8	98.2	42.6	-31.8	-57.6	31.3	2.2	15.4
采矿业	74.9	2.0	48.1	65.8	97.0	3258.8	—	—	248.1	571.0	136.5
制造业	18.7	11.9	22.5	23.1	23.9	58.9	25.4	29.5	16.1	27.2	25.0
电力、热力、燃气及水的生产和供应业	18.1	-5.0	41.7	-31.6	14.7	6.6	24.8	53.3	1.3	-36.7	6.2
建筑业	-4.2	-12.0	—	—	—	—	—	—	—	—	-6.8
批发和零售业	-4.1	-9.0	29.1	-9.2	-17.2	74.5	68.5	-90.8	42.4	37.1	11.1
交通运输、仓储和邮政业	4.5	8.2	35.5	-14.2	-20.5	-1.0	-9.5	13.7	-12.5	-15.7	8.7
住宿和餐饮业	33.0	-30.9	387.9	37.2	186.5	-3.9	-18.5	90.9	-38.1	216.6	51.5
信息传输、软件和信息技术服务业	5.0	11.3	-0.4	-39.4	-7.9	2.1	-33.9	-21.5	-5.6	-13.2	-2.4
金融业	-5.1	116.0	-35.0	—	-29.2	—	-42.9	—	—	-93.5	-3.4
房地产业	3.9	15.7	-6.1	9.5	2.5	6.2	9.2	13.6	-10.1	9.2	4.6
租赁和商务服务业	16.0	62.7	-15.6	-29.2	52.5	195.4	7.6	-6.0	63.9	79.8	18.9
科学研究和技术服务业	41.4	50.4	89.4	-33.0	217.0	13.4	-0.2	40.8	29.8	25.9	45.7
水利、环境和公共设施管理业	-17.5	-15.9	-25.1	-33.1	2.6	40.5	-33.8	-7.4	-4.3	-13.3	-15.5
居民、修理服务和其他服务业	-10.5	-38.4	-21.5	9.6	-2.8	-65.9	255.9	—	61.5	-96.6	-12.9
教育	38.3	46.8	39.2	0.5	73.9	40.9	40.2	149.6	106.9	95.4	48.8
卫生和社会工作	5.0	6.5	18.6	2.2	-0.8	19.8	-14.0	-57.2	-6.5	71.0	11.8
文化、体育和娱乐业	-3.6	-16.9	66.7	-58.1	18.7	97.3	-30.1	-48.0	16.4	-44.7	0.4
公共管理、社会保障和社会组织	-19.6	22.4	12.3	-68.0	16.8	24.3	65.1	-10.4	-39.3	-21.0	-13.8

粤港澳大湾区内地九市出口总额

地　区	人民币计价（亿元）					美元计价（亿美元）				
	2017 年	2018 年	2019 年	2020 年	2021 年	2017 年	2018 年	2019 年	2020 年	2021 年
广东省	42192.86	42744.06	43416.04	43493.07	50525.46	6228.73	6470.46	6294.64	6282.99	7818.60
广州	5792.43	5607.50	5258.47	5423.35	6311.24	853.20	848.50	762.24	782.18	976.18
深圳	16542.62	16295.17	16715.50	16973.87	19262.61	2443.59	2463.36	2422.16	2453.29	2982.12
珠海	1883.07	1886.97	1654.56	1608.52	1885.62	278.89	286.51	239.89	232.44	291.76
佛山	3153.68	3527.26	3727.67	4131.13	5007.31	464.84	535.60	540.88	597.85	773.59
惠州	2233.11	2208.83	1821.63	1687.77	2132.23	329.60	334.62	264.61	243.88	330.06
东莞	7024.10	7955.59	8658.71	8280.87	9559.22	1038.12	1204.42	1255.11	1195.20	1479.61
中山	2055.54	1801.70	1929.14	1815.00	2231.46	302.78	273.22	280.24	262.05	345.33
江门	1075.56	1122.99	1136.08	1125.69	1465.60	158.62	170.35	164.89	162.58	226.82
肇庆	222.26	237.61	271.67	299.87	271.96	32.78	35.99	39.33	43.48	42.09
九市合计	39982.37	40643.62	41173.44	41346.06	48127.25	5902.41	6152.58	5969.36	5972.95	7447.57

粤港澳大湾区内地九市进口总额

地　区	人民币计价（亿元）					美元计价（亿美元）				
	2017 年	2018 年	2019 年	2020 年	2021 年	2017 年	2018 年	2019 年	2020 年	2021 年
广东省	25976.00	28901.67	28068.35	27369.58	32156.10	3838.06	4380.57	4071.14	3956.03	4977.07
广州	3923.09	4204.09	4745.04	4108.57	4513.85	579.30	636.55	688.29	593.94	698.35
深圳	11481.87	13702.08	13065.11	13534.75	16174.13	1697.87	2075.86	1893.54	1955.72	2503.65
珠海	1109.45	1360.72	1253.98	1124.38	1433.95	163.96	207.01	182.26	162.54	221.82
佛山	1203.90	1071.78	1100.73	929.29	1153.93	177.77	162.06	159.79	134.54	178.60
惠州	1182.54	1125.84	888.02	800.61	922.82	174.57	170.96	129.00	115.92	142.89
东莞	5235.62	5464.32	5175.60	5022.73	5687.35	772.91	829.06	751.05	725.79	880.36
中山	526.39	539.90	458.01	393.91	463.34	77.77	81.87	66.51	56.94	71.71
江门	309.45	349.22	289.28	303.25	323.71	45.75	52.84	42.00	43.90	50.11
肇庆	135.65	152.22	132.71	113.28	133.49	19.99	23.05	19.33	16.38	20.67
九市合计	25107.96	27970.16	27108.47	26330.76	30806.57	3709.89	4239.27	3931.77	3805.68	4768.16

粤港澳大湾区内地九市外商投资企业出口总额

地 区	人民币计价（亿元）					美元计价（亿美元）				
	2017 年	2018 年	2019 年	2020 年	2021 年	2017 年	2018 年	2019 年	2020 年	2021 年
广东省	19466.95	19382.28	18091.48	16896.57	18854.71	2874.06	2934.98	2624.40	2441.08	2918.51
广州	2093.53	2040.15	1942.14	1622.74	1910.52	308.96	309.42	282.03	234.42	295.63
深圳	6918.86	6875.74	6296.21	6255.14	6677.36	1022.13	1039.29	912.28	904.63	1033.84
珠海	788.04	829.52	748.36	702.53	747.33	116.39	125.85	108.53	101.57	115.69
佛山	1252.44	1297.25	1279.29	1229.00	1442.58	184.70	196.85	185.81	177.36	223.20
东莞	4006.77	3990.31	3992.17	3727.36	4080.36	591.49	604.24	578.98	537.93	631.56
中山	1027.86	1012.20	977.99	882.02	1009.53	151.67	153.53	142.04	127.25	156.25
江门	537.32	594.92	579.04	533.62	667.32	79.27	90.29	84.07	77.08	103.28
肇庆	129.00	126.17	121.36	86.91	105.83	19.02	19.13	17.63	12.56	16.38
九市合计	18729.54	18688.99	17427.64	16344.38	18203.30	2765.25	2829.99	2528.05	2361.36	2817.68

粤港澳大湾区内地九市外商投资企业进口总额

地 区	人民币计价（亿元）					美元计价（亿美元）				
	2017 年	2018 年	2019 年	2020 年	2021 年	2017 年	2018 年	2019 年	2020 年	2021 年
广东省	12456.14	13020.99	11877.35	10985.77	12728.75	1839.53	1970.90	1723.27	1589.25	1970.52
广州	2048.07	2157.97	2277.76	1863.76	1950.82	302.24	326.74	330.88	269.03	301.78
深圳	4767.20	5338.23	4497.07	4267.97	5081.87	704.42	806.48	651.55	618.07	786.81
珠海	587.42	707.40	696.59	633.48	755.26	86.86	107.43	101.03	91.55	116.92
佛山	591.02	560.52	527.14	481.82	569.39	87.29	84.71	76.52	69.71	88.13
惠州	1039.82	960.37	687.88	550.25	623.30	153.44	146.10	100.08	79.67	96.50
东莞	2324.94	2170.83	2228.26	2305.80	2719.63	343.16	328.89	323.43	333.55	421.15
中山	425.17	431.92	357.51	303.26	351.13	62.82	65.45	51.92	43.79	54.35
江门	211.73	234.51	171.50	181.18	188.18	31.29	35.53	24.91	26.21	29.13
肇庆	78.08	67.69	57.78	48.41	44.86	11.51	10.26	8.43	6.99	6.94
九市合计	12073.45	12629.45	11501.49	10635.93	12284.45	1783.03	1911.59	1668.74	1538.59	1901.71

粤港澳大湾区内地九市外商直接投资

地区	2020年			2021年		
	签订项目数（个）	合同利用金额（万元）	实际使用金额（万元）	签订项目数（个）	合同利用金额（万元）	实际使用金额（万元）
九市合计	12495	48915049	15514203	15772	46298300	17476853
广州	2695	15453892	4937180	4048	14489159	5432585
深圳	4434	16230544	5954181	5788	16968456	7300994
珠海	2624	8036238	1780516	2578	8037428	2022408
佛山	523	2127873	459187	668	1109147	335367
惠州	420	1639515	556721	410	1654722	743862
东莞	896	3606826	796305	1205	2260347	953237
中山	459	839127	405449	522	966339	377290
江门	354	830196	566200	432	622561	229831
肇庆	90	150838	58464	121	190141	81279

注：2018年起，外商直接投资使用商务部反馈人民币数据。

粤港澳大湾区内地九市外商投资企业工商注册登记情况（2021年末）

地区	企业数（户）	投资总额（亿美元）	注册资本（亿美元）	
				#外方
广州	34886	12109.49	3044.06	2290.56
深圳	71235	5106.51	3946.26	2812.43
珠海	16582	1101.88	935.04	709.49
佛山	8469	987.06	553.01	452.60
惠州	8597	1008.06	365.90	301.53
东莞	15181	873.04	623.62	579.35
中山	5482	241.68	174.35	149.93
江门	5789	516.18	259.82	194.97
肇庆	2933	235.23	178.25	169.69

粤港澳大湾区内地九市电力消费量

单位：亿千瓦时

地　区	2000 年	2005 年	2010 年	2015 年	2017 年	2018 年	2019 年	2020 年	2021 年
广东省	1334.58	2673.56	4060.13	5310.69	5958.97	6323.35	6695.85	6926.12	7866.63
广州	238.78	425.67	625.90	779.32	869.59	936.90	1005.58	996.72	1119.73
深圳	190.35	440.21	663.55	806.68	872.15	907.19	972.98	983.34	1103.40
珠海	30.82	61.58	102.26	145.37	162.67	175.99	189.91	193.20	218.22
佛山	168.84	316.29	463.08	587.84	673.82	690.85	702.65	710.30	780.79
惠州	43.53	105.22	192.46	290.62	368.35	408.38	425.88	447.84	510.36
东莞	179.78	419.83	562.00	666.84	760.68	806.64	850.70	873.90	1001.18
中山	54.54	123.63	186.65	245.51	279.43	293.01	310.04	316.58	357.17
江门	64.65	113.63	165.21	237.13	267.12	281.78	294.71	309.07	350.84
肇庆	24.00	48.58	105.08	152.30	168.79	171.81	180.44	182.28	210.64
九市合计	995.29	2054.64	3066.18	3911.61	4422.61	4672.54	4932.88	5013.23	5652.34

注：由于各市电力消费量不包含不分区域线损，全省数不等于分市数合计。

粤港澳大湾区内地九市单位 GDP 电耗增长速度

单位：%

地　区	2010 年	2012 年	2013 年	2014 年	2015 年	2016 年	2017 年	2018 年	2019 年	2020 年	2021 年
广州	−2.53	−4.59	−8.21	−0.77	−6.13	−2.36	−1.32	−2.27	0.50	−3.49	3.9
深圳	1.00	−3.28	−8.30	−0.65	−5.01	−4.17	−4.82	−3.62	−0.39	−1.93	5.2
珠海	−1.21	−2.49	−6.23	0.04	−1.61	−3.10	−2.54	0.18	1.04	−1.23	5.6
佛山	−2.76	−3.48	−5.07	−1.44	−3.95	−2.48	0.08	−3.52	−4.86	−0.45	1.5
惠州	−1.64	−3.68	−3.82	1.15	−3.56	2.83	5.80	4.59	0.08	3.61	3.5
东莞	2.84	−2.85	−6.17	−1.50	−6.54	−2.62	0.23	−1.28	−1.82	1.62	5.9
中山	1.38	−6.31	−4.42	1.35	−4.73	−1.97	1.10	−0.98	4.56	0.57	4.3
江门	1.60	−3.32	−3.71	1.96	−4.00	−2.43	−0.56	−2.15	0.14	2.52	4.7
肇庆	1.74	−3.31	−2.46	−0.40	−9.92	−0.42	0.74	−4.53	−1.16	−1.89	4.6

粤港澳大湾区内地九市土地面积和人口密度

地区	土地面积（平方公里）	人口密度（人/平方公里）								
		2000年	2005年	2010年	2015年	2017年	2018年	2019年	2020年	2021年
广州	7238.46	1337	1277	1744	2200	2409	2480	2530	2589	2599
深圳	1986.41	3596	4239	5311	7081	7947	8341	8611	8877	8901
珠海	1725.00	758	839	944	1095	1192	1272	1352	1420	1430
佛山	3797.79	1400	1507	1871	2276	2370	2438	2483	2506	2531
惠州	11350.36	288	332	405	485	504	515	526	534	534
东莞	2460.38	2615	2662	3328	4063	4220	4243	4249	4261	4283
中山	1780.99	1313	1352	1735	2226	2344	2404	2463	2488	2508
江门	9535.19	414	430	467	482	489	495	498	504	507
肇庆	14891.43	227	247	265	269	271	273	275	276	277

注：1. 2000年、2010年、2020年所使用人口数据为第五次、第六次、第七次全国人口普查结果，2005年使用人口数据为广东省2005年全国1%人口抽样调查结果。2015—2019年人口数据根据第七次全国人口普查结果修正后使用。

2. 表中土地面积数为2020年数据，2020年、2021年计算人口密度所使用的土地面积均为2020年数据。

粤港澳大湾区内地九市水环境质量情况（2021年）

单位：%

地　区	149个国控地表水断面		168个省考地表水断面	
	优良率	劣V类比例	优良率	劣V类比例
广州	92.3	0.0	76.9	0.00
深圳	83.3	0.0	71.4	0.0
珠海	100.0	0.0	100.0	0.0
佛山	85.7	0.0	84.6	0.0
惠州	90.9	0.0	88.9	0.0
东莞	57.1	0.0	57.1	0.0
中山	100.0	0.0	83.3	0.0
江门	100.0	0.0	100.0	0.0
肇庆	100.0	0.0	100.0	0.0

粤港澳大湾区内地九市大气环境质量情况（2021 年）

地　区	SO_2 年平均浓度（μg/m³）	NO_2 年平均浓度（μg/m³）	颗粒物 PM_{10} 年平均浓度（μg/m³）	颗粒物 $PM_{2.5}$ 年平均浓度（μg/m³）	O_3-8h 第 90 百分位数浓度（μg/m³）	CO 第 95 百分位数浓度（mg/m³）	空气质量达到及好于二级的天数（天）	AQI 达标率（%）
广州	8	34	46	24	160	1.0	323	88.5
深圳	6	24	37	18	130	0.8	351	96.2
珠海	6	22	37	20	144	0.8	347	95.1
佛山	8	32	46	23	169	1.0	312	85.5
惠州	8	20	40	19	145	0.7	345	94.5
东莞	9	29	42	22	165	0.9	315	86.3
中山	5	25	39	20	154	0.9	328	89.9
江门	7	30	45	23	163	1.0	319	87.4
肇庆	10	26	38	22	145	0.9	342	93.7

粤港澳大湾区内地九市城市建设基本情况

类　别	年份	广州	深圳	珠海	佛山	惠州	东莞	中山	江门	肇庆
城市污水处理率（%）	2010	88.1	88.9	84.7	79.7	71.5	91.1	85.1	63.5	70.5
	2015	93.2	96.6	95.7	94.4	97.6	96.5	96.0	91.6	85.1
	2020	97.9	98.1	96.8	100.3	98.8	96.2	95.8	97.5	99.2
	2021	97.7	98.3	99.6	101.3	98.0	97.2	89.6	97.5	96.7
城市生活垃圾无害化处理率（%）	2010	92.0	94.6	92.3	95.6	100.0	100.0	100.0	100.0	83.8
	2015	95.2	100.0	100.0	100.0	100.0	100.0	100.0	100.0	100.0
	2020	100.0	100.0	100.0	100.0	100.0	100.0	100.0	100.0	100.0
	2021	100.0	100.0	100.0	100.0	100.0	100.0	100.0	100.0	100.0
城市公共交通车辆标准运营数（标台）	2010	10232	14677	1557	3715	1124	6129	2151	924	443
	2015	16179	17943	2349	6783	2446	5346	2436	1524	814
	2020	18858	20830	3134	7181	3279	6649	2689	1856	1121
	2021	18842	19820	3117	7164	3144	6650	2657	1872	1145
城市人均公园绿地面积（平方米）	2010	11.87	16.40	13.70	10.20	11.10	15.30	11.90	11.00	22.70
	2015	21.82	16.91	19.50	14.69	17.75	19.36	18.39	17.75	20.73
	2020	23.35	15.00	22.04	19.21	16.79	19.83	14.22	20.16	19.94
	2021	24.51	15.59	12.44	11.97	17.68	16.15	16.76	10.79	21.61

粤港澳大湾区内地九市社会消费品零售总额（2021 年）

单位：亿元

地区	社会消费品零售总额	按消费形态分		按城乡分	
		商品零售	餐饮收入	城镇	乡村
九市合计	34412.76	31386.53	3026.24	32489.50	1923.27
广州	10122.56	9350.82	771.74	9794.14	328.42
深圳	9498.12	8391.97	1106.15	9476.27	21.85
珠海	1048.24	945.45	102.80	1018.89	29.35
佛山	3556.66	3298.26	258.40	3447.16	109.50
惠州	1978.92	1818.77	160.15	1585.11	393.81
东莞	4239.24	3896.45	342.78	3830.19	409.05
中山	1530.11	1421.86	108.25	1394.28	135.83
江门	1278.10	1161.80	116.30	994.50	283.60
肇庆	1160.82	1101.16	59.66	948.95	211.87

粤港澳大湾区内地九市限额以上批发零售企业商品购、销、存总额（2021 年）

单位：万元

地区	商品购进总额	#进口	商品销售总额	批发额	#出口	零售额	年末库存总额
批发业							
九市合计	1127717073	69317709	1170444861	1155362955	51595674	15081906	54767680
广州	489297956	17447307	499907459	493556402	9806044	6351057	19764753
深圳	352109846	39240097	369082682	365097134	18115971	3985547	21849146
珠海	48564095	5752537	50844279	50343898	4716747	500382	1629243
佛山	135243271	2418083	140805626	139110935	5851432	1694691	5120527
惠州	10526375	173038	11604977	10864626	278949	740351	431722
东莞	60481498	2716381	64443430	63033054	6008571	1410377	4199194
中山	14939086	433915	15951709	15760952	3887446	190757	916968
江门	11274930	636639	12228166	12026568	2742983	201598	599632
肇庆	5280016	499713	5576534	5569387	187531	7148	256496

（续表）

地　区	商品购进总额	#进口	商品销售总额	批发额	#出口	零售额	年末库存总额
零售业							
九市合计	123082308	3432981	144602827	15440803	119151	129162024	10220968
广州	44822302	914902	52274433	5355136	24860	46919297	2980587
深圳	37474779	1231483	42401697	5969624	87344	36432074	4162227
珠海	3544340	24508	4418880	284633	917	4134248	316970
佛山	8689676	254573	9541224	568579	3373	8972645	735278
惠州	4036541	190968	5768626	669640	0	5098986	385589
东莞	13085632	675847	15436837	620740	869	14816097	902299
中山	4553144	119421	6023583	963670	1766	5059914	344809
江门	3058318	3357	4090481	451774	0	3638707	254515
肇庆	3817577	17924	4647066	557009	23	4090057	138695

粤港澳大湾区内地九市限额以上住宿餐饮业经营情况（2021 年）

单位：万元

地　区	企业（单位）数（个）	营业额	#客房收入	#餐费收入	#商品销售收入
九市合计	7556	16151196	2625266	11799918	734087
住宿业	2576	4476009	2533000	1138329	110935
广州	827	1532087	816358	351797	50889
深圳	607	1390034	915353	277848	8517
珠海	179	261744	153096	62305	9405
佛山	260	336017	175182	113210	16321
惠州	191	239745	145869	61940	5326
东莞	226	401024	174898	159731	9105
中山	134	134194	65271	46354	3211
江门	91	128325	56331	47361	7505
肇庆	61	52839	30642	17783	656

（续表）

地 区	企业（单位）数（个）	营业额			
			#客房收入	#餐费收入	#商品销售收入
餐饮业	4980	11675187	92266	10661589	623152
广州	1617	4443866	32017	4104302	220663
深圳	1422	4611206	30370	4214364	222490
珠海	226	299932	304	280095	15435
佛山	530	544538	4343	491168	41980
惠州	215	258757	16166	209623	16241
东莞	522	927104	3253	820443	85528
中山	265	334952	159	309527	13361
江门	139	216620	1477	203699	4055
肇庆	44	38213	4178	28366	3399

粤港澳大湾区内地九市旅游宾馆（酒店）住宿设施情况（2021年）

地 区	宾馆（酒店）（个）					客房（间）	床位（张）
		五星级	四星级	三星级	二星级	一星级		
九市合计	11429	80	90	176	18	0	795293	1116383
广州	3802	22	29	73	11	0	226364	384820
深圳	717	21	16	22	3	0	81472	51018
珠海	583	7	7	26	2	0	58540	83874
佛山	1185	8	16	13	0	0	92466	126700
惠州	1186	4	6	10	0	0	84414	119786
东莞	1555	11	7	4	0	0	130100	171500
中山	599	2	1	7	1	0	44991	60353
江门	1277	4	1	5	0	0	44400	67800
肇庆	525	1	7	16	1	0	32546	50532

注：本表星级宾馆（酒店）指2021年底止已得到国家旅游局或广东省旅游局批准的，不包已报未批部分。

粤港澳大湾区内地九市旅游业收入

单位：亿元

地区	收入合计		旅游外汇收入		国内旅游收入	
	2020年	2021年	2020年	2021年	2020年	2021年
九市合计	3739.75	4520.75	152.86	133.79	3586.87	4386.96
广州	986.25	1424.21	55.59	40.20	930.66	1384.01
深圳	1383.74	1598.98	65.02	65.52	1318.72	1533.46
珠海	187.59	207.71	10.86	11.57	176.73	196.13
佛山	325.05	333.55	3.53	2.63	321.51	330.92
惠州	205.78	219.60	2.19	1.71	203.59	217.89
东莞	358.63	379.58	8.07	8.59	350.56	370.99
中山	120.45	129.58	1.74	1.06	118.71	128.52
江门	103.54	124.83	4.69	2.11	98.84	122.72
肇庆	68.72	102.71	1.17	0.40	67.55	102.32

粤港澳大湾区内地九市普通中学情况（2021年）

地区	学校数（所）	毕业生数（人）			招生数（人）
			高中	初中	
九市合计	2412	880462	267645	612817	1109538
广州	551	166059	51850	114209	200003
深圳	475	151558	44718	106840	208778
珠海	87	32446	10276	22170	40022
佛山	228	115681	39917	75764	139525
惠州	300	107510	30502	77008	133542
东莞	258	106994	27563	79431	146787
中山	112	53208	15086	38122	66120
江门	197	70934	24923	46011	83469
肇庆	204	76072	22810	53262	91292

（续表）

地　区	在校学生数（人）			教职工数（人）	
		高中	初中		# 专任教师
九市合计	3072160	937573	2134587	394968	231674
广州	569589	161633	407956	73369	47167
深圳	563174	169533	393641	97258	45870
珠海	113754	35443	78311	12261	8649
佛山	393967	133772	260195	45355	29822
惠州	368124	112554	255570	40903	25211
东莞	383281	107201	276080	56079	26614
中山	184931	54507	130424	22210	13018
江门	236892	84916	151976	22664	17451
肇庆	258448	78014	180434	24869	17872

粤港澳大湾区内地九市中等职业教育基本情况（2021 年）

地　区	学校数（所）	毕业生数（人）	招生数（人）	在校学生数（人）	教职工数（人）	
						# 专任教师
九市合计	213	161488	190068	529052	34864	26671
广州	78	57864	57152	171402	9541	6905
深圳	15	12519	14144	40186	3985	2886
珠海	8	6407	7142	20634	1269	1078
佛山	27	17245	22915	66284	5111	3829
惠州	24	14801	21370	53142	3203	2472
东莞	21	18284	22252	57362	4356	3229
中山	7	7661	10218	26333	1866	1568
江门	17	10068	11983	32533	2051	1784
肇庆	16	16639	22892	61176	3482	2920

粤港澳大湾区内地九市小学情况（2021 年）

地　区	学校数（所）	毕业生数（人）	升学率（%）	招生数（人）	在校学生数（人）	教职工数（人）	# 专任教师
九市合计	3578	821056	8.638121236	1002358	5757902	245477	311465
广州	986	159637	90.93%	211956	1164403	57417	64993
深圳	343	155758	92.35%	204514	1133041	33642	63640
珠海	144	27543	99.73%	34833	194961	9717	10424
佛山	417	91992	100.84%	115707	664264	33858	36648
惠州	577	94606	98.39%	105655	633683	26441	33864
东莞	337	123454	84.93%	143850	848515	34460	44168
中山	211	49432	95.57%	61507	350094	14612	18117
江门	326	54132	99.83%	60154	360059	16269	18417
肇庆	237	64502	101.23%	64182	408882	19061	21194

粤港澳大湾区内地九市学龄儿童入学情况

地　区	2020 年			2021 年		
	学龄儿童人数（人）	已入学人数（人）	入学率（%）	学龄儿童人数（人）	已入学人数（人）	入学率（%）
九市合计	5440122	5440122	100.0	5588480	5588479	100.0
广州	1108365	1108365	100.0	1146179	1146179	100.0
深圳	1070241	1070241	100.0	1108367	1108367	100.0
珠海	181648	181648	100.0	189753	189753	100.0
佛山	624331	624331	100.0	649734	649734	100.0
惠州	615852	615852	100.0	626470	626470	100.0
东莞	824725	824725	100.0	828959	828959	100.0
中山	330496	330496	100.0	345609	345608	100.0
江门	341141	341141	100.0	347264	347264	100.0
肇庆	343323	343323	100.0	346145	346145	100.0

粤港澳大湾区内地九市规模以上工业企业 R&D 活动人员和经费

地 区	R&D 活动人员（人）			R&D 经费内部支出（亿元）		
	2019 年	2020 年	2021 年	2019 年	2020 年	2021 年
广东省	838891	911222	1090330	2314.86	2499.95	2902.18
广州	99979	105364	138895	286.24	315.11	377.92
深圳	302042	345344	420021	1049.92	1157.31	1259.73
珠海	34234	34522	33891	93.33	93.94	84.41
佛山	92022	98761	98476	259.71	238.86	298.07
惠州	56291	57344	71722	99.78	115.26	157.30
东莞	124459	135841	182268	260.57	308.42	405.61
中山	31176	32129	34895	59.66	68.03	75.16
江门	33170	37269	38086	65.07	70.13	82.33
肇庆	10640	10340	11296	23.35	21.19	26.69
九市合计	784013	856914	1029550	2197.63	2388.24	2767.22

粤港澳大湾区内地九市文化、文物事业机构数（2021 年）

单位：个

地 区	艺术表演团体	文化馆	公共图书馆	博物馆（含美术馆）	档案馆
九市合计	17	57	59	254	73
广州	7	12	13	64	14
深圳	3	10	12	86	11
珠海	2	4	4	9	5
佛山	1	6	6	27	9
惠州	1	6	5	10	8
东莞	—	1	1	20	3
中山	—	1	1	9	2
江门	1	8	8	12	11
肇庆	2	9	9	17	10

注：1. 自 2013 年起，艺术表演团体分为公有制艺术表演团体（事业）和公有制艺术表演团体（企业）。
2. 各区域不包省直单位部分。

粤港澳大湾区内地九市广播、电视事业机构数（2021 年）

单位：座

地　区	广播电台	中波广播发射台和转播台	电视台	100 瓦及以上电视发射台和转播台	广播电视台
广州	—	—	—	5	5
深圳	1	2	2	1	—
珠海	—	—	—	1	2
惠州	1	—	1	7	—
东莞	—	—	—	5	5
中山	—	—	—	1	1
江门	—	—	—	1	1
佛山	—	—	—	3	6
肇庆	—	—	—	7	7

粤港澳大湾区内地九市医疗卫生机构、床位和人员数（2021 年）

地　区	机构（个）	# 医院	床位数（张）	# 医院床位	卫生工作人员（人）	# 卫生技术人员	执业（助理）医师（人）
九市合计	28314	1009	330836	295905	699426	580131	213703
广州	5814	291	106513	97117	227267	187703	66204
深圳	5844	145	51921	48645	139789	113303	45623
珠海	1046	45	11689	10248	27092	22507	8652
佛山	2532	136	39909	36879	75127	64093	22994
惠州	3547	84	23844	18286	48861	41247	15903
东莞	3434	117	34463	33663	73197	61046	22884
中山	1145	69	16523	16378	31426	27171	10000
江门	1737	55	25789	19271	40637	34284	11799
肇庆	3215	67	20185	15418	36030	28777	9644

注：机构、人员数含村卫生室数。

粤港澳大湾区内地九市社会保险参保人数（2021 年）

单位：万人

地　区	城乡基本养老保险参保人数	失业保险参保人数	城乡居民基本医疗保险参保人数	工伤保险参保人数	生育保险参保人数
九市合计	634.52	3343.67	2081.54	3493.88	3510.99
广州	139.57	715.71	502.33	729.23	689.67
深圳	1.18	1249.26	324.94	1284.47	1330.31
珠海	12.20	119.08	67.88	123.97	121.13
佛山	49.05	323.69	236.50	354.72	323.76
惠州	111.28	157.37	252.72	168.68	194.42
东莞	5.53	454.58	0.00	474.36	507.02
中山	0.79	170.42	114.69	183.20	168.00
江门	151.33	102.92	246.15	109.28	117.54
肇庆	163.59	50.64	336.33	65.97	59.14

注：1. 各区域不包省直单位部分。
2. 2012 年 8 月起，新型社会农村养老保险和城镇居民社会养老保险制度全覆盖工作全面启动，合并为城乡居民社会养老保险。

粤港澳大湾区内地九市邮电业务情况（2021 年）

地　区	业务总量（亿元）	#电信	函件（万件）	报刊累计数（万份）	快递（万件）	移动电话用户（万户）	本地电话用户（万户）
九市合计	3873.51	1427.04	12271.80	45913.44	2249491.31	11466.09	1540.60
广州	1298.94	383.87	4458.05	17967.59	1067831.25	3089.73	326.62
深圳	1273.12	383.00	2807.68	8553.79	597984.35	2804.11	394.24
珠海	71.55	48.72	1258.30	1793.50	15642.01	376.89	60.66
佛山	288.80	144.68	1036.69	4099.50	142372.94	1228.01	204.28
惠州	137.20	89.45	166.13	3678.85	49100.87	717.65	107.86
东莞	521.90	205.69	1980.19	2875.45	268421.28	1634.55	216.75
中山	141.22	77.34	114.08	1574.55	72558.80	659.66	80.10
江门	80.23	55.71	378.69	3720.66	18493.93	547.56	91.67
肇庆	60.55	38.57	71.99	1649.55	17085.88	407.93	58.41

粤港澳大湾区内地九市私人汽车拥有量（2021 年）

单位：辆

地　区	汽车总计	载客汽车		载货汽车	其他汽车
			# 轿车		
九市合计	16475693	15577936	10036381	878474	19283
广州	2528163	2325090	1365431	197009	6064
深圳	2936787	2837727	1720998	95921	3139
珠海	732824	694449	470632	37542	833
佛山	2843759	2690673	1790732	150607	2479
惠州	1370665	1308677	890525	60247	1741
东莞	3205739	3077393	1978621	126068	2278
中山	1273155	1179490	793383	92719	946
江门	952961	884728	634962	67294	939
肇庆	631640	579709	391097	51067	864

粤港澳大湾区内地九市公路基本情况（2021 年）

单位：千米

地　区	通车里程	按等级分		按路面分			桥梁	
		等级路	等外路	有铺装路　面	简易铺装路面	未铺装路　面	数量（座）	长度（米）
九市合计	62335	62328	7	62264	65	6	19265	2808401
广州	9045	9045	0	9045	0	0	3639	672235
深圳	726	726	0	726	0	0	671	144395
珠海	1480	1480	0	1480	0	0	471	148686
佛山	5412	5412	0	5412	0	0	2827	575749
惠州	13515	13514	1	13509	4	1	3367	263405
东莞	5266	5266	0	5266	0	0	1600	364118
中山	2730	2730	0	2730	0	0	1082	182166
江门	9824	9818	6	9824	0	0	2818	227282
肇庆	14337	14337	0	14271	61	5	2790	230365

中国香港特别行政区主要社会经济指标

指　　标	2000年	2010年	2020年	2021年
本地生产总值				
按2019年环比物量计算[①]				
本地生产总值年增长率（%）	7.7	6.8	-6.5@	6.4@
本地生产总值（亿港元）	15391	22940	26600@	28308@
人均本地生产总值^（港元）	230930	326589	355571@	381859@
按当年价格计算				
本地生产总值年增长率（%）	4.0	7.1	-6.0@	7.0@
本地生产总值（亿港元）	13375	17763	26753@	28616@
人均本地生产总值^（港元）	200675	252887	357614@	386022@
人口及生命统计				
年中人口（万人）	666.5	702.4	748.1	741.3
粗出生率（‰）	8.1	12.6	5.8	5.0@
粗死亡率（‰）	5.1	6.0	6.8	6.9@
劳动、就业				
劳动人口（万人）	337.4	363.1	391.8^	387.0
劳动人口参与率（%）	61.4	59.6	59.7^	59.4
失业率（%）	4.9	4.3	5.8	5.2
政府收支、货币、金融（亿港元）				
政府收入总额[②]	2251	3765	5642	6936
政府支出总额[②]	2329	3014	8160	6933
货币供应量M3	36928	71563	156440	163109
居民消费物价指数[③]（2019年10月至2020年9月=100）				
综合消费物价指数	70.9	74.0	99.9	101.4

（续表）

指　　标	2000 年	2010 年	2020 年	2021 年
工业生产				
工业生产指数④（2015 年 =100）		101.9	95.8	101.0
工业电力消费量（万亿焦耳）	17769	11080	10672	11163
工业煤气消费量（万亿焦耳）	982	917	1653	1596
运输、旅游				
进出香港的货物				
总卸下（万吨）	13035	17282	18380	15066@
总装上（万吨）	8692	12882	8900	8891@
集装箱吞吐量⑤（万标准集装箱单位）	1810	2370	1797	1780
访港旅客⑥（万人次）	1306	3603	357	9
酒店入住率（%）	83	87	46	63
对外商品贸易				
港产品出口（亿港元）	1810	695	474	745
转口（亿港元）	13917	29615	38801	48861
进口（亿港元）	16580	33648	42698	53078
教育				
小学学生人数⑦（人）	498175	334415	368255	352975
中学学生人数⑦⑧（人）	490039	486817	343478	339992

注：本表数据由香港特别行政区政府统计处提供，国家统计局整理编辑。

@ 数字将于日后进行修订。

^ 统计数字在编制过程中涉及应用人口数字。根据 2021 年人口普查的结果得出的最新人口基准，2016 年年中以后的人口数字已作修订。统计表内的统计数字亦相应作出了修订。

①以环比物量计算的本地生产总值及其组成部分的参照年为 2019 年。

②财政年度数字。指当年 4 月 1 日至第二年 3 月 31 日。

③ 2019 年 10 月起的消费物价指数是根据 2019/20 年住户开支统计调查所得的开支权数编制。较早的指数则是根据旧的开支权数而经过按比例换算与新基期的指数拼接。

④自 2005 年统计年度开始，所有工业生产指数均按《香港标准行业分类 2.0 版》编制。

⑤ 1998 年起，采用一系列新的集装箱吞吐量数字，与 1998 年以前的数字不可比。

⑥ 1996 年及以后的数字包括澳门访港的非澳门居民旅客人数。

⑦数字包括特殊学校的学生人数。

⑧数字亦包括夜校、技工级课程及毅进文凭课程的学生人数。

中国澳门特别行政区主要社会经济指标

指　标	2000年	2010年	2020年	2021年
本地生产总值[①]				
以2019年环比物量计算				
本地生产总值实际增长率（支出法）（%）	5.7	25.1	–54	18
本地生产总值（亿澳门元）	1193.1	3473.9	2048.9	2417.6
人均本地生产总值（万澳门元）	27.7	64.7	30.1	35.4
按当年价格计算				
本地生产总值名义增长率（支出法）（%）	3.9	31.1	–54.1	17.1
本地生产总值（亿澳门元）	543.7	2260	2044.1	2394.1
人均本地生产总值（万澳门元）	12.6	42.1	30	35
人口及生命统计				
年中人口（万人）	43.1	53.7	68.5	68.25
出生率（‰）	8.9	9.5	8.1	7.4
死亡率（‰）	3.1	3.3	3.3	3.4
劳动、就业				
劳动人口（万人）	20.9	32.4	40.5	38.99
失业率（%）	6.8	2.8	2.5	2.9
对外商品贸易				
出口（亿澳门元）	203.8	69.6	108.1	129.64
本地产品出口（亿澳门元）	170.8	23.9	15.6	20.02

（续表）

指　　标	2000 年	2010 年	2020 年	2021 年
转口（亿澳门元）	33.0	45.7	92.5	109.6
进口（亿澳门元）	181.0	441.2	925.6	1538.8
工业生产				
工业电力消耗量（亿千瓦小时）	1.5	1.5	1.4	1.6
运输、旅游				
进出澳门货运车辆数目（万辆）	45.4	35.8	29.8	34.2
访澳旅客②（万人次）	916.2	2496.5	589.7	770.6
酒店入住率（%）	58	80	29	50
政府收支、货币、金融				
政府总收入①（亿澳门元）	153.4	884.9	1016.7	898.3
政府总开支①（亿澳门元）	150.2	383.9	961.3	861.1
货币供应（广义货币供应量 M2）（亿澳门元）	849.2	2430.5	6923.6	6875.42
消费价格指数（2018 年 4 月至 2019 年 3 月 =100）				
综合消费价格指数	56.90	70.66	102.60	102.63
教育③				
小学生（人）	46260	23785	35450	36791
中学生（人）	39673	37224	27627	28961
高等教育学生（人）	9000	25539	39093	43964

注：本表数据由澳门特别行政区政府统计暨普查局提供，国家统计局整理编辑。

①数字在日后得到更多资料时会作出修订。

②自 2008 年开始，访澳旅客不包括外地雇员及学生等。

③不包括特殊教育学生。第 n 年的学生人数是指 $n/n+1$ 学年年底学生人数。2007/2008 学年起不包括回归教育学生人数；2010/2011 学年起为注册学生人数。

文献选录

横琴粤澳深度合作区建设总体方案

习近平总书记强调，建设横琴新区的初心就是为澳门产业多元发展创造条件。新形势下做好横琴粤澳深度合作区开发开放，是深入实施《粤港澳大湾区发展规划纲要》的重点举措，是丰富“一国两制”实践的重大部署，是为澳门长远发展注入的重要动力，有利于推动澳门长期繁荣稳定和融入国家发展大局。为全面贯彻落实习近平总书记关于粤澳合作开发横琴的重要指示精神，支持横琴粤澳深度合作区（以下简称合作区）发展，制定本方案。

一、总体要求

（一）发展基础。横琴地处珠海南端，与澳门一水一桥之隔，具有粤澳合作的先天优势，是促进澳门经济适度多元发展的重要平台。2009年党中央、国务院决定开发横琴以来，在各方共同努力下，横琴经济社会发展取得显著成绩，基础设施逐步完善，制度创新深入推进，对外开放水平不断提高，地区生产总值和财政收入快速增长。同时，横琴实体经济发展还不充分，服务澳门特征还不够明显，与澳门一体化发展还有待加强，促进澳门产业多元发展任重道远。

（二）指导思想。以习近平新时代中国特色社会主义思想为指导，全面贯彻党的十九大和十九届二中、三中、四中、五中全会精神，立足新发展阶段，贯彻新发展理念，构建新发展格局，紧紧围绕促进澳门经济适度多元发展，坚持“一国两制”、依法办事，坚持解放思想、改革创新，坚持互利合作、开放包容，创新完善政策举措，丰富拓展合作内涵，以更加有力的开放举措统筹推进粤澳深度合作，大力发展促进澳门经济适度多元的新产业，加快建设便利澳门居民生活就业的新家园，着力构建与澳门一体化高水平开放的新体系，不断健全粤澳共商共建共管共享的新体制，支持澳门更好融入国家发展大局，为澳门“一国两制”实践行稳致远注入新动能。

（三）合作区范围。合作区实施范围为横琴岛“一线”和“二线”之间的海关监管区域，总面积约106平方公里。其中，横琴与澳门特别行政区之间设为“一线”；横琴与中华人民共和国关境内其他地区（以下简称内地）之间设为“二线”。

根据横琴全岛客观现实情况，对合作区进行分区分类施策管理。澳门大学横琴校区和横琴口岸澳门管辖区，由全国人大常委会授权澳门特别行政区政府管理，适用澳门有关制度和规定，与其他区域物理围网隔离；粤澳双方共商共建共管共享区域采用电子围网监管和目录清单方式，对符合条件的市场主体，实施特殊政策。

（四）战略定位

——促进澳门经济适度多元发展的新平台。立足粤澳资源禀赋和发展基础，围绕澳门产业多元发展主攻方向，加强政策扶持，大力发展新技术、新产业、新业态、新模式，为澳门长远发展注入新动力。

——便利澳门居民生活就业的新空间。推动合作区深度对接澳门公共服务和社会保障体系，为澳门居民在合作区学习、就业、创业、生活提供更加便利的条件，营造趋同澳门的宜居宜业生活环境。

——丰富“一国两制”实践的新示范。坚守“一国”之本，善用“两制”之利，立足合作区分线管理的特殊监管体制和发展基础，率先在改革开放重要领域和关键环节大胆创新，推进规则衔接、机制对接，打造具有中国特色、彰显“两制”优势的区域开发示范，加快实现与澳门一体化发展。

——推动粤港澳大湾区建设的新高地。充分挖掘粤港澳大湾区制度创新潜力，用足用好澳门自由港和珠海经济特区的有利因素，加快提升合作区综合实力和竞争力，有力支撑澳门—珠海极点对粤港澳大湾区的引领作用，辐射带动珠江西岸地区加快发展。

（五）发展目标

到 2024 年澳门回归祖国 25 周年时，粤澳共商共建共管共享体制机制运作顺畅，创新要素明显集聚，特色产业加快发展，公共服务和社会保障体系与澳门有序衔接，在合作区居住、就业的澳门居民大幅增加，琴澳一体化发展格局初步建立，促进澳门经济适度多元发展的支撑作用初步显现。

到 2029 年澳门回归祖国 30 周年时，合作区与澳门经济高度协同、规则深度衔接的制度体系全面确立，各类要素跨境流动高效便捷，特色产业发展形成规模，公共服务和社会保障体系更加完善，琴澳一体化发展水平进一步提升，促进澳门经济适度多元发展取得显著成效。

到 2035 年，“一国两制”强大生命力和优越性全面彰显，合作区经济实力和科技竞争力大幅提升，公共服务和社会保障体系高效运转，琴澳一体化发展体制机制更加完善，促进澳门经济适度多元发展的目标基本实现。

二、发展促进澳门经济适度多元的新产业

（六）发展科技研发和高端制造产业。布局建设一批发展急需的科技基础设施，组织实施国际大科学计划和大科学工程，高标准建设澳门大学、澳门科技大学等院校的产学研示范基地，构建技术创新与转化中心，推动合作区打造粤港澳大湾区国际科技创新中心的重要支点。大力发展集成电路、电子元器件、新材料、新能源、大数据、人工智能、物联网、生物医药产业。加快构建特色芯片设计、测试和检测的微电子产业链。建设人工智能协同创新生态，打造互联网协议第六版（IPv6）应用示范项目、第五代移动通信（5G）应用示范项目和下一代互联网产业集群。

（七）发展中医药等澳门品牌工业。着眼建设世界一流中医药生产基地和创新高地，优化粤澳合作中医药科技产业园发展路径，以国家中医药服务出口基地为载体，发展中医药服务贸易，建立具有自主知识产权和中国特色的医药创新研发与转化平台。对在澳门审批和注册、在合作区生产的中医药产品、食品及保健品，允许使用“澳门监造”、“澳门监制”或“澳门设计”标志。研究简化澳门外用中成药在粤港澳大湾区内地上市审批流程，探索允许在内地已获上市许可的澳门中药在粤港澳大湾区内地生产，对澳门研制符合规定的新药实施优先审评审批。支持发展毛坯钻石加工，打造世界级毛坯钻石、宝石交易中心。

（八）发展文旅会展商贸产业。高水平建设横琴国际休闲旅游岛，支持澳门世界旅游休闲中心建设，在合作区大力发展休闲度假、会议展览、体育赛事观光等旅游产业和休闲养生、康复医疗等大健康产业。加强对周边海岛旅游资源的开发利用，推动粤港澳游艇自由行。支持粤澳两地研究举办国际高品质消费博览会暨世界湾区论坛，打造具有国际影响力的展会平台。允许在合作区内与澳门联合举办跨境会展过程中，为会展工作人员、专业参展人员和持有展会票务证明的境内外旅客依规办理

多次出入境有效签证（注），在珠海、澳门之间可通过横琴口岸多次自由往返。支持粤澳合作建设高品质进口消费品交易中心，构建高品质消费品交易产业生态。建设中葡国际贸易中心和数字贸易国际枢纽港，推动传统贸易数字化转型。

（九）发展现代金融产业。充分发挥澳门对接葡语国家的窗口作用，支持合作区打造中国－葡语国家金融服务平台。鼓励社会资本按照市场化原则设立多币种创业投资基金、私募股权投资基金，吸引外资加大对合作区高新技术产业和创新创业支持力度。支持在合作区开展跨境人民币结算业务，鼓励和支持境内外投资者在跨境创业投资及相关投资贸易中使用人民币。支持澳门在合作区创新发展财富管理、债券市场、融资租赁等现代金融业。支持合作区对澳门扩大服务领域开放，降低澳资金融机构设立银行、保险机构准入门槛。支持在合作区开展跨境机动车保险、跨境商业医疗保险、信用证保险等业务。

（十）完善企业所得税优惠政策。对合作区符合条件的产业企业减按 15% 的税率征收企业所得税，将有利于澳门经济适度多元发展的产业全部纳入政策范围。对企业符合条件的资本性支出，允许在支出发生当期一次性税前扣除或加速折旧和摊销。对在合作区设立的旅游业、现代服务业、高新技术产业企业新增境外直接投资取得的所得，免征企业所得税。

（十一）促进境内外人才集聚。制定吸引和集聚国际高端人才的政策措施，大力吸引“高精尖缺”人才，对符合条件的国际高端人才给予进出合作区高度便利，为高端人才在合作区发展提供更加优质服务。对在合作区工作的境内外高端人才和紧缺人才，其个人所得税负超过 15% 的部分予以免征。对享受优惠政策的高端人才和紧缺人才实行清单管理，具体管理办法由粤澳双方研究提出，提请粤港澳大湾区建设领导小组审定。完善外国人才签证政策，便利国际人才参与合作区建设。支持引进世界知名大学。建设国家级海外人才离岸创新创业基地。

三、建设便利澳门居民生活就业的新家园

（十二）吸引澳门居民就业创业。允许具有澳门等境外执业资格的金融、建筑、规划、设计等领域专业人才，在符合行业监管要求条件下，经备案后在合作区提供服务，其境外从业经历可视同境内从业经历。支持在合作区采取便利措施，鼓励具有澳门等境外资格的医疗领域专业人才依法取得境内执业资格。高水平打造横琴澳门青年创业谷、中葡青年创新创业基地等一批创客空间、孵化器和科研创新载体，构建全链条服务生态。推动在合作区创新创业就业的澳门青年同步享受粤澳两地的扶持政策。采取多种措施鼓励合作区企业吸纳澳门青年就业。对在合作区工作的澳门居民，其个人所得税负超过澳门税负的部分予以免征。

（十三）加强与澳门社会民生合作。加快推进“澳门新街坊”建设，对接澳门教育、医疗、社会服务等民生公共服务和社会保障体系，有效拓展澳门居民优质生活空间。推动全面放开澳门机动车便利入出合作区。支持澳门医疗卫生服务提供主体以独资、合资或者合作方式设置医疗机构，聚集国际化、专业化医疗服务资源。允许指定医疗机构使用临床急需、已在澳门注册的药品和特殊医学用途配方食品，以及使用临床急需、澳门公立医院已采购使用、具有临床应用先进性（大型医用设备除外）的医疗器械。研究支持粤澳共建区域医疗联合体和区域性医疗中心，增强联合应对公共卫生突发事件能力。建立合作区与澳门社会服务合作机制，促进两地社区治理和服务融合发展。大幅降低并逐步取消合作区与澳门间的手机长途和跨境漫游费。

（十四）推进基础设施互联互通。支持澳门轻轨延伸至合作区与珠海城市轨道线网联通，融入内地轨道交通网。加快推动合作区连通周边区域的通道建设，有序推进广州至珠海（澳门）高铁、南沙至珠海（中山）城际铁路等项目规划建设。加强合作区与珠海机场、珠海港功能

协调和产业联动。

四、构建与澳门一体化高水平开放的新体系

（十五）货物“一线”放开、“二线”管住。“一线”放开方面，对合作区与澳门之间经“一线”进出的货物（过境合作区货物除外）继续实施备案管理，进一步简化申报程序和要素。研究调整横琴不予免（保）税货物清单政策，除国家法律、行政法规明确规定不予免（保）税的货物及物品外，其他货物及物品免（保）税进入。“二线”管住方面，从合作区经“二线”进入内地的免（保）税货物，按照进口货物有关规定办理海关手续，征收关税和进口环节税。对合作区内企业生产的不含进口料件或者含进口料件在合作区加工增值达到或超过30%的货物，经“二线”进入内地免征进口关税。从内地经“二线”进入合作区的有关货物视同出口，按现行税收政策规定实行增值税和消费税退税，涉及出口关税应税商品的征收出口关税，并根据需要办理海关手续。研究调整适用退税政策的货物范围，实行负面清单管理。

（十六）人员进出高度便利。“一线”在双方协商一致且确保安全基础上，积极推行合作查验、一次放行通关模式，不断提升通关便利化水平，严格实施卫生检疫和出入境边防检查，对出入境人员携带的行李依法实施监管。加快推进澳门大学横琴校区与横琴口岸的专用通道建设，探索在澳门大学横琴校区与合作区之间建设新型智能化口岸，高度便利澳门大学师生进出合作区。“二线”对人员进出不作限制，对合作区经“二线”进入内地的物品，研究制定相适应的税收政策，按规定进行监管。

（十七）创新跨境金融管理。加强合作区金融市场与澳门、香港离岸金融市场的联动，探索构建电子围网系统，推动合作区金融市场率先高度开放。按照国家统筹规划、服务实体、风险可控、分步推进原则，在合作区内探索跨境资本自由流入流出和推进资本项目可兑换。指导银行提升金融服务水平，进一步推动跨境电商等新型国际贸易结算便利化，实现银行真实性审核从事前审查转为事后核查。在跨境直接投资交易环节，按照准入前国民待遇加负面清单模式简化管理，提高兑换环节登记和兑换便利性，探索适应市场需求新形态的跨境投资管理。在跨境融资领域，探索建立新的外债管理体制，试点合并交易环节外债管理框架，完善企业发行外债备案登记制管理，全面实施全口径跨境融资宏观审慎管理，稳步扩大跨境资产转让范围，提升外债资金汇兑便利化水平。支持符合一定条件的非金融企业，在全口径跨境融资宏观审慎管理框架下，根据实际融资需要自主借用外债，逐步实现合作区非金融企业外债项下完全可兑换。在跨境证券投融资领域，重点服务实体经济投融资需求，扶持合作区具有特色和比较优势的产业发展，并在境外上市、发债等方面给予积极支持，简化汇兑管理。

（十八）建立高度便利的市场准入制度。实施市场准入承诺即入制，严格落实“非禁即入”，在“管得住”前提下，对具有强制性标准的领域，原则上取消许可和审批，建立健全备案制度，市场主体承诺符合相关要求并提交相关材料进行备案，即可开展投资经营活动。不断放宽各类投资者在合作区开展投资贸易的资质要求、持股比例、行业准入等限制。制定出台合作区放宽市场准入特别措施。强化事中事后监管，建立与澳门衔接、国际接轨的监管标准和规范制度。

（十九）促进国际互联网数据跨境安全有序流动。在国家数据跨境传输安全管理制度框架下，开展数据跨境传输安全管理试点，研究建设固网接入国际互联网的绿色通道，探索形成既能便利数据流动又能保障安全的机制。支持珠海、澳门相关高校、科研机构在确保个人信息和重要数据安全前提下，实现科学研究数据跨境互联互通。

五、健全粤澳共商共建共管共享的新体制

（二十）建立合作区开发管理机构。在粤港澳大湾区建设领导小组领导下，粤澳双方联合组建合作区管理委员会，在职权范围内统筹决定合作区的重大规划、重大政策、重大项目和重要人事任免。合作区管理委员会实行双主任制，由广东省省长和澳门特别行政区行政长官共同担任，澳门特别行政区委派一名常务副主任，粤澳双方协商确定其他副主任。成员单位包括广东省和澳门特别行政区有关部门、珠海市政府等。

（二十一）组建合作区开发执行机构。合作区管理委员会下设执行委员会，履行合作区的国际推介、招商引资、产业导入、土地开发、项目建设、民生管理等职能。执行委员会主要负责人由澳门特别行政区政府委派，广东省和珠海市派人参加，协助做好涉及广东省事务的协调工作。粤澳双方根据需要组建开发投资公司，配合执行委员会做好合作区开发建设有关工作。

（二十二）做好合作区属地管理工作。合作区上升为广东省管理。成立广东省委和省政府派出机构，集中精力抓好党的建设、国家安全、刑事司法、社会治安等工作，履行好属地管理职能，积极主动配合合作区管理和执行机构推进合作区开发建设。

（二十三）建立合作区收益共享机制。支持粤澳双方探索建立合作区收益共享机制，2024年前投资收益全部留给合作区管理委员会支配，用于合作区开发建设。中央财政对合作区给予补助，补助与合作区吸引澳门企业入驻和扩大就业、增加实体经济产值、支持本方案确定的重点产业等挂钩，补助数额不超过中央财政在合作区的分享税收。

（二十四）建立常态化评估机制。创新合作区国民经济相关数据统计方式，研究编制合作区促进澳门经济适度多元发展的指标体系，全面反映对促进澳门经济适度多元发展的贡献。立足横琴土地开发现状，合作区未来新出让建设用地，应直接服务于支持澳门经济适度多元发展。组织对合作区建设及促进澳门经济适度多元发展成效开展年度评估，评估结果向粤港澳大湾区建设领导小组报告。

六、保障措施

（二十五）全面加强合作区党的领导和党的建设。坚持和加强党的全面领导，增强“四个意识”、坚定“四个自信”、做到“两个维护”，把党的领导贯穿合作区开发建设全过程。落实新时代党的建设总要求，把党的政治建设摆在首位，适应合作区开发建设新模式和对外开放新要求，积极创新国际化环境中党的建设工作，把党的政治优势、组织优势转化为合作区全面深化改革和扩大开放的坚强保障。

（二十六）强化法治保障。充分发挥“一国两制”制度优势，在遵循宪法和澳门特别行政区基本法前提下，逐步构建民商事规则衔接澳门、接轨国际的制度体系。研究制定合作区条例，为合作区长远发展提供制度保障。用足用好珠海经济特区立法权，允许珠海立足合作区改革创新实践需要，根据授权对法律、行政法规、地方性法规作变通规定。加强粤澳司法交流协作，建立完善国际商事审判、仲裁、调解等多元化商事纠纷解决机制。研究强化拓展横琴新区法院职能和作用，为合作区建设提供高效便捷的司法服务和保障。

（二十七）加大赋权力度。支持合作区以清单式申请授权方式，在经济管理、营商环境、市场监管等重点领域深化改革、扩大开放。有关改革开放政策措施，涉及需要调整现行法律的，由有关方面按法定程序向全国人大或其常委会提出相关议案，经授权或决定后实施；涉及需要调整现行行政法规的，由有关方面按法定程序提请国务院授权或决定后实施。

（二十八）建立健全风险管理机制。越是开放越要注重安全，强化底线思维，增强风险防范意识，及时研究处置合作区改革开放过程中的各种风险。综合运用稽查、核查、调查、缉私等监管手段，严厉打击走私等违法犯罪活动。建立反洗钱、反恐怖融资、反逃税金融监测管理体系，构筑金融“防火墙”。财政部、税务总局会同有关部门加强对合作区财税政策执行的监督检查，防止出现违法违规行为。对禁限管制、高风险商品等，依法实施口岸联合查验和入市监管，严守国家安全底线。

（二十九）加强组织实施。在粤港澳大湾区建设领导小组领导下，粤澳双方要切实履行主体责任，加快构建开放共享、运行有效的制度体系和管理机制，高标准、高质量推进合作区建设。合作区管理委员会要抓紧制定实施方案，按规定明确开发管理和执行机构具体组建方案和详细职责分工。按照合作区发展新要求，修编《横琴总体发展规划》。中央和国家机关有关部门要结合自身职能，制定具体措施，加大对合作区建设指导支持力度，把合作区作为本领域深化改革、扩大开放的试验田和先行区。国家发展改革委会同有关部门研究制定合作区鼓励类产业目录。粤港澳大湾区建设领导小组办公室会同有关部门加强统筹协调，及时研究解决合作区建设中遇到的困难和问题，重大事项按程序向党中央、国务院请示报告。

全面深化前海深港现代服务业合作区改革开放方案

开发建设前海深港现代服务业合作区（以下简称前海合作区）是支持香港经济社会发展、提升粤港澳合作水平、构建对外开放新格局的重要举措，对推进粤港澳大湾区建设、支持深圳建设中国特色社会主义先行示范区、增强香港同胞对祖国的向心力具有重要意义。为推动前海合作区全面深化改革开放，在粤港澳大湾区建设中更好发挥示范引领作用，制定本方案。

一、总体要求

（一）指导思想。以习近平新时代中国特色社会主义思想为指导，全面贯彻党的十九大和十九届二中、三中、四中、五中全会精神，坚决贯彻党的基本理论、基本路线、基本方略，增强“四个意识”、坚定“四个自信”、做到“两个维护”，坚持稳中求进工作总基调，立足新发展阶段，贯彻新发展理念，构建新发展格局，以推动高质量发展为主题，以深化供给侧结构性改革为主线，以改革创新为根本动力，以满足人民日益增长的美好生活需要为根本目的，坚持系统观念，更好统筹发展和安全，以制度创新为核心，在“一国两制”框架下先行先试，推进与港澳规则衔接、机制对接，丰富协同协调发展模式，打造粤港澳大湾区全面深化改革创新试验平台，建设高水平对外开放门户枢纽，不断构建国际合作和竞争新优势。

（二）发展目标。到 2025 年，建立健全更高层次的开放型经济新体制，初步形成具有全球竞争力的营商环境，高端要素集聚、辐射作用突出的现代服务业蓬勃发展，多轮驱动的创新体系成效突出，对粤港澳大湾区发展的引擎作用日益彰显。到 2035 年，高水平对外开放体制机制更加完善，营商环境达到世界一流水平，建立健全与港澳产业协同联动、市场互联互通、创新驱动支撑的发展模式，建成全球资源配置能力强、创新策源能力强、协同发展带动能力强的高质量发展引擎，改革创新经验得到广泛推广。

二、实施范围

（三）进一步扩展前海合作区发展空间。以现有前海合作区为基础，进一步扩展至以下区域：南侧毗邻的蛇口及大小南山片区［东至后海大道、近海路、爱榕路、招商路、水湾路，南至深圳湾，西至月亮湾大道、珠江口，北至东滨路，包含中国（广东）自由贸易试验区的蛇口区块］22.89 平方公里；北侧毗邻的会展新城及海洋新城片区（东至松福大道，南至福永河，西至海岸线，北至东宝河、沙井北环路）29.36 平方公里，机场及周边片区（东至宝安大道，南至金湾大道、宝源路、碧湾路，西至海岸线，北至福永河、松福大道、福洲大道）30.07 平方公里，宝安中心区及大铲湾片区（东至宝安大道，南至双界河，西至海岸线，北至金湾大道、宝源路、碧湾路，另包括大小铲岛、孖洲岛）23.32 平方公里。前海合作区总面积由 14.92 平方公里扩展至 120.56

平方公里。

三、打造全面深化改革创新试验平台

（四）推进现代服务业创新发展。建立健全联通港澳、接轨国际的现代服务业发展体制机制。建立完善现代服务业标准体系，开展标准化试点示范。联动建设国际贸易组合港，实施陆海空多式联运、枢纽联动。培育以服务实体经济为导向的金融业态，积极稳妥推进金融机构、金融市场、金融产品和金融监管创新，为消费、投资、贸易、科技创新等提供全方位、多层次的金融服务。加快绿色、智慧供应链发展，推动供应链跨界融合创新，建立与国际接轨的供应链标准。在深圳前海湾保税港区整合优化为综合保税区基础上，深化要素市场化配置改革，促进要素自主有序流动，规范发展离岸贸易。探索研究推进国际船舶登记和配套制度改革。推动现代服务业与制造业融合发展，促进“互联网+”、人工智能等服务业新技术新业态新模式加快发展。

（五）加快科技发展体制机制改革创新。聚焦人工智能、健康医疗、金融科技、智慧城市、物联网、能源新材料等港澳优势领域，大力发展粤港澳合作的新型研发机构，创新科技合作管理体制，促进港澳和内地创新链对接联通，推动科技成果向技术标准转化。建设高端创新人才基地，联动周边区域科技基础设施，完善国际人才服务、创新基金、孵化器、加速器等全链条配套支持措施，推动引领产业创新的基础研究成果转化。积极引进创投机构、科技基金、研发机构。联合港澳探索有利于推进新技术新产业发展的法律规则和国际经贸规则创新，逐步打造审慎包容监管环境，促进依法规范发展，健全数字规则，提升监管能力，坚决反对垄断和不正当竞争行为。集聚国际海洋创新机构，大力发展海洋科技，加快建设现代海洋服务业集聚区，打造以海洋高端智能设备、海洋工程装备、海洋电子信息（大数据）、海洋新能源、海洋生态环保等为主的海洋科技创新高地。构建知识产权创造、保护和运用生态系统，推动知识产权维权援助、金融服务、海外风险防控等体制机制创新，建设国家版权创新发展基地。

（六）打造国际一流营商环境。用好深圳经济特区立法权，研究制定前海合作区投资者保护条例，健全外资和民营企业权益保护机制。用好深圳区域性国资国企综合改革试验相关政策，加快国有资本运营公司改革试点，加强国有资本市场化专业化运作能力，深入落实政企分开、政资分开原则，维护国有企业市场主体地位和经营自主权，切实增强前海合作区国有经济竞争力、创新力、控制力、影响力、抗风险能力。完善竞争政策框架，建立健全竞争政策实施机制，探索设立议事协调机构性质的公平竞争委员会，开展公平竞争审查和第三方评估，以市场化法治化国际化营商环境支持和引导产业发展。依法合规探索减少互联网融合类产品及服务市场准入限制。创建信用经济试验区，推进政府、市场、社会协同的诚信建设，在市场监管、税收监管、贸易监管、投融资体制、绿色发展等领域，推进以信用体系为基础的市场化改革创新。推进与港澳跨境政务服务便利化，研究加强在交通、通信、信息、支付等领域与港澳标准和规则衔接。为港澳青年在前海合作区学习、工作、居留、生活、创业、就业等提供便利。支持港澳和国际高水平医院在前海合作区设立机构，提供医疗服务。建立完善外籍人才服务保障体系，实施更开放的全球人才吸引和管理制度，为外籍人才申请签证、居留证件、永久居留证件提供便利。

（七）创新合作区治理模式。推进以法定机构承载部分政府区域治理职能的体制机制创新，优化法定机构法人治理结构、职能设置和管理模式。积极稳妥制定相关制度规范，研究在前海合作区工作、居留的港澳和外籍人士参与前海区域治理途径，探索允许符合条件的港澳和外籍人士担任前海合作区内法定机构职务。推进行业协会自律自治，搭建粤港澳职业共同体交流发展平台。开展政务服务流程再造，推进服务数字化、规范化、移动化、智能化。深化“放管服”改革，探索符合条件的市场主体承接公共管理和服务职能，健全公共服务供给机制。提升应对突发公共卫生事件能力，完善公共卫生等应急物资储备体系，增强应对重大风险能力。推动企业履行社会责任，适应数字经济发展，在网络平台、共享经济等领域探索政府和企业协同治理模式。

四、建设高水平对外开放门户枢纽

（八）深化与港澳服务贸易自由化。在不危害国家安全、风险可控前提下，在内地与香港、澳门关于建立更紧密经贸关系的安排（CEPA）框架内，支持前海合作区对港澳扩大服务领域开放。支持前海合作区在服务业职业资格、服务标准、认证认可、检验检测、行业管理等领域，深化与港澳规则对接，促进贸易往来。在前海合作区引进港澳及国际知名大学开展高水平合作办学，建设港澳青年教育培训基地。在审慎监管和完善风险防控前提下，支持前海打造面向海外市场的文化产品开发、创作、发行和集散基地。支持港澳医疗机构集聚发展，建立与港澳接轨的开放便利管理体系。推动对接港澳游艇出入境、活动监管、人员货物通关等开放措施，在疫情防控常态化条件下研究简化有关船舶卫生控制措施证书和担保要求。

（九）扩大金融业对外开放。提升国家金融业对外开放试验示范窗口和跨境人民币业务创新试验区功能，支持将国家扩大金融业对外开放的政策措施在前海合作区落地实施，在与香港金融市场互联互通、人民币跨境使用、外汇管理便利化等领域先行先试。开展本外币合一银行账户试点，为市场主体提供优质、安全、高效的银行账户服务。支持符合条件的金融机构开展跨境证券投资等业务。支持国际保险机构在前海合作区发展，为中资企业海外经营活动提供服务。深化粤港澳绿色金融合作，探索建立统一的绿色金融标准，为内地企业利用港澳市场进行绿色项目融资提供服务。探索跨境贸易金融和国际支付清算新机制。支持前海推进监管科技研究和应用，探索开展相关试点项目。支持香港交易所前海联合交易中心依法合规开展大宗商品现货交易。依托技术监测、预警、处置等手段，提升前海合作区内金融风险防范化解能力。

（十）提升法律事务对外开放水平。在前海合作区内建设国际法律服务中心和国际商事争议解决中心，探索不同法系、跨境法律规则衔接。探索完善前海合作区内适用香港法律和选用香港作仲裁地解决民商事案件的机制。探索建立前海合作区与港澳区际民商事司法协助和交流新机制。深化前海合作区内地与港澳律师事务所合伙联营机制改革，支持鼓励外国和港澳律师事务所在前海合作区设立代表机构。支持前海法院探索扩大涉外商事案件受案范围，支持香港法律专家在前海法院出庭提供法律查明协助，保护进行跨境商业投资的企业与个人的合法权益。建设诉讼、调解、仲裁既相互独立又衔接配合的国际区际商事争议争端解决平台。允许境外知名仲裁等争议解决机构经广东省政府司法行政部门登记并报国务院司法行政部门备案，在前海合作区设立业务机构，就涉外商事、海事、投资等领域发生的民商事争议开展仲裁业务。探索在前海合作区开展国际投资仲裁和调解，逐步成为重要国际商事争议解决中心。

（十一）高水平参与国际合作。健全投资保险、政策性担保、涉外法律服务等海外投资保障机制，充分利用香港全面与国际接轨的专业服务，支持前海合作区企业走出去。加强与国际港口和自由贸易园区合作，建设跨境贸易大数据平台，推动境内外口岸数据互联、单证互认、监管互助互认，开展双多边投资贸易便利化合作。支持在前海合作区以市场化方式发起成立国际性经济、科技、标准、人才等组织，创新国际性产业和标准组织管理制度。发展中国特色新型智库，建设粤港澳研究基地。稳妥有序扩大文化领域对外开放，建设多种文化开放共荣的文化交流互鉴平台，打造文化软实力基地。支持深圳机场充分利用现有航权，不断与共建“一带一路”国家和地区扩大合作。支持深圳机场口岸建设整车进口口岸。依托深圳国际会展中心，推动会展与科技、产业、旅游、消费的融合发展，打造国际一流系列会展品牌，积极承办主场外交活动。支持“一带一路”新闻合作联盟在前海合作区创新发展。

五、保障措施

（十二）坚持党的全面领导。坚持和加强党对全面深化前海合作区改革开放的领导，增强“四个意识”、坚定“四个自信”、做到“两个维护”，把党的领导始终贯穿前海合作区开发建设全过程。贯彻新时代党的建设总要求和新时代党的组织路线，推进基层党建工作创新，坚定不移推动全面从严治党向纵深发展，激励干部新时代新担当新作为，为前海合作区全面深化改革开放提供坚强保障。

（十三）完善组织实施机制。在粤港澳大湾区建设领导小组指导下，各有关方面要加快推动本方案落实。国家发展改革委要加强统筹协调和指导评估，及时协调解决工作推进中遇到的问题，重要情况及时按程序请示报告。各有关部门要加大业务指导和支持力度，按程序将前海合作区既有相关支持政策（企业所得税优惠政策除外）覆盖到本方案明确的全部区域。各项重大改革任务牵头部门要制定具体措施，确保改革举措有力有序落到实处。方案实施中涉及的重大政策、重点项目、重要任务按规定程序报批。有关改革开放政策措施，涉及需要调整现行法律的，由有关方面按法定程序向全国人大或其常委会提出相关议案，经授权或决定后实施；涉及需要调整现行行政法规的，由有关方面按法定程序提请国务院授权或决定后实施。

（十四）落实地方主体责任。广东省和深圳市要切实加强组织领导，完善管理体制机制，强化对前海合作区新扩大区域的协调管理，统一规划、统一监管，积极探索行政区和经济区适度分离下的管理体制问题；加大行政审批、科技创新、规划管理、综合监管等方面的放权力度，为前海合作区全面深化改革创造条件。前海合作区要切实履行主体责任，加强统筹协调，解放思想、大胆探索、勇担重任，确保各项改革举措有效实施，及时总结提炼好的政策措施和做法，形成可复制可推广可操作的经验。强化底线思维和风险意识，扎实稳妥推进各项改革任务，坚决兜住安全底线。

关于支持港澳青年在粤港澳大湾区就业创业的实施意见

广东省人力资源和社会保障厅、财政厅、港澳事务办公室，国家税务总局广东省、深圳市税务局：

促进港澳青年到粤港澳大湾区就业创业，是增进港澳同胞民生福祉、助推港澳与内地交往交流交融的重要举措。为贯彻党中央、国务院决策部署，支持港澳青年在粤港澳大湾区就业创业，现提出以下意见。

一、把握总体要求。以习近平新时代中国特色社会主义思想为指导，落实党中央、国务院关于粤港澳大湾区建设总体要求，聚焦港澳青年宜业发展和粤港澳大湾区产业发展需要，强化政策协同、服务协同、资源协同，完善港澳青年就业创业支持体系和便利举措，使有意愿在粤港澳大湾区就业创业的港澳青年得到有针对性的服务保障和政策支持，促进一批港澳青年实现就业创业，融入国家发展大局。

二、拓宽就业渠道。对接粤港澳大湾区现代产业体系建设，特别是先进制造业、战略性新兴产业、现代服务业等发展开发就业岗位，及时发布人才需求目录，引导港澳青年到各类企业就业。配合香港特区政府实施好“大湾区青年就业计划”，引导在香港和粤港澳大湾区均有业务的企业招用香港青年。继续做好港澳青年参加粤港澳大湾区事业单位公开招聘工作，促进人才交往交流。加大“三支一扶”计划招募力度，允许符合条件的港澳青年报名参加。

三、支持创新创业。为有创业意愿的港澳青年提供有针对性的创业培训，助推港澳青年提升创新创业能力。根据港澳青年创业意向和创业领域，推荐合适的创业项目，提供咨询辅导、跟踪扶持、成果转化等“一条龙”创业服务。在粤港澳大湾区自主创业的港澳青年，按规定享受税收优惠、创业担保贷款及贴息、场地支持等扶持政策。发挥南沙粤港澳（国际）青年创新工场、前海深港青年梦工场、横琴澳门青年创业谷等作用，建成一批面向港澳青年的创业孵化载体，鼓励地方因地制宜对创业孵化服务成效较好的予以支持。鼓励粤港澳大湾区各类创业创新大赛开设港澳赛区，为港澳青年搭建创业项目展示、资源对接平台，营造良好创业氛围。

四、提升就业能力。充分调动粤港澳大湾区企业、职业培训机构等优质培训资源积极性，为有培训需求的港澳青年提供高质量技能培训，支持其提升职业发展能力，按规定给予职业培训补贴支持。依托公共就业人才服务机构职业指导力量，并引入一批在粤港澳大湾区就业的港澳籍人士担任职场导师，丰富拓展针对港澳青年的精细化职业指导，介绍产业需求、就业环境、支持政策、求职路径，提供求职方法指导，支持其提升职场适应能力。鼓励粤港澳大湾区用人单位为港澳青年提供就业见习岗位，支持其提升实践能力，对开展见习的单位参照吸纳内地青年按规定给予就业见习补贴。

五、优化就业服务。畅通失业登记渠道，对在粤港澳大湾区就业后失业的港澳青年，允许其参照内地劳动者在常住地、就业地、参保地进行失业登记，享受政策咨询、职业指导、职业介绍等服务。强化多层次岗位信息提供，根据港澳青年求职需要举办专场招聘会，在粤港澳大湾区相关网站开设港澳青年招聘专区，有条件地区可组织直播带岗、远程招聘、城市联动招聘，搭建高效供需对接平台。改造升级粤港澳大湾区各类公共就业创业服务系统，支持港澳台居民居住证、港澳居民来往内地通行证等有效身份证件注册登录，便利港澳青年享受求职招聘服务。允许以政府购买服务方式引入港澳社会服务机构，参与有关政策咨询、岗位推介、联络对接等服务。

六、强化组织领导。粤港澳大湾区各级人力资源社会保障、财政、税务、港澳事务部门要抓好本意见贯彻实施，把支持港澳青年在粤港澳大湾区就业创业摆在突出位置，明确任务分工，压实工作责任。建立部门间、粤港澳大湾区有关城市间工作推进机制，定期与香港、澳门特区政府有关部门对接会商，推动信息共享、情况交流和工作协同，协调解决工作中遇到的问题。建立健全督促检查机制，推动各项工作措施落实落地。

七、加强宣传引导。依托传统媒体和新兴媒体开展政策解读，宣传粤港澳大湾区就业创业政策措施，传递党和政府对粤港澳三地协同发展的高度重视、对在粤港澳大湾区就业创业港澳青年的关心关爱。加强舆论引导，及时回应社会关切，营造有利于内地和港澳青年共同在粤港澳大湾区就业创业的良好氛围。

本意见所称港澳青年，是指45周岁（含）以下、具有中国国籍的港澳居民。广东省要按照本意见精神，结合实际制定配套实施细则，明确具体政策标准。

人力资源社会保障部
财政部
国家税务总局
国务院港澳事务办公室
2021年9月23日

粤港澳大湾区“跨境理财通”业务试点实施细则

第一章　总　则

第一条　根据《中华人民共和国中国人民银行法》《中华人民共和国银行业监督管理法》《中华人民共和国商业银行法》《中华人民共和国证券投资基金法》等法律法规，为贯彻落实《粤港澳大湾区发展规划纲要》《金融支持粤港澳大湾区建设的意见》和《中国人民银行 香港金融管理局 澳门金融管理局关于在粤港澳大湾区开展“跨境理财通”业务试点的联合公告》有关要求，规范“跨境理财通”大湾区内地业务试点相关工作，制定本细则。

第二条 “跨境理财通”业务是指粤港澳大湾区内地和港澳投资者通过区内银行体系建立的闭环式资金管道，跨境投资对方银行销售的合资格投资产品或理财产品（以下统称“投资产品”）。“跨境理财通”分为“北向通”和“南向通”。其中，“北向通”指港澳投资者在粤港澳大湾区内地代销银行开立个人投资账户，通过闭环式资金管道汇入资金购买内地代销银行销售的投资产品；“南向通”指粤港澳大湾区内地投资者在港澳销售银行开立个人投资账户，通过闭环式资金管道汇出资金购买港澳销售银行销售的投资产品。

第三条 本细则所称“内地代销银行”是指代理销售“北向通”投资产品的粤港澳大湾区内地银行业金融机构；“港澳合作银行”是指与内地代销银行合作开展“北向通”业务、为港澳投资者开立“北向通”汇款账户并进行资金汇划的港澳地区银行业金融机构；“港澳销售银行”是指销售“南向通”投资产品的港澳地区银行业金融机构；“内地合作银行”是指与港澳销售银行合作开展“南向通”业务、为内地投资者开立“南向通”汇款账户并进行资金汇划的粤港澳大湾区内地银行业金融机构。“港澳投资者”是指符合“北向通”业务试点条件的港澳地区居民个人，“内地投资者”是指符合“南向通”业务试点条件的粤港澳大湾区内地居民个人。

第四条 “跨境理财通”业务试点按照“业务环节发生地”原则管理，遵守粤港澳三地账户、资金、投资产品销售与管理的相关法律法规。

第五条 中国人民银行广州分行、中国人民银行深圳市中心支行、中国银行保险监督管理委员会广东监管局（以下简称“广东银保监局”）、中国银行保险监督管理委员会深圳监管局（以下简称“深圳银保监局”）、中国证券监督管理委员会广东监管局（以下简称“广东证监局”）和中国证券监督管理委员会深圳监管局（以下简称“深圳证监局”），根据中国人民银行与中国银行保险监督管理委员会、中国证券监督管理委员会、国家外汇管理局、香港金融管理局、香港证券及期货事务监察委员会、澳门金融管理局签订的监管合作备忘录，建立健全监管合作安排和联络协商机制，共同开展“跨境理财通”大湾区内地业务试点监管工作，督促建立公平交易秩序，保护投资者权益。

第六条 内地代销银行和内地合作银行应当按照《中华人民共和国反洗钱法》和中国人民银行有关规定，切实履行反洗钱、反恐怖融资和反逃税义务。

第七条 内地代销银行和内地合作银行应与经港澳金融监管机构确定纳入试点范围的港澳销售银行和港澳合作银行通过协商开展合作，签署“跨境理财通”试点业务合作协议，明确各方责任义务，共同遵守内地金融管理部门及港澳金融监管机构出台的“跨境理财通”业务试点实施细则等相关规定，并就销售人员管理、产品信息及销售要求培训、数据信息共享及定期核对、落实反洗钱和反恐怖融资各项工作要求等达成共识，为投资者提供“北向通”和“南向通”金融服务。内地代销银行（内地合作银行）可同时与多家港澳合作银行（港澳销售银行）合作开展“跨境理财通”业务。

第八条 内地代销银行和内地合作银行应加强投资者金融知识教育，在开展“跨境理财通”业务时宣传“卖者尽责、买者自负”理念。

第九条 内地投资者和港澳投资者应使用自有资金购买投资产品，不得募集他人资金或使用其他非自有资金进行投资。

第十条 内地代销银行和内地合作银行开展“跨境理财通”业务试点时，应当按照“了解你的客户”“了解你的业务”和“尽职审查”展业三原则，切实做好业务真实性审核。

第十一条 “跨境理财通”业务试点使用人民币进行跨境结算，资金兑换在离岸市场完成。“北向通”和“南向通”资金跨境汇划均通过人民币跨境支付系统（CIPS）办理。

第二章 展业规范

第十二条 内地代销银行和内地合作银行应满足以下条件：

（一）在粤港澳大湾区内地9市注册法人银行或设立分支机构；

（二）已建立开展“跨境理财通”业务的内控制度、操作规程、账户管理和风险控制措施，确保具备从事“跨境理财通”业务及其风险管理需要的专业人员、业务处理系统、会计核算系统和管理信息系统等人力、物力资源；

（三）建立“跨境理财通”投资者权益保护及投诉纠纷解决相关机制；

（四）具有资金跨境流动额度控制和确保资金闭环汇划的技术条件，内地代销银行还需具备确保资金封闭管理的技术条件，能确保所代销“北向通”投资产品符合金融管理部门相关要求；

（五）3年内无严重违法违规行为和因内部管理问题导致的重大事件，或者相关违法违规及内部管理问题已整改到位并经金融管理部门认可。

第十三条 内地代销银行和内地合作银行应按属地监管原则，根据中国人民银行广州分行、中国人民银行深圳市中心支行要求，完善相关业务系统，确保实现“跨境理财通”资金闭环汇划和封闭管理，并在其指导下对“跨境理财通”业务系统准备情况进行测试评估。

内地代销银行和内地合作银行评估完成后，应按属地监管原则，向中国人民银行广州分行、中国人民银行深圳市中心支行、广东银保监局、深圳银保监局、广东证监局、深圳证监局报备以下材料：

（一）“跨境理财通”业务的内控制度和操作规程；

（二）“跨境理财通”资金闭环汇划和封闭管理等系统的测试评估报告；

（三）“跨境理财通”业务洗钱和恐怖融资风险评估报告以及相应后续风险控制措施；

（四）投资者权益保护实施方案；

（五）选定的港澳合作银行、港澳销售银行及拟签署的合作协议；

（六）金融管理部门要求提供的其他材料。

中国人民银行广州分行、中国人民银行深圳市中心支行通过其官方网站及时公布经报备的内地代销银行和内地合作银行名单。

第十四条 内地代销银行和内地合作银行退出“跨境理财通”业务试点应制定退出计划，对现有投资者的资产和资金作出合理安排并进行报备，报备完成后方可退出。

第十五条 开展“北向通”业务的港澳投资者应符合港澳金融监管机构规定的相关要求。港澳投资者业务资格由港澳合作银行进行核实。

第十六条 开展“南向通”业务的内地投资者需满足以下条件：

（一）具有完全民事行为能力；

（二）具有粤港澳大湾区内地9市户籍或在粤港澳大湾区内地9市连续缴纳社保或个人所得税满5年；

（三）具有2年以上投资经历，且满足最近3个月家庭金融净资产月末余额不低于100万元人民币，或者最近3个月家庭金融资产月末余额不低于200万元人民币。

内地合作银行应切实落实对内地投资者业务资格和资金来源的审核责任，确保内地投资者使用自有资金购买投资产品，不存在募集他人资金或使用其他非自有资金进行投资等行为。

第三章 “北向通”业务

第十七条 在港澳合作银行确认港澳投资者资格之后，内地代销银行应在其营业场所或通过线上渠道与港澳投资者签订“北向通”业务协议，明确业务操作流程和各自权利、义务，向港澳投资者充分披露信息和揭示风险。

第十八条 内地代销银行可按现行制度规定为港澳投资者新开立个人人民币银行账户，或使用其指定的已有个人人民币银行账户，作为“北向通”投资户，用于购买“北向通”投资产品。港澳投资者只能选择1家港澳合作银行及与其签署合作协议的内地代销银行办理“北向通”业务。为港澳投资者办理“北向通”投资本金首次汇入前，内地代销银行应向人民币跨境收付信息管理系统（RCPMIS）录入“跨境理财通业务备案信息”，录入成功后方可为港澳投资者办理“北向通”资金汇划业务。

第十九条 内地代销银行应将“北向通”投资户与港澳投资者在港澳合作银行指定的“北向通”汇款户进行信息核对，确保投资户与汇款户为同一开户人。内地代销银行应在投资户与汇款户间建立资金闭环汇划关系，确保汇款户是投资户内“北向通”投资本金来源的唯一账户和“北向通”资金原路汇回的唯一账户。“北向通”资金是指港澳投资者从汇款户汇入的投资本金、活期孳息和因购买“北向通”投资产品到期或赎回后所得本金和收益。

第二十条 内地代销银行应采取有效措施，对跨境汇入投资户内的“北向通”资金进行封闭或专户管理，确保“北向通”资金仅限于购买内地代销银行销售的“北向通”投资产品。港澳投资者购买的“北向通”投资产品到期或赎回后所得本金和收益应原路返回投资户并进行封闭或专户管理。

第二十一条 内地代销银行和港澳合作银行为港澳投资者办理“北向通”资金汇划时，应使用CIPS111报文，业务种类选择“跨境理财通－北向通（WMCN）”。

第二十二条 “北向通”投资产品范围包括：

（一）内地理财公司（包括银行理财子公司和外方控股的合资理财公司）按照理财业务相关管理办法发行，并经发行人和内地代销银行评定为“一级”至“三级”风险等级的固定收益类、权益类公募理财产品（现金管理类理财产品除外）；

（二）经内地公募基金管理人和内地代销银行评定为“R1”至“R3”风险等级的公开募集证券投资基金。

第二十三条 内地代销银行应对向港澳投资者销售的“北向通”投资产品进行尽职审查，全面了解投资产品的性质及风险，按现行相关金融管理部门要求评估投资产品风险级别，对向港澳投资者销售的“北向通”投资产品的风险评估标准应与经其他途径销售的同一产品保持一致。

第二十四条 内地代销银行可根据已签订“北向通”业务协议并开立投资户的港澳投资者的要求，在其营业场所或通过电话、线上等渠道提供查询和购买投资产品的服务。

第二十五条 内地代销银行应按照相关金融管理部门要求做好销售管理，加强投资者适当性管理，做好投资者风险承受能力评估，做好投资者风险承受能力和投资产品风险等级的匹配，履行信息保密义务等。面向港澳投资者与面向内地投资者的风险承受能力评估标准应保持一致。

内地代销银行要向港澳投资者充分揭示风险，不得宣传或承诺保本保收益，不得误导投资者购买与其风险承受能力不相匹配的投资产品。

第二十六条 内地代销银行可应客户要求通过电话、线上等渠道对相关产品提供咨询、解释服务，但不得主动跨境邀请、招揽客户和提供投资建议或前往港澳开展关于“跨境理财通”的实质性销售行为。

第二十七条 “北向通”投资产品宣传销售文本应按照投资产品宣传销售相关管理规定制作，文本内容应当客观、真实、准确反映投资产品的信息，不得宣传投资产品预期收益率。

第二十八条 投资户内“北向通”资金及所购买的投资产品不得用作质押等担保用途。

第二十九条 港澳投资者若需终止与原内地代销银行的“北向通”业务协议，应将“北向通”

投资产品全部赎回，并将“北向通”资金全部从投资户原路汇回汇款户，然后解除汇款户和投资户的资金闭环汇划关系。内地代销银行终止与港澳投资者“北向通”业务协议的，应于资金闭环汇划关系解除后5个工作日内将港澳投资者“跨境理财通业务备案信息”变更为“撤销”。

第三十条 港澳投资者若需更换办理“北向通”业务的内地代销银行，应按前述规定终止在原内地代销银行的业务协议并解除汇款户和投资户的资金闭环汇划关系。

第四章 “南向通”业务

第三十一条 内地合作银行应按本细则第十六条所列标准，落实对内地投资者业务资格的审核责任。对于审核通过的，及时向港澳销售银行反馈，并指引通过审核的内地投资者与港澳销售银行签订“南向通”业务协议。

第三十二条 内地合作银行可按现行制度规定为内地投资者新开立个人人民币I类银行账户，或使用其指定的已有个人人民币I类银行账户作为“南向通”汇款户，用于“南向通”资金汇划。内地投资者只能选择1家内地合作银行及与其签署合作协议的港澳销售银行办理“南向通”业务。为内地投资者办理“南向通”投资本金首次汇出前，内地合作银行应向人民币跨境收付信息管理系统（RCPMIS）录入“跨境理财通业务备案信息”，录入成功后方可为内地投资者办理“南向通”资金汇划业务。

内地合作银行应指引内地投资者按照港澳金融监管机构相关要求，在香港和澳门地区至多各选择1家销售银行分别新开立1个“南向通”投资户，专门用于购买“南向通”投资产品。内地合作银行可代理港澳销售银行开户见证，为合资格的内地投资者提供“南向通”投资户见证开户服务。

第三十三条 内地合作银行在收到港澳销售银行提供的投资户开户信息之后，应对内地投资者指定的“南向通”汇款户与投资户的信息进行核对，确保汇款户与投资户为同一开户人。内地合作银行应与港澳销售银行约定，在投资户与汇款户间建立资金闭环汇划关系，确保汇款户是投资户内“南向通”投资本金来源的唯一账户和“南向通”资金原路汇回的唯一账户，“南向通”资金仅限于购买港澳销售银行销售“南向通”投资产品。“南向通”资金是指内地投资者从汇款户汇出的投资本金、孳息和因购买“南向通”投资产品到期或赎回后所得本金和收益。

第三十四条 内地合作银行与港澳销售银行为内地投资者办理“南向通”资金汇划时，应使用CIPS111报文，业务种类选择“跨境理财通-南向通（WMCS）”。

第三十五条 内地合作银行应提示内地投资者，在开展“南向通”业务时应当了解港澳投资产品市场交易的业务规则与流程，结合自身风险偏好确定投资目标，客观评估自身风险承受能力。

第三十六条 内地合作银行应提示港澳销售银行，可应客户要求通过电话、线上等渠道对相关产品提供咨询、解释服务，但不得主动跨境邀请、招揽客户和提供投资建议或前往内地开展关于“跨境理财通”的实质性销售行为。

第三十七条 内地合作银行应明确告知内地投资者，通过“南向通”业务汇出资金及所购买的投资产品不得用作质押等担保用途。

第三十八条 内地合作银行应明确告知内地投资者，若需终止“南向通”业务协议，应将“南向通”投资产品全部赎回，并将“南向通”资金全部从投资户原路汇回汇款户，然后解除汇款户和投资户的资金闭环汇划关系。内地合作银行终止与内地投资者“南向通”业务协议的，应于资金闭环汇划关系解除后5个工作日内将内地投资者“跨境理财通业务备案信息”变更为“撤销”。

第三十九条 内地投资者若需更换办理“南向通”业务的港澳销售银行，应按前述规定终止在原港澳销售银行的业务协议并解除汇款户和投资户的资金闭环汇划关系。

第四十条 “南向通”业务可购买的投资产品由港澳管理部门规定，详情请参考港澳金融监管机构颁布的细则。

第五章 额度管理

第四十一条 “北向通”跨境资金净流入额上限和“南向通”跨境资金净流出额上限均不超过“跨境理财通”业务试点总额度。目前，“跨境理财通”业务试点总额度暂定为1500亿元人民币。

第四十二条 “北向通”资金净流入额和“南向通”资金净流出额的计算公式为：

“北向通”资金净流入额 = “北向通”资金累计流入额 – “北向通”资金累计流出额；

“南向通”资金净流出额 = “南向通”资金累计流出额 – “南向通”资金累计流入额。

第四十三条 中国人民银行广州分行、中国人民银行深圳市中心支行每个工作日通过官方网站公布“跨境理财通”额度使用情况。

第四十四条 内地代销银行在办理“北向通”资金汇入、内地合作银行在办理“南向通”资金汇出前，必须查询“跨境理财通”额度使用情况，确保“北向通”资金净流入额和“南向通”资金净流出额不超出上限。

第四十五条 当“北向通”跨境资金净流入达到上限时，内地代销银行仅可办理“北向通”资金跨境汇出，不得办理“北向通”资金跨境汇入业务。当“南向通”资金跨境净流出达到上限时，内地合作银行仅可办理“南向通”资金跨境汇入，不得办理“南向通”资金跨境汇出业务。

第四十六条 “跨境理财通”业务试点对单个投资者实行额度管理，投资额度为100万元人民币。

“北向通”个人资金净汇入额 = “北向通”资金累计汇入额 – “北向通”资金累计汇出额；

“南向通”个人资金净汇出额 = “南向通”资金累计汇出额 – “南向通”资金累计汇入额。

内地代销银行和内地合作银行应确保单个投资者“北向通”和“南向通”资金净汇入（出）额不超出投资额度。

第四十七条 中国人民银行广州分行、中国人民银行深圳市中心支行将根据中国人民银行对“跨境理财通”业务试点总额度和单个投资者投资额度的调整，通过其官方网站及时公布。

第四十八条 内地代销银行接受港澳投资者汇入“北向通”资金，不纳入港澳居民个人向内地同名银行账户汇入汇款每人每天最高限额管理。

内地代销银行接受港澳投资者汇入、汇出“北向通”资金不纳入个人人民币II类银行账户与非绑定账户日累计量、年累计量限额管理。

第四十九条 内地代销银行、内地合作银行应与港澳销售银行、港澳合作银行密切配合，共同建立“跨境理财通”业务动态监测协作机制，确保“跨境理财通”业务试点在总额度和单个投资者投资额度范围内开展。

第六章 投资者保护

第五十条 “跨境理财通”业务投资者保护工作，应按业务环节发生地原则，分别遵循内地和港澳有关法律制度，由业务环节发生地金融管理部门和监管机构负责。内地金融管理部门与香港、澳门金融监管机构协商开展投资者保护监管合作，共同做好粤港澳大湾区跨境理财通投资者保护工作。

第五十一条 中国人民银行广州分行、中国人民银行深圳市中心支行、广东银保监局、深圳银保监局、广东证监局、深圳证监局坚持公平、公开、公正、平等原则，依法保护港澳投资者在“北向通”交易中的各项合法权益。

第五十二条 港澳投资者在购买大湾区跨境理财通产品时，受有关法律法规保护，享有与内地投资者同等的权利，同时应当履行内地相关法律法规规定的义务。

第五十三条 内地代销银行和投资产品发行人应当遵循自愿、平等、公平、诚实信用的原则，依法、合规向港澳投资者提供服务，切实履行港澳投资者权益保护的主体责任。

内地代销银行应加强对港澳投资者的宣传教育工作，制定并落实针对港澳投资者的产品销售和服务方案。

第五十四条 内地代销银行、内地合作银行、港澳销售银行、港澳合作银行开展对“北向通”“南向通”投资者及潜在投资者的产品业务推介时，在业务推介内容、方式和渠道上，应按业务环节发生地原则遵守内地金融管理部门与港澳金融监管机构的相关规定。

第五十五条 内地代销银行与内地合作银行应按有关规定妥善保存账户开立、投资产品销售过程中涉及的投资者风险承受能力评估、录音录像等相关资料，并依法履行投资者信息保密义务。

第五十六条 “北向通”投资产品风险等级应按照投资产品风险评级相关管理规定进行动态评估调整，对不再适合作为“北向通”投资产品的，内地代销银行应当停止向港澳投资者销售；对已持有相关产品的港澳投资者，内地代销银行及港澳合作银行应当及时告知相关信息，由投资者自行选择持有或者赎回。

第五十七条 港澳投资者与内地代销银行发生纠纷争议时，可以通过以下途径解决：

（一）与内地代销银行协商和解，或由内地代销银行协调内地理财公司、公募基金管理人协商处理；

（二）请求内地金融消费者、投资者保护等金融纠纷调解组织调解；

（三）根据业务环节发生地原则，向内地代销银行所在地有关金融管理部门反映。对于涉及粤港澳大湾区内地城市以外的内地理财公司、公募基金管理人等机构相关业务环节问题的投诉，由大湾区金融管理部门转交产品发行方所属金融管理部门处理；

（四）根据与内地代销银行达成的协议提请仲裁机构仲裁或向有关人民法院提起诉讼。

第五十八条 内地代销银行应当建立完备的投资者保护机制，设立专门的投诉处理机制，完善投诉处理流程，及时、有效处理与港澳投资者的纠纷争议。

内地代销银行应当为港澳投资者提供纠纷化解措施，向港澳投资者清晰说明纠纷投诉的方式与渠道，其中至少应包括电话、线上渠道，并提供方便的纠纷处理进程查询方式。

第七章 信息报送和监督管理

第五十九条 内地代销银行和内地合作银行应按规定及时、准确、完整地向人民币跨境收付信息管理系统（RCPMIS）报送“跨境理财通”业务的备案信息、账户信息、账户余额信息、跨境收支信息、境内支付结算信息和持仓信息，按要求报送“跨境理财通”业务开展情况。

投资产品发行方应按资管新规要求，及时向中国人民银行报送相关信息。

内地代销银行应按属地监管原则，根据广东银保监局、深圳银保监局、广东证监局、深圳证监局要求及时报告“北向通”投资产品相关情况。

第六十条 内地代销银行和内地合作银行及相关涉外收支主体应按照国际收支统计申报有关规定履行国际收支申报义务。

第六十一条 内地代销银行和内地合作银行应当依据中国人民银行关于人民币银行结算账户管理相关规定，做好“跨境理财通”业务涉及的人民币结算账户开立、使用、变更、撤销及管理等业务，并及时在人民币跨境收付信息管理系统（RCPMIS）中更新“跨境理财通业务备案信息”和“涉外资金专用账户信息”的“账户状态”。

第六十二条 开展“跨境理财通”业务的内地代销银行和内地合作银行在发现投资者违反本细则相关规定以及其他异常情况时，应当及时采取应对措施，并向相关金融管理部门报告。

第六十三条 内地合作银行应与开展“跨境理财通”业务的投资者约定，出现以下情形的，内地合作银行将视情节轻重暂停投资者办理“跨境理财通”业务。涉嫌违法的，移交相关部门查处。

（一）提供虚假或隐藏重要事实的资料；

（二）违反账户开立相关规定；

（三）涉嫌洗钱、恐怖融资、逃税；

（四）使用非自有资金购买投资产品，代他人理财、募集他人资金或使用其他非自有资金进行投资；

（五）存在使用所购买的投资产品进行质押融资等担保行为；

（六）其他违法违规行为。

第六十四条 中国人民银行广州分行、中国人民银行深圳市中心支行、广东银保监局、深圳银保监局、广东证监局、深圳证监局按照属地监管原则，适时对内地代销银行和内地合作银行开展“跨境理财通”业务进行非现场核查和现场核查。

第六十五条 内地代销银行和内地合作银行开展“跨境理财通”业务试点出现以下情形的，中国人民银行广州分行、深圳市中心支行、广东银保监局、深圳银保监局、广东证监局、深圳证监局可按职责分工视情节轻重暂停业务并予以公告。涉嫌违法的，移交相关部门查处。

（一）超出试点银行范围、产品范围开展“跨境理财通”业务；

（二）向港澳投资者销售不符合《关于规范金融机构资产管理业务的指导意见》《商业银行理财业务监督管理办法》《商业银行理财子公司管理办法》《公开募集证券投资基金运作管理办法》等监管规定的投资产品；

（三）未按规定进行理财信息登记、公开信息披露和向金融管理部门报送信息；

（四）未按规定开立“跨境理财通”相关账户；

（五）未按规定落实总额度和单个投资者额度管理要求；

（六）未按规定对“跨境理财通”业务试点资金进行闭环汇划和封闭管理；

（七）未按规定报送“跨境理财通”业务试点相关信息；

（八）未按规定对个人投资者进行“跨境理财通”业务资格审核及资金来源审核；

（九）违反相关金融管理部门对于投资产品销售的管理规定；

（十）出现严重侵害投资者权益的行为或者可能严重侵害投资者权益的风险；

（十一）违反反洗钱、反恐怖融资、反逃税相关法规；

（十二）其他违法违规行为。

被暂停业务的内地代销银行和内地合作银行应对现有投资者的资产和资金作出合理安排。

第八章 附 则

第六十六条 本细则由中国人民银行广州分行、中国人民银行深圳市中心支行、广东银保监局、深圳银保监局、广东证监局、深圳证监局负责解释。

第六十七条 本细则自发布之日起30日后生效。

主题索引

说　　明

一、索引采用主题分析方法，按主题词汉语拼音字母（同音字按声调）顺序排列。

二、书中的类目题、分目题、次分目题用黑体字标示，其余用宋体字排印。

三、索引款目后的数字表示内容所在的页码，数字后的拉丁字母（a、b）表示栏别（即版面的左、右栏）。

四、同一主题的内容在文中多处出现的，在其款目后用不同的页码标明。

五、索引对“年度关注”“大事记”“统计资料”“文献选录”等类目未作内容主题分析。

条目索引

数字、字母

A

F

G

H

J

M

N

O

P

Q

R

S

T

Z

随文图片索引

字　母

A

B

C

D

E

F

G

H

J